文
景
———
Horizon

中国古代社会

文字与人类学的透视

许进雄

——

著

上海人民出版社

目次

第四章　畜　牧

第五章　农业的发展与中华民族的形成

第六章　粮食作物

第七章　金　属

第八章　工　艺

第九章　食　物

第十章 衣 服

第十一章 居 住

第十二章 交 通

第十三章 生命循环

第十四章　娱乐活动

第十五章　商业活动

第二十章　方向与四灵

前　言

　　本书是笔者于加拿大的多伦多大学东亚学系，讲授 *The Written Word in Ancient China* 一课的教材。笔者于1968年应聘到多伦多的皇家安大略博物馆整理商代的甲骨之前，在台湾大学中文研究所主修甲骨学与中国文字学的专业。到了国外后，由于工作上的需要，笔者开始自修有关中国的考古学以及一些人类学的基本知识，也到大学选修过这一方面的课程；拿到博士学位后，又在多伦多大学东亚研究所兼课。

　　在一次系务会议中，系主任要求教授们多开一些有趣味及通俗性的课，以便吸引较多的大学部学生来选课。会后思考，中国与其他较古老文明的文字都起源于图绘。象形的文字可以反映创字时的生活环境、使用的工具、生活的方式，甚至是处理事物的方法和思想观念。我们如想探求古代社会的一些具体情况，分析古文字所得的信息会对之有莫大的启示。笔者的专长既是文字学，如果选择与日常生活有关的古文字说明其创作的含义，配合文献与地下发掘的考古材料，再结合国外所学得的有关人类学的知识，选择有趣的题材进行浅简的说明，并讨论与之有关的时代背景，也许会提高不以考古或历史为专业的学生来学习中国文化的兴趣。尤其是我们中国古代文字的创造以表意为主，不但字数多，其涵括的范围也远较其他的古文明广泛。如果集合很多的象形文字，分章别类地讨论各种题目，足够充当一个学年的讲课材料。

笔者提出这个构想向同事们征询意见，获得了出乎意料的肯定，大家认为这样的课可以引起学生的兴趣，于是立即把教课大纲写出来向学校申请开新课。1979年开始上课时，学生只十二人，华洋各半。由于国外的学生对于中国古代的历史和文化不熟悉，记笔记时对有关的人地名和文献资料都感到相当的困难，于是笔者就把自己准备的笔记发给学生，使他们的学习和理解容易些。几年后讲义递增，有成为专著的模样，乃于1984年把它出版，省却每年为复印教材而忙碌。当初开课的主要对象是非华裔的学生，不想一两年后，来选的华裔学生大大超过本地生。要求选修此课的学生一下子跳到五十、一百、二百。看样子，这个教学的内容和讲述的方式更适合华裔的学生。心想，说不定它也适合国内的学生，故也想出中文版。又出乎意料，台湾商务印书馆于1988年9月出版后不久，1991年韩国的洪熹先生译成韩文，由东文选出版。1993年韩国岭南大学的中国文学研究室也译成韩文，由该校出版。中文本出版以来，教材又补充了不少，有些看法也较过去的成熟些，适值第二版也售罄，乃建议出修订版。非常感谢台湾商务印书馆也同意出版，使得以前的某些错误得以改正。

本书依旧分二十章，依次为文字、古史、渔猎、畜牧、农业、作物、金属、工艺、饮食、衣服、居住、交通、生命、娱乐、商业、医学、战争、祭祀、天文、方向，大致包括古人生活的各个方面。它讨论的是社会具体生活的情况，非政治舞台的历史。笔者限于学力，虽有心对每一个问题简要、有趣、有条理、正确地叙述其演进的过程，但因为它包含的学科太多，非一人之力所能够完全把握，一定有不少不成熟的看法及不周到的地方，希望专家们能给予指教。更希望抛砖引玉，鼓励更多、更充实的这一方面的通俗著作出版。

本书撰写的对象虽是一般的学生或读者，但为尊重前贤的研究成果，并对引用的材料负责，书中附有简单的注，以便有兴趣者循之做更进一步的了解。出版英文本时，因篇幅尚不大，故附注较详细。为了减少出版费用，中文版取消批注中的讨论，把材料的简称、页数移到文中的括号内。至于常见的古代典籍，就只举篇章而不列版本及页数。引用的著作，一般地说，作者名字后有年代数字的是单篇论文，否则即为专著，今以楷体字表示。书后依笔画的次序列有著作的简称表。每一章之后附有商代甲骨文、两周金文、秦小篆、汉隶书的字形演变表，其出处可参考高明的《古文字类篇》（北京：中华书局，1980年）与徐中舒的《秦汉魏晋篆隶字形表》（成都：四川辞书出版社，1985年）。

为阅读的方便，文中插入讨论到的古文字形，使得排版很费事。笔者建议商务印书馆依电脑打印机打出来的文稿影印出版。但一般电脑的打印机打不出符合其要求的文件，商务本不同意此办法。但因笔者身在海外，对于古文字形的剪贴工作，难于及时确定其位置，故勉强答应依文稿影印。笔者所使用的电脑软件，新创绘的字形是十五号字，但文档中的十五号字于缩小后，有些横笔不很清楚。请读者谅解。

最后，借此修订版出版的机会，再次衷心感谢两位老师的教导，使此书的写作成为可能。先师屈万里教授不但教导做学问的方法，还推荐笔者到加拿大来整理甲骨，使我得以接触文物，增广见闻。已从多伦多大学退休的业师史景成教授，除了学问外，对于日常生活还给予照顾，没有他的期望和鼓励，本书也难顺利完成。大学的同事 Alfred Ward 教授，博物馆的同事 Jeannie Parker 女士，在修改此书英文稿的过程中，经常给予宝贵的建议，增加其可读性，也是要衷心感谢的。

许进雄

于多伦多的皇家安大略省博物馆远东部

1994年7月

第一章

中国的文字体系与书写工具

序　论

几千年来，人类有几种独立发展的古老文字体系。其中最著名的为埃及的圣书体、美索不达米亚的楔形字，以及中国的汉字。基本上，它们都是以图画式的表意符号为主体的文字体系。今天，其他的古老文字体系或已湮没，或为拼音文字所取代。只有中国的汉字仍然保存其图画表意的特征，没有演变到拼音的系统。这种特性为有志探索古代中国文化者提供了很大的方便。

生活的语言一直在变化。拼音系统的文字经常因反映语言的变化而改变其拼写的方式，使得同一语言的古今阶段，成为看似完全没有关系的异质语文。音读的变化不但表现在个别的词汇，有时也会改变语法的结构，使得同一语言系统的方言，差异得完全不能交流。而中国的汉字，形体的变化不与语言的演变发生直接的关系。如"大"字，先秦时读若dar，唐宋时读如dai，而今日读成da；又如"木"字，先秦时读若mewk，唐宋时读如muk，今日则读如mu（周法高，音汇：57，138）。几千年来，汉字虽然已由图画般的象形文字演变成非常抽象的结构，但是稍加训练，就可以通读千年前的文献。同样地，不同地区的方言虽不能交谈，但却可以书写和通读一种共通的文字。中国的疆域那么广大，地域又常隔绝，其包容的种族也很复杂，而犹能融合成一体。此特殊的语文特性应是重要的因素（杜学知1964：243）。

古代文字的通性

史料的缺乏常是研究古代社会的一个主要困难。对于某一现象有时虽有一鳞半爪的记录，却苦于孤证难征。譬如说，中国有关伏羲、女娲的传说非常的简略，他们与婚姻制度的创立，以及以鹿皮为纳征（聘礼）礼物的渊源也都很模糊。但是，以之与台湾高山族的创生传说做比较，我们就会明白其时代的背景及整个故事的脉络（参考第十三章的讨论）。

甲骨文、金文等早期的文字，也可以帮助我们了解古代中国的社会。因为这些文字的图画性很重，往往可以让我们窥见创造文字时的构想，以及借以表达意义的事物。在追溯一个字的演变过程时，有时也可以看出一些重要社会制度或工艺演进的迹象。譬如葬仪，考古的发掘只能告诉我们其埋葬的姿势、随葬的器物等静态的信息。但通过文字的表现，却可以启示我们其动态的演化的过程（参考第十三章的讨论）。

一个真正的文字体系，要有一贯的形式及原则，能代表某个小区所公认的意义及发音，而且其序列也要合乎说话的顺序（Gelb，文字：68）。虽然不是所有古代的图画或符号都是文字，或必然会演化成为文字。但是，有意的或无意的以表现事物形象或概念的描写，却是古代文字创造的出发点。世界上各个古老文化，其文字的创造、应用的方法、发展的途径，其规律可以说都是一致的：先标出记录内容的主要语素，然后才发展成有文法的完整语句。初期的文字以代表具体的事物的表形期为主，渐次进入指示概念、诉诸思考的表意期，最后才是以音标表达意义的表音期（Gelb，文字：99—104）。

甲骨文表现的造字法则

目前所知，有大量出土的中国最早的文字是公元前14至前11世纪的晚商甲骨文。甲骨文是契刻在龟甲或牛肩胛骨上的商王室的占卜记录。早在隋唐时代就可能已有甲骨出土过，但未为人们所注意。村农往往以之售给药店，研磨成粉末以作刀创药。1899年，一说金石学家王懿荣因生病购药，在草药中发现杂有契刻文字的碎骨，进一步检验，才知是有价值的古物；一说是古董商向王懿荣兜售，才开始高价收集，以致引起村农竞相私掘以谋高利（张秉权1967：831—832）。后来政府做有计划的发掘，甲骨学终于成为一种专门的研究学问。

文字的创造法则，中国传统的分类是：象形、指事、会意、形声、转注、假借。外国的则为原始的、引申的、图式的、义符的、代音的、音符的六类（Gelb，文字：100—101）。为解说方便，暂将商代的文字简要归纳为以下的三类：象形、象意和形声（唐兰，文字学：57—108）。

一、象形：它是最容易了解的一类。它或详细或简略地描画一件东西形象的轮廓，使人一看就明白其意义，不用加以解说。譬如"人"字是侧立的人形（），而画一匹有鬃有尾的马形就是"马"字（）。有时整体太过复杂，书写太过费时，不妨只取最具特征的部分来表示。如以角上翘的牛头代表"牛"（），角下弯的羊头代表"羊"（）。有时突出整体中的某部分以表达该部分的意义。如"身"字就是强调人身腹部的部分（）。象形文字的取材主要来自和日常生活有密切关系的实物，包括动物、植物、家具、工具等，它们都是人们生活的具体素材，是研究古代社会的重要材料。

商　甲骨文[1]	周　金文	秦　小篆	汉　隶书	现代　楷书
				人 象侧立的人形。

二、象意：此类文字是以图画的方式表现不可摸触的、没有形体的概念。譬如，"大"字表达的是与小相对的、抽象的概念，甲骨文以大人的身子去表示（$\dagger$ $\dagger$ $\dagger$ $\dagger$ $\dagger$ $\dagger$）。它表达大人的身躯比小孩子庞大的那种抽象的概念。又如"上"字以一道短划在长划之上（ニニニニニ），"下"字以一道短划在长划之下去表示（ニニニニニ）。长短的笔画都不描写某种具体的东西，只是借以表示两道横线间的上下关系而已。又如"木"字是描绘有树枝有根的树木象形（$\dagger$ $\dagger$ $\dagger$ $\dagger$ $\dagger$ $\dagger$）。"林"字则是以两株树木表示树木众多的地方（$\dagger\dagger$ $\dagger\dagger$ $\dagger\dagger$ $\dagger\dagger$ $\dagger\dagger$ $\dagger\dagger$）。它的重点不在树木枝干的本身，乃在种植的地点与范围。"休"字则作一个人在树下，以表示休息的概念（$\dagger$ $\dagger$ $\dagger$ $\dagger$ $\dagger$ $\dagger$）。它不是用来表示人与树木的其他，如砍伐树木或种植树木等的关系。"刀"字是一把刀的象形（$\int$ $\int$ $\int$ $\int$ $\int$ $\int$），而"刃"字则是以一道短划指出刃在刀上的部位（$\int$）。

---

[1]　为使关于各字创意的解说易于理解，本书附有如上的甲骨文以来字形演变的简要示例图栏。首栏为商代的文字，绝大多数取自甲骨刻辞，字形主要取自黄沛荣先生根据《甲骨文编》所开发的电脑字形，少量商代铜器上的字形暂纳入次栏。第二栏为两周文字，主要取自金文，来自黄沛荣先生根据《文编》所开发的电脑字形，其他载体的字形暂不列示。第三栏为《说文解字》所收，代表秦朝文字的小篆，例子取自网络上的字形，包括籀文、古文及其他书体。第四栏代表汉朝的文字，主要取自电脑的隶体W5（P）。第五栏乃今日通行的字体以及对创意的简要解说。

商 甲骨文	周 金文	秦 小篆	汉 隶书	现代 楷书
		大	大	**大** 以大人的形体表示大的概念。
		木	木	**木** 象一株树形。
		林	林	**林** 生长树木众多的地区，以并立的树表意。
		休	休	**休** 一人休息于树旁之意。
		刀	刀	**刀** 象刀形。
		刃	刃	**刃** 以一短画指出刃在刀上的部位。

　　就像"休"字所要表达的，象意字是假实体的东西以表达不可摸触的概念。由于我们对商代或其前的社会了解有限，不能做到明白每一个字创造时的具体含意。但是古人所要表达的意图，一般还是可以理解的。不但如此，对于同一概念的表达，不同的生活经验也可以有不同的逻辑和表现方法。因此还可以通过文字，去比较不同民族的文化内涵而得出有趣的对比。譬如在中国，甲骨文

的"疾"字，是以病人躺在病床上表达的（）。但在古埃及，木乃伊放在床上则用以表示死亡（Gardiner，埃及：443，447）。而"死"在甲骨文则是以死人埋葬于棺中（），或一人跪于朽骨之旁哀悼（）去表达的（参考第十三章的讨论）。

三、形声：这是最进步的造字方法。它由义符及声符组成，分别代表其意义的类属及读音。譬如"湄"（）字，"水"（）的部分表示此字的意义与水流、河岸有关；"眉"（）的部分则表示湄的读音与眉字相近。又如"麓"（）字，"林"（）表示山麓是树林所生长的地方，"鹿"（）则为读音。在商代，此字有时用"录"（）字去表音。

商 甲骨文	周 金文	秦 小篆	汉 隶书	现代 楷书
			水	水 象河流形。
			眉	眉 眼上之眉毛形。
			湄	湄 形声字，从水，眉声。

形声是一种可以应用无穷的简便造字法。它是经过长期的发展才形成的。在人们还没有领会此种造字法之前，由于语言中有很多概念很难用适当的图画

方式去表达，而且日益繁复的人事，也没有办法给每一个意思创造一个专字。于是就想出了两个变通的办法以解决使用上的困难。一是引申，一是假借。

引申和假借

引申的方法，是用一个字去表达一些与其基本意义有关的意思。有时某些概念之间可以找到共通的特性，或是其意义有先后层次发展的关系，就不妨用同一个字去表达它们的意义。也就是说，除中心的意义之外，一个字还可以兼带有很多扩充的有关意义。经过长期间的扩充，一个字可能拥有一些不太相关，甚至是相反的意义。譬如"乱"字（𤔔），在周代兼有治与乱的相反意义。此字可能从金文的"辞"（𤔲）字发展而来。字形像两手以有尖锐钩针的工具去解开缠绕的乱线，故有乱的意义。线索乱了就要加以整理，使线索就绪，故也有了治理的意义（周法高，金文：5557—5559）。"绝"（𢇍）与"继"（𢇍）的古代字形也只是正反之别，创意同样是来自纺织的作业，丝线乱了要用刀切断再加以接续，故演化成断绝与接续两义。"终"有终止、死亡与长久的意义，也似是相反的意义。后来为了要区分，并确定本义与其扩充意义的字形，就在字源上分别加上水、火、木、人等不同意义的属类，成了不同字形的形声字。如"冓"字，可能表示两个木构件相互交接之状（𡕫），人们用以表示各种与交接、相会有关的意义。后来以各种义符加到"冓"字之上以区分各种引申意义，于是形成了构（構）、觏、搆、篝、傋、韝、媾、遘、沟（溝）、讲（講）、购（購）等从冓声而与交接的概念有关的各个形声字。

商　甲骨文	周　金文	秦　小篆	汉　隶书	现代　楷书
				冓 两木构件以绳索捆缚的相互交接之状。
			（**構**）	
				遘 形声字，从辶，购声。
			遘	

当一个意思难以用图画去表达时，借用一个发音相同或相近的现成字去表达就叫假借。譬如"黄"字，甲骨文是一组璜佩的象形（ ），被借用以表达与佩玉无关的黄的颜色。后来为了避免可能的混淆，就在本义的"黄"字加上"玉"（ ）的义符而成为"璜"的形声字，以与借义的"黄"有所分别。同样的，"莫"本象太阳已西下于林中的傍晚时分（ ），春秋时代"莫"被借用为否定的副词，因此就在本义的"莫"字，加上"日"的义符而成"暮"字。很多假借字就通过这个步骤而成为形声字。

有时为了音读的便利，或修正已发生变化的音读，就加上新的声符，也形成形声。譬如，甲骨文的"风"字是借用凤鸟的象形字（ ）。后来在凤形上加"凡"的声符以为区别（ ）。但是这个新的形声字又被用为凤鸟的意义，就别造现在从虫凡声的"风（風）"字。又如甲骨文的"晶"字，本是繁星的象形（ ），它兼有晶亮的引申义。于是也在晶上加"生"的音符而成为"星"字（ ），以与"晶"字区别。一个字不管是加上声符或义符，在形式上，它们都可分析为有意义、有音读的形声。严格地说，甲骨文的"风"字都是由声符组成。假借本是通过声读的关系，若再加上一个声符，两个组成的单位就都是声符了。同样的例子，如"羽"（𦐇 𦐃 𦐑 𦑣 𦑒 𦒟）字象鸟的一支羽毛形，被假借为今日之后的"昱"，后来为了分别两者的意义，有时就加上"立"的声符而成"翌"（𦒴𦒴𦒴 𦒴𦒴𦒴），后来又别造从日立声的昱了。一个字只要包含有声读的部分都属于形声字。

如上所述，形声字是象形或象意字经过了长期的使用，才在不知不觉中演变而成的。人们一旦察觉到这种简便的造字法，就有意以这种形式大量创造新字。最早有意创造的形声字可能是宗族名、地名一类很难用图画去表达的专有名词（Gelb，文字：66），稍后才推广到其他词汇的领域，终于成为后世最广泛应用的造字法。

中国文字体系形成的时代

中国文字发展的历史到底有多长，目前还没有足够的资料可作确实的解答。学者们过去只能根据现存的甲骨文字，推测其发展所能经历的时间。20世纪中后期不断有新材料出土，增加推论所需的依据。

象形、象意及形声的造字法都在甲骨文出现，其可辨识及不能辨识的字已有4500个以上。根据学者对1000多个可识字的分析，最进步的形声字已占27%（李孝定1974：380）。这说明晚商的甲骨文已是相当成熟的文字系统，已经过了长期的发展。但到底它经历了多久？各人的推测，短长就颇悬殊，时间长者以为可达万年（唐兰，古字导论：28）。但一般人相信，中国文字经过了两三千年的时间，才达到甲骨文的成熟程度。甲骨文是公元前14至前11世纪的占卜文字，故以为五千年前或稍早，中国文字就萌芽了（董作宾1952：358；张秉权1970a：246）。

20世纪中期以来一些出土的材料，对于讨论中国文字产生的时代可能有所启发。在好些仰韶文化的遗址，都发现刻画各种不同记号的陶器。根据碳-14年代测定，这些遗址的年代距今已有6000年以上，它与某些人根据甲骨文的成熟度推测所得的中国文字的萌芽年代相近。故有不少人相信，那些陶器上简单而似文字的刻画就是中国初期的文字。这些记号几乎都刻画在相同的部位，即在早期类型的直口钵的外口缘上，充分说明它们不是任意的刻画，而是具有某种作用的。发现于陕西中西部仰韶文化遗址的记号如图1.1所示。见于甘肃、青海一带，承继仰韶文化的半山、马厂等文化的记号如图1.2。甚至远在东海岸地区的良渚文化，也在陶器上发现如图1.3的记号。

以上所说的记号，有的在好几件陶器上出现。在同一窖穴或地区，也往往见到相同的记号。或以为它们是器物所有者或制造者的花押、族徽一类的记号（西安半坡：198）。有些记号与后世的数字或方位字相似，故有以为它们是烧制陶器的序列或方位的记号（李孝定1974：368）。又由于它们发现于不同地区与不同时代的遗址，有人不但认为它们已具有文字的作用，也相信中国文字的起源是单元的，即是从仰韶文化发展起来的（郭沫若1972a：2；李孝定1974：345—346；张光裕1981：146—147）。20世纪60年代，更在河南舞阳贾湖一个有7800年之久的遗址，发现在龟壳上刻画如图1.4的符号。其符号比仰韶的更为复杂，更接近甲骨文的形态。不少的论者，无疑又会把中国使用文字的时代推前。

但是，到底要达到怎样的阶段，一个符号才能被算作是通行的文字，这还是一个有争论性的问题。虽然符号能成为法定的语文主要得力于统治者用以记录有关宗教和政治的活动。但一般说来，人们最先觉得有必要记下来的东西，大半属于易错乱的数目和日期（富严1985：104—110）。中国有文字起源于结绳记事的传说（李孝定1974：345—346）。结绳记事的习惯或可能表现于小篆的"祣"（祣）字，它象一条横纲上垂挂着数条绳索，索上并打有一些结形。后世所见的氏族社会的结绳习俗，其所打的绳结，有颜色及大小不同的种种形式，以代表不同的事物与数量（李家瑞1962：14）。此传说指示创造文字的目的，有可能是为了帮助记忆数目，与结绳的目的一致。在伊朗发现的4000多块公元前4000至前3000年的泥土板，大都是与记账有关的计数（Nisson 1984：317—334），也说明计数是文字书写初期一个很重要的目的。既然陶器上的记号有可能作为数目字，与文字初期的作用一致，似乎不妨承认它们已是文字了。但我们还是不能不慎重考虑，是否只因有些记号有可能作为某些私人的记数符号或族徽，或甚至具有某种意义的功能，就可以肯定它们已具有真正文字的功能，普遍为社会所接受呢？

当一个记号或图形比较固定地作为语言中某个词素的符号时，它可以说已经具有文字的初步性质了。但它距语言中大部分成分都有符号代表的真正的文字系统，仍有一大段距离。以上所举新石器时代陶器上的符号，虽然在时间上有千年的差别，但都还是单独出现。它们不但没有语言系统所必要的序列，其形态和以象形、象意为主要基础的古代汉字（亦即甲骨文和金文）也显然不是从同一系统发展起来的。它们都反映出，这些陶器上的符号尚不能自成文字体系。譬如说，就算X的符号确可代表"五"的数目。但在实际应用时，并不代表抽象的数目字"五"，而是随意地、不固定地表示具体的五头牛，或五个陶罐、五个人。那是未有文字的氏族，或不识字的个人，所经常使用的办法（严汝娴1982：315; Gelb，文字：37）。换句话说，X的符号并没有一定的意义与音读，亦即与语言的词素没有严格的联系。因此最好保守点，暂时不把它们当作有系统的文字。

大汶口文化的陶文

那么，什么时候中国才见真正文字的征兆呢？迄今所知最早的迹象，应是见于山东莒县陵阳河的大汶口文化晚期遗址，时代约是公元前2500到前2000年的陶器上的刻画符号（或以为大汶口文化晚期的年代约在公元前2800到前2500年之间，应是已经过树轮校正的年代），如图1.6所示。它们与仰韶文化的刻画一样，被单独地刻在大口缸外壁靠近口沿的部位，是非常显眼的位置。其中一形见于相距70公里的遗址（大汶口：117）。它们不但很可能就是物主的名字，也与甲骨文、金文的字形有一脉相承的关系，都具有图画的性质。在一些商末周初时代的铜器上，往往铸有比甲骨文字形看起来更为原始、更接近图像的族徽（图1.5）。学者一般相信，这些族徽保存了比日常使用的文字更为古老的字形传统。这种非常接近图像的性质正是大汶口晚期陶文的特点。

大汶口陶文的 形刻画，更具有重要的意义（图1.6之左上）。它可能是"旦"字的早期字形，象太阳上升到有云的山上之意（ ）。古人多居于山丘水涯，每每以所居之山丘或河流自名其氏族，以表示居处的自然环境（Gelb，文字：66）。此符号可以分析为从山旦声。它用来表示居于山区的旦族（ ）。以象形的符号作为族名或人名，与随意的涂画有很不同的意义。当某个人看到一把石斧的图形时（图1.6之右上），他很可能实时叫出"斤"这个词来。但并不是每个人都会把它读作斤，当作斤之词来使用。但是当这个图形被选为代表特定的部族或个人时，所有熟悉该部族或个人的人们，就会通过这个环节，牢牢地把其图形与音读、意义结合起来。这种音、义、形三者的密切结合，就具备了文字的基本条件。因此把图形符号作为族名使用，是有定法的文字体系的初阶。从造字法的观点看，"旦"形显然已不是原始的象形字，应是第二类的象意字，甚至是第三类最进步的形声字了。大汶口的陶文虽也是单独出现，不是使用于完整的句子，但处于其时落后的社会，人们有可能使用图形关键词去记载事件的中心内容，而使之具有文字的雏形。以大汶口陶文作为汉字的雏形、甲骨文的前驱，较之以西安半坡仰韶文化一类的纯记号刻画为中国文字之始，要更加平实而可靠得多。简而言之，公元前2000年时，中国比较可能有某种系统的文字。

商　甲骨文	周　金文	秦　小篆	汉　隶书	现代　楷书
		旦	旦	旦 太阳将跳出海面的早晨景象。

至于文字产生的另一个重要的可能途径（Gelb，文字：66）——近8000年前舞阳遗址的刻画，它看起来比大汶口的象形字更抽象、进步。从演进的过程看，它与仰韶或大汶口的符号的承继关系不但有中断，而且似是走了回头路，演变到更原始的阶段。所以宜暂时存疑，不宜把它们当作中国使用文字之始。

似乎也可以从字的创意观点来检讨中国文字起源的问题。商代的甲骨刻辞是用刀刻在龟甲或牛肩胛骨上的。由于刀势不便刻画曲线，所以圆形的形象常被刻成方形。如果一个字有圆圈与方形的两种写法，则作圆圈的必是较早、较原始的写法而更近于写实。甲骨文有"郭"字，作一座圆形的城，其四个方向都建有一座看塔。此字后来分化为二字，"郭"的字义偏重城的范围，而"墉"则偏重城的墙。关于城周的形状，目前所发现最早的城墙建筑要推河南郑州北郊西山遗址，兴建于仰韶庙底沟类型的时代而废弃于秦王寨类型的时代，年代约在4800至5300年前之间（文物1999-7：4—15）。其平面略呈圆形，与甲骨文所描写的形象一致。但是较大量的早期城墙都建于龙山文化的晚期，诸如山东章丘城子崖、河南登封王城岗、淮阳平粮台等，而其平面都作方形。就发展的程序讲，圆形的建筑一般要早于矩形的。如圆形的穴居要早于矩形的地面建筑。经常移动的游牧民族也喜欢采取较省力的圆形形式，而定居的农耕民族就多采用矩形的形式。因此"郭"字所描写的如果是当时的正确形象而不是古来的传承，则其创字的时代应是方形城周的时代之前，即其年代可能早到5000年前的仰韶庙底沟类型，至迟也不晚于修建矩形城墙的龙山文化晚期。龙山文化晚期的下限是公元前2000年，与上一段根据大汶口图形符号的推论是一致的。所以中国在4000年以前已有文字应不是好高骛远的论调。

商　甲骨文	周　金文	秦　小篆	汉　隶书	现代　楷书
				郭墉 四面有看塔的城楼建筑。

具体的中国文字起源问题，还有待今后更多的出土资料去证实。但晚商的甲骨文已无疑是很成熟的文字体系。《尚书·多士》周公告诫商遗多士有"惟殷先人，有册有典，殷革夏命"之句。商人革夏前的文字到底有多成熟，由于没有证据，目前还难猜测。如以云南少数民族的么些（纳西）文为例，么些文创于13世纪，还得益于汉字的启发。但到19世纪时，其经典还不免用关键词去提示主要的内容，没有固定的文法形式和语言的序列（董作宾，全集9：659）。那么，不提殷革夏命的时代，就是从晚商的甲骨文上推600年，也已上及大汶口的下限——公元前2000多年了。

主要书体

从甲骨文到现在，中国文字又经历了3000多年，虽然有些字还可以辨识其象形的特征，但书体已起了基本性的变化，失去其象形的外观了。7世纪以来印刷的广泛应用，收到了正字的功能，使得字形少变化而趋于一定。以下介绍本书字形演化表所列的古代几种比较重要的书体（李孝定1974：371—392）。

一、**甲骨文**（图1.7）：指刻在晚商龟甲或兽骨上的占卜记录。虽也有西周早期的甲骨出土（陈全方，周原：101—157），但数量少，重要性大减。商代甲骨文的重要性在于其时代早而数量又多，估计有十多万片出土。此系的文字大部分是象形与象意字，但已有不少的形声字，即所有的造字法都已齐备。它是探索汉字字源不可或缺的材料。同时，因它是商代王室的占卜记录，包含很多商王个人与治理国家时所面对的问题，是珍贵的第一手历史资料。此期字形的结构着重于意念的表达，不拘泥于图画的繁简、笔画的多寡，或部位的安置等细节，故字形经常在变化。由于刻辞绝大部分是用刀刻画的，笔画受刀势操作的影响，圆形的笔画被刻成四角或多角状，也减少了很多图画的趣味性。

二、**金文**（图1.8）：文字的时代约从公元前11世纪，到秦始皇统一中国的公元前3世纪。因它是铸于青铜器的铭文，故称为金文。此期的文字也出现于武器、玺印、货币、陶器、简牍和布帛等器物和材料。青铜器是为礼仪的需要而铸造的，所记的内容是希望传之久远的光荣事迹。故铭文书写工整，笔法婉转美丽。有些字形，尤其是族徽，看起来比年代在前的甲骨文更近于图画的性质。至于见于铜器以外的文字，因其主要目的是实用，不是因礼仪所需，故往往书写草率而笔画有省略、讹变等情形。此等文字与后世所发展的字形，一般说来其关系要较铜器上的疏远。限于篇幅，本书所列的字形演化表不包括这些字形。此期经历的时间长，铜器铸造工艺后来在各地区迅速发展，不免反映强烈的地区色彩，使书刻其上的书体也呈现多样化。不过此期字形的结构已渐有一贯的安排，新的象形、象意字大为减少而形声字大增。

三、**小篆**（图1.9—1.10）：取材自公元2世纪东汉许慎编写的《说文解字》一书中所录的字形。它反映了先秦以来文字统一运动的结果。其文字的结构、笔画、位置已差不多固定。大致说，此后的文字在笔势上有所变化，基本的架构已少变动。此书所收的字形主要是小篆，有异体时就标明是古文或籀文等。许慎编写所依据的材料大概不早于战国晚期。基本上小篆的字形与古文和籀文没有什么不同，如有不同时，许慎才特别加以标明。所举的古文，常异于自甲骨文、金文演变下来的正规字形，比较可能是地域性或讹变后的字形。籀文则结构常繁复，但合于传统的文字组合趋势，可能与小篆来自一源。小篆可以说是秦朝整理和省简籀文而统一各国字形后的结果，是已起了很多变化后的字形，难以依之以探索字源。但小篆有最齐全的材料，是后世书体所据的祖型，也是辨识古代文字的媒体，故是研究中国古文字必备的知识。

四、**隶书**（图1.11）：它是小篆书体在快速及草率书写下的结果。隶书的酝酿可上溯到战国时代。一般以为，为求书写的快速，以应付管理大批徒隶所需的繁重文书工作，官吏以简易的波折改变小篆浑圆、平衡、典雅的笔势，因名之为隶书。它盛行于汉代。本书所列字形，大都是取自隶书书体已确立的东汉时代。其草率的笔势渐成有一定波折规律的笔画，进一步破坏小篆仅存的图画趣味和结构。

五、**楷书**：为今日一般使用的书体。它是把隶书整理成更有法则、可以用几种易于书写的笔画构成的书体。终于使汉字完全脱离图形的趣味，变成完全由点、划组成的抽象形体了。其体势从汉代慢慢酝酿，至隋唐时代完全建立其笔势。隶书或楷书的快速书写又发展成为行书与草书两体。但因行书与草书的笔势较难划一，个人的风格太突出而不易辨识，加以印刷的广泛流传又起着正字的功能，使楷书成为后世最通行的书体。

书写工具：毛笔

中国的文字与西洋文字虽都起源于图像，但书写的习惯却很不同。书写的方向，西方主要是先左右横行，然后再自上而下。有时于某种时机而须上下行时，行列也大都由左而右。不像古代汉字书写的习惯是自上而下，然后又自右而左。人一般用右手书写，自右而左的形式是较不切合实际的，所以满文和蒙古文虽也是上下直行，行列则采用由左而右的形式。中国之所以有这种书写习惯上的独异性，完全是受古代书写工具的影响。

迄今所知，有大量存世的中国最早文献，是3000多年前用刀刻在兽骨或龟甲上的商代贞卜文字。因此有少数人误会，以为商代的人们以刀刻字做记录。甚至有人以为要等到秦朝的蒙恬发明毛笔后，中国人才有以毛笔书写的事实，不知商代的甲骨和陶器残片都有以毛笔书写的事实（图1.16）。其实我们有相当的理由相信，商代的人已普遍用毛笔书写文字。

从字形看，笔的初形是"聿"字。它在甲骨文作一手握着一管有毛的笔形（𦘒𦘒𦘒𦘒𦘒𦘒）。中国从来普遍以竹管为笔杆，乃于"聿"字之上加"竹"而成了笔字。不着墨汁时，笔毛散开。但一沾墨汁，笔尖就合拢而可书写、图画细致的线条了（图1.13）。甲骨文的"书"字，就作手握有毛的笔管于一瓶墨汁之上之状（𦘒𦘒𦘒𦘒𦘒𦘒𦘒），点明毛笔蘸了墨汁就可以书写的意思。还有，甲骨文的"画"字作手握尖端合拢或散开的笔，画一个交叉的图案形（𦘒𦘒𦘒𦘒𦘒𦘒）。金文的"肃"字作一手握着笔，画出较复杂的图案形，以便依图案刺绣之意（𦘒𦘒𦘒）（参考第八章）。由此可推知商代普遍使用毛笔，故才以之表达与书写和绘画等有关的意义。其实，6000多年前的半坡遗址，陶器上的彩绘就可充分看到用毛笔的痕迹（郭沫若1972a：1—2）。

商　甲骨文	周　金文	秦　小篆	汉　隶书	现代　楷书
				聿 一手持有毛之笔状。
				书（書） 手持毛笔于墨瓶之上，即将书写之状。

由于中国人写字的笔尖是柔软的毛做的。书写的人可以控制一笔画之中有粗有细、有波折，呈现无穷的造型和体势的变化。不像其他坚硬的工具，难做笔势上的变化。中国书法所讲求的美善外形和内在精神，需要长期的功力练习和一定的天分才情才能达到熟而巧的程度。因此中国的书法才成为各种文字中一种很受崇敬的独特艺术形式。

书写的材料：竹简

导致中国独特书写方向的原因应是书写的材料。任何有干燥平面的东西都可以书写，土石、布帛、树皮等都可以利用。但从几方面看，影响中国书写方向习惯的是竹简，而且起码从商代起已是如此（钱存训，文书：90，174—175）。但因竹子易于腐化，难于地下保存，我们才不易见到其痕迹。上文提到《尚书·多士》中有"惟殷先人，有册有典"，册、典都是表达用竹简编成的书册。甲骨文的"册"字，作许多根长短不齐的竹简，用绳索编缀在一起成为书册的样子（　　）（图1.14）。"典"字则用以表示重要的典籍，不是日常的记录，故呈现恭敬地以双手捧着的样子（𢍏 𢍏 𢍏 𦥑 𡘊 𡙇）。

商 甲骨文	周 金文	秦 小篆	汉 隶书	现代 楷书
𬺓𬺓𬺓𬺓𬺓𬺓𬺓𬺓𬺓𬺓𬺓𬺓	𬺓𬺓𬺓𬺓𬺓𬺓𬺓𬺓𬺓𬺓	𥬇	冊	**册** 一卷由长短不一的竹简所编缀的书册形。
𢍏𢍏𢍏𢍏𢍏𢍏𢍏𢍏𢍏	𢍏𢍏𢍏𢍏𢍏	𥬇	典	**典** 双手慎重地捧着的重要典籍。

竹子现今不是华北常见的植物。但在距今3000年以前的几千年间，华北的气候要较今日温暖而湿润，竹子并不难生长。以竹子当书写的材料有价廉、易于制作、耐用等多种好处。只要把竹子劈成长条稍为加工就可得到平坦而可书写的表面（钱存训，文书：104），再在火焰上炙干，就易于着墨而不易朽蠹。在窄长的表面上由上而下纵向的书写形式，远较横向左右的书写方便得多。因为横着书写，竹片背面的弯曲会妨害手势的运转和稳定。

甲骨文偶有横着书刻的词句。从后世的实例也可推测，商代有用木牍一类有宽广表面的材料书写。用毛笔蘸墨汁书写时，墨汁干燥缓慢。如果在可以书写多行的表面上写字，行列最理想是由左而右，手才不致脏污书迹。但是中国的习惯竟然是相反的由右而左。可能是由于时人主要用单行的竹简书写，写时左手拿着竹片，右手持笔，写完后以左手置放，因习惯由右至左一一排列，故而形成中国特有的书写习惯。竹片于编缀后可卷成一握，故以卷称书的篇幅。后来虽于纸上印刷，犹有以墨线隔间，就是保持片片竹简的古老传统。

由于修整后的竹片宽度有限，不但不能做多行的书写，文字也不便写得过于宽肥，因此文字的结构也自然往窄长的方向发展，以致不得不把有宽长身子的动物转向，让它们头朝上，四足悬空，尾巴在底下，如"马""虎""象"等字都是如此。从龟甲、兽骨上的贞卜文字已是如此安排，可以推断商代最普及的书写材料是竹简，不是木牍或布帛等有宽广表面的东西（图1.15）。以竹简书写不必预计长度，可以随时增加竹片的数量。用木牍就不易确定需用的宽度了。所以后来虽有了纸张，但因受限制于竹简宽度的古老传统，字形的结构也始终保持着往窄长发展的倾向。竹简一沾墨汁就擦不掉，而且宽度也不容划掉它而在旁边改正。如果写错了字，只有用刀把字迹削去重写一途。故于文字，"删"字以一把刀在书册之旁，以表达删削之义（删）。在纸张未普及前，书刀成为文士随身携带的必备文具，故东周时期的墓葬，铜削常常与书写的工具一起出土（孝感考训1976：6；湖南文管1957：96）（图1.12）。有人不明白其用途，才误会刀子是用来刻字的。

商 甲骨文	周 金文	秦 小篆	汉 隶书	现代 楷书
删		删	删	删 以刀删削简册上的错误。

纸张的发明

书写用的纸与印刷术、火药、指南针，是中国对世界有重要影响的四大发明。用竹简书写，太过笨重，也不便携带。如果利用布帛，则太过价昂。有人利用漂絮滤下的薄纸片书写（陈槃1954：257—264），但其产量太少，不够广为应用。考古发现西汉时代已有利用植物纤维制成的原始麻纸（图1.17—18）。但它们太过粗陋，还不易书写（王菊华1980：78—85）。《后汉书·宦者列传》记载公元105年时，蔡伦上奏他的新造纸法。他基于前人的方法，改良以树皮、麻头、破布、破网等廉价的植物纤维，制成价廉物美的新纸。这种易于书写而可大量制造的廉价纸，使文学的创作和流传都急速发展开来。今日教育能够普及，廉价纸张的制造可以说是其中一个重要因素。

图1.1　西安半坡出土的仰韶文化彩陶上的
刻画符号（西安半坡：197）

图1.2　青海乐都出土的马厂文化陶器上的刻画
符号（青海文管1976b：376）

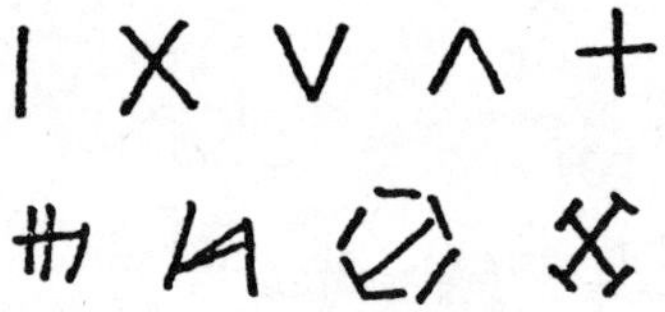

图1.3　东海岸良渚文化陶器上的刻
画符号（裘锡圭1978：163）

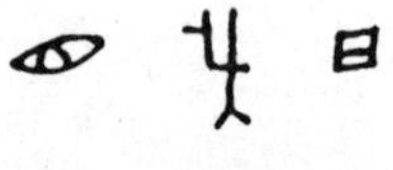

图1.4　河南舞阳贾湖遗址于龟甲上的
刻画符号（河南文物所1989：13）

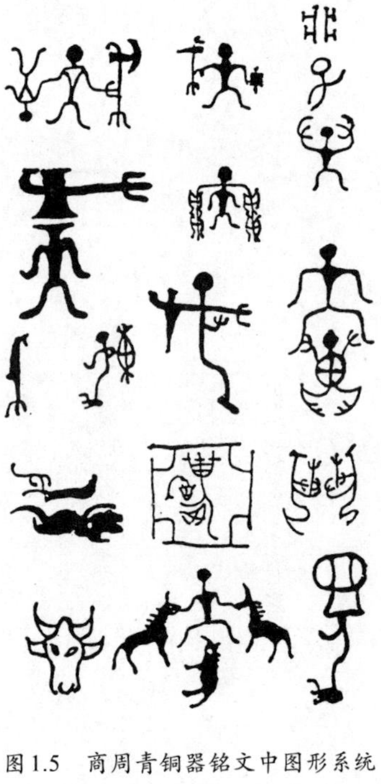

图1.5　商周青铜器铭文中图形系统
的族徽（郭沫若1972a：13）

中国古代社会

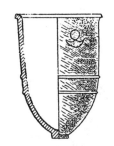

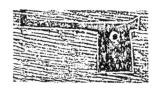
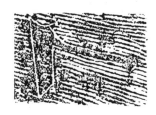

图1.6 山东莒县的花厅期陶
器上的刻画符号
（大汶口：118）

图1.7 商代晚期甲骨文
（合集13563）

图1.8 西周早期金文（北
洞发掘1974：366）

图1.9 秦诏版上的小篆（王世民
1973：368）

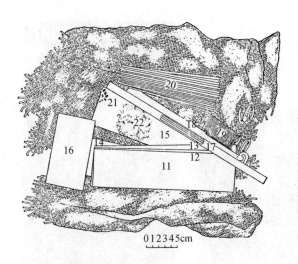

第六猎游诗

第十汧渔诗

图1.10 春秋时期的秦石鼓文（张光远1979：93，104）

20

21

22

18

15

19

16

14

13 17

12

11

0 1 2 3 4 5cm

图1.12 汉墓中的书写工具：木牍、毛笔、削刀、竹简和墨（钟志成1975：21）

图1.11 汉代的隶书（启功1973：58）

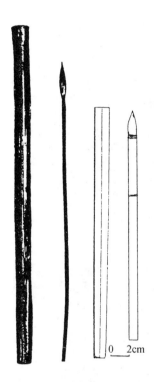

图 1.13　战国墓葬中的毛笔
（湖南文管 1957：图版 1；信
阳楚墓：67）

图 1.15　湖北云梦西汉墓
出土的木牍（湖北博物馆
1973：36）

图 1.14　汉代的竹简册（刘渊临 1973：图版 11）

图1.16 商代陶器上毛笔书写的文字
（安阳工作1989：900）

图1.17 甘肃天水出土的西汉初期纸质地图及
摹本（天水文化馆1989：10）

图1.18 西汉麻纸的纤维放大。上，
七十倍。下，八十倍。较粗糙，不
易书写（王菊华1980：图版4）

中国古代社会

第二章

中国古史的传统

序　论

中国人对于自己祖先的事迹有特别的爱好，发表议论常引用古时的事例以为印证，认为越古老的事例越有说服力，因此常把自己的议论冠于古人，致使其发展的历史就被越推越早，很多器物的发明和制度创作的时代也被推前。这种塑造古史事迹的心态是研究历史者所熟悉的，研究中国古代文明的人，自不能忽略这种不实的现象。

但是它不等于说，后世才知道的较详细的古代事迹，都是捏造出来的。在人们使用文字把历史记载下来之前，祖先的事迹是经由口耳，一代接一代以口述的形式传递下来的。由于人类活动的历史很长，人们不能详细地、完全地记住每一事件，自然就选取与本身关系较密切的事迹记忆下来，而逐渐忘记其他关系较疏远的事件。如此长久传承的结果，不但一件事情的真相在各部族之间有详略的不同，就是在年代、地域、名字上，也会有分歧与错乱的现象（屈万里 1976：76—79）。由于这些事迹或传说被记载下来的时间有先后，记载使用的技巧也有优劣或详略的不同。后代的人，其接触传闻的地域不免也超越前人，且能够做综合性的比较，因而知悉更详细的古代历史，也是可以理解的。譬如说，汉代对于伏羲、女娲兄妹与建立婚姻制度之间的关系已颇模糊。但是通过20世纪才记录下来的台湾少数民族创生传说，却可以探明他们创造人类的神话与婚礼使用鹿皮之间的渊源，原来鹿皮是遂行男女交配的道具（参考第十三章的讨论）。但是如何把有根据的传说和纯粹臆造的故事分开，就有待专门学者多方收集数据，做有系统的比较研究了。

历史的三个阶段

自战国时代百家争鸣以后，中国传统的历史常以三皇五帝开始，把文明演进的历程拟人化，将整个古代社会构想成一个连绵不断的帝王承继的传统。如以开天辟地的盘古氏开始，经构木巢居时代的有巢氏、钻燧取火时代的燧人氏、网罟渔猎时代的伏羲氏、种植谷物时代的神农氏、创建帝国的黄帝有熊氏，以及以后一系列的承继帝王。这一整段的历程约可分成三段，每一阶段正好又可以用一个称呼其领袖人物的字来代表其时代的特色。第一阶段是传说圣人的作物时代，以"圣"字表示。第二阶段是传说帝王的创制时代，以"黄"字表示。第三阶段是建立王朝的信史时代，以"王"字表示。

圣人的作物时代：圣

人类由蒙昧进化到有组织的文明社会，是无数人的劳力和经验逐渐累积发展的结果。但无可否认，其中某些人的智力较高，做了一些发明的端绪，激起文明的进一步提高。一些有特别贡献的人，后世以圣人视之。甲骨文的"圣"字，是一个有大耳朵的人在一张嘴旁，表示此人有聪敏的听力以聆听口所发出的声音（）。在较早的时代，此人所倾听的声响可能是野兽走步的声响。但在较进化的时代，其所聆听的就可能是神的指示了。

商　甲骨文	周　金文	秦　小篆	汉　隶书	现代　楷书
				圣（聖） 一人耳朵听力敏锐，能分辨声响，强调天赋体能。

在以狩猎为生或野兽出没的时代，敏锐的听力是种很重要的保命及猎取食物的机能。能够侦察野兽出没的地点及时机，自然增加狩猎的效果，容易在同伴中取得信赖而被敬佩，成为众人所信服的领袖人物（Pearson，人类学：216）。至于能听到神灵的无形的指示，在到处充满着神秘不解的时代，能够与神灵交通而得到趋吉避凶的指示，自是众人全心信赖而拥护以为领袖的人选（Pearson，人类学：231）。所以"圣"字的初义是才能远超常人的人。推广之，能造福社会的人都是圣人。

古史第一阶段的英雄人物都是创造器用的人。战国末年的《考工记》说："知者创物，巧者述之，守之世，谓之工。百工之事，皆圣人之作也。烁金以为刃，凝土以为器，作车以行陆，作舟以行水，此皆圣人之所作也。"虽然这些圣人次第发明各种改善人们生活的劳动方法和器物，为以后国家组织的建立提供必需的物质基础，但他们都还未触及政治设施所必要的种种人为制度。因此在不少传说中，这些早期的圣人就被描写成半人半兽的神物，或未穿着文明产物的衣冠，以表示他们还处于野蛮的时代。如王延寿《鲁灵光殿赋》说"人皇九头，伏羲鳞身，女娲蛇躯"，但在有文明的时代，"黄帝唐虞，轩冕以庸，衣裳有殊"。

圣人本是中国人给予对人类物质文明有极大贡献者的称号。他们都是备受同伴尊敬的英雄式领袖人物。除上述的有巢氏、燧人氏等外，孔子所称赞的古来圣哲，如尧、舜、禹、汤、文、武、周公，无不是具有政治领导权的人物。只是黄帝以前的圣人是众人自愿的附和，他们对同伴都没有命令及约束的威权。由于孔子对中国文化的发展有深刻的影响，他虽不具王者的政治权威，在文化界却具有领袖般的崇高地位，后人也就把他当作圣人。从此，人们对于圣者的标准有所改变，认为品德高尚才是人生最高的境界。创造器用的智者、政治组织的霸者，已都不被认为是圣者的最佳人选了。可以说，古史的第一阶段是强调个人体能及天赋的时代。

帝王的创制时代：黄

第二阶段的历史以黄帝及以后承继帝王，即五帝的时代为代表。这个时代的人们继续创造器物，如传说中的黄帝。但更重要的是，他们也开始创作并加强规范社会的各种人为制度和设施。传说这个时代已具有帝国的性质，有官员管理各种事务，并接受远国的贡品。所以其英雄人物已不再具有神怪或野蛮的性格而已穿着文明产物的衣冠了。但据目前的考古证据，4700年前的黄帝时代，是否已进步到有中央号令、国家形式的政治组织，还值得怀疑，故只能说是传说的帝王时代。汉代历史学家班固的《白虎通》曾论此期帝王的取名："黄帝始作制度"；颛顼"能专正天人之道"；帝喾"穷极道德"；尧则"清妙高远，优游博衍"；舜则"能推信尧道而行之"。再也不强调如第一阶段的创造器物的能力了。

战国时代的人称此第二阶段最高的政治领袖为帝。帝在商代是至高无上的神。后人以此至上神的称号加之于人间最高的权位者，其动机不难了解。但"帝"字是以什么样的事物创意的呢？有以为甲骨文"帝"字是"蒂"的初形，象花朵与茎蒂相连处的形状（𥤐 𥤐 𥤐 𥤐 𥤐 𥤐 𥤐）。或以为是来自木架上放置女阴，为崇拜物。花是树木结果繁殖的根源，女子是人类繁殖的母体。繁殖是动物、植物延续生命的根本方法，是古人膜拜的重要对象。很可能它经由信仰的图腾，演变为至高的上帝，再演化为政治组织的王者（李宗侗1969：32）。

商　甲骨文	周　金文	秦　小篆	汉　隶书	现代　楷书
				帝 象捆绑的崇拜物形。或象花朵形。

甲骨文的"帝"字，比"不"的字形稍为复杂，它们很可能是取材自同类的东西。"不"字在金文当作"丕"字使用。"丕"是"胚"的声符部分。"不"字所取象的，可能强调其膨大的花胚部分（），故引申为宏大一类的意义（杜学知1962：91—113）。战国时代以来，中国人自称为华夏民族，"华"是整株花卉的象形（）。也许古时的中国人有以花卉为图腾，崇拜之以为民族的最高神，殷商的人取之以名其最高的上帝。彩绘花瓣纹图案常见于6000年前黄河中上游的仰韶文化庙底沟类型，有人以为该地区的文化就是华族的由来（王仁湘1989：55—56）。黄帝是第二阶段的首位和最著名的帝王，传说他与蚩尤在涿鹿争霸时，常有云气蔚成花葩之状集于其头上（绎史：3），暗示中国早期的信仰与花卉多少有点关系。

商　甲骨文	周　金文	秦　小篆	汉　隶书	现代　楷书
			不	不 象花之膨大花胚部分之形？

或以为"帝"字像扎起的稻草人之类的人偶形，为崇拜时代表神的偶像（郭人杰、张宗方，金文编识读：3）。从文字学的观点看，这个说法可能比较适当。"帝"的字形，从演变常律看，中间的部分应是从圆圈变矩形，再变为"工"、为"一"。其圆圈有时写成两弧线交叉，可能为捆绑之象。就这一点看起来，花卉之说较人偶说不合适。尤其是甲骨文另有一字作帝形之物为箭所射之状（𢾑）。花朵不会以箭去射，而大型的人偶或立像就有可能因某种缘故而被箭所射。以竖立的形象作为崇拜对象，考古发掘也有例子。譬如四川广汉三星堆的商代祭祀坑，出土了高396厘米的铜神树和260.8厘米的铜立人像，都被认为是崇拜的神像。时代更早，约5000年前的辽宁朝阳牛河梁遗址，发现依山势建有神庙、祭坛等，出土的女神像已残缺，但头像就达到22.5厘米高。可见古代中国有竖立神像崇拜的习俗，因此以神像的形式来表达至高上帝的意义是非常可能的。而且"不"的字形有下部的三划作弯曲若花瓣状，"帝"就没有这样的写法。"不"的上部也没有作三直线交叉的，加上"帝"有为箭矢所射的字形，对花卉之说就不是很适当。故暂取捆绑的崇拜形象为"帝"字较可能的取材，而花卉之说为备考。

"帝"的字形不管是取自花卉或神像，其称号好像反映当时人们已有某种组织的宗教信仰体系，已不是草昧无组织的时代了。但是我们要详细讨论的，并不是这个后来才被用以称呼政治人物的"帝"字。第二阶段的开山人物是传说中的黄帝。"黄"字才是我们所要深究的。谈到远古的人物，没有比黄帝的传说更为详细的了。他被视为中国人的共同祖先，后世的姓氏几乎都可以在他的朝廷找到渊源（张光直1962：73—74）。故司马迁《史记》所记载的中国历史就是以黄帝开始有人为制度的王朝。其时创设的制度，较重要的有衣裳、旌冕、术数、律吕、文字等（齐思和，中国史：201—217）。在历史学家的眼中，他与以前的圣人有极大的不同。黄帝以前的创物圣人，常被描写为尚处于野蛮状况的人物。而黄帝以下的帝王则穿戴文明时代的衣冠，服戴玉佩。考察这位第一个穿戴帝王衣冠的人物为什么被称为黄帝，该是有趣的问题。

甲骨文的"黄"字，本义是"璜"，象一组玉佩之形（東 東 東 東 東 東）。中间是主体的环，环下则为垂饰的衡牙及双璜（图 2.1—2）。在商周时代，除其本义外，"黄"还被借用为颜色的黄。那么后人对此黄帝的取名，是因玉佩之璜，还是颜色之黄呢？又为什么要那样取名呢？

商　甲骨文	周　金文	秦　小篆	汉　隶书	现代　楷书
東 東 東 東 東 東 東 東 東 東 東 東	東 東 東 東 東 東 東 東 東 東 東 東	黄 灸	黄	黄 一组成串的腰佩形，借为颜色。

历来以为黄帝的取名来自其顺应土德而崇尚黄色的阴阳五行学说。西周的人开始想象宇宙是由木、火、土、金、水等五种物质构成。发展到战国晚期时，邹衍把这些种种物质，配合东、南、中、西、北五个方向，青、赤、黄、白、黑五种颜色，春、夏（孟夏、季夏）、秋、冬四季，认为这些元素很有系统地，依次序轮番主宰宇宙，从而影响人间政治的兴革。王者需要当运者才能成功，否则就会遭遇败亡（李汉三，五行：47—51）。西周初《周易》的坤卦六五，有"黄裳元吉"之句。本来的意义应是配有佩璜的衣裳，却被误释为黄色的裳是大吉大利的象征。根据阴阳五行学说，黄与土、中央相配合。黄是最高贵的颜色，土是谷物生物最倚重的物质，中是临制四方最适宜的位置。黄帝既然是五帝中最伟大的，当然要坐镇中央，穿起黄色的衣裳了。因此以为古人有意以黄的颜色来命名此历史上的第一位帝王。

但是五帝中，只有黄帝是以颜色命名的。在邹衍创演五德相胜学说之前，黄帝这个名字作为齐国的高祖，出现于公元前357年左右的铜器铭文（郭沫若，金文：219）。所以黄帝的命名原先不会是因他顺应土德之运势。再者，商周时代以前不见有尚黄的现象。自新石器以来，中国人就普遍喜爱光鲜的红色及黑色，并以之为尊贵者的装饰色（熊谷治1981：17—29；黄然伟，赏赐：169）。战国时代的人大概根据周代尚赤的事实，应用五行相生相胜的新理论，附会黄帝的名字，推演上古各个朝代所应崇尚的颜色，才得出黄帝取名是因得土德、尚黄的不正确结论。它与古代实际的情况不相合。

现今可知，7000多年前中国已有炊蒸的烧食法。这种方法需要一块布防止谷粒掉到下头盛水的容器，并让水蒸气透过孔隙将上头的食物蒸熟。而地下发掘的材料也证实，起码6000多年前便已有麻布。所以黄帝创制衣裳，其意义应不只是裁剪衣帛、缝制衣服以遮身躯，主要还是在规定不同形式的衣裳或服色去区分阶级，以达到政治上某种目的。传说黄帝始作带以束紧衣服，并以之作为不同阶级的标记。《礼记·玉藻》有"凡带必有佩玉"。玉佩是带上的悬挂物，很可能黄帝所创的衣制就是以璜佩增饰，并用以表示阶级。

以渔猎采集为主要生活方式的远古时代是个平等的社会。人们向自然撷取资源，没有产权及领域的概念，也不会产生太大的贫富差距。当时所谓的领袖是人们自动的依附，他不能强制执行权威，所以也没有必要强调其个人的特殊地位。但是到了以园艺农业为生的时代，开始有产权及领域的概念，由于对环境的投资程度有所不同，个人拥有的财富渐有差别，就形成了有阶级的社会。一旦社会中有了阶级的区分，就普遍产生了以穿戴某些难获得的动物皮毛、爪牙，或装饰金玉、贝羽等东西，去显示其权威及特殊身份的现象（Pearson，人类学：233）。

当时在中国，玉属于难于取得的贵重物质，是贵族阶级才有能力拥有的。他们用玉为材料来磨制礼仪及装饰用具。一般说来，玉的色彩美丽，表面温润光泽，质地坚实。若研磨成薄片将之串联成组，行动趋走之际还会相互撞击，发出清爽悦耳的声音。以之作为璜佩，还有节制步伐、增加肃穆气氛的效用，很能表现统治阶级不事生产、悠闲儒雅的形象。

至于佩玉之制到底是基于什么动机才创制的呢？它虽已难考究，不过，礼器大半源自实用的器具。例如《后汉书·舆服志下》就曾以为，"威仪之制，三代同之。五霸迭兴，战兵不息。佩非战器，韨非兵旗。于是解去韨佩，留其系璲，以为章表"。《抱朴子》也有类似的意见。他们猜测佩玉源自工具或有关战争的器物，很可能是正确的（林巴奈夫1969：292—293；Hansford，中国玉：70）。大概它是从可携带于腰际的石制武器发展到礼仪用器圭璋，再从圭璋变成玉佩。

悬挂贵重而成组的玉佩于腰际，显然会妨害劳动的进行，也不利于激烈的军事行动，是只有不事劳动、悠闲的人才用得着的服饰。既然它如此地不便，贵族却要服用它，就一定有其原因或目的。把兵器改变为礼器使用，恐怕其最重要的目的就是在昭告人们和平不战的用心。《史记·周本纪》说周武王于克殷后，"纵马于华山之阳，放牛于桃林之虚，偃干戈，振兵释旅，示天下不复用也"。可见在安邦定土、天下一统之后，表示不再用兵的举动是种很重要的政治技巧。起码在很多人的心目中，仁慈的君王就该如此做。譬如《孔子家语》有黄帝与炎帝战，克之，"始垂衣裳，作为黼黻"。此即强调创制不便于作战跳跃的垂地长衣裳，以及表现高阶级的费工刺绣，其时机就是在战后，亦即人民亟须和平以生产养息的时候。

玉佩的重要零件璜，是龙山文化早期才开始大量出现的（林巴奈夫1969：224—231）。而龙山时代正是社会阶级从开始分化、演进以及确立的时期。其时代约在4800年前，与传说黄帝的时代约略一致（严文明1981：41—48；黎家芳1979：56—62），两个社会的背景也相当。黄帝于战后创衣制，于衣带上悬吊玉佩增饰，以显示其悠闲与地位的举动，也很符合那时阶级已建立的背景。因此我们可以肯定，玉佩的佩带和不战的思想有直接的关系。后人命名这位创建人为制度的君王为黄帝，就是因为他以璜佩来表示不战的用心，并以之区分阶级，强固社会的秩序。这种解释比来自黄色的后代思想要合理得多，而且也充分表现其时阶级分立的时代特色。由于显示君王悠闲的形象有其重要的政治动机，故演成除了遭遇丧事，君王有时刻佩玉不离身的风气。

建立王朝的信史时代：王

中国古史的第三阶段是阶级已确立，国家制度化，个人对于社会的义务强化，且已有文字的记载，已进入信史的时代。此阶段的成熟期可以夏、商、周三代的王朝为代表（张光直1978b：303）。这时期掌握政治上最高权力的人被称为王。就目前的材料看，王的名称虽是商人首先使用的，但它很可能承继自夏。王权虽是种颇为抽象的概念，却是一个有组织的社会或国家所必须有的制度（Vivelo，人类学：62）。一旦有了文字，人们一定要想办法用文字去表达其权威与地位。如此抽象的概念，不外用音读的假借或与王权有关的事物去表达。"王"字的创造是否借用了什么事物去表达？是否和其时的社会结构有关呢？

"王"的甲骨文字形很简略，较早字形作高窄的三角形上有一短横（大 大 土 走 王 王），很难看出其创意。或以为它象火焰形、牡性器形、斧钺形、君王端坐或冠冕形。它们都可以与王的权威取得某种直接或间接的关系。如果不以之与其他字形和字义相近的字做比较，就很难确定何种说法较接近原来的创意。甲骨文及金文的"皇"，不论在字形、字义、字音上都和"王"字相近，宜于做比较的研究。"皇"字或以为象灯火辉煌、王戴冠冕或冠冕之形（ 峕 峕 峕 ）。"弁"字的小篆有三形。一作人戴冠形，冠上有三歧突出的装饰（ 㝠 ）。甲骨的 及金文的 即可能是此形的前身。"弁"字第二及第三形则分别像双手捧一顶三角形（ 㝱 ）及穹顶之帽形（ 㝰 ）。如以"皇"字与之做比较，"皇"字应是"弁"字的人所戴之有三歧突出的帽子形。金文有一形作人加冠形，冠亦作三角形（李孝定，诂林附录：2504）。也许是巧合，苏美尔人（Sumerian）的楔形文字中，君王也作和甲骨文的"王"字同形状（ 㝱 ），作三角形之上有两短横（Diringer，字母：图1.3）。王权是一个有组织的社会所必须有的制度，为什么古代的人会以帽子去表示？这应也是值得探寻的。

商 甲骨文	周 金文	秦 小篆	汉 隶书	现代 楷书
			王	王 象高帽形。王戴高帽，其指挥才易为部众所见。
			皇	皇 象装饰孔雀羽毛的舞蹈用美丽帽子形。形容词。
			弁	弁 象头戴有饰物之弁形。

晚商一块骨板上所刻的图案可以帮助我们了解，到底"皇"字是个怎样的帽子。骨上的图案表现一个戴帽的神祇或贵族，其帽子装饰有弯曲的角状东西，帽子正中插有一支高翘的羽毛，羽毛上端有孔雀眼花纹及三簇分歧的羽梢（图2.3）。它正是"皇"字所表现的形象。"皇"字下半的三角部分是头戴的帽子本体，一横可能是弯曲的角状装饰，有三分歧的圆圈就是孔雀羽毛尾部的特写。"皇"字着重于事物的羽毛装饰，故古籍中"皇"字被用为五彩染羽装饰的帽子或舞具。"皇"本义为有羽毛装饰的美丽东西，故在铜器铭文被引申为伟大、壮美、崇高、尊严、闲暇、辉煌等形容词（郭沫若1962：6—7）。"王"字的形象就是"皇"字下半部的帽子本体，只是装饰简单而已。在文字上，高窄的三角形常被作为有结发的人所戴的穹顶帽子。中国现在有人称扑克牌的A为帽子，就是因为A形象帽子。北京地区的人又以"盖帽儿"表示顶尖的人物。古今的中国人不约而同以三角形为帽子的形象。中外以帽子表达权威或伟大的

概念（Hoebel，人类学：334），实在是有趣的巧合。

从甲骨文的"令"字也可以看出"王"字是个冠冕的象形。"令"字写作一个跪坐的人头戴一顶三角形的东西（𠂤 𠂤 𠂤 𠂤 𠂤 𠂤）。此三角形即为"皇""王"字的下半部，亦即更为朴素无文的帽子。"令"就是以戴帽子的人来创意的。"食"字上部所表现的食器盖子（𠂤 𠂤 𠂤 𠂤 𠂤 𠂤）也与"令"字的人所戴的帽子同形，因它们本是同形状的东西。金文的"胄"字，象戴于头上的盔胄形（𠂤）。此字的头部用眼睛来表示，可能有种盔胄把脸部全包藏起来，只暴露眼睛而已。如果把"胄"字覆盖头部的下宽上锐部分连接起来，也呈三角形，亦即同"王"字的下半。故"王"字为帽子的象形是不成问题的。

商　甲骨文	周　金文	秦　小篆	汉　隶书	现代　楷书
𠂤 𠂤 𠂤 𠂤 𠂤 𠂤 𠂤	𠂤 𠂤 𠂤 𠂤 𠂤	令	令	**令** 戴帽跪坐者为下达命令的人。
	𠂤 𠂤 𠂤 𠂤 𠂤 𠂤	胄 胄	胄	**胄** 眼睛之上覆戴一顶兜帽状。

过去没有在商代以前的遗址发现有装饰羽毛或高耸形象的头盔或帽子的图案。20世纪五六十年代，考古人员在一些4000到4500年前的大汶口遗址的陶器上发现羽冠的图案（李学勤1987：75—80）（图2.4）。一个4800至5000年前的良渚文化遗址中也发现有神祇或贵族戴羽冠的纹饰，以及用于羽冠的冠饰玉片（反山考古1988：1—31）（图2.5），都与传说的4700年前的黄帝时代相近。中国传说创立冠冕之制的是黄帝，看来此传说似有相当的可信度。

冠冕可能在衣制中最不具实际效用（Hoebel，人类学：334），但却是很多民族的权威象征。人们往往因过度夸张其象征作用而有损其实用性（Pearson，人类学：286）。帽子的效用，我们可以想象，第一是增加美感。因此甲骨文的"美"字就作一人头上装饰高耸弯曲的羽毛或类似的头饰状（   ），来表示美丽、美好等意义。自旧石器晚期以来，人们就晓得借用他种东西来装扮自己，时代越迟晚，花样也越多。到了贫富有差距、阶级有区别的时代，人们就以罕见、难得的饰物以表现其高人一等的身份。因此帽子也很自然演变为地位的表征之一。譬如北美的印第安人，其酋长的羽毛头饰就远盛于其他的成员。中国云南发现一处少数民族的崖画，其人的头饰和"美"字的形状一模一样，身子越大，其头上的羽毛装饰也越丰盛。绝大多数身子小的人，就没有任何头饰（图2.6）。可见，头饰在古代或氏族的部落，是种很重要的社会地位表征。

商　甲骨文	周　金文	秦　小篆	汉　隶书	现代　楷书
				美 大人头上的美丽头饰。

羽毛不似非常贵重的东西。古代既然普遍有以羽毛为高贵者的头饰的做法，它就必然有实用上的价值。黄帝的时代已有帽子的创制，却到了有国家组织的多阶层社会的时代，才以帽子代表最高位的统治者。那么帽子于表示阶级权威、悠闲形象、示人不战的政治策略之外，应该还有应付新形势的更为重要的新作用。

竞争是自然界为求生存不能不采取的手段。在寻找必要的生活物资时，如果一个部落发展到必须与其他团体争夺自然资源，而双方的利益不平衡又不能回避，为了保全自己，就只有通过各种可能的方法，以达到压制对方的目的，武力一向是其中最有效的途径。尤其是到了经营定居的农业社会，不但有必要组织武力以保护自己辛劳耕耘的成果不被侵扰、掠夺，甚至为了取得肥沃的土地、占有温暖的地域、控制充分的水源以保证粮食的生产，组织大规模的武力以从事经济性的掠夺或占有也很有必要。在不断为不可避免的战争所烦扰的社会中，人们被迫接受强有力的中央集权的社会控制以便生存（Pearson，人类学：186）。

战争是进化到农业社会时所必经的过程之一，其规模由小而大。小规模的冲突不必有人指挥战斗。但是一旦冲突规模扩大，有成千上万的人参与，就需要有人做全盘性的统筹指挥，才能获得最佳的战斗效果。指挥者如希望他的指示能及时被部下知晓，以应付战场实时的形势，他就需要有让部下容易见到他所下号令和指示的措施。而同族人的身材大都相差不多，王者的身材也不一定是高大的。如果没有特别显眼的标志，就很难在人群中辨识其人。一般来说，指挥者只有站在较高的地点，穿着特殊的服饰，其举动才易被人注意到。

高耸的帽子不利于行动，本来是悠闲的形象、不战的象征，原本不应在需要激烈行动的战场上出现。但是，如果指挥者在战场找不到人人可见的高位置来传布命令，戴上高耸的帽子也可以达到相似的效用。商代铜胄顶上有个长管，就是为了插羽毛一类装饰品用的。很可能就因为如此，战争时才以头戴高耸头饰为指挥官的形象。在古代，头饰是获得领袖地位的重要象征（Hoebel，人类学：334）。不单在族群中，他族的人也很容易据此识别此人与其他成员不同的特殊地位。

高耸的将帅指挥旗帜也是领导者吸引部下注意的办法。古时部族行动不离旗帜，以旗帜表示部族的驻扎所在，并指示部族的聚散进退。故封邦建国时，往往以旗帜和土地、人民一起授予邦君（武者章1979：93—100）。《诗经·长发》咏怀商汤克夏和《尚书·牧誓》描写周武王克商时，他们手里都拿着斧钺与旗帜。马车在使用的初期并无冲锋陷阵的功能，而商代的指挥者还是选择站在易于倾覆的马车上，车上树有指挥的大旗。这很可能就是为了机动地指挥军队，常处于可移动的居高位置，易于被部下看到（许倬云，西周史：77），它与高耸的帽子具有同样的作用。

古代的军事领袖就是政治上的掌权者。戴高帽本是庆典以外，为指挥作战的临时设施，它慢慢演变为象征权威的常服，同时也被改良成保护头部的盔胄。甲骨文的“免”字，作一人戴有弯曲装饰的头盔状（）。戴头盔的目的在于避免箭石的伤害，故引申有避免、免却、脱免等从保护头部转来的有关意义。戴头盔本是武士才有的殊荣，是作战的装备。后来非武士成员掌握政权后也可戴冠帽，头盔也演变成行礼用的礼冠。所以“免”演变成“冕”字，是行礼用的冠。从实战的头盔演变到行使礼仪的礼冠，也可以看出从武人掌权的氏族部落，进化到文士掌权的国家组织的过程。

商　甲骨文	周　金文	秦　小篆	汉　隶书	现代　楷书
			免	免 一人头戴盔胄，可避免伤害。

如前文提及的，最早，政治上最具权威者叫王，神仙世界最具威力者叫帝。到了商代末期，某些王于死后也被尊称为帝（胡厚宣，天神：10—11）。周人克商后沿用王的称号以称在世或去世的王。东周时王室衰微，有些诸侯的实力远较王室为强，大概认为应该拥有比周王更具威风的名号。秦与齐曾一度采用帝号。也许因此人们兴起以帝号命名传说的古帝王。后来，慕古的人更以有伟大、辉煌等形容意义的“皇”字，称呼传说比黄帝更早的三皇。到了秦始皇帝统一中国，他认为自己的威权和统辖的领域超过所有古来的政治人物，乃采用“皇帝”合一的名号。此后的当政者，不管其能力及疆域的大小，都无愧地承继这个最伟大的皇帝名号。王就成为次一级政治人物的称号了。

三个阶段的社会特征

以上中国古史三个阶段的区分，和人类学家以人类文明的进化程度去区分的阶段也是一致的（Pearson，人类学：231）。中国历史的第一阶段——创物时代，约等于以渔猎采集为生的平等社会。其社会特征是：小团队组织，易散易合，组团不稳定；流动性大，没有一定的居处；向自然界摘取资源，但不补充与投资；首领是众人自动的归附，权威不能强制执行，人人的社会地位平等；劳动有依年龄或性别的分工，但无专业的家庭或氏族；虽然有亲族的概念，但不严格；没有产权及领域的概念；信仰多神；有小争执，没有大型的战争。

第二阶段——创制时代，约等于以园艺农业为生的有阶级社会。其时社会特征是：对环境下了投资，有产权及领域的观念；渐成稳定的团体，过定居或半定居的小区域生活；劳动基本依年龄及性别分工；依农耕程度的提高，社会渐有阶级的分别；亲族的联系贯彻而重要；团队相互之间的争端扩大，或有战争的现象；崇拜祖先，或有至高上帝。

第三阶段——国家组织的时代，约等于以农业为生的多层阶级社会。其时社会特征是：加强对环境的投资，肯定对产业及领域的所有权，农民为经济生产的主体；经营定居的生活；有国家形式；实行中央极权的政治组织；社会多层化；有专业的生产组织；为政府服务，包括交税、劳役、兵役等；控制自然资源；禁止私人之间的争斗，有大规模的战争；有专职的神职人员；出现大城市（Vivelo，人类学：39—40）。

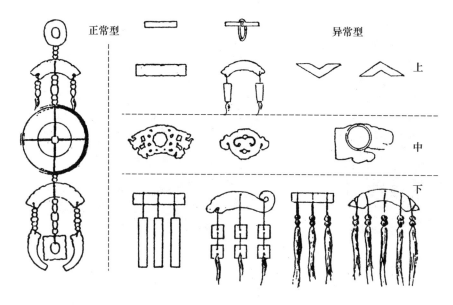

正常型　　　　　　　　　　　　　　　　異常型

上

中

下

图2.1　璜佩的组合形状（郭宝钧1948：20）

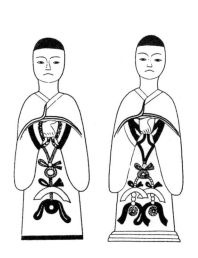

图2.2　战国时期带玉佩形的木俑
（沈从文，服饰：18）

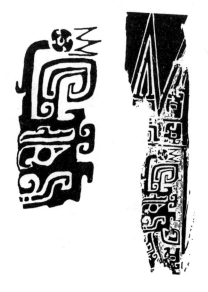

图2.3　商代骨器之花纹，作头戴装饰羽毛之
皇字形冠帽（侯家庄1001墓：图版220）。

图 2.4 大汶口文化陶器上
的刻画符号，作高耸的羽冠
形（李学勤 1987：78）

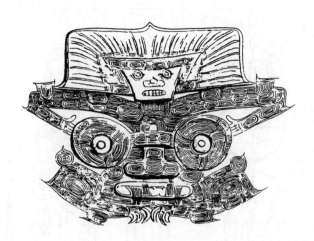

图 2.5 4800 年前良渚文化玉琮与玉冠状饰上的戴高帽
者纹饰（反山考古 1988：12）

图 2.6 云南沧源少数民族的崖画（云南历史所 1966：9）

中国古代社会

第三章

渔猎与气候

概　述

从现今灵长类的食物主要为蔬果看，早期的人类亦不应例外。但据对非洲南猿（Australopthecus africanus）牙齿的研究，知可能距今550万年前，猿人已开始吃食动物（Hoebel，人类学：125）；到200万年前，则已确实吃相当数量的肉食了（Isaac 1971：294）。在中国，云南元谋人已肯定捕捉和吃食动物。此遗址年代被定为170万年前（张兴永 1978：26—29），但近来有人以为它只有七八十万年的历史而已（考古发现：3）。远古猿人捕捉的对象大半是比较羸弱的动物。到了知道使用石器、能够架设陷阱之后，随着工具与技术的逐渐改进，狩猎的范围就扩大到远比人类力气强大的动物，肉类食物的比重也逐渐增加而成为人们的主食。数据显示，纬度越高的地区越倚重肉食，有些地方竟达八九成之多（Isaac 1971：279）。但是人口的压力，使大部分地区的人们不能不发展可以提供更多食物的农业，再度依赖植物为主食。农业一旦提供比较稳定的食物来源，狩猎就逐渐失去其重要性。狩猎的对象也慢慢缩小到一些具有特定经济价值的动物，肉食的供应就由畜牧业代替了。这种从不分品类的广泛捕猎到向少数特定动物捕猎的演变过程，可以从遗址所遗存的骨骼看出来。新石器遗址的动物骨骸以猴、猪、牛、羊、鹿、獐、犀、象、狗、虎、熊、貉、鼬、獾、獭、猫、狸、鼠、豹等为常见（黄文几1978：241—243；贾兰坡1977：49；西安半坡：256）。到了商代，遗骨则以猪、鹿、水牛、狗、獐、牛、羊等为多（杨钟健1950：146—147）。除家畜外，对野生动物的捕猎已大为减少。至于具体表现日常食用种类而见于墓葬的动物骨骼，可以说就只有限于家畜的数种（石璋如1953：5—13）。农业生活未建立之前，采集与渔猎是人们最重要的谋生方式。就是到了农业已有长足的发展，完全可以赖以维生的时期，为了保护农作物不受动物的践踏、啄食，用猎获物以祭祀的古老传统，练习军阵，或纯为游戏等种种原因，狩猎的活动在某些人当中持续到很晚的时代。在商代，狩猎是商王占卜的一个重要内容，常与军事活动同时举行（姚孝遂1981：58—60），显示其附带的军事目的。对付野兽与同敌人争斗的技巧有相通之处，不妨一举数得。既可捕获猎物以供祭祀，练习战争布阵的变化，又可以娱乐身心。故狩猎在商代是几乎与祭祀等量的占卜事类。狩猎不但是耗费体力的活动，也涉及危险。后代的君王较少亲自参与军事行动，多致力内政，以致不认为有学习军事训练的必要，而少见从事狩猎的活动。

商王打猎的规模有时很大，一次可能猎获三四百只之多（合集10198，10344，33371），不过通常是十只上下，甚至也有无甚所获的情形。商王占问田猎活动之频繁，不能视为当时人们赖以为生的证据。不知基于何种习惯，基本上，商王行猎，最先是不限日期，渐以一旬中之乙、戊、辛，而乙、戊、辛、壬，最后是丁、戊、辛、壬等日为限。如果当时人以打猎为生，就不会如此限制自己生活的机会了。商王不是每次占卜都可以得到吉兆而前去打猎。约略估计，可能在狩猎季节，约十天才举行一次而已（许进雄，明义士：19—21；姚孝遂1981：34—66）。以下介绍几种商代狩猎的常见动物，今日的文字仍然保存其象形的形式，未为形声字所取代。

猎物：象

象生活于茂密丛林或热带稀树的草原，是现今陆地上最庞大的动物。甲骨文的"象"字是个象形字，清楚地描画出一种有长而弯曲的鼻子的动物（🐘🐘🐘🐘🐘🐘）。由地下发掘可证实，象曾长期在中国境内生息。浙江余姚河姆渡的一个6000多年前遗址，出土过象的头骨和有双鸟朝阳的象牙雕（浙江文管1976：11；河姆渡考古1980：7，9—10）。河南安阳的商代遗址也出土过象骨（杨钟健1950：146—147），也有铸造和琢磨得栩栩如生的写实铜、玉象的器物（熊传新1976：49；妇好墓：157）。这些都说明了象在华北地区栖息过，人们有充分的时间观察它的生态，做正确的描写。

商 甲骨文	周 金文	秦 小篆	汉 隶书	现代 楷书
🐘🐘🐘🐘 🐘🐘🐘	🐘🐘	象	象	象 整只象的形状。

甲骨文的"为"字，作手牵着象的鼻子，有所作为之状（🐘🐘🐘🐘🐘）。它的创意大概来自象被驯服以承担搬运树木、石头一类重物的工作（周明镇，象化石：65）。《帝王世纪》有帝舜死后，群象受其伟大人格的感化，自动在其墓地周围耕田的传说。西周铜器《匡簋》有作象乐、象舞的铭文（周法高，金文：5880），也说明古人知道驯象的技术。舜的时候是否已有以牲畜拉犁的知识尚待证实。但此传说可说明，人们晓得驯象的事已有长久的历史。很可能传说中尧舜的时代就是中国开始驯象以服重役之时。象的性格虽温顺，但非洲象体重可达7500公斤，肩高3—4米。印度象虽体格较小，也重有5000公斤，肩高2—3米。当人们初次见到如此庞大的身躯，一定对之有相当大的戒心，想办法

加以驯化必是相当迟晚的事情。

商 甲骨文	周 金文	秦 小篆	汉 隶书	现代 楷书
				为（為） 手牵象鼻引导 工作。

现今还有以象搬运笨重木材的事例。古代中国除以之从事这类劳役外，还将其庞大的身躯用于战争。《吕氏春秋·古乐》说商人服象为虐于东夷，但没有说明到底如何利用。《左传》则具体地记载楚昭王于公元前506年，用火烧大象的尾巴以激怒之而冲击吴军的阵地，取得很好的效果。在象大量生殖的印度，乘象作战更是常事。

象之所以被人们珍惜是因它有终生生长的象牙。非洲的大象牙有2米长，45公斤重。象牙质地滑润细致，纹理规则，易受刀刻而不崩坏边缘，可以雕刻出比玉、骨器更精巧细密的艺术品。《韩非子·喻老》说："宋人有为其君以象为楮叶者，三年而成，丰杀茎柯，毫芒繁泽，乱之楮叶之中而不可别也。"象牙原有本身造型的限制，但巧匠能利用酸液加以软化及应用套合的方式，制作大型而复杂的工艺品。《晋书》提到象牙细簟，乃是把象牙切丝，泡酸软化后加以编缀而成。

古代气候较温暖，加以森林未尽被辟为农田，象可以在华北很多地区生息繁殖，人们不须从远地进口象牙。又从古代中国曾经利用象以冲击敌人战阵一事看来，似乎应有大量的象群存在。但事实似又不尽然。商以前的遗址出土象牙的器物远少于其他的材料（刘道凡1980：91—92；于中航1976：67），而且大多制作小件饰物，偶尔才有杯、筒一类的容器（图3.1），且只限于丰盛的墓葬。5000多年前新石器时代的大汶口文化遗址虽出土稍多，实不到其他材料器物的千分之一。甲骨文只见获象的残辞一条。象也是商代存在的一个国名。该残辞也许是有关俘获象国之人的占问。此现象可能表示象不是商人狩猎而更似是驯养的对象，少有野生的。但从商代以前象牙工艺品之罕见可知，不管是野生或驯养的，当时中国象繁殖的数量都不多。但是在西南的四川广汉一个约是商时代的祭祀坑内，却有大量的象门牙及整只的象牙（广汉文管1989：2—3），表示当地的象还成群生息。

象的食量相当大，每天消耗的草料和其他植物要超过200公斤。商代的农业已颇发达，很多山林被辟为农田。人们没有足够的草料大量饲养这种庞然大兽。而且象至少要20岁以后才能从事稍为复杂的工作，工作效率远低于牛、马。再者，人们宝贵的是象的长牙，而亚洲的雌象又没有长獠牙，饲养它的经济效果也就大大降低了。故只有少量的象，作为帝王的玩物，或应付礼仪所需而被饲养，如《匡篁》提到的象乐、象舞。东汉成帝时林邑王献上会跪拜的驯象。大致春秋时代的江南还有些象，故楚王才能应用于战场。周代以后气候转冷，不再恢复过去有过的温暖。象于是被迫南迁，寻找更适宜的环境，同时因其本身及人为的因素，更促使它几乎在中国境内灭绝。《汉书·武帝纪》记汉武帝接受南海贡献的驯象，东汉《说文解字》（以下简称《说文》）说象为南越大兽，都说明汉代时，除了有限的茂林，连江南都少见到象的活动，象已濒临绝迹的地步了（徐中舒1930：60—75）。

古代罕见象牙工艺品，也有可能不全是由于材料的难得，而是与其材料的性质及中国人的喜好有关。良玉也是从千里外的远地输入的，而且玉材比象牙还要笨重。但今日发掘出的汉代以前的玉雕，却千倍于象牙的数量，所以材料的稀罕绝不是主因。象牙朴素无文，没有晶莹的外表和鲜艳的色彩，又不若玉佩相互撞碰时会发出悦耳的声响。如以象牙作为权威的表征，也缺乏玉器的稳重感，对于远古的人们来说，以象牙作为阶级的表征，比之珍玉稍逊一筹。如作为普及的日常使用的簪笄一类的饰物，价格又远高于一般的骨料。尤其是当时的艺人，注意力全在玉器，较无余暇从事象牙的雕刻。

兕、犀

　　犀牛形状似牛而大，头大、颈短、躯干粗壮、皮肤韧厚无毛而有皱襞。因品种而异，体色有微黑带紫、黄褐、青白等几种。常见的犀牛有两种：一是印度产的，体格较大而性情温顺，鼻端上长有一只大独角；一是非洲产的，体格略小而性情凶暴，除鼻端有大独角外，额前尚有一只小独角。此外还有所谓三角的，大概是作一大二小的纵向排列。犀牛独生的角与其他动物成对的角大异其趣。故人们也于文字强调其独角的特征。现在用"犀"或"兕"字来指称犀牛。甲骨文的"兕"字，作头上有只大独角的动物形（ ）。

商　甲骨文	周　金文	秦　小篆	汉　隶书	现代　楷书
				兕 整只犀牛形。 犀 从牛尾声。

　　兕是生活于湿热环境的动物，现今主要分布在非洲中部和南部、中南半岛、马来群岛、印度次大陆等地区，都是属于较温热的地带。中国境内，可能除了云南、广西交界，现今犀牛已绝迹。但在距今7000到3000年的一段期间，气温要较今日温暖，犀牛有可能在中国很多地区生息繁殖。浙江余姚河姆渡、河南淅川下王岗等6000多年前的遗址，都发现犀牛遗骨，说明中国那时有犀牛生活着。

　　兕在商代还是常见的捕猎物，擒捕的地点有好多处，捕捉的方法有设阱、箭射、追逐、纵火等。甲骨文曾有捕获四十只的记载（合集37375），十只以上的也有数次。与只提到一两只老虎的记录相比，犀牛显然在商代是种较易捕捉，且大量存在的野生动物，应有较多的繁殖。战国时代的盔甲仍常以犀皮缝制，甚至《国语·越语》有吴国衣犀甲之士十万三千人的浮夸记载，表示战国时代中国华南仍有大量的犀牛存在。汉代也还有以犀牛随葬的例子（王学理1981：28）。

但是有人以为，犀牛皮坚甲厚，发起怒来狂冲，几千公斤重的身躯有如卡车，捕猎时很危险。以现在所知商代的青铜武器，似乎很难给予它致命的打击。台湾"中央研究院"收藏一件商代帝辛时的动物头骨刻辞，作"在九月，唯王十祀肜日。王田孟，于X（地名）获白兕"。虽经断定是犀牛的头骨（屈万里，甲释：498），但有人相信那是误判，以为该头骨是种已灭绝的水牛而不是犀牛，商代的"兕"字应指一种今日已灭绝的水牛，后来才被用以称犀牛的种属（林巳奈夫1958：30）。其实捕猎犀牛并不需要给予一次致命的打击，设陷阱是古代常采用的狩猎方法。而且犀牛胸前腹下的部位并不如其他部位坚厚，商代的弓箭已足以给予有效的创伤。非洲土著用以猎犀的武器也很简陋，但已使犀牛濒于灭绝的境地。犀牛的嗅觉和听觉特别敏感，不易接近，但视觉却很差。如果将木弩张设在地上，即可不近攻而静待犀牛触动机栝，射杀胸下的部位。商代习见的所谓弓形器，很可能就是固定弓体于木弩的零件。其中一件装饰有像是"兕"字的图案，该动物身上明显披有大块的皱襞厚甲（图3.2），明示弓形器用以猎犀的用途。所以商代的人肯定有猎犀的能力，"兕"字在商代已指称犀牛，否则商王不会刻辞于其头部以为打猎的胜利品，以夸耀其武勇。

东周以后有两字代表兕，一是象形字"兕"，一是形声字"犀"。古人显然把它归属于牛类，故以"牛"为义符。或以为此二字代表不同种属或性别，有以为兕是独角而犀为一大一小独角的种属，或以为兕为雌性而犀为雄性。甲骨文提到兕的肤色有白（合集37398）及戠（佚存518）。戠或以为是黄或赤色，但《说文》以为兕如野牛青色。白色与灰青色的色调较近，可能是不同观察者描写的差异。"兕"较可能是灰青色的犀牛。从遗留的器物看，商代所指的兕大概是鼻端及额头各有一角的一种（图3.3）。战国时代以前，犀牛还是中国人熟悉的动物，故以犀牛赋形的铜器还相当逼真传神。但是汉代以后，大概因已难见其形象，只能依据书本的描述造形，形象就大有出入，如图3.4。

商人捕捉犀牛的最重要目的，应该是获取其坚韧的皮，因它是缝制铠甲的理想材料。在钢铁武器未充分使用前，兕铠甲对于青铜武器的攻击有很好的防御效能。在西汉普遍使用铁甲前，兕甲虽已渐被铁甲取代，已不是最理想的护身装备，但仍是兵士常见的装备。故成书于战国晚期的《考工记》详细记载有其缝制及质量检验之法。其中《函人》篇说，犀甲寿百年，兕甲寿二百年，犀兕合缝之甲寿三百年。虽不免夸张，但也是基于其经久耐用的事实。故《楚辞·国殇》中说"操吴戈兮披犀甲"，以之为理想的战斗装备。从吴国衣犀甲之士之多，可想见古人滥捕的程度。所以犀牛在中国之灭绝，除了气候变冷，草原被开辟为农田而失去食料来源外，最主要的原因应是人们要获得其坚韧的外皮。

除皮甲外，犀牛还有一样最为人们宝贵的东西，即犀角。犀角是一束毛发硬化而成，所以没有长成如其他动物一样的对称状。犀角含有碳酸钙、磷酸钙、酪氨酸等成分，具有清热、解毒、止血、定惊的功效。其疗效起码已为汉代人所了解。《神农本草经》将其列入中品，是种可久服兼治病的药材。因品种不同，犀角的色泽、大小、外形都有些不同。有些尖而细，有些粗而短，但都具圆锥形而根部有自然的洼陷，可因势以制作容器。《诗经》的篇章，如《卷耳》"我姑酌彼兕觥，维以不永伤"，《七月》"跻彼公堂，称彼兕觥，万寿无疆"，《丝衣》"兕觥其觩，旨酒思柔"等，已言明以犀角制作饮酒杯。但不知其时是已着眼于其疗效，或只是取其材料贵重。汉代既知犀角的疗效，其后的制作当有此用意，希望饮用溶于酒中的药性，以达延寿的目的。到了4世纪，炼丹家以之与水银、丹砂、硫黄、麝香等物合药以制作小还丹，以为有助于成仙不老的效果。犀牛在汉代已比象更为罕见，以致犀角的效用被人神化，甚至以为有避尘、避寒、避水等种种不可思议的妙用（孙机1982：83）。《汉书·郊祀志》记载王莽时以之和鹤髓、玳瑁等二十余物，煮之以渍种，希望吃其长成的谷粒以成仙。

廌、解廌、獬豸

廌是古代华北一种真正存在过的动物，商代曾有田获的记录，毛色为黄（合集5658）；后来因为气候转冷而南移，终在中国绝迹而变成传说的神兽。目前其在越南的丛林中犹有遗存，19世纪才被发现，越南语读若"色拉"。《说文》对"廌"的解释是："解廌兽也。……古者决讼，令触不直者。"其甲骨文的字形作一只高大的平行长角的羚羊类动物形（ 𗽱 𗽲 𗽳 𗽴 ）。古文字有几个以之构形，如此兽所吃的草为"荐（薦）"，以草与廌组合（ 𗽵 𗽶 𗽷 ）。《说文》解释云，"古者神人以廌遗黄帝，帝曰，何食何处？曰，食荐。夏处水泽，冬处松柏"，以廌所吃的草料是编织席子的好材料表意。而"法（灋）"的《说文》解释是："刑也。平之如水，从水。廌所以触不直者去之，从廌去。"因传说它用角触碰罪人而有助于判案，故为法律的象征。汉代一位判官的墓门，就画有一对低头作欲向前冲状的廌。后来负责判案的县衙就绘有解廌的形象，县官的补服也以解廌为图案。由于字形演变有如独角兽，其长而平行的角也容易被误会为独角，故在汉以后的墓葬，常以细长的独角出现。甲骨文还有"羁"字，作廌的双角被绳子绑着之状（ 𗽸 𗽹 𗽺 𗽻 𗽼 𗽽 ）。卜辞用以为驿站之设施，有二羁、三羁、五羁等，很可能古代就以廌作为骑乘或拉曳驿站的车辆。"庆（慶）"字的甲骨文以"廌"与"心"会意（ 𗽾 𗽿 ），廌的心脏可能被认为可作药用或美食，有得之则可庆祝之意。这都说明此兽在华北生存过的事实。

商 甲骨文	周 金文	秦 小篆	汉 隶书	现代 楷书
				廌 高大的羊类动物 象形。
				荐（薦） 廌所吃之草是织 席的好材料。
				灋 传说獬豸可助判 案，角触不直者 去之，法律公平 如水流之意。
				羁（羈） 廌的双角被绳子 绑着之状，卜辞 用以为驿站。
				庆（慶） 得到廌兽的心脏 值得庆祝。

虎

　　虎是猫科最大的动物，不计尾巴，身长可达2米，重200公斤以上。它是一种凶猛的野兽，有强壮的身躯、锐利的爪牙、敏捷的动作，是亚洲野兽之王。

中国古代社会

它是种对气候很有适应性的动物，故分布的地区很广，应是古代中国常见的动物。但是它的生活环境——杂草丛生、潮湿而软的地区和森林——逐渐被人们开发为田地，使其失去生活的天地。所以虎现在几乎也在中国境内绝迹。不过在野生的动物中，虎可算是人们非常熟悉而常见于装饰的题材。

甲骨文的"虎"字，是一只躯体修长、张口咆哮、两耳竖起的动物象形（🐅🐅🐅🐅🐅🐅）。在中国境内所有的野兽中，捕猎老虎是最具危险性的。如果不靠设阱、下毒药，古时候想要用武器猎获它是很不容易的。所以对一个古代的猎人来说，它确是可夸示勇力的猎物（图3.7）。根据甲骨文的记载，商王捕到老虎的地域虽有多处，但在大量的猎获物中，只能见到一两只而已。譬如在一次大规模的狩猎中，捕得鹿四十，狼一百六十四，麋一百五十九等，但才捉到一只虎（合集10198）。比起皮坚甲厚的犀牛动辄捕获十只以上，即可见它难于捕获的程度。由于老虎不易捕捉，最后的商王帝纣，在鸡麓捕获一只大烈虎，就特地取下其前膊骨，正面还雕刻很繁缛的花纹，骨桥上是一只老虎，其上叠有两层饕餮纹、简略的龙纹和蝉纹。两面的花纹和刻辞都用贵重的绿松石嵌镶（Proctor 1972：21）（图3.6），显然是炫耀其打猎的成果，作为赏玩展示之用。此骨经鉴定是古代一般成年老虎的前膊骨。从而知其他一些同形状有刻花纹而没有铭辞的，也都是猎虎成果的展示品。战利品的装饰在古代也有表示地位的作用（Pearson，人类学：285），个人难于捕猎到虎，只有拥有徒众的贵族们才有办法做到。

商　甲骨文	周　金文	秦　小篆	汉　隶书	现代　楷书
🐅🐅🐅🐅	🐅🐅🐅🐅🐅🐅🐅🐅🐅	🐅🐅🐅	虎	**虎** 整只虎的形状。

老虎既然对人类具有生命的威胁，又那么难于捕捉，如果有人想夸示其

胆力及勇气，在上古恐怕没有比跟老虎搏斗更刺激的场面了。故扮演搏斗老虎的故事剧，甚至与老虎真的搏斗，就成了古代一种很有号召力的娱乐节目（图3.8）。汉代就有这种记载，东海黄公年轻的时候以表演徒手搏斗老虎为职业，到了年老的时候不知身体已衰弱，有一次带了刀子上山去捕捉老虎，反而被虎吃掉了。人们也因之编成有科白、化装、舞蹈的戏剧。而来自占城的表演者，"开圈弄虎，手探口中，略无所损"。金文的"戏（戲）"字由老虎、戈及凳子组成，想是表达一人持戈表演刺杀高踞的老虎的游戏之意（𢧢 𢧢 𢧢 𢧢 𢧢 𢧢）。甲骨文的"虢"字则作更惊险的以双手扭斗老虎的样子（𪊨）。这都可证明此种表演来源甚早（参考第十四章的介绍）。

老虎虽然对人们的生命和家畜都构成威胁，但古人不但对之没有恶感，甚至还相当地崇敬。商代铜器上常见的饕餮纹，有大半是取材自凶猛的老虎（袁德星1974：40—44）。它大概被视为有毛的动物中最具神威的，有某种避邪的能力。河南濮阳一个6000多年前的墓葬，尸体两旁用蚌壳排成龙和虎的图案（濮阳文工1988：4）。战国时候就被取以代表二十八宿中的西方七宿（王健民1979：40—45）。与鳞虫之龙、羽鸟之凤、介甲之龟蛇等神灵动物合称四灵，分别代表四个方向及季节。后来更与五行说配合而有青龙、朱雀、白虎、玄武之称。虎的肤色最常见的是黄色，少量呈黑色，白的就非常罕见，恐怕是变种。

在五行学说中，将虎的肤色说成白的，不知是偶然的配合还是有意的安排。它被视为灵异的象征，大概来自"白虎性仁而不害"的观念。虎的平均寿命才十一岁，白虎太过罕见，故因而附会说虎五百岁而毛色变白，要王者不暴虐、恩及行苇时才出现。如不涉神怪的解释，就说白虎因为年老，不甚搏杀，只拣现成的食物而已。其实虎通常避开健壮的大型兽类，只有在饿坏了或被激怒时才不择对象。《易经》履卦为"履虎尾，不咥人，亨"，言明虎甚至还有被冒犯了也不发怒的时候。而且它喜欢在夜间捕食，对人群构不成大灾难，大概在饱肚时也不噬食生物。一说，扶南王蓄养生虎，如果有讼事而未能决定曲直，就投人于虎牢，不被虎侵犯的就是理直，因而蛮貊之人祀虎为神。

虎会攻击家畜，显然会造成经济上的损失，但它却被中国人当作农业的保护神。农业是种长期性的投资，在漫长的生长过程中，破坏大约来自两方面。一是田苗受到野兽的践踏及啮食。鹿类性喜结群行动，以草蔬为食，其游食之地常是种植庄稼之处，行动自有妨害农作之处。此外田鼠也啮食植物的根。故古时有孟夏驱兽以保护田苗的积极措施。虎以鹿、田豕等弱小野生动物为食，间接帮助农业的生产，故农民欢迎它。农业的另一破坏来自供水。在水利不甚发达的古代，农作的收成常取决于适时的降雨与否。水量不足的时候常多于降水过多。旱魃是传说降下旱灾的祸首，而《风俗通义》说虎能噬食鬼魅（图3.5），这不也是帮了人们一个大忙吗？有人甚至以为龙虎不兼容，龙有造雨的神力，如投虎骨于有龙的池渊，可将龙激醒，起而降雨。或以为老虎代表收获的秋季，农民因之祈拜，期望好收成。

古时的人认为什么东西都有精灵，威力越大的，魔力也越高；还认为与某样东西有了关系，就会感染它的影响力，因此希望食用或服戴它。后世这种原始的信仰虽已淡薄，但多少还有些遗留。故武士喜以虎头或虎皮来装饰戎服，希望借其魔力去威吓敌人或马匹，起码也有避邪的功用，同时也好向同伴炫耀。《左传》记载城濮之战，晋胥臣蒙马以虎皮先犯陈、蔡而致楚师败绩。一般人大概觉得凶猛的老虎有足够的力量保护幼儿不受到妖邪的侵害，或是希望男儿长得勇猛如虎，就把男孩的帽子缝制成老虎的样子。老虎也就被视为幼儿的保护神了（永尾龙造，民俗：559—561）。甚至成年人也购买虎形的枕头，希望避邪。

鹿

鹿类一直是商人猎获最多的动物。鹿类繁殖快，性喜水草，生活环境与人类最为接近，为最近人类生活的野生动物。加以它们没有致命的攻击能力，所以成为人们最喜爱的捕猎物及最易捕获者。甲骨文的"鹿"字，是描写头上长有一对歧角的偶蹄动物形（🦌🦌🦌🦌🦌🦌）。其他属于鹿类的捕猎物尚有不生歧角的🦌、🦌，眉有特别花纹的🦌等，它们后来大致都被形声字所取代了。

商　甲骨文	周　金文	秦　小篆	汉　隶书	现代　楷书
🦌🦌🦌🦌🦌🦌🦌🦌🦌🦌🦌🦌	🦌🦌🦌🦌	鷹	鹿	**鹿** 象有歧角之鹿形。

　　鹿的皮、角、骨、肉都有利用的价值。不但是商代，就是今日，鹿角还被认为是美丽而可当装饰品的东西。西周时代的甲骨文"丽（麗）"字，就特别把鹿的一对歧角画粗以表示美丽的意义（🦌）。但是商周时代，捕捉鹿麋似有取其皮、角、肉以外更重要的经济目的。鹿类性喜结群行动。其游食之地常是人们种植庄稼之处。其活动会妨害农作物的生长，故农民要擒捕之以防作物受到破坏。《春秋》鲁庄公十七年有多麋为灾的记载，表示作者的关切。《礼记·月令》更有于孟夏驱兽毋害五谷，保护田苗的积极措施。其所驱逐的兽类主要是鹿。商周时代打猎之事也叫田。甲骨文的"田"字是疆界分明的田地形（田 田 田 田 田）。以种植谷物的农田去表达捕猎的活动，必是由于捕杀、驱逐野兽的工作常在农地举行，以防野兽践踏、吃啮田里幼苗。打猎被认为是耕地的辅助作业之一。所以从"田"字的使用，可以看出至迟在商代时，一般的行猎已是为了保护农作物的附带工作，不完全是为了肉食或毛皮等的供应了。

商 甲骨文	周 金文	秦 小篆	汉 隶书	现代 楷书
				丽（麗） 象鹿的两角可为美丽的装饰物之意。
				田 象规划整齐之田地形。

鱼

鱼繁殖快，比动物难于被捕捉全尽，故在早期，捕鱼区比狩猎区可养活更多的人口。捕鱼社区也比狩猎社区大，而且往往不发展农业也能经营定居的生活（Pearson，人类学：379），日本就是其中一个明显的例子。但比起狩猎，捕鱼算不上是一种兴奋或刺激的活动，而且也不涉及军事的训练。可能因此，甲骨卜辞问及捕鱼的占卜不多。甲骨文的"鱼"字，很容易看出是个有鳞、有鳍的鱼形（ ）。较早时候的人们居住于取水容易的山丘河旁，捕鱼是生活的重要活动之一。仰韶文化的遗址虽深处内地，但都距离河流不远，捕鱼不难。故仰韶文化陶器上的鱼类花纹远较他种动物的花纹为多（西安半坡：163）。后世因为人口压力越来越大，迫使人们远离河岸去过活。本来易得的鱼，就渐渐变成不易吃到的珍肴了。《孟子·告子》中孟子曾叹鱼与熊掌不可兼得，可以想见战国时代在颇近海岸的山东地域，鱼也是珍贵的食品，其他地方就更不用说了。甲骨文的"鲁"字，作盘上有一尾鱼之状（ ）。"鲁"字在古时有嘉美的意思，无疑是从鲜鱼为美味之食品的概念得来的。商代还发现从远地运来鲟鱼以供口欲的例子（侯连海1989：947）。但是先秦的文献，鱼有时又不似很贵重的食物，价值在牛、羊、猪等家畜之后。如《国语·楚语》有"士食鱼炙，祀以特牲。庶人食菜，祀以鱼"。依《礼记·王制》，士以上阶级的祭祀，品级依次为牛、羊、猪、犬，不及于鱼。这种现象很可能是因为汉代以前，市场零售肉食不普遍。宰杀个体越大的家畜花费就越大，故非有大事不杀牲。鱼则个体小，价格较低，一般人付得起。但如以斤两论，鱼肯定要贵些。人工养鱼事业至迟在商周时期就已出现。一件西周中期的铜器铭文提到某贵族渔钓于其池塘，并以三百鱼赠送之（陈梦家1956：120）。到了春秋、战国时代，人工养鱼则已相当普遍了（周苏平1985：70）。

商　甲骨文	周　金文	秦　小篆	汉　隶书	现代　楷书
				鱼（魚） 一尾鱼的形象。
				鲁（魯） 以盘上的鱼佳肴表达美好之意。

　　捕鱼的一些方式可以从字形看出。甲骨文的"渔"字有几种写法：一作鱼游于水中之状（），一作手拿着钓线钓到鱼之状（），一作以手撒网捕鱼状（）。此外应还有更原始的方式，如用木棍棒打或以鱼镖投射，或甚至空手捕捉。《春秋》有鲁隐公于公元前718年矢鱼于棠的记载，大概是古时射鱼以供祭祀礼俗的孑遗。7000年前的武安磁山遗址有鱼镖出土（邯郸文管1977：371）。撒网是很进步的捕鱼法，上述磁山遗址也有网梭，表明7000年前也已进步到以网捕鱼了。

商　甲骨文	周　金文	秦　小篆	汉　隶书	现代　楷书
				渔（漁） 有水中游鱼，钓线捕鱼，布网捕鱼等多种创意。

　　鱼常是美术的题材，宴客的菜肴也要包括鱼。甚至在渔产少的地方，宴客时需要象征性地摆设木刻的鱼。这多半是因为"鱼"的音读与"余"同，有鱼象征有余。中国人口密度大，食物常不足，能够饱食是人们最关切的事，人们都希望丰裕不匮乏，故形成这种习惯。

鸟

　　鸟类也很早就成为人们捕捉的对象。但是其利益价值远较其他肉类供应的动物为小，而且也不易捕捉。除了其美丽的羽毛，鸟没有太大的经济价值，至于大型的猛禽，则为权势的象征，故以鸟作为狩猎对象的记载不多（侯连海1989：947）。但是鸟类会啄食幼苗，人们从事谷物种植，就得驱赶、捕杀鸟类以保护农作物。汉代的《说苑·君道》提及驱鸟维护桑叶及野蚕。商代的丝织业已颇具规模，大概也有相同的措施以保护桑蚕业。

　　甲骨文有两个鸟类的象形字：一是假借为语词"唯"的"隹"字，是鸟的简略轮廓（ ）；一作为鸟类总名的"鸟"字，画得比较详细，羽毛较丰富的样子（ ）。有以为"隹"字画的是短尾鸟，"鸟"字为长尾鸟。但这样的区别并不适当，因为有些鸟类的形声字，义符部分的"隹"和"鸟"是可以互换的，如"鸡（雞、鶏）"与"鹊（䳜、鵲）"字，而从"隹"的雉却是有名的长尾鸟。

商 甲骨文	周 金文	秦 小篆	汉 隶书	现代 楷书
			隹	**隹** 鸟的简略轮廓形。
			鳥	**鸟（鳥）** 象鸟形。

　　甲骨文的"只"字，商代使用为"获"字意义，作手中捉着一只鸟，有所捕获之意（）。捕鸟常用箭射及设网。甲骨文的"离"字作以一把田网捕鸟之状（）。甲骨文有一字今已不使用，象一人高举两手在设网，一只鸟掉进网子之状（）。箭射的方法可从鸟的名字看出。商代捕捉的鸟主要有两类。一为雉，以一只鸟和一枝附有缴的箭会意（）。用有缴的箭射飞鸟，可防止射中的猎物失落；就是射不中，也容易收回放出的箭，减少损失。用缴去射鸟起码可以追溯至5000年前（宋兆麟1981：77）。另一种不知是何种鸟类，很可能是飞不高或飞不久的鸟（）。故商人用追逐的方法去捕捉它们。射鸟很可能是练习射箭的好方法，因为它们是移动的目标，比不动的靶子更符合实际的情况。

商 甲骨文	周 金文	秦 小篆	汉 隶书	现代 楷书
			隻	**只（隻）** 象捕获鸟于手中之意。

中国古代社会

商　甲骨文	周　金文	秦　小篆	汉　隶书	现代　楷书
		離	离隹	**离（離）** 鸟被困于长柄的捕鸟网中之状。

鸟类虽不是古代捕猎的主要目标，被培育成为家禽的鸡和鸭却是一般家庭的肉食供应者。鸡很早就被豢养。公元前5200年的武安磁山遗址发现大量的鸡骨，且多属雄鸡，明显是家养的现象，而且可能有意地保留母鸡以生蛋供应食用（周本雄1981：343—345）。他种家畜个体太大，花费太多，除非有重大的节庆才舍得屠宰。鸡、鸭则适合一家一餐之量，可以随时宰杀以招待客人，故成为家家常备的家禽。

捕猎的方法

甲骨文有几个常见的捕猎方法的表意字，亦介绍于下。"阱"字作一只鹿陷入一个人为的坑陷之状（），"阱"是后来发展的形声字。"逐"字作一个足迹尾随一只野兽之后（），表示一人追逐野兽之意。应用这种方式时，前头应设有坑陷或网罗等待着（）。这大概是对付不易捕捉的野兽，或欲生擒野兽的方法。"焚"字作以火焚烧树林之状（）。这是把野兽从藏匿处驱赶出来的方法。"射"字则作一支箭搭在弓弦上，随时可射出之状（），这是杀害野兽的直接手段。当时还可能在地上设木弩，静待野兽触动弩机所安装的伏线而遭受射杀。商墓葬里见到的所谓铜弓形器，很可能就是这种弩上的装置。其上有铃，可以告知猎人所设弩机已发。周代以后，贵族较少从事狩猎活动，也就不铸造这种弓形器了。

商 甲骨文	周 金文	秦 小篆	汉 隶书	现代 楷书
				阱 设陷捕捉野生动物。
				逐 象脚步于野兽之后追逐之意。
				焚 火焚林之状，或手持火把焚林。
				射 箭架设在弓弦上待射之状。

中国古时气候的变迁

　　生态与气候关系密切是众所周知的。不同的气候，不同的环境，或它们的变迁，都会导致或改变不同的生态和生活的方式。因此，研究孕育一个文化的气候背景，也是不可忽视的问题。现在有很多方法可以测知过去某段期间某地气候变化的大概。如利用某地雪线的升降探测某段期间的气温变化（竺可桢1972：36）；利用氧十八放射性同位素的含量研究结冰时的气温（Hoebel，人类学：105）；也可以从土壤中遗留花粉的种类和数量探测植被的分布情形（考古科学：139—149；周昆叔1975：64—70；王开发1980：59—66）；动物遗骸的百分比，也可以用来探测它们活动时的气候概况（尤玉柱1985：68—73；计宏祥1985：85—89）。遗址中发现的大量动物骨骸是人们屠杀的具体表现，可以反映那些动物群生活时的气候，顺便在此章介绍。

对于气温的变迁，人们可以采取居所、服装等种种方法去适应。大多数的动物则除了迁移之外，没有其他太有效的办法以适应不利的气候。因此一个遗址不同地层动物群的变化，可以给我们一些该地气温变化的启示。从河南淅川下王岗遗址的动物骨骸，可以看出在中国文化孕育的一段最重要时期，中原地区气温变化的大致情形。

该遗址的第七到第九层，是属于公元前4000到前3000年的仰韶文化早期到晚期的地层。这几层中，犀牛一类喜暖的动物占29%，其余为长江南北均可见到的如犬一类适应性强的动物。第五到第六层，是属于公元前2500到前2200年的屈家岭文化中期和晚期的地层。此层不见喜暖的动物。第四层则为公元前2000至前1700年的龙山文化，喜暖的动物占22%，麋等较为喜冷的动物占11%，其他适应性动物占67%。第二和第三层，约为公元前1600年的先商和早商文化，喜暖的动物占25%，其余为适应性较强的动物。第一文化层是西周时代，约为公元前1000年的地层，不见有喜暖的动物（贾兰坡1977：41—49）。总结以上的统计，它反映该地区在距今6000到3000年间，以6000年前为气温最高点。到了距今4300至4200年前后，年均温有降低的趋势。3600年前又恢复一些温暖，并持续到3000年前，以后则气温又转冷。

从动物群遗骨的变化探测气温，当然只能得到相对的概况，还得根据他种材料加以校正，才能得到较实在的情况。各种科学方法对古时气候的研究，都表现气温的波动是全球性，而又彼此先后呼应的。虽然全球的气温不是各地同时转冷或趋热，但波动的曲线是相应的（Flint & Brandtner 1961：321—327）。过去的10,000年间，地球各地的气候有了相当大的变动。约在距今10,000到9000

年间，年平均温度约比今日低5℃的样子。此后气温一直升高，距今7000到3000年约是最暖的时期。其间，气温在4200年前稍为降低，而3600年前回升。其年平均气温要比现今高2℃，而一月份的平均温度，则可能比今日高3℃到5℃之多。个别地区的差异还要大些。此后气温大大下降，而波动在低于现今平均温1℃到2℃之间。公元1700年是近期气温最低点，然后又逐渐升高到今日的温度（安田喜宪，环境：97）。

从以上的叙述，知过去10,000年间，年均温曾经有过7℃之多的变化，一定对人们的生活习惯起了很大的影响。譬如在浙江省，其6000多年前年均温比现在高3℃至5℃，雨量增加800毫米，约达到2000毫米。但到了4000多年前的良渚时期，气候就变得干燥，降雨量才700毫米而已，使水稻的分布范围大为缩小（林承坤1987：283）。云南地区于2500到3500年前之间，平均温度也较今日低2℃至4℃之多，干燥凉爽得多（雷作淇1985：90—94）。公元前5000到前1000年期间，中国文化正是从孕育发展到成熟的阶段。根据对于动物、植被的研究，长江沿岸的气候在六七千年前约如今日的广东。则当时的广东无疑会过于燠热而不适宜人们生活。而那段时期华北地区的气候正好是温暖和湿润，对狩猎和农耕相当有利。八九千年前气温的升高很可能迫使华南地区的人们北移，以适应此气候的变化。同样地，春秋战国时代以来华南地区的次第开发，也多少与气候的趋冷有关。第五章将讨论此种气候变化，与中国移民路线和农业发展的关系。

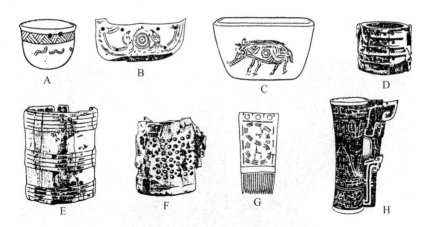

图3.1　商代及以前遗址的一些象牙雕

A—B，6000多年前浙江河姆渡　D—G，5000多年前山东大汶口

H，3000多年前商遗址嵌镶绿松石象牙杯（刘道凡1980：91—92）

［C为陶制，应删除］

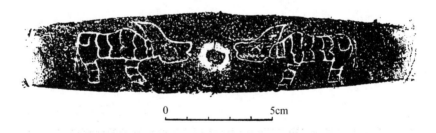

图3.2　商代弓形器背部上的犀牛花纹（唐云明1982：45）

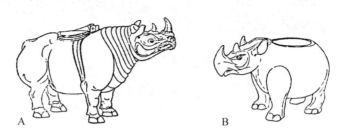

图3.3　犀牛形青铜铸器

A，战国时代　B，商代（孙机1982：81）

图3.4　河北平山战国时代中山王墓出土的铜犀，那时华北已少见犀牛，故造型不逼真
（河北文管1979：图版4）

图3.5　汉画像石上的虎食女魃图（周到1973：40）

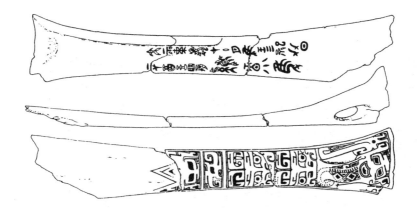

图3.6 商代嵌镶绿松石的虎骨雕刻，上有商纣猎虎的记录（White，骨文化：图版15）

图3.7 战国时代铜镜上的骑士斗虎图（历史图册：43）

图3.8 西汉空心砖上的戏虎图（吕品1989：55）

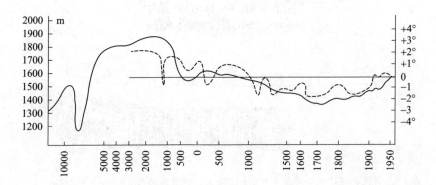

图 3.9　10,000 年来挪威雪线高度（实线）与 5000 年来中国气温（虚线）变迁图
（竺可桢，文集：495）

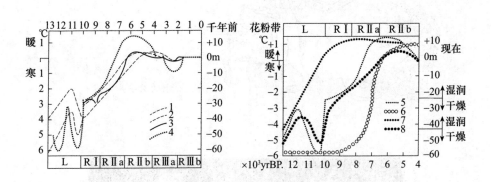

图 3.10　10,000 年来日本海面的变化与气候的变化（安田喜宪，环境：97）

第四章

畜　牧

畜牧之起

　　凡是为了食用、赏玩、劳役等目的而普遍被人们饲养的禽兽，都可以称之为畜。后来人们大概难得见到野生的动物，就推广之以名所有的动物。曾经被人们饲养过的动物有许多种，但在中国，一谈及家畜，一般就限定为常见的牛、马、羊、犬、猪等种属。"畜"字在商代的甲骨文，作动物的胃连带有肠子的形状（）。古时未有陶器之前，人们常以动物的胃袋为天然容器以储装水及食物，方便行旅时使用。家畜是人们豢养以待他日之需，因此借用"畜"字。或有可能，人们平日所吃的肠、胃等内脏都取自家畜，故以之表意。

商　甲骨文	周　金文	秦　小篆	汉　隶书	现代　楷书
				畜 象连有肠子之胃形，可蓄藏食品之意。

人们从几百万年前就开始捕捉小动物而有了杂食的习惯，后来晓得制造工具及设陷阱，就渐渐猎取大型的野兽，以增加肉食的分量。狩猎除了为取得肉食的供应外，还有可能是为了减少社区受到的野兽攻击及侵扰。但是打猎并不是很可靠的肉食供应法。野兽的生息繁殖有一定的地域和季节，不可能整年都适时地满足人们的需求。何况捕捉野兽须费相当的力气，有时还不免有受伤甚至死亡的危险。所以人们便设想，如果野兽能圈养在住家的附近，随时可取来宰杀，那该是多么的理想！因此人们一旦学得驯养家畜的方法，体受其方便，自然会大量饲养和培育自己需要的良种家畜了。故西方的考古学家，有以植物栽培、动物驯养的出现标识新石器时代的来临（彭景元1990：63）。

驯养动物既然出现在人们有了狩猎经验百万年之后，则必非偶发的事件。那么，到底是什么促使人们兴起饲养动物以待不时之需的动机呢？一般地说，开始从事家畜的饲养要比发展农业早些。故中国有传说，在神农氏教民耕种之前，伏羲氏以网罟捕捉野兽以充庖厨而创立了畜牧业。它反映创造此传说的人了解用网活捉野兽是动物家养的先决条件。一般的理论是，古人捕猎到过多的野兽，其中有受伤未死或尚未成长的幼兽，并不立即食用而暂时加以圈养，以待他日打不到猎物时食用。有时圈养的时间极长，幼兽与人们相处久了，习惯于人们的饲养和保护，甚至壮兽偶然有生产小兽的情形发生，慢慢地促成人们饲养的兴趣（Fagan，人类：184）。甲骨文的"豢"字，作双手捧着猪而加以照顾之状（），其中一形的猪，腹中还孕有一仔猪（）。又从经验得知，某些兽类的习性较驯良，易于豢养，且不太费事，因此人们便渐渐扩大饲养的种类和规模（考古科学：245），并做有选择性的培育，后来还学得通过阉割的办法以减轻动物不羁的野性，并以之驯化难于驯服的动物，或使它们快速增肥。

商 甲骨文	周 金文	秦 小篆	汉 隶书	现代 楷书
家戎青魮 冢戎		鬵	豢	豢 象双手捧猪加以 豢养照顾之意。

　　一谈到家畜，大家总想知道人类饲养家畜的历史有多长，何种动物最先被驯养，而各地发展的情况又如何。要解答这些问题，首先要判定何种情况才是有家畜的现象。当然我们可以用科学的方法检验骨骼的骨质及体态，以判断其家养的程度（孔令平1980：551；考古科学：250—268）。但是要经过千年以上家养的过程，动物的骨骼才会起明显的变化。如以猪为例，亚洲的野猪，其前躯占有全身七成的比例，而原始的家猪就只占一半，现代的家猪则已演变到前躯只占三成。不过，这种变化的历程几达万年之久，很难用以判断家养初期的时间，故一般以遗址所遗留幼兽骨骼所占的比例为依据。虽然幼稚老弱之野兽较易被捕获，但它们较少四处闲逛找食，因此打猎时通常不会擒获大量的幼兽。而且猎人也比较喜爱猎捕肉多的壮兽，只有在家畜业已相当发达的社会，才会因某种需要而大量屠杀幼兽，以及保留壮兽繁殖的习惯。如果一个遗址遗留的动物骨骼，某段年龄的个体占有不寻常的高比例，就表示那是在人为有意的选择下所宰杀，可以看作已是家养的阶段（Fagan，人类：184）。譬如广西桂林甑皮岩一个至少已有8000年的遗址，发现有63具猪的躯体，年龄都在一岁半左右，就可断定那已是家养的阶段（黄展岳1983a：2）。第三章提到的武安磁山遗址，发现大量的雄性鸡骨，应也是家养的具体现象。

　　人们狩猎的最初动机大致是肉食，后来才有保护农作物、以供祭祀、练习军阵、舒展身心等文明高度发展后才有的目的。可以想象饲养的种类是从人们狩猎所熟悉的、有供肉价值且易于饲养的动物开始；后来才逐渐注意到皮、毛、乳等的副产品，甚至是运输、运动的效能；然后进一步发展有选择性地控制交配，以期培育提高某些产品的质量和产量的优良品种（Fagan，人类：184—185）。依据遗址的现象，中亚在11,000年前已驯养绵羊。大半是因为绵羊易为人们所生擒，其性情又温良，性喜群居，可以任其野外游食，不必特别准备饲料及费力加以看顾。但是理论上，狗被驯养的时间也应该甚早，可能不比羊迟晚，至少也该有万年的历史。因为犬的行动敏捷，嗅觉敏锐，奔跑快速，是协助捕猎的好手，对于过着渔猎生活的人们有莫大的好处，故很早就被驯养。

家畜饲养的种类和发展的迟速也要视地区而定。中亚属半干旱的气候，适于羊的生存，所以在11,000年前的中亚绵羊首先被驯养，大半是基于上述的原因。但中国在8000至10,000年前这一段时期，有较多人居住的地区是华南。其地温湿，不适宜绵羊的繁殖，比较适宜发展农业。猪躯体肥胖而脚短，不堪远行，不适宜游牧的民族，兼以又是杂食性的动物，可饲以人们吃剩的食物或不吃的蔬菜，颇适合农民的需要，故继犬之后成为中国人普遍饲养的动物。当农业推广到华北地区时，饲养猪、犬的知识才被带去，故早于公元前4000年的遗址，出土的骨骼以猪和犬为多，较晚的遗址才渐有牛、羊的骨骼。

畜牧与农业之相成相斥

不管草原有多大，野兽如何繁殖得快速与易于捕获，从事狩猎的工作总要费相当长的时间并做必要的准备。畜牧业的建立，使人们可以节省一些时间多从事其他的活动。农业的发展有可能得益于经营畜牧业省下的觅食时间，人们有充裕时间观察野生植物生长的情况而加以实验，一如实验饲养各种家畜。而且畜牧与农业的发展可能相辅相成。家畜的产生虽早于农业，但大部分的家畜却是农业发展后才驯养成功的。带领大批家畜逐水草的生活总不如固定地圈养于一地方便，而且发展农业以生产饲料，还可以饲养更多的家畜。家畜也可以提供劳力来增加农产。如中国的牛，驯养的时间大致有五六千年。虽不能肯定说最初驯养是为了劳役，但可确定以牛拉车载重也起源相当早。不过农业与畜牧有着基本上的矛盾。发展畜牧业，譬如饲养牛羊，就会让牧草占用耕地。而发展农业就要尽量开辟草原、山地为耕田。因同面积的土地，生产粮食比饲养家畜可以养活更多的人口。在人口压力下，如果气候、土地等条件许可，需要牧地的畜牧业就会被农业所取代。中国的情形就是一个好例子。第三章所介绍的打猎，常是农人为驱逐野兽以保护农作物的业余活动。再者，牛与羊因躯体大、供肉多，在春秋时代以前为重要的肉食供应。但到了春秋时代，牛就成为拉犁耕地的主要劳动力，不再是一般人的食品。汉代时，牛成为皇帝赏赐臣下的特殊食品，羊则根本失去重要家畜的地位，只利用不能生产农作物的地点加以饲养。杂食性的猪虽不被认为是很高贵的食品，但因饲养猪并不妨害农作的发展，它终于成为中国最重要的肉食来源。这些都是畜牧业让位于农业的具体表现。至于马，在中国大概只有四五千年饲养的历史，大半以取代牛为国家生存所系的骑乘工具而被家养。

又如，甲骨文的"牧"字有两类写法：一作手拿牧杖以驱赶牛只之状（𤘗 𤘗 𤘗 𤘗 𤘗），一则作赶羊之状（𤙡 𤙡 𤙡 𤙡 𤙡 𤙡）。有时又添加一个行道（𤙡 𤙡 𤙡 𤙡），反映商代的放牧是发展于行道之旁的业余小规模方式，不是在山坡或草原的大规模专业放牧。在造字的时代，牛与羊都是重要的家畜，故二者都被取用以创造"牧"字。但因羊没有农业上的大用，且需要牧草作为饲料，难于与农地共存，所以春秋时代以后，羊就少见饲养。汉代以后，人们也只取以杖驱赶牛的字形以表达畜牧的意义。

商　甲骨文	周　金文	秦　小篆	汉　隶书	现代　楷书
𤘗𤘗𤘗𤘗 𤘗𤘗𤘗𤘗 𤘗𤘗𤘗𤘗	𤘗𤘗𤘗 𤘗𤘗𤘗	牧	牧	**牧** 作手持牧杖导引牛羊。

羊

羊与牛都是古时放牧的重要家畜，它们与其他家畜形象的最大不同点在于有角。故甲骨文的"牛"和"羊"字，就分别以牛、羊的头部来代表其种属。牛角上曲（ ），羊角下弯（ ），分别明显，不用多加解释。羊可以放任于草地取食，不需用人们需要的食物去喂养，也不必费太多的人力去照顾，故在大多数地区，尤其是半干旱地带，羊是最早的家畜。但在中国，羊恐怕不是最早驯养的家畜。虽然公元前6000年的郑州裴李岗遗址已见陶羊模型及羊的遗骸，但在经营农耕的主要区域，6000年前或更早的遗址出土的骨骼大都以猪、犬为多（庙底沟：63；周本雄1981：340；邯郸文管所1977：371）。到了龙山文化时代才有较大量的牛、羊骨骼。至于中原以西、以北的半干旱地区，则自新石器以来一直是牛、羊的骨骼多于猪、犬（钟遐1976：25；乌恩1981：45—61）。显然中原地区羊的饲养，是受游牧地区的影响。在公元前八九千年时，由于气候的因素，华南较多人迹。该地区气候温湿，适宜猪、犬的活动，故先有猪、犬的饲养。华南的人们北移经营农耕，也把猪、犬带去，华北才有多猪、犬而少牛、羊的现象。

商 甲骨文	周 金文	秦 小篆	汉 隶书	现代 楷书
				牛 以头部形象代表牛的种属。
				羊 以头部形象代表羊的种属。

羊在汉代以前是仅次于牛的重要祭祀牺牲，牛大概是因其体格高大，羊则可能因其饲养数量少而被视为珍食。大半因为发展农业的需要，草地被大量开辟为农田，断绝了羊的食料来源，致饲养数量大减，羊逐渐失去主要供肉的地位。羊在后世虽不是主要的供肉家畜，却是艺术作品的重要题材。不知是因羊的驯良性格，还是语音上的借用，可能早至商代，羊就被取以为吉祥的象征。三只羊成群是后世常见的图案，这取自代表春季第一个月的《周易》泰卦（屈万里，易例述评：80）。泰卦是由下三阳爻和上三阴爻构成，羊的读音与阳同，故以三羊象征三阳。正月以后阳气渐积，万物从此活跃滋生。

牛

体型高大、壮硕魁伟、属于哺乳纲偶蹄目的牛，是中国很常见的重要家畜。人类驯养家畜虽已有万年以上的历史，但牛的驯养却相当迟才开始。在西方，人们豢养牛的最早遗址可能早至7800年前（Hoebel，人类学：205）。中国7000多年前的遗址虽曾出土牛的骨骼，但不能肯定是否已是家养的阶段（周本雄1981：340）。要等到5000多年前牛骨才普遍见于遗址，且能肯定是家养的品种（考古收获：32），骨骼的形态也有明显的变化。牛虽然是庞然大兽，但性情温顺，甚至孩童都可以牵引其穿鼻而加以指挥。不过那是牛被长期驯养以后的现象，相信在未被驯养前也相当地凶猛不羁。起码古人见其体型高大，且有尖角，一定不敢想象它是温驯的动物，因而迟疑将其驯养为家畜。

"食肉寝皮"是古代常见的诅咒用语。牛皮没有柔软的毛，不是寝具的好材料，但是经过曝晒，柔化的牛皮具有坚硬、强韧、耐磨等特性，是制造控马的皮衔、曳车的皮带、车舆的坐垫、鼓风的囊、纳兵器的鲍和函以及鼓面、甲胄的好材料，也可以隔绝地上的湿气。牛骨可制作笄、梳、锥、针、衔、哨、镞等耐用的小型用具，而肩胛骨在商代更是王室用以占卜的材料，向神明请示治国的大事。牛角则是制造有强劲反弹力的角弓的材料。西洋在5000年前已懂得挤牛乳饮用。牛全身没有不可用之材料，但最大的用途却是它的力气。

牛由于力气大，行路平稳，且有耐力，能载重致远，不但是老弱妇孺适用的交通工具，更是军事上、经济上依恃的负重运输工具。故《风俗通义》佚文有"建武之初，军役驱动，牛亦损耗，农业颇废，米石万钱"。而《史记·周本纪》说周武王于克殷后，"放牛于桃林之虚，偃干戈，振兵释旅，示天下不复用也"。古代如果没有牛的负重致远能力，就难有办法远征，建立霸业。

牛对于经济的最大效益不是拉车而是拉犁深耕。深耕可以缩短休耕期，提高农地利用率。牛耕也可以连续翻土，加速土地翻整的速度。无疑是对农业生产有巨大影响的技术。晚商时候的安阳是人口比较集中的城市，应当有相当高的土地利用率，才足以应付众多人口的食物需求。商代是否有牛耕的事实，已成为学术界争论很久的论题。

中国的传说，《山海经·海内经》说"稷之孙曰叔均，是始作牛耕"，《古史考》则以为中国之牛驾始于距今4600年的少昊氏时代，至夏禹时才有驾马。以上两说中牛耕、牛驾的时代都在夏朝之前。根据研究，发展较早的古文明，出现靠牲畜力量拉车和拉犁的时间是相近的，因为它们利用的原理是一样的。埃及和苏美尔在距今5500到4800年之间，已有构造复杂的牛耕拉犁（Hoebel，人类学：218）（图5.7）。商代的马车，如以其制造之精美估计，说那时候的车子已经过一千多年的发展似不离谱。商代有以牛拉犁应是不成问题的事（参考第五章的讨论）。先秦典籍提及牛车远较马车为少，不能因此就认为当时罕用牛拉车。因为牛驾供载重，不是贵族阶级用以游乐的工具。牛车不及马车威武及快速，故贵族的文学作品少见牛车描写。

牛在后世有军事及农业上的大用。不用说，刚开始时它也与其他野兽一样，主要是当肉食的供应。不知是因牛肉味美，或是体型高大，在家畜中，牛是商、周以来最隆重的祭祀牺牲，是高级贵族特许的祭品。商代祭祀使用的牛、羊牺牲各有两种写法：一是常见的以头部代表全躯的"牛""羊"字，一是在牢圈中特别豢养的"牢"字。作一牛在栏中的"牢"字今日还在使用（🐂🐂🐂🐂🐂）。大概是因为羊已失去重要家畜的地位，"牢"字作羊在栏栅中的字形就被淘汰掉了（🐏🐏🐏🐏🐏）。商代的祭祀，用牛的牢常以大，用羊的牢常以小去形容。这两者到底是表示饲养的方法，或地点有异于一般的牛羊，或表示祭祀时有成套的不同数量，学者间颇有争论（孔德成1966：181—185；张秉权1968：211—215；胡厚宣1939：155—157；黄然伟，殷礼：19—28；严一萍1970：14）。从字形看，其中心意义恐怕是为表示祭祀的隆重而特别加以圈养的。大概以不放任到处游荡，表示对神的礼敬及慎重。栏栅要建造牢固，不要让牲畜走失，故此字引申有牢固、监牢之意义。《春秋》记载有因牛角受鼠咬啮等事而卜问改换别的牛只。牛、羊是贵族特许的祭品，故有隔离饲养的特别措施。至于士庶阶级祭祀所用的猪、狗，就不必如此郑重地圈养了。牛不但要加以圈养，为了要尽量取悦鬼神，有时还要问清楚牛的性别及年龄。《礼记·王制》有"祭天地之牛，角茧栗。宗庙之牛，角握。宾客之牛，角尺"。祭天地和宗庙要用刚长角或角尚短、肉嫩味美的幼牛。幼牛刚长角，质软才有可能被鼠咬啮，故有卜问改牛之事。宴飨宾客就取最具经济价值，即日常驱使或食用的多肉的壮牛了。于文字，就在牛角上加一横画表示一岁，甲骨文就见用四横表示四岁的牡牛字。其他的动物就没有得到商人这种对年龄的特别注意并为之创造专字的待遇。牛在商代虽是最隆重的祭祀牺牲，但还与羊、猪、犬等同视，为肉食的供应家畜。东周时候牛拉犁深耕的效果有极大的经济效益，受到主政者的重视，不再是一般人的肉食供应，限制其屠杀，故《礼记·王制》有"诸侯无故不杀牛，大夫无故不杀羊，士无故不杀犬豕，庶人无故不食珍"。东汉以后又受佛教教义的影响，人们更少吃牛肉，牛几乎不是供食的动物而为君王赏赐大臣的珍食了。

商　甲骨文	周　金文	秦　小篆	汉　隶书	现代　楷书
			牢	**牢** 栅栏中豢养的牛或羊之状。或只作栅栏形。

猪

　　山珍海味是富贵人家盛宴才能享有的难得的珍食。一般人家只能享受鸡鸭鱼肉，且只有在节庆的时候才得享受。人们平日提及的肉食，虽可广义地泛指家畜的品类，但大多情况只指猪肉而言。其他一度为人们饲养的供肉畜牲，由于种种原因，逐一从一般人的餐桌上消失。譬如，牛主要因有拉犁耕田的大用；羊的饲养与农业的发展有冲突；马是为供应军事及运动上的需要；犬则个体不大，又成为人们看家的宠物良伴。只有猪的饲养不妨害农业的发展，供肉的经济价值一直保持不变。故猪一直是中原及华南等农业地区主要的供肉家畜，秦汉时代以后就成为中国人最重要的肉食来源。

　　在商代，猪有家养及野生的两种。反映于甲骨文，家养的是"豕"字，作体态肥胖，短脚而尾巴下垂的动物形（）。野生的是"彘"字，作动物的身躯有箭穿透之状（），表示是捕猎所得。后来少见野生的品种，故彘字也用于指称家养的猪。

商　甲骨文	周　金文	秦　小篆	汉　隶书	现代　楷书
			豕	**豕** 象肥胖之猪形。

商　甲骨文	周　金文	秦　小篆	汉　隶书	现代　楷书
（甲骨文字形）	（金文字形）	（小篆字形）	（隶书字形）	彘 被一箭射穿身躯的野猪。

一看到猪肥胖而脚短的体态，就知道它是不能远行的动物。因此它比较可能是定居农民驯养的家畜（Ucko & Dimbley，驯养：367）。猪是杂食的动物，不需牧草，能喂饲人们吃剩的食物或不吃的菜蔬，非常适合农业经济的需要。所以其被驯养的时代，很可能是在有定居的农业之后。中国开始从事农艺的时代甚早，可能早到10,000年前（何炳棣，摇篮：107）。前文所提桂林甑皮岩的一个8000年以上的遗址，其中有63头猪的躯体，年龄都在一岁半左右（孔令平1980：550），显然是在最具经济利益的情况下被宰杀的。10,000年前的气温大大低于现今的温度。华北地区太过寒冷干燥，不易发展农业。华南地区则较温暖，适宜人们居住及发展农业，也较适合猪的生长。后来华南的人们因气候的趋热，北移至华北经营农耕，也把驯养的猪带去。在中国的主要文化区，6000年以前的华北新石器遗址，尤其是墓葬，多见猪、犬而少见牛、马、羊的遗骨（王仁湘1981：80—81；彭适凡1980：78—79）。属于半干旱的游牧地区的遗址，才多见牛、马、羊而少见猪、犬。显然是猪不利远行的习性的直接反映。

动物被驯养后，经过千年以上的长时期，体态和骨质才会起明显的变化。亚洲的野猪，其包含前脚的前躯约占全身的七成。河南新郑裴李岗、浙江余姚河姆渡两遗址都发现猪形陶塑（开封文管会1979：202；浙江文管会1978：70—71）。裴李岗的猪骨已鉴定属于家畜（李友谋1989：13）。6000多年前河姆渡遗址的陶猪（图4.2），其腹部明显下垂，肥胖的体态和现代家猪已十分相似，前躯几占全身的一半（钟遐1976：25）。显然是已经历长期的圈养和培育的结果。至于现今的品种，则前躯只占三成，供肉的分量大为增加。

有些动物可用长期圈养的方法加以驯服。不知何时人们又发现，阉割后，动物不受羁绊的野性可以大为降低而能驯养。为了使有些家畜达到某种效果，阉割还是必需的手段。譬如马于阉割后，较可稳定性情，不容易相互踢啮或不走动。故现代比赛用的马都要经过阉割的手术。中国至迟在3000多年前的商代已知道阉割的方法，且主要是施之于猪，以增快成肉的速度，缩短饲养的时间，降低饲养的成本，大大增加饲养的经济价值。

甲骨文的"豕"字，作性器已遭阉割而与身躯分离之动物状（![字形]）。此字用以表示供祭祀的品类，必是已去势的雄猪。后来所造从豕声的字也大都与錾击的阉割手术的动作有关，如"琢""啄"等字。现在猪的阉割大致在出生后二至六个星期施行，商代也许也一样。8000年前甑皮岩的猪都在1岁半左右被宰杀，那应是不经阉割的情形。现今幼猪大致饲养六个月至一年的时间就被宰杀。商代既然已使用阉割的方法加速猪的成长，则宰杀的年龄一定会早于甑皮岩的，大致是一年左右。（马萧林《灵宝西坡遗址家猪的年龄结构及其相关问题》，《华夏考古》2007-1：55—74。[P.63]根据239个猪下颌骨建立的年龄结构显示，大多数的猪在一至一岁半以前被宰杀。[P.66]大多数的猪在第二个冬季之前被宰杀，年龄达到12至18个月左右。）不但家养的猪用阉割的手段以增加成肉率，减少腥味，商代的人也以之驯化野猪，以培育新品种。野猪的身躯虽较牛小，但冲劲大，且有粗壮尖锐的獠牙，可以造成伤害。但野猪一旦去了势，性情就会变得温和，冲劲大减而不太具危险性。故《周易·大畜》有"豶猪之牙，吉"之语，意谓已遭阉割的野猪，虽有利齿已难再伤人，故为无险的吉兆。甲骨文的"圂"字，其中一形作一中了箭的野猪被圈养于猪舍之状（![字形]）。

商　甲骨文	周　金文	秦　小篆	汉　隶书	现代　楷书
				豕 象猪被去势，器官已与身体分离之状。
				圂 猪被养在有屋顶的猪圈中。

　　从遗址的动物遗骨看，6000年前的仰韶文化时，猪尚与牛、羊等相似，有圈养于露天的情形。上文提到的圈养牛、羊的牢是有狭窄入口的露天栏栅。马也是一样。甲骨文的"厩"字，作圈养马于栏栅中之状（圉圉圉）。但猪由于调节体温的性能不完善，最好避免过冷过热的环境，饲养于通风良好的干燥地方。炎夏时还要有阴凉的地方避免烈阳的直接照晒，以降低体温。受寒是猪仔病死的大诱因，尤其是阉割后体格跟着衰弱，不便再饲养于露天，任受雨淋霜冻。故起码从商代起，猪已习惯饲养于有遮盖的地方。同时，猪与人都为杂食，粪便是很好的有机肥料。人们就因方便将其饲养于自己所住的有屋檐的地方，与厕所为邻，便于肥料的收集（萧璠1986：630）。故甲骨文的"家"字，作家屋之下养有猪之状（圂圂圂圂圂）。上文已介绍意义为厕所的"圂"字，作一只或两只猪饲养在有斜顶屋檐的猪圈之状。汉代随葬的陶猪圈模型，也大多数是有屋檐遮盖的（张仲葛1979：88—90），其他牛、羊等的栅栏就很少如此了。这说明在造字的时代，猪已习惯性被饲养在有遮盖的地方，与人们日常的生活非常接近。也许其他高大的家畜也是经阉割的过程而驯养的（谢崇安1985：283）。猪的去势既被创造为专字，当是家养的常法。想来当时阉割的技术及消炎的药物必有相当的把握，才敢施之于视为财富的家畜。这种知识对医治人类的外科医学也多少有所助益。

商 甲骨文	周 金文	秦 小篆	汉 隶书	现代 楷书
			廄	**厩** 象马养于牢厩中之状。
			家	**家** 屋檐下养猪之处即家居所在。

商周时代，以祭祀牺牲的品级论，猪虽次于牛、羊，但猪肉已无疑是全民最普及的肉食。而且商代供奉时有豚、豕、彘、豭等不同名目，想见烹饪取材时已有不同的要求。有些取小猪的肉嫩，有些则取壮猪的多肉、多肥。野猪则取其咬嚼起来有劲。其他的家畜就不见有这些分别，因为它们已不是经常食用或一般人食用的对象了。《孟子·梁惠王》中有"鸡豚狗彘之畜，无失其时，七十者可以食肉矣"；《礼记·大学》中有"畜马乘不察于鸡豚"。战国时代以来，鸡和豚是小民所畜以谋财利和充庖厨的对象，牛、羊是为贵族祭祀所需而饲养的。

马

甲骨文的"马"字很容易辨认，作张口嘶叫、长髦奋发、身躯高大、健蹄善走之动物形（）。马的最大特征是长脸长鬣，故战国时有时只画此两特征。虽然商代以来已有3000多年，字形已经过很多变化，但今日的马字还保留长脸长鬣及四腿奔跃的气魄。

商 甲骨文	周 金文	秦 小篆	汉 隶书	现代 楷书
（甲骨文字形）	（金文字形）	（小篆字形）	馬	马（馬） 马的形象。战国时只剩头部，因为马头形特殊。

　　马的体型虽有高矮之别，大体是属于大型的哺乳动物。它的感觉器官发达，眼大位高，视野宽阔；记忆力、判断力强，方向感也极正确；加以力大善跑，是非常有用的牲畜。但是马的性格不羁，很难驯服控制，故不论中外，在常见的家畜中，马都是最晚被驯养的。晚期的新石器遗址，猪、牛、羊、犬等家畜的遗骨远比马多得多（杨钟健1950：146—147），可见其罕见的程度。传说中国在4200年前的夏禹时代，已用马取代牛拉车。这个年代与发现家养马的最早遗址——山东章丘城子崖的龙山文化年代相近（城子崖：91）。这传说可能反映，马被驯服之迟的主因，是人们要利用它的力气拉车而非用其皮肉的事实。

　　从文献得知，自商代以来马或被作为国与国间盟誓时的牺牲，但不作为一般的祭祀牺牲，即非供食用，而是供军事及田猎之用。战国以前的随葬坑中，可以发现马匹常与车子一起埋葬（杨泓1977a：90）（图12.4，12.6）。因为老马识途，在荆莽中常能导引人们脱离迷途，马既然有此种军事上的大用途，当然主政者要重视马的培育。从甲骨刻辞得知，商代不但中央政府有马官，各方国也有各自的马官，主管马的培训工作。而方国是否来贡马匹的记载也多次见于贞问。

　　现存的甲骨文已见15个以"马"为意符的形声字（（甲骨文字形）（甲骨文字形））（甲骨类纂：11—12），远较以其他家畜创意的字多。可见3000多年前人们对于马的分类已较其他家畜精细。因此可见人们对马重视的程度。《诗经·驷》一诗中，竟提及16种不同的马的名称，反映出东周时代人们善于相马，及秦穆公、燕昭王等以各种手段寻求良马的社会背景

（谢成侠1977：23—26）。

《左传》是本历史著作，也是优美的文学作品，有生动的车战描写。但商代的道路不似后代修建的多及平直。而且车厢离地甚高，约有70至80厘米高，重心不稳。驾驶太快，车就容易翻覆，达不到冲锋陷阵的效果。甲骨刻辞就提到武丁时发生两次翻车的事故（合集10405、10406；佚存980）。乘坐马车不是没有危险的。这种情形到春秋时代似乎还不见改善。《左传》记郑国子产以驾驭马车比喻为政之道："譬如田猎，射御贯则能获禽。若未尝登车射御，则败绩厌覆是惧，何暇思获。"是以有些学者以为马车在商代只是用来旅行、传递消息、发号施令，不是用来在高速冲刺时，从车上发动攻击的（Creel，西周：270—271）。不过，马车既用于狩猎时以追逐野兽，随葬的车上也发现配备有可供远射的弓箭以及近攻的刀、戈（石璋如1947：18—19）（图17.3），很难肯定殷人并未利用马的快速奔驰以加强战斗的效果。问题该是接受这种特殊的训练有多少人，使用的频度以及规模的大小而已。

拉曳车子作快速的奔跑，并不是任何马匹都可胜任的，一定要受过长期训练的精选良种才办得到。有时甚至还要进行阉割以稳定马的性情，消除其相互踢啮或使性子不肯跑动的不良习性（邹介正1985：311）。譬如魏文帝曹丕的乘马，就因为不喜欢主人身上的香味，咬啮曹丕的膝盖而遭处死。而且，驯养良马不是一般人的财力所能负担的。所以汉武帝时鼓励养马，制定政策称驯养一匹马可使三人不用服兵役。而《汉书·武帝纪》记载一匹牡马的价钱竟高达二十万钱。因此，自古以来，马及马车一直为有权有势者所珍爱而成为地位的象征。

而且，不论是在战场、田猎场或竞车场，马的优劣与主人的荣辱可谓息息相关。所以良马也成为贵族们赏赐或贿赂的贵重品物。如《易经》之晋卦，"康侯用锡马蕃庶，昼日三接"。《左传》记载公元前536年，楚公子弃疾以乘马八匹赠郑伯，六匹赠子皮，四匹赠子产，二匹赠大叔。马与骑士或驾驭者要有相当的默契，尤其是单骑时，才能发挥最大的效用。马还能感觉出骑乘者的心情。

如果骑者犹疑不决，心存畏惧，马就会受到影响，显得较不服从。所以，贵族不光只重视马的训练与饲养，还得时时照顾，与马建立感情。乘马成为贵族的宠物，养马的心情完全不同于饲养其他供肉、负重的家畜。《史记·滑稽列传》记载楚庄王有爱马，衣之文绣，置之华屋，席以露床，啖以枣脯，马病肥死，竟要使群臣丧之，以棺椁大夫之礼葬之的愚痴行为。其他如训练马衔杯跳舞，种种马戏以为娱乐，只算是小焉者了。（图4.11）

一般说来，骑在马背上远比坐在马车上行动更为灵活，可算是较迟的应用。不少人以《史记·赵世家》记赵武灵王于公元前307年，开始胡服骑射以对抗游牧民族，为中国单骑的开始。但是据《左传》的一些描写，很可能早在公元前6世纪中叶，就有骑于马背上的事实。只是到了战国时代，其技术才普遍被应用于战场而已（陈槃1967：888—889）。或以为安阳的一座一人一马的商代随葬坑，出土了马鞭、弓、箭、戈、刀和马的装饰物，但不见马车上常见的青铜装饰零件，就是坐骑而不是拉车的两马之一的证据（石璋如1947：23—24）。更有以为甲骨文有一字很像是人骑在马上之状（ ）（合集22283，22284，22288，22289，22290），即"奇"字，为"骑"的初形（康殷，文字：5）。骑马只需一匹马，不像马车需要两匹或四匹，故"奇"有单的意义。有人甚至认为商代单骑与骑射已颇为盛行（杨升南1982：378—380）。

商　甲骨文	周　金文	秦　小篆	汉　隶书	现代　楷书
		奇	奇	奇 一人骑动物状，引申为奇数。

根据事理推测，不管是作慢步或进行活动，商代应已存在单骑的事实。其实，浙江余杭出土，约四五千年前良渚文化的玉钺与玉琮，都刻有同样的图纹，

上半为戴羽帽的神人像，下半为野兽的形象。如图2.5所示（见本书第48页），戴羽帽的神人双手下按兽首，看似骑乘的样子。骑野兽的图案在早期社会可能有携带灵魂上天的意味。但也许后代的贵族们认为跨马的姿势不太高雅，并非一般情况所宜采用，因此很可能流行于下层的武士之间。而赵武灵王以一国之尊，亲自跨马骑射，非比寻常，才会被郑重地记载下来。由于其效果卓然，其他的贵族们也纷纷仿效，导致战场主力渐由马车步兵而转变为骑兵。到了汉代，兵车战略便完全被淘汰了（杨泓1977b：28）。从秦始皇的兵马坑只有少量的车，已可以看出这种形势。

识别良马自是重要，但品种的改良更不容迟缓。因为有的马太矮，只堪拉重，不能快跑或骑乘。商代有专人管理马政，可能就已从事育种的工作。中国从很早开始就向游牧民族索求优良马种。如《今本竹书纪年》有西周孝王时西戎来献马，夷王时伐太原之戎而获马千匹之记载。汉景帝在西北边境大兴马苑达三十六所，养马三十万匹（科技史稿：163）。最著名的历史事件载于《史记·大宛列传》，汉武帝于公元前104年，派遣大军向大宛索取马匹，前后费了三年的时间，无数的生命与财物，才完成得到大宛种马的愿望。西汉墓葬所见的赭衣灰陶马，取形可能就是来自西域汗血马。汉武帝曾有歌咏之："太一贡兮天马下，霑赤汗兮沫流赭。骋容与兮跇万里，今安匹兮龙为友。"利用这些西域引进的马匹与源自蒙古的中国马交配，汉代培育了不少优异的杂种马。我们观看汉代及唐代的马画像和塑像，其确比前代的雄伟得多（张廷皓1985：139—140），便可为证明。

犬

狗一直是和人们生活最为接近的家畜。经过长期的培育，人们发展它某方面的赋性和特长，以顺应不同的要求和目的，以致狗的品种在家畜中最为复杂，有专门培育为肉食、打猎、看守、侦察、牧羊、表演、赛跑、向导、拉橇及玩赏等种类。犬种不但体型和外观悬殊，价值也有天壤之别。不过中国汉代时基本只有两型，一为肥胖而矮，一为瘦长而高，都带有项圈，主要为看守门户及玩伴。但后者还有帮助狩猎之能。考古证据表明，人类最早驯养的家畜是绵羊，已有11,000年的历史。狗被驯养的时间普遍也认为很早，甚至不晚于绵羊，或以为早至旧石器的晚期就已被驯养（钟遐1976：25；考古科学：243—244）。甲骨文的"犬"字作狗的象形，与猪的主要分别是身细，尾上翘（𤝇𤜵𤜵𤜵𤝇𤜵）。狗的个体不大，生长缓慢，与其他大型猎物比较，供肉与皮毛的价值少得多。狗之早被驯养，一定有供肉以外的特殊条件。否则人们不会自找麻烦，费心地加以饲养和培育，以改变其野生的状态。狗是很能适应环境的动物，且有强健的下颚、犀利的牙齿、善跑的腿，加上嗅觉和听觉敏锐，适于追逐、捕猎的生活，对于早期以渔猎采集为生的人们来说非常有用。狗无疑是因有此种协助捕猎的用处才被接受的，因此可推知它比农业社会的猪更早被人们豢养。猪有8700年以上的豢养历史，故狗也应在未有农耕以前，至少在公元前七八千年就被豢养了。

商　甲骨文	周　金文	秦　小篆	汉　隶书	现代　楷书
	𤝇 𤜵	犬	犬	犬 象犬之形。

　　狗的体能远逊于许多大型野兽，难于离群，在野外过独立的生活，因而养成集群合作的本能，易于被早期的人们所驯养。但它异于绵羊，羊是人们为了

肉食和皮毛的目的，主动加以驯养的。狗则可能基于它本身的需要，前来依附于人们。有可能人们被狗依附之后，才有灵感以之应用于他种野兽而发展畜养的技术。

狗可能自狼驯化而成。因为它们独自捕猎的能力有限，难于同大型的野兽竞争，常无所获而挨饿，以致经常徘徊于人类的居处，吃食人们丢弃的皮、骨、肉等。人们既习惯于它们友善的存在，对自己生活也不生什么负担，因此温驯者就被留下，通过互相的合作和选择，狗终于失去其野性而成家畜，帮助人们捕猎。犬被家养后体态发生变化，与野狼的主要分别在于尾巴卷起。所以甲骨文的"犬"字主要特征是尾巴上翘，只有少数作身子细长而尾巴下垂，有别于肥胖的猪的象形字"豕"。

人因能使用工具以弥补体能上的缺陷，使任何大型、凶猛的野兽都逃不出被擒杀的命运。但是野兽可以深藏起来，逃避被人们搜索擒杀的厄运。狗正好在这方面有所作用。狗有嗅觉上的天赋异能，能从野兽遗留的血、汗、尿、粪等气味去分辨动物，并加以追踪、诱发和驱赶，以方便人们的捕杀，从而分得残余。所以甲骨文的"兽"字，作一把打猎用的田网以及一条犬以会意（𝄞 𝄞 𝄞 𝄞 𝄞 𝄞）。两者都是打猎时需要的工具，故以之表达狩猎的意义。后来其意义才扩充至被捕猎的对象野兽。而甲骨文"臭"字，本义即后来的"嗅"字，以犬及其鼻子表意（𝄞 𝄞 𝄞），反映人们完全了解在所知的动物中，犬的嗅觉最为敏锐，故取以表达辨别味道的嗅觉感官。臭的本义兼有人们喜好及厌恶的味道，后来被偏用于不愉快的味道，就增加"口"之义符而成"嗅"字，以与"臭"字区别。

商 甲骨文	周 金文	秦 小篆	汉 隶书	现代 楷书
				兽（獸） 表示犬与田网皆为狩猎之用具。
			臭	臭 犬与自的组合，因狗鼻嗅觉敏锐。

犬的敏锐嗅觉不限于探查野兽，对于侦察敌踪也能起很大的作用，故很快被贵族利用于军事和追捕逃犯。商代的中央和方国都设有犬官，除报告野兽出没的情况以供打猎的参考外，还随行参加军事的行动（陈梦家，综述：514），尤其是夜晚可以替代人们侦察意外的侵犯征兆。金文的"器"字，可能表现犬善吠，好像有多张嘴，有警戒外来异物的器用（）。

商 甲骨文	周 金文	秦 小篆	汉 隶书	现代 楷书
			器	器 犬与四口组合，狗能吠叫的器用。

狗有很好的德性，勇敢、坚毅、有耐力、忠诚和殷勤。它聪明而机警，能掌握主人许多细微动作和声音的命令，甚至能判断主人的喜恶。故人们以之看守门户，驱逐可能不受欢迎的人物。以致狗被人奚落为势利眼，倚仗权势而欺负穷苦者。商代的大型建筑物有埋藏狗于大门旁的奠基仪式（宋镇豪1990：96），就是以狗看门的具体表现。又可能因它是人们的玩伴宠物，商代大多数的

墓葬，都埋有一狗于尸体腰部下的坑洞，有些则埋在填土或二层台上，以便永久陪伴主人于地下，较之殉葬的近臣、武士、奴仆等更接近主人。这种习俗在周代慢慢消失，大概西周中叶以后就不见了。它可能不表示周人不把狗当作宠物看待，应是周代的人较富人道思想，不再轻易牺牲人命殉葬，把爱宠的狗也比照人类看待。但不知为何，汉之前以家畜为美术的题材，最少见到的却是狗。

狗因有利于狩猎而被人们所接受。当农业渐渐发展，捕猎渐渐不成为生活的要事时，其敏锐的嗅觉对农人无太多实质的益处，除统治阶级为军事、游猎、玩赏的需要而刻意培育外，一般就较少饲养了。初始，狗虽不是为了肉食的原因而被驯养，但有必要时，人们也不会忽略其在那一方面的可能用途。中国从很早开始就受人口太多之苦，农业比畜牧能养活更多的人口，以致肉类生产少，难得吃到肉食。《孟子·梁惠王》理想的王政为"鸡豚狗彘之畜，无失其时，七十者可以食肉矣"。肉食如此短缺，当然要尽量利用资源。所以狗到汉初还是常见的供肉家畜。其在祭祀上的重要性，可能因体型较小的缘故，汉代之前被排在牛、羊、猪之后。魏晋以后，中国绝大部分地区逐渐弃绝吃食狗肉的习惯。其主因颇不易猜测，但不外几点：一是一般人在节庆、祭祀时才能吃到肉，狗不是祭祀的大牲，故吃食狗的机会就较少；二是狗成为人们忠实的伙伴，建立了感情，人们不忍杀害自己饲养的忠诚宠物；三是古代市场少，狗生长的速度不快，要喂饲有用的食物，成本较放任到处啄食的鸡、鸭和快速成长的猪都高，饲养以贩卖的意愿就较少。自己既不屠宰宠物，市场也少贩卖，自然渐渐不习惯吃狗了。

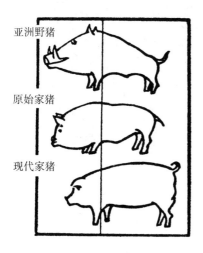

图4.1 猪的进化与前躯所占的比率
（历史图册1：55）

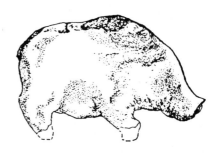

图4.2 6000多年前余姚河姆渡遗址
的陶猪塑像（钟遐1976：24）

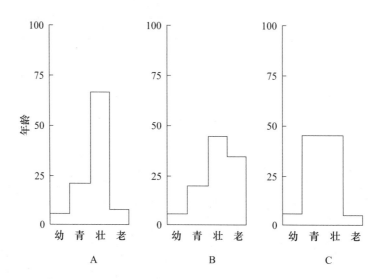

图4.3 猎获动物与理想家畜的年龄百分比。A，猎获动物 B，家畜猪
C，家畜山羊（Fagan，考古学：229）

第四章 畜 牧

图4.4　商代牛玉圆雕（妇好墓：157）

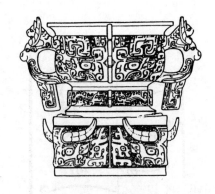

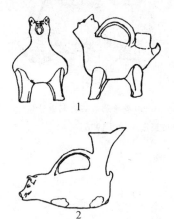

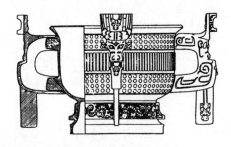

图4.6　山东大汶口文化的狗形和
猪形陶容器（竞放1988：41）

图4.5　西周初期铜簋上的牛头装饰
（胡智生1988：23）

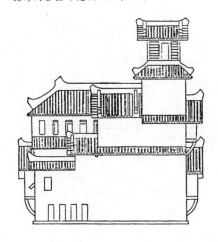

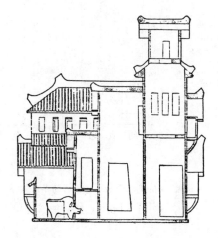

图4.7　湖北云梦出土的东汉陶屋明器，猪饲于有遮盖的厕所旁（云梦博物馆1984：610）

中国古代社会

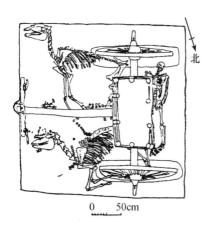

图4.8　安阳孝民屯南地的晚商两马车坑
（安阳工作1972：25）

图4.9　出土于陕西眉县的西周中期盠驹尊。
为蒙古马的造型，脚短，较不健行（陕西铜
器：185）

图4.10　陕西咸阳茂陵出土的西汉鎏金铜马，即
依中亚的天马造型（咸阳文管1982：图版1）

图4.11　唐代的鎏金舞马衔杯纹银壶。
（文物交流1992：276）

第四章　畜　牧

第五章

农业的发展与中华民族的形成

农业的重要

农业的发达，在几个方面可以促进部落的社会发展成为国家。经济的掠夺常是引起战争的主要动机之一。经营农耕的人们，有必要组织武装力量，以占有温暖的地域、肥沃的土地，获取充分的水源以生产粮食。为了保护辛劳的成果不被侵夺及毁损，人们也有必要武装起来。小武装集团在强有力者的领导下，逐渐扩张成为大集团及部落。这种争夺自然资源的战争促成产业发达，组织能力提高。同时，水源是发展农业的重要条件，为了要有效控制水源，开凿渠道、蓄水库以弥补降雨量的不足，或为了维护渠道及合理地分配用水。不但要有众多的人力去修建，更需要有效的组织及统一的号令去执行。这些因素都会激起人们建立中央集权政府的需要和愿望（Vivelo，人类学：65）。在中国，国家组织的建立和农业的高度发展，可以说始终有极为密切的关系。

农业生产远比采集、渔猎与畜牧的生活方式养活的人口更多。《白虎通》有言，"古之人民皆食禽兽肉，至于神农，人民众多，禽兽不足。于是神农因天之时，分地之利，制耒耜，教民农作"，已充分说明了农业发生的背景。而且，一般说来，农业的成果比较可预期。但是农耕的成果要经过一段相当长的期间才可以实现，不像采集与渔猎的生活方式，很快就可以得知成果。因此农耕的发生必是渐进，而不是突然及偶发的过程。我们不能确知何时人们开始种植作物。发展农耕有其必然的气候、土质、品种等复杂的条件。由于发展的条件较畜牧复杂，因此要推测其发生前的一段过程，自然较难而不易肯定（Fagan，人类：178—183；Cohen，食物危机：1—17）。不过，一般说来，采集的生活要较农耕省力轻松。如无充分的人口压力，人们没有必要选择农耕这种辛劳的生活方式（Ucko & Dimbleby，驯养：75—76）。换句话说，野生的植物如果能够满足人们生活的需要，农业是不会发生的。

农业既然是被迫发展起来的，在人口压力不大、野生谷物丛生的地方，就不容易产生自发的农业。又因为植物的生长需要土质、温度、日照、水分等必要条件，地理环境也成为农业发展的重要决定因素。根据考古证据及学理的推测，有人以为种子作物的起源地区比较可能是北纬25度到45度之间人口压力大的边缘地区，如气候冬冷、春秋多雨而夏季炎热的地域，地点也限于河的两岸、沙砾层、石岩的陡坡、塌方等有限范围的山上（Ucko & Dimbleby，驯养：19—21）。

中国早期的三个农耕区

一个地区兴起农耕的生活方式不外二途，即自发或得自外来的知识。自发的知识指人们经过长期的采集，对于采集的植物逐渐有一定的认识，当遇上长期的人口压力，才因某些启发而产生种植的念头。如果我们想知道中国的农耕知识到底是自发还是得自外来的影响，或什么时候、哪个地区开始发展的，首先就要看看中国有哪些古老的文化区，其遗址的年代早晚，以及农业发展到怎样的层次，然后才能比较合理地加以推论。

中国较古老的文化中心有三处：一是长江以南的广大华南地区，二是黄河中游的华北地区，三是长江下游及淮河流域的东海岸地区（张光直，考古：83—84；潘其风1980：84—89）。以下一一讨论各地区遗址的年代及农业发展的层次，来看各地区有无自发农业的可能。

华南文化区的范围相当广，包括台湾、福建、江西、广东、广西、湖南、四川等省（彭适凡1976：15—22；Meacham 1977：421—427；丘立诚1985：24—28）。几个经放射性碳-14的年代测定，比较古老的新石器遗址为：公元前9980年的广东封开黄岩洞（碳十四：101）、公元前8920年的江西万年仙人洞（碳十四：60）、公元前8770年的广西南宁豹子头（碳十四：106），及公元前9360年的广西桂林甑皮岩（碳十四：107）。有些遗址的标本取自贝壳，测出的年代可能比实际的要早些。不过，通过很多数据的比较，知道这些遗址的年代早到公元前7000年是不成问题的（北大历史1982：249；张光直1978a：116）。仙人洞遗址出土的遗物包括石锛、角凿、牙刀、穿孔石器、骨针、骨锥、骨刀、骨鱼权、石凿、蚌器及大量动物遗骸（江西文管1963：6—9），表明此遗址的人们主要的生活方式是从事采集与渔猎，但非常可能已有较初级的锄耕农业（彭适凡1976：19）。此遗址早期阶段磨制石器有限，但蚌器数量却可观（王仁湘1987：146—147），表明人们常有收割谷物的活动。

华南地区尚有不少遗址与以上几处遗址有类似的面貌。对台湾台中日月潭地下采集的花粉的分析，证实公元前10,000年人类已有砍伐森林的活动迹象（张光直1974：280）。绳纹陶是当时人类活动的常见标识，也普遍见于华南地区的其他遗址（张光直1970c：154—158）。如湖南澧县彭头山一个有9000年历史的遗址的陶片，就发现有大量碳化的稻壳（裴安平1989：106）。以上数据虽然还不足以解答此地区的农耕到底是自发或是外来的知识，但它起码告诉我们，此地区在很早时候就对谷物有相当的认识，而且有从事砍伐森林的农耕现象。晚近的发掘，在湖南道县玉蟾岩，10,000年前的遗址，两次发现稻谷遗存，经电镜分析，确定一为栽培品种，尚保留野生稻、籼稻及粳稻的综合特性（《中国文物报》1996年2月18日及3月3日报道），是目前世界最早的人工栽培稻标本。而此地区更南的地方，据有些学者的保守估计，在10,000至12,000年前已有人工栽培植物，是世界最早的农业发祥地之一（张光直1970c：158；Solheim 1971：339）。华南地区在公元前7000年时，使用手斧、尖木棍一类粗陋的工具，从事不维护自然资源的简单农作的园艺农业应达到相当程度了（孔令平1979：96）。

华北文化中心的地域包括河北、河南、山西、陕西和甘肃等省（安志敏1979：334—346；李友谋1979：347—352）。几个经过碳-14测定的较早遗址为：公元前5934年的河南新郑裴李岗（碳十四：77）、公元前5340年的河南密县莪沟（碳十四：83）、公元前5315年的河南巩县（巩义市）铁生沟（碳十四：75）、公元前5405年的河北武安磁山（碳十四：11）、公元前5200年的甘肃秦安大地湾（碳十四：138）。裴李岗遗址发现石铲、石斧、石镰、石刀、石磨盘、石磨棒等（开封文管1978：73—79），提供锄地、伐林、收割及谷物加工等完备农耕需要的工具。小米也在很多遗址被发现（参考第六章）。此时显然已建立起相当高程度的农业经济了（周本雄1981：339），农业原始的阶段应上溯至更早的时期（严文明1987：45）。

东海岸文化中心包括江淮流域的浙江、江苏、安徽、山东等省。经过碳-14年代测定，较早的遗址有：公元前4360年的浙江余姚河姆渡（碳十四：53）、公元前4450年的浙江桐乡罗家谷（碳十四：52）。河姆渡出土大量可作农耕工具的石斧、石凿、骨耜、木铲等，且有大量的籼稻粒（浙江文管1978：51—60），可知这个地区的农业生产已是生活的主要方式，不是处于初期的阶段，才有大量的农具和粮食的贮藏。

最早发展农耕迹象的华南地区

比较以上三个区域的农耕程度，东海岸的遗址年代太迟，农业也相当进步。华北的遗址虽早，但地形是靠近山麓的河滨台地，又有整套的农耕工具，表示已不是初有农耕的现象。而且这两个地区又都不像有年代更早的农耕文化。属新石器早期的遗址都在华南（严文明1987：43—44），其锄耕工具尚未齐全，而10,000年前又有人工栽培稻谷的发现，有理由假设中国境内最早从事农耕的地区是华南（李光周1976：131—132；Gorman 1971：305—306）。华南地区能较早产生原始农牧的主因是气候温暖，有多元性繁殖根茎，较多遗址和人口压力（张之恒1985：41—46）。虽然华南的早期遗址有发生自发农耕的地理条件，但目前的材料尚难确定这一地区的农耕是自发的，或是从更南的地区引进的。

如果华北及东海岸两地区不像有初级农业的样子，则其知识较有可能是从华南地区引进的（Solheim 1970：155）。公元前6000至前4000年之间，华北及东海岸的遗址大增，但华南地区不见相应的增多。这种现象可能是由于人口压力，迫使人们往北寻找适宜的耕地。更有可能是由于气候的转变，迫使人们北迁，寻找适合居住及耕作的地域。第三章介绍过，距今10,000到9000年前，年平均温度要比现今温度低4℃到5℃之多。在那时候，华北地区恐怕太冷，不适宜农耕的发展。到了7000年前，气温升至比今日平均高2℃。根据对动物和植物的研究，那时候长江沿岸的气候约如今日的广东、广西和云南等省，华北地区约如今日的长江流域，都很适宜发展农业（王开发1980：59—66；贾兰坡1977：41—49）。反之，华南会过于燠热，会妨碍谷类作物的生长，也不适宜人类生活。最适宜人类繁殖的温度是年均温15℃到18℃（Binford，追寻过去：209）。华南10,000年前的气温正属此范围内。很可能7000年前气温的升高，使得住于已甚温暖的华南地区的人们，被迫北移华北，选择这个因气温的变化而成最适宜人们繁殖的区域，因而把种植谷物的知识带到华北及东海岸去（仇士华 1982：318—319；碳十四：309—310）。

　　稻米本是发展于温热多水地区的种子植物（张光直，考古：142），后来被改良成较耐干旱的品种。华北以种植半干旱的小米为主，但在较迟的文化层也发现过稻米。很可能华北的粟作农业是华南的农耕知识因适应北地气候而发展起来的（吴汝祚1985：12—17）。一如大豆，本来也是种植于低湿地域的作物，后来变成耐干旱的山区作物（何炳棣，农业：167—169）。华北地区条件较优厚的个别地区，仍有保留稻作传统的可能，发现稻米的新石器时代遗址已有河南的渑池、郑州、淅川、洛阳，陕西的户县（鄠邑区）、华县（华州区）、西乡，山东的栖霞（陈文华1987：422—424）。或以为齿刃镰是南方收割稻子常见的工具，虽可见于华北最早遗址裴李岗，但较晚的磁山就不见。很可能就是到了磁山时期，因适应地理的环境，人们以粟代替稻作而改变了收割的工具（赵世纲1985：33）。

　　华南地区早期的遗址都在山上，华北及东海岸则在山坡及水边平地。这种从山上逐渐移居平地的生活习惯改变过程，也普遍见于其他早期的农耕文化（孔令平1986：29；Pearson，人类学：347）。如泰国北部 Mae Hong Son 的仙人洞遗址，约10,000年前，人们终年居住在山上过着采集与园艺的生活；到了8500年前，可能因发展水稻而降居水边平地（Fagan，人类：210）。湖南澧县发现的中国早期的稻谷遗址也位于小山丘上，而稍迟的东海岸稻作文化则生活在平地上，这可能就是人们居处因适应农耕发展而起相应变化的具体反映。

　　自公元前5000年以后，中国文化的主要中心，就因上述的种种原因，转移到华北的河谷阶地及东海岸两处地区了。它们都因气候的变迁，成了气候适宜、雨量分配理想的地方，加上地势平缓广阔、土质肥沃，宜于发展农业。这两地区的农耕文化比较可能分别自华南发展而来，较少相互传播的可能。因为处于这两地区之间的华北平原没有早于6000年前的遗址。华北地区可能经陆路，而东海地区大概经海岸，分别自华南发展而来（许顺湛1980：15）。湖北西部和四川盆地东部的汉水上游和长江中游，提供华南与华北地区交流的一条途径（张光直，考古：200）。由于华南地区广阔，文化面貌有地域性的差异，故由之发展而成的华北和东海岸文化自有其相似及相异之处。

中国东西文化的融合

处于东西两文化中心之间的华北平原，是中国有史以后的政治活动中心。它由黄河及其支流冲积而成，是洪水泛滥区，不适宜初级的农耕，所以很少发现6000年以前的遗址。在开始的阶段，西边的华北中心大致往西发展，循黄河及其支流而成仰韶文化，接着又西进，到达甘肃省而形成齐家文化（张光直1970a：90—107）。东海岸的文化则向北和南推进，形成青莲岗（崧泽或大汶口）和马家浜等文化（南京博物院1980：31—36；张光直，考古4：196）。北进的主流到达山东和辽东半岛。这两个东、西的文化中心都没有向平坦的华北平原发展。也许是东海岸的人们比较习惯于水道纵横的沼泽地，受到人口压力后，被迫向这一大片不适宜粗放耕作的地区移民和开发。为了寻找合宜的土地，他们逐渐西移而终于与西边的山坡居民发生接触，在相互争执与协调的过程中，渐渐融合成有同一背景和传统的中华民族。

从古代的传说，我们可以看出这种由东向西移民的迹象。黄帝时代以前的传说，看不出有具体的东西文化的接触、争斗以及建立国家的现象。这大概是东西两文化还没有接触及冲突的反映。传说黄帝于取得号令西方地区的霸权后，在河北的涿鹿打败了东方强悍的雄族蚩尤而统一全中国（郭沫若，中国史稿1：122—124）。涿鹿位于西部文化区的边缘，比较可能是东方的人侵犯西部的利益才引起的争战。传说的黄帝是公元前2700年的人物，与华北平原在公元前3000年后才渐有遗址的考古现象也不冲突。

根据另一个传说，从商的始祖契到汤建国，商人在华北平原共迁移了八次，充分表现出在这样地区谋长期安定生活的困难。在这段时期，商人与西边安定生活的居民有了接触及冲突，终于打败夏朝而建立商王朝（邹衡1979：68；傅斯年1935：1094—1103）。商于建国后又迁移了五次，直到盘庚迁至现今的安阳，才算安全定居下来。大概此后商人才基本上克服了洪水泛滥及在冲积平原上耕作的困难。地下发掘揭示，安阳期以前华北平原甚少商代早期的遗址，到了晚商就遍布各处了（张光直，商文明：289—321）。从夏代开始，东、西两文化在整个华北地区的接触越来越频繁。到了源于东方而崛起于西方的秦统一全国时，各部族之间无数次的战争、联盟、迁徙，使原先的氏族、血统、地域等界限都打破了，终于融合成像是一体的汉民族（陈槃1978：703—710）。其迁徙动辄数百或千里。华北地区因为发展农业的原因，被开发而成为中华文明的主要中心（严文明1987：49—50）。作为摇篮的华南，则因地理及气候因素，在文明的成长期反而不具作用。要等到公元前1000年以后天气转冷，华南才又次第被开发，终成人文荟萃之区域。

农耕技术：除草

农业是中国人在有史以来的主要生活方式。甲骨文的"农"（𦬸 𦬠 𦬿 𦬢 𦬤 𦬣）字由"林"及"辰"组成。"林"（𣏟 𣏝 𣏠 𣏞）表示农业是在有很多树林的地方从事。"辰"（𠂤 𠂤 𠂤）即"蜃"字的初形，象有硬壳的软体动物形。河蚌是旧石器时代以来人们捕食的对象，并被制为装饰物。蚌壳的破裂处很锐利，其重量轻、质硬，又不需费太多的加工，是人们常利用的理想切割工具。蚌壳虽不堪用以砍伐树林，却是理想的除草及割穗工具。《淮南子·氾论》就有"古者剡耜而耕，摩蜃而耨"的言论。因此"农"字的原来创意是，在树木众多的地方，以蚌壳工具去从事除害苗及收割等农耕必需的工作。江西万年仙人洞在早期的阶段，就发现数量可观的蚌器了（王仁湘1987：145—155）。

商 甲骨文	周 金文	秦 小篆	汉 隶书	现代 楷书
（甲骨文字形）	（金文字形）	（小篆字形）	農	农（農） 林与辰的组合，以蜃制工具在森林从事农业表意。
（甲骨文字形）	（金文字形）	（小篆字形）	辰	辰 象爬行于平面的有硬壳软体动物形。

较初期的农耕方式是，焚烧山林，清理耕地，并以树灰作为肥料。在那时候，人们尚无能力开辟草地，农地也没有一定的疆界。看起来，甲骨文"农"字的创意是基于甚为古老的农业技术。后来发展到在规划整齐的平地上操作，不再是无计划、无规整的烧山方式了。于是西周的金文就在商代的字形上加一个界画整齐的"田"（（金文字形）），表示已普遍采用比较进步的耕作方式。

在农业发生的初期，人们还不易过定居的生活。往往于一地播种后，就游猎到别处去，等到收获季节才回来收割。如此连续几年的耕作，耕地的养分降低，生产量减少，人们就放弃该地而别为开辟新耕地。后来，人们发现丢弃的耕地于多少年后又恢复地力而可以再行生产，于是学会在几块土地上轮流耕种，导致较长期的定居生活。定居于一地就会有机会发现杂草妨碍谷物的成长，而有意加以剪除（郭宝钧，铜器：37）。去除杂草虽是费时而辛苦的工作，为了期望有好的收获，只好不辞劳苦，在夏季三番五次地去除野草。甲骨文的"薅"（（甲骨文字形））字，就是表现这种作业，作一手拿着蚌刀，刈除在山坡（（字形））上妨害谷物成长的杂草状。甲骨文的"蓐"（）字，创意与"薅"字同，只是少个山坡，作以蚌刀割草状。演变到后来，"蓐"被用以表示割下之草，或由割下之草编织成的席子。到了商代，农业已是一般人主要的生活方式，是一早起来就得去做的事。故甲骨文的"晨"（）字，以双手持拿蜃制的工具以会意，表示以蚌刀除草是众人一大清早就从事的工作。不过在商代，"晨"与"农"的意义似无差别，都是管理农业生产的官员。在较迟时候晨才被用以表示早上的一段时间。

商　甲骨文	周　金文	秦　小篆	汉　隶书	现代　楷书
			薅	薅 手持蚌制农具在山坡除草。
			蓐	蓐 手持蚌制农具割草之状。
			晨	晨 象双手持蚌制农具，一大清早就要做的工作。

农耕技术：灌溉

盘庚迁居安阳之时，其地气温已不像此前数千年般温暖，比现时的平均温度已高不了多少（参考第三章的讨论）。黄河水道已经常因暴雨而在下游改道，使华北平原经常遭受水、旱的灾难。如果没有有效的防洪、泄洪和蓄水的水利设施，很难在那里建立人口高度集中、长期定居的农业经济和政权。也许因为如此，该地区罕见早期的遗址。浙江余姚河姆渡的人们从事水稻生产，应已初步掌握了根据地势高低开沟引水和做田埂等的排灌技术（科技史稿：15）。因此，从此文化发展起来的居于江淮地区的人们，对于低平地势及纵横交错的水道，已累积了两三千年的经验，他们比较可能有堰水开渠的知识而到华北平原去谋生活。

建造水渠需要大量人力，为使工程进行顺利，又需要良好的组织及号令。考古人员在河南郑州发掘到一座早于安阳期的中商城址，有人估计动用一万劳工要十八年的时间才能完成（安金槐1961：77），或以为只需四五年的时间（商周考古：59）。从这个工程的规模可知，组织民众建造大工程的能力早在商代就有了。甲骨文的"劦"字由三个力字组成（劦 劦 劦 劦）。甲骨文的"力"（力 力）字，是一种比较原始的挖土工具象形，是缚捆踏板于一尖木棍的下方，以便踏脚刺土的简单工具。"劦"字以三把原始的挖土工具表示众人协力工作之意。此字常作三力之下有一深坑之形（劦 劦 劦 劦）。只有修建大型宫殿基址，或蓄水、堰水的工程，才需要纠合众力挖掘深而大的坑陷。此字在甲骨刻辞用于与农田有关的设施。以商代的社会背景看，以挖掘水坝工程为最适当。因为耕地不必挖土太深，深坑既是"劦"字表达的重点，则众人合力挖坑的目的不太可能是为农耕的松土，应是防旱、防涝等的水利工程。盘庚移都安阳后不再迁徙，一方面得力于安阳的地形和地势，另一方面也可能是有了堤堰一类的建设。

商　甲骨文	周　金文	秦　小篆	汉　隶书	现代　楷书
				协（劦） 三把挖土工具协作，或共同挖掘深坑之状。

商 甲骨文	周 金文	秦 小篆	汉 隶书	现代 楷书
				力
				象有踏板的尖木棍形，是一种简陋的挖土工具。

　　远在公元前4000多年的西安半坡遗址，以及磁县下潘汪、临潼姜寨等其他遗址，人们都会挖掘深沟，以防备野兽的侵袭或排泄雨水（西安半坡：49—52；河北文管1975a：83；半坡博物馆1980：3）。公元前4000至前3000年的东海岸马家浜文化也有开凿小渠道，引水以进入居住地的设施（浙江文管1960b：93—106；考古三十年：218）。河南的龙山文化遗址也有水渠的遗迹（河北文管1975a：89）。商代更有控制水流量的水闸痕迹（石璋如，建筑：245—246）。在安阳发现的商代水沟有不少埋在基址之下（石璋如，建筑：268）。那些水沟很可能是废弃的灌溉系统而不是为排泄雨水修建的。其沟道有木柱的护堤（图5.1），显然这些沟道经常流通大量的水，故设计木柱护堤以防止岸崩。金文"留"字，作田地之旁有水渠之状（　　　）。水渠滞留他处引来的水以备灌溉田地，故有保留、存留等有关的意义。蓄水灌溉是水沟的进一步应用。安阳水沟及木桩护堤的鸟瞰形，与"留"字田边的水渠形状一模一样。安阳也发掘到像是蓄水池的商代长方形水池（石璋如，建筑：202）。从以上种种迹象推测，商代有蓄水灌溉的设施是不成问题的（张政烺1973：102—103）。

商 甲骨文	周 金文	秦 小篆	汉 隶书	现代 楷书
				留
				田旁水沟，可蓄水以待灌溉表意。

牛　耕

自然及人为的因素都可能影响耕作的效果。除灌溉、施肥、除虫、除草及效率高的工具外，牛耕是一项对生产效果大有影响的技术，以灌木休耕的方式种田时，依土地肥沃程度而异，每耕作二至八年，就要休耕六至八年以待地力恢复（Boserup，农业：15）。这样低水平的生产方式，很难满足密集村落或城市生活的要求。晚商时候的安阳，应该是人口比较集中的城市，应有相当高的土地利用率，才足以应付众多人口的要求。但是古代文献很少有反映耕作方式的记载。所以中国何时开始牛耕，就成了一个争论很大的议题（郭沫若，奴隶制：21；郭宝钧，铜器：32；李亚农，史论：456；许进雄1981：91—104；倪政祥1964：53—57）。

根据研究，世界上发展较早的古文化区，出现畜力拉车及畜力拉犁的时间，有些是相差不多的，如古希腊和古罗马。有些则是畜力拉犁早于畜力拉车，如古代的埃及和苏美尔，在公元前3500至前2800年之间，已有很复杂的牛耕拉犁（Hoebel，人类学：218，246；何炳棣，摇篮：116）（图5.7）。中国的传说，利用牛拉车要早于以马拉车。商代的马车已制造颇为精美和复杂，应已经过长期间的发展（孙机1980b：448）。到了商代，利用牛来拉车应该已积有长久的经验，以之应用于拉犁应该是不成问题的事。

要证明商代已有牛耕，目前还得从文字入手。甲骨文有一田猎地名（ ），和《说文》"襄"的古文（ ）非常相似。它们应是同一字的前后发展形式。《说文》给予"襄"的解释是"解衣而耕"。其引申意义如辟地、反复、举驾、攘除（《说文》段注：398），都与用牛拉犁耕地的作业有关。"襄"的古文字形虽有讹变，基本上还保留甲骨文的字形。此字应解释为双手扶着插入土中的犁，犁前有一动物拉曳，并激起土尘之状。有时它被写成双手扶住双犁，由两头动物拉着之形。（战国的铜器中山壶有 字，从车襄声，把侧视的动物改为牛，更是牛耕的佐证。）此字与另一田猎地名的结构非常相似（𤞤 𤜴 𤜴 𤜴 𤜴 𤜴）（𤜴 𤜴 𤜴 𤜴 𤜴 𤜴 𤜴）。有人以为后者作两犬各拉曳一犁之状。其实这两个字中的动物都是牛。牛的侧面轮廓与猪、犬等难于分别，只有在点明个别的种属时，才以牛、羊的头部代表全躯。此两字偏重动物与犁的关系，故才画全躯侧视之形。甲骨文又有一字，以牛与起土的犁组成，被释为"犁"或"物"（𤘽 𤘽 𤘽 𤘽 𤘽 𤘽 𤘽 𤘽）字。商代被用于祭祀的某种牛，大半是灰黑色的水牛。这些以犁与家畜动物组成的字，实在没有比表示以牛拉犁有关之事更恰当的了。

商 甲骨文	周 金文	秦 小篆	汉 隶书	现代 楷书
				襄 象双手扶在插入土中之犁，前有动物拉曳，激起土尘之状。
				犁 一把犁及翻起的土尘，被借用为牛的种属。

从犁的形制也可以看出商代已使用拉犁的方式。当时耕作的犁头有两种形式：一是单齿，一是双齿。甲骨文的"力"，是单齿的起土工具象形字，已介绍过。甲骨文的"方"字，则是头部有两齿分歧的耕具象形（或高厚犁头的侧视）（𠂤 𠂤 𠂤 𠂤 𠂤）。其形制与用法可由"耤"字看出，甲骨文作一人以手扶住犁柄，以脚踏方字形之犁头以耕作之状（𤛮 𤛮 𤛮 𤛮 𤛮）。以上两种犁都是比较原始的。较进步的就装有犁壁了（图5.2），是拉犁耕作方式才用得着的。

拉犁是连续不停地推犁前进，犁壁把刺起的土块打散，并推到两旁。它比一脚一脚地铲土的踏犁方式要省很多时间。甲骨文的"旁"字就是以这种犁来表达的。此字作有歧齿的犁刀上装有横板的犁壁形（𤰔 𤰔 𤰔 𤰔 共 𠂤）。由于犁壁的作用在于把土块打碎并推到两旁以方便耕作，因此有了近旁、两旁等意义。尖圆的犁刀也有装置犁壁的，其形制表现于甲骨文的"圣"字，作双手持一已经刺入土中之有壁的尖圆犁头状（𣂤 𣂤 𣂤 𣂤 𣂤 𣂤 𣂤 𣂤 𣂤）。此字也写成双手持刺入土中之尖圆石斧形（𣂤 𣂤 𣂤 𣂤 𣂤 𣂤 𣂤 𣂤）。石斧是耕犁未发明前的原始挖土工具。在商代此字是一种开辟荒地的作业（张政烺1973：117；于省吾1972：41）。锄地是开荒垦田的基本工作，有壁的犁是拉犁的特有装置，生地坚硬，要牛才容易拉得动。这个具有开辟荒地意义的字，有时写成拿着与"襄"字之一形的耕犁相同的"犁"（𣂤），那是弯曲型的犁壁，稍异于平时使用的平板犁壁。平板壁多用于生地，因可减少阻力，而曲板壁则多用于熟地（倪政祥1964：56）。

商 甲骨文	周 金文	秦 小篆	汉 隶书	现代 楷书
				方 象头部有两齿分歧的耕具形。
				旁 犁刀之上装直板犁壁，作用是在把翻起的土块推到两旁。
				耤 象一人推犁并踏犁耕地之意。

此外，甲骨文的"畴"字，也间接可以看出商代有使用拉犁的耕作方式。它作一土块被拉犁翻起后的翻卷状（）。踏犁的方式，土块不会因犁壁之阻挡而翻卷。商代既然以所翻起的土块表达田畴的意义，就可知道在当时那不是太罕见的方式。商代既然有拉曳的犁，又知以牛、马拉车，实在很难辩称他们只会以人力，而不以畜力拉犁。有些学者以为新石器时代的大型石犁，复原后达90厘米长，40厘米宽，是难以凭人力操作的（叶玉奇1981：93）。

商　甲骨文	周　金文	秦　小篆	汉　隶书	现代　楷书
				畴（疇） 象被拉犁刺起后的翻卷土块状。

根据以上所述现象，商代有以牛拉犁耕田应是不成问题的事实。牛耕可以深刺入土中而缩短休耕的周期。根据后世的经验，牛耕可抵五人之效（岭南代答：55）。其益处明显，似应为关心生产的统治者所大力提倡的。但从有限的西周文献，我们尚看不出当时有大量采用牛耕的现象。西周骨作坊的骨料大多取自牛只，由此可知当时大量屠杀牛，还不珍惜其拉犁耕田之能力。一方面可能当时有足够的人力，没有强烈的必要发展节省人力的技术。另一方面，也可能牛在当时的社会，有比生产粮食更重要的祭祀和军事任务，所以没有普遍以牛拉犁耕作。

西周早期文献，《尚书》的《酒诰》《无逸》《微子》，《诗经》的《荡》等篇章，都反映商人有群聚饮酒的习惯。这表示当时谷物的生产必甚有余，人们才舍得以之大量酿酒。如果当时没有长期储存粮食的技术及设备，生产过多的粮食并无大用，故不必太讲求增产的技术。再者，商人使用大量的祭祀人牲（黄展岳1974：158；胡厚宣1974：56），也表示他们并不缺乏人力资源。家畜中堪当拉犁的壮兽只有牛与马。马有军事及田猎上的大用途，是贵族们的宠物，不会以之耕田。牛则是祭祀时最隆重的牺牲，也是作战时运送辎重所依赖的家畜。在古代没有比"祀与戎"更重要的事。《风俗通义》佚文说："建武之初，军役驱动，牛亦损耗，农业颇废，米石万钱。"到了东汉的时代，牛对于农业上的用途还得让位于军事上的需要，遑论其前千年的商代了。既然当时不虞粮食的供应，牛有比生产粮食更重要的任务，加以商代使用的铜犁或石犁，也不具有后世铁犁5倍人力的效果（大致只有1.7倍），难怪当时不积极发展牛耕的技术（李根蟠1986：129—132）。甚至到了春秋时代，《国语·晋语》记载晋国的贵族还在惋惜牛"宗庙之牺，为畎亩之勤"的身价低降，被普遍用以耕田（图5.4）。

商人已知牛耕，而牛又有其他更重要的用途，因此比较可能在人力难以胜任的情况下才使用牛耕。生荒的土地坚硬，人没有足够的力量拉动深刺入土中的犁，那时就不能不使用牛了。故如上文所介绍，甲骨文就以双手拿着有犁壁的犁以表达开垦荒地的意义。田地被开垦成熟田后，人力就可胜任而不必用牛了。这样的耕作方式大致沿用到春秋时代。当时诸国交锋多，作战人员需要多。正好当时铁器应用日广，耕作效果大增，各地才开始发展这种节省人力、增加生产效果的牛耕技术。《孟子·滕文公上》有"夏后氏五十而贡，殷人七十而助，周人百亩而彻"，即因农业技术的改良，耕作面积增大。西周时代以百步为亩，人耕百亩。春秋后则以二百四十步为亩，一人亦耕作百亩（林甘泉1981：37）。耕作面积为周时的2.5倍，无疑与铁犁牛耕的发展有绝对的关系（越智重明1977：23—24）。

农业发展的阶段

过原始生活的人们，不必太劳苦就可以采集到足够热量的食物。但是人口压力，经常是使人们发展比采集更进步的生产方式的主要推动力量（Fagan，考古：321）。在旧石器时代的晚期，100平方英里（约259平方公里）的区域约可支持12.5个人的生活，在初级采集、渔猎社会可支持100人，高级采集社会则可支持1500至2000人（Pearson，人类学：322）。但是发展园艺农业后，同样的面积却可养活2500到5700人（Pearson，人类学：349；张光直1970b：121）。商人不积极发展牛耕的效用，可能就是因为没有太严重的人口压力。农业发展的一般过程是：森林休耕、灌木休耕、短期休耕、一年一获及一年多获制（Boserup，农业：15—16）。一种新生产方式的采用，经常伴随着新工具与新技术的使用。越进步的生产方式越要花费时间及劳力从事各种预备的工作。农业的工作包括浸种、除草、施肥、除虫、培种、灌溉等。总的来说，在近代改变能源方式、使用机械以前，较进步的农业耕作法，往往要花费更多的时间以生产等量的食物（Boserup，农业：36—41）。除非人口压力迫使休耕成为不经济的土地利用方式，人们是不会主动的采用更费劳力及时间的进步耕作法，以期提高单位面积的产量的。简单地说，古代中国农业到达的阶段，仰韶文化时代约是森林休耕（张光直，考古：97），龙山文化时代约是灌木休耕，商代则进步到短期休耕，有些地区甚至已达到一年一获了。《荀子·富国》言"一岁而再获之"，表明战国时代有些地方可以一年两熟。

一个社会的经济力，无疑与其时资源取得的方式有密切的关系。如以农业为例，较进步的耕作法往往产生较高度的文明。但是社会的内涵颇为复杂，某种生产方式或工具的出现，也未必是该社会一定已达到某种文明程度的绝对指标。其他相关的因素也要加以考虑。如就农业技术来说，不但该地的地理状况、气候条件，就是人们的思想、社会组织的优劣等等人为因素（Fogg 1983：108），也都可以给予很大的影响。譬如商代虽也使用青铜农具，有牛耕的经验，但因为青铜与牛都有祭祀和军事上更重要的用途，商人就没有积极地发展这些提高生产效率的技术。

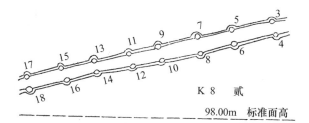

图 5.1　商代水沟段落的鸟瞰图（石璋如，建筑：223）

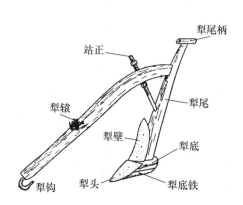

图 5.2　耕犁的结构图（石璋如 1960：图 3）

图 5.3　东汉画像石上的牛耕图
（陕西博物馆 1972：73）

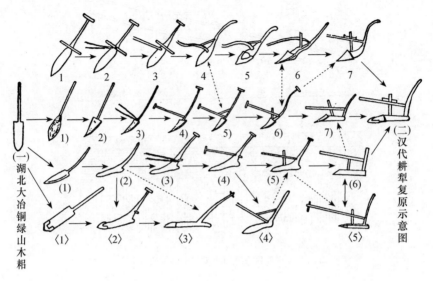

图 5.4　由耜到犁的演变过程示意图（陈文华 1981：420）

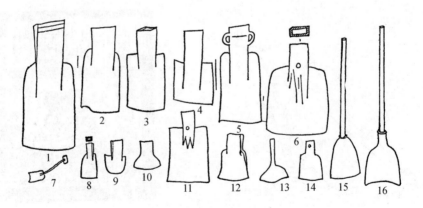

图 5.5　商到汉代的铲形（陈振中 1982：290）

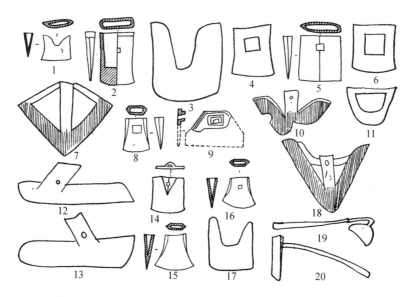

图5.6 商到汉代的锄形（陈振中1982：292）

图5.7 古埃及4400年前壁画上的犁耕图（Janick 1989：266）

第六章

粮食作物

收获的喜悦

没有人会不同意，一个依农为生的家庭，其最大的欢悦应该是经过了长期辛劳的耕作后，没有发生灾难，终于可以获得预期的收获，一段较长时期的生活有了保障。商代社会已依靠农业为生，故以收获农作物的喜悦来表示生活幸福的意义。甲骨文的"厘（釐）"字，作一手拿着木棍，正在扑打一把禾束以脱下谷粒的情景（𣂁 𣂁 𣂁 𣂁 𣂁 𣂁）。摘取谷物最原始的方法是用手摘取穗子的部分，如台湾高山族收获小米的办法（Fogg 1983：103）。小篆的"穗"字，作一手摘取禾端之穗子状（𥝌）。新石器时代则进步到用内弯的石刀摘取谷穗。龙山时代开始出现石镰，有人以为是割禾茎用的（安志敏，论集：257、187）。依据商代冶金技术的水平，当时应该有较锐利的铜工具，连茎带穗一起割下，如"厘"字所表现的。以手摘取谷穗或拔禾茎，在当时是被认为没效率、错误的，所以金文的"差"字，就作以手拔禾之状（𥝌）。而相反地，甲骨文的"利"字，其中一形作以手持禾，一把刀割下禾茎而与根部分离之状（𥝌 𥝌 𥝌 𥝌 𥝌 𥝌）。"利"的意义，一来自割刀的锐利，一来自提高收割速度的利益。连茎带穗地收割，不但速度快，禾秆也可以充作他种用途（石毛直道 1968：108—111，147—148）。农业是当时国家最重要的财政来源，人民普遍以谷子交付赋税，故西周时代"厘"就有治理、厘定的意义。

商 甲骨文	周 金文	秦 小篆	汉 隶书	现代 楷书
			釐	厘（釐） 象手持拿棍杖扑打禾把，为有收获之喜庆。
			差	差 以手拔禾的根部是错误的收获方式。
			利	利 以刀割禾根部才是快而有利的收获方式。

收获是农民一年一度最重要的活动。收割、晒干、储藏等一系列的工作，要尽量在有限的时间内完成，以免终年的辛劳工作为风雨与其他的因素所毁损，因此要动员所有的人力参与。甲骨文的"年"字，作一个成年男子头顶着禾束在搬运的情状（ ）。此字在商代使用于"受黍年""受稻年"一类的句子，以表达某种谷物的收获季节。虽然不同的谷物有不同的收割季节，但在商代，一个地区通常一年只有一次主粮的收割。故"年"字被使用以表示一年的时间长度。收获季节常是氏族社会计算年代的依据（管东贵 1960：243—252）。在农业较为发达的社会，谷物收割的主要劳动力由成年男子充当，故以之代表收割的活动。如8000年前裴李岗期的墓葬，男子多随葬石斧、石铲、石镰等，女子则多石磨棒、石磨盘等，可知男子已成为从事农业生产的主要力量，

而女子则主理家务（丁清贤1988：44）。所以文字的结构如由其他的人去从事收获的工作，就表示其他偶发情况的意义。小篆的"委"字，作一个妇女顶着禾束的样子（）。在渔猎采集和早期的园艺社会，从事辅助性的农业是妇女的工作（Vivelo，人类学：49）。但是到了大规模从事农耕的时代，一般女人的体力弱于男性，不宜从事这种需要体力的搬运大捆禾束的劳动。因此"委"字就不表达年获，而表达不胜体力的委屈、委弱等意思。甲骨文的"季"字，作一个小孩的头顶着禾束之状（）。小孩的体力更弱于妇女，根本不应从事收割、搬运等等粗工，只宜做些收割、搬运后捡拾遗穗的轻易工作。远古时候，除了男、女、小孩之间因体力而导致工作效果有差异的自然分工外，没有他种的不平等权力（Pearson，人类学：232—233）。这与"年""委""季"三个字的分别相似。除非是气候有变，不能不抢时间以提早完成作业时，小孩子才会参与搬运禾束。由于小孩是收获作业最后动用的人力资源，"季"字就被用以表达次第中最末的意义。"季"后来被用以表示一段时期的长度，它可能是由季岁、季春、季夏等表示某段时期长度之末期而来的。

商　甲骨文	周　金文	秦　小篆	汉　隶书	现代　楷书
			年	年 男性成人搬运农作物之状。
			委	委 女子搬运农作物而不胜负荷之意。
			季	季 小儿搬运禾束，最后动用的人力。

农作的成功与否取决于很多的因素，有很多是商代的人所难于控制的，如日照的长短、降雨的多寡、虫害的有无等。所以商王对于这些完全无法预期的、难以控制的、影响农作收成的条件，做了不少的占问。其问卜的对象，不仅是一些被认为可以致风降雨的自然神，如黄河、霍山、上帝等，他们自己的祖先也被认为具有影响力，可以帮助他们辛苦的劳动取得好成果，也可以降下灾祸使收成不佳（张秉权1970b：314—322）。商人祈望获得丰收，整个耕作的过程，都可以说是小心翼翼。所以有关农业的卜辞有四五千条之多，而有关畜牧的则很少。由于农业的成果是生活的最大保障，他们要想尽办法以博取鬼神的好感与同情。所以在收获季节之前要举行很多不同供奉的祭祀，请求众鬼神不要降下危害。当然在有了收获之后，更要以新收割的谷子去答谢。虽然到了商代，人们对于农作物的栽植已有相当的经验，他们问卜的内容有时却是非常琐碎而具体的，譬如什么时候去耕种，派谁去监督，由哪些人去耕作，从中我们可以看出其诚惶诚恐、关心农业成果的心情（张秉权1970b：310—314）。

主要的谷类

商周时代，主要的谷类作物到底有哪些，现在还难回答。地下发掘的遗物或有助于我们的辨认，但对于同类异属的作物的归类，也不一定能取得发掘报告者一致的同意而得到肯定的答案。尤其是对照古代的文献时，考古数据也不一定能帮助我们解决某种谷物的古代名称问题。语言本身的变迁，使得不同时代、不同地域的人们对于同一种谷物有不同的名称，或以同一名字称呼不同的谷类。再者，谷物本身品种甚多，如台湾南投布农族，小米品种竟有18种不同的名称（Fogg 1983：96—97，109—110）。有些谷物颗粒的外观相似，不但外行的人无法辨识，有时连老农都无法分别其幼苗，故往往称非所指。因此历来解释不同时代的文献所提到谷类的真正类属，也很纷乱。本章略为介绍一些能够辨识的、古代常见的谷类象形字。

谷类作物是野生植物变种，经人工栽培而成，在有史时代是维持人类生命最基本的食物。谷类作物因在不同的环境下被培育成功，开始时其种类必然甚多，故有"百谷"之称。后来那些较具经济价值、味道较佳的品种，因人们乐于栽植而保留下来。其他的品种就慢慢被淘汰，因此种植的种类也逐渐减少到九种、八种、六种、五种等几种（齐思和，中国史：3；黄乃隆，农业：113—114）。可能受到秦、汉时代五行学说的影响，"五"的数目被选取以概括所有日常食用的谷物，故"五谷"成为汉代以来谷物的通称。至于哪五种谷类作物是中国最具代表性、最重要的，因为各地区种植的种类不同，重视的程度也不同，所以意见也颇不一致。一般以黍、稷、稻、麦、菽为五谷，但麻也经常被包括在五谷之列（黄乃隆，农业：113—114）。

小米——黍、稷、粟、粱

禾是谷类作物的总称。甲骨文的"禾"字，作一株直秆垂穗的谷类植物形（ 𣎴 𣎴 𣎴 𣎴 ）。"禾"字的形态有人以为近于黍，有人以为近于稻。大概禾字只着眼于谷类植物的一般形象，不逼真地描写某一特定的谷类植物。故有时写起来像黍形，有时像稻形。在甲骨卜辞及先秦典籍中，黍是最常提到的谷物。甲骨文的"黍"字，作一株有直立禾秆的植物形，其叶上伸而末端下垂（ 𣎴 𣎴 𣎴 𣎴 𣎴 𣎴 𣎴 𣎴 ）（图6.1—2）。黍在商代是酿酒的主要材料。也许因此，在植物之旁附加水滴或水的形象，以明示其供酿酒的用途。黍的品种多样，酿酒及做糕饼的是有黏性的一种，日常食用的是不具黏性的一种。商代到底对黏与不黏的黍有无不同的名称，现今已难考证。

商 甲骨文	周 金文	秦 小篆	汉 隶书	现代 楷书
				禾 某种谷类栽培作物的形状。
				黍 黍作物之形。加水滴表明是酿酒的材料。

　　商代的人很喜欢饮酒，酒也是祭祀的主要供奉物，故商人对于黍的生产特别关心。从甲骨卜辞贞问的种黍地区，知其种植地域很广，东至山东，南达河南南境，西则超越安阳以西（张秉权1970b：304）。参照地下发掘的资料，黍的种植地域大致南不越长江，北达东北诸省。当时中国人居住的主要地域就在这个范围。黍无疑是当时的主粮，是一种比较耐干旱的作物。

　　西周的文献常以"黍稷"概括食用的谷物。"稷"字罕见于甲骨文，由一禾及跪拜之人组成。其创意不清楚。此字于商代是个地名，不是谷物的名称。也许稷是一处向禾之神祈祷丰收的庙址。传说周人祖先弃在帝舜的时候当农官。也许农官的职务包括向禾神祈求丰收，故名其官为后稷，即司理稷之事务。弃是周人第一个成名人物，周人于发展农业后才兴起。弃可能在农业方面有大贡献，周人纪念他，视之为农业神，并以其官职命名其地食用的谷物。周人克商时已进入农业社会的阶段。没有土地就不能发展农业，也不能建立国家。所以周人非常重视司理土地与农业的神，将其合称为"社稷"，以之代表国家。

商 甲骨文	周 金文	秦 小篆	汉 隶书	现代 楷书
稷 稷 稷 稷	禩 禩	稷 稷	稷	**稷** 一个人跪坐而祈祷于禾之前。

　　稷是周人兴起后才有的谷物名称，一定是周人所常吃食的，与商人所称的黍可能大同而小异。有人以为稷为黍之不黏者，株型与黍相似而稍异，为日常做饭之用。今人所称的稷曾在甘肃秦安、碳－14测定公元前5200年的遗址发现（大地湾发掘1982：2）。可见稷确是周人所居住地域的谷物。稷比黍的仁实大些（辽宁文训班1976：208），但很多人不以之与黍区别，统称之为小米。黍与稷虽常见于诗歌篇章，但不见于铜器的铭文。想来商周时候黍、稷指称连秆带叶的植物本株，或酿酒的品类。如《荀子·礼论》说："飨，尚玄尊而用酒醴，先黍稷而饭稻粱。"黍、稷不是已去壳的可以蒸煮的仁实，故不见于以盛饭为目的的铜器的铭文，也不作为供神的品物。

　　甲骨文的"粟"字，作一株禾类植物及一些仁实的颗粒形（粟 粟 粟）。或以为此形是"黍"字的另一种写法。但此字不用于"受黍年""受稻年"一类的词句，而是一种供奉鬼神的品物。大半它是打下的颗粒或已去壳的仁实，是已加工过的、可以蒸煮而供祭祀的谷子。《秦律十八种·仓律》有粟一石六斗半可得好米八斗的叙述（云梦秦简1976：3）。汉代的陶仓明器有"黍粟万石""黍米万石"一类的铭文（天野元之助，农业：6）。粟与米的分别明显，粟是未去壳或去壳但未精制的谷物，米则是精制的谷粒。而且粟与米很可能指任何谷类颗粒的不同处理阶段，与后世指特定谷类的习惯有些不同。后世以有黄、淡黄、青等不同颜色而颗粒比稷小的品种为粟。在周代，粟因是未精制的谷，不宜以之祭神，故铜器铭文也没有提到粟。青铜器铭文最常提到盛装的谷物是粱与稻。金文的"粱"是个形声字，从义符"米"（粱 粱 粱 粱 粱），表示是已去壳的仁实。粱常被称黄粱，粟也以黄色为多，很可能两字指同一谷物的不同处理阶段，或同一物不同时代的名称。粱是精工制白的黍。由于粱是品级高的小米，故是周代贵族用来祭祀及宴客的谷物。

商 甲骨文	周 金文	秦 小篆	汉 隶书	现代 楷书
			粟	粟 谷类作物形及其颗粒。

谷类食物都有坚硬的外壳，要去掉后才能吃食。甲骨文的"秦"字，作双手持杵捶打两把禾束之状（ ）。"秦"的意义是精米，可知捶打的动作应是去壳，不只是从禾秆把穗的颗粒打下而已。"秦"在甲骨文是个祭祀的礼仪，大概是供献已去壳的新谷于神前的仪式。但也可能是扮演收割场面的丰收舞蹈，以感谢神的赐福。以新登之谷物祭神是古代为政的大事。谷物加工更具体的表现是甲骨文的"舂"字，作双手持杵在臼中捣打之状（ ）。一旦有了谷物的采集，大概就开始有去壳的工作。公元前5900年的河南新郑裴李岗遗址，以及稍晚的密县、巩县（巩义市）、河北的武安磁山等古老遗址，都发现有专用于去壳的石磨盘及石磨棒（开封文管1978：75—76；又1979：199；又1981：283；河南博物馆1979：17—18；邯郸文管1977：363—364）（图6.11）。新石器时代的石磨盘与磨棒，比较可能用于把谷物外壳压碎以取得其中的仁实，而不是把谷物研磨成粉的工具（胡志祥1990：75）。粉食的发展应该是东周小麦普及以后的事。小麦的外壳虽坚硬，但里头的仁实却极脆弱，稍加压力即粉碎，容易发展成为粉食。他种谷类的仁实则不如是（筱田统，食物：53），在磨盘上碾压去壳可能比较费时间，而且谷粒也容易跳动逸出盘外。公元前4000年的西安半坡和余姚河姆渡遗址，就发现木与石的臼与杵了（西安半坡：72，76—87；

胡志祥1990：76）（图6.12）。这时大概也是掘地以为臼，铺兽皮于其上以捣谷。到了春秋末期铁器普及，制作石磨不难（图6.13），《说文》以为公输班创作石磨以碾压谷物，不但小麦，可能连其他的谷物也发展磨粉食用了。

商 甲骨文	周 金文	秦 小篆	汉 隶书	现代 楷书
			春	春 以杵舂捣臼中之米粒之意。
			秦	秦 双手持杵扑打禾以精制谷粒。

看来，黍、稷、粟、粱是指同一类谷物的不同品种与加工的阶段。但是各时代使用的意义颇不一致。考古报告说发现"粟"的新石器遗址有：河北武安，河南的新郑、许昌、临汝、淅川、洛阳、安阳，陕西的西安、宝鸡、华县（华州区）、彬县（彬州市）、武功，山西的万荣县、襄汾、夏县、侯马，辽宁大连、北票，黑龙江宁安，甘肃的兰州、临夏、永昌、玉门、永靖，青海乐都，新疆哈密，内蒙古赤峰，以及江苏邳县（邳州市）。发现"黍"的遗址有：辽宁沈阳、陕西临潼、山东青岛、甘肃秦安、青海民和、吉林延边。发现"稷"的遗址有：新疆和硕，甘肃的兰州、东乡，黑龙江宁安（陈文华1987：413—418）。基本上它们都是较干旱的地区，适合散发水分很低的小米的特性。长江以南未曾发现有种植；如果有，也大半是山区不适合种植水稻的地点。由于华南地区比较可能首先发展农耕，因此小米的栽培可能是华南的种植知识适应华北的半干旱气候而发展成的。不过有人以为小米栽培要较稻米更早，因为小米较容易栽培（Fogg 1983：112）。

稻 米

商代第二重要的谷物是稻（图6.4—6），现今以米或大米称之。甲骨文的"米"字作几个小谷粒的形状（⁑⁑⁑⁑⁑）。由于小点可代表的事物甚多，为了与"少""小"等字有所区别，才在小点间加以横划。"米"字初指已去壳的谷实，黍、稷、稻的仁实都可以叫作米，如上引的仓铭"黍米"。"米"在甲骨卜辞是供祭的品物，不是某种特定谷物的名字。

商代用以指称大米的字是"稻"。此字在甲骨文由两物组成，一是谷粒形状，一是储藏谷物的罐子形（⁜⁜⁜⁜⁜）。有人以为它是形声字，但稻米的特性是较其他的谷物能久藏（植物名实：7），故也有人以为此字由谷实能久贮容器中而不变质以取意。也可能稻米是南方的产物，华北一般只见其输入的颗粒而不见其株茎之形。但米粒的轮廓与很多事物相近，故附加运输时用的瘦长形米罐。稻米大概以牲畜载运，故采用瘦高的罐子。有些罐子还有长柄，则是为了持拿以及倾倒的方便。米罐与酒樽的"酉"同为装物之器，形状稍异，也不会被误会为别的事物。总之，它大半不是形声字。到了周代，"舀"的声符取代了容器的部分，后来"米"也被"禾"的义符取代而成现在的"稻"字。

商　甲骨文	周　金文	秦　小篆	汉　隶书	现代　楷书
⁑⁑⁑⁑		米	米	**米** 米粒形，加一横画以与他物区别。
⁜⁜⁜⁜	稻稻稻	稻	稻	**稻** 米粒及盛装的米罐。

发现稻米的新石器时代遗址很多，有浙江的桐乡、余姚、杭州、宁波、吴兴，江苏的无锡、南京、句容、海安、丹徒、江浦、常州、苏州、连云港、赣榆，上海的青浦，湖南的澧县、华容、京山、怀化、平江、新晃，湖北的随县、武昌、天门、枝江、云梦、松滋、监利、宜都、江陵、郧县（郧阳区），安徽的肥东、固镇、潜山、含山，江西的修水、萍乡、永丰、清江、新余、湖口，福建的永春、福清、南安，广东曲江，云南的元谋、宾川、昆明、江川、晋宁、耿马，河南的渑池、郑州、淅川、洛阳，陕西的户县（鄠邑区）、华县（华州区）、西乡、扶风，山东栖霞，台湾的台中、台北（陈文华1989：24—27）。除少数地区，其他都属长江流域或以南的地区，气候比较温暖，适合水稻喜湿热的特性。根据对古代气候的研究，商代以后气候就有趋冷与干燥的现象，没有再恢复过去几千年的温暖。但是根据文献，稻作区不但没有南移，反有北上的趋势。战国时稻作区域的北限达到北纬40度，即北至北京地区（Chang Te-tzu 1983：67之图）。这种气候趋冷而稻作北移的矛盾，大概由两个因素造成。一是稻的品种有了改良，栽培出较为耐干、耐寒的旱稻。二是发展了可长期供水的水利设施。稻田所需水分可由灌溉提供，不必完全依靠适时的降雨。灌溉系统对于稻作发展的重要，可由以下一段记载看出。《战国策·东周策》有"东周欲为稻，西周不下水，东周患之……今其民皆种麦，无他种矣"，说明华北地区被迫选择稻以外的谷物是受到供水条件的限制。《史记·河渠书》说秦国仿效东方诸国收受水利之效，于关中地区发展水利后，才成为富强之国，可见水利设施对发展稻作的重要性。

新石器遗址发现的稻米有黏与不黏的两种（丁颖1959：32）。不黏的是较为细长的籼稻，直接源于野生稻（杨式挺1978：28），今日主要分布在华南热带和淮河以南的亚热带低地区，具有耐热的特性（生物史：16）。有黏性的是颗粒较肥短的粳稻，受到温度的影响，由籼或野生稻通过人工选择栽培而成（杨式挺1978：28），主要分布在黄河流域、华南热带附近的高山区、太湖地区和淮北温度较低地带，以及西南的云贵高原，具有耐寒的习性（生物史：16）。水稻的起源地，或以为是云贵高原或印度阿萨姆地区（渡部忠世1986：108—109）。印度一个公元前6500至前4500年的遗址发现有碳化的稻米（Reed 1985：102）。目前中国发现稻壳而有碳-14年代测定的最早遗址，是10,000年前的湖南道县玉蟾岩遗址（《中国文物报》1996年2月18日及3月3日报道），其稻壳已证实是目前世界最早的人工栽培稻标本。或以为稻米的故乡是泰国，可能有10,000年的历史（金元龙，韩国上古史：129）。稻米的单位面积产量多，易于煮熟消化，可以养活大量人口，故易促成人口密集区出现。中国能成为人口密集国，与大米的种植多少有些关系。

麦

麦是今日北方的主要粮食。但在商代，它还是一种较为稀罕高贵的谷物。甲骨文有两个字作麦子的象形。一为"来"，作一株直茎、垂叶、直穗的植物形或加成熟时垂穗的样子（ ）（图6.7—8）。一是"麦"，作来形的植物而根部有特异的形状（ ）。麦的根很长，有时长达一丈多，与他种谷类作物的根部异相，可能古人以此特征来创造字（张哲1962：3—4）。除了几例，"来"在甲骨卜辞都被借用为往来的意义。"麦"字则用为本义或地名，"麦"与"来"在商代是否表示麦的不同品种，或只是前后期的不同字形，已难于考证。麦子被用以表示来去的意义，也很难确定是由于音的假借，或是由外地引进的事实所引申的。

商　甲骨文	周　金文	秦　小篆	汉　隶书	现代　楷书
				来（來） 麦之形象。假借为往来。

　　　　　　　　　　　　　　　　　　　　中国古代社会

商　甲骨文	周　金文	秦　小篆	汉　隶书	现代　楷书
（甲骨文字形）	（金文字形）	（小篆字形）	麦	麦（麥） 根部异于他种禾类之麦子形。

　　麦在商代还是稀罕的，很可能是发展不久的谷物。比较早期的新石器遗址都不见小麦的痕迹，只有远离中原的新疆和甘肃民乐发现过（陈文华1987：418；贾兰坡1988：5—6）。虽然还有报告利其见于安徽亳县（亳州市）钓鱼台（安徽博物馆1957：23），但其地层不会早于公元前3000到前2000年间的龙山时代，甚至有人以为发现的小麦是西周的遗物（杨建芳1963：630—631）。小麦不像其他谷物作物常见于六七千年前的遗址，因此"来"之有往来的意义，大半是外来谷物的引申。或以为青藏高原也是大、小麦发源地之一，不必从近东引进（何兆雄1985：92；Chang Te-tzu 1983：77）。但它绝不是从远古就见于华北地区的谷物。《春秋》鲁庄公廿八年记载"大无麦禾"，以麦与其他谷物如黍、稷、稻等相别，可能就是因为麦子为外来之种，而黍、稷、稻等为中国的原生之种。甲骨卜辞有"正月食麦"（合集24440），想是时节性的特别佳食，不是日常的食品。《逸周书·尝麦解》有"维四年孟夏，王初祈祷于宗庙，乃尝麦于大祖"，谷物的祭品只提及麦，想见其珍贵可比得上牛、羊。两周歌咏麦子渐多，《春秋》一书对于麦子的收获比对他种谷物更重视。到汉代时，小麦已成北方的一般食粮（钱穆1956：27）。麦子味美而耐饥。从上引东周无水种稻才选择种麦的事例，可知麦子是华北地区用以取代小米的谷物（何炳棣，摇篮：59）。只有在条件太差、难以种麦的地方才种植小米，所以小麦终成为华北的主粮。

菽

五谷的最后一种是菽，字源是"叔"。金文"叔"字作以手摘取豆荚之状（ 图 图 图 图 ）。此字在西周时候被借用为事物的序列，如伯仲叔季，故后来加义符"艹"以与假借义区别。菽原来可能指所有的豆类植物，但因其中以大豆最具经济价值，可以作为粮食的代用品，故菽常被用以专指大豆（图6.9）。目前发现大豆的遗址甚少，吉林永吉的2590年前的遗址所发现的为近于半野生类（刘世民1987：365），还不完全是栽培种。或以为大豆是中国东部雨量较丰或地势低洼地区的原生植物（何炳棣，农业：167—169）。但是发展到战国时代，从《战国策·韩策》"韩地险恶，山居五谷所生，非麦而豆。民之所食，大抵豆饭藿羹"可知，大豆已是不宜种麦的山区才种植的。想来大豆经过人们长期的培育，已经成为耐干旱的作物，才能够在华北的山区种植。小米也可能经过同样的过程，成为华北早期的谷类作物。大豆既是穷苦人家的代用食粮，商王当然不会以之供祭祀而见于甲骨的卜辞。西周的贵族也不会以之宴客而铭之于青铜彝器。

商 甲骨文	周 金文	秦 小篆	汉 隶书	现代 楷书
	图 图 图 图 图 图	相 相	叔	**叔** 手采豆荚状，借为亲属称呼。

菽在战国时代又称为豆。可能因其颗粒大于一般谷类的仁实甚至他种的豆类，故汉代就称之为大豆。大豆味道虽不如谷类之美，也不能吃太多，但因栽种容易，山上贫瘠之地也能成长，故农人常种植之以防备干旱，当他种谷物因无水而失收时，可以之救急（张光直，考古：73）。大豆价格便宜，贫穷的人经常食之。幸好它养分高，能提供穷人们必要的蛋白质。

麻

麻（图6.10）也常被列于五谷之中。金文"麻"字，作屋中或遮盖物之下有两株皮已被剖开的麻形（）。麻的种类多，可纺织成各种精粗程度不同的麻布。它是大众缝制衣服的材料，为重要的经济作物。大概因它在不少地区较之某些谷物更为重要，故有人也将之归于五谷之属。麻皮被剖开后要用水煮，或长久浸在水中以去除杂质、分析纤维。大概这种植物多在家中处理，与他种食用谷物多在户外脱粒、去壳者异趣，因此造字时强调其株形多见于屋中。用麻搓成的绳索可能很早就被用以抛掷石块打猎；至迟于旧石器晚期，遗址中已见骨针（贾兰坡1978：91），其针眼甚小，大半是用于以麻类植物的纤维缝制衣物。麻布的痕迹见于6000多年前仰韶文化的陶器底印痕（西安半坡：161—162，图版151）。实物则见于5000多年前的吴兴钱山漾遗址（汪济英1980：354）。其时已经过长期的栽培了（参考第八章麻布的介绍）。芝麻也是麻类作物的一种，见于钱山漾及同时代的杭州水田畈（浙江文管1960a：89；浙江文管1960b：104）。芝麻的仁实可以生吃，可以榨油。也许这是人们以之与稻、黍等同列于五谷的原因。商代已用燃油的灯，灯油可能是植物性的，因此那时的人可能也知道以之榨油了。

商　甲骨文	周　金文	秦　小篆	汉　隶书	现代　楷书
			麻	**麻** 麻作物在遮盖物之下被分析表皮之意。

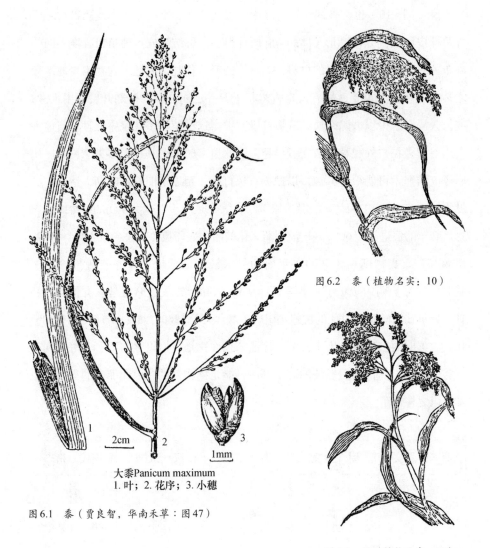

图6.2 黍（植物名实：10）

大黍Panicum maximum
1.叶；2.花序；3.小穗

图6.1 黍（贾良智，华南禾草：图47）

图6.3 稷（植物名实：12）

中国古代社会

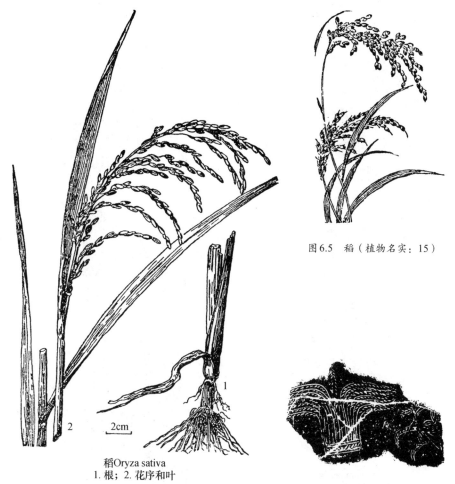

图 6.5 稻（植物名实：15）

稻Oryza sativa
1. 根；2. 花序和叶

图6.4 稻（贾良智，华南禾草：图46）

图 6.6 浙江余姚河姆渡遗址的稻
刻纹（河姆渡考古 1980：9）

小麦Triticum aestivum
1. 植株的一部分　2. 花序
3. 小穗　4. 小花

图6.7　小麦（植物名实：7；
贾良智，华南禾草：图67）

大麦Hordeum vulgare
1. 植株的一部分　2. 花序
3. 小穗（3个）　4. 小花

图6.8　大麦（植物名实：7；
贾良智，华南禾草：图35）

中国古代社会

大豆

白大豆

图6.9 大豆（植物名实：5）

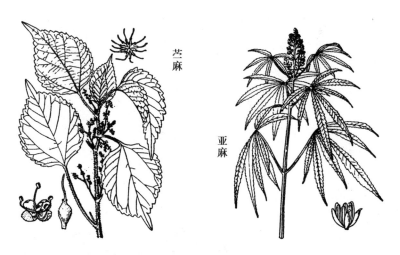

苎麻

亚麻

图6.10 苎麻与亚麻株形（植物图鉴：517，503）

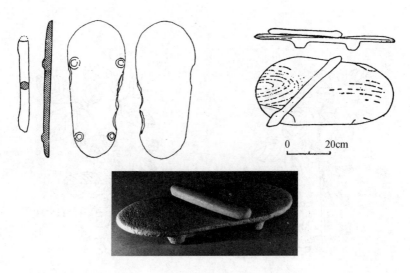

图6.11 公元前5000年以前的石磨盘与石磨棒（开封文管1981：283）。盘长52.5厘米，棒长28.5厘米，河南舞阳贾湖出土，约7500至8000年前

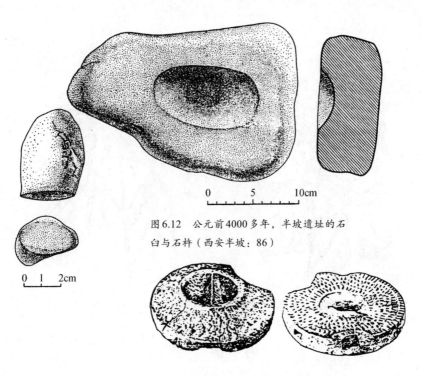

图6.12 公元前4000多年，半坡遗址的石臼与石杵（西安半坡：86）

图6.13 汉代的石转磨（考古收获：77）

　　　　　　　　　　　　　　　　　　　　　　　　中国古代社会

第七章

金　属

冶金术的发明

生产力是决定一个社会经济水平的主导力量，使用的工具则是衡量生产力的一个重要标尺。生产工具的改良，使得使用工具的人们和他们所创造的文明，都受到影响而起相应的变化。经济的变化有时会暂时引起社会结构的紧张，但从长远的形势看，这对社会的生存是有利的（Pearson，人类学：315—316）。金属的发明使人类能制造更加顺手、锐利的工具，大大提高生产力，从而改变社会的面貌。尤其是铁的普遍使用，使今日高度发展的商业社会成为可能。但到底什么因素促使人们于使用石器几百万年后，发明了熔铸金属的技术呢？它有多长的历史？

古代制造工具的材料约经过三个发展的阶段，由石而青铜而铁（Fagan，考古：75—76）。每个阶段的社会结构也起了相应的变化。有学者以原始公社、奴隶社会、封建社会来代表这三个阶段。我们虽不必接受此术语，或同意其分段的具体内容，但不能否认，正是因工具的效率与社会发展的阶段有密切的关系，才会有如此的议论。在提高生产力、改变社会面貌的程度上，铁之普遍使用比青铜改变石器文化的作用更大，即产生了更大的冲击和生产力（Fagan，考古：291；Vivelo，人类学：469）。

石器的使用是人们从动物群中脱颖而出的第一步。当人们对石器制作的要求越来越高时，自然会有意寻求优良的石材。自然界存在着金、银、铜等金属状态的矿物，人们发现这些材料与一般的石块有非常不同的性质，带有光泽，可以捶打成薄片，拉成长条，耐用而且不易断折，还可以黏合及改造，是打造饰物的理想材料，因此留意找寻并且非常重视它的价值。以红铜或黄金打造器物，较之石材有三个优点：一是可以捶打伸延，随意造形，不像石材受本身形状的限制；二是较耐用和不易折断；三是可以改铸，不像石器破坏后难再黏合。但金、铜的硬度低，比不上许多石材的锐利和坚硬。其存量也少，而且要适度加热才能捶打，很费工夫，不像石材普及和易于打造。所以红铜主要用于打造饰物（Fagan，考古：287）。饰物虽也有表示阶级的社会功能，但对创造财富的生产没有什么影响。所以有些盛产天然红铜的地区，其生产方式始终停留在较原始的阶段（Fagan，考古：286；Hoebel，人类学：315）。要等到有较高硬度的青铜工具的普遍使用，才意味着一个新时代的来临。

火是冶金的必要条件，因此发现冶金术的契机一定是火对矿石所起的变化。一定要通过800℃以上的高热才能把同时含有铜、锡、铅的矿石熔解成青铜。这样的高热并不是正常的情况下能办得到的。或以为其契机是因火与矿石的偶然接触而分析出金属块，从而激起人们的好奇和实验。其时机可能是森林大火，或以含铜、含铁的矿石砌炉灶以煮食。或可能是探寻石材而深入山中岩穴时，较大的石块要用篝火烧烤并泼冷水使石块破裂，才能用木棍等工具撬开挖掘出来。当温度高的燃火烧熔石块而分析出并凝结成金属时，人们便产生好奇，加以实验，终于发明了这种伟大的技术（杨宽，冶铁：111；唐兰1979：4）。但不管是森林的大火，或以矿石支架锅子煮食，或在深山用篝火烧烤石块以便用木棍撬开挖掘，都难于造成烧熔矿石而析出金属的高温，其量也难多得足以引起人们的注意，从而发现其成因。

或以为冶金术的契机来自烧造陶器，经过长久的烧造，窑壁上会渐渐积存出一层薄薄而软软的还原铁屑。这种异质的铁屑诱导人们从事烧烤石块的实验，终于发明了熔铸的技术（吉田光邦1959：58—59）。但早期的陶窑都很小，窑壁要被破坏以取出烧成的陶器，并不能长期持续的烧烤，以致窑壁积留能引起注意的铁屑层。

新石器时代的人们虽然可以烧火达到熔化锡的230℃以上，但天然的锡极稀少，其主要的矿石为锡石，熔炼有经济价值的锡矿熔点要达1600℃左右，甚至商代的水平也达不到。低温下熔解的锡又无光彩，生产量少，质地太软，对于不使用金属的新石器时代的人们并无实际的用途（岳慎礼1957：356）。古人是否会因这种毫无用处的东西，激起用高温烧烤不同石块的好奇，不能不存怀疑。从实际理论看，要利用能产生高温的陶窑才能熔解铜矿，则关键就在于何以人们想到用陶窑来焙烧成堆的石块？ 5000年前浙江良渚文化的工匠经常用900℃的高热烧烤玉的材料，使玉的硬度降低而容易琢磨雕刻（闻广1991：33）。那样的高热在古代只能在陶窑里头造成。900℃已足以熔炼青铜。很可能该地区的人们试验烧烤各种石块而发现有一类矿石加热到相当程度就会熔化、变形，冷却后再度凝结，其质料坚硬而有光泽，可以打造有用的东西，从而发明熔化石块成为金属的冶金术。但西洋人不会烧烤石材，不会经此步骤而发现冶金术。也许冶金术的发明契机是个永远不能解答的谜。

青铜的优点

铜与其他铅、锡等金属的合金氧化后会呈青色，故中国人称之为青铜。青铜的熔点因合金的成分而异，但比需要1000℃以上的红铜熔点低得多，而其硬度反而高。青铜依其合金成分的不同，可以铸成不同颜色、硬度、韧度的东西，以顺应不同的需要。对古人来说，青铜的锐利特性使其可以用来铸造战斗用的武器，其美丽的色彩及富有光泽的特性又使其可以用于铸造供神的祭器，都具有极大的价值。有商一代，其出土铜器的数量，以饮食为目的的祭祀礼器最为量重，以战斗为目的的车马、兵器为最多量，他种用途的工具和杂器的数量就少。说明铜在商代主要是为"国之大事，在祀与戎"两个最重要的目的服务。冶炼青铜技术的发现，激起古人谋求其供应的热望，不计成本加以熔铸制作。采矿是辛苦而危险的工作，非一般人乐于从事之业。所以有些学者认为，古人对金属的需求，促成强迫劳工制度的建立，提高组织及管理群众的能力，大大加速国家机构的建立（Franklin 1983：287—289）。

当熔铸的事业发展到可以铸造工具，广泛运用于农业及手工业的生产时，生产力就会逐渐提高，生活得到改善，社会面貌因之改变。商代到底有多少工具是青铜铸造的，还是一个很有争议的问题。有人认为当时使用相当多量的青铜工具（天野元之助1958：1—4；马承源1980：11；唐兰1960：10—34；郭宝钧，铜器：17—23），有人则认为使用不多（黄展岳1957：106；于省吾1958：65；陈文华1981：410）。由于墓葬所出土的青铜器绝大多数是武器及礼器，故有人认为那时的生产工具主要是石头打造的，很少以青铜铸成。不过农具和手工具是大众赖以谋生而被珍惜的东西，不会轻易以之随葬。比如中商时期出土的泥范的腔型，工农器具占六成以上（李京华1987：214），但墓葬实物却有限。祭器和武器为贵族所有，因宗教仪式或炫耀死者身份等目的而被埋藏。因此它们与墓葬同被发掘的机会，当然远较当时铸造的比例高出不知多少。从商代手工业成品的精美及多量看，当时一定使用相当多量的青铜工具。

中国开始冶金的时代

一般以为，中国在发展青铜业以前，与其他文明古国一样，是使用红铜的。

因为红铜有以自然的形态存在，不必经过熔炼的过程。埃及在6000多年前已知通过加热把红铜从矿石中还原出来（Pearson，人类学：463），然后用敲打的方法成形。但理论上，青铜熔点比红铜低，熔炼青铜的技术要比熔炼红铜容易，故有人以为熔炼红铜的技术要迟于青铜。中国过去的考古证据显示，红铜的铸器比青铜早。如碳-14年代测定约为公元前1800年的山西襄汾陶寺龙山遗址（山西工作1984：1068—1071），约为公元前1700年的甘肃武威皇娘娘台（甘肃博物馆1978：435—437）、永靖大何庄等遗址（甘肃工作1974：57），都发现含铜量超过99%的铃、刀、锥、凿、环以及残片等。皇娘娘台遗址已发掘超过30件的红铜制品，充分表示那时已不是初有金属知识，而是有意寻求材料加以铸造的时代了。但比较可信且有较多青铜器出土的遗址，如碳-14断代约是公元前1600年的河南偃师二里头，发现青铜爵、锛、戈、鱼钩、镞等（二里头1974：238—239；又1975：304；又1976：259—263），以及公元前1500多年的江西清江吴城的青铜刀（江西博物馆1975：53），都较出红铜的遗址迟了一二百年。

　　但是后来有些新数据，使一些学者相信中国先有冶炼青铜的技术，到了相当迟的时候才有办法冶炼熔点较高的红铜（唐兰1979：4；北京钢铁学院1981：293）。西安半坡一个6000多年前的遗址，在1956年发现一个残缺铜片，化学分析含有大量的铜和锌、镍。1973年在临潼姜寨的一个仰韶文化遗址也发现一个铜片，经化验含铜65%、锌25%、锡2%和铅6%（唐兰1979：4）。在稍晚约是5000年前的马家窑文化也发现青铜刀（北京钢铁学院1981：294，299）。但有些学者认为这些遗物都是较晚地层所混入（安志敏1981：282）。泰国也报道4900到5600年前之间的班清（Ban-chiang）文化遗址发现了冶炼的青铜（Fagan，人类：210）。从以上的事例看，在5000到6000年前之间很有可能在中国无意中炼出青铜来。不过这样炼出的青铜，其数量太少，对社会难有影响。真正的青铜器时代要等到能够把握其技术，并有一定量的生产时才算。在一些河南龙山晚期的遗址，如临汝煤山、登封王城岗、郑州牛寨等地，都相继发现了坩埚、铜渣、铜器残片、铜块等物，说明4000年前中国已真正进入铜器的时代（杨育彬1983：47）。

发明冶金的传说

传说的中国金属武器发明者蚩尤，是4700年前的人物（周策纵1973：5—7）。汉代的工艺作品中，蚩尤的造型常是头顶及四肢持拿五种兵器的人物（水野清一1954：162，168—169）（图7.6）。传说中他们是铜头铁额、吃砂石的氏族。大概因此氏族以采矿和熔炼金属为职业而被转化为神话人物。蚩尤虽有较先进的锐利武器，终于败给黄帝。此传说可能是战国时代儒家王道思想下的产物，强调黄帝是以德服人的圣君，但也可能有所依据，不是完全出于想象。蚩尤属于东海岸文化的部族，东海岸是古代铜锡矿的著名产地。现今的山东、湖南境内仍有不少的铜、锌共生矿（北京钢铁学院1981：291）。模拟实验发现，用相当简易的方法就可以把共生的矿石熔炼成锌黄铜（北京钢铁学院1981，293），说明该地区的人们有可能很早就有冶炼青铜的经验。

传说蚩尤的年代晚于泰国班清和马家窑文化的青铜遗址，所以那时候有青铜武器并不是不可能的。如果6000年前仰韶文化的人们已知道青铜的物质，则1000年以后发展到能以青铜铸兵器，或稍后的黄帝铸鼎就颇为合理了。以前没有地下考古材料的佐证，很容易把蚩尤铸造兵器的传说，看成雅好古癖的人凭空捏造出来的。现在既然知道蚩尤的时代有使用青铜武器的可能，就不能把此传说看成是无稽之谈，而应好好探讨其可能性了。中国可能很快从锻打红铜的阶段，或不经过这一阶段就进入了青铜的时代，以致发展成以青铜铸容器、武器和工具为主而很少铸造装饰物的传统。不像西洋因长时间使用红铜打造饰物，后来虽发展青或黄铜，仍保持其传统，常以之铸造装饰物。

中国古代熔铸技术的特色

冶炼金属在古时候是种革命性的发现。看它如何表现于语言是很有趣的。在商代，单安阳一地，就发掘出成千上万的青铜武器和祭祀礼器，人人都认为当时应该有大量文字表现此种物质，但是迄今甲骨文还不见"金"字。原因之一，可能是熔铸器物不是商王占问的主题，故不见于卜辞。另一原因是商代的金属另有他字代表，尚未被我们所辨识。"金"前缀见于西周早期的金文（全 全 全 全 全 全），对于此字创意的解释虽多，尚无令人满意者。或以为作矿石生于土中并附有音读的声符，或金于土堆下，或以坩埚倾倒铜的溶液入型范之状，或作易于持拿的金属锭形，或开矿之斧以及斫下之金属粒等等。"金"字如不与其他的字做比较研究，恐难测知其原来的创意。

商　甲骨文	周　金文	秦　小篆	汉　隶书	现代　楷书
	全 全 全 全 全 全 全 全 全 全 全 全 全 全 全 全	金 金	金	金 型与范已套好之状，将可浇铸铜器。用以指称熔铸的物质。

甲骨文的"铸"字有两种写法，各见一次。一作双手拿一倒皿覆盖于一个土型之上（图），是表现倾倒铜液于范型之意。另一形被假借为"祷"字，作双手持倒皿倾倒铜液于另一皿中之状（图）。两种写法都取意于熔铸器物的操作过程。金文的时代，常于铭文叙述铸作器物的原因及目的，故"铸"为常见

之字。其书写的异形甚多，演变的过程是在甲骨文的基本字形上，加上义符"金""火"，或声符呂而成。最值得注意的字形是由 𤰔 所发展的 𤨏 字，全由 Ω 演变而来。Ω 于甲骨文的"铸"字是接受铜液的范型，那么"金"字就是铸器模型的象形了。"金"在金文铜（𨧞）字的部分，更生动地表现出型与模已套好，捆绑牢固以待浇灌的形态（图 7.1）。看来，代表金属的字是来自以范型熔铸铜器的概念。

商　甲骨文	周　金文	秦　小篆	汉　隶书	现代　楷书
𤰔 𤰔	（金文字形群）	𤰔	鑄	**铸（鑄）** 双手倾倒坩埚进行熔铸之意。

金字像多片型范的立体形状，铸字是最直接的证据，从"法（灋）"字也可以得到间接的证据。《说文》的解释有二：一是"刑也"，另一是"法平如水，廌触不直者去之"。其字形也有两式：一是自金文演变来的 𤺄、𤺄，取意与神兽判案有关的；另一是使用于东方六国的所谓古文 𠊟。"刑"在古代有"铸型"的意义，𠊟 应指铸型而言。𠊟 与"金"字的各种写法（全 全 全 全 全 金）相近，大半出自同一来源。大概"金"的字形有两个相关的意义，一是铸型，一是金属。金属的意义常见，铸型的意义罕见。法律与铸型有共通的概念，都是用以规范他种事物的东西。战国时代魏、楚与中山都有以 全 作为"法"字使用的例子，也可印证这种解释。湖北江陵楚墓出土的律管有"法新钟之宫""法文王之角"等铭，"法"字即作 全（谭维四 1988：41）。处于河北平山县的中山国，常以 全 等形作为数目字"百"使用，都很像金文的"金"字形以及《说文》古文的

"法"字。先秦时代的古音，"百"读若pjwak，"法"读若pjwap（周法高，音汇：213，167），非常相近。把"百"与"法"读成相近的音可能是某些地区的特殊读法。"金"的字形在某些地区作为"法"字使用，应来自"铸型"的意义。

再者，魏三体石经割字的古文作（ ），与小篆的"刽"（ ）字，显然都是由金及刀构成，其创意应当都是以刀割断捆缚在模型上的绳索，并抉剔泥土取出铸成的器物。"割"（ ）字部分的"害"，可能就是表示铸型已被剔坏的现象，故金文有些"割"字的"害"部分就被写成分开的两半（ ）（"全"字可能表现铸型完好，尚未被剔坏时之状态）。中国因为缺少金、银、铜等自然状态存在的金属，只有通过熔铸才能取得金属，故用范型作为表达金属的意义。此一事实反映中国古代制作铜器偏好用泥范的特性。从对商及前代铜器铸造方法的考察，发现在铜器各种加工的方法中，不但是铸器，甚至对于花纹、零件等，几乎也只用铸合一法。这与其他的文明古国，主要用失蜡法铸造，用铆钉、熔焊等种种加工法，显然有基本上的不同。中国要到春秋中期才使用失蜡、锡焊、铆钉等方法制造铜器（汤文兴1981：174—176；张剑1980：23）。由于中国的冶炼技术与西洋的有隔阂，没有西洋常见的加工法，因此有些学者以为它强烈反映了中国铸造术的自发性（万家保1979a：230—232；Barnard 1963：227）。

用多片泥范以熔铸器物是相当进步的技术。也许在使用现在的"金"字之前，有取意于较粗陋的铸造法以表达金属的事实。熔铸金属的技术应是从捶打自然金属成形开始的，然后演进到在石上挖沟的单范成形，进而双范成形，终于达到可铸造复杂器形的有模有范的多片范成形。目前所发掘的较早石范，出土于约为公元前1500年的江西樟树吴城（江西博物馆1975：53）和山西夏县东下冯遗址（东下冯考古1980：100—101）。器范在秦汉时代叫作"型"，是形声字。义符"土"表示其制作的材料为泥土，无由窥见范型的形制。但甲骨文作为地名的"晋"字（ ），在秦汉时候有时候被用为两片型范所铸成形的东西，如铜镞、铜镦等简单铸件。后世的注释家以为那是由于声读的假借，不是"晋"字原有的意义。其实"晋"字是表达双片范型的象意字，所以古籍才使用它以表示由两片范成形的铸物（许进雄1980：143—160）。其创意约如图7.2之图解。"曰"是套合后的浇注口，双矢则表示并列的，或上下范的镞沟。由于"曰"与"日"的形象绝似，历来文字学家都无法找到太阳与箭矢的合理关系。经此图解，就不难明白其字形与意义之间的关系了。

商 甲骨文	周 金文	秦 小篆	汉 隶书	现代 楷书
			晋	晋（晉） —陶范及两排箭镞形。以两片范铸成的器物。

采 矿

器物的铸造大致要经过三个步骤，即炼矿、制范和熔铸。炼矿是把矿石提炼为金属粗料的第一个步骤。熔炼矿石之前，当然要对矿石有所认识并加以开采。人们从旧石器时代就开始寻找各种石材，但石材有其各自的性质，很多深藏于地下，不易在地面找到。而且以石工具挖掘的效率还是有限，早期大概还不会积极深入地中去挖掘石块。但到了有阶级的社会，需要以服用某些装饰物的特权，去表达其高人一等的社会地位时，罕见石头的价值就受到重视。玉在中国是难得之物，可作为佩带的饰物以增美，示人以财富，故被选为高贵者的表征。如此一来，对那些可琢磨成美丽饰物的玉材的欲求就大为增加。玉石有些被冲落到河边，可不用费力加以捡拾。有些则深藏于山中，要花费相当的努力才可挖掘出来。"璞"字的意义是未经加工的玉璞，也用以表示未经冶炼过的

中国古代社会

矿石。商代甲骨文的"璞"字作双手拿着挖掘的工具，于深山内挖取玉材而置于竹筐之状（ ），"弄"字则作于山中挖到了玉璞，不胜欣喜而把玩之状（ ），故有玩弄的意义。这表明至少3000多年前中国人已有深入山中挖矿的经验。甚至5000年前良渚文化使用多量的玉礼器时，其材料已取自深山里了。到了能够镕铸时，石块的挖掘就自然扩充到金属矿类了。

商 甲骨文	周 金文	秦 小篆	汉 隶书	现代 楷书
			璞	璞 象手拿工具于山中挖掘玉璞，并放置于竹筐之意。
			弄	弄 象于山中玩弄挖掘到之玉石意。

　　矿石的颜色有异于一般的石块，稍有经验者即不难辨识。如孔雀石为绿色，蓝铜矿为蓝色，赤铜矿为赤色，自然铜为金红色。矿石一般少暴露于地表，多深埋于山中、地底，要深入挖掘才能取得。矿源要经过长期的开采才能竭尽，如湖北大冶铜绿山，从对有些矿井木支架所做的碳-14年代测定，知老早在商代此山就已被开采（碳十四：93），到战国废弃时，估计有40,000吨左右的红铜被熔炼（夏鼐1982：1—2），湖南麻阳的战国铜矿，估计也有8500吨（麻阳铜矿1985：119）。铜绿山的采矿遗址有很详细的报告（铜绿山1975：1—12；又1981：19—23）（图7.3），坑道伸入地底只达50多米。麻阳铜矿的矿井则有深入地中达400米的（麻阳铜矿1985：122）。《汉书·贡禹传》记载贡禹上书，说当时采铜矿有深入地中达数百丈的。无疑，时代越迟晚，浅露的矿床越难找，就得越挖越深。

以古代的工具挖掘山石是相当不易的。故人们尽量不挖掘没有熔炼价值的土石，而在可能工作的范围内，尽量使坑道窄小。矿床由于沉积条件的复杂，大多都是弯曲、高下不平的。所以矿井多歧道，有如迷宫（图7.5）。矿井是由许多竖井、斜井、平巷组成的（图7.4）。坑道的高度一般在1米多，湖南麻阳战国时期的矿井最低为75厘米高，宽度最窄的只有40厘米。在这种情况下，经常要弯腰、跪趴在狭窄低矮、崎岖不平的坑道上，工作的效率当然大打折扣。产量也必然稀少而因之造价高昂了。

挖掘山石会激起很多灰尘，矿石还要敲碎淘选才运出坑口，以减少搬运所费的劳力，那些灰尘增加了空气龌龊的程度。而且矿井挖得深又会引起好几方面的危险。一方面是矿井内的温度与压力的变化。越挖深入，压力就越大而温度越高，空气也不易流通，造成氧气不足，呼吸困难。在那种又热、又湿、呼吸又难的环境下，矿工要尽量少穿衣物，有时几乎要赤身裸体。另一方面危险是有瓦斯中毒的可能。至少晋代的人已知以羽毛漂浮与否测验井中有无瓦斯的办法。矿井里呼吸的困难可以从金文的"深"字看出。此字作有木架支持的坑道中，有一站立的人张口喘气，冷汗滴下，难以呼吸的样子（𤯌 𤯌）。稀薄及污秽的空气是深坑道中常遭遇的情形，故以之表达深的意义。

商　甲骨文	周　金文	秦　小篆	汉　隶书	现代　楷书
	𤯌 𤯌	𤯌	深	深 人于深穴内，因空气闷热，张口呼吸冷汗滴下之状。

古代不但工作环境差，时时还会有矿井崩塌的生命危险。现代采矿的技术和安全设备都不是古时候所可比拟的，但事故还是时有所闻，在劳工福利不受重视的古代就更不用说了。《史记·外戚世家》就记载了西汉时的一个事故：

中国古代社会

"少君年四五岁时，家贫，为家人所略卖，其家不知其处。传十余家，至宜阳，为其主入山作炭，暮卧岸下百余人，岸崩，尽压杀卧者，少君独得脱，不死。"采矿的辛苦和危险可从金文的"严（嚴）"字看出。"严"有山岩及严厉两组意义。字形作一手拿着挖掘工具在山岩里挖掘矿粒，并放入提篮以待运出穴道之状（🖐）。有时山岩之上已有几个运出的提篮（🖐🖐🖐🖐🖐🖐🖐）。采矿多于山中进行，故此字有山岩的意义。其管理严格而工作辛苦，故也有严厉的意义。后来为分别其用法，才加"山"之义符于山岩之义而成"岩（巖）"。"敢"字则就是"严"字去掉山岩的部分（🖐🖐🖐🖐🖐🖐），表示采矿不是易事，如果不是被迫，就要具有相当的胆量才会从事，还是强调其辛苦与危险性。

商　甲骨文	周　金文	秦　小篆	汉　隶书	现代　楷书
			敢	**敢** 手持挖掘工具与篮子，挖矿为勇敢的行为。
			嚴	**严（嚴）** 手持工具于山洞里挖矿并放置于篮中之状。

采矿显然不是一般人所乐意从事的工作。有些学者以为其工人常是被迫的。在商代或其前，矿工可能主要由罪犯、俘虏、奴隶等充任。上述的窦广国少君就是一个例子。在希腊、德意志、芬兰等地的神话传说，与锻冶有关的人物很多是残废的。日本秋田县的北部，跛者意义的语音与锻冶同。学者认为跛脚的人难以从事狩猎、渔业、战斗等需要激烈行动的职业，故才选择锻冶工作（贝冢茂树，神话：116—117）。中国古时有刖足的刑法，是种防止罪犯者有反抗能力而

又不失其工作力的惩罚，它可能起于控制奴隶从事生产的措施。为了洗矿、熔矿的方便，矿冶常设在林木众多的山区。茂密的林木易于隐藏，不利于防止罪犯的逃跑，但如果使工人跛了脚，其就比较难于长远逃亡。而且在坑道中，正常人也难于行走，工作能力不比跛脚者强太多。当时或用这种办法来控制矿工。后来为了人道关系，较少肉刑，就得发展有效的控制及组织的方法以防止逃亡。前已言之，有些学者以为对于金属热切的需求，促成控制和管理人众能力的强固，促进了国家组织的早日完成。虽然很难估计控制矿工的技巧到底给予国家组织的建立多大的影响，但在中国，国家机构的建立与冶金业的崛兴，确实是约略同时的。

炼　矿

采来的矿石要打碎成一定大小的颗粒，并要初步去除杂质才被放进熔炉，以节省燃料的耗损。放在水流中让水冲洗，溶解杂质，是最简便经济的方法。很多从柬声的字有选取、精制的意思，很可能就是从这种去除杂质的作业引申来的。金文的"柬"字，作一个袋子里头装有东西的样子（𣐅 𣏕）。袋子所装的东西可能是丝麻，也可能是矿粒。因为练丝和洗矿都是装填粗料于袋而置于水中，让水慢慢溶去杂质以达到精炼的目的，并节省人工的费用（陈槃1954：257—262）。所以大冶铜绿山的矿场有大池塘（图7.3），郑州古荥镇的冶铁遗址也有水井与水池（考古发现：282），应当都是为了去除矿石的杂质用的。

商　甲骨文	周　金文	秦　小篆	汉　隶书	现代　楷书
	𣐅 𣏕	𣏕	柬	柬 象袋中装物，以便入水去除杂质之意

熔化铜矿需要高温。铜的比重也大。故盛装铜溶液的容器要厚重才能耐火，防止破裂。根据发掘的现象，初无专为熔铜设计的坩埚或容器，只选取大口的陶缸涂泥加厚来用（河南文工1957：53—73），在积集了相当的经验后，才改良烧造大口尖底的专用熔铜坩埚。其形制表现于甲骨文的"厚"字，作一个大口细底的容器依靠在某处之状（⺁）。其外形与发现于商代遗址、俗称"将军盔"的坩埚很相似（图7.7）。容器本身已很厚重，加上盛装的铜溶液，重量起码在20公斤以上（石璋如1955a：122；万家保1970：109）。为了易于倾倒烫热的铜液，故设计成上重下轻的尖底形式。但上重而大、下轻而细的东西难于自己站立而不倾倒，需要倾斜依靠他物。由于坩埚的壁远较一般容器的壁为厚，故古人取之以表达厚度的概念。此类形制的陶容器，少数的壁是薄弱的，当是未加厚前的初成品。

商　甲骨文	周　金文	秦　小篆	汉　隶书	现代　楷书
			厚	厚 依靠着他物的厚壁的坩埚形。

制　范

铸器的第二步骤是制范。有关型范形制的"金""法""晋"等字已经介绍过。制造的程序是先塑造模型，即以泥土塑造所欲铸器物同大小的形象。然后在其上雕刻花纹或文字以便翻范。翻范的方法是把澄滤过的细泥调制湿润，拍打为平片，按捺在模的外部，用力压紧使花纹细节反印在泥片上。待泥片半干了，用刀分割成数片，让它阴干，或加以烧烤，每片就是一个型。最后手续是套合。在模子上刮下所欲铸造器物的厚度，然后把外范和内模套合在一起。两者的空间即为器物的厚度。内外模型的榫眼要扣合，并以绳索捆绑牢固，再抹上泥土加以强固，以防备浇灌时范片走位导致失败，然后就可把铜液自浇口灌入了（冯富根1982：532—541）。这种费时复杂的范铸法是中国早期铸造铜器的唯一方法。甚至铸造零件和修补也用同样的方法，这是中国熔铸技术的特色，和西洋用失蜡法，以及铆钉、熔焊、锡焊等加工法大异其趣。这种中国和西洋熔铸术的显著差异，明白表示中国独力发展此技术的事实。

熔 铸

第三步骤的熔铸是把铜料液化并倒入模型的过程。它需要能提供高温的熔炉。甲骨文的"炉"字是个有支架的炉形（𓏴𓏴𓏴𓏴𓏴𓏴）。它在卜辞中被借用为祭祀名及用牲的方法。此字在金文中则有两个用法与火炉有关：一是温火炉，另一是经过炉火熔炼的金属锭，是熔铸器物的原料。普通用以烧饭、温酒、取暖的炉子不足以提供熔化青铜的高温。考古发掘、当时的文字，都可以证明商代已有熔炉可熔铜铸器。发掘出的晚商炼炉直径有1米（冶金简史：27）。从甲骨文"炉"字，知商代的熔炉有些是有支架可移动的。它们的容量当然不大，可能是较早期的形式。复原的西周炼炉，内径为88至170厘米的椭圆形（叶万松1984：660—662）。到了春秋时代，已有很进步的高温炉了（侯马工作1960：12；黄石博物馆1981：30—39；铜绿山1982：18—22）（图7.9）。

商 甲骨文	周 金文	秦 小篆	汉 隶书	现代 楷书
𓏴𓏴𓏴𓏴𓏴 𓏴𓏴𓏴𓏴 𓏴𓏴𓏴𓏴	𓏴𓏴𓏴𓏴 𓏴𓏴𓏴𓏴 𓏴𓏴𓏴𓏴	𓏴𓏴	鑪	**炉（鑪）** 有支脚可移动的火炉形。后加虎的声符。

鼓风入炉以提高燃烧温度的设备在周代叫"橐"。此字的甲骨文作一个紧束两端的袋子形（图），虽然它在卜辞中用为地名，不与熔铸之事相关，但我们可以肯定商代必有鼓风的设备，而"橐"是鼓风袋的象形。甲骨文有一个地名写作一橐与一炉并立，或一橐附于炉上之形（图 7.13）。烧饭用的炉不必用鼓风的设备，只有熔炼金属的炼炉才需要提供高温的鼓风装置（图 7.8）。对商代炼炉炉壁熔点的测定，一般在1160℃到1300℃之间（冶金简史：28）。大半要有鼓风设备的助力才能达到此高温。所以炼炉上附有袋子的甲骨文字形，除了鼓风橐外，没有其他更合理的解释了。有人甚至从陶片考察，认为5000年以前，仰韶的陶窑已需要有鼓风的设备（袁翰青，化学史：44）。鼓风橐是牛皮缝制的，在地下很快会腐烂。导风入炉的陶鼓风管也易破碎而难辨识，能够保持形状的并不多，但河南郑州的商代遗址已见其形制（古代冶金：36）。

商　甲骨文	周　金文	秦　小篆	汉　隶书	现代　楷书
				橐
				象两端紧束之鼓风袋形。

　　鼓风袋的操作是利用皮囊的压缩把空气送入炉内，又放松之使空气补充入囊中。一紧一松的动作，使空气反复不断地送入炉中以助燃烧。有人以为甲骨文的"复"字就是以鼓风袋创意的（马藏旂，甲骨：662）。此字中部的长条形即为鼓风皮囊的本体，即牛皮缝制的部分。两端分别为陶管及踏板，足则是带动踏板的动力（图）。由于鼓风的动作是反复不断的，故"复"字有反复、恢复、往复等有关的意义。若要使挤压入熔炉的空气强劲，以提高燃烧的效果，炉端的送风管口要稍细。故甲骨文"复"字的陶管部分有些作尖锐形（图）。不过，中国传统的鼓风操作是水平式的，如山东滕县

（滕州市）的汉画像石的鼓冶图（图7.10）。后来发展出以水力或马力推动的方式，亦莫不采用水平式（杨宽1960：47—49；刘仙洲，机械：51—52）。它和西洋早期惯用的上下足踏式的不同。也许中国最初的鼓风囊也是上下足踏的操作方式，后来才改良为水平式的。

商 甲骨文	周 金文	秦 小篆	汉 隶书	现代 楷书
		𣆪	復	**复（復）** 一足踏在鼓风袋的踏板，往复鼓风入炼炉之状。

熔铸是种特别的技术，需要相当的训练和经验。从鼓风熔化金属，到倾倒铜液于型范中的过程，都带有危险性。控制稍有不慎，使近千度高温的溶液爆炸起来，其威力是相当惊人的。《汉书·五行志》记载某次熔铁炉爆炸的事件如下："铁不下，隆隆如雷声，又如鼓音。工十三人惊走，音止，还视地，地陷数尺，炉分为十，一炉中销铁散如流星，皆上去。"春秋战国时代，甚至更晚的时候，偶有记载工匠牺牲自己的生命才使得铜或铁矿熔化，终于达成铸良剑、佛像的夸张故事（吉田光邦1959：109—110），也反映了冶铸工艺在人们心目中的困难和危险的程度。

商周的青铜工艺

中国的冶铸历史，似乎没有一段漫长的演进过程，仿佛从初见多块型范的容器，到不久后的商代，就突然成千上万地出土，成就超过同时代的其他文化。商代青铜铸造业的规模可以从一件大鼎测知。重875公斤的司母戊鼎是迄今所知最大的商代青铜器（杨根1959：27）。商代的坩埚，除去杂质，一个约能容纳铜液12.7公斤（杨根1959：27；郭宝钧，铜器：6）。要铸造那么大的鼎，就要同时使用七八十个坩埚以容受铜液，在短时间内陆续倾倒入器范，否则会导致所铸成之器破裂而不完美。全部的工人，包括烧火、观火候、运送材料、倾倒熔液等各种分工，起码要300人才能妥善运转。在这种情况下，没有熟练的一贯作业经验，难以达到人员多、设备多、场地大的铸造过程不紊乱，圆满地铸成那样宏伟的器物（杨根1959：28；商周考古：47）。从大量出土的商代青铜器，超过10,000平方米的铸铜遗址（商周考古：45），都可以想象那时熔铸业的盛况。

商、周墓葬出土的青铜器绝大多数是武器及礼器。那是因为青铜是当时最有用材料，由有权势者所控制，为他们的需要而制作。竞争是为了生存不能不采取的手段。战争是经常采用的解决争执的手段。武器则是执行争斗、生死攸关的器具。青铜既是最锐利的材料，当然要优先加以铸造。另一方面，无时不在的鬼神世界对于古人来说，有不可抗拒的威力，主宰着人们的祸福，不能不加以取悦。供奉他们的礼器就得用最贵重的青铜。在这种"国之大事，在祀与戎"的古代中国社会，青铜的主要铸造物顺理成章地就是祭器与武器了。

从出土实物，我们可以了解商代青铜工艺的盛况和水平之高超。但是商代有关熔铸的占问极少见，这不能不说是奇怪的现象。到底是因为铸造器物是工匠们的事，不必劳动商王去占问，还是商代对于熔铸已甚有把握，不必向鬼神谋求对策，或祈求福佑以保证铸器的成功呢？它的答案我们恐怕已无法得知。虽然商代的卜辞缺少当时有关青铜熔铸的讯息，但从象形文字可得一些启示。甲骨文的"吉"字，作深坑中有一器物之状（ 𠮷 𠮷 𠮷 𠮷 ）。学者一直不得其解，如以之与"铸"（ 𨮯 ）字之 ◗ 部分，或"金"之 𠆢 𠆢 𠆢 形比较，看起来它是表现浇铸部分的浇口与器体部分的型范已套好而放置于深坑中之状。根据铸造铜器的经验，如果把浇铸后的型范放在深坑中，由于空气不流通，长时间后会慢慢冷却，如此不但可以防止型范爆裂或走范变形，而且可以使铸件更为光滑美善而得到良好的铸件（石璋如1955a：124—125）。"吉"字有美善的意义大致因此而来。安阳铸铜遗址的周围散布很多残破的型范碎片（石璋如1955a：124—125），就是以此方法铸器的具体反映。显然商代工匠已晓得铸造完善铜器的秘诀。

商 甲骨文	周 金文	秦 小篆	汉 隶书	现代 楷书
				吉 置型范于深坑，使散热慢而冷却时间久，可使金属铸件精良。

商人对于冶金的认识，我们可以从实物获知一些概况。中国古代青铜器的主要成分是铜、锡和铅。商人对于这三种金属个别的性质以及外观都有所认识。譬如以纯锡铸成的戈曾见于商代的墓葬（张子高，化学史：30），又有纯铜的头盔錾镀薄锡以求美观的例子（周纬，兵器史：151），墓葬中也发现纯铅的戈这类价廉代用明器（马得志1955：52；郭宝钧1955：97），由此可知商人已能分别熔炼这三种金属。不过，从同类的青铜器物含铅量不定一事看来（陈梦家1954：54—56），似乎商人还没有充分了解铅有助于增强溶液的流动性和表面的致密度。商人加铅于铜料，可能因其价廉可替代锡，还不太了解其化学性能，所以难铸造薄壁的大件器物。到了东周时代，青铜器则器壁细薄而含铅量高（万家保1974：111），表明时人已发现铅对铜所起的化学性能了。

商代铸造不同用途的青铜器，使用不同成分的铜和锡（包括铅）合金，而对于同类用途的器物，又有约略一致的合金成分，表明商人已粗略了解合金成分与性能的关系，虽然他们的了解不一定是正确的。在商末或周初的甲骨文有个"则"字，以一鼎及一刀组成（）。铜鼎是祭祀时使用的器具，要求其颜色辉煌以助陈列时的美丽。刀是实用的切割工具，要求锐利而耐磨，才能经常磨研以保持锋利。这两种不同的要求取决于不同的合金成分。由于铸造各种性能的器物要依一定标准的合金成分才能合于理想，故以一鼎一刀表达准则、原则等意义。

商　甲骨文	周　金文	秦　小篆	汉　隶书	现代　楷书
鼎	則	則	則	**则（則）** 鼎与刀组合，表达铸鼎与刀各有不同的合金准则。

古代文献对于青铜合金成分与性能之间的关系，讲得最明白的是战国晚期编辑的《考工记》，它对于合金的成分有如下的记载："六分其金而锡居一，谓之钟鼎之齐。五分其金而锡居一，谓之斧斤之齐。四分其金而锡居一，谓之戈戟之齐。三分其金而锡居一，谓之大刃之齐。五分其金而锡居二，谓之削杀矢之齐。金锡半，谓之鉴燧之齐。"这六种不同器物的合金配料，因为对"金"字的解释不同，所以对于铜与锡（包括铅）的比率共有三组不同的意见。传统意见的六齐分别为钟鼎83.4%比16.6%、斧斤80%比20%、戈戟75%比25%、大刃66.7%比33.3%、削矢60%比40%、鉴燧50%比50%（梁津1955：54；章鸿钊1955：21）。晚近学者较常引用的意见是钟鼎85.7%比14.3%、斧斤83.4%比16.6%、戈戟80%比20%、大刃75%比25%、削矢71.4%比28.6%、鉴燧66.7%比33.3%（万家保1970：9—11；杨宽，冶铁：17）。后一组意见与今日实验所得的结果比较接近。当锡的成分占17%到20%时，青铜的质料最为坚韧，宜铸造斧斤、戈戟等物件。当锡占10%到40%时，青铜硬度最高，宜于铸造大刃、削、杀矢等需锋利的器物。又，锡的成分增高时，青铜的呈色也由赤铜、赤黄、橙

黄、淡黄而变化至灰白（郭宝钧，铜器：12）。钟鼎要求有辉煌的赤黄颜色以为陈列之用，故含铜的成分要高。鉴燧则要求有良好反映效果的灰白颜色，故含锡的成分要高。

古代没有仪器可分析合金的成分，控制合金的分量大致要凭工匠长期累积的经验，最可能是经由炉火颜色的观察。《考工记》有对炉火温度变化的观察如下："凡铸金之状，金与锡黑浊之气竭，黄白次之（黑浊气是挥发性不纯洁物质的氧化；黄白气是由于锡先熔化，呈黄白色），黄白之气竭，青白次之（温度提高，铜的青焰色也有几分混入，呈现青白色），青白之气竭，青气次之（温度再提高，铜全部熔化，铜量比锡量多，只有青色了），然后可铸也。"（郭宝钧，铜器：13）这充分体现工匠长期在炼炉前观察精炼过程中火焰颜色的变化。今日常以"炉火纯青"表达高超的技艺，就是来自此种观察。《考工记》虽然没有言及不同合金成分的火焰颜色也有变化，想来工匠们也会注意到这个问题。《荀子·强国》有"刑范正，金锡美，工冶巧，火齐得，剖刑而莫邪已"，反映合金成分和火焰颜色在整个铸造过程中的重要性，以及这种概念的普及性。战国时代对于武器铸造的质量相当重视，尤其是赵国，常在武器上刻画一系列监督官员以及铸造工匠的名字，以确定质量的负责者。铭文最后常是"冶某挞齐"（黄盛璋1974：18—28；又1991：57）。齐是合金成分的比率，挞即捶打。掌握正确的合金成分和适度的锻造是打造优良兵器的关键。

贵金属，金与银

在金属中，金与银的性格最为相似：储量稀少，富光彩，不受温潮的影响，不易氧化腐蚀。其外观和赋性大异他种物质，很容易引起人们的注意。尤其是它们以纯度很高的状态存在，且易于加工，不像其他矿石要通过高热熔炼才能取得，所以从很早开始，就一直在很多社会被视为贵金属，用于打造装饰物或作为交换的通货。环地中海的一些古代文明，至少于5500年前就以金、银打造饰物，而可能于2800年前作金银货币。中国对这两种贵金属的认识和使用，依目前的数据看，起码迟缓1000年以上。大半是中国境内没有丰富的自然金与银，才使中国异于其他的文明，选择了玉作为表现财富与身份的象征。

金是种质软、颜色亮黄而富光彩的金属。它的延展性最佳，一盎司（约28克）的金可捶打成300平方尺（约27平方米）的金箔，薄至0.0001毫米。银则色泽亮白，最具反光效能，擦亮时，可反映95%的可见光线。它也易加工，延展性仅次于金。其他的珠宝也常经它们的衬托更显丰采。以金、银制作饰物时，常加入他种金属以增加硬度，适应经常摩擦的服戴要求。

商代的青铜铸造业已非常发达，精美的程度当时可算世界第一。时人已足够了解金、银的优异性质而广加利用。但是迄今只发掘到少量小件饰物及包金箔的器物，重量全部加起来不超过几盎司（Barnard & Sato，金属遗物：96—99），银器则根本没有见过。当时人们怎么称呼金、银当然也不清楚。

《尚书·禹贡》中梁州所贡的镠，后代注释家以为即是黄金，是尚不能证实的名称。金在商、周时代的意义是金属，尤其是指青铜或其主要原料红铜。青铜器铸成时的呈色近于黄，后来受氧化作用才渐成青色。因此西周初期时，黄金指的还是青铜。《周易·噬嗑》的"噬干肉，得黄金"是表达吃到没有把野兽体内的青铜箭头取出而加以腌制的干肉，以致意外得到小财富，为可喜的现象。后来创造了"铜"字，"金"字才逐渐转称为黄金。甚至战国晚期它还经常被指为铜材，与黄金有别。如秦代末年的《金布律》："县都官以七月粪公器不可缮者，有久识者靡蚩之，其金及铁入以为铜。"（云梦秦简1976：4）。此处的金指青铜，铜指铸造出的青铜器物。到了汉代，"金"字才普遍被用以指称黄金。

显然华北地区少有金的储藏，中国人才少见使用。邻近中原的产金区是在楚国的领地，所以要等到春秋末期楚国积极参加中原的政治时，金的供应才足够流通而被选为大宗交易的通货。《管子·轻重甲》："万乘之国必有万金之贾，千乘之国必有千金之贾。"以及据《史记》记载，战国时的国君赏赐臣下，常是黄金千金、五百金。这些都反映战国黄金流通量之大，与西周以前的现象非常悬殊。

商代炼炉所产生的温度很容易达到银的熔点960℃。而且银矿常与青铜的合金材料铜、铅、锌等合成，常是炼取这些金属的副产品。照理说，商代熔炼大量的铜、锡，应有副产一些银的。奇怪的是，正式的发掘还不见关于银的报告。西周康王时代的《叔卣》铭："王姜史叔吏（使）于大保，赏叔郁鬯、白金、趞（雏）牛。"（金文总集：3024）铭文所说的白金很可能就是银。战国时期楚墓随葬器物的遗策也常见以白金指称银。《尚书·禹贡》提到梁州贡银，虽是春秋晚期根据传说记录的。春秋中期已有银质空首布的铸造（蔡运章1987：66—67）（图15.6），而一般从装饰品演进到通货需要相当久的时间，故可推测西周以白金称呼银是完全可能的。甚至更早的时候就已有银制的器物。

青铜虽可因合金成分的差异，铸造赤红、赤黄、橙黄、淡黄以至于灰白等不同成色的器物。但一炼炉只能铸造一种色调的器物，难以铸造图案复杂且多彩缤纷的器物，以满足尽善尽美的追求，因此就有嵌镶技术的发明。人们开始是利用不同颜色的材料，用黏合或捶打的方式，把花纹嵌镶到铜器上；后来以金汞剂涂抹于器表，加热使汞分离而留下耀眼的黄金薄层。商代偶有黏合蓝色的绿松石或孔雀石的铜器或漆器，但一般以为要到春秋时代才逐渐有嵌镶金、银的器物，鎏金技术则要等到战国时代。然而安阳大司空村20世纪50年代才发掘出的一件晚商铜车轴饰，和几十年前就入藏加拿大安大略省博物馆的嵌镶金、银丝的铜车轴饰相较，除了体积稍小，及不在花纹中嵌镶金银细丝外，纹饰几乎一模一样。从种种迹象看，安大略省博物馆的铜车轴饰不可能是伪造的。因此中国至少自公元前11世纪就有嵌镶金、银的技术（参考本章附录）。

从出土的数量看，商代的金、银可能比现代的金、银更为罕见和珍贵。很可能只有国王才偶尔使用嵌镶金、银的器物殉葬。商王的墓都被盗掘一空，所以不见于其他正式发掘的墓葬。不管出土的量如何少，商代肯定已知悉贵金属金和银，并有所使用。

<h1 style="text-align:center">铜</h1>

甲骨卜辞问及铸造的，迄今只有二条材料。一作"王其铸黄吕，奠血，唯今日乙未利？"（合集41866）。奠血是新铸器物的衅血仪式，也见于《孟子·梁惠王》。吕与熔铸有关，又是黄颜色，无疑是卜问有关铸铜之事。另一条作"……其□黄吕……乍凡（盘），利唯……？"（合集29687）。词句虽残缺不完整，□字的意义也不清楚，但黄吕既然与作盘有关，也应是铸造之事。甲骨文"吕"字也常见于周代的铜器铭文，多与铸造器物有关，如"邿公翌择其吉金，玄镠炉吕，自作和钟""王赐蚔高吕，用乍彝"等（周法高，金文：4782—4804）。"吕"字作两个方框（ ）或两个椭圆形（ ），有时附加义符"金"（ ），一定是金属锭的象形。吕是矿石熔炼后之物，可能是纯铜或任何金属锭。当要确指是何种金属时，还得说明是黄吕，或是炉吕等等。

商　甲骨文	周　金文	秦　小篆	汉　隶书	现代　楷书
				吕 两块金属锭形。

"金"字原先是金属的通称，由于最常用的金属是青铜，故金多指称青铜而言。后来由于逐渐以铜指称青铜或纯铜，金才渐被用以转称黄金。到了汉代，"金"字已大多用以指称黄金，与铜有显然不同的意义。金文的"铜"是形声

字，开始时似乎也只指已铸成的青铜器物，不是用以指铸造素材的纯铜或青铜锭。作为原料的铜仍被称为金。战国时代的文献，如《越绝书·宝剑》和《管子·地数》，虽有以铜指称铜矿或铜材的例子，比铜器铭文以铜称铜料的时间要早，但很可能是后世编辑文献时，以"铜"字替代了"金"字。

锡

"锡"字见于春秋时代的铜器，由三部分组成（🔤🔤）：义符"金"表示此物质的类属，"易"（🔤）为音符，另一部分应该是锡锭的形象。华北的锡可能由华南进口，多见成锭之形，故依之以造字。根据《新唐书·地理志》的记载，距离华北政治中心较近的生产铜和锡矿的地区有两个：一在河南、山西、陕西三省的交界；一在江苏、浙江、安徽三省的交界。前一地区是周人原有的根据地。周人应该熟悉自己家园的物产，对于铜、锡的需要，应该自给而有余，不必从他地进口。但是汉及先秦的文献，提及重要的锡产地都在华南，几乎没有提到华北的区域（万家保1970：102；杨宽，冶铁：17—18）。

锡是中国铸造青铜器的重要原料。早期的文献既然只提及江南盛产锡，很可能江南地区就是中国青铜业的发源地。《史记·五帝本纪》的《正义》说，居住在山东地区的九黎酋长蚩尤，是吃沙石、身具铜头铁额异相而持有五种兵器的人物。山东地区是从青莲岗文化发展起来的，与东南海岸地区的文化有密切的关系。蚩尤的传说显然是把某氏族的职业拟人化了。江南地区在商代早期就有甚为进步的青铜铸造技术及作坊（湖北博物馆1976a：26—41；又1976c：5—15）。古代炼制锡的方法浪费很多锡，成本高（上文已说明由矿石直接炼青铜要比分别炼铜、锡再合成青铜容易）。也许周地的锡矿所含锡量太少，或没有较进步的炼锡技术。其技术有可能由南方北传到华北地区。可能周的工匠从商人学得较高明的铸造技术，开始大量铸造并勘查矿场，但是短期间内难做广泛的调查和开采，故要向勘测较详细、开采已具规模的江南矿场大量进口原料。所以江南地区才在先秦的文献独享盛产锡的大名。

铅

铅是周朝青铜合金常见的金属。铅色白而与锡的外观略为相似，但会在空中氧化而生一层灰黑色的薄膜。商代既然有纯铅的明器，对其性质自然也多少有些认识。但是今日使用的"铅"字，并不见于甲骨文或金文。当铜器铭文言及青铜的成分时，有些是后世不见使用的，可能其中就有指称铅这种金属的词。铜器言及铸造的材料有"择其吉金，玄镠炉吕""择其吉金黄炉""吉金炉吕""玄镠赤炉吕""吉金元吕""择其吉金，玄铣白铣""乃用吉金镈鋚"等词句（周法高，金文：7565，7611，7622，7659，7668）。由于中国青铜的合金材料主为铜、锡、铅三种材料，吉金如指称铜料，其他的成分自是锡或铅。故有人以为镈鋚、玄镠、玄铣等为铅，或玄铣为铜，白铣为锡等不同的意见（周法高，金文：7611—7612，7660—7661）。目前的材料还难决定到底何种说法才对。如单就金属外观的呈色而言，黄炉、赤炉应是近于铜，或绝大部分是铜的合金，玄镠、玄铣近于铅，而白铣近于锡了。周代必有代表铅的语言及文字，只是随着时间的改变，已难考察了。

铁的性质

在金属的分类上，西洋将铁与其他非铁金属，如铜、锡、铅、锌等，分居不同的部类。战国晚期的《管子·小匡》则以"美金""恶金"区分青铜与铁，大概都是着眼于铁容易氧化而生锈。金属品类的字都以"金"义符及一个声符构成。但早期的"铁（鐵）"是个象意字，义符"金"是后来才加上去的。"载"是"铁"的声符，其意义为锐利。锐利是铁利用的价值所在，应该就是"铁"字的初形。

青铜器铸成后不必经锻打加工，但商周时代的铁器是锻打成的。"载"字很可能取意于砧（呈）上锻打武器（戈）之意，可能兼有铁及锐利两种意义。字在西周初的《班簋》铭文"土驭人"，是某种职工的职称。依字形的演变趋势看，大半是"载"的较早字形。故有些学者认为"人"即可能是冶铁工人（郭沫若1972b：6）。后世熔铸业常与烧陶业并提，因两者的业务有关联的地方。春秋时期的叔夷钟有"陶载徒四千，为汝敌（嫡）寮"的铭文（金文总集：4102），以陶与载并提，故"载徒"最有可能指冶铁工人。

铁是地表储量仅次于铝的元素，但大多与他种元素化合，要经过冶炼的过程才能取得，只在有限地区以天然形态存在，但存量非常少。人类在好几千年前已从含镍低的陨石知道它的性质。陨石来自天上，所以古埃及或苏美尔人就称它为"天上来的铜"或"天上的金属"。纯铁呈色银白，可锻打拉长，还具有磁性。陨铁罕见，早期时被视为贵金属，多作为饰物。公元前2900年的埃及金字塔中曾发现铁珠子。通过加热，铁与碳成分不同的合金，可成不同性质的钢，硬度与韧度都可大大超过青铜，可以打造工具，改进工作效率，提高生活水平，也可以打造武器，使国家成为军事强国。当人们能把矿石锻炼成铁，大量打造工具和武器，社会的层次才进一步地提高，才算进入铁器的时代。

铁容易氧化而锈腐呈褐色。铁器长期埋藏于地下，经常会接触湿气而腐蚀得无影无踪，因此很难从实物去证实人们何时知道铁的性质和打造铁器。例如在中国，迄今发掘的春秋、战国时代的铁器都因锈腐而残缺，少有形体完好的，更不用说商代或以前的铁器了。过去由于发掘的工作做得不多，没有早期的铁器出土，因此不少人怀疑中国在春秋晚期以前没有冶铁之举，对于提到铁的较早期文献，都想尽办法给予否定的解释（李学勤1959：69；黄展岳1976：62—64）。20世纪六七十年代，在北京平谷与河北藁城两个中商遗址发掘两件嵌镶铁刃的铜兵器（河北博物馆1973：266；又1974：42—43；北京文管1977：5），另外还有西周铜兵嵌铸铁刃的报告（Freer Gallery，中国青铜器：96），充分说明3000年前人们不但知道铁，还认识它的锐利性质，不嫌费工地把铁材锻打成锐利的刃，再套铸于戈、钺一类的兵器。幸好铁刃被套铸在铜兵器中，没有完全被氧化，仍可测知存在的痕迹。如果整件兵器都是铁打造的，恐怕就会腐蚀得全无痕迹了。

中国冶铁的时代

亚美尼亚人约于3500年前用炼炉把矿石熔炼成熟铁（或称海绵铁），再用锻打的方法成形。后来的发掘工作证实，中国开始冶铁的时代要较先前想象的早得多。河南三门峡上村岭的虢国墓葬发现西周晚期人工冶炼的铜蕊铁剑（三门峡工作队1992：113）。春秋晚期则有用熟铁渗碳锻打成钢的剑（长沙火车站1978：44，46—47）。其发展的时期无疑会更早，有人以为西周时铁器已习见（郭沫若，中国史稿1：313；许倬云，西周史：124）。商代的铁刃铜兵器，由于残留的铁质太少，难以做肯定的科学性推论，故有些专家以为那是由熟铁打造的（唐云明1975：57—59），但有些人则认为是陨铁（李众1976：31—32）。平谷的铁刃经过详细的科学分析，已确定是由陨铁打造（张先得1990：66—71）。如果藁城的嵌镶铁刃是熟铁，则中国炼铁的时间就不迟于西洋了。铁是可以不经过熔炼而发现于自然界的。它可以锻打得比铜器更为锐利。也许在发明铜冶之前，人们偶尔遇到陨铁，了解其性质而诱发人们烧烤石块，导致冶金术的发明。既然商代已知道铁的锐利优点，对矿石提炼为金属的技术也积有相当的经验。铁矿在中国的分布又远远较铜、锡等普遍。把铁矿提炼成海绵铁，一般只需要900℃到1200℃的温度，也是商代的陶窑能够提供的。从地理条件和技术层次来看，商人有可能已锻打熟铁以成器（杨宽，冶铁：111—112）。有些学者认为西周时铁器已习见。春秋晚期《叔夷钟》铭文所说的某小国有陶截徒四千，即陶工与铁工。或会认为其规模未免过大，但此四千人如果包括陶工与铁工，铁工又包括矿石开采、熔炼、锻打等各类的分工，则一个矿业区有如许人数并不太可惊怪。故西周时代可能已有文字代表铁，其字就是"截"。铁锻打的方式太过费时，初期的技术恐怕也难把握，故成品少而不普及。要等到铸铁发明后，冶铁业才大见发展。

20世纪80年代在新疆的考古工作，声称不少地区在公元前1000年的遗址墓藏中已普遍发现铁器。其种类繁多，有生产工具的刀、锥、镰、铧、锛、钉，武器的剑、镞，装饰品戒指、簪、镯、带钩、带扣、牌，以及容器釜等（陈戈1990：368—372；唐际根1993：561—564）。其中不少遗址还做了碳-14的年代测定，似乎真实性是不容怀疑的。但是其中有些器形是要到东周时代才见的。虽然商代已发现少量铁器，西洋初见铁器的年代也早于公元前1000年。但不应像新疆地区这样的普遍。从铁器的形状看，其中有些甚至可能是以生铁铸造的。中国发展生铁熔铸虽比西洋早1500年以上（李众1975：2—3），但也不会比西周晚期早得如此多，更不应在产业落后于中原的新疆地区有如此反常的现象。比较合理的解释，似是作为碳-14测定的样本，受到附近辐射线的影响，使年代测定要较实际的早些。

中国发明生铁之早

用多块型范铸器是中国传统的金属成器法，很可能在锻打熟铁的阶段后不久，中国就开始应用传统的范铸法（杨宽，冶铁：20）。甚至有人以为中国先有铸铁（万家保1979b：146），不像西方国家经过了3000年，才由锻打块炼铁发展到铸铁。战争可能是春秋发展铸铁的契机。那时诸侯交战频繁，士兵渐成职业化，从事生产的人员减少，不能不谋求增产的方法。改良工具是增产的主要动力之一，但青铜是铸造武器所需，难以大量转用以为农具，故着眼于铁的铸造。铸铁的性质虽易断折，不宜用于生命攸关的战场，但不妨以之锄土。大量铸造足以弥补其易断折的缺点，所以很快就发展起来。它对产业的影响可以牛耕作例子。商代就已经知道牛耕的应用，但因没有铁犁可以入土深耕，效用不显，所以春秋以前不积极发展它。但使用铁犁之后，牛耕可以有五倍人力的效果。其效果明显，就大量行用。

西洋知道铁的物质，以及锻打熟铁的技术都不晚于中国，为什么比中国至少迟几百年或千年才能制造生铁呢？原因大概是中国古代的铸造偏好用型范。前已介绍的商代铜器各种熔铸的加工方法中，不但是铸器，甚至花纹、零件等的加工，几乎也只用型铸套合一个方法。这与其他文明古国主要用失蜡法铸造，用铆钉、熔焊等种种加工方法，显然有根本上的不同。中国要到春秋中期才使用失蜡、锡焊、铆钉等方法制造铜器。故代表金属的"金"字是以型与范已套好待铸的形象表示的。商代以来对陶窑的不断改良，至春秋晚期已能将炼炉的温度提高到熔化铁的1500℃，故因势把铁熔化成汁以浇铸器物，减少成形过程所费的时间。

春秋晚期的人们已发现用锻打铸铁以减少其碳分，改良铸铁易折的缺点（北京钢铁学院1974：342）。也许减低碳素成钢的技术尚难把握，或成色不美，那时的名剑仍以铜铸为主。到了战国中、晚期，锻打生铁成钢的技术才成熟，铁才成为武器和工具的主要材料。以铁制作铸器的型范，也可一再地翻铸，不必每次剔坏模型以取出铸器，大大提高了生产的速度。社会的面貌也因铁器的普遍使用而起了较大的变化。故有人以铁的广泛使用作为中国封建社会的开端

（杨宽1980：90）。到了汉武帝时，以锐利为目的的生产工具和武器大都以铁制作，连日常用具和机械构件也逐渐被铁所取代（北京钢铁学院1974：342）。铜在前代的另一个重要特色——美丽的外观，也被轻便艳丽的漆器所取代（标准计量局1977：38）。从此铜器铸造业一蹶不振，可以说，铜只用于制造度量衡的用具，因其质料比较不受燥湿、寒暑等外在因素的影响（王人聪1972：45—47）。

铁冶与语言

随着冶铁业的兴起，新的语言也产生。其中最重要的是"冶"字，组成很多与铸造和锻造技术有关的复合词，如矿冶、锻冶、陶冶、冶金、冶炼等。"冶"字的使用甚晚，最早见于战国时代的器物。此字比较复杂的字形作（），大半是刀、捶打的砧、火与金属渣等成分的组成。"冶"是钢铁兴起后才出现的字，很可能与此种新发展的锻造技术有关。它可能表现于砧上锻打加热生铁铸成的刀，挤出多余的碳素和杂质的炼钢法；也可能是表现以熟铁反复在炭火上加热、渗碳、锻打，使碳素均匀分布，并挤出杂质的渗碳炼钢法。总之，"冶"字较可能是种与锻钢有关的技术。

商 甲骨文	周 金文	秦 小篆	汉 隶书	现代 楷书
				冶 可能表达于火上锻打刀剑的冶铁技术。

"冶"字出现于青铜兵器铭文，是表示制造兵器的最底层工匠，是从事最后加工手续的工人。冶之上级依次为武库工师、司寇、令等初制品工匠及监督官员（郝本性1972：35；黄盛璋1974：38）。根据实验，80多硬度的铜器经过锻打处理后，可提高到200多硬度（黄展岳1976：63）。在铁器发展之前，铜兵器一般不经锻打的加工（黄展岳1976：63）。冶既是一种提高杀伤效果的锻造或磨砺的工夫，冶者负责武器的精制，大概将冶铁锻打的新技术应用于铜兵器。锻冶的技术变得比范铸普遍，就成金属工业的泛称。当铜器业没落后，冶的工作就几乎只有铁工了。冶的技术比较注重提高效能，故陶冶就用来表示经由修养、教育以提高品德的过程。

把铁冶的用语推广到一般用途的尚有锻炼一词。锻是以捶打的方式提高效能，炼则是用高热的方法纯净其质料。锻炼被用以表达提高心志或体能的经验。"锻"的字源是"段"，金文的字形作一手持工具以捶打某物之状（𣪊𣪊𣪊）。此事可能于山中进行，其字的本义或是斫取山岩中的石材，引申以名锻打的工序。"炼（煉）"的字源是"柬"，已介绍过。特别优质的铜叫作炼铜或炼金。古时常以多少炼表示质量的精美程度。西汉的铜钟有"卅炼"（景明矍1989：139），东汉的一把钢刀上也有"卅炼"的铭文（刘心健1974：61），表示经过30次的加热和锻造才完成。更夸张的则说百炼或百劈，其精炼过程的费时自不言而喻。

商 甲骨文	周 金文	秦 小篆	汉 隶书	现代 楷书
	𣪊𣪊𣪊	𣪊	段	段 象以工具敲打山岩以取其矿之意。

附 录

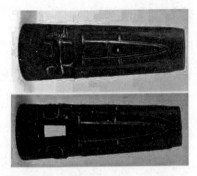

嵌镶金银丝的商代铜车轴饰/商代嵌镶金银的技术长15.8厘米，径5.4厘米，加拿大安大略省博物馆藏商代晚期（公元前14至11世纪）。

这一件铜车轴饰关系着中国冶金技术的一个重要问题，即中国何时才有嵌镶金银的铜器。青铜虽可因合金成分的差异，呈现赤红、赤黄、橙黄、淡黄、灰白等不同的颜色，但一次只能铸造一种颜色，且难以铸造图案复杂且多彩缤纷的器物，以满足尽善尽美的追求，因此就有镶嵌技术的发明。初期是利用别种颜色的材料，用黏合或锤打的方式，把花纹嵌镶到铜器上。商代的铜器偶然有镶黏绿松石的例子，但少量的嵌镶红铜青铜器，都不是正式发掘品，难以判定器物的真伪。因此不少人以为，中国金属嵌镶技术的发展不早于春秋时代。以目前考古的证据看，似乎要到春秋时代才常见镶嵌金或银的器物。

此铜车轴饰于1929年入馆藏编号。其装饰的浮雕纹，口沿是一对隔钉孔相向的龙，其下又有四片蕉叶纹，终端是一造形较简单的蟠龙。去除厚厚的铜锈后，发现蕉叶与龙纹中有异色物，经化验知金色是金，黑色是银，都深及刻沟的底部。经仔细的检验，银的氧化现象沿着嵌镶的花纹，且层层重叠，不可能是铸后很久才加上去的。

这件东西不像是后代伪造的。宋至民初的收藏家只注重铜容器的收集，尤其是有铭文的。故出版的青铜器图录，容器与兵器以外的东西寥寥无几。那时还不知道有车马坑的存在，很多零件也不知其用途，一般人根本不知其形制，伪造车马铜饰以牟利的可能性很小。如果要借重金银丝嵌镶卖得好价钱，也不应掩藏在层层的锈下，令人难以发觉。

1936年中央研究院在安阳发掘到已被骚扰的商代车马坑，世人对车马的饰物才有一些认识。50年代在安阳附近的大司空村发掘到完整的车马坑，才能证实很多零件的用途及其在车上的位置。大司空村的车轴两端发现了一对圆筒形的装饰，除了尺寸稍小，其花纹的排列及形象与这件几乎一模一样（见右图），只不在花纹中嵌镶金银丝而已。要伪造器物的形制和花纹，与几十年后才初次从3000年前遗址出土的

铜车轴饰，长15.5厘米、15.6厘米，径4.8厘米，大司空村出土，商晚期（公元前14至11世纪）。

如此相似，可以肯定是不可能的。这一件轴端饰证实中国至少自公元前11世纪就有嵌镶金、银的技术。可能由于材料缺乏，要等到南方产金、银的楚国加入华北的政治舞台，才能发展这种令人喜爱的工艺。

商代人既然已有镶嵌矿石于铜器的经验，理应也能嵌镶金属。但是商遗址虽偶有金箔及金片出土，却还未见有银制器物的例子。银是易于氧化及呈黑色的东西，也许少量银制器物因过于锈蚀，以致像这一件一样，早先其存在被忽略了。如果将来能在商遗址发现银，就比较能肯定金、银嵌镶技术的存在。

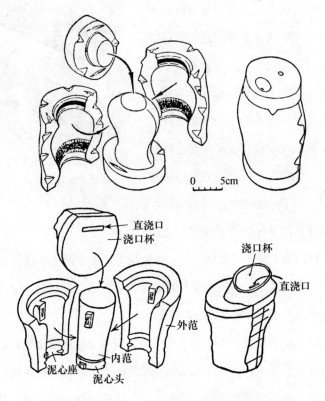

图 7.1　青铜铸造的多片范合范的示意图（古代冶金：38）

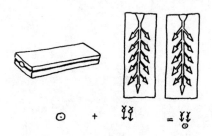

图 7.2　晋字的创意图解，两片范铸法

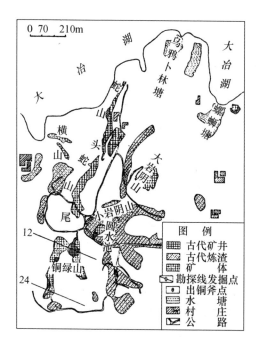

图 7.3 湖北大冶铜绿山的古代矿井遗址
（铜绿山发掘 1975：2）

地图内标注：
大冶湖、大冶湖、乌鸦卜林塘、大冶湖、螺蛳塘、横头山蛇山、大岩山、尾、小岩阴山圆水池、铜绿山、12、24

图例
古代矿井
古代炼渣
矿　　　体
勘探线　发掘点
出铜斧点
出水　塘庄路
公

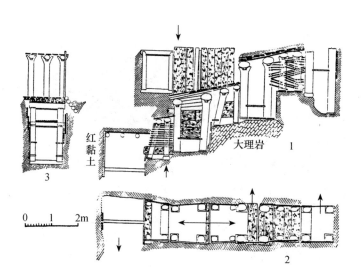

图 7.4 矿井支架的斜巷平剖面图（铜绿山发掘 1975：6）

图内标注：红黏土、3、大理岩、1、2

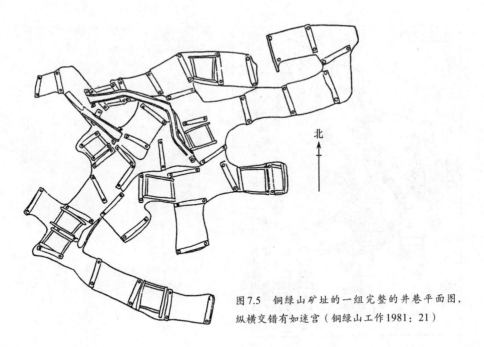

图7.5 铜绿山矿址的一组完整的井巷平面图，
纵横交错有如迷宫（铜绿山工作1981：21）

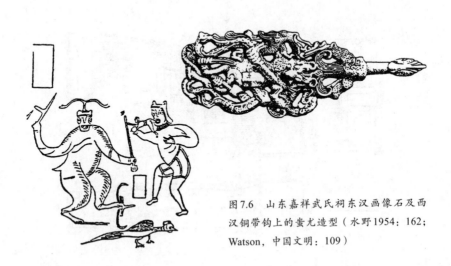

图7.6 山东嘉祥武氏祠东汉画像石及西
汉铜带钩上的蚩尤造型（水野1954：162；
Watson，中国文明：109）

　　　　　　　　　　　　　　中国古代社会

图7.7 商代的坩埚（将军盔）（万家保1979a：239；石璋如1955：122）红陶熔铜坩埚，高32厘米，口径22.8厘米，安阳出土，现藏中国国家博物馆，商晚期，公元前14至11世纪

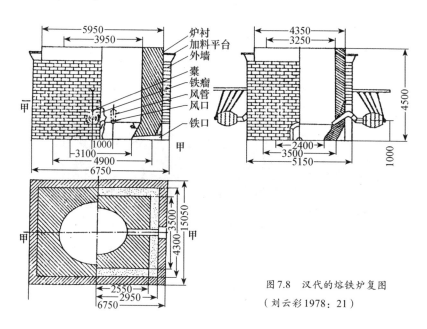

图7.8 汉代的熔铁炉复图
（刘云彩1978：21）

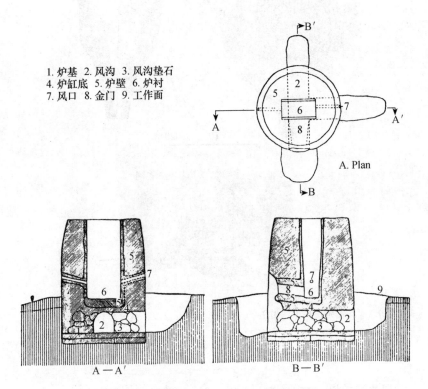

1.炉基 2.风沟 3.风沟垫石
4.炉缸底 5.炉壁 6.炉衬
7.风口 8.金门 9.工作面

A. Plan

A—A'   B—B'

图7.9 春秋时代高熔炉复原结构图（铜绿山1982：20）

图7.10 汉画像石上的炒钢和鼓风设备（古代冶金：65）

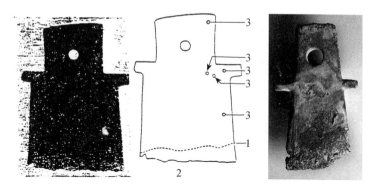

X射线透视示意：1. 虚线表示用射线照出的。2.此部分金属与后一部分金属比，比重较小。3.夹渣、气泡。判断此部分有可能是铸的。

图7.11　河北藁城台西商代遗址出土的铁刃铜钺（河北博物馆1973：271）

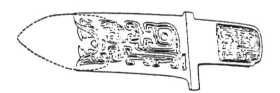

图7.12　河南浚县辛村出土的西周初铁刃
铜戈（河北博物馆1984：43）

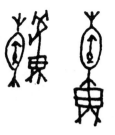

图7.13　表现橐与炼炉关系的甲骨文字形
（明义士488；怀特617）

第八章

工　艺

分　工

工具使人们能从事超越他们体能的工作。工具也改善了获取原料的效果，从而提高生活的程度。生活水平的提高转而又刺激改良工具的要求。结果，工具愈精良，生活愈见改善，文明的程度也跟着愈见提高。

在远古的时候，制造工具本是人人的业余工作。随着要求精良工具的愿望加强，越来越多的人专门从事精选材料的工作，熟习制造的技术，以之为谋生之道。于是就在原有男、女、老、幼据体能因素的分工外，又形成更精细的社会分工现象。从考古得知，早在仰韶文化时代，就有烧陶与居住不在同一区的情形（西安半坡：9）。到了商代早期，更有冶铜、烧陶、制骨等不同专业作坊的建立（河南博物馆1977a：27—28；又1977b：91—92）。那时的氏族有以他们所从事的职业为名称的，如《左传·定公四年》记载，周初分封给诸侯的商遗族有索氏、长勺氏、尾勺氏、陶氏、施氏、繁氏、锜氏、樊氏、终葵氏等。从命名可看出他们分别精于从事绳索、酒器、陶器、旗帜、马缨、釜、篱笆、椎等器物的制造。那时甚至有比这些还细的分工。发掘出的商代早期遗址，有些作坊的陶范是专铸造刀戈用的，有的则以铸造镞与斫为主。有些陶窑的陶器残件多为泥质的盆、甑之属，少夹砂的鬲、甗诸器（商周考古：45，48—50）。陕西扶风云塘的西周制骨作坊，90%以上为骨笄（周原考古1980：35）。这些都表明当时有某种工艺品种上更细的分工。

职业分类

战国时代工种的分类，依《考工记》一书所载，大致就木、金、皮、石、土五种材料分为三十门。攻木之工有轮、舆、弓、卢、匠、车、梓七工。攻金之工有筑、冶、凫、㮚、段、桃六工。攻皮之工有函、鲍、韗、韦、裘五工。设色之工有画、缋、钟、筐、帽五工。刮摩之工有玉、楖、雕、矢、磬五工。抟埴之工有陶、旊两工。鉴于商、周时代分工的现象，此时应有更细的工序和品种上的分工。

工匠的身份

工匠既是改善人们生活的重要成员，则能够用工具以创造更多财富的人，身份或威望自然要比一般的成员高。《考工记》有百工之事皆圣人所制作的意见。早期的圣人都是工具的发明者或改良者，备受人们的崇敬。唯一的例外可能是与黄帝争霸权的蚩尤，他改良了某些武器，但在后世带有人道思想的文明人眼中，武器是逞暴残民的工具。在儒家思想占据主流的中国，他算是被遗弃或鄙视的人物。后来随着工具制作的普遍，有技术的人越来越多，其地位就稍为降低。但一般说来，工匠在先秦时代仍是相当受优待的。《考工记》的六职为王公、士大夫、百工、商旅、农夫、妇功，表明百工身份高于一般人，与古代其他社会只次于政治、神权及武士阶级的序列一致（Hoebel，人类学：371）。

商代的一般大众住在半地下式的房子，但冶铜、烧陶的工人，就有家居在地面，且地基经过夯打（廖永民1957：73），可表明其较高的社会地位与财富。《尚书·酒诰》记载周公告诫康叔，要重罚犯禁饮酒的人，但犯禁的商遗工匠可以从轻处罚。《左传》记载公元前589年，楚师攻伐卫而侵及鲁国时，鲁以执斫（匠人）、执针（女红）、织纴（纺织）各百人以请盟。三百名工匠则可纾解国家的兵灾之难，可见熟练的专门技术人员是当时各国争取的对象。商代的甲骨卜辞有"呼𠭖执工"之句（屯南2148），说明当时已有抢掠工匠俘虏的事实。

工艺易学而难精

手工业者所拥有的技术叫作工艺。分别言之，工是其人，艺是其技。让我们来看这两个字是怎样创造的。甲骨文的"工"字是某种工具的形状（𠂤）。有人以为它是石斧，因为以斧头伐木是手工艺最基本的工序；或以为是一串玉之形，认为由琢玉而发展到他种的技艺；或以为是画直线的矩形，或者是缠丝的工具。但是甲骨文另有一"攻"字，作手持一物敲击工形器之状（𠂤）。工显然是种接受敲打的东西，而不是用以砍伐木材、画线、测量或纺织的工具。甲骨文中，曲柄的"殳"所敲打的东西常是乐器或取食之器，与手持木杖扑打或驱赶的直柄"攴"很不同。所以"工"字很可能是种乐器的象形，若磬一类悬吊的乐器。商代遗址所见狭长平板状的石磬（妇好墓：198—199），可能就是"工"字所描写的乐器。使用时，"工"字除泛指与工匠有关的事务外，还常指称乐师讲（陈梦家，综述：519）。在古代神道设教的时代，音乐被认为有神异的力量，可招致鬼神而获得福佑。音乐是施政的大事，乐师是参与祭典的少数人之一。不用说，他们的身份要比他种工匠高，甚至高于一般的官员。但音乐慢慢演变成一种娱乐节目。供职的人多，神秘性也消失，地位也跟着下降。最先与百官同流，名为"百工"。后来就低到与一般工匠为伍。与他种技艺一样，音乐之事易学而难精通，所贵者在于有高超的技艺，故"工"字兼有精善的意义。

商 甲骨文	周 金文	秦 小篆	汉 隶书	现代 楷书
 	 	 	 	工 大致是取悬吊着的石磬形。
 	 	 	攻	攻 刮削并敲打石磬用以调音。

甲骨文的"艺"字，很容易看出是作一个人持树苗要栽植之状（）。种植不能没有土壤，故周代加上义符"土"以显明其意义。种植是人们生活所依，不但提供果蔬谷物以供食用，木材也是制作工具和武器所经常需用的材料。种植之事也需要有接枝、施肥、浇灌、除虫、土壤、气候等专门知识，不是随便可做得好的。

商 甲骨文	周 金文	秦 小篆	汉 隶书	现代 楷书
 	 	 	藝	艺（藝） 一人持树苗将重植之状。

看来"工""艺"两字所表现的技术都易学而难精，需要长期用心地学习。由于食物生产越来越有把握，从事的人也多，其地位自然不高。但一些运用匠心而被人激赏的技巧高超的艺人，其被人崇敬的程度又超过前代。他们工作的

范围包括艺术性高的雕刻、绘画、音乐，以及艺术性较低的工具或器具制造者。

石材加工

远古的人要利用自然的材料制造工具和武器以谋生活。最容易被人所利用的素材大概要算木材和石材。捕杀野兽，石头远比木料有效，因为石头厚重而坚硬，才能给予野兽致命的伤害。破裂的石块有锐利棱角，也是理想的切割工具。它便于砍伐树木、剥取兽皮，以增广可资利用的生活素材。有锐利棱角的石块是致命的武器。当一百多万年前人类晓得敲打石块以制作工具时，就进入旧石器时代（Hoebel，人类学：135；张兴永1978：26—30）。一旦进步到磨制更为趁手、有效的工具，就进入新石器的时代。磨制的石器使形状更合理想，用途趋向专一，增强刃部的锐利度，减少使用时的阻力，可发挥更大的作用（科技史稿：7）。"石"字的创造，就表现了人类着眼于有棱角的锐利石块的使用。甲骨文的"石"字，作有锐利边缘的岩石之一角形（   ）。人们后来进步到以石器挖掘坑陷以捕捉野兽、建筑房子，就加一坑陷之形（   ），以表达石器用于挖掘土地的新用途。后来坑陷之形讹变成圆形，被误会成表示浑圆之石卵，就失去古人重视石头的原始价值所在了。

商　甲骨文	周　金文	秦　小篆	汉　隶书	现代　楷书
				石 有尖锐棱角的石块，可挖掘坑陷。

石块虽是容易找到的材料。但是各种石头有其各自的性质。有些易于打造

成条形的刮削器，有些可做敲打器。有锐利角棱的可作切割或钻孔器。有些则质料细致，可琢磨成美丽的饰物。在使用石器的过程中，人们渐渐讲求工具的效能，他们寻找适当的石材以打造合适的工具。但是不同性质的石材难于在一个地区获得，很可能就促成交换石材或成品的行为。要求合宜石材及对石材的认识，也可能导致了冶金术的发明。

石头是人类最早倚重的材料，也是早期交易的媒介物。从旧石器时代起就有石器的专门制造场（内蒙古博物馆1977：7—15）。但石头本身有重大的缺点：一是笨重，不便大量携带；二是打造费时，尤其是细小对象，要加倍用心；三是细长之石器物易于断折；四是大多石材朴素无文，不美观。因此一旦有了更理想的材料可以取代它时，除了因其价廉，一些笨重的石制生产工具到青铜器时代仍有使用外，石头就几乎被人遗弃了。

玉

中国人之喜爱美玉甚于金、银是世界有名的，在古文明里只有中南美的玛雅人有类似的偏好。这种选择大半与中国地区的资源有关。当人们寻找优质的石材以打造工具时，偶尔会遇到黄金、赤铜、白银以自然元素的形态存在。它们有美丽而富有光泽的色彩，又具有延伸性，易于打造重量轻的装饰物，而且不腐败，显然比粗重朴素的石块易于受到人们的喜爱而被珍视。但在中国，金饰于春秋时代的楚国才开始较常见。在楚国参与华北地区的政治活动以前，遗址极少见到以黄金打造的器物。新石器时代以来，中国人所见到的材料没有比美玉更美丽的。由于爱美是人类的天性，人不但以玉装饰自己，并采用它作为地位的表征。后来虽接触到金、银等材料，但几千年来珍爱美玉的传统观念一时难于去除，所以金、银虽有经济上的价值，在阶级象征的意义上还稍逊于美玉，以致喜爱玉器成为一种中国独特的文化。

　　玉是进入磨制石器的新石器时代以后才会有的事物。简单地说，玉是种质料凝重细致的石头。它不但比一般的石头更具效用，经过琢磨后，其纹理致密，色泽晶莹，更令人爱玩不已。新石器时代晚期的人们特意觅取这种石材，琢磨成饰物，经常佩带。甲骨文的"玉"字就表现了这种装饰物，它作好几块玉片被线索串联在一起的形状（丰 丰 丰 丰 丰）。

商　甲骨文	周　金文	秦　小篆	汉　隶书	现代　楷书
丰 丰 丰 丰 丰 丰 丰 丰	王 王 王 王	王	玉	玉 象绳子所串连的多片玉饰器形。

　　现代科学定义的玉是辉石中的一种，有软、硬之分，比重约为水的三倍。前者的莫氏硬度在六到六级半之间，后者的硬度为七级。两者的晶体组织不同，因所含杂质、沉积等条件，再加上所受风化、人为加工等因素，呈色有青、绿、白、黑、褐等。不使用仪器，很难只靠肉眼从表面的现象加以鉴定。中国古代的玉器都属于软玉（李济1948：179—182；又1969：930）。有人以为华北地区不产玉石，其玉材都是从他地交换而来的（妇好墓：114）。在很多古人的眼中，只要有坚硬致密的表面，可磨成带有温润光泽色彩的石头便是玉，不一定指现今科学定义的玉。譬如说，良渚文化的墓葬发现很多制作精美的石器，其形状看起来不具实用性，但无疑具有某些宗教性的意义，肯定已被当时的人们视之为玉。但它们的硬度很多只有2.5到4.5之间（周南泉1985：76），与真正的玉相差甚多。距今7900年的新郑裴李岗遗址发现了可能是交换而来的绿松石（开封文管1978：74）。绿松石呈碧绿颜色，也可琢磨出温润的光泽，在古代中国人的心目中，无疑也是属于玉饰之类。

玉石初因美丽而被接受，一旦价值大大升高，社会中有以之作为阶级象征的共识，就得认真鉴定玉石中之精良者。大致说来，软玉的质量取决于它的显微结构，即由直径相似的晶体成束组成纤维的粗细程度，那是需要用电子显微镜去观测的（闻广1990：3），非古人所能。故除表面所呈现的色泽外，古人所能依据的大概只有它的重量感了。商代贵族大墓里随葬的玉器，材料大多来自几千里外新疆河边的和阗和叶尔羌，由此看来，这种认识可能早已存在，但到了汉代才见之于文字。东汉郑玄注《考工记·玉人》就有"玉多则重，石多则轻"的解释。

一般人对于玉的定义还是含糊的，因此很难对中国何时开始使用玉作为装饰物或礼仪器取得一致的见解。开始时，玉材大半捡拾自河边，后来才晓得向深山里挖掘。上一章所介绍的甲骨文"璞"和"弄"字，表明3000多年前中国人就有开采玉石的知识和经验。但是史前质量较高的软玉都不是开采自华北地区，而是来自遥远的地方。甲骨文"璞"字所表现的可能是华北邻近次级玉的开采。

中国质量高的玉石既然以远地交易而来的为多，以古时的运输水平，要半年的时间才能把笨重的玉材运到中国来。不用说，其获得应不易因而价昂。但是商代墓葬中玉器的数量却可媲美铜器。如以妇好墓作为例子，墓中出土大小玉制品有755件，而铜器才468件（妇好墓：15）。古人如此喜爱玉，不惜工本大量输入，玉必有在社会上的功用。

中国大致于7000年前开始使用真玉（闻广1990：7）。但其时出土的玉器，质量大多很差（浙江文管1978：53）。5000年前才使用较多玉器，那时社会中的阶级已开始分化。有人不必劳动，可以依赖他人的生产成果过活。在这种阶级分立时，世界各地普遍有以服用某些装饰物的特权，去表达高人一等的社会地位的做法。常见的饰物有罕见的鸟兽毛羽、齿牙、金贝，大概中国人选择了美玉作为权位的表征。

古代玉器的制作有几大类。最重要的是没多大实用价值，但作为权位象征的东西。一是直接仿制刀、斧等武器或工具的形状。一是由之变形的圭、璋、璜、琮等行礼仪的用具（图8.1）。它们是大贵族颁给小贵族作为合法权位的信物。一如非洲内陆的土人，如果没有海贝就没有充当酋长的资格。中国古代也许有类似的习俗，故贵族们不惜金钱要获得它。

次一类的制作是装身的饰物。玉有温润光泽的表面，较之很多素材更为美丽，作为随身佩带的饰物可以为仪表增色，又可以示人财富。而且玉质不败坏，价值可以长久保持，必要时还容易以之向他人交换到东西。玉的材质坚硬而细致，磨成薄片相撞击时，声音清爽悦耳。如以之作为佩带的璜佩，行动之间铿锵有声，还有节制步伐的肃穆作用。尤其是统治阶层要表现其悠闲的形象，佩戴串联成组的笨重玉佩，虽会妨害工作的进行，不适合劳动者，却符合贵族们标榜形象的目的。故美玉被比为君子，以修养有成的君子的最高品德来赞美玉的品质。如《礼记·聘义》所记："温润而泽，仁也。缜密以栗，智也。廉而不刿，义也。垂之如队，礼也。叩之其声清越而长，其终诎然，乐也。瑕不掩瑜，瑜不掩瑕，忠也。孚尹旁达，信也。气如白虹，天也。精神见于山川，地也。圭璋特达，德也。天下莫不贵者，道也。"由于美玉被赞美拥有这些高贵的德性，在中国人的心目中其崇高的地位一直不降低，较之金、银更受到爱藏宝重，而有"君无故不去玉"的习惯。

玉后来又用于制作专为埋葬的用品。玉器很早就被发现于墓葬中，但比较可能是作为权位的表征。东周以来人们开始以玉缝制面罩，以玉器填塞耳、鼻、眼等孔窍，甚至动用数千片的玉以缝制玉衣，除了可能因相信玉有增益生命力的积极保健意义外（林巳奈夫 1973：32-36），大概还有希望保持尸体不腐化，或保护灵魂不受妖邪之气所侵犯的思想了（卢兆荫 1989：66）。

玉的硬度比铜、铁还高，其造型只能利用砂石一类高硬度的东西，慢慢蚀磨而成。所以早期玉器的造型肯定较简单，技巧粗陋。社会越文明，追求精美的要求也越高。人们不再满足于刀斧一类简单的造型，加以轮、锯、钻、锉等工具的陆续发明，玉雕就从蚀磨发展到线刻繁缛的象形，终于到达最高技巧的立体雕刻（图8.2）。商代有水平很高的立体玉圆雕，已达成熟期，战国时代则有更进一步的发展。汉代之后，玉雕工艺就很快萎缩，到了清代才再次兴盛。

竹、木材的工艺

　　另一种古代易得的材料是竹与木。人类利用竹、木的材料起码与石头有同样久远的历史。很多时候，竹木材料不加改造即可使用。但其性质易腐败，不像金石、陶土器物能长存于地下，故早期遗址罕见竹木器物的遗留。甲骨文的"竹"字，作两枝下垂的竹枝与叶子形（ ）。现在竹子虽多生长于华南而少见于华北，但古代文明初期的气候较今日温暖得多（竺可桢1972：17—18），竹类植物不难生长于华北。竹为本身形状所限，效用较木材狭窄，多用以编织生活用具，诸如笥、扇、篮、席、筒、盖、箕、乐器等，也用于军事的弓、矢（陈振裕1987：77—85）。但在有史初期，竹的最大功用是做书写用的竹简。竹节容易被劈成细长的平面，利于直书，导致中国人直书习惯的形成（参考第一章的讨论）。

商　甲骨文	周　金文	秦　小篆	汉　隶书	现代　楷书
			竹	竹　下垂之竹枝形。
			木	木　一株树形。

甲骨文的"木"字，作一株有根干及枝丫的树形（𣏚 𣏛 𣏜）。树的种类多而性质多样，有质轻而易于工作者，有坚韧而耐用的。对于各种大小对象皆有合适的材料。损坏后也可以改作别的用途。除了杀伤能力较差，及不宜暴露于风雨这两个缺点外，木材在其他条件方面都比石材优越。其重要性维持到现在，不因铜、铁、塑料等新材料的使用而降低价值。从《考工记》的三十工种中，攻木之工有七而解说文字占三分之二，就可看出木材是人们最实用、最熟悉的材料，故记载特别详细。

木匠工艺

树木显然要加以砍伐，更要截断、分析后才能广为应用。甲骨文有两字表现这两道的工序。"折"字作一把斧斤把树木砍断成两截之状（𣂦 𣂧 𣂨）。甲骨文"斤"字是一把在木柄上捆缚的石头或青铜伐木工具（𠂤 𠂥）（图8.4）。有柄的"斤"是商代及其前常见的工具，比早先没有柄的手斧要进步得多。长柄的斧斤不但可以增加大幅度挥动的砍击力量，也减少反弹时对手掌的伤害。"折"字表现木材横的截断，截取木材合适的长度。"析"字则作以斧斤把树干作纵向的切割之状（𣁽 𣁾 𣁿 𣂀 𣂁 𣂂）（图8.5）。这个方法可以切割出不同厚薄的木板。发现于浙江余姚河姆渡6300年前的木器，不但已裁制成薄板，而且进步到带有榫卯以及企口板（图8.3）。卯眼是用石凿或骨凿敲击而成，有方、圆等不同的形式套接其他构件，或又上捎钉使之牢固。企口板是在木板两侧凿出企口来，以容纳另一块有凸出截面的木板，紧密地衔接成不见直线隙缝的平面。有了这两种技术，大部分的箱、柜、几、床等家具都可以做得了。河姆渡的人们只用石与骨的工具，就制造出如此巧妙的构件。到了有青铜与铁器的时代，其技术的精巧程度肯定会进一步地提高。商代虽没有发现完整无损的木材工艺品，但从被压印在泥土上的复杂花纹和艳丽的色彩（梅原末治，木器印影），都可以想见当时木工工艺的高超。

商 甲骨文	周 金文	秦 小篆	汉 隶书	现代 楷书
				斤 装柄的石锛形。
				折 以斧头横截树木成为两段之状。
				析 以斧头直截树干分析成板之意。

《考工记》攻木之工是依所制器物之用途分类的。有建筑（匠人）、车子（轮人、舆人、车人）、兵器（卢人、弓人）和用器（梓人）。代表木工的"匠"字，小篆的创意是以一把斧斤放在箱柜中表达（匠）。斧头是木工的主要用具，尽管其材料有石而青铜而铁的变化，其基本形状倒无大异。虽然木器的种类繁多，可能因要求之差异而对技巧有所偏重，但其施工的程序和应用的技巧自有基本上的相似处（图8.4）。今以《考工记》中工序最繁复的车子制作，来概括其他器具制造的技术（郭宝钧，铜器：89—91）。

一、选材：器物的作用不同，材料的要求亦应有别。故工匠要对各种木材的性质有充分的认识，才能发挥各种木材的最大效用。所以对于不同零件的曲揉、坚硬、轻软等各别的要求，不单要讲究使用何种木材，甚至取材的年份及季节也要讲究。甲骨文的"相"字，作一只眼睛在检验一棵树之状（相），可能就是表现工匠在做这方面的检验。有些器物，譬如弓，其材料要经过相当长时间才能收集齐备。

商 甲骨文	周 金文	秦 小篆	汉 隶书	现代 楷书
相相相相	相相相相 相	相	相	**相** 眼睛检验一棵树之适用性之状。

二、揉曲：某些木材的特性是有弹性的，可以用火烧烤揉曲，使成一定的弯度，但要适应木的特性，选取正确的烧烤以及揉曲的部位。

三、要求：视其用途，配合器物的弹性、坚牢、笔直等特别要求而设计。

四、尺寸：要兼顾美观和实用的效果。

五、规矩：角度要合乎规矩之度，还要顾及平衡。

六、技巧：为达到使用的最佳效果，设计要讲究力学上的技巧和使用上的方便。

七、雕刻：增加美感并发挥美学上的联想效果。

八、丹漆：它不但增加光泽及色彩，且可防潮湿而使器物使用长久。

在这一系列的程序及考虑的要求下，先秦时代肯定制作了很多精美的木器。但木器之所以能得到人们的喜爱，最重要的应是得益于漆料的应用。

漆的应用

生漆虽不是制作器物的主要材料，却是木器借重以增光彩而能吸引人的主要物质。木材大半粗素而没有花纹，或花纹不显著，若不加漆涂就显不出令人喜爱的色彩和光泽。木器之所以为人们所贵重，主要还是借重漆的色泽。甲骨文虽不见"桼"字，从东周时代的字形也可以看出其创意。"桼"字作一株树的外皮被割破而汁液流出之状（）。现在取漆树的汁液还是用类似的方法，以刀割破树皮，插入管道让汁液顺流入桶中。"桼"字在战国时代有时被借用为数目字"七"，"七"的甲骨文字形作十字形，故有人以为它就是漆树上的切口形状（史树青1957：55）。

商 甲骨文	周 金文	秦 小篆	汉 隶书	现代 楷书
				漆（桼） 漆树的外皮被割破，汁液流出之状。

自然的漆液取自漆科木本植物的树干，其主要成分是漆醇，是经过脱水加工提炼而成的深色黏稠状液体。此种浓稠漆液涂上器物之后，等到溶剂蒸发即成薄膜。空气越潮湿则漆液越容易凝固，凝固后具有高度抗热和抗酸能力，经过打磨更能映照出影像的光亮。它于干燥后呈黑色，如果于溶液中加入丹朱则成红色。漆液如调和其他矿物或植物的染料和油，更能调出各种浓淡的色彩，春秋时代已发展到有鲜红、暗红、淡黄、黄、褐、绿、白、金等多种色彩（王世襄1979：49）。

中国人知道利用生漆应有5000年以上的历史。在浙江余姚河姆渡一个5500年前的地层，出土了一件有红色涂料的木碗（王世襄1979：49）。江苏常州圩墩一个5000年前的遗址，也出土了涂有黑色和暗红色保护涂料的木器（吴苏1978：233—238）。它们的物理性质都与生漆相同，虽还有待更精密的化验才能证实是否为漆。上海青浦一个5500年以上的遗址中发现了一个彩绘的黑皮陶豆，经红外光谱分析，已证实是生漆的彩绘（上海文管1990：337）。这些遗址都在适宜漆树生长的潮湿地区，应可认定它们都是生漆。

中国传说漆器始于4500年前。《韩非子·十过》说："尧禅天下，虞舜受之。作为食器，斩山木而财之，削锯修其迹，流漆墨其上，输之于宫，以为食器。诸侯以为益侈，国之不服者十三。舜禅天下而传之于禹，禹作为祭器，墨漆其外，而朱画其内。"此论点绝不夸张，甚至年代还有点保守。

商代的漆器已颇为精美，有时也涂漆于木器以外的陶器（安阳发掘1976：268；罗西章1974：85）、石器（王劲1980：8）、皮革（湖北博物馆1979：542）等不必加以保护的器物。后来又涂于苎麻布之外，成品轻盈鲜丽，为铜器所望尘莫及。上述青浦的漆彩绘黑皮陶豆，以及江苏吴江新石器晚期遗址出土的漆绘黑陶罐（科技史稿：202），都是涂漆的陶器。日本新石器时代的陶器也有涂漆的例子，且早于木器涂漆（古代史发掘2：23）。由此可想见，古人利用漆，最初是借重其光泽，后来才发现其薄膜有增加木器耐用的性能，因此大量施用于木器。所以生漆业的发展与木器业有密切的关系，而木器业又与其制造的工具材料有绝对的关系。

早期的漆器出土很少。可能是因为生漆主要施用于木器，难于长期保存于地下。或者是漆层太薄，褪脱得不明显了。也可能是商代以前木工的工具是石制或铜铸，制作木器费时，连带使用漆涂也不多。到了铁器大量使用的春秋、战国时代，才大量出土种类广泛的漆木器，举凡餐具、家具、武器、乐器、墓葬、日常用具，应有尽有。很多楚地墓葬里的漆器经过2000多年的埋藏，出土时还鲜亮如新。

漆是潮湿地区的特产，其使用和生产当以江南地区为多（郭德维1982：178；吴铭生1957：18—19），故《吕氏春秋·求人》说"南至交阯、孙朴、续樠之国，丹粟漆树"。但是在商代以前，气候较现在温湿得多，人多居住在华北而华南尚少开发，故漆树的栽培有可能在华北较发达。《尚书·禹贡》说，济河惟兖州（即今之山东），"厥贡漆丝"；荆河惟豫州（即今之河南），"厥贡漆枲绤纻"。但春秋之后，肯定江南漆业远较华北兴盛。楚地区出土的漆器，种类最为广泛，制作最为精美，是为明证。

漆的采集，是先以刀割破树皮，而后插入管道让汁液顺流入桶。漆的汁液不但产量有限，而且采集也有一定的季节，加以制作过程繁琐，又不利于人体的健康，所以成为贵重的商品。从汉代漆器的铭文，可知作坊中有素工、髹工、上工、黄涂工、画工、鸠工、清工、造工等专门的分工（陈振裕1989：178），每件器物都要很多的人经手才能完成，分工远较其他工艺为细。涂漆于器物只能等一层干固后再上一层增厚。每层需要两三天的时间阴干。汉代已有建造阴湿的"阴室"以加速其干燥的过程。有的器物厚达二百层，不难计算其所需的时间，因之价格必然昂贵。故汉代的《盐铁论》有"一杯桊用百人之力，一屏风就万人之功"，其价格则"一文杯得铜杯十"。青铜的价格已不低，漆器有铜器十倍的价值，当然是种奢侈品，制作小件器物，士大夫还用得起。如果以之施用于房屋或宫庙，连诸侯也要被责备为僭制。如鲁庄公廿三年"丹桓宫楹"，《左传》《穀梁》《公羊》三传一致以为非礼。

漆器价格高，且不是生活必需品，故战国时代别的商品大都课以十一之税，《周礼·载师》则说漆林要课达二倍半的税。统治者还特设专门机构管理以收专卖之利（马文宽1981：112）。庄子就曾经当过漆园的管理。到汉代，专卖之制还推广到铁和盐两种生活必需品。种漆树的获利大，故有谚语"家有百株桐，一世永无穷"。但由于光亮、美丽而耐用的青瓷器的兴起，其制造费用大大低于漆器，晋代以后生漆业就衰退。除了一些木器需要漆的保护外，漆器就少作为日常用具了。

人们晓得漆的物理特性而涂绘于器物的表层之后，首先发展的工艺大半是彩绘。那是能够调出多种颜色后的必然发展。它主要利用调以油后得到较浅的彩色，在较深的底漆上勾画图案。接着大概是镶嵌。它利用生漆能够黏结的物理性能，把不同材料和颜色的东西嵌黏成图案。绿松石是商代常见的镶嵌材料，其他还有牙蚌、金属等。不过古代的镶嵌技术较为粗陋，且镶嵌物突出于器物

　　　　　　　　　　　　　　　　　　　　　中国古代社会

表层，不便使用，而且易于脱漆而掉落。不像唐代以后的螺钿镶嵌作品，螺钿剪得精细而研磨得薄，以之拼贴成繁缛的图案后再上漆打磨，螺钿就永不脱落，器的表面也平滑如镜，兼有五彩闪烁的效果。如果再配以金、银丝的嵌镶，就更色彩斑斓、炫人眼目了。

骨角器

以动物的骨角制作器物，虽不如木、石之早。以其随地存在，又有结实、坚韧等适合打造工具的性质，应为人们甚早利用的材料。骨与角破裂的边缘颇为尖锐，是有用的挖掘和刺杀的天然工具和武器。当远古人们用石块敲碎骨头以吃食其中的骨髓时，就会发现这种特点而加以利用。起码几十万年前就知应用它了。中国大约十万年前的遗址中，就发现有磨制的骨质物品，表明人们对于骨与角质料的认识又比以前迈进了一步，知道可刮磨成更称手的工具了。甲骨文的"骨"字，是一块动物肩胛骨的形状（🦴🦴🦴🦴🦴🦴）。牛肩胛骨在商代的最大用途是占卜问疑。故此字取象于已经锯削、修整完毕，可供烧灼占卜的牛肩胛骨形。占卜是为了预知祸福，故此字在商代亦用为灾祸的意义。古人认为鬼神有特别的能力，可以帮助人们解决困难，故渴望得到鬼神的指示，确定合宜的行动方针，避免做错事而导致灾难，所以要问卜以决疑惑。他们认为骨头有预知未来的神力，烧灼可使骨面剥裂而成纹路，依纹路的形状就可显示答案。用兽骨占卜的习惯在中国已有五千多年的历史。创造文字的时代，骨占就已甚盛行，故以之代表使用的材料。动物的角也是有用的骨质材料。甲骨文的"角"字，是一只粗壮而弯曲的角形（🔺🔺🔺🔺🔺）。以当时人们所熟悉的动物言，"角"字应该创意自牛的角。甲骨文的"解"字，即作双手剖取牛头上的一角状（🔻）。牛角必是甚有用的材料，剥取牛的角应是当时常见之事，故取以表达解析的概念。

商 甲骨文	周 金文	秦 小篆	汉 隶书	现代 楷书
				骨 占卜用的动物肩胛骨形。
				角 牛角之形。
				解 以双手剥取牛头上之角状。

　　骨质地轻盈、坚硬而耐磨，但限于本身的形状，大半用于制作细长或宽平等难以石材打造的东西，如锥针、箭镞、鱼镖、人身装饰品一类的小物件。在渔猎的时代，因所捕猎的动物有多种，取用的材料也遍及各种动物。但到了农业发达的时代，狩猎已不再是维生的主要方式，故要因便就近向家畜取材，其中以牛为最合适。其他还见有猪、狗、羊、鹿等（殷墟发掘报告：82，84）。骨与角是食用家畜的副产品，材料易得而价格不高，人人用得起，故产品多。有时一个遗址可发掘5000件以上（安阳发掘1961：69）。西周一处骨作坊，出土了4000多公斤的骨料，约使用牛1300头、马21匹，而且也出现专门制作如骨笄的单一样商品（周原考古1980：34—35）。

　　骨器的制作程序与木器没有什么不同，只是要求稍低而已。其基本工序为选材、截料、削形、钻孔、磨光、雕刻。商以前的骨制品多朴素而无花纹装饰。到了商代，骨雕手工业因犀利青铜刻刀的普遍使用，雕花容易而较为兴盛。商代的骨制品以日常小型用具若笄、梳、锥、针、匕、衔、哨、钻、镞等，以及装饰品为主（虞禺1958：26—28），其生产最多的应是骨笄。因当时成年男女都结发，需要以笄束括头发使不松散。男的只需一枝，但盛装的妇女，就需要好多枝。一座商墓中曾发现某妇人头部的周围遗留数十枝的发笄（梅原末治，殷墟：85；安阳工作1981：492；石璋如1957：80—126）。有时一座坟墓出土的骨笄陪葬品竟达五百之数（安阳工作1977：90），可想见其时需求量之多。简陋的骨笄无半点雕镂，但高贵的骨笄，端部就有繁缛的雕刻。常见的作鸟形，最大型而形象繁缛的，则作有高耸羽毛的鸟或人头形（图10.24）。其价格不但昂贵，恐怕也不是一般人能随意使用的。在阶级分别严明的社会，衣饰是最常见的地位表征，故一般的小墓见不到雕刻繁缛的发笄。有些雕刻繁缛但看似无实际用途的长条形骨器，则可能是表现地位的狩猎纪念品（图8.6）。

东周以后骨质制品大为减少，比较重要的制作大概要算角弓了。其重要性因战争频繁而提高。那时的复弓以木为体，角附着其内。弓体力道的强弱就看角的厚薄及反弹力而定，故良弓多名角弓。弓是远攻的主力，制作非常讲究。依《考工记·弓人》，冬折干，春液角，夏治筋，秋合三材，春被弦，要经过一年的时间才能完成。弓为武士胜败生死所系，要求不能不严格，故要选材精审，修治合法，尺寸正确，力道调和，必使发而必中，不差毫厘，不像他种骨制品不必太讲究高深的技术。

皮　革

裁剪也是种重要的工艺。辽宁海城遗址，出土距今40,000至20,000年，以动物骨骼或象牙制作的骨针三支（贾兰坡，史前人类：90）。18,000年前的山顶洞人也发现使用有骨针（贾兰坡1978：91）。裁剪衣服的材料起初当然是兽皮。兽类毛皮有柔软或坚韧的，也有带华丽色调的，人们肯定会想办法加以利用。皮有生皮与熟皮，以及有毛及无毛之分。甲骨文的"裘"字，作兽毛显露于外的皮裘形（𧝎 𧝎 𧝎）。或以为"求"字是尚待缝制的毛皮原料形（求 求 求 求 求 求）。

甲骨文的"革"字，作一张曝晒中之动物皮革形（🐾），其展开之头、躯干、尾巴的形状清楚可见。"革"字除本义外，尚有改革、更革等意义，当是由兽皮已经去毛、柔化等处理工作引申而来。柔化可用嘴巴咬、捶打，或用油揉、酸浸。西汉初的著作提到用醋酰治皮的方法（胡平生1988：49）。"柔"字（🐾）的创意，来自以手拿着一条皮革在一根木桩上来回撑拉、柔化的工序（许进雄2005：11）。"皮"字不见于甲骨文，金文的"皮"字作手持克之器物形（🐾🐾🐾🐾🐾🐾），应当是以克的制作材料来表达其意义。甲骨文的"克"字，是一种盾的象形（🐾🐾🐾🐾🐾），兼有攻击及防御性能，故使用为克服、能任等意义。从"皮""克"两字可知制作盾牌的主要材料是皮革，当然其他坚硬的东西，如金属、藤、竹一类也都可以。

商 甲骨文	周 金文	秦 小篆	汉 隶书	现代 楷书
				裘 毛显露于外的皮裘形。
				求 可能是尚未剪裁之毛皮形。
				革 动物皮革在曝晒中的形状。
				克 皮盾牌的形象，有防身能力。

商 甲骨文	周 金文	秦 小篆	汉 隶书	现代 楷书
𢏜 𢏜 𢏜 𢏜 𢏜 𢏜	𢏜 𢏜 𢏜	皮	皮 手持皮盾牌以表达皮的材质。

《考工记》中攻皮的五工，韦及裘是制作日常的服装和用具，函、鲍、韗则为制作军事的装备。韦、裘与社会的生存没有密切的关系，尤其是在以农立国的中国，皮裘不及丝麻衣服的舒适及普及，所以这二职的记载就失传了。函人制作皮甲，可保护身体免受矢石的伤害，是军事的重要装备，故记载特为详细。犀牛皮在诸动物中最为坚韧。其制法是先削皮使细薄，再椎之使平整，锻之使坚韧而柔软，然后估量个别身体的大小，计算后打样裁剪成甲片，最后把它们连缀起来。《考工记·函人》也叙述检验皮甲质量的方法，讲求可藏之久远，坚硬可避矢石，而且易于卷收、穿戴和使力。秦汉以来的律法，不许人民私藏甲胄（杨泓1976：93—94），其处罚有时甚至比私藏武器还严重。

以野兽毛皮保护身体的措施一定起于很早的时候。商代有整块的皮甲实物（杨泓1976：21）。从第十七章介绍的甲骨文"卒"及"介"字，知商代有用小甲片连缀起来的甲胄。坚硬的皮甲虽可勉强抵挡青铜武器的攻击，对于钢铁及弩机的攻击威力，效能就大减。战国时代逐渐发展以铁片缀甲的技术制作盔胄，但在铁兵器大量使用前，犀甲还是最有效的防身装备，故有吴国衣犀甲之士十三万人的夸大之辞。

麻 布

皮革主要是利用其耐磨、坚韧的性能，故用以制造控制马匹的皮衔，拉车的皮带，车舆的坐垫，鼓风的橐，纳兵器的鲍、函，以及鼓面。其他大多数需要轻盈柔软的就得使用丝与麻。麻的表皮韧，又容易分析成细丝，是大众用以织布缝衣的材料。裁剪缝制衣服是每个妇女都要学习的技能。大概因此，《考工记》就没有缝制日常衣物的专门工人。

穿衣服的目的多端，因地区而异。但人们最先利用的应是现成的材料，通过钩织的过程而做成布帛肯定是很久以后才发明的。那么最早利用植物纤维编织衣服应该始自何时呢？由于纺织品不能长期埋藏于地下，就得间接加以推测。

纺织之前首先要对植物的纤维有所认识。十几万年前，人们已使用石弹丸打猎，或以为当时已可能用麻类的纤维搓成的绳索来抛掷。但皮条也可用来抛掷，不必使用绳索。人类确实晓得用细线缝制东西大概可推溯到30,000年前。中国发现的骨针，大致以20,000至40,000年之间的辽宁海城遗址为最早，以象的门齿制作的一支长7.74厘米，有0.16厘米的孔径，一枝长6.9厘米，有0.07厘米的孔径。另一以动物长骨制作的，长6.58厘米，孔径0.21厘米（贾兰坡，史前人类：90）。以当时的工具，恐怕无法把皮条切割得足够细小以穿过针眼，可推测时人应已知利用植物的纤维了。10,000年前常见于华南的绳文陶器，表面的纹饰是用绳子捺印的（张光直1974：279），已能把几条线纠合成股以捆缚东西，更接近纺织必要的技术了。

7000多年前河南密县的裴李岗型遗址，发现好些夹砂红陶三足器，其底部钻有七或九个小孔，有的于腹壁还钻二孔（开封文管1981：284），知那些小孔不是作为过滤液体用的，而是如后世的甑，作为蒸煮食物用的。它要在器的内腹的底部铺上一块透气的东西，不使谷粒掉进下部盛水的容器，同时让水蒸气上升而将米粒炊成饭。这块透气的东西应该就是布，所以可推断7000多年前人们已织布而缝制衣物了。麻布的痕迹见于6000多年前仰韶文化的陶器底印痕（西安半坡：161—162，图151），实物则见于5000年前的浙江吴兴钱山漾遗址。

具有织布经济价值的植物纤维有好几种，分属不同的种类而有不同的性质，但因麻布最为重要，一般总称有强韧纤维的植物而可织布的为麻。麻是荨麻科的一年生草本。但另一文献常见的葛，如《诗经·葛覃》，"葛之覃兮，施于中谷，唯叶莫莫，是刈是濩，为絺为绤，服之无斁"，絺是葛织细布，绤是粗布，却是藤本豆科的植物。大麻则是桑科的植物。

纤维良好之麻适宜种于温润气候的沃土。关于其原生地有不同的意见，有以为是中亚，或以为是中国。它虽有多种的用途，栽培的最初目的应是为了纤维。"麻"字尚不见于商代的甲骨卜辞。金文"麻"字作屋中或遮盖物之下有两株皮已被剖开的麻形（𣏗）。麻于春天栽种，夏天收割。株茎于割下后干燥几星期，剖皮而久浸于水中以去除杂质，然后捶打以分析纤维。浸泡的水越热，需浸泡的时间就越短。故一般用水热煮以缩短分析纤维所需的时间。分析麻纤维的工序反映于甲骨文的"散"字，作一手拿着棍棒在扑打两束麻而其表皮也已自秆茎分离之状（𢾭）。大概这种植物多在家中处理，与他种常见植物，主要是食用谷物的脱粒、去壳，多在户外处理异趣，因此造字时强调其株茎多见于屋中的事实。

商　甲骨文	周　金文	秦　小篆	汉　隶书	现代　楷书
𢾭	𣏗𣏗𣏗	𣏗	散	散 手持杖扑打麻株 以分析纤维状。

商代以后，麻应是家喻户晓的植物。其株茎笔直，栽种密集，故有"蓬生麻中，不扶自直"的谚语，以比喻环境对塑造人品的影响。麻的生长可高达四五米，茎四角，附有细毛，雌雄异株。雄花淡黄绿色，雌花绿色。雄株纤维的质量较高，较具商业价值。其纤维柔软而坚韧，长可达三米。麻的种类多，纤维的粗细和色泽有差别，再加上加工程度的不同，可织成精粗悬殊的麻

布。仰韶文化陶器底的麻布纹理粗疏，每平方厘米才有经纬线各十根（郭沫若，中国史稿1：66）。到了近5000年前钱山漾遗址的时代，已有经纬线各二十根、十六根，或经三十、纬二十根的三种苎麻布（汪济英1980：354）。稍迟的齐家文化，其麻布的细密程度几乎可与现代麻布相比（甘肃工作1974：57），大致经纬各有三十几根线了。不过，从文献的记载可知，先秦的布帛中，二十几根的已被认为是细布了。《礼记·杂记上》："朝服十五升。"根据注释，一升为八十缕，即在汉代二尺二寸的标准布幅内有线一千两百根。换算现今的尺寸，每厘米约有二十六根半。而《晏子春秋》记晏婴相齐，穿着朴素的十升之衣。换算之，每厘米才十八根，大致是一般市民的布料。最粗陋则为父母之丧所穿的斩衰麻布。《礼记·间传》说："斩衰三升，齐衰四升、五升、六升，大功七升、八升、九升，小功十升、十一升、十二升，缌麻十五升。"三升的才五根多，线一定粗疏。"衰"字于小篆作一件衣服的边缘散而不齐的样子（ 𢇧 𢇧 ）。丧服的缝制使用不缝边缘的粗麻布裁剪，以表示无心为美的哀戚心意。又，服丧期间无心茶饭，体力自然羸弱，故引申有衰弱不强的意思。

蚕丝业

贵族们所爱穿的是更为细致、柔软而富光泽的蚕丝。大众化的麻布比之丝绢，可立见其粗陋，故麻布少见于士君子咏怀之篇章里，而丝绢则常见。丝绸与瓷器是中国早期外销最重要的两种商品，都是中国人首先发现或发明的。甲骨文的"丝"字作两束丝线之形（ 𢇧 𢇧 𢇧 𢇧 𢇧 ）。丝线细，故引申有细小之意。丝绢是蚕所吐的茧抽丝纺织而成。甲骨文的"蚕"字作蚕虫形（ 𢇧 𢇧 𢇧 ）。丝在汉代主要经由中亚销售到欧洲，形成著名的丝路。各国为了控制丝路，不停发生激烈的战争。宋代以后又加上瓷器，主要通过海路外销，使中国博得瓷器国的名声。美洲新大陆的发现多少也与此两种商品的贸易有关。接触是人类文明提高的重要因素。中国的丝与瓷，无疑促进了东西两个文化交融的速度。

商 甲骨文	周 金文	秦 小篆	汉 隶书	现代 楷书
			絲	丝（絲） 两股细丝线形。
			蠶	蚕（蠶） 象蚕虫形。

蚕丝是蚕虫体内不同腺体分泌的丝液，遇空气后凝固，形成由两根天然蛋白质组成而胶合的一股细线。它细致、柔软、耐热、吸湿性良好，富光泽而又易于染色。不论如何纤细的植物纤维与之相比，都优劣立见。故丝织品一销售到欧洲，就令贵族们倾倒，有人因之破产，以致罗马帝国的上议院于公元前14年发布衣丝的禁令，以遏阻生活奢靡的风气。

丝与植物的纤维，看似相似，却是完全不一样的东西。不晓得其秘密的人，难于猜到它是蚕虫所吐出来的东西，就是知道了也无从仿造。不像陶和瓷是同一类的物质，主要分别是土质的好坏，烧结温度的高低而已。中国制丝的秘密，直到几千年后的6世纪才被西方的人所窥识。蚕卵被偷运到巴尔干半岛繁殖，并扩及欧洲大陆（蒋猷龙1990：279）。但是他们生产的质和量一直都比不上东方的诸国。

能够吐丝的昆虫有多种，到底是因为只有中国地区原生这种具有经济价值的桑蚕呢，还是什么特殊的机遇，才使中国人发现这种有用的物质，大概已无法考究。蜘蛛吐丝布网应是古人常见的景象。大概古人由之得到灵感，试验各种昆虫所作的茧，终于发现桑蚕的茧可以利用。当欧洲人初次接触丝织品时，也有少数人猜测它取自蜘蛛一类昆虫所吐的丝。

中国对于首先使用蚕丝的传说，记载都相当晚。有将其归功于伏羲氏的，或说黄帝斩蚩尤，蚕神献上丝，但最普遍的则是黄帝的妃子西陵氏嫘祖发明养蚕（夏鼐1972：13）。6300多年前河姆渡遗址出土的象牙雕刻，已见蚕虫的图案（河姆渡考古1980：7）。约为5400年前的河北正定南杨庄遗址出土了陶的蚕蛹（郭郭1987：302），而4500到5000年前的仰韶文化晚期，则发现切割过的蚕茧（李济，西阴村：22—23）。吴兴钱山漾遗址更发现每平方厘米经纬各四十七根线的家蚕丝织品（汪济英1980：354；浙江文管1960a：89）。这些遗址都早于传说4700年前的黄帝和嫘祖时代，因此嫘祖应该是对养蚕的技术有所改进的人了。到了汉代，《说苑·君道》还提及驱鸟维护桑叶及野蚕，可想见黄帝时代大多利用野柞蚕丝。蚕丝业的发展决定于几个因素：必要有适宜的气候和土质以养殖蚕虫和栽植桑叶，同时也要有高明的缲丝技术。

蚕虫以桑叶为粮，因此桑叶的栽培是发展丝织业的基本条件之一。桑叶在商代应是华北常见之物。桑树喜湿热，其叶子的收获次数因气候而异。蚕卵自孵化到结茧期间的长短，也与气候和蚕虫的种有关。结茧时间，快者17至22日，慢者则要33至40日（曾同春，丝业：33）。今日中国生产蚕丝的区域主要是浙江、广东、江苏等省，次要省份为四川、山东和安徽（曾同春，丝业：8—10），都是河流灌溉方便、气候较为温湿的地区。古代气温较现在温湿，因此桑的主要种植区一定要较今日为北。春秋时代撰写的《尚书·禹贡》，言河南、河北、山东三省交界的兖州地区"桑土既蚕……厥贡漆丝，厥篚织文"。而今日主要产丝区域的徐州和扬州，虽也谈到贡玄纤缟、织贝，并没有特别提到桑叶，反映很古时候的桑叶可能以华北的品种较优良，丝业也华北较兴盛（孙毓棠1963：144）。

甲骨文的"桑"字是一株桑树的象形（𣕵 𣕵 𣕵 𣕵）。"丧"字的创意则来自采摘桑叶的作业，作桑树枝丫间悬挂着许多的篮筐之状（𣕵 𣕵 𣕵 𣕵 𣕵 𣕵）。此字在商代已假借以表达丧亡、丧失的意义。有些桑树的品种长得不高，可以站着摘，但很多是高大的品种，要爬梯上树才能采摘得到。有几件战国时代的铜器，其花纹作妇女坐于树的枝丫间，树枝间悬挂篮筐的采摘桑叶景象（杜恒1976：51，图版2；夏鼐1972：15）（图8.7）。《左传·僖公二十三年》记载晋公子重耳亡命于齐国时，"谋桑下，蚕妾在上，以告姜氏"，明白指出爬上树采摘桑叶的景况。

商　甲骨文	周　金文	秦　小篆	汉　隶书	现代　楷书
				桑 象桑树形。
				丧（喪） 桑树枝干间很多篮筐的采摘桑叶作业，借为丧亡。

纺织是很专门的职业。从养蚕到织成丝绢，每一步都需要专门的技术。桑树的栽培，采摘的次数，蚕虫的品种，喂饲的次数、分量和时间，养育的温度，都与成品的质量有密切的关系。蚕吐丝成茧后的拣茧、杀茧、抽丝、缫丝、织丝，每一过程也都需要专门的训练。所以于文字，甲骨文的"专（專）"字就作一手持拿纺砖之状（）。纺砖的作用是把丝线缠绕成锭，以待上机纺织。纺织之事不但要专门的技术，也要专心工作，否则面对成千上万的线条会手忙脚乱，织错了花纹。所以"专"字兼有专门及专心两层含意。纺线时要捻转纺砖才能快速缠绕成锭，也许"转"字也是"专"字的引申义。《左传》记载公元前589年，楚师攻伐卫国而侵犯及鲁，鲁以执斫、执针、织纴的熟练工人各百人请盟，才解除了楚师的侵犯。鲁国属当时的产丝区域，也许楚国因此得到北地先进的技术，配合良好的地理环境，次第发展其丝织业。养蚕需

要众多的人力，要在人口密集区才能发展起来（曾同春，丝业：11—17）。但是华南地区在有史初期的人口还是比较疏散的，要等到利用铁器、土地次第开发以后，才产生高度的灿烂文明（夏鼐1960：1；何炳棣，农业：88）。战国时期楚国墓葬出土较多量的丝绢（郭德维1982：163），大概可以如此解释。它可能也反映中国人口分布的历史因素。

商 甲骨文	周 金文	秦 小篆	汉 隶书	现代 楷书
				专（專） 手拿已缠上线的纺砖状。

丝织手工业在商代应已有相当的规模。卜辞有省视其作业及祭祀蚕神的卜问（胡厚宣1972：5—6）。青铜器上还有不少因铜酸而保存下来的丝绢痕迹（万家保1977：图版2，3，5；妇好墓：图版187—188），可以想象当时必有相当数量的生产，才会以之包覆铜器并随葬于坟墓中。从痕迹知当时的纺织已达到绫织的阶段，也有斜纹提花的丝织物。甲骨文与纺织业有关的字比其他行业的字多，即其具体的表现。河北正定遗址5400年前的陶茧，平均大小是1.52厘米长，0.71厘米宽。唐代已改良至3.18厘米长，1.53厘米宽（郭郛1987：302—309），与现代的品种差不多了。蚕茧的个体大则抽丝多，现在一个蚕茧可抽600到900米的丝线。估计商代的茧大半介于两者之间，一个蚕茧应可抽丝三四百米。玉蚕屡见于商周的墓葬。在山东刘台一座西周早期墓葬，就发现22个大小不一、形态各异的玉蚕（熊建平1987：310—311）。想来古人对于蚕虫的生活过程必有所了解，将蚕虫几次蜕皮的过程，联想为再生的信仰。

到了西周时代丝绸已是重要的商品，《诗经·氓》有"氓之蚩蚩，抱布贸丝，匪来贸丝，来即我谋"。战国时代的《管子》有"民之通于蚕桑，使蚕不疾病者，皆置之黄金一斤，直食八石，谨听其言，而藏之官，使师旅之事无所从"。说明丝织品在古代是价昂的重要商品，对国家的经济具有决定性的作用，所以桑田要比良田贵上一倍之多（曾同春，丝业：20）。《史记·吴世家》记载公元前519年，吴、楚两国曾因两个家庭争边界桑树的所有权，导致两国打了一战。

织 机

从抽丝到织成布帛的过程，需要很多不同的工具，其中最重要的是织机。商代虽有很进步的纺织品，但还见不到织机的字。这可能是因为纺织不是占卜的内容。金文的"圣（巠）"字即后来的"经"，作一座织机上已安上纵的丝线形（坙 坙 坙 坙）。织机要先安上经线，才能织上纬线以成布帛。故此字用以表达经常、经典的意义。"经"的字形是整座织机的安线部分的象形，但也可能是表现很原始的腰机形。其形制很像云南铜鼓上织纤奴隶塑像所操作的腰机，经幅的一端置于腰，另一端以脚蹬紧而操作（图8.8）。这样织成的布幅较窄，也难于织出复杂的图案，纺织的速度也慢。但较之以钩针编织的时代已大大进步了。河姆渡第四文化层出管状骨针、木刀、小木棒，可能就是坐机的机械部件和引纬的工具（科技史稿：20）。西安半坡的麻布似乎也曾用机织（西安半坡：162）。至少6000多年前已使用腰机，甚至有简单的坐机了。从商代铜容器或兵器附着之丝织痕迹可知，当时的纺织技术已经达到织绫的阶段，也有斜纹提花的丝织物（Sylwan 1937：122；李也贞1976：61—62；王若愚1979：49）（图8.12）。它们都是用坐机才能织成的。使用坐机可以腾出手来投梭引纬，提高织布的速度和质量。金文的"几（幾）"字应是表现坐机的字源（𢆶 𢆶 樂）。𢆶大半是坐机的侧视形，两股丝缕可能代表两个线轴，彳或亻牵动经轴的两条线，或表示是织丝的器具（图8.9—11），或为操作的人。织机是以机栝牵动的织布机器，故"几"字也引申到各种机械的装置。弩机是古代常见的另一种以机械操作的器物，有人以为"几"字表示弩机的含义。但弩机要到春秋晚期才有，其前以机械原理操作的东西，以织机的形象最近字形。

商　甲骨文	周　金文	秦　小篆	汉　隶书	现代　楷书
	𝌏 𝌏 𝌏 𝌏 𝌏 𝌏	𝌏	經	圣（巠） 经线安装在织机上之状。
	𝎥 𝎥 𝎥	𝎥	幾	几（幾） 以线牵动的高坐或站立操作的坐机意。

坐立的织机可以增加纬线移动的幅度而织成较宽的布幅。汉代或以前的古人，为节省布料，尽可能依布料加以裁缝，不多作剪裁。布帛既是交易的大宗，也需要一定的规格以便议价，故织成一定的市场规格布幅。据注疏，当时的标准布幅是二尺二寸。但各时代尺的长度略有差异，从发掘的实物看，当时的二尺二寸大约合乎今日的44到49厘米（郭宝钧，铜器：84；孙毓棠1963：160）（图10.17）。四个布幅，两前两背，为一般衣服的用布。更宽大的就要前面三幅而背后用两幅了。

刺　绣

简单的平纹纺织渐渐进步到更吸引人的斜纹。提花技术使图案复杂，色调亦由单色而向多彩发展。在纺织技术还无法织出多彩的复杂图案时，为追求更进一步的美观，人们就使用染色、涂绘和绣花的方法。颜料的应用以衣服为最多，故代表颜色的字，其意符与纺织或衣饰有关的最多，如"红""紫""褐""绿""绀""缁"等字。绣花是利用不同颜色的丝线，在朴素的布上绣出美丽的图样来。金文的"肃"字，作一手拿着笔，画出复杂的图样形（）。描制图样是刺绣，也是设计纺织图纹的第一步工作。图样没有打好，刺绣就难完美，所以后世还有专卖刺绣用纸样的行业。刺绣时还要专心谨慎从事，"肃"是"绣（繡）"的字源，就引申有肃敬、严肃等意义。甲骨文虽没有"肃"字，但有"画（畫）"字，作一手拿着画笔，画一个交叉的图案形（）。"画"的创意与"肃"字同，只是所画的图案比较简单而已。商代人物的雕像于衣缘有几何形的图案，衣服上也有图像的花纹，其中有不少应是绣而不是绘画或纺织上去的。

商　甲骨文	周　金文	秦　小篆	汉　隶书	现代　楷书
			畫	画（畫） 手握尖端合拢或散开的笔，画一个图案状。
			肅	肃（肅） 手握笔画图案，以便依图案刺绣。

社会一旦有了阶级的分化，统治者就要处处表现其高人一等的阶级性。衣服是天天要穿的，故被应用得最早。传说黄帝始创衣制，大概就是这种作用。其表现的方式不外是色彩、图案，以及佩带的装饰物。《尚书·皋陶谟》叙说帝舜的时代，"日，月，星辰，山，龙，华虫作会；宗彝，藻，火，粉米，黼黻，絺绣，以五彩彰施于五色作服"。这些染色、涂绘和刺绣的装饰虽不一定是帝舜

时代的实况，至少应是周代的人根据自己的经验以猜测千年前的现象。当时使用的矿物颜料，色彩已有红、赭、褐、绿、青、蓝、黄、橙等多种颜色（苏健1983：105）。画的技巧是使器物增加美丽的最后一道工序。《考工记》设色之工有五，是重要的技艺。汉代以后，大部分工匠的地位低落，只有画家的地位始终被尊敬。有时画画甚至是某时代唯一被认定的艺术形式。文人学士有兼为画家的，但罕见还从事木、石等工艺，可见画艺在诸工种中被认为最高超。

陶　器

《考工记》最后的工种是陶器业。泥土经火烧结后硬化就叫陶。泥土遍地都是，且能脏污他物，是人们所不重视的，但是一经过火的洗礼，却巧妙地变成可以装盛食物、值得展示的东西。人类虽然在几十万年前就能控制火，但陶器却是在人类知道用火之后很久才学会烧造的。陶器在土中不腐朽，比较容易测知它何时发明。人类至少在12,000年前已知道烧造陶器（邓聪1985：264）。中国出土陶器的遗址，经碳-14年代测定的，较早有江苏溧水神仙洞和江西万年仙人洞的陶片，大致在公元前9000年（考古三十年：198；江西文管1963：7；夏鼐1977：227）。近来的碳-14年代测定，江西仙人洞的陶片为距今16,440±190年，校正后的年代为公元前18,050至前17,250年（朱乃诚2004-6：70—78）。中国有15,000年以上烧造陶器的历史是不成问题的。

后世陶器的烧造种类主要是容器与建筑装饰。但它初发明时是以盛水为目的，后来才推广到煮食、盛食、储藏、装饰、展示等其他广泛的用途。陶器的储水功能使人们不必太靠近河流居住，而能扩大活动的范围，增加觅得食物和材料的机会，并过定居的生活。人们发现低洼的地点有泉水涌出，可以提供生活必需的水，终于能在广阔的大地建立村落与都市，使人类文明进一步提高。

故有人以陶器的使用，标示告别旧石器时代而进入新石器的时代。

　　烧造陶器的主要材料是黏土。甲骨文的"土"字作一个土堆状（）。有些作上下尖小而中腰肥大之土堆形，有的还加上几点水滴。或以为那些小点表示灰尘，恐怕不得古人创此字的用心。土没有水就不能团结成块而被捏塑成形。松散的土堆一定是呈上小下大的锥形。只有黏土才能作中腰粗大的形状，故知"土"字的创意取材于黏土。只有黏性的土才能捏塑陶器。陶器是新石器时代以来人们生活所不能缺少的日常用具。我们从"土"字表现陶土的形状，就知道古人创造此字的用心，是基于其可捏塑而烧结成形的价值。"陶"字只在商代的陶片上出现一次（李济，陶器：148，图版62），作蹲踞的人，拿着木拍似的制陶工具，在一块黏土上造形的样子（）。

商　甲骨文	周　金文	秦　小篆	汉　隶书	现代　楷书
		土	土	土 作一块可塑造的黏土形。
			陶	陶（匋） 一人以陶拍制作陶器之状。

　　陶器日用最多，破碎而被丢弃亦多，兼以不腐朽，故普遍见于遗址。因材料、技术、作风、要求等等的差异，各文化所烧造的陶器也各有不同的特色，是辨认各民族、各时代文化不同面貌的理想指标。故辨识陶器是考古工作的一个重要项目。对陶土的化学分析，也可帮助探明取用原料的地区，研究部族之间交往的关系等。

　　虽然泥土皆可烧造陶器，但质量好坏大有差别。半坡、河姆渡等新石器时代以来的人们，就有意识地精选材料。他们使用淘洗的方法去除泥中的砂粒、草根、石灰等杂质。万年仙人洞遗址的陶器已有含砂的，可能陶器发明后不久，作为烹煮食物用的陶器，人们就领会了掺细砂于泥中以帮助陶器传热的方法，防止其因骤热骤冷收缩过快而破裂（江西文管1963：7）。

陶器最先是在露天烧制的（图8.13）。但那样烧成的温度低，陶器烧结不完全，质地松而脆。8000年前的新郑裴李岗遗址，就发现有横穴式的陶窑（开封文管1979：201）。其火焰要经过一段上升的途径才接触到陶坯。导致热量在传导中散失，不利于提高窑内的温度。后来改良成竖立式的陶窑，火焰可直接透过火眼接触陶坯，提高烧结的质量。公元前5400年的武安磁山遗址的细泥红陶，测量其烧结的温度已达930℃。青浦崧泽的公元前3000年遗址，所出灰陶的烧结温度达990℃。商代早期的二里岗的红陶已提高到1000℃。稍后改良成有烟道的圆形窑，烧结温度提高到甚至可以熔化铁的1100℃到1200℃（李家治1978：188）。这种提供高温的商代陶窑，给金属业的发展提供了有利的条件。

商代以前的陶器呈色有红、灰、黑三种。其烧结温度变动于950℃到1050℃之间。红陶是氧化焰烧成，灰陶是还原焰烧成的。黑陶则是于烧烤的后期，用烟熏法进行渗碳的结果，那是在东方的龙山文化的少量特产。黑陶以快轮成形，器壁薄，于入窑前还费工地用鹅卵石在半干的坯上打磨，使器表平滑且带光泽（周仁1964：13—15）。至于西部自仰韶文化发展下来的一系列文化，其对陶器的修饰，则是在红陶上彩绘红或黑色的图案。一般来说，时代越晚，陶窑的构筑越进步，红陶的烧造就越少，商代已是灰陶的天下，占有90%了（李济1976：15）。商代因祭祀用器以新兴的青铜铸造，日常用器不必那么费工去造，烧制的陶器看起来反不如前代坚硬而有光彩的黑陶精美。

但商代发展的烧造硬陶的新技术却是后日瓷器的先声。烧造硬陶的原料，主体是硅酸铝。它干燥时成为柔软的土状岩块，吸水后有可塑性，再干燥时平均收缩变硬，即使再浸入水中也不再软化，高热后则愈收缩而质地更坚硬，几乎不熔融（郭宝钧，铜器：57）。商代硬陶的成品可能来自江南地区，烧结温度高达1180℃（周仁1964：17）。其中有少数又涂上石灰釉，或飞灰掉落在陶胎上烧成薄层的釉，使粗糙的表面润滑并有光泽。这种釉陶的烧制温度，到战国时代已提高到1230℃（周仁1964：17）。商代硬陶的质量已提高到含氧化亚铁少于3%（李科友1975：81）。薄层的釉彩加上高温的烧结，使胎骨呈较深的灰白色，含有一定量的玻璃质，胎骨也比较坚实。它的吸水率很低，叩之声音悦耳，成为汉代青釉硬陶及青瓷烧制的雏形。只要淘洗陶土以及处理坯料更精细些，并提高烧结的温度，就可以达到瓷器的标准了（叶宏明1978：86）。9世纪后期中国成为最先烧制真正瓷器的国家，在陶艺上的造诣，为中国博得瓷器国的称号。

玻　璃

《考工记》虽然没有提到玻璃的材料，但它与陶器和冶金业都有相当的关系，而且也是秦、汉时代重要的饰物材料，故也顺便介绍一下。

玻璃在现代是制造器皿及装饰用具的常见材料。玻璃多彩而鲜亮、光泽而晶莹的特点是他种材料所难比拟的。它在古代的西洋是种重要的工艺，但在中国却不入主流。可能因为中国其他材料的工艺过于发达，阻碍了玻璃工艺发展的机会；也可能早期时不易制作、产量少、造价高而又易破碎，除了制作饰物及礼仪用具，没有其他实用上的价值，才发展不起来。

玻璃于4500年前已出现于两河流域及欧洲，3500年前已能被用于铸造容器了。玻璃出现于中国遗址的年代虽较晚，但至迟春秋时代便已存在。可是当时的文献却不见提及，最早提及的要推《汉书·西域传》载罽宾国出"璧流离"，以及《汉书·地理志下》"有黄支国……自武帝以来皆献见。有译长，属黄门。与应募者俱入海市明珠、璧流离"。南北朝以后出现绿琉璃、瑠璃、玻黎、颇黎、玻璃等词，这些名字想是外语的译音。而且也经常有文献提及它来自海外，如《北史·大月氏传》"太武时其国人商贩京师，自云能铸石为五色瑠璃。于是采矿山中，于京师铸之。既成，光泽乃美于西方来者"。故研究者一向以为玻璃是通过丝路或海道从西亚或中亚引进的。

30多年来的考古发掘，几次在西周遗址发现小件的类似玻璃的器物，学者才开始探讨中国自行发现玻璃的可能性。那些遗址发现的小型管和珠，主要以二氧化硅晶体的形态存在。它和不能有太多晶体的真玻璃有所不同。故一般认为它们只能算是类似埃及的彩陶（faience），还不是真正的玻璃。但有些人则以为其成分与同时代的釉陶的胎很不同。陶的胎体不透明，只有釉层是透明的，但这些管、珠呈现的浅蓝色是半透明状，由体内向表层透出，应可算是原始的玻璃了。西洋的玻璃属于含钙、钠的系统，中国战国时代的玻璃则含有很高的铅和钡的成分，属于另一种系统。而且其造型和花纹装饰也都表现出强烈的中国风格，因此有人认为中国的玻璃是独自发展起来的。

釉彩也是种玻璃质，只是它薄薄地附着于陶胎上，与整体都是玻璃质的玻璃有所不同。但其外观相似，容易混淆，后代也以琉璃称彩色釉的陶器。商代被称为原始瓷的青色透明的釉陶器，釉层甚薄，其釉层不可能脱离陶胎而成玻璃块。由此可推测中国玻璃的发现与冶金业有关，而非与制陶业有关。

西周遗址出土的类似玻璃成品，管内有时见有陶土和草秸的纹线，可判断与西洋早期的玻璃相似，是用衬芯法制造的。那是用黄土加白灰混合作料，以铜丝包裹土料作芯，然后以芯卷取熔化的玻璃加工而成管、珠的形状，以致在内壁留下未清除干净的黄土及草秸痕迹。假设其过程是在炼铜排除废渣时，偶尔拉出玻璃丝，或遗落于地上成玻璃小块，才引起人们注意这种呈浅蓝色有光泽的新物质。而且，这种偶然发现的玻璃，其成形只能是用冷加工。但用衬芯法显然是对玻璃熔液的热处理，是进一步的阶段，以矿渣混合黏土低温熔炼出来的。因此它的萌芽期应早于西周初年。

西周有一遗址发现此种的管、珠、嵌片等达一千多件（杨伯达1980：23），数量比迄今所发掘的春秋时期玻璃器还多。如果西周时已如此大量生产，不应春秋时代反而寥寥可数。春秋时期的玻璃，其成分与西洋的相同，也大都属于钠玻璃一系。从发掘出的西周类似玻璃腐蚀褪色的情状都相当厉害来看，也许西周时代的玻璃是因成色不美、成品不精、易褪色而被人们舍弃的。到春秋时才有少量从外国引进高质量的玻璃。战国时中国发现含铅、钡的玻璃制法有玉的温润感觉，颇合国人的要求，因此大量制造，不再从西域进口（高至喜1985：61）。

战国时代是中国自制玻璃的盛期。成品式样多，除前期淡绿、淡蓝色的小管、小珠外（图8.14），又有青色的璧、带钩、蝉，多种颜色相叠的蜻蜓眼珠、蓝绿色镶片、剑珌、剑首、剑珥等，大都是小件，作为与金、玉等值的贵重装饰品和权位的表征。到了汉代，其应用略广，出土各种带有蓝、黄、白、褐的串珠、鼻塞、耳塞，甚至容器。

既然战国时候玻璃的制造最盛，为什么文献不见提及呢？也许是因为当时另有名称。也许铅、钡系的玻璃因是温润光滑而不很透明的东西，与玉的呈相非常相似，中国人把它当作玉器或仿玉来看待，因此把它归于玉之类别，没有给予专名，故而没有反映于文献。

玻璃在中国因为像玉材而被看重。东汉以后，或因战乱，社会不重礼仪，玉雕的工艺衰微，连带仿玉的玻璃工艺也因此衰败。但是西洋的钠玻璃是清亮而透明的，有鲜亮的色彩。《魏略》说大秦的玻璃有青、黄、黑、白、赤、红、缥、绀、紫、绿十色（格致镜原：1442），显然比中国的成色多。而且钠玻璃的流动性大，耐冷与热，不易破裂，能制作容器或大件东西，不限于小装饰品。如《西京杂记》说，昭阳殿的窗扉多以绿琉璃制作，皆能把人的毛发映照出，使不得掩藏（格致镜原：796—779），故被贵重。大概那时的成品也以西域进口的多，故也以音译称其材料。

玻璃因为生产量不多，在中国是贵重物质，但在西洋，公元前七八世纪时已相当普及。尤其是公元前1世纪叙利亚发明吹气成形的方法，使玻璃制造费大减而成大众化。吹气的方法可制作器薄量轻的器物，利于贸易运输，使玻璃器更为实用，成品深入人们生活的各个角落。东汉以后华北多胡人，他们较熟悉西洋的器物，可能也是中国玻璃业不振的原因之一。中国大概要到北朝时才知应用吹气成形法制造，比西洋晚了5个世纪，但也一直没有大发展。要等到清初于宫廷设厂制造后才见兴盛，但它主要是为贵族服务，少行用于民间。

　　东汉以后玻璃工艺的式微，可能与玻璃质釉陶器的发展也有关系。陶工去除了使釉彩不透明的含钡成分，乃发展光亮的单彩绿色与棕色的铅釉陶器，以之制造各式的随葬明器。继唐三彩之后，又发展出多彩的琉璃瓦以装饰屋脊。

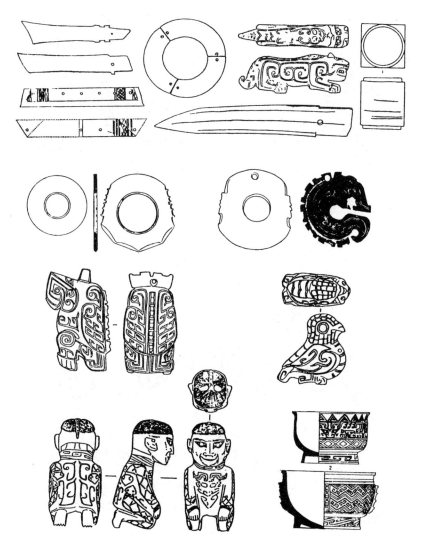

图8.1 商代玉器的一般种类和形状。上两行为常见形状，下两行为立体圆雕
（夏鼐1983a：457，459；安阳工作1977：80，81，84）

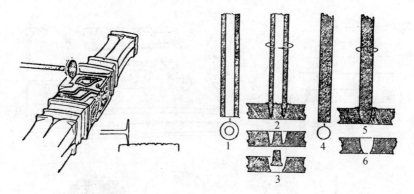

图8.2　商代的琢玉工具（北京玉器厂1976：231—232）

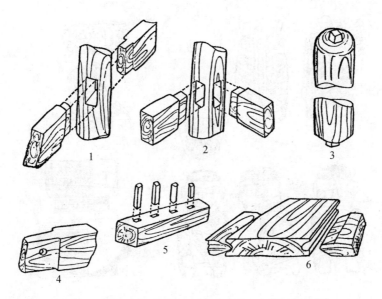

图8.3　河姆渡遗址出土的具有榫卯的木构件（浙江文管1978：47）

中国古代社会

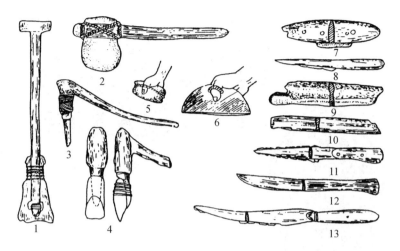

图 8.4　新石器时代的常用石木、石骨复合工具（曾骐 1985：62）

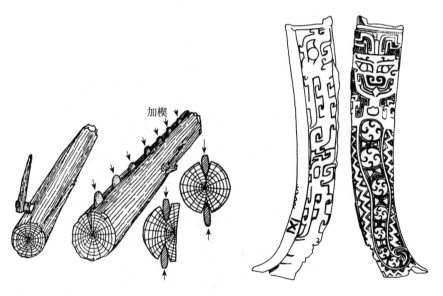

图 8.5　石斧纵裂木材的示意图
（杨鸿勋 1982：68）

图 8.6　商代的骨雕（White，骨文化：
图版 59）

图8.7 战国铜器上的采摘桑叶图纹
（万家保1977：9）

图8.8 秦汉时代云南铜鼓
上的织布腰机图（冯汉骥
1961：479）

中国古代社会

图 8.9　汉画像石上的纺织图（泗洪文化馆 1975：76）

图 8.10　汉画像石上的纺
织图（夏鼐 1972：21）

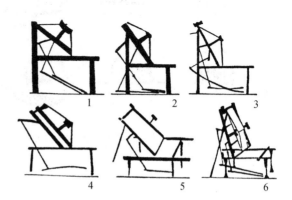

图 8.11　汉画像石上各式坐机的
式样（夏鼐 1972：21）

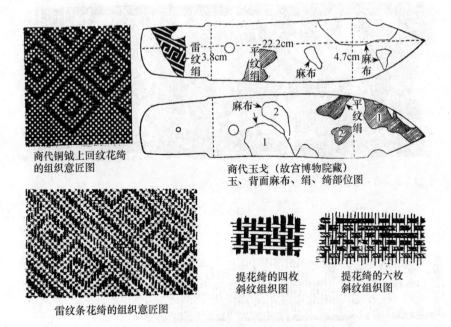

商代铜钺上回纹花绮
的组织意匠图

雷纹3.8cm 平纹绢 麻布 4.7cm 麻布

麻布 平纹绢

商代玉戈（故宫博物院藏）
玉、背面麻布、绢、绮部位图

提花绮的四枚
斜纹组织图

提花绮的六枚
斜纹组织图

雷纹条花绮的组织意匠图

图8.12　商代器物上遗留的纺织图案（陈娟娟1979：70—71）

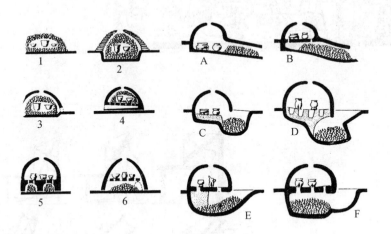

图8.13　西洋（1—6）与中国（A—F）陶窑的演进过程
（Barnard & Sato，金属遗留：37）

图8.14　战国时代的陶胎玻璃管、珠。色调有蓝、褐、黄、绿、白、黑等

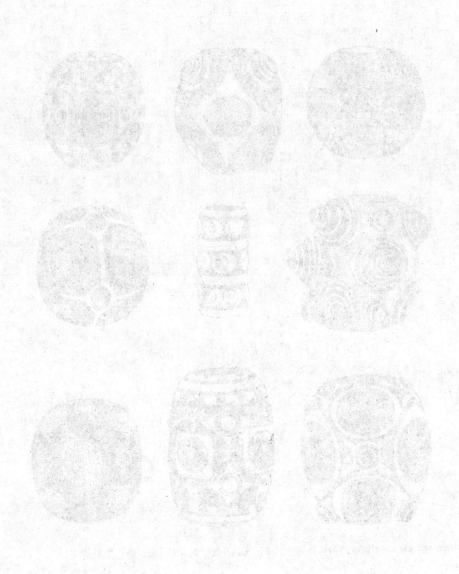

第九章

食　物

序　论

维持生命一定要仰赖食物，所以寻找和生产食物始终是古人最重要的活动。饮食的习惯取决于地理的环境、生产的技术、人口的压力以及文明发展的进度（Vivelo，人类学：247）。选择过游牧或定居的生活，往往取决于食物取得的难易程度。又如居住于高纬度或高山地区的人们，因气候较寒冷，比较需要摄取高热量的食物以御寒，该地区菜蔬难生产，肉食也能保存较久，故摄取肉食的比例要较低纬度的高。但单位面积内肉食动物的产量远较植物少，故吃肉多的地区，人口也往往较稀。

食物也是辨别一个文化的好标尺。譬如从食用某种植物的地域、改变食物种类的时代，都可以分析生活的环境以及农业发展的水平。人们最初考虑的是根本的果腹问题，渐及味觉，最后才讲究营养、进食的气氛等其他项目，因此从饮食习惯也可以约略看出一个社会发展的程度。譬如在农业的社会，人们一大清早就要到田地去工作，需要有丰盛的食物以补充消耗的能量，故早餐最重要。然而在工商业的社会，工作的时间较迟，能量消耗也较少，早餐量就不必多。夜晚是家人团聚的时间，有较多的活动，故演变出晚饭最丰盛的习惯。又如没有食物保藏措施的时代，由于夏天肉类比较容易腐败，就要避免宰杀而多吃植物性食品。但是一旦食物冷藏技术有所发展，夏天不怕肉食腐败，而某些水果、菜蔬又可以保藏到冬天，冬、夏季节所摄取食物种类的悬殊情形便可望大大降低。

中国人喜好饮食，自古以来随葬往往以餐具为主。但习惯也有不同，如商代重视饮酒之器，而周代则重视用食之器。中国人一向把食物分成两大类：酒、汤水等液态的"饮"，谷物、菜肴等固态的"食"。最简陋的餐食，即所谓"一箪食，一瓢饮"，也包含此两类的食物。甲骨文的"饮"字，作一人按着酒樽或水缸，俯首伸舌作吸饮之状（图），甲骨文的"食"字，则作食器之上有热气腾腾之食物并加盖之形（图）。从"饮""食"两字的甲骨文字形，可看出商人已颇讲究味觉。食物加盖是为了保持温热的美味。簋本是盛饭之器，西周中期之后于圈足下加三支足，器底有烟炱痕，显然是饭熟后加热保温之用（郭宝钧，铜器群：163）。"饮"字的创造特意画出舌头，就是为了强调舌头辨味的功能。中国人长于烹饪之道，举世闻名，看来商代已开其端绪。从中国人随葬之物以饮食之器为主，也可见其爱好食物的习惯。

商　甲骨文	周　金文	秦　小篆	汉　隶书	现代　楷书
			飲	饮（飲） 一人伸舌，作俯饮水酒之状。
			食	食 加盖保温之食物形。

从遗物探索古人用食的品类为最直接的手段，但食物残余能保存于地下的

不多。科学家也试图从各方面间接去探索古人用食的品类，如试从粪便、残留的脂肪、骨骼判断摄取食物的种类（陈光祖1990：179—191，231—239，279—286）。从粪便中的纤维素、蛋白质、脂肪等成分，可以测知摄取食物的大类（佐原真1988：99—100）。而通过骨头中骨胶原的同位素分析，可以计算出所摄取的食物有多少是来自陆生或水生的（Soffer，更新世：279—291；蔡莲珍1984：949—955；Sealy 1988：87—102）。

由于地下材料不多，很难考究远古的猿人主要以何种食物为生。以现今灵长类主要用蔬食看，早期的猿人亦不应例外。检验骨骼可以判断生前摄取食物的约略种类，据对南猿人牙齿的研究，知道距今550万年到70万年前，人猿已开始吃食动物（Hoebel，人类学：124—125）。中国在农业未兴盛前，人们主要以采集为生，辅以渔猎。采集的植物大半以干果及水果为主，至于采集的是哪些种类，因为残留物难于地下保存过久，所以难知具体的情况。能肯定的品类只有橡子、菱角、酸枣、葫芦、毛桃、甜瓜子、蚕豆、芝麻、麻栎果、杏、榛子、松子、油菜、莲子、小叶朴等（河北文管1981：336；浙江文管1960a：85，88—89；又1960b：104；又1976：10；浙江博物馆1978：103—104；上海文管1962：28；西安半坡：272；郑州博物馆1979：372）。至于渔猎的种类，因遗骨比较不易腐化，可以检验其品类，大致有所了解。一万多年前，因为捕猎技术的改进，不少庞大的野兽都成了人们捕食的对象。中国商代以前，捕猎的动物以猴、猪、牛、羊、鹿、獐、犀、象、狗、虎、熊、貉、鼬、獾、獭、猫、狸、鼠、豹等较常见（黄文几1978：241—243；浙江博物馆1978：95—107；贾兰坡1977：49；西安半坡：256）。但当人口增加到狩猎不足以供应足够的食物时，人们就得发展农业，再次倚重蔬果谷物了。当人们发展畜牧与农业后，除了猪、牛、羊、犬等家畜外，经常被捕猎的野生动物大致只是那些妨害农作的鹿、獐等可数的几种了（杨钟健1950：146—147）。

早期的人们虽然居住于近水之处，因还没有制作渔钓的工具，主要是捞取软件贝壳及蟹、虾、龟、鳖、蛙等水边的生物。有了钩、枪、矛、弓箭、网罟、舟船后，人们可以深入水域，捕获渐多。六七千年前的遗址中就发现很多水生动物的骨骸，可鉴定的鱼类有鲤、鲫、鳢、鲶、鲻、鲷、黄颡、草鱼等，海岸的遗址甚至还有鲸鱼及扬子鳄（吴诗池1987：239—241）。后来人口压力大，人们被迫远离河岸生活，虽个别地区也发展人工养鱼，但鱼类还是比陆上的肉食更为难得。

肉　食

在农业未发展前，肉类可能并不是太难得的食物。但随着人口的增加，人们不能不越来越依靠可以提供更多食物的农业。人类摄取食物的变化，可从墨西哥的德匡坎河谷（Tehuancan）地区作例子窥见一斑。其人摄取肉类、野生植物、栽培作物三种食物的比例变化如下：8750年到6950年前农业刚发生的时候，分别约是54%、41%、5%；6900年到5350年前，农业已发生了一段期间后，其比例已成34%、52%、14%；往后到4250年前，已全年经营农业时，比例成30%、49%、21%；又往后到3450年前，比例为31%、34%、35%；到2750年前，分别为29%、31%、40%；到2100年前，则为32%、23%、45%；到1250年前，成为18%、17%、65%；450年前时，则成为17%、8%、75%（何兆雄1985：90）。肉食分量慢慢减少、栽培作物分量慢慢增加的现象非常明显。中国古时也不应例外。

发展农业就要开垦森林荒地，开辟之为农田。不但野兽失去其栖息所在而不能大量繁殖，家畜的数量也不容许增加太多。因此肉类渐成为珍贵的食品，不是人们经常可以享受到的。到了春秋时代，"肉食者"遂成有权势者的代名词。《孟子·梁惠王上》所提倡的理想的王政就有"鸡豚狗彘之畜，无失其时，七十者可以食肉矣"。要等到太平的黄金时代，且只有老人才能经常吃肉，可见肉食在战国时候是多么的稀罕。汉代编辑的《礼记·王制》有"诸侯无故不杀牛，大夫无故不杀羊，士无故不杀犬豕，庶人无故不食珍"，反映肉类食物之品级及其短缺的事实。一般大众大概只有在节日或贵客来访时，才会有机会品尝肉类鱼鲜，而且不及牛与羊等大型的牲畜。春秋时代以后牛成为拉犁翻土的主要劳动力，羊则在不妨害农业的条件下才饲养，故一般的肉食为猪。汉代的牛肉已是皇帝赏赐臣子的特别恩惠了（图9.14）。

谷　物

中国人在有史时期的主食是谷物。在主要居住的华北地区，商代最重要的谷物是小米（黍、稷、粟、粱）。麦本来是稀罕的谷物，其种植面积渐被推广，至汉代时，已取代小米成为北方的主粮。至于华南地区，则一直以稻米为主食。稻的生产不能普及于华北地区，只有在气候、土质、供水等条件都良好的地点才能生产。它的味道可能被认为比之小米和麦子还要美好，故一直被视为美食而为富贵者所喜爱。《论语·阳货》中，孔子曾经以食稻与衣锦并提，以为食稻是种奢侈的享受。此外还有大豆（菽），味道虽不美，但营养丰富，易于成长，成为贫穷人家常吃的食物，干旱时甚至成为大众的主粮。至于菜蔬，从上引德匡坎河谷的食物摄取现象可知，发展农业后，要经历5000年以上的时间才能大量减少野生植物的食用。《诗经》一书虽提及64种菜蔬之多，但不少属于野生，不是栽培的品种（张光直，食物：28）。其时常提及的蔬果有葫芦、韭菜、苦瓜、芜菁、萝卜、苦菜、荠菜、水芹、水藻、莼菜、豌豆、竹笋、莲藕、卷耳、桃、李、梅、枣、榛、栗、桑葚、木瓜、杞子等，想来商代蔬果的品种更要少。

烹饪方式

在不知道用火之前，人类自然和其他野兽一样生吃食物。如果有比较高明之处，也只限于懂得敲碎骨头吸食骨髓而已。火的使用，不但使饮食的习惯起了大变化，也促进了文明的产生。煮熟的食物容易消化，养分容易被摄取。它使得人类体质增强，头脑发达，也减少病痛，增长寿命。远在猿人的阶段，可能就已晓得火食。在云南元谋人同一地层的不远处，发现有炭屑、烧骨、石器和动物骨骼，这被认为是中国境内最早的火食证据（张兴永1978：26—29）。此遗址被拟定为170万年前，或以为它只有五六十万年而已（考古发现：3）。烧煮过的食物易于咀嚼，也增加味道。人类一旦发现火食的好处，相信很快就养成为习惯。火还可以用来温暖身体、恐吓野兽、夜间照明。在不能轻易起火的时代，保留火种使不熄灭是一种神圣的任务，常是部落主的职责（李宗侗，古社会：173—177）。甘肃永昌鸳鸯池新石器遗址在一个55至60岁老人的随葬物品中发现一件打火燧石（吴汝祚1990：58），即可能为其具体的例子。

火上烧烤

可以想象最原始的用火烧食是把肉直接放在火上烧烤。小篆的"炙"字就作一块肉在火上烧烤之状（），所以引申为直接接触的意思。后来人们也许也会在带有火的灰里煨熟食物。但这些方法都不好施用于蔬菜。甲骨文的"庶"字很可能表现一种较进步的煮食法，它作用火烧烤石块之状（   ）。或以为它表现以火烧烤岩壁，然后泼水使烫热的岩壁急遽冷缩而破裂的采矿法。但采矿非大众所从事的工作，与庶有众多、平民等意义没有关联。它比较可能是指以火烧石，石传热于水而煮熟食物的间接烧食方法。

商　甲骨文	周　金文	秦　小篆	汉　隶书	现代　楷书
		庶	庶	**庶** 以火烧烤石块，准备放入容器中烧煮食物之意。

石煮法、竹煮法

产业较落后的氏族社会于外出打猎，无法携带易破损的炊具时，就使用一种石煮法：选取槟榔或椰子等大型叶子，折成船形以盛清水及鱼、肉、菜蔬等；然后捡取许多石卵洗净而以火烧烤；再以竹箸夹取烧热的石卵放进船形容器，石头的热透过水的传递，慢慢把食物烫熟（陈奇禄1959：125—127）。有些地区甚至日常也用此法在树皮做的筒中煮食（原始社会史：359）。这是一种缓慢费时的烧煮食物方法，需要使用很多的石卵，故"庶"字有众多，以及为数甚多的平民大众等引申意思。至于谷物，则有竹煮法，也是外出打猎时经常使用的方法。该法是以竹节装入水及米，用树叶封口，然后把它放到火上烧烤，等到竹中清水烧开而谷物煮熟时为止。甲骨文的"爨"字就是表现这种的煮食法，作手持细长的竹节在火上烧烤之状（）。用这种方法时，竹节几乎烤焦了，故有大熟的意义。这样煮熟的饭清香可口。一旦人们晓得这种烧食的方法，在有了陶器的时代，也可以应用于陶器，不必每次更换竹节了。

商　甲骨文	周　金文	秦　小篆	汉　隶书	现代　楷书
		爨 爨	爨	**爨** 手持竹筒于火上烧烤，竹筒烧焦则饭已煮熟。

陶器煮食

上一章已介绍，人类大致在15,000年前已烧造陶器。陶器最早的作用是盛水。很可能是人们使用石煮法在陶器中烧煮食物，从而发现陶器也有传热的功能，乃改良以火从外头烧烤陶器中的水以煮食。人们很快又发现陶土若掺入细砂可以加速传热，乃大量使用间接的陶器煮食办法，连谷物也可以在容器里头烧煮（图9.1—3）。可以想象最先是把陶器架在几块石头上，在其下的空隙处燃烧柴薪。临时找来的石头后来改良成为陶制的支脚，再改良出把支脚连于器身的鼎、鬲等形式。湖南澧县彭头山的遗址已出现陶支脚以及有三只长支脚的陶容器（澧县文管所1990：25），显然8200年前的人们已知此种间接煮食法。再进一步的发现是6000多年前的河姆渡和仰韶文化遗址已使用陶灶架设锅盆以煮食。陶灶是在干栏式房屋中不使火烧到木板的必要煮食用具，以后就成为每个房子都不能少的构筑了（详见本章灶的介绍）。

这种间接煮食法约可从二字看出。甲骨文的"者"字应该是"煮"字的初形。作陶器里盛有热气腾腾的食物之状（ ）。陶器所盛的东西大概是蔬菜。因为古时没有热炒的办法，蔬菜都是用沸水煮熟的，食用时要用筷子或勺子把蔬菜及肉块取出。故意义为筷子的"箸"字，是以"竹"的义符及"者"的声符组成，竹是箸的材料。又，古时烧煮菜羹，经常把多种菜蔬鱼肉放进一锅，因之引申出"诸"的众多之义。后来为了使煮食的意义明确，与语词之假借义分别，乃加火于陶器之下而成为"煮"字，或下加有烟气上腾的陶器使意义更明显。煮食的陶器本来是圆底而无支脚的，后来才在器底架设支脚而于其下空隙处填充柴火，故小篆的"煮"字，就有一形的陶器是作有支脚的鬲。甲骨文也有几个字作"鼎""鬲"之下燃火的字形，其意义应与烧煮食物有关。

甲骨文的"香"字，作陶器之上盛装麦、粟、黍等谷物之状（ ）。

　　　　　　　　　　　　　　　　　　中国古代社会

谷物要等到烧煮之后才会有诱人的香味，因此馨香之义必来自煮熟的谷物。谷物旁边的小点表示热气腾腾的烟气。饭食于冷却之后即失去其特有的香味，故才特地于字形强调其有香味的时刻。有人以为"香"的意义来自黍酒的香味，小点代表酒滴。但是此字有一形作小麦在陶器内之状。麦子在商代还是稀罕的谷物，并不以之酿酒。故"香"字应取意于黍饭之香味而非酒香。商代已有支足的豆进食，所以此锅不是进食之器而为烧煮之器。饭是不能用石煮的方法烧煮的，故必是在陶器外的间接烧食法。此字的烟气上腾，最好看作是饭刚煮熟之状。利用陶器煮食，很多以前不能食用的菜蔬也能以长时间慢慢烧烂，从而扩大了人们进食的品类。

商 甲骨文	周 金文	秦 小篆	汉 隶书	现代 楷书
				者 蔬菜等在锅中烧煮之意。
				香 谷物在容器中蒸煮而香味溢出之意。

蒸　煮

到了7000多年前，可能又增加了蒸煮这种方法，这是可以从器物测知的。那时有像是甑一类的有孔眼陶器（开封文管1981：284），是一个可以放谷物的大口盆，盆底有许多小孔。其下层的容器为盛水之处，水沸腾成蒸气，透过上层盆底的孔眼以炊蒸米粒成饭。甲骨与金文尚不见今日使用的"蒸"字，大概那时使用的字和现在的不同。甲骨文尚有不少与烹饪有关的字尚未被辨识，也许其中有表示蒸煮的烧食方法。用蒸气炊煮成的饭，颗粒不黏，味甘适口。但蒸煮的方法比较费事费时，且颗粒不能饱吸水分，要使用较多量的谷子才能填饱肚子，故早期时使用不多。商代渐多双层的甗，要到东周时代蒸煮才成重要的烧饭法。把谷物磨粉的方法更费时耗谷，那是从处理易碎的小麦得来的方法。小麦在中国发展很晚，而石磨也要有钢铁以后才容易制作。战国晚期的《周礼·笾人》有"糗饵粉餈"，首次提到磨粉所做的食品。那时也才见石磨出土，大概要到汉代才普遍有把米、麦等磨成粉末以作糕饼等食品（张光直，食物：81—82）。

其他煮食法

中国人从很早开始就喜爱美食。商代的祭祀中，供奉食物是重要的卜问内容。可惜我们对于其所奉献食物的具体烹饪法不太了解。除了以上所举的蒸、煮、炙之外，我们还知道当时也发展出了不经火烧煮的干腌（许进雄，怀特：74）。干腌的方法能提供不同的味道及保存生产过剩的食物。起码到东周时代，又增加了煎、炮、醢、酱等做法。但中国菜最具特色的快速爆炒，则要等到铁釜的使用才有可能。中国发展高温熔化铁汁以铸器物要比西洋早15,000年以上，至少公元前6世纪就有了。生铁釜的实物见于公元前5世纪（长沙车站1978：46），生铁质脆，相信那时的人铸造铁锅，就是着眼于其传热快，可以快速煮熟食物而保持其香脆鲜美的味道和外观。战国时代的《楚王酓忎盘》铭"室铸少盘，以共岁尝"（金文总集：3683），即可能是炒盘。中国著名的烹饪术，基本上就在那时候齐全了，不必像某些人所估计的，要到北魏时候才有热炒的方法。

灶

"民以食为天"，人们日常的行事，尤其是古时候，没有比吃更重要、更花时间的。烧煮食物的炉灶也就成为家家不可缺少的设施，与人们的生活关系最为密切，所以有每年阴历十二月廿三日家家送灶神上天的习俗。从《论语·八佾》"王孙贾问曰：与其媚于奥，宁媚于灶，何谓也？"知其习俗起码可上溯春秋时代。虽然我们送灶君是希望他向上帝说好话，不报告我们日常生活上的小错失，但如果灶君不合作，让饭烧不好，相信生活一定很难受。

广义的灶是指烧煮食物的任何架构与地点。当人们越来越依重用火来烧煮食物时，烧食可以说就成了主妇日常的最重要工作。以火烧食一定会留下炭屑与灰烬，与其到处都是灰烬，不如只让一个地方弄脏。而且古时生火不易，莫若有个地方保持火种，随时可以引火，故灶台很可能就是人们于建了家居后的最先构筑。只要在某一个地点停留的时间稍为长些，就会有固定的烧饭地点。起码从几十万年前的北京猿人开始，起居的地点都有固定的烧火的灶。当人们从山洞移居平地而构筑住家时，如休息的地方外尚有空间，便会加工，好好地架构一处灶台以方便煮食，并使灰烬集中在一小片地方而不扩散。因此灶的大小也约略是1米圆径。

早期的房子是地下穴式的，主要作用是睡觉，然后是吃饭。由于人们习惯在隐蔽的地点睡觉，炉灶就自然构筑在进门的地点。一来从经验得知如此比较容易生火，因为通风，易得氧气的助燃。二来也可以防止野兽的窜入。但是把炉灶构筑在进门口的地方，对进出多少会带来不便。所以当家居的构筑技术越来越进步，房子离地面越来越近而面积也增大时，灶的地点就被移后而近房子的中央。一旦房子完全建筑在地面，泥土墙不怕火烤，又为通风排气的方便，烧灶就被移到角落，春秋时代以来灶的构筑地点大致就被固定在角落了。

初期的灶，因构筑的便利，几乎都是圆形的，只有少数作矩形。在稍低或稍高于地面的一定范围构筑灶，使表面坚硬，或用石块堆砌，以便设立脚架和放置锅盆就可以了。但是火在空旷的地点燃烧，热量容易流失，浪费薪柴。人们从修建窑烧造陶器的经验得知，火在窑洞里燃烧，不但可节省薪柴，也可以增高温度，故陶器从露天烧造改进为使用窑，从有长火道而改良为火道直接在窑体之下。最理想的灶台也应该依此原理建造，5000多年前在甘肃秦安大地湾的房子就有这种形式的灶。其中一例，在房子中央偏后之处有两个圆形的灶洞，大的圆径85厘米，小的35厘米，两洞底部相通，深达60厘米（图9.4）。其构造与陶窑相同，只是没有中间的土窜而已。大的洞太大，容纳一个人还有余，不是用以架设锅盆的，应该就是烧柴的地点。而且洞内的墙角还有个放陶罐的洞，是存放火种用的。小的洞才是放锅子用的。也许如此烧饭时就要上下攀爬，很不方便。而且屋中有个大深洞，也有掉落进去的危险。所以此类的灶还不实用，例子少。这种原理的灶膛若竖建在地上就很理想，故汉代以后大大流行，几乎成为唯一的方式。

中国华北气候比较干燥，房子是半地下穴式或在地面建筑的，可以在地面上烧食。但华南地区颇为潮湿，新石器时代人们以干栏建筑适应之，于地面架构木的台子，然后在台上架设房屋以隔绝潮气。这种构架的房子，烧饭当然可以一如华北地区，在木架台（干栏）之下的任何地点设永久性的炉灶。但是如果下雨而不便在地面烧饭，比较方便在木架台上烧饭时，就得烧造可以移动的炉灶。浙江余姚河姆渡6000年前的遗址出土一件陶灶，长55厘米，高25厘米，壁上有三个突出，围成37厘米的圆径，正是一般锅子的尺寸（图9.5）。它的前端还有个斜坡可放薪柴，并保持灰烬之用（河姆渡考古1980：4—5）。这种陶灶不很重，可移来移去，华南应该有很多人使用。同时代的华北也使用这一类型的陶灶，如河南濮阳一仰韶早期的遗址出土一陶灶，与后世的灶同式，在灶膛上设有三个可架锅盆的突出（濮阳考古1989：1060—1061）（图9.5）。

西周以后房子的规模扩大，有许多分间，各有固定的用途，大概也开始有厨房，可能对于灶台的构筑也有所改良。火的另一用途是取暖，相信是火被利用后立刻就有的经验。灶址是固定不能移动的，但把炭火放在陶盆内就可以达到在没有火膛的地方取暖的目的。即将介绍的"召"字就是以酒温于盆中取意。时人应该也懂得以之装火取暖，也可以在其上架锅煮食，使其具有灶的功能。甲骨文的"炉"字是个有支架的炼炉形（ ），有的还装有鼓风囊，也可以用来烧饭。不过，从各方面看，还不到普遍使用炉灶的阶段。

　　灶需要用耐火且能保温的材料制作，以土为最适宜，而且也省费用。但是春秋以前，瓦的使用不多，想是烧造费昂贵。春秋时不但有暖炉，而且有炕床。《吕氏春秋·分职》有"公衣狐裘，坐熊席，陬隅有灶，是以不寒"，《左传·襄公二十一年》有"阙地下，冰而床焉"，可知烧火通过管道以取暖，或装冰块取凉，也是常见的装置。只要在管道上开孔洞，就可以容纳锅盆烧食而成为灶。把它建得高些，就是后世固定的竖灶了。尤其是此种通火的管道也名为灶，说明两者一体。大型灶的高度可以让烧菜的人立着（图9.7），要较旧式的蹲踞或跪着使用舒服得多，而且只起一处火就可以同时架多个锅盆而烧多道的菜肴，节省时间。所以一旦财力不匮乏，人们就会选择使用它。但湖北枝江一个属于大溪文化的近6000年前的遗址中，发现有一个各有灶门的四联立灶，和一个只有一个灶门的三联灶（李文杰1988：94）。不知为何，在那样早的遗址就有如此精良设计的竖灶，却要等到汉代才普遍被人们采用。一旦灶的体积大，容受的柴火多，就要有引导烟气的孔道，否则容易失火而造成灾害。一件战国铜鉴上有厨房烧食的纹饰，其屋顶就有曲折的排烟管。很多明器的竖灶也把这一要点表现出来（图9.6）。金文的灶（竈）字作穴下有一只昆虫之状（ ），应是以蟑螂常在烧食的灶台附近出没来表意，这表现古人已有蟑螂出现的困扰。

　　汉代流行大型立体灶的事实大致可以从两个现象看出。一是有支脚的鼎形烧食器的消失，或只具形式的短脚，鼎下没有可燃烧柴薪的空间。以前的灶因为只是一处烧火的地方，没有什么特别的构筑，烧煮食物就得要用有支脚的容器。一旦改变了用陶窑式的竖灶，烧火在灶腔的体内，烧食就只用没有支脚的锅子了。二是各类随葬炉灶模型明器大量出现，还有地面上大面积烧土痕迹的消失。

饮食之乐

《礼记·内则》记载很多食物的具体做法，其品类较之宋玉《招魂》、景差《大招》两篇文章为招呼魂魄回来所列举的种种烹饪美味还多，只羹汤一项就有二十几种花样。但《招魂》《大招》所列应是较难品尝到的美味，以下分别引用其译文。

"稻米、粢稷、穤麦，杂糅着黄粱煮成的饭。豆豉、咸盐、酸醋、椒姜、饴蜜等众味兼发并行。肥牛的筋肉，煮得熟烂而且芳香；调酸醋和苦汁，陈列出吴国道地的羹汤。煮的鳖，炙的羊，又有甘蔗的汁浆。酸的鹄，少汁的凫，还有煎的鸿雁和鸧鹤。露栖的土鸡，炖煮的蠵龟，味道芳烈而且不败。粔籹、蜜饵，又有干饴。瑶白色的酒浆，蜜制的甜酒，斟满了羽觞。压去酒滓的清酒渗入冰喝，醇酒的味道是既清凉又舒爽。"

"五谷盈仓，还有雕胡米和高粱。鼎镬中煮得熟烂的食物堆积团团，而都调和得美味芬芳。肥大的糜鸹、鸽子、黄鹄，还调味着豺肉的羹汤。新鲜的大龟，甜美的土鸡，调和着楚地的奶酪，猪肉剁成的酱，带点苦味的香肉，配上一些切得细碎的苴莼。吴醋调味的蒿蒌，不会觉得汁多，也不会觉得乏味。火炙的糜鸹，蒸熟的野鸭，还陈列着鹌鹑炖煮的羹汤。油煎的鲫鱼，麻雀的肉羹，一道道急促地送到你的前方。四重精酿的醇酒，全都蒸熟，它绝不会噎住你的咽喉，清香的冷饮，会使你喝得不肯罢休。吴国的醴酒、白米的酒曲、再加上楚国的沥酒。"（傅锡壬，楚辞：167—177）

酒

　　饮料有时比食物还重要，故最简陋的饭也要包括一壶水。酒是取代淡而无味的水的一种重要饮料。它是很多民族很早就晓得酿造的饮料，作为待客、敬神的重要食品。甲骨文的"酒"字，作一个大腹细口，适合长途运输的酒樽形，并有酒滴已脱逸出来之状（）。古代中国的酒以谷物酿成，大半因遗忘了的饭在水中发酵而发现的。酒不能取代食物以充饥，一定是在有相当农业生产，即有多余粮食的先决条件之下才发展的。如果生产的谷物无法充分提供果腹的要求，人们是不会大量把维生的谷酿酒以供享乐的。因此一个社会有大量饮酒的习惯，就表示有充分粮食生产的事实。

商　甲骨文	周　金文	秦　小篆	汉　隶书	现代　楷书
				酒 窄口酒尊及溅出来的三滴酒形。

　　我们有兴趣知道中国是什么时候开始酿酒的。这是一个很难从实物得到直接证明的问题。因为酒会蒸发，如果不装在密封的容器，根本无法保存几千年之久，因此只能间接从古人使用的酒器来加以推论。盛水的容器虽也可以用来盛酒，但毕竟二者的性质不同，造形应有些差异。6000年前仰韶文化的主要陶器是盆、钵、罐、瓮、瓶、釜、甑等的大口容器（西安半坡：209—210）。没有防止酒的醇味逸失的设计，可以说都是些水器和食器。但是到了龙山文化的晚期，约在公元前1800年，就产生了不少新形式，如尊、罍、盉、鬶、高脚杯等与后世酒器同形的陶器。其中有些作小口大腹，应是为了保持酒味不容易蒸发的设计（方扬1964：97；张子高，化学史：20）。

仰韶文化常见一种窄口尖底瓶（如左图），由于一般认为龙山时代才开始酿酒，所以推论其作用是汲水。但是古代从欧洲运到北非的葡萄酒，盛装的容器竟然和仰韶文化西王村类型的尖底陶器非常类似，其轮廓和"酒"字的酒瓶形象也一模一样。窄口是为防止液体外泄，细长的身体是为便利人们或家畜背负，尖底则是为了便利手的持拿与倾倒。为此便利，尖底有时作成长柄状，有如甲骨文"稻"字装米的罐子中底下有长柄的一形（🍶🍶🍶）。稻米是华南的产品，整株带穗运到华北将增加费用，故只取其颗粒而装在罐中。大概以牲畜载运，一如欧洲的葡萄酒，故采用瘦高的罐子，底下长柄则是为了持拿倾倒的方便。可以联想到这类尖底陶器在庙底沟以后的文化遗址中不见或很少见，可能与水井的开凿有关。在较早的年代，水要从远地的河流运搬回家，故附加两个圆钮以便系绳背负。后来有了牛马家畜，可以由之背负而不必用钮来穿绳了，一如游牧民族的辽、金时代，制有装运酒的超过半米高、方便以马负载的细长身陶罐。往后人们在住家的附近凿井，就不用从远地运水，故也不再需要这种造形的器物了。

有人据新石器时代彩陶壶或罐的口沿有蜥蜴的花纹或泥塑的现象，认为酒的醇香气味易招引蚊蝇，蜥蜴擅长捕捉这些昆虫，施之以作为驱除蚊蝇的巫术，故将此类花纹作为酿酒的证据之一（李仰松1993：537）。这样的说法有点过于玄妙，不宜相信。

汉代的《说文解字》对"酒"的解释为："古者仪狄作酒醪，禹尝之而美，遂疏仪狄，杜康作秫酒。"醪是带滓的，秫酒是滤过的。夏禹的时代与龙山文化晚期相近，所以这种说法相当反映实际的情况。或以为在6000年前，甚至是旧石器时代，人们会因浸泡于水中的水果自然发酵成酒而领悟其制法（袁翰青，化学史：78）。我们虽然不能排除自然发酵成酒的可能性，但它毕竟不是有意的酿造，而且以水果酿酒应是后来从西方学来的，先秦文献都没有提及果酒，甚至也不重视吃水果，它与中国传统以谷物酿酒的方式有别。故不宜把中国酿酒的时间推前太早。

到了商代，中国的酿造业应已有相当发展，在藁城台西遗址中发现八公斤半的酵母（藁城：176）。其时专门为酒而造的器具种类之多和坟墓随葬重视酒器的习惯，与西周以来重视食器的作风大异其趣（郭宝钧，铜器群：33，62；林巴奈夫1981：70—90）。据研究，酒器中的觚和爵是早商时代表示墓葬级别的礼器（商周考古：91）。商人酿酒业发达的最具体表现，应是几篇西周文献所提到的商人沉溺于群聚饮酒的恶习，如《尚书》中的《酒诰》《无逸》《微子》以及《诗经·荡》。周初铜器《大盂鼎》铭有"惟殷边侯田雩殷正百辟，率肆于酒，古（故）丧师巳（祀）"（郭沫若，金文：34），明白说出殷人普遍酗酒以致丧亡。《尚书·酒诰》周公告诫新封国的康叔，要严厉禁酒以免步商人酗酒而致亡国的后尘，对于群聚饮酒的人要给予严厉的处罚，不必怜悯。当时连放置酒壶的几案也叫"禁"，提醒人们不要饮酒过量（任常中1987：127）。

酒是很重要的祭祀和待客的食品。《礼记·祭统》："夫祭有三重焉，献之属莫重于祼，声莫重于升歌，舞莫重于武宿夜，此周道也。"虽然酒喝得过量令人精神失常，做出超越礼仪的行为，以至于主政者要严禁群饮。但适量饮酒可以增进食欲，使精神舒畅，故是礼仪所不可缺少的东西。《仪礼》一书所记载的东周时代士以上阶级的各种礼仪，每一样都伴有饮酒的节目。甲骨文的"召"字，作两手拿着酒杯及勺子于温酒器之上，温酒器之上有时还放一个酒樽之形（．．．．．．），显然表示从大酒樽挹取酒液，注入酒杯以待客的意思。由此可见酒在宴会中的重要性。后来该字省略繁杂的部分，只保留一个酒杯和一把勺子（．），之后则增加一"手"，表明招待、招徕等欢迎的态度（图9.13）。

商 甲骨文	周 金文	秦 小篆	汉 隶书	现代 楷书
				召 作温酒盆上有个酒壶，一手持杯，一手拿勺，把酒招待客人之意。

　　商人那么喜欢饮酒，难怪他们有盛酒、温酒、饮酒等专用器具。商人也对酿造的酒做精制的处理。中国的酒一向以谷物酿造，酒精的含量低。汉代的成酒率颇高，一斗粗米可以酿成三斗三的酒（余华青1980：103），商代肯定不会更高明。酿酒一定含有酒滓，要滤去滓才能得到较为精醇的清酒。甲骨文的"茜"字，作双手拿着一束茅草在酒樽之旁（ ），表示滤酒的意思。甲骨文的"曹"字应是"糟"的本字，作一个酒槽一类的容器上有两束茅草之状（ ），表现把酒糟过滤下来的作业。这是大规模的过滤酒作业。后来为区别各意义，才分别成为"糟""槽""曹"等字，一指过滤酒后留下来的东西，一指接受酒的长容器，一指管理过滤酒的机构。《说文》"槽"的籀文就作两束茅草或袋子在一个酒坛子上之状，证实"曹"字是有关过滤酒的作业。从商人耽迷于饮酒的情况推测，当时一定有大规模的专门酿酒坊。《左传》记载鲁僖公四年时管仲伐楚，数说楚国的罪状，就有"尔贡苞茅不入，王祭不供，无以缩酒"，由此可见过滤的酒是比较名贵而不是人人能常饮用的。好的酒不但要过滤，还要加特别的香料。鬯是种和以香草酿成的酒，是祭神的重要供献物品。"鬯"的甲骨文字形作某种花草的花朵形（ ），大概是某种商代常见的香料植物。后世酿鬯用椒、柏、桂、兰、菊等植物的花或叶（余华青1980：103）。既然商人晓得用香料增加酒的味道，一定也会将其应用于食物的烹饪以及醢、酱、醋等的制作。

中国古代社会

商 甲骨文	周 金文	秦 小篆	汉 隶书	现代 楷书
醴醾醾醻醾醸醾		酋	酋	酋 双手持一束茅草以过滤樽中的酒。
曹曹 曹曹曹曹		曹	曹	曹 两袋在长槽上过滤酒之状。
(甲骨文字形)	(金文字形)	鬯	鬯	鬯 可能象酿酒之香料形。

酒的医疗效果

酒在古代也是医疗的重要药物，人们了解酒是麻醉、消毒、加速药力及激励心情的药剂，较少注意到古人已认识酒的另一作用。《礼记》的《曲礼上》《檀弓上》等多篇，都记载曾子说守丧而有疾病时，就要食肉饮酒以保持健康。在守丧的期间必须不乐而哀戚，是中国一项很重要的社会规制，但病了反而要强制饮酒，这无非是为了酒中的糖分有增强体力的效果。"医（醫）"字的初形可能没有"酉"的部分，表示外科的病痛。后来了解酒的医疗效果，才加"酉"而成"医"字。中国酒的酒精含量很低，但甜度却不低，六朝时方士才因炼丹而学会用蒸馏的方法以提高酒精度。至于以水果酿酒，又是更往后的事了。

冻 饮

中国的食物讲究温热时的香味，故甲骨文的"食"字以热腾腾的食物去表达。但在夏日时，中国人也不忽略冰冻食物对于消解暑气的享受。至迟在西周时代已有贮藏冰块的地下室。《诗经·七月》咏"二之日凿冰冲冲，三之日纳于凌阴"，可以想见人们凿冰收藏的忙碌情况。一个被发掘出的春秋时代冰库，其空间可以窖藏冰块190立方米之多。如果存到夏天时冰会消释三分之二，也还有65立方米可资利用（雍城考古1978：43—45）。金文的"冰"字作两小冰块浮于水面之状（ ）。冰可冰冻东西不令腐败，也可冰冻食物及饮料。上文所引《楚辞》两篇文章，所叙述的美食中都包括冻饮一项。

商　甲骨文	周　金文	秦　小篆	汉　隶书	现代　楷书
			冰	冰 两小冰块浮于水面之状。

饮食器物

人类靠饮食维持生命，准备食物是人类很重要的日常活动，因此使用的器具自然也是一个文化很重要的内容。商代的人已注意到进食的气氛。首先看其进食器物的摆设。当时的贵族阶层对于各种器物的用途有一定的规定。商周时代使用的炊具有鬲、甗、鼎、甑、釜、灶；盛食之器有簋、簠、豆、皿、俎；盛酒之器有尊、彝、卣、壶、罍；温酒则用爵、角、斝；调酒用盉；饮酒用觚、觯；盥洗具为盘、匜、鉴、洗等（林巳奈夫1964：199—281）（图9.9）。盛食之容器又分别饭与肉类、菜肴，不许紊乱其用途，一若西洋人饮酒，有不同的酒用不同杯子饮用的习惯。以上所举器物大多数已在商代使用，周代则沿用旧制而增添几样新式而已。一般地说，这些专门的器具是贵族们为祭祀和炫耀富贵的摆设，所以才用青铜铸造。真正进食之器具主要还是以木、竹、陶等较轻便或价格便宜的材料制作。如从甲骨文的字形看，"豆"为进食的器具，但商周的豆几乎都是木或陶制，很少用青铜（石璋如1969a：78—79）。一般大众，不但所有的器具都是以木、竹，或陶制，而且恐怕也不在乎何种器具一定要使用于何种特别的用场。以下介绍一些尚保持器物形象的象形字。

　　甲骨文的"鬲"字表现有三空足的煮食器〈鬲〉。后来容器用途略有分别，演变成"鬲""甗"二字。"甗"指双层的蒸煮炊食器（甗）。"鼎"字作圆腹或方腹而有耳有足的烧煮食器形（鼎）。"簋"字作圆形而圈足的盛食器（簋），手持取饭之匕是为了显明簋的用途。"豆"字则作圆形而圈足的盛食器形（豆）。"皿"是浅腹短圈足之容器形（皿）。"俎"作放置肉块的平板形（俎）。"爵"字作有流之圆腹及有支足的酒器形，器沿并有支柱（爵）。"斝"作有支柱无流的圆腹三足温酒器形（斝）。"壶"字作有盖的圆腹装酒器形（壶）。"尊"字则作双手捧酒尊，是供祭祀用的酒器（尊）。"卣"则为置于皿上之有提手的酒器形（卣）。

商　甲骨文	周　金文	秦　小篆	汉　隶书	现代　楷书
鬲	鬲	鬲	鬲	鬲 三空足之煮食器形。

商 甲骨文	周 金文	秦 小篆	汉 隶书	现代 楷书
				鼎 圆腹或方腹而有支足之煮食器形。
				簋 圆形而圈足的盛饭器形，手持匕表明用食的用途。
				豆 有短圈足之盛食器形。
				俎宜 放置两块肉的俎形。
				皿 圆形而圈足的容器形。
				爵 有流之圆腹而有支足的酒器形。
				斝 有支柱但无流之三足温酒器形。

中国古代社会

商 甲骨文	周 金文	秦 小篆	汉 隶书	现代 楷书
			壺	壶（壺） 象有盖之酒壶形。
			尊	尊 双手捧用以祭祀的酒樽形。
			卣	卣 置于皿上而有提手的酒器形。

鼎

以上的器具中，有两种最为重要，分别介绍于下。鼎是传统烧煮菜肴的器具，是每天都少不了的用具。菜肴的种类比饭多，使用的数量和次数肯定也比煮饭的食器多，是食器中最为重要的，故礼仪演化出列鼎之制，以使用的数量表现阶级的高低。鼎的使用历时甚长，自七八千年前至周代，中原地区一直保持以鼎烧煮的习惯（廖永民1988：59—65）。故"具"就以双手持拿鼎表示（），就像裁衣首先要动刀，宴客的开始是备齐煮食的器具，以鼎为代表。

商 甲骨文	周 金文	秦 小篆	汉 隶书	现代 楷书
			具	具 双手捧家家必具备的烧食用器。

简单地说，鼎是个有支脚而可以烧食的容器。它虽也有矩形而四脚的，但一般是圆形而三脚，故甲骨文"员"字就以一圆圈及鼎表示（ 🏛🏛🏛🏛 🏛🏛 ）。如已介绍过的，鼎是发现间接烧食法之后才可能有的器物。先是架设石块于锅底，然后有特制的陶支脚，把陶支脚连接于器身就成了鼎。7800年至8200年前之间的湖南澧县彭头山的人们开始烧制支脚很短的陶鼎及18.6厘米长的陶支脚（澧县文管所1990：25）。鼎的支脚如果短，烧起食物来就不很理想。二三百年后的支脚一般就加长，容易在锅底下的支脚间填柴烧食。陶器做成圆形要比矩形的较易来得规整，少费工夫，若要放置稳定，至少需要三只脚。支脚数若太多，又不易取得平衡，也减少了容柴的空间，故无例外都做成三只脚的形式。到了使用金属铸造时，才有一些为求有变化而铸成矩形的，也顺应其形状和平衡要求而铸四支脚。

商 甲骨文	周 金文	秦 小篆	汉 隶书	现代 楷书
🏛🏛🏛🏛 🏛🏛🏛🏛	🏛🏛🏛🏛 🏛🏛🏛🏛	🏛	🏛	员（員） 鼎以圆形为多，表达圆的形状。

鼎本身就是个烧灶。它可以移来移去，不受限于某一固定的地点。远古时代，住家只是夜间休息所，面积窄小，难于把火膛设在屋里，煮食都在户外。遇到雨天时，能移动、能搬进屋子的鼎，比之固定于户外的火膛，其方便处显而易见。故很快其原理就应用于各种不同的烧、蒸、温东西的容器，而有了各种不同造型的三足器，被后世的人赋予不同的名称。甚至有些不是烧食的弧底容器，为了增加稳定性，也加上支脚。龙山文化晚期人们大概发现烧煮米粒时不必时时搅拌，受热的面积越大就越省时和省薪火，于是设计成空足的形式，即容纳米粒的主体是三个袋形的支脚而成为鬲。但如需以匕勺不时搅动菜肴时，

中国古代社会

空足处的食物就难照顾到，故以煮羹汤为主要目的的鼎，就只好保持实足的形式。

鼎的大小相差悬殊。商代铜铸的鼎中，曾见大至高133厘米、长110厘米、宽78厘米而重875公斤的，但小的才几厘米高、重十几克。当然如此小的是非实用性的明器。一般的都有二十到四十几厘米高，口沿的圆径为十几到二十几厘米，而腹深十几厘米，几公斤重，可以容纳几公升的食物。当鼎器改良到以铜铸时，由于重量比陶制的重得多，器表也滚烫，不便空手提起，不能不想应付的办法。于是人们在其口沿上加了一双对称有孔洞的立耳，以便以竹、木的棍子穿过抬起。陶制的鼎较轻，能轻易捧起，不必有提耳。如果要求新奇，也要捏制提耳时，因陶器质料较脆弱，不便放在口沿上，就安置在两旁。有些较轻的铜鼎也采用此种型式。

中国古代的鼎还有政治上的作用。传说夏禹因治水有功，继舜之后为王。诸侯贡献青铜而铸成九个大鼎，以象征当时所管辖的九州领域。这九个大鼎就成为国家的象征，改朝换代时亦由新领袖保管。后来它们由夏朝被传到商而至周朝，《左传·宣公三年》记载楚庄王有意要取代周王而成为天下共主，就向王室官员王孙满问该宝鼎的轻重，以显示其国力足以取代。显然此传说为当时人所熟知。甚至到了汉代，时人又编造出秦始皇在泗水打捞这批传国宝鼎，结果有龙出现，咬断拉曳的绳子，使打捞到的鼎再度失去，以应秦国为时不久的谶。

秦始皇在泗水打捞鼎的故事大概是因汉代的人已不使用鼎形器烧食物，对古代的鼎有点神秘感而创出的故事，所以《史记·孝武本纪》记载汉武帝有元鼎的年号以庆祝发掘到古代铜鼎的祥瑞。其实铜鼎是古代很常见的器物，单算有铭文的铜鼎，著录的就已超过一千多件了（孙稚雏，金文：13—78）。鼎形器之所以在汉代消失，如前所述，完全是由于立体灶的架设使得支脚的结构成为多余，故又恢复八千年前的锅子的形状，但仍保留的名称。《礼记·内则》所言炮煮猪豕之法，要将盛豕的小鼎放在大的镬中用文火炖煮。此处所谓的鼎，较可能是无支脚的锅子，或是只具形式的短支脚。故台湾的方言承其习惯，称无支脚的煮食铁镬为鼎。

爵

爵是某种特定形式的酒器的名称。在古文献里，它也被使用为一般行礼时酒器的通称，并且可用以表达标示高贵身份的爵位。"爵"的甲骨文字形虽有多样，但主要都在表现此种容器的几个特征：有流，流上有柱，空腹，腹旁有耳或把手，腹下有支脚。虽然我们尚未发现商代的铜器有自铭为爵的，但从字形本身看来，它无疑就是指称商代常见的、被我们称为"爵"的酒器。商爵的形状非常奇特而不自然，为中国所独有，不见于其他的文化。它在诸种古代行礼所用的容器中，占有特殊而崇高的地位，可见其形状一定有某些特别的意义。

器物的成形，一般会受其所制作的材料或特定使用目的的影响。爵的形状非常不规整，虽然新石器时代已见有流的陶器，爵应该不会是模仿用转轮成形的日常陶器形。换句话说，它之所以被广泛使用，比较可能是基于某种要先塑造模型的特别需要。爵的成形与铸造，要较瓿或尊等规整的圆筒形酒器困难得多。瓿或尊的外范只用三块就可以成形，没有柱的爵就已需要用八九块，有柱的还得再多加两片范。从铸造技术的层次看，爵是种复杂的器形，要求的技巧高，应是容器中较迟发展的器形。但是根据目前地下发掘的材料，爵几乎就是在能铸造立体的容器之后马上就被铸造的东西。

爵的造型作为酒器，有不少特征并没有实用上的需要。它被铸成有长尾的样子，显然是为了与其长流取得平衡，不易倾倒。但是倒出酒的流，亦无必要造得那么宽长，甚至是可以不要的，如瓿、觯等饮器都没有流。爵流上的两个立柱，好像也没有实用上的必要，但却会增加很多铸造上的麻烦和费用。流上立柱是在有了爵之后，就立刻出现的形式。难说那只是装饰，而没有使用或铸造上的要求。它很可能是当时人基于某种信仰，特意铸造出这种不见于其他文化的异常形状。"爵"字的另一意义是雀鸟。虽可解释为起于同音上的假借，但爵酒器的形象，确实像极了许慎《说文解字》所解释的象雀鸟之形。商朝有其始祖因吞玄鸟之卵而生的传说，鸟图腾是东方氏族的共同信仰，商也是发源于东方的氏族，它们之间应该有某些关联。

爵的腹下有三个高支脚，出土时不少爵的腹部下有烟炱痕，由此可以推知爵是个温酒器。而酒是商人祭祀最重要的品物，商人喜欢饮酒，随葬可以没有食器，但不能没有酒器。商代出有青铜器的墓葬，爵与觚经常相伴出土。大概是以爵温酒后再倾倒入觚中饮用。很可能铜爵烧烤后太烫热，不便用手把它从火上移开。因此铸成流上有两立柱，以便用布提起。后来立柱被铸成下平的半圆锥形，或是为了方便用竹箸夹持。不过，商爵铸有立柱的真正原因，恐怕永远是个难解的谜题了。（作者现在认为爵口沿上的立柱是为了卡住滤酒的香茅，不使滑落。）

酒爵的容量，汉代的注释说可容一升，即不到今日的五分之一升，我们可以理解那只是举整数而言。从发掘及传世品来看，商代的酒爵都很小，容量有限，小的恐怕还装不了100毫升，大的也不过是200毫升。另一种商代的温酒器，三足有柱而无流的斝，一般容量都较爵大得多，有的竟达七八升，很容易用勺子从腹中挹出酒来。商代的酒，酒精度很低，爵所装的酒量只够喝一两口而已，不足用于宴席中宾主尽欢，或日常舒畅心情的多量饮酒。它不但不足以大量的温酒，而且铜材易于传热，不便入口，甚至两立柱也妨害倾倒入口，不便作为酒杯使用。因此爵比较可能是为了礼仪的需要，只过滤与温热少量的香酒，以之倾倒入他人的酒杯，作为向人敬酒的方式。如要尽情地饮酒，就得使用觚或他种容器了。

"爵"字在商代已使用为以爵位加于人的意义。大概以爵向人敬酒要具有一定的身份。加人以爵位时，大概也要以酒爵赐饮。爵是作为贵族必备的器具，故在商代的墓葬，稍为丰盛者都有铜爵或陶爵随葬。因此爵较之其他的铜器具有特殊的地位。如《左传·庄公二十一年》记载："郑伯之享王也，王以后之鬈鉴予之。虢公请器，王予之爵。郑伯由是始恶于王。"显然鉴（镜子）在社会意义上的价值要较爵为差，故郑伯觉得颜面有损，心生怨恨，后来加以报复。

大概是铸造技术的原因，郑州二里头先商和早商时期的铜爵都是平底的，后来才出现弧底。到了商代中期已是弧底多于平底的，晚期就不见平底的了。为了礼仪的需要，墓葬还有不少是陶或铅制的仿制品。

西周时候为了纠正商代耽迷于酒的风气，墓葬渐重食器。但酒为祭祀和礼仪所不可少的，故西周早期也出了不少铜爵，但以后就几乎不再铸造了。然而先秦的文献也常提到以爵饮酒，如《诗经·宾之初筵》"酌彼康爵，以奏尔时"。某西周遗址曾发现有一个自铭为爵但考古学者称之为"瓒"的有长把的圆筒形铜器，由此可知西周中期以后，不再铸造商人名之为爵的酒器，但是它的名称已被移用至其他形状的行礼用酒器了。

西周礼仪用具的形状大都承继商代，虽然贵族受商文化的影响也使用铜爵，但使用不多，持续不久。而先周文化也不见民间使用陶爵，不像广见于商人的墓葬（杜金鹏1990：529）。也许传说的周始祖为履大人之迹所生，没有鸟的信仰，不必把酒器铸成礼仪或信仰所需的复杂形状，故改用形体合理而易于制作的筒形杯子。并不是周代的铜爵改为木雕，以致腐朽于地下，不见出土了。倒是战国时楚墓有凤鸟形漆杯的酒器出土，不知与商代的信仰有关系否？宋代以来慕古之风兴起，加以古代的铜器屡有出土，文人雅士方能使工匠依之以各种材料制作，以为摆设、观赏、或礼仪行用。

觥、匜

商代有种有流而如舟船形的容器，
器口一端有斜伸的宽流，另一端为圈孔
的把手，容器本体的剖面为椭圆形，下
有圈足。别有为直錾或无錾，足作方形
或支脚。此种器物都带有动物头形的盖
子（如右图），其铭文从来没有说明自
身是何种器名。学者初以其器形与自名
为匜的非常相近，故亦名之为匜。可
能因其铭文自称为"尊彝"，认为是祭祀时的盛酒器，不会是盥洗器，而《诗
经·卷耳》有"我姑酌彼兕觥"之句，故现在学界就通称之为觥。

从形制看，觥有宽流，没有疑问是为倾倒液态东西而设，但可能是水而非
一般所认为的酒。甲骨文有一个字，作一个有錾的曲形容器倾倒液体进入另一
个盘皿之状（ 𝄞 ），此器或以双手操作（ 𝄟 ）。从字形看，明显就是"觥"的
写生。铜觥经常重七八公斤，不用双手就难以操作，也符合字形作双手的必要。
商代不以盘与皿饮酒，故倾倒进的应该是水。

商代酒器种类繁多，有流的爵与盉数量已非常多，而盘却没有与之相配使
用的水器。中国在汉代以前，用手进食，并不以筷子，故吃饭之前最好先洗手。
《仪礼·公食大夫礼》在安排宴客的器具时，"小臣具盘匜，在东堂下"，也要陈
设盥洗的匜与盘。《礼记·内则》更叙述其操作为"进盥，少者奉盘，长者奉
水，请沃盥，盥卒授巾"。年轻人双手捧着盘，年长的人双手持匜倒水，请客人
洗手，然后又奉上手巾擦干。这是最诚恳的待客之道。

出土文物也有盘与匜成套放置的。匜的铭文也有"为姜乘盘匜"的句子。
显然盘与匜配套使用由来已久。商代晚期铜盘的数量不少，不应没有与之配套

的沃水之器。除了没有盖子，匜与觥器形相同。没有盖子并不影响倒水的动作，有盖子反而是个累赘，很可能这就是后来匜都不配盖子的主要原因。

或以为觥也使用于祭祀的场面，故不会是盥洗之器。这个理由恐怕不牢靠。鬼神是人所创造的，反映人间的价值和习惯。人既然用手吃饭，饭前要洗手，鬼神应该也不例外。台湾民间供奉某些女性的神，如床头娘娘、七夕娘娘等，除一般的食品外，还要陈放毛巾、水盆以及胭脂等。可见盥洗之具也非绝不能出现于敬神的场合。战国以后贵族沃盥的礼节渐不行，汉代又流行使用筷子，故配套使用的匜与盘就都消失了。

饮食礼节

讲究饮食气氛之次为进食地点的选择、进食的次序、器物的排列、进食的礼仪和歌舞的助乐等等。宴会时有傲气、不愉气、失位、失坐、失态等等种种失礼的行为（张光直，食物：38—39）。贵族进食而跪坐于席位的情景表现于以下几字。甲骨文的"卿"字，作两个贵族相对跪坐以进食之状（𩫖𩫖𩫖𩫖𩫖𩫖），表明主人与客人相对面坐的正规礼仪。此字有两个引申义，一是相向、面向的"向（嚮）"字，一是宴飨客人的"飨（饗）"字。甲骨文的"即"字，作一人跪坐于食物之前，或靠近食物即将进食之状（𩛰𩛰𩛰𩛰𩛰𩛰）。"既"字则作一人已经进食完毕，转头以示不再进食，可撤去食物的意思（𩛰𩛰𩛰𩛰𩛰𩛰）。故此字用以表示已完成的时态。在古代，站立或蹲坐以进食被认为不雅观，是贵族所不为的。若饮酒，则视场所而不妨立饮。跪坐的姿势要端正。主客、长幼的座位方向也有一定的规矩，不能随意。座席也要安放在适当的位置。故《论语·乡党》孔子有"席不正不坐"之语。

商 甲骨文	周 金文	秦 小篆	汉 隶书	现代 楷书
				卿 卿士相对跪坐以进食之状。
				即 一人跪坐食物之前，即将进食之意。
				既 已进食完毕，转头表示可撤去食物之意。

　　豆是中国古代盛食用的器具名，基本造型是有高圈足的深腹圆盘。它是为了配合跪坐的习俗而设计的。豆在中国新石器的时代，是比较东方系的器物，起码可以追溯到4000年前，以陶制为主，应该还有很多用竹、木等材料制成的，都腐化不见了。商代开始有以铜铸的豆，但是数量不多。

　　豆起先无盖，到了战国，高级的铜豆就普遍有盖子。铜豆的盖子可倒置而另成一件容器，钮就成为足。圈足的底部是平的，有些则为透空。有的豆还在近口沿处设两个环耳，以便提拿。

　　豆之为进食之器，文献有征，《诗经·宾之初筵》有"宾之初筵，左右秩秩。笾豆有楚，肴核维旅。酒既和旨，饮酒孔偕"，其意思是：宾客开始就席，左右揖拜很有秩序；笾豆很鲜明，菜肴很丰盛；酒温和而甘醇，饮的人都很尽兴。这当中食器只提及豆。战国铜器上的饮宴图纹中，人也以豆进食。豆都配有盖子，可能其主要的功用不在于保持食物的温热，而是与当时的饮食礼仪有关。先秦文献谈及宴会时有傲气、不愉气、失位、失坐、失态等等种种失礼的行为，用食时的仪态也一定会讲究的。甲骨文的"次"字作一跪坐的人张口而有东西溅出口外之状（图图图）。《论语·乡党》有"食不语"之句。想来次字表现吃饭时说话，以致唾沫或饭屑喷出口外，不是可嘉许的行为，故有次等的意义。《礼记·曲礼上》提到毋放饭（打算入口的饭不要放回食器）、毋咤食（咀嚼时不要发出声响）、毋啮骨（不要啃骨头）、毋反鱼肉（吃过的鱼肉不要放回去）、毋投与狗骨（不要把骨头投给狗啃）、毋固获（不要专吃某样东西）、毋扬饭（不要挑起饭粒以散热气）、毋刺齿（进食时不要剔牙齿）、毋絮羹（不要自行调和羹的味道）等等很多饮食礼仪的守则。要做到毋放饭、毋反鱼肉、毋投与狗骨，就要有容器暂时置放吃剩的渣余。豆的盖子设计如容器的形式，很可能就是为了放置渣余用的。商代的卿士虽然讲求对坐进食的礼节，铜豆也不见有盖子，想来还没有讲究到这样的地步。

商 甲骨文	周 金文	秦 小篆	汉 隶书	现代 楷书
图图图	图图图图	图图	次	次 说话或用食时，口喷出残余物为不良的行为。

筷 子

饮食的习惯取决于地理的环境、生产的技术、人口的压力，以及文明发展的进度，这同时也是辨别一个文化的好标尺。用筷子把食物送进口里是现今中国文化圈（包括日本与越南）所特有的习惯。用筷子取食自然比用手较卫生，故也是讲究饮食礼节之一环。

　　　　　　　　　　　　　　　　　　中国古代社会

筷子只是两段细长可夹物的东西，可用金、银、玉、石、角、牙、木、竹等材料制作。但绝大多数筷子是以易腐朽的竹、木做的，难于凭借地下发掘的材料解答其何时开始出现。考古发掘最早的例子，是晚商时代安阳侯家庄1005号墓的三双铜箸，长度约在25到30厘米之间（高去寻1958：687）。另一为春秋晚期至战国初期的铜方箸，残长20.3厘米（安徽博物馆1980：22）。如以之作为取饭的筷子，它太长，又太重，不方便使用。筷子还可以夹取他物，不一定用以进食。就算筷子发现于食器群中，也不能肯定说以之送饭入口，因为它可能用来自汤羹中夹出肉类和蔬菜。

使用筷子的目的不外两个。一是防止手指取食物时被脏污，一是防止被热汤烫伤。以筷子夹物的技术应起源甚早。前面介绍的石煮法就需要用竹筷夹起烧烫的石卵。筷子的使用可能还在烧造陶器之前。中国烧陶器的历史起码有15,000年，因此以竹箸夹物的技术应也可能有万年以上了。使用器具进食是文明有相当发展，讲究饮食气氛以后的事。人们肯定最先用手拿取食物，到了相当晚的时候才会觉得有必要利用器具以保持手指的干净。不知从什么时候起，人们也利用竹筷以夹持羹汤中的蔬菜、鱼肉。在古时，菜蔬除了生吃外，大都在水中煮熟。菜在热汤中，只能用器具取出，否则就要等到不热时才能捞取。一旦到了重视食物味道及饮食气氛的时代，冷却的食物味道较差，而让手伸进热汤中取食，以致到处湿漉漉的，也未免不清洁及不雅观，肯定会使用筷子或匙匕。古代匙匕有些有多个小孔洞，就是用以滤干菜蔬、鱼肉，不使多带汤汁而设计的。《礼记·曲礼》说"羹之有菜者用梜"。顾名思义，"梜"是木制而可夹物的器具，即今之筷子。筷子古名为"箸"。"箸"从竹，表明制作的材料。"者"是"煮"字的初文，表现以锅烧煮蔬菜、鱼肉诸种食物之意。从取名可见箸是专为菜羹之食而准备的，初不以之送饭入口。

先秦文献好几处，如《韩非子》中的《喻老》《说林》以及《淮南子·说山》，提到商纣奢侈用象牙筷的传说，以为是亡国之征。《史记·龟策列传》还具体说商纣使用"犀玉之器，象箸而羹"，反映汉代的人仍认为筷子主要使用于羹汤，不是用来吃饭的。尤其是《礼记·曲礼》言"饭黍毋以箸""共饭不泽手，毋抟饭"，明白指出吃饭用手指，不用筷子。因为小米饭颗粒小，不会黏结，如果以筷子夹之，不但不容易，而且会散落满地，不高雅。又，手如果不干净或带有汤汁时，取饭就会脏污其他饭粒，使共同吃饭的人心生不快。从这些话语，知战国晚期或甚至是汉初的时候，吃饭尚用手指，不以筷子。

筷子从羹汤中夹出菜的功能可以匕匕代之，而匕匕挹取汤的功能则为筷子所不能，故陈设餐具时，常有匕匕而无箸。如《仪礼·士昏礼》"举鼎入，陈于阼阶南，西面北上，匕俎从设"。不过到了以筷子吃饭的时代，因喝汤时可用嘴就碗吸食而不需匕匙，一如现今的日本人，故常不设匕匙。

《史记·留侯世家》的一段话，似乎表示西汉建立之前尚不以筷子送饭入口："汉王方食，曰：'子房前，客有为我计桡楚权者。'……张良对曰：'臣请藉前箸为大王筹之。'……"张良说"前箸"，明白指出箸放在几案之前而不是拿在刘邦手中。刘邦如果手中拿着筷子吃饭，张良不太会从他手中借来比画。在当时筷子比较可能用于夹菜蔬而放在几案上，张良顺手拿来比画，可不妨害刘邦吃饭。汉代以来，韩国受中国文化的影响很深。现在韩国人以筷子夹菜，但以匙送饭，反映了较古的传统，即不以筷子吃饭。如山东嘉祥武梁祠的邢渠哺父图，邢渠以筷子喂饲父亲，而表现朝鲜人习惯的乐浪彩箧，邢渠却用汤匙（图9.10）。

推测中国人何时开始用筷子送饭，恐怕要从餐具入手。中国人古时主要居住区域是华北，以小米为主粮，用蒸煮的方法处理。小米颗粒小而又松散不团结，很难用筷子夹取而不遗落满地。只有捧碗就口，用筷子扫进口里，才会吃得干净利落。但若要用单手捧饭碗就口，容器就得做得轻而小。商周以前的时代，食器都做得颇重而大，难于单手捧着。盛饭的铜簋、铜簠自不用说，就是容量较小、有浅盘的豆，也以装大块的肉为主。故《考工记·梓人》有"食一豆肉，饮一豆（斗之误）酒，中人之食也"。而且豆有高足，显然也不是为捧在手中而设计的。到了西汉初期，大量出现没有支脚的，或矮圈足的平底小圆碗。显然是配合以筷子吃饭的新风气而设计的新形式。山东临沂金雀山一座战国末至西汉初的墓葬，在漆盘之旁边发现几十根长22厘米的漆箸（临沂博物馆1989：45）（图9.10—11）。我们大概可以肯定那时是以筷子用饭了。从以上推论，得知中国人以筷子吃饭的习惯，最可能起于战国末期而盛行于西汉初年以后。

既然用手取食，就要有盥手之器。故盛水以净手的器具是宴席所不可缺的。甲骨文的"盥"字，作一手在水盆中盥洗之状（ ）。古代人人佩巾以为擦手之用。但宴席中一向有专人服侍，其职多由女性负责。大概因此手巾就成为妇女的象征。古时生产若为女婴，就在门上挂巾加以宣布（见第十三章介绍）。

商 甲骨文	周 金文	秦 小篆	汉 隶书	现代 楷书
				盥 手在水盆中盥洗之状。

进食的次序

进食的次序，依《仪礼》所叙述的公食大夫礼、乡饮酒礼、乡射礼、大射礼、燕礼，在正式的餐会中，大抵先进酒以增进食欲，再上鱼肉菜蔬以品味，最后上饭食以饱腹。饭后或上果物，或再以酒叙欢（张光直，食物：69—70）。人们进食的次第既是如此，供献鬼神想也不例外。食时常以音乐、赋诗助兴（图9.12）。由于跪坐进食，不能随意走动，所以要有人服侍之。上菜时，服侍的人从烧食之器把食物移到升进之器，再附以匕、匙等进食之器陈列于筵席上。

依例进食者只吃放到面前矮几上的东西。《礼记·曲礼上》言："凡进食之礼，左肴右胾。食居人之左，羹居人之右。脍炙处外，醢酱处内，葱渫处末，酒浆处右。以脯修置者，左朐右末。"商代虽未必有如此严谨的饮食礼仪，必有类似者。

到了西周时代，兴起一种似鼎、有盖、有流，尺寸不大的容器，或因它像有流的匜而称为匜鼎，或有流鼎。有人以为它们不是实用器，可能是尚欠周详的思考。这一类的器有些错或鎏金银，制作非常精美。其用途可通过形制加以推论。早期的铜鼎无盖、无流，因为鼎的主要功能是烧煮饭菜，煮菜需不时地搅拌，而且煮熟后就把里头的菜肴移到另一个器物以便陈列及食用，因此不必有盖。后来，大概鼎还兼为盛食器，为了保温，就配有盖子。但是此类匜鼎的容量太小，应该不是为烧饭菜而作。流的设计无疑是为流出液体而设。那么，它的功能大致是盛装酱料一类的食品了，与汉代的染炉属于同类的用具。染炉约如今日的酒精炉，下半为可加炭的小炉，上架设一个有长柄似勺的小容器。染的意思是沾染，因为古代有些菜肴在烧煮的时候是不加任何作料的，这种没有味道的食品，像白切肉，最好是蘸酱食用。如果肉是冷的，更需要蘸温热的酱。孔子在《论语·乡党篇》说"不得其酱不食"。各种不同味道的酱醋是很重要的佐食调味品，讲究美食的人是不会忽略其制作的。盛酱醋不能没有容器，这件匜鼎的三支脚很短，或许也不是为了添加薪柴而设，很可能只为让器物安定，如今日餐桌常见的装酱油、辣油、酢醋等的小罐罐、小瓶瓶。

越富裕的社会对于饮食的讲求越注重，着重的地方也越来越细腻。初时只要有食物就万幸了，当食物的来源不虞匮乏时，就开始讲求材料的种类与质量，跟着就进一步讲求烹饪的技巧。至于器具，最先使用的较可能是烧煮器皿，接着发展用食的器具。进一步又会讲究用食的气氛，不但食物与用具都是最好的，环境幽雅，进食时也要心情轻松，有歌舞来助兴。我们看到商代饮食的器皿多样，各有用途，显然已对用食有所讲究，但比起战国时代，实在还差得远。战国时代不但很多器具使用鎏金的装饰增加明亮度，用食之器为了保温兼卫生也加了盖子，以乐舞助兴的规模扩大而普及，就连葱蒜酱醋也成为必要的摆设了。

宴客排场

在一个阶级分明的社会，阶级的色彩一定表现在每一个可见的场合，食物也不例外。如以《仪礼》记载的公食大夫礼作例子，一个诸侯宴请他国的下大夫吃饭，就要摆出六豆（昌本、醓醢、韭菹、麋臡、菁菹、鹿臡）、六簋（三黍、三稷）、四铏（二牛、羊、豕）、七俎（牛、羊、豕、鱼、腊、肠胃、肤）、二簠（稻、粱）、二镫（大羹、醓酱），二醴（酒、浆）、一觯及加馔庶羞十六豆。如果是上大夫，就要摆出八豆、八簋、六铏、九俎、庶羞二十豆及酒浆等物。宴席所用食器种类和盛放的食物都有规定。虽然这些差别不一定如文献记载的那么严格，但其间的分别是一定会有的。我们虽然已无法看到那时的宴会场面，但从墓葬的情况，我们还是可以看出墓葬的规模与随葬器物多寡之间的关系。尤其是比较同一时代的墓葬，其等级的烙印更加明显（邹衡1974：1—4；商周考古：204—215）。

上节《仪礼》所言宴客的食品，看来丰盛已极。但如与西汉马王堆一号墓诸侯之妻的随葬食品比较，《仪礼》的飨宴仍大为逊色。此墓随葬的粮食袋内实物计有：稻、小麦、大麦、黍、粟、大豆、赤豆、大麻子、冬葵子、芥菜籽等谷物及菜蔬，砂梨、大枣、梅、杨梅、姜、藕等果物，兔、家犬、猪、梅花鹿、黄牛、绵羊等兽类，雁、鸳鸯、鸭、竹鸡、家鸡、雉、鹤、斑鸠、火斑鸠、鸮、喜鹊、麻雀等禽类，鲤、刺鳊、银鲷、鳜等多种鱼鲜，茅香、姜、桂、花椒、辛夷、藁本、杜衡、佩兰等香料（马王堆汉墓：35—36）。这些东西想是为了随葬的目的才收集，不是平日宴会所能齐备的，但也可以反映中国人烹饪取材的丰富。从此墓的情况可以看出，《仪礼》对于宴客食物的记载并不夸张。贵族阶级所享用的食物显然是非常丰富的。

用餐次数

吃东西是生物维持生存的一个最基本条件，所以寻找食物一直是人们最重要的活动。但是一个社会的饮食习惯，颇受其所处的地理环境、所拥有的生产技术，以及所达到的文明程度等等因素的限制，不是完全可以依人们的主观意愿决定的。

农业未建立前，人们以采集捕猎为生。然而野兽的繁殖、植物的生长，都有一定的地域与季节，不能终年适时地满足人们的需要。尤其是狩猎，并不能保证有所擒获。可以想见那时的人们，捕得猎物时就大吃一顿，运气不佳时，多日不能够饱餐也是常事。因此那时的社会，一天要吃几餐都由不得自己决定，更不用谈定时吃饭及吃些什么东西了。

而且自然界的资源有限，越来越多的人口迫使人们改变生活的方式，不是单向地消费自然的资源，而是发展畜牧、农耕，利用资源再造资源。虽然农业是比较可以预期成果的生产方式，而谷物也可以保存相当长久的时间，以应不时之需。但是根据研究，就是到了人们全年维持定居的生活、农业发展的程度不错时，还是有相当分量的食物必须取自野生植物和野兽。如果人们能够完全依自己的意志去决定一天吃几餐，就表示人们能控制食物的供应，社会已进展到相当进步的程度，不必费心地到处寻找食物。如果能定时进食，更表示社会的规制已颇强化，人们的生活已有一定的规律。

人们有没有定时用餐的习惯，颇难从出土的器物去推断，而有待发现文献的记载。一个从事采集或初级农业的社会，只要略知季节就可以了。但一个组织严密的社会，就会重视节候对于工作效率的影响，而需要有更精细而明确的表示时间的措施。我们可以从此种时间的划分，测知用餐的情形。

从商代到汉代，中国已有根据太阳在天空的位置来表示白天某特定时间的习惯。对于一日时间的分段，有商一代递有改变，白天的几个定点为旦、大采、大食、中日（或日中）、昃、小食、暮（或小采、昏），晚上有夕及夙（陈梦家1965：117—128）。白天的分段，每段约两小时。从白天插入吃饭的时间而晚上没有，可推知他们平时只用两餐饭。早上的"大食"约在七到九时，下午的"小食"约在三到五时之间。从命名可以看出早上的饭量多而丰富，下午的饭量少而简单。

商代用餐的习惯反映了农业社会的生活方式。农业生产是商代人主要的维生方式。去除野草、浇水等一类农作是一清早就得从事的。它颇为耗费体力，需要好好吃饭以补充一早耗去的精力。至于下午的饭，因为不久太阳就要西下，天地昏暗，无法再去田地工作，不如早睡早起，故不必吃得多。这种早饭吃得多的习惯，是习见的农业社会现象。譬如，韩国人现在虽也一日吃三餐，但不久前还保存早餐最丰盛的习俗，故常见在早上请客吃饭。

《史记·殷本纪》说商纣"县肉为林，使男女倮，相逐其间，为长夜之饮"，好像有吃晚饭的样子。这应该是个别的事件，不是商代普遍的现象。商纣也因此而蒙上荒淫无道的恶名。商代的人没有吃晚饭的习惯也可以从另一个现象看出。如果一个社会普遍有夜间的活动，就应当有室内照明的专用器具。从考古的发掘可知，专用的灯具始自战国时代。商代虽肯定已使用燃油照明，但只限少数贵族在有限的时机临时借用他种器物为之而已。所以，人们一般并没有夜间活动的习惯。

春秋时代晚期以来，随着铁犁牛耕的广泛使用，尤其是战国时代铁器的大量使用，生产力大大提高，整个社会的面貌起了很大的变化。人们的生活内容渐渐丰富起来，开始有许多人从事非生产性的工作，富裕人家还经常有夜间的娱乐活动。而且，在一旁服侍的人员也不能不跟着滞留很晚。这时，便有必要增加一餐以补充体力的消耗。战国时代专用灯具的大量出现，也许可以看作人们已经常吃三餐饭的反映。但最确实的证据，还得靠时间分段的名称去判断。

战国时秦国民间使用的《日书》采用十六时制，在昏与夜暮之间有"暮食"之时刻（何双全1989：30）。而西汉初年的时间分段，早上的已改叫"早食"，午后的餐叫"晡时"或"下晡"。而晚上约十时叫"暮食"或"夜食"（陈梦家1965：117—128）。不但明显已用三餐，而且从新的名称也暗示早上的饭可能不是最丰盛的了。以上从一天时间分段的名称变化，以及专用灯具出现的时代推测，中国人吃三餐饭的习惯应该建立于战国时代。

人们既然睡得迟晚，早上自然起得晚，早上工作的时间减短，饭量也相对会减少。当吃三餐的人数增多后，甚至用餐的时间也慢慢起了相应的变化，与农民的生活习惯大有不同。不过，唐代的一个银盒的题榜作"辰时食时、申时晡时"（张达宏1984：30），由此可知一般人早餐与午餐还是相隔八小时。早饭如果不吃得多，就不能支持那么久。可知要到很晚的时代，或甚至进入工商的社会，人们才能普遍改变早饭量最大的习惯。大概晚上没有干活的人只吃两餐。在不少社会，只有某些人群如老弱、病患、幼儿才吃三餐，一般人只吃两餐。三餐大概最适合定居的生活，也符合营养学的观点，西方在7世纪时才普遍采取三餐的形式（Tulyeja，习俗：88）。

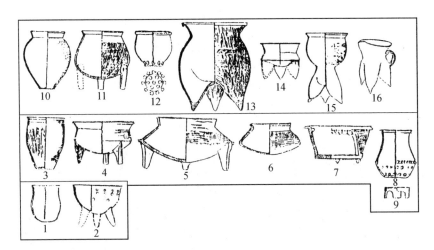

图9.1 河南地区新石器时代的炊食器。1—2，裴李岗文化；3—9，仰韶文化；10—16，龙山文化（赵清1988：56）

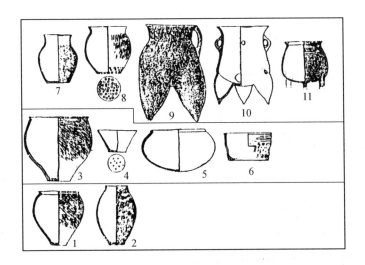

图9.2 陕西地区新石器时代的炊食器。1—2，老官台文化；3—6，仰韶文化；7—11，客省庄二期（赵清1988：57）

第九章 食 物

271

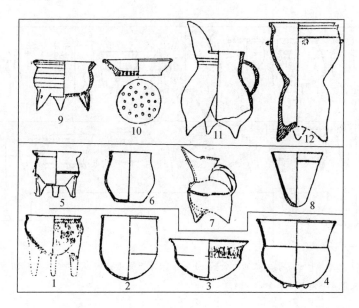

图9.3 山东地区新石器时代的炊食器。1—4, 北辛文化; 5—8, 大汶口文化; 9—12, 龙山文化 (赵清1988: 56)

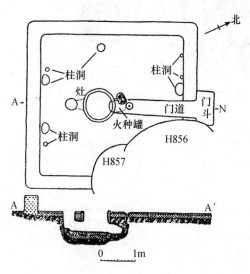

图9.4 甘肃秦安大地湾5000年前有窑式灶的房址, 为商代以前罕见形式 (甘肃博物馆1983: 2)

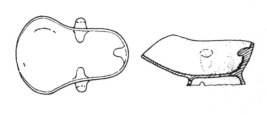

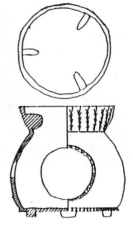

图9.5 6000多年前新石器时代可移动的灶。上，
浙江河姆渡（河姆渡考古1980：41）；右，仰韶
早期（濮阳考古1989：1061）

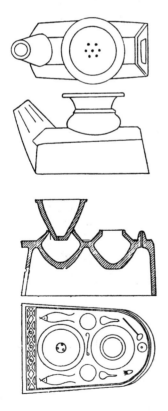

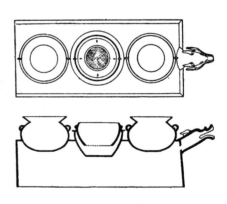

图9.6 汉代炉灶的明器模型（山东博物馆
1975：366；咸阳博物馆1982：234；壮族
考古1972：26）

图9.7 东汉画像石上的庖厨图，使用大型竖灶烧食（四川文管1956：43）

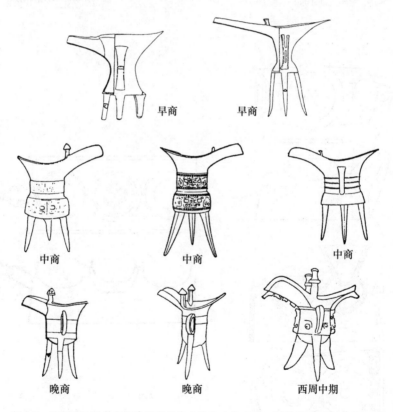

早商　　　　早商

中商　　　　中商　　　　中商

晚商　　　　晚商　　　　西周中期

图9.8 早商至西周中期铜爵形制的大致演变（郭宝钧，铜器群：142）

　　　　　　　　　　　　　　　　　　　中国古代社会

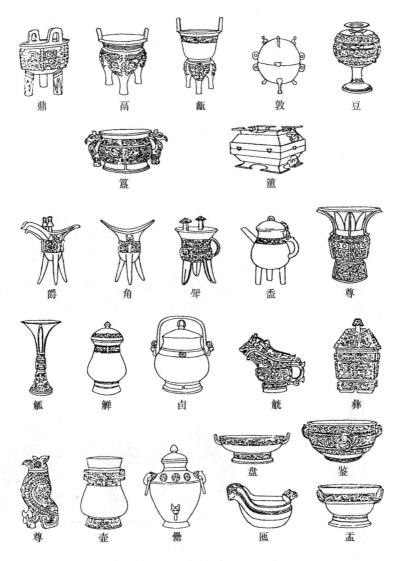

鼎　　　鬲　　　甗　　　敦　　　豆

簋　　　　　簠

爵　　　角　　　斝　　　盉　　　尊

觚　　　觶　　　卣　　　觥　　　彝

尊　　　壶　　　罍　　　匜　　　盂

盘　　　　　鉴

图9.9　商周主要的青铜容器形（张光直，商文明：25）

图9.10 东汉时代以邢渠哺父为题材的图像。左，山东嘉祥武梁祠，邢渠举筷夹食以
喂饲父亲（王振铎1964：9）；右，朝鲜平壤乐浪彩箧，邢渠以匙喂饲父亲（彩箧塚：
图版43）

图9.12 战国铜杯上的宴乐图纹（沈从文，服饰：46）

图9.13 春秋时代铜壶上的食案与酒器图纹（林巳奈夫1972：
147）

图9.11 湖北云梦的西汉墓葬
出土的竹筒及竹筷，长24厘米
（湖北博物馆1981：5）

中国古代社会

图9.14　山东诸城出土东汉晚期画像石的庖厨图摹本。所调理主要为肉食，且屠宰牛，非公侯之贵恐不能有此情景（任日新1981：19）

第十章

衣　服

衣服的采用

定居的生活是文明能较快发展的一个重要因素。经营定居的生活，不但需要房子，也需要合适的衣服。从极度寒冷到极度燠热的环境，人们都有办法生存下去。一般地说，除非气候条件极端，只要食物和水的来源不缺，人类能在地球的任何一个地区生活。不像其他动物，多少都要受气候和地形的限制，分布在某特定的地区。人是杂食的动物，取食的范围广，觅食的方法也多，故能居住于不同的地理环境。尤其是人们晓得利用动物的皮毛或植物的纤维以缝制衣服，还会利用材料建造住所，以适应不同季节的气候变化。12,000年前出现的石核就有可能钻针眼，穿针引线以缝制兽皮衣物（Pearson，人类学：105）。30,000年前已确实知道用麻线或皮革穿针引线以缝制衣物（Pearson，人类学：285）。中国最早发现骨针是在18,000年前的山顶洞人遗址（贾兰坡1978：91），说明起码从那时起，中国人就晓得缝制衣物了。

人类在非常早期一定也有稠密的毛发，以适应风寒的气候。但到了懂得穿衣物之后，毛发的作用渐减而退化，人就越来越依赖衣物的保护了。人类最初缝制衣服的目的可能因地区而有不同。有些地区可能是为避免性器在工作时受到自然界邪恶之气的危害，或受到荆棘、昆虫、雨露的伤害（Pearson，人类学：285，321）。某些地方则可能起于以动物皮毛伪装捕猎，甚至希望得到所服用动物所具有的特殊能力。但真正的普遍穿用衣服要起于防御风寒之后。在酷热的地区，衣服甚至是种累赘，但几乎所有的早期社会，不管穿得如何少或具有象征性，都会要求成员穿用某些装饰品或衣物。这大概是基于后来才发展的爱美、遮羞或分别阶级等文明观念了（Hoebel，人类学：326）。有时为了达到这些目的，就装饰得过分夸张，以致非常不方便行动（Pearson，人类学：286），甚至危害身体的健康。

始创衣制

甲骨文"衣"字，作有交领的衣服上半部的形状（𠆢 𠆢 𠆢 𠆢 𠇌 𠆢）。根据中国的传说，衣服的创制者是黄帝（齐思和，中国史：201—217）。汉代的图画中，黄帝以前的人物常是没有穿着纺织衣物的。这绝不能看作黄帝时代以后才有以布料裁制衣服，而应当看作衣服从此成为社会规制，是天天都要穿用的，同时也表示衣饰有了阶级的表征作用。衣服加之于身，形之于外，是最能表现个人性格或身份的东西。在以采集渔猎为生的时代，没有什么私人的财富，除了年龄与性别的区分外，人人的社会地位和权利相等，没有太大的不同（Vivelo，人类学：36）。衣服就没有避寒、护身、遮羞以外的大用。但是到了农业发达的时代，社会里有少数个人积聚的财富比他人多，身份的差异自然就建立起来。这时衣服就有了新的用处，用罕见的或远地交换而来的材料，诸如动物的皮毛、骨角、爪牙、羽毛，或金银、珠宝、贝壳等，以标示和识别渐渐明显的社会地位差别。当社会的结构扩大，衣服也跟着起到政治的作用。只有具某种特别身份的人才许服用某种颜色或形式的衣服，包括与衣服配合的各种装饰物。所谓黄帝始创衣制，就是这一类的表现。黄帝以前的圣人们只创物以提高生活的水平。到了黄帝建立帝国的时候，约是4700年前，社会制度才开始创立。衣制是创制的重点，用以标示和识别渐渐明显的社会地位差别。后来儒家的丧服，用粗陋的麻衣表现对死者的哀思，无心为美，也属于这一类的社会功能。小篆的"衰"字作一件衣服的边缘线头绽散不齐的样子（衰 衰）。为表示对死者哀戚的心意，丧服不缝边缘以表示无心为美，所以"衰"的意义为丧服。又，服丧期间无心茶饭，体力自然羸弱，故引申有衰弱不强的意思。丧服是儒家表现人们孝养、思慕父母的心境，以及确定亲属关系的重要制度，是历来有关服制讨论最多的主题。

商 甲骨文	周 金文	秦 小篆	汉 隶书	现代 楷书
				衣
				作有交领的上衣形。

裁制衣服的材料

衣裘一词常用以概括所有的衣物。"裘"是裁割野兽毛皮而加以缝制的衣服，"衣"字则代表纺织衣料裁成的衣服。毛皮在远古是较易获得的衣服材料。但随着农业的建立，森林草原渐被开辟为农田，野兽也被驱逐擒杀殆尽，毛皮就成为越来越珍贵的材料了。甲骨文的"裘"字作一件毛显露于外的皮裘形（裘 裘 裘）。毛皮的价值因得到的难易程度及美丽成分而大异，自然也会演变成阶级的表征和夸耀财富的东西。《史记·孟尝君列传》记载了战国时孟尝君曾以一件狐白裘贿赂秦昭王的爱姬，以帮助他逃出秦国的故事。秦昭王的爱姬敢冒生命之险以获得狐裘，就可看出其价值及人们对其喜爱的程度。

稀罕毛皮的价格高昂，是显示美丽及权势的理想东西。但人们又怕穿着时脏污它，因此在古时就形成一种特异的习惯，即美丽的皮裘需要加以掩盖，但又要显露一角以炫耀其美丽。小篆的"表"字，作毛皮隐藏于衣内的服装状（褱 褾），与裘之显露其毛者大异其趣。毛皮裘要覆加表面的掩护才可外出，故表才有表面、表扬等意义。那时用于掩盖的外套质料和颜色，与兽皮的种类也有大致的规定，所以人们一眼就可以从外套的种类测知里面皮裘的种类。《礼记·玉藻》言"君衣狐白裘，锦衣以裼之。……君子狐青裘豹褒，玄绡衣以裼之。……羔裘豹饰，缁衣以裼之""表裘不入公门"。这些记载可看出贵族们对于衣着的爱好及等级的区分。

古代汉族的生活形式是农业定居，故以麻类纤维纺织的布帛较为易得，为一般人裁制衣物的材料，贵族们就选用蚕丝。证据显示中国早在6000多年前就晓得养蚕纺丝，东周时代蚕丝则成为市场常见货物。除了稀罕的毛皮，《史记·平准书》说汉代为了奖励农耕，抑制商人因积聚财富而提高其社会地位的趋势，还特别规定商人不得穿用丝织的衣服。

丝绢、皮毛虽是高贵的衣料，却并不是终年或各种场所都适宜的材料。炎热的夏季还是穿着麻料比较舒服。不同的麻，其纤维的粗细相差悬殊，精细的苎麻线几乎可以比得上蚕丝。"巾"字在甲骨文是一条下垂的汗巾形（巾 巾）。古人用手指取食物，吃完东西后要净手并以巾擦拭干净。汗巾可以说是最常用的纺织品，故以之作为纺织物的义符。小篆的"希"字，作一条巾上的线孔稀疏可见之状。此字演化成二字。一是稀疏不密的"稀"（稀），以"禾"为义符；一是细麻布的"绨"（絺），以"纟"为义符。丝织品虽然光滑紧密，但不通风，不是良好的内衣材料。金文的"爽"字，作一人身上穿着的衣服网目稀疏可见之状（爽 爽）。这种衣服穿起来很爽快，是理想的夏季衣服，故有轻松爽快的意义。《诗经·葛覃》言"葛之覃兮，施于中谷，唯叶莫莫，是刈是濩，为絺为绤，服之无斁"。绨是葛织的细麻布，绤虽是粗布，也是君子喜爱的夏季衣料。

商　甲骨文	周　金文	秦　小篆	汉　隶书	现代　楷书
			巾	**巾** 作一条下垂的手巾形。

衣服的种类

衣服裁剪的形式颇受生活习惯和采用材料的限制与影响。游牧的民族，为了要骑马奔驰、照顾牲畜，就得选择经得起摩擦的材料，因而选用他们易得的坚韧毛皮材料。他们也要求裁剪合身以方便行动。兽皮因其形状本不方正，大小也因兽类而异，要割成多块后再加以缝合，故随身材的曲线裁成紧束、窄短风格的衣物。至于农耕的社会，桑麻是较易取得的材料，而且工作的性质也不磨损衣服。为了省工，就尽量保持纺织出来的原来布幅，不多作曲线的裁剪以求合身，故形成宽松、修长的风格，有一定的布幅，可适合各类高矮、胖瘦的身材。

周族的人可能于克商之前的几个世代，才放弃畜牧而进入农耕的生活，还保留其传统的牧人衣制于礼服。西周时代，衣饰是赏赐臣下常见的东西。市（韨）常见与佩的零件朱黄、幽黄等一齐颁赐给臣下。金文的"市"字，作一个大幅的围裙系于衣带之状（市 市 市 市）。皮围裙的出现是基于牧人工作的需要，当人们捕捉、拥抱家畜时，需要有东西保护下身及膝盖不受到擦伤。后来虽采取农耕定居的生活，但旧传统仍在，就导入礼服，改以丝帛裁剪而成象征性的装饰了。商人老早就进入农耕的定居社会，已放弃保护膝盖的皮带而进入穿着长衣的阶段了。或以为商代妇好墓出土的一件系带蔽膝的玉雕像（妇好墓：

151）可证明韨也是商人的服饰，但那人有可能是周人或异族的形象。

商 甲骨文	周 金文	秦 小篆	汉 隶书	现代 楷书
	市市市市 市市市枲	市 轪	市	**市** 象结于腰带上的皮围裙形。

　　衣服虽然要经过刀、剪的裁割，但从汉代的衣服可以看出，人们尽量保持原来布幅的形状，不太要求合身的曲线裁剪。在剪刀发明前，以刀切割衣料成有曲线的布料总是不很方便，所以尽量不多作曲线裁剪。丧服衣领裁剪成方形而不是圆领，就是以最粗陋的粗麻材料、最简单的刀裁，表示哀戚而无心为美的心情（林巴奈夫1972：1—14）。若是用兽皮，因其形状本来就不方整，大小也因兽类而异，一定要割成许多块再加以缝合，故动刀裁割是必要的缝制步骤。甲骨文的"初"字，以"刀"及"衣"组合（䘳䘳䘳）。因为以刀切割材料是缝衣的第一个步骤，故用以表达抽象的初始的意义。大概创造此字的人着眼于原始的衣物是以刀割兽皮而成，不是后来才发展的以丝麻纺织而成的布帛。

商 甲骨文	周 金文	秦 小篆	汉 隶书	现代 楷书
䘳䘳䘳	䘳䘳䘳䘳 䘳䘳	初	初	**初** 以刀裁割布料为缝衣之始。

长　衣

　　衣裳一词常用以表达穿用的衣服。分别言之，衣是保护上半身的部分，裳是保护下半身的部分。虽然商代遗址出土有穿短裙的人像（李济1953：296，图版3），但还见不到表达裳裙的字。金文的"裔"字作一件有很长下摆的衣服形（	）。衣的下摆边缘因远离中心的上衣，故引申而有远裔、边裔等意思。商代大概以长衣为日常服装及礼服。宽松长袍对于劳动者说，并不是非常便利的，为工作之便就穿着短衣。但短衣不足以保护两腿受到风寒伤害之苦，就想出使用窄幅的布条，从胫处斜缠数层至膝盖处，有如今日之绑脚。斜幅绑脚之制在商代的石雕就已看到（图10.1）。此石雕的装束不像是下层的劳动阶级。《诗经·采菽》有"赤芾在股，邪幅在下"，很明显也是个贵族的打扮，大概是贵族们外出打猎的服装，不是日常的服装。这种绑腿后来演变成套裤或套腿，把中裆连接起来就成今日的裤子了（图10.26）。赵武灵王采用的所谓"胡服"以加强骑射方式的战斗能力，想来就是短衣加上套腿的形式，方便上下马跳跃和战斗。不过这应是军服而不是日常的服式。一般说来，连裆裤到汉代才发展起来，且不是士君子所穿用的。

商　甲骨文	周　金文	秦　小篆	汉　隶书	现代　楷书
			裔	裔 作有长下摆的交领衣服形。

周于克商后引进其传统的芾围裙，强制供职于周朝的商人以之为礼服。但一般的商遗民还是穿着比较舒服的长衣。甚至到后来，连周朝的士族也穿起宽松的长衣。所以《礼记·深衣》说它"可以为文，可以为武，可以摈相，可以治军旅，完且弗费"，是不分男女、贵贱，婚丧、喜庆都合宜的服式。战国时代为了骑射作战的便利，胡服被引入中国的社会，影响了固有的衣服形式。儒家者流为了保存固有的文化和习俗，极力强调这种长衣的效用。进入汉代之后儒

家得势，长衣成为文士的日常服装，优势一直维持到明朝。

满人入关前是游牧的民族，所以服式自然是属于狭窄紧束一类的风格。鉴于其他游牧民族被中国文化所融合，连传统服饰也消失了，故其统治中国后，为了表现统治者的尊严，虽然缝制的材料已使用丝麻，生活也是农耕定居了，仍然保持其传统的衣服式样。但是汉族过农业定居的生活已有几千年的历史，传统根深蒂固，很难接受不习惯的新形式。故形成官家采用偏重窄袖而短衣的游牧风格，但民间依然盛行宽袖长衣的定居特色。

交　领

甲骨文的"衣"字，作有交领衣服的上半部的形状（图10.1）。交领衣服的缝制比较可能源于布帛而不是毛皮。有衣领的服装是纺织业兴起后的常式，而丝麻是农业发达后最普及的材料，故"衣"字亦代表所有的衣着。从汉代衣服的实例可以看出，交领衣服的裁制，是以一窄长的布幅，由胸前经过肩膀，绕过头部而回转至腋下所成（图10.13）。形成交领的形式大半是为了防止布幅的边缘松散，乃缝边缘以牢固之，并使衣幅重叠。此条缝上去的边纯也发展成刺绣不同的花纹以表示不同的身份。衣幅重叠的交领形式不受身材肥瘦的限制，都可使衣服贴身。如果衣幅不相叠，就不能调整肥瘦的幅度。兽皮则不怕边缘会松散，故不需缝固边缘。而且皮裘厚重，价格高昂，为省费用就不便如布帛大幅度相叠，以致不必有交领形式。后来领子成为常式，皮裘也就裁成有衣领的形式。我们现在只见到新石器时代的人头塑像，还不能看出其衣服的式样，所以不知是否自黄帝创建衣制以来就已是这样的交领形式。

商代以来，华夏定居农业民族的衣服形式与边裔的游牧民族已有显著的分别，并起着强烈的种族意识。因为那是形之于外的东西，远远一眼即可辨识，较之体型、肤色，都容易辨识得多。故采用异族的服式也就成为屈服及认同的表示。春秋时代已普遍应用为政治的手段，夷狄能改行华夏服制和习惯的就以华夏视之，吸收了大量的同化者。《论语·宪问》中孔子赞美管仲驱逐夷狄而保存华夏的文化时，也强调"微管仲，吾其被发左衽矣"。很显然，从春秋时代以来，中国就习惯采用衣服右衽的形式（图10.5—14）。从可数的几个商代穿有衣服的雕像推断，商人也好像已习惯衣服右衽。

约完成于汉代的《礼记·丧大记》有言："小敛大敛，祭服不倒，皆左衽结绞不纽。"似乎有以衣服左、右衽分别死与生者衣制的习惯。但依据几座汉代墓葬中保存良好衣服的实例，并不像有死者衣服左衽的习惯（马王堆汉墓：33）。《礼记》的记载和汉代墓葬实例不一致的原因可能有两个。一是《礼记》的作者误解了孔子有关管仲的谈话。孔子的原意是中国人可能接受异族的统治，被迫改变结发穿右衽的习惯而为披发左衽，但被误解为将被杀死而以左衽的形式埋葬。另一可能是，丧服左衽是某些地区的特殊风俗（磁县文化馆1977：393—396；石家庄发掘1977：185—189）。（高崇文：《试论先秦两汉丧葬礼俗的演变》，《考古学报》2006-4：447—472。江陵马山一号楚墓，死者的衣服有五件正置，三件倒置，且均左衽。引彭浩：《江陵马山一号墓所见丧葬略述》，《文物》1982-10。楚于中原为异族。）

服　色

封建的社会，处处都要表现其阶级性，衣服既是人们整年穿着的东西，自然会想办法加以修饰以欢悦视觉、分别等级。传说黄帝始创衣制，其表现的方式不外是色彩、图案，以及佩带的装饰物。丝麻材料的颜色微黄而无文，在织机尚无法编织艳丽多彩的繁缛图案前，使衣服变成美丽的方法不外染色、涂绘和刺绣了（孙毓棠1963：168；李也贞1976：63）。商周时代虽尚未见"染"字，但布的染色可能早到公元前十七八世纪的齐家文化（黄河水库1960b：10）。商代则已有红、黄、黑、白等色的布幔（郭宝钧1955：94；安阳工作1979：41），表示那时已有染色的技术了。小篆的"染"字由"水"（𣲏）、"九"（𠂤）、"木"（𣎳）三个构件组成（�染）。解说者以为"水"与"木"表示植物之汁液，"九"为浸染的次数。浸染的次数越多，色彩就越深越鲜艳。纺织品染色的方法，最先比较可能是用矿物染剂。周代的颜料主要取自矿物，有红、赭、褐、绿、青、蓝、黄、橙等多种颜色。由"染"字的字形，可知汉代所普遍使用的染色剂已进步到不易褪色的植物色素了。如由茜草提取的茜草素，可用不同的染剂而染成绿、褐红等色，木蓝属植物提取的靛蓝可染成蓝色。植物色素一直是后代中国布帛染色的主要材料（孙毓棠1963：167；张子高，化学史：49），故颜色的字大都以与衣服、纺织有关的字为意义符号。服装的颜色，汉以前大致以朱色为最尊贵。汉以来，由于阴阳五行学说的兴盛，代表中央的黄色成为皇家的象征，东方的青色是士人的常服，南方的红色为喜庆，西方的白色为丧葬，北方的黑色为老人的服色。一般来说，一直到清代，黄及朱紫是只有少数人才能服用的颜色。

刺　绣

　　染色的技术虽能使丝帛染有缤纷的色彩，但不容易染成所希望的图样。用丝线刺绣及用颜料涂绘就可以解决此难题。古代最高尚的色彩是赤与黑。刺绣及涂绘的文字已见第八章介绍。《尚书·皋陶谟》说帝舜的时代"日，月，星辰，山，龙，华虫作会，宗彝，藻，火，粉米，黼黻，𫄨绣，以五彩彰施于五色，作服"。这些染色、涂绘或刺绣的装饰虽不一定是帝舜时代的实况，至少应是周朝人根据自己的经验以猜测千年前的现象。刺绣很费工，不是高级的统治者难于在衣服上大量刺绣。商代的雕像少见衣服全身刺绣的，大都在衣领、袖缘、衣缘、宽带等处刺绣而已（屈万里，论学：71—78）（图10.1）。商代人物雕像有一个显现全身花纹的样子，其人没有穿鞋，且作非汉族的辫发，不像是商代贵族的样子，很可能是备祭的人牲形象（图10.4）。衣缘所绣的图案以几何形为多，如甲骨文"黹"字，就是作两个己形图案相背或勾连的形状（黹 黹 黹 黹）。"黹"后来演变成"黼""黻"，以表示最常见的两种颜色图案。这些布幅是事先绣好或织好的狭窄长条，可缝边以防止布帛线绽松散且增加美观。这些已刺绣的边缘是上级赏赐下僚，以志荣庆及权威的东西，不是可随意服用的。《礼记·郊特牲》就说中衣有丹朱绣黹是中大夫的僭制。绣黹也是衣制的重要内容。

商 甲骨文	周 金文	秦 小篆	汉 隶书	现代 楷书
黹 黹 黹 黹	黹 黹 黹 黹 黹 黹 黹 黹 黹 黹 黹 黹	黹	黹	**黹** 对称的刺绣图案形。

腰　带

古时的衣服没有纽扣，要以带子束紧。金文的"带"字，作衣的腰部被带子束紧之后在下摆所形成的褶纹状（带），但也可能是表现带子及其束缚后下垂的末端形。带子不但可用来束紧衣服，也可用来携带工具及装饰对象，故引申有携带的意思。黄帝的得名可能就是因为他始创衣制时，以玉璜取代石制武器，佩带于腰际而来。商代的腰带有甚为宽大并加绣花的（图10.1—2），已是装饰重于实用的性质了。金文的"裔"字也表现出系结宽带的形象（🜚）。带子的功用很多，工作时可携带工具，打仗时可携带武器，行礼时可佩戴玉器，平日家居则佩带日常生活的小用具及拭擦脏污的佩巾。《礼记·内则》言："子事父母……左佩纷帨、刀、砺、小觿、金燧，右佩玦、捍管、遰、大觿、木燧。……妇事舅姑如事父母……左佩纷帨、刀、砺、小觿、金燧，右佩箴、管、线、纩、施縏袠、大觿、木燧。"所佩众多东西中，最实用的是巾，男女都佩带。所以金文的"佩"字，作腰带之下佩带有下垂的巾形，旁边的人形表示是佩戴在人身上。贵族常佩玉以表明高贵的身份，故"佩"常指称贵重的玉佩而不是价廉的手巾。也很可能"佩"字形之腰带下所垂的东西是玉佩，只是字形似巾而已。

商　甲骨文	周　金文	秦　小篆	汉　隶书	现代　楷书
	𢃄	帶	帶	**带** 作衣服被带子束紧所造成的褶纹状。

玉　佩

当玉器开始佩带于腰际时，其形制一定颇为简单，只选择一两件串系以佩带。颜色单调，形式也简单。后来其装饰形制就越来越复杂和讲究了。到了东周时代，成串玉片的排列组合已受到重视，不但讲求大小高低成组，而且也注意颜色的调和。玉佩组合的形式虽有多样，其基本形制可以从《大戴礼记·保傅》看出："下车以佩玉为度，上有双衡，下有双璜冲牙，玭珠以纳其间，琚瑀以杂之。"（图2.1—2）。真是珩璧相连，冲牙和鸣。玉白组玄，琚赤瑀白。不用说玉的价值，只看其五色相宜，色彩缤纷，移步铿锵，真是美丽优雅已极，只少数不从事生产劳动的贵族们才用得着这些东西。

带　钩

带钩是东周时代常见的衣饰用品。它的基本造形是由钩首、钩体和钩钮三部分组成，用以束紧衣服，或悬挂日常用品及装饰物。钩首是个钩，钩住衣带一端的环，或后来革带上的孔洞以束紧衣服。钩钮是个钩体后的突出圆钮，隐藏于带内，用于把带钩固定在革带或丝带上。钩体是带钩的主要部分，显示于外，是装饰炫美的所在，故带钩的各式各样变化就在这一部分（图10.17）。

从带钩在墓葬中被发现的情况，可以确定它基本有两个用途。一是用以束紧衣服，一是悬挂剑、弩、刀、削、钱囊、镜、印章、佩饰等物。故其既是日常用品，也是军事的装备。它的尺寸颇为悬殊，没有钩体的小至2厘米以下，长的有达46厘米的（湖北文工1966：36）。不过其一般长度在10厘米上下。钩体一向做成有弧度，以适合腹部的弯度，故束衣的功用至为明显。

几乎所有固体的材料都可以制作带钩。因它是身上很显眼的东西，可以达到夸示财富与地位的目的，所以有钱的人往往以最昂贵的金、银、玉、玻璃等材料来制作，还有加上鎏金、嵌镶金、银、绿松石、水晶、玻璃、玉等不同颜色珍物的繁多花样。家境不富裕的则大多采用铜、铁、石、骨、木、陶等材料。但目前存世最多的带钩却是青铜铸品。从出土的成千件带钩来看，可知中国最早使用带钩的时间是春秋中期，战国时最盛（王仁湘1982：75—81；又1985：276—279；高去寻1952：489），汉以后就衰微了。但根据文献，《史记·齐世家》有"而使管仲别将兵遮莒道，射中小白带钩"，小白即后来的齐桓公，处于春秋早期之末（公元前7世纪晚期），其时带钩已有使用于戎服的例子。

有些人以为带钩是因使用革带而发展起来的服饰。皮革是游牧骑马民族比较熟悉的材料，加上带钩于汉代又有犀比、犀毗、胥纰、私纰头等显然是外来译音的名称，因此有人以为它是骑马民族引进的服饰。但是几十年来的考古工作发现，带钩的传播是从三晋与关中的中原地区，逐渐向四周扩散的。而同时的游牧地区反而少发现这一类的服饰（王仁湘1985：292—293）。由此可知，它应是中国自己发展起来的东西。而且，在西周初期就已有以革带联系芾围裙的衣制，其时并没有使用带钩。可知带钩不会单纯起于革带的使用。其兴起应该别有原因。

带钩与带扣都是革带上的零件，都用以束衣。带扣很早就被用为马骑的束带，因此推测它是被转用为腰带而发展成带钩的。但是用带扣束衣要晚于带钩束衣。而且从早期带钩的形制看，似乎也不是如此发展的。春秋期的钩以小型的居多，不少是没有钩体，甚至没有钮的。显然其作用是悬挂物品而非束紧衣服。古时的束带虽可在腰际插大件的工具，但诸如刀、削一类有尖角的小件东西，就不便插于腰际，宜悬吊于衣带。很可能那就是钩的最初用途，后来才转用以束衣的。

形似带钩的玉器早在良渚文化出现，但是否用于束衣待决。它之多量出现于春秋时代，该有时间上的因素。以带钩束衣的好处是带上和卸下方便。不像丝帛的宽带要捆绕折叠，颇为费时。虽然士君子们讲究雍容的气度，不嫌费时。但这种带子不便携带量重的东西。所以万一有必要携带某种不常用而量重的东西时，便需要有种特别用途的腰带，而带钩很可能就是这样发展出来的。《左传·桓公二年》记载，"衮冕黻珽，带裳幅舄，衡紞纮綖，昭其度也。藻率鞞鞛，鞶厉游缨，昭其数也。火龙黼黻，昭其文也"，明示身上穿有丝带与革带。河北平山战国初期中山王墓出土的佩剑男子持灯形灯座，男子的宽幅腰带上也系有带钩。《春秋繁露·服制象》"剑之在左……刀之在右……钩之在前……冠之在首……。四者，人之盛饰也"，则启示我们使用带钩的契机。

春秋时携带量重而不常用的新事物最可能是剑。剑是短兵器发展起来的，初为战车乘者的护身武器。它于商代晚期开始发展，以刺杀心脏部位为目标。

早先只有二三十厘米长。随着冶金技术的发达，春秋时骑兵的应用日盛，短剑的使用越来越迫切，所以剑的长度越铸越长，经常达到50厘米，重量自然也跟着增加。同时，春秋以来诸国交锋频繁，卿士多参与军事的行动。本为格斗武器的剑，渐变为装饰的用具，成为一种身份的象征。它可能悬挂于有带钩的革带上，平时闲置于家中，一旦有需要佩挂时，才临时加到丝带上，因此才成带上有带钩的现象。《晋书·舆服志》说汉代之制自天子至于百官无不佩剑，其后惟上朝列班才带剑，所以汉代的带钩使用较多。

早期的带钩可能只是带剑的用具，还不被视为装饰的器具。故早期的带钩都短小而制作粗陋。因为它易服上、易卸下，春秋晚期普遍用之以束衣。为了显示威仪的目的，就开始制作精美而大型的带钩。束衣的带子本来都以纺织品做成。后来大半是基于上述军事上的用途，男子的带子才改以皮革制作而附以带钩，妇女则仍保持丝制。故东汉《说文解字》对"带"字的解释是："绅也。男子鞶带，妇人带丝。"大概源自骑马民族的带扣，束衣的功能更为牢固，加上晋代上朝以木剑替代铜、铁剑（晋书：771），不必时常卸下与时常带上，故西晋以后带钩就逐渐被带扣取代了（王仁湘1986：74—75）。

颈　饰

爱美是种进步的象征，起码表示人们有余闲从事觅食以外的思考了。在未穿用衣服之前，人们就晓得装饰自己的身体。最简易的方法大概是把东西串联起来，绕着颈项悬挂在胸前。起码三四万年前人们已使用颈饰（Pearson，人类学：114）。我国山顶洞人遗址发现130多个穿孔饰物，显然就是挂在胸前使用的（贾兰坡1978：91）。金文的"婴"字是个族徽，作长贝串悬挂在一人颈部之形（𣎆𣎆𣎆𣎆𣎆𣎆）。颈饰是萦绕悬挂在颈部的，故"婴"有萦绕之义。衣服发明以后，就逐渐发展腰佩的服饰，于是在颈部悬挂饰物的风气渐渐消失。商代的雕塑人像尚不见有颈饰的例子，大概那时的成人已少穿戴颈饰，只流行于少女、孩童之群，故"婴"有孩童的意义。齐家文化的项链就多出于小孩或妇女的墓葬（谢端琚1986：155）。

商　甲骨文	周　金文	秦　小篆	汉　隶书	现代　楷书
				嬰 作长贝串悬绕于颈部之意。

发　饰

头发是人类所共有，虽然各个民族的头发有稠稀、长短、曲直等不同的性质。头发生长在人身最高的地方，部位显著。除了头发本然的隔绝冷与热的功用外，还有其他种种的社会功能。佛教认为头发是烦恼之源，表现世俗的欲求之一，要剃掉以示隔绝世俗。有的宗教则要留长它，以方便被神灵抓着上天去。在中国，有一铜器上的花纹作两手各持蛇的巫师，巫师留有非常长的发辫（图10.15），或许也有类似的用意。其他如以发型表示年龄、婚姻状况，或地位等的区别，都在很多社会发生过。

按我们现在的经验，妇女比男人花更多的时间装扮头发，以增添其容貌的美丽。这似乎是因为女人比男人更爱漂亮，处理头发是基于美容的原因。但详细一想，恐怕并不是如此。在动物群中，人的头发恐怕长得最长。如果不加以修剪，大部分男女的头发都可以长过腰际。如果我们想象自己生活在已知爱美的远古时代，譬如说在10,000多年前，就会觉得很难通过装扮头发让自己漂亮些。因为松散下垂的头发无法使饰物保留在其上而不滑落下来。那时没有什么方便的利器可将头发剪短，如让它无限制地生长，就会妨害工作，所以要想办法把它弄得不碍事。因此当人们到了不只从树上摘取果子或在地下挖块根，还要追逐奔跑捕捉野兽时，就会有束紧头发的行为，使不妨碍工作的需要。

最早整理头发是基于工作的需要，这还可以从一些后世的风俗得到启发。日本在战国时代（公元1482—1558年）以前，不管身份高低，女性都顺其自然，梳长长的垂发，最多是用油脂的东西把它梳得乌黑光亮而已。后来身份低的人为了应付繁忙的生活，感到松散的长垂发多少对工作带来些不便，乃有于劳动之际才束发于脑后的风俗。这种形式渐为一般人所接受，结发变得普遍，而且又受歌舞伎装扮的影响，演变成各种各样复杂的髻（金泽康隆，结发：18—24）。所以束发最初应是为工作的需要，后来才发展为美观的目的。剧烈的工作都由男子从事，因此束发也很可能始自男性，不是女性。

要括发使成一束，需要有可以绑得住的东西。10,000多年前的山顶洞人有骨针，也能制作颈饰，自也有办法搓绳紧绑头发。这样的结发也还是难于在其上插戴饰物。要结发于头上，用箍或笄贯穿，头发才能紧密插住东西。以木、竹制作的笄难于在地下保存，所以难估计何时开始有髻发的习惯，或以为始自燧人氏，这自是猜测之辞。以不腐败材料制作的笄也存在，约8000多年前裴李岗文化遗址就发现了很多骨笄。那时阶级尚未形成，因此骨笄的使用除因方便工作外，还基于对美的追求。在不少初民的社会，领导阶级的人有插骨骼、羽毛等物以向受其统治的族人炫耀，并以之向外族显示其崇高地位的措施。可以肯定这种阶级社会的功能使它的使用更为推广。

女性发型之复杂胜过男子，应是较晚的事。起码在汉代之前，妇女以垂发或束发打结于脑后，陶俑、壁画所显示的汉代妇女大都如此打扮。而我们可以看到秦始皇的陶俑坑，士兵都于头上结各种式样繁杂的高耸发型。这种武士结髻的习惯至少可追溯到商代。甲骨文的"免"字，作一人戴有弯曲装饰的头盔状（ ），它可避免矢石的伤害。头盔作穹顶的形状是为容纳高耸的髻，与小孩的平顶帽异趣。出土的商代铜盔胄，都是穷顶的，眉以上的部分很高，显然是为覆盖发髻。西周有玉人雕像，所戴布帽的高度约与头等长，也是为容纳高耸的发髻。士兵结髻显然是为打仗的需要，和工作的目的一致。

固定头顶上的发髻，最简单的是用一支笄。甲骨文的"夫"字，作一个大人的头上插一支发笄的形状（夫 夫 夫 夫）。笄的主要作用是把头发束紧起来不使松散，附带也起装饰及分别等级的作用（李济1959：69）。故雕刻繁缛的骨笄只见于较大的墓葬。结发是成人的装扮，男人平常只用一支笄，故"夫"字意义是成年的男人。在汉代，士族成年就戴冠，而庶人则只加头巾。女子要成年当了妻子之后才梳发、插发笄，所以甲骨文的"妻"字，就作跪坐的妇女在装扮头发之状（妻 妻 妻 妻 妻）。女子更为爱美，经常穿插多支发笄。甲骨文的"每"字，其本义是丰美，作一跪坐的妇女头上穿插有多支发笄之状（每 每 每 每 每 每）。在几座商代墓葬，曾发现妇女头部遗留几十支发笄的情形（梅原末治，殷墟：85；石璋如1957：627—631；安阳工作1981：492），真是惊人的盛装。头上的装饰也可以用来表现阶级的成分。甲骨文的"姬"字，作一位盛装的女性与一把密齿的长梳子之状（姬 姬 姬 姬 姬 姬）。"姬"字的意义是贵妇，显然是以头发上穿插密齿的长梳子表意，比只插发笄的人身份更高。密齿长梳子的材料往往是贵重的象牙或美玉，也总有意在展示的繁缛图案，且比梳齿部分大很多，表明其制作的重点在于展示而非实用。商代出土的骨笄数量上万，但梳子却寥寥可数，反映出使用梳子的人身份之高。

商 甲骨文	周 金文	秦 小篆	汉 隶书	现代 楷书
夫 夫 夫 夫 夫 夫 夫 夫 夫 夫	夫 夫 夫 夫	夫	夫	夫 头上插一支发笄的成年男子。

商 甲骨文	周 金文	秦 小篆	汉 隶书	现代 楷书
				妻 用手整理发型，已婚妇女的行为。
				每 妇女头上装饰多件美丽的饰物。
				姬 表达以密齿长梳装扮的贵族女性。

大概到了商代，女子已比男子花更多的时间打扮头发。甲骨文的"敏"字，作一手在打扮一位妇女之头发状（𣄰 𣄰）。要装扮漂亮，需要巧手才能胜任，故有敏捷、聪敏的意义。头发除发笄、筒状的箍外，还可以装饰各种珠玉、贝蚌等美丽的东西。金文的"繁"字，作一妇女头上装饰有丝带及其他饰物之状（𣄰 𣄰 𣄰 𣄰 𣄰）。因为头发或头带上所缀饰物多样，故有繁多的意义。

商 甲骨文	周 金文	秦 小篆	汉 隶书	现代 楷书
				敏 作一手在打扮一位妇女之头发状。
				繁 作妇女头上装饰有发笄及丝带等多种饰物之意。

由于发型渐成为美的项目，当社会文明进展到以人格修养为最高指标时，社会中坚的男子就较少竞逐于美的外形表现，因此商代以来男子的发型可说比较无变化，女子因不戴帽而变化甚多。其原因大致是生活的富裕，使人们有余闲能够装饰，竞为美丽。随着文艺、音乐、歌舞的兴盛，人们讲究跳舞舞容的表现，以及妇女参与社交的精神解放。汉代贵妇人大都没有结发于头顶，但是战国以来娱乐他人的舞女，就经常作高耸、繁杂的发髻及饰物。魏晋南北朝的贵妇人就也受其影响，顾恺之所画的历代妇女，发型多样。出土的漆画、壁画中所绘等亦莫不如此。文献提到的发型，有朝天髻、堕马髻、八鬟髻、归云髻等数十种名称。唐代的陶俑和壁画表现的更是多样和夸张。

发型的变化，如上所说，是基于生活的环境，也有社会思潮的成分，本与政治无关。但是人是政治的动物，总会尽量把生活纳入政治的体制。头发也不例外。清代满族进关后要汉人剃发结辫子，而此种被压迫的忧虑，春秋末期的孔子就曾感慨叹息："微管仲，吾其被发左衽矣。"

帽　子

头上饰物的进一步发展是帽子。帽子可以作为装饰物，也可以用以避风寒、炎热以及保护头部免受伤害。第二章已经介绍的几种帽子象形字外，甲骨文的"冒"字，作平顶而有护耳的帽形，帽上有像老虎的竖耳装饰（𦥑𦥑𦥑𦥑𦥑）。小孩子不用结发，所以只需平顶的帽子。如是成人，因为束发高耸，帽子要作成穹隆形才能容纳结发的高度。前文介绍的"免"字就是头戴呈穹顶的头盔，后来演变为贵族的礼冕。平日家居所戴的是冠，小篆的"冠"字，作一只手（彐）将一顶帽子（冃）加于一人（儿）头上之状（冠）。那是成年男子加冠礼的镜头。男子到了二十岁的成人年龄，开始结发戴帽冠，故举行加冠于头顶的吉礼。在汉代，士族加以冠，庶人则只加巾。可知在很迟晚的时候，帽子仍然是权威的象征，不只商周时代为然。由于庶民不戴帽，暴露出乌黑的头发，故秦朝以"黔首"称庶民。在帽子的使用未普及前，只有具有较高权威者才可戴礼冠。

商　甲骨文	周　金文	秦　小篆	汉　隶书	现代　楷书
𦥑𦥑𦥑𦥑 𦥑𦥑𦥑	⊕	冃 冒 周	冒	冒 作小孩的平顶而有护耳的帽形。

鞋　子

　　鞋子是人们日常穿用的东西，一点也不觉得有什么稀奇。我们可能见过穿衣服、戴帽子而没有穿鞋子的半开化部族，却从来不曾见过穿鞋子而不穿衣服、戴帽子的社会。可见鞋子是在有帽子以后才发展的文明社会产物。在中国，戴高耸羽冠或帽盔的风气，可能是为顺应大规模的战争，为指挥战斗的需要而发展起来的。最早有羽冠的图案见于良渚文化的玉钺与玉琮，鞋子的穿用既然在帽子之后，大约就不会早于4800年前了。

　　直到很晚的时代，鞋子对很多人来说还是可有可无的东西。当初它到底因何而创造，应是一个值得探索的问题。首先想到鞋子的最初功用，可能是可以保护脚不受到伤害。但事实上人和其他的动物一样，脚本为走路而生，皮肤自会硬化，不会轻易受路上石块的损伤。人类赤脚走路已经几百万年，不会突然为此目的而兴起穿鞋的念头。

　　鞋子是衣饰之一。衣服有美化的作用，是不是穿鞋子可以看起来漂亮些呢，但是鞋子穿在脚底下，非常不显著。尤其在人群中，根本看不到鞋子的样子。半开化民族经常对身体的各部位做种种的装饰与纹饰，就是少有把注意力放到脚下的。譬如留下很多雕像和图像的中南美洲的玛雅文化，以及非洲北部的埃及，人们穿戴过分夸张的帽子、珠宝，就是不经常穿鞋子（图18.6）。四川广汉三星堆出土的商代蜀地青铜人像也戴有高帽而赤足（沈仲常1987：17）。由此可见，鞋子并没有装饰方面的大用途，不会因之而创制。鞋子似乎也可有政治上的作用，为某种地位的表征。但是鞋子所在的位置太不显著，材料也不珍贵，恐怕不会只为此需要而创造。

鞋子的另一个基本作用是保持脚的干净。很可能是为满足某种特殊场所的需要而发展起来的。这倒是适合古人的心态，而且也算是一种新的情况和要求，值得考虑。很多商代的文字和雕刻作品，都反映中国古代有跪坐的习惯。甲骨文有一字，作一人跪坐于草席之上（），证实有跪坐于席上的风气。如果穿鞋子而坐上席子，就会脏污席子，对自己和他人都会带来不便，因此有脱去鞋袜的要求。《礼记·曲礼上》："侍坐于长者，屦不上于堂。解屦不敢当阶。"上堂之前要有脱鞋的情况。

某些场所若不脱鞋袜，在当时会被认为是种大不敬的行为。如《春秋》记载哀公二十五年时："卫侯为灵台于藉圃，与诸大夫饮酒焉。褚师声子袜而登席，公怒。辞曰：'臣有疾异于人，若见之，君将嗀（吐）之，是以不敢。'公愈怒。大夫辞之，不可。褚师出，公戟其手，曰：'必断而足。'"从卫侯咬牙切齿，誓言要砍断褚师声子的脚，可见其严重的程度。恐怕在普遍穿着鞋袜的时代，赤足还是一种虔敬的表示。《隋书·礼仪志》中说："极敬之所，莫不皆跣。"故人在待罪或认罪的情况下，就要免冠跣足。

《释名·衣服》有言："履，礼也。饰足所以为礼也。复其下曰舄。舄，腊也。行礼久立，地或泥湿，故复其末下，使干腊也。"在没有发明鞋以前，人们一向习惯行走于朝露上，没有必要为了保护双脚受潮湿的侵蚀才发明鞋。因此很可能行"礼"的目的才是创造鞋子的真正原因。其演进的经过,大概可作如下的假设。

保持庙堂等庄严所在的干净是很多社会都有的习惯。现今还有庙堂是要脱了鞋子才容许进入的。很可能起先在进入庙堂之前,有洗去脚上污秽,以免侮慢神灵的习俗。甲骨文的"前"及"湔"字,都作一只脚在盘中洗涤之状()。"前"之有前进、先前等意义,可能来源于上厅堂行礼仪之前要洗脚的习惯。

商 甲骨文	周 金文	秦 小篆	汉 隶书	现代 楷书
			前	**前** 作洗足于盆中,上堂之前的动作,借为时间副词。
			舃	**舃** 作有美丽羽冠的鸟的形状。

临时洗脚恐怕有点匆促。为了方便起见,后来人们就事先以皮革包裹已洗干净了的脚,将行礼时才拿掉皮块,以保持脚的干净。为行礼的目的,避免污秽神圣的庙堂是新的情况,需要新的应变措施,才有以皮革包裹脚的动机。这块临时的皮就慢慢发展成缝制的鞋子,用不同的材料缝制。至于在鞋子上增添装饰的花样,则又是更晚以后的发展了。甲骨文的"舃"字作有美丽羽冠的鸟形状()。可能是复底鞋的前边有高出的装饰,好像舃鸟之有羽冠,故以舃名之。金文时常提到这种赏赐给高级官员以便行礼用的复底鞋。

后来人们大概觉得赤足行礼不雅,就缝制袜子,故《礼记·少仪》有"凡祭于室中堂上,无跣。燕则有之"。行礼要雅,故需要穿袜。宴会要求舒服,故脱去鞋袜。一件春秋晚期的青铜雕像大概是灯架子，作高举手持灯架之状。此人衣服布满刺绣，且带有剑，显然是高级的奴仆，却没有穿鞋而作赤足（图10.22）。西汉满城二号墓出土的长信灯，执灯的宫女也是跣足，大致表现宴会场所跣足的习惯。

从文字也可以看出其强调穿鞋者身份的创意。古人称鞋子为履或为屦。"履"字的西周字形作一人的脚上穿着一只如舟形的鞋子状（𦥑𦥑𦥑）。早期的履方头，外形颇像舟船。如简单地画个鞋形，就要与"舟"字混淆，故加人穿着的样子以显明其意义。但是此人绝不是平民的形象，它特别强调穿鞋者有眉目细节的头部形状。鞋子穿在脚下，与高高在上的头根本扯不上关系，创造文字者不嫌麻烦地把头部的特征也描画出来，一定是为了表现标示了穿鞋者是何种人的服饰，否则画个简单的人形就足够了。小篆的"履"字第一形已起了大大的讹变。第二形则是以舟、足、页组成，表示人之脚穿鞋的意思。

商 甲骨文	周 金文	秦 小篆	汉 隶书	现代 楷书
	𦥑𦥑𦥑	𦥑𦥑	履	履 有头脸的贵族穿鞋之状。

"履"字所表现的穿鞋人可能是个主持祭祀的巫师，脸上还有化妆。一如"夏"字，大概是作脸部有化装的巫者在舞蹈的样子（𦥑𦥑𦥑𦥑𦥑𦥑）。夏天经常闹干旱，需要巫师跳舞求雨，故以巫师跳舞的形象代表炎热的夏季。巫祝在古代属于贵族的行列，主持礼仪是他们的职务，最有需要踏进庙堂庄严圣地的也是他们，因此他们是最有可能首先穿用鞋子的人，其次则是有机会参与礼仪的贵族。在古代，参与特殊礼仪是士君子才有的资格，故穿用鞋子的也一定是有地位的贵族。商代两个穿有鞋子的跪坐人像，都穿着有刺绣的宽带和缝

边衣缘，显然是贵族的形象（图10.1—2）。在早期的时候，穿鞋的必是有权的贵族阶级。到汉代时，鞋则已发展成人人穿用的东西了。

铜　镜

爱美是人的天性。人们装扮时，当然希望看到自己美丽的样子。一般说来，只要是能反射的平面东西，就可以映出画面来。静止的水面便是很好的反射体。相信远古的人们到河岸汲水捕鱼时，就已经发现这种光线反射的现象可以用来映照容颜。等到陶器发明后，用水盆盛水就可就近映照容颜，不用出门到河边去了。而且其效果也比有波纹的溪流水面来得好。所以原先镜子的名称是"鉴"，字源为"监"。甲骨文的字形就作一人弯腰向盆里观看映像之状（𦥑　𦥑　𦥑）。

商　甲骨文	周　金文	秦　小篆	汉　隶书	现代　楷书
𦥑　𦥑　𦥑	𦥑𦥑𦥑𦥑 𦥑𦥑𦥑𦥑	𦥑𦥑	臨	**监（監）** 一人俯视一器皿， 观看自己之容颜。

以水盆映照容颜虽是不需花费的方法，但它的效果并不佳，而且也不能随身携带以满足不时之需。因此有较好的映像材料出现后，这种原始的方法就慢慢被淘汰了。比如表面摩擦得光亮平滑的金属平面就可以映像，所以中外都在发明熔铸金属的技术后不久，就尝试铸造镜子。例如埃及在4500年前已有金、银、青铜等材料的镜子。而据目前的考古证据，中国在4000多年前的齐家文化时也已有铜镜，其直径为9厘米，厚约0.5厘米，表面平滑，背部有图案装饰，

且有钮孔可穿绳索持拿在手中，与后世镜子的形状一样。

早期的金属中，反射效果最好的是银。但考古发掘尚不见中国商代以前有银造的器物，现今存世的也只有一两件嵌镶白银的铜器。由此可知，中国古代缺少自然银的生产。至于黄金的器物也只见少数的小件首饰。因此制镜适用的材料便只剩青铜了。但青铜在熔铸的初期是昂贵的材料，主要为关系到国家生存的"祀与戎"服务，铸造祭器与武器。镜子不是维持生存所必需的，故铸造的数量非常少。到了战国时代，冶铁兴盛，很多铜器被铁所取代，才见大量铜镜的出土。

青铜的合金成分与其呈色和性能有一定的关系。当锡的成分递增至十分之四时，其呈色就由赤铜、赤黄、橙黄、淡黄而至于灰白。白的反光效果虽最好，但锡的价格较高，而且锡若占到四成以上，则质量太脆，不便久用。故铸造铜镜时，锡的成分一般是三成左右，可使质料坚韧而呈色近于灰。但为了增加白的呈色，即光线的反射效果，在铸成之后，更用锡与水银的熔剂（即玄锡）摩擦镜面，使其光亮以增加影像的效果。《淮南子·修务》中说："明镜之始下型，曚然未见形容。及其粉以玄锡，摩以白旃，鬓眉微毫，可得而察。"可见铜镜的效用不太输于玻璃镜子。铜镜铸成后每年也要同样加工，磨拭镜子一次，否则映像就会模糊，故古时候有磨镜子的专业。

秦汉时代也有以铁铸造镜子的，但往往又以金、银嵌镶。因此它应不是为了节省材料费，而是为了铸铁的呈色较白，有较好的映像效果。不过，铸铁质料太脆，跌落时易于破碎，而且也会氧化生锈，故被淘汰。

镜子是种近距离观看的器物。镜面平，则映像与物同大。镜面凹则映像比实物大，凸镜则相反，映像要比实物形小。而铜不但价昂，也是量重的物质，所以为了使用的方便与经济起见，最好铸造得小些，即要铸成凸面，才能在较小面积内把整个脸照进去。这种球面与映像之间的关系，从文献得知战国时期的人已有所了解。但要到汉代，镜面才普遍铸成凸面，可知那时人们才普遍领

　　　　　　　　　　　　　　　　　　中国古代社会

会球面映像的原理。反观西洋，则迟至13世纪才有凸面的镜子。

镜子的大小，一般是直径十几厘米大，可以拿在手中，也可以倚靠在架上。但铜的质料量重，女士们又希望能随时顾盼整妆，故有超小型，不到3厘米而可放在钱包中的。《左传·庄公二十一年》中说："郑伯之享王也，王以后之鞶鉴予之。"鞶鉴就是这一类的小镜子，可收藏在钱包中。至于大的，有超过直径30厘米的。文献还记载洛阳的仁寿殿前有方镜高5尺，向之立写人形。大概是让上朝的官员们整装用的。

除了映照容颜，镜子还有装饰、游戏，甚至是避邪等附带的作用。除极少数外，古镜的背部大都铸有各种繁简不等的花纹，反映了时代的风尚。战国时代的花纹，与同时代的青铜礼器相似，以简化的神异禽兽、几何图形和线条为多。汉代出现源自日晷，兼可作六博棋盘的规矩纹，以及四灵、东王公、西王母、黄帝等与神道有关的形象和驱除不祥等吉祥的文句。

至迟在汉代，人们大概是认为镜子可使妖邪之物不能隐形，妖邪必要回避，因此有铜镜可避不祥的迷信。《抱朴子》说："道士以明镜九寸悬于背，老魅不敢近，若有鸟兽邪物照之，其本性皆见镜中。"后来人们又以之与八卦符号配合，悬于门前，以驱鬼魅。

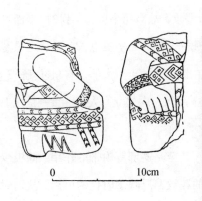
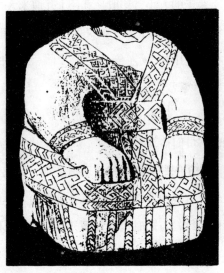

图 10.1　商代的跪坐石雕及复原图
（李济 1976：61）

图 10.2　商代的玉雕人像（安阳工作 1977：81）

中国古代社会

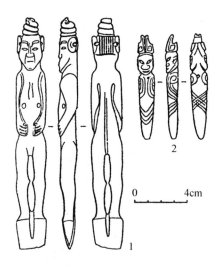

图 10.3　商代的玉雕人像
（安阳工作 1977：102）

图 10.4　商代的玉雕人像
（安阳工作 1977：81）

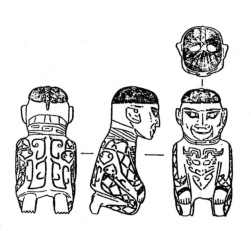

图 10.5　西周的玉雕人像
（林巳奈夫 1972：135）

图 10.6　西周的玉雕人像
（林巳奈夫 1972：134）

第十章　衣　服

图 10.7　西周的玉雕人像（林巴奈夫
1972：134）

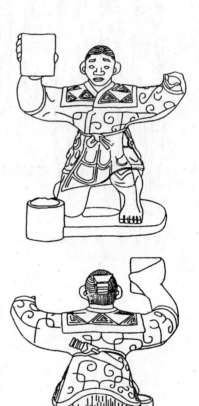

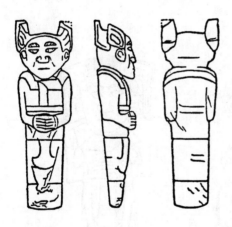

图 10.8　西周的玉雕人像（林巴奈夫
1972：134）

图 10.9　春秋时期的玉雕人像
（林巴奈夫 1972：148）

中国古代社会

图10.11　汉代劳动者之衣服（沈从文，服饰：79）

图10.10　春秋时期腰间束有腰带的陶人像（沈从文，服饰：15）

图10.12　战国及汉代于大带之上加佩剑的革带形象（孙机1985：55；又1987：560）

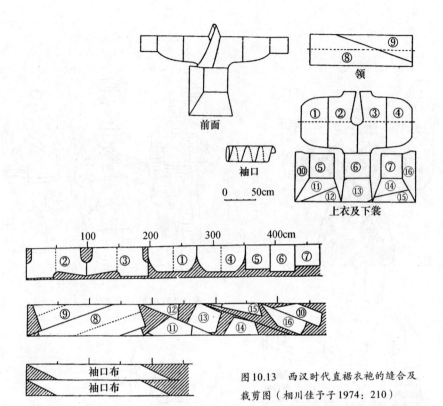

前面

领

⑧ ⑨

袖口

0 50cm

① ② ③ ④

⑩ ⑤ ⑥ ⑦ ⑯
⑪ ⑬ ⑭
⑫ ⑮

上衣及下裳

100   200   300   400cm

② ③ ① ④ ⑤ ⑥ ⑦

⑨ ⑧ ⑫ ⑬ ⑮ ⑩
⑪ ⑭ ⑯

袖口布
袖口布

图 10.13　西汉时代直裾衣袍的缝合及
裁剪图（相川佳予子 1974：210）

图 10.14　战国时代佩带钩的铜
人像（王仁湘 1982：77）

图 10.15　战国时代铜器的纹饰，巫师双
手持蛇，头结长辫，也可能为方便被神抓
上天去而结（吴荣曾 1989：89）

中国古代社会

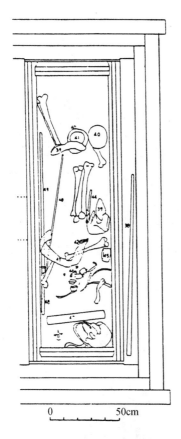

图10.16 西汉墓葬中遗留的革带、
带钩和剑（临沂博物馆1989：27）

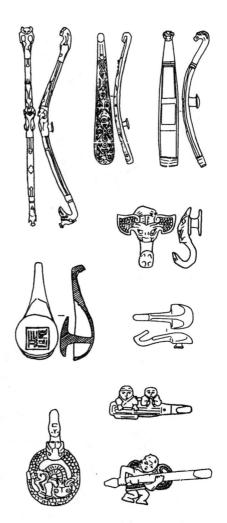

图10.17 铜带钩的一些形式（王仁湘
1985：282-288）

图 10.18 秦俑武士的发髻形
（秦俑发掘1975：16）

图 10.19 汉代有高髻的舞女俑（沈从文，
服饰：85）

图 10.20 西汉时代贵妇人的发式，无高耸繁饰的髻（沈从文，服饰：108）

中国古代社会

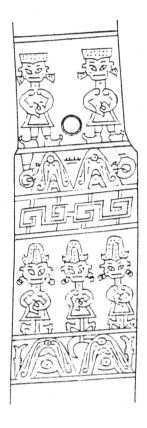

图10.22 执灯的奴隶形象，皆赤足，大半是
飨宴时掌灯的形象（孙机1987：560）

图10.21 四川广汉出土，三四千年前的
玉器花纹，巫师站立时穿鞋，坐时跣足的
形象（广汉文管1989：18）

图10.23 武氏祠东汉画像石上手执镜子照容颜的形象（长广，汉代画像：67）

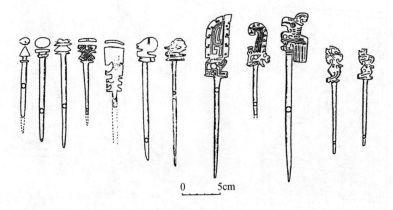

图10.24 商代的骨、牙笄（梅原末治，殷墟：85）

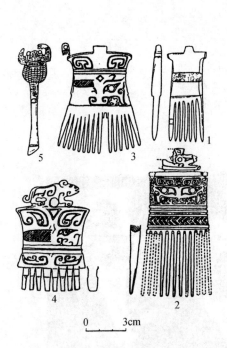

图10.25 商代的石、玉梳妆用具
（梅原末治，殷墟：84）

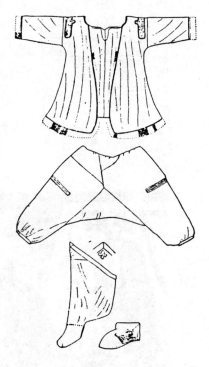

图10.26 汉代匈奴墓出土的短衣、裤、
袜及鞋（孙机1987：559）

第十一章

居　住

水　源

古人喜欢选择易于获得食物及水的地点居住。除了少数的沙漠，食物的分布比水源广阔，几乎所有的地方都可以找得到。水是动、植物生长的要素，也是人们能不能生活的最基本条件。在储水工具及设施没有发明前，远古的人肯定要选择易于取水的地点居住。

取水容易的地方当然要数河流。但河流水量与季节有密切的关系，落差有时可达二三十米。为了避免雨季水涨的灾难，古人就选择较高而可免水灾的地点栖身。故早期人们生活的痕迹，经常都位于一定的自然环境，即接近水而又地势高的自然洞穴（裴文中1958：47—49）。考古证实，远在30万年前就有人自建居所（Hoebel，人类学：163）。后来，农业慢慢发展，需要扩充耕地时，人们就得移到较低平的地方去，那就是河流两岸的高地（李绍连1980：20；安志敏1979：345）。那里也是动物前来饮水游荡之地，渔猎也较有收获，于是渐渐建立自己的房子。但由于早期的人不定居，那时人工的住所简单，容易修建与毁损，故难于地面发现其痕迹。黑龙江哈尔滨阁家岗旧石器晚期遗址发现500余件脊椎动物骨骼，密集而有规律地排列成半个椭圆形，即可能是古人临时所建的棚屋的矮墙（于汇历1988：2—4）。公元前6000年以后的遗址，就比较容易见到建筑遗迹（许顺湛1980：10）。甲骨文的"丘"字，作两岸为高起的山丘或台地，而中间为水流的洼地之状（ⱮⱮⱮⱮⱮ）（图11.1）。早期人们活动的地点常在山丘或河流。就是到了有史时期，当大部分人已迁居平地，仍有不少人居住于山丘。因此就以所居之山丘为氏族之名，《风俗通义》佚文指出很多以丘命名的古代姓氏，如吾丘、梁丘、虞丘、商丘等，但很少见有以河流取名的。

商　甲骨文	周　金文	秦　小篆	汉　隶书	现代　楷书
ⱮⱮⱮⱮ ⱮⱮⱮⱮ ⱮⱮⱮⱮ	𡉀𡉀𡉀𡉀 𡉀𡉀𡉀𡉀	𡊏 𡊏	𠀉	丘 作河川两旁之台地形。

　　人口的压力迫使一部分人要离开易于取水的地点，居住地域渐渐扩大，以至要到远离河流的地点建立村落。其演进的步骤大概如下。人们首先要有储水的东西才能离开水源。当陶器初发明时，其主要功用应该是装水。虽然自然界有其他的东西也可以装水，如竹节、瓠瓜等，但其容量究竟不如陶器的大。而且陶器可以随时烧造，不必等候一定的季节。陶器的利用使人们活动的范围渐渐扩大，人们终于发现距离河水较远而地势较低洼的地点有泉水涌出，可以提供生活必需的水。甲骨文的"泉"字，作有水自一地涌出之状（𤼽𤼽𤼽𤼽𤼽𤼽）。泉是水源所在，字形稍加变化，即金文的"原"字，表示泉水开始涌出的地点即水源（𠪳𠪳𠪳𠪳）。"原"字后来被借用以表达平原、原野等意思，也许泉源之地点有很好的阶地可供人们生活，故用以表示平坦原野而有水泉的地方。新石器遗址的类型，有沟圈泉源、一山三水、河滨台地、原边湾嘴、泉边溪旁、双流交会、河滨湾嘴、山脚沟圈、沼旁渠滨，都是取水方便的地方（石璋如1956：313，317—319），但已不是在山丘台地了。

商 甲骨文	周 金文	秦 小篆	汉 隶书	现代 楷书
			泉	泉 作水自一地涌出之状。
			原	原 泉水涌出之水源意，假借为平原。

井

涌泉的发现鼓舞人们挖井以寻找水源。井的挖掘使水长久保存于一地而不流失，提供随时的大量需要。甲骨文的"井"字，作由四木构成的四方框形（ ）。有人以为它应是井口的井栏形。但是在未使用陶筒、砖头以砌造水井之前，井是以木料围成井壁，以防止沙土崩落而掩塞井底的泉眼的。以河姆渡的井为例，乃用木料打入土中形成四排口形桩木，再将木桩里头的泥土挖出，然后又在排桩内套了个方木框以防备排桩向里头倾倒（浙江文管1978：50）。商代仍然以同样的方法构筑水井（台西发掘1974：45），周初《周易》的井卦，是以木上有水的符号表示的。表明甲骨文的"井"字是木构的井穴形，不是后来水井上常见的栏杆形。

商 甲骨文	周 金文	秦 小篆	汉 隶书	现代 楷书
		井	井	井 作由四木构成的井框架形。

《格致镜原》所录有关井发明时代的传说，涉及神农氏、黄帝和夏朝的伯益。既然5000多年前的河姆渡遗址已发现挖井，井的发明自不会是黄帝以后的事。大概是基于后世利用井水灌溉的想法，才把农业发明者神农氏与水井套上关系。井的挖掘使人们利用水的能力更广，人们可以远离河流到低洼的地区去找水源而建立村落。

古代中国人挖井已有相当先进的技术。在平地挖掘水井，要比在山腹开凿矿井容易得多。《汉书·贡禹传》提到，贡禹上书言说当时矿井的挖掘深入地中百余丈。技术上水井也可以开到如许的深度。开挖井时最顾虑的是有瓦斯毒气能致人窒息而死。公元四五世纪东晋时，已有简易的瓦斯探测法，"深井多有毒气，五月五日以鸡毛试投井中，毛直下无毒，若回四边，不可人"（格致镜原：313）。人们已注意到瓦斯较空气为轻，可让羽毛漂浮。汉代的人也已发现瓦斯可燃，并利用之以烧煮制造盐巴（张子高，化学史：276—277）。

井越挖越多，水位就会越来越低，因此要挖得更深才能取得水。《史记·河渠书》记载汉武帝时，为取水灌溉，水井有开凿至深四十余丈的。井的深度如果太深，汲水就费力，因此就想出应用机械装置以取水。甲骨文的"录（录）"字作井架上所架设之辘轳形，汲水桶还有水珠溅出之状（ 图形 ）。为使水桶易于倾倒入水，水桶就作成上下窄而中身宽大的样子。西安半坡一些汲水的瓶子也是如此设计的。辘轳之使用可能开始甚早。公元前3200年的河姆渡遗址，第二文化层发现的井上有井亭（浙江文管1978：50—51），想来是架辘轳之用，那时的人大概还不会为遮阳避雨的目的而建造井亭。汉代出土的陶井栏明器甚多，大都带有辘轳（图11.2），其外形与甲骨文的"录"字形相似。战国时代《庄子》中的《天地》《天运》篇都提到利用桔棒以汲水，更形省力。

商 甲骨文	周 金文	秦 小篆	汉 隶书	现代 楷书
图形	图形	图形	图形	录（录） 汲水的辘轳形。

随着挖井技术的进步，人们可以离开河流更远，以减轻人口密集所造成的耕地缩小、食物不充足的困难。挖掘深井不是一家人短期所能完成的，要联合几家人共同建造，由这几家人共同使用，就逐渐组成以"井"为单位的小团体，故《易经·井卦》有"改邑不改井"之语。许多井的用户又组成村邑，终于由村邑扩大成城市。甲骨文的"邑"字，作一个跪坐的人与一个有规划范围的区域（ ），表示居住于有一定范围的村邑。这个围绕的范围可能是一条壕沟或栏栅（西安半坡：49—52；半坡博物馆1980：3；浙江文管1960b：95）（图11.3），以防止野兽的闯入，甚至敌人的入侵。西安半坡就是这类村落的一个好例子。一般说，邑是一个大概不到100人居住的小村落，虽然有些村落会大些，如《说文》对"虚"字的解说为"古者九夫为井，四井为邑，四邑为丘，丘谓之虚"，但不是指有城墙的大都邑。

商　甲骨文	周　金文	秦　小篆	汉　隶书	现代　楷书
				邑 人跪坐、居息的范围，为居住区。

半坡村是个不规则的圆形村落，面积约有5平方公里。在约3万平方米的范围，就发掘了46座房基。住所的周围是一条宽度、深度各约5至6米的防御壕沟。壕沟范围之外有公共墓地及陶窑。此村估计可容五六百人居住，算是较大的聚落。同时代的临潼姜寨更有120座房址。这两处在古代都算是很大、很密集的村落了。半坡虽距河流有800米远，但因处于泉源区（西安半坡：5，9，228），取水尚称方便，没有发现挖井。到了后来，远离河道为常事，挖井就成了建立村邑的首要条件。汉代的《风俗通义》称："俗说市井者，谓至市鬻卖者，当于井上洗濯，令其物香洁及自严饰，乃到市也。……八家而九顷二十亩

共为一井……因井为市易而返，故称市井。"水井是日常活动的中心，故成为小区及商业交易的活动区。

水患，记忆的开端

从山上迁居平原而要与水奋斗的过程是艰辛而历时久长的。商人建国的过程就是一个好例子。商人栖息的地域是黄河下游的冲积区（屈万里1964b：87—118；唐兰1973：7—8）。其地区很少发现5000年以前的遗址。黄河的某些段落河道浅、泥沙多，密集的雨水常使河道宣泄不及而造成泛滥。黄河小的决堤时时有之，以清代乾隆一朝为例，河南地区就有7次，江、淮地区11次（陈登原，文化史：69；出石诚彦，神话：299—323）。商代之前的几千年间，气候比较温暖，雨量较充沛。那时没有什么水利设施，黄河肯定较后世更易造成灾害。商人的建国历史与黄河的水患可以说关系密切。根据《史记·殷本纪》，从始祖契到汤建国时（约在公元前1700年），商人共迁徙8次，从商汤到盘庚建都于安阳之前，又迁徙了5次。虽然文献没有说明他们每次的迁移都是为了避免水害，但从他们所栖息的地理环境及迁徙时所作的宣言可推测出，商人经常为洪水所苦，大多数的迁移主要是为了避免水灾。

商人提到过去的日子用"昔"表示。甲骨文的"昔"字由"巛"及"日"两个构件组成（昔 昔 昔 昔 昔 昔）。"巛"是大水的灾难，字取洪水浩荡、波浪重叠翻滚之状（灾 灾 灾 灾 灾 灾），是"灾（災）"字早期的写法。"日"为太阳的象形，表示大水为患的时代。大水在目前还是一种难于防范的大灾难，古人更是难于为力，故使用水患来表现灾难的概念。大水不但能淹死人，标示人类进化过程的凭借物也会被水冲刷干净，埋没历史的事迹及有关的记忆。因此，后世人们所能想起的最远古事迹，也往往止于大水之后。故水灾常是各民族记

中国古代社会

忆的极限，为创世神话、人类繁殖起点的三大系统之一（林衡立1962：129）。

商　甲骨文	周　金文	秦　小篆	汉　隶书	现代　楷书
☷☷☷☷ ☷☷☷☷	☷☷☷☷	苦 芩	昔	昔 大水为患之日，已是往昔之事。
〰〰〰〰 〰〰〰〰 〰〰〰〰		䒑 秌 肉 災	災	灾（災） 重叠二或三道水波表达大水为灾的概念。或大川受到阻塞而泛滥之意。

　　中国在很古的时候有两次令人难以忘怀的大水灾。一次发生在伏羲、女娲的时代。那次水患非常严重，几乎淹死所有的人，故有女娲捏土造人的故事。它发生的时间太过久远，事情的经过已很模糊。另一次大水发生于约是公元前2300年的帝尧时代，它终于被大禹用疏导的方法治平了。这位英雄因此成了帝王，建立中国的第一个夏王朝，开启有史的时代。

　　帝尧时代的大水是较晚近的事，可能其规模及破坏力都较小，人们尚能记忆一些治水过程的细节。《尚书·禹贡》就是记载大禹治水的文献。虽然那是春秋晚期的人根据古来传说编撰的，不是夏代的真实文献（屈万里1964a：53—86），但多少反映了具体的治水规模。《尚书·盘庚》也是一篇相当可靠的古代文献，反映了商王盘庚把商民从黄河南岸迁移到北边的安阳地域的情形（屈万里，尚书：107—108；唐兰1973：7—8）。在迁移前后，商王盘庚对百姓的讲话有"殷降大虐，先王不怀，厥攸作，视民利用迁""古我先王，将多于前功，适于山"，明显反映殷商人为了避免水患，搬迁到有高地的山区。盘庚迁都安阳之后的200多年不再迁都。这绝不是由于商人的水利设施突然大大发展起来，足以防备水患的灾害。大半是因为该地的地势高，没有严重的水患，或有较有效的防御方法，故不必再谋迁都之计。甲骨卜辞关于大水及御水的占问也只有几次（甲骨类纂：484—485）。因盘庚之后水灾已不是常见的祸害，故"灾"字就渐渐以新起的灾难取代往昔的水患，如 𢦏 以兵刃之灾创意，𤆃 则以火烧房屋创意。

城　郭

　　商代的甲骨卜辞常见"作邑"的贞问，是有关建立村落的移民活动（彭邦炯 1982：302）。西周初期封建诸侯时，一般先建城邑而后移民。如《史记·周本纪》记载周于克商后先建洛邑，再迁商之遗民，就是其具体的表现。邑是治理村落政治的中心，再加以扩大就成了都市。都市是人口集中的小区，是统治阶级的政教中心。在很多社会，包括中国有文字记载的历史时期，后世城墙的主要功能是防御敌人的入侵（许倬云 1979：456—458；杜正胜 1980：615—747），是有激烈战争后的产物。这应该是人们经营定居生活后，逐渐有强烈的产权观念，经过长期的发展才达到的高度文明。为保护都城邑内的居民，龙山晚期开始就有用坚固墙壁围绕起来的措施，它无疑与当时发展的夯土建筑技术有相当的关系。墙与城基本上是相同的东西，分别只在规模而已。

　　甲骨文的"郭"字，也释作"墉"字，已见第一章的介绍，作一个方形或圆形的城，城墙上的四面都设有城楼以为观望侦察之用（⬦ ⚏）。地上的建筑，修成方形要比圆形容易，故后世的城几乎都是方形的。侦察关禁的雏形已见于公元前 4000 年的临潼姜寨遗址（巩启明 1981：64）。为了省事，此字有时只写成两个城楼。关于后来字义的使用，"郭"偏重表示城的范围，"墉"偏重表示城的墙壁。商代有些城市的范围又扩大，就有把原在城外的手工业者也移进城里来，以便利交易的管理，进而成为政教及经济的中心（商周考古：64）。

经济的掠夺常是引起战争的主要动机。经营农耕的人们，为了保护自己辛劳耕种的成果不被他人所侵扰，就有组织武力及构筑防备工事的必要。之前考古所知最早的城墙起于龙山文化的晚期，如山东章丘城子崖，河南登封王城岗、淮阳平粮台（城子崖：26；严文明1981：48；徐殿魁1982：24），正是传说夏朝将建国的时候。那时社会中的阶级已经确立，战争规模已相当大。因此城墙之为防备敌患而设似乎是顺理成章的事，不用多加怀疑。但深入探讨，可能中国早期的城市并不是因此而修建的。目前所发现中国最早的城墙建筑要推河南郑州北郊的西山遗址，它兴建于仰韶庙底沟类型的时代而废弃于秦王寨类型的时代，年代约在4800至5300年前（文物1999-7：4—15）。历史学家认为其时的社会还未进入建立国家的形态，因此城墙的修建是否为防备敌人的军队入侵，就很值得怀疑了。

城的防水作用

一种事物的发生，在不同地区、不同文化的发展情况下，均不能等同视之，一概而论。譬如用坚固墙壁围绕起来的城市，无疑有以保护城内人畜的安全为目的而修建的。但在中国，它初创时的主要目的是否为防御敌人，或别有其他的作用，是有趣味而值得探讨的问题。此新生事物很可能与上述有史初期中国人居住的环境有密切的关系。

商代早期在河南郑州建造的城规模已就很大，无疑已是个都邑。其四段墙的长度分别为东1700米，南1700米，西1870米，北1690米，周长共6960米，面积约为3.2平方公里，比汉唐时代以来的郑州城还大三分之一（图11.4）。其城墙甚厚，剖面呈梯形，分层、分段用黄土夯筑，最宽处36米，平均高10米，宽20米。此城墙之修建，如动用一万劳动力，以当时的工作效率，按每天工作

10小时计算，要18年才能完成（安金槐1961：73—77）。虽然有人估计用两万劳工只需四五年就可完成（商周考古：59；马世之1984：59—65），但如没有很有效的组织能力，难以完成如此巨大的工程。

此城墙的内外都筑有斜坡以增强墙的强度（图11.5）。湖北黄陂盘龙城的商代城墙也是如此营造。它们的坡度小于45度，是防水的堤防常见的形式，可以有效防止水对墙根的侵蚀而导致崩坏，但非常不利于防守敌人的入侵。有些城墙内侧甚至无护城土坡，外侧却有坡度不到40度角的土石结构的护城坡（张映文1988：48—49），很可能它们都是为防洪水而修筑的。后世以防敌为目的的城墙，墙外无不修成高耸陡直的样子。属于龙山文化晚期的王城岗遗址的西墙，是大水冲倒后，利用旧城墙再修建的。河南辉县共城的城墙特别厚，墙的基槽宽达60米，研究者认为它可能就是为防御北面太行山山洪暴发的巨大冲击力量（崔墨林1983：206；董琦1988：32—35），防止敌人的攀缘没有必要修建如此的宽广。河南偃师的商城南城墙也被洛水冲毁（河南博物馆1988：98）。传说大禹的父亲鲧以堙堵的方法去治水而遭遇失败，后来大禹改用疏导的方法才成功。堙堵和筑城的方法与原理都相似，都可以说明龙山晚期较多城墙的修建与大水的防备在时间、地理、技术、需要上都有密切的关系。

河南安阳作为商代后期的王都超过200年，照理说应该修筑有周全而坚固的城墙以防敌人的入侵。但是考古学者几十年来密集地调查和发掘，只见附近挖有巨大壕沟，宽7至21米，深5到10米（安阳发掘1961：66）。始终不见城墙的痕迹。以致有些人怀疑它不可能是施政的中心，而是商王朝埋葬和祭祀的圣地（宫崎市定1970：271）。但是安阳发现有大规模的冶金、制骨、烧陶等工业作坊。甲骨卜辞的问政实录，以及传世的文献，也都表明安阳是施政的中心。商被周的联军一击败溃而亡国，以致纣王自焚，很可能就是因为没有坚固的城墙可以拒守，以待援军的到来。安阳的地势高，近年附近虽偶有大水，但都不曾对它构成危害。也许商的王室是因安阳的地势较四周为高，没有严重的水患，故认为没有必要筑城，还没看出筑城在军事上的用途。

目前发掘的西周以前的城墙寥寥可数（Keightley 1982：553—554），春秋时代才大量修建。依《春秋》经传的记载，提及新建的城就有97座之多，而能够数得出来的也有466座之多（Wheatley 1970：164—173）。考古发掘也不断证实文献的记载（张光直，考古：318，324—345）。从《史记·乐毅列传》燕国攻破齐国七十余城，以及《战国策·齐策》说齐国有百二十城，就可想象战国时代各诸侯国筑城的盛况。在较早的时代，中国的华北地区如何解决河流泛滥才是最切要的问题。非常可能城墙当初是为防洪而建，后来才发现它有抗拒敌人的重要作用而广加修筑，甚至在不虞水患的地点也要修建。因此后世的筑城绝大多数是为了防御敌人，领主为了易于控制其封领，属国则为了加强本身的防御力量。对于城周的大小和坚强的程度，常是春秋时代上下级之间的争论事项（大岛利一1958：58—60）。如《左传·隐公元年》中，祭仲劝郑庄公："都城过百雉，国之害也。先王之制，大都不过参国之一，中五之一，小九之一。今京不度，非制也。君将不堪。"这显然是指城墙在防守上的作用。

城邑初建时，只考虑到保护统治阶级，故铸铜、烧陶、制骨的作坊都发现于郑州的城外。后来商业兴盛，人口越来越多。经济力成为列国争强的条件之一，城周的范围也被扩大，把手工业都移进城里，便利交易的管理，而发展成为政教和商业的中心，城周也往往超过10,000米。如齐的临淄为14,000多米（群力1972：45），赵的邯郸为15,000多米（邯郸文管1980：142）。但小的才四五千米，甚至有1000米者（秦晋1980：48）。

中国筑墙的一贯方法是夯筑，分层分段用夯打的方式。以郑州城为例，每段土墙长度约3.5米，用木板围成框架，填土于其中，以木棒捶打使土层坚硬而不透水。每层厚度自3厘米到15厘米不等，平均是8到10厘米厚。这样层层夯筑到想要建造的高度。城墙的内外又建有斜面的保护墙（安金槐1961：73—80）。后来以城墙防备敌人侵犯时，城外护墙的斜面就建得陡直了。这种方法筑成的墙，质地坚硬，是充分利用华北黄土特性的理想构筑法。《诗经·绵》中"乃召司空，乃召司徒，俾立室家，其绳则直，缩版以载，作庙翼翼，捄之陾陾，度之薨薨，筑之登登，削屡冯冯，百堵皆兴，鼛鼓弗胜"，即描写这种修筑法。此建筑法表现于"筑"之字，金文作一人双手拿着夯打的木槌，上下地夯打使土层坚硬之状（𥪡）。因为夯打时要以竹木等材料围框架，以便填土于其中，故又加"竹"或"木"的义符以申明其意。这种夯筑的方法至今华北地区还用于坚实地基、竖立墙壁。战国时才出现烧造的空心砖和小条砖，可以减少建造的时间而广为汉代以后的人所采用。

商 甲骨文	周 金文	秦 小篆	汉 隶书	现代 楷书
	𥪡	𥪡	築	筑（築） 作一人持木槌上下夯打以筑基础之意，竹木为围框的材料。

早期的住家

开始时猿人也和鸟兽一样，要借用天然的洞穴或大树栖身。这两种方式都不尽符合人们的需求。当人们制造工具的手段越来越高明时，就开始修建自己的住屋用以遮蔽风雨。长江是中国南北的自然分界，江南和江北的气候条件一直有着显著的差异。在商代以前的几千年间，为适应此种自然条件的差异，就发展了两种基本住家的形式，一是华北半地下或地面的，一是华南高于地面的（安志敏1963：82；田中淡1980：123—197）。

就营建技术的观点看，最容易的住所是不必筑墙的地下穴居。就效用说，它也夏天凉爽而冬天可避风刮之苦。因此和其他民族的早期住所一样，华北也发展了半地下穴式的家居，以适应冬天风寒的气候因素（Hoebel，人类学：198）。尤其华北不少地区是黄土所堆积。黄土土质疏松，孔隙度高，加上垂直毛管性能的发达，每每形成陡直崖岸，易于向下挖掘。而且黄土颗粒有轻度胶结性，干燥时不易发生崩塌。那时的气候虽然较今日温湿，但对于挖土不深的穴居来说，也不致发生危险。

就技术面说，挖掘圆形的洞穴也要比矩形的容易些。因此在发展的程序上，圆形的一般要早于矩形的。譬如，经常移动的游牧民族喜欢采取构筑较省力的圆形穴居（Hoebel，人类学：293），而定居的农耕民族则多采取矩形的形式。中国比较早期的穴居，可以河南偃师汤泉沟的圆形地窟为代表。其深度超过一个人高，用木柱架屋顶以遮蔽风雨。更早的或只加盖，可开阖以进出，并有防野兽侵扰之用。为便利进出，人们就在木柱捆绑几道脚踏的木梯以便攀缘上下（杨鸿勋1975：53；河南文工1962：562）（图11.6）。有些则只在地穴的坑壁上挖刻脚坎。

所挖地穴的面积越来越大，但深度却越来越浅。于是人们就构筑出入的斜坡，可步行出入而不必攀缘上下了。相应地，屋顶的结构也较复杂起来，如以西安半坡F37的房址为代表。该处房屋不但使用一根大柱作为支撑的顶架，还架设几根较细的木柱以支持走道上方延伸出去的屋顶（杨鸿勋1975：41—44）（图11.7）。再进一步，房屋就发展成地基完全升到地面上而有墙壁的构筑了（图11.8）。6000年前的半坡村落，有些方形房屋的间架与倾斜屋顶已具有今日中国斜顶屋的形式。墙壁和屋顶用很多木柱构筑，但没有发现使用榫卯构件的痕迹，柱与梁的交接大概只用绳索捆绑再加上泥涂（西安半坡：42，44），不像同时代浙江的河姆渡遗址已用榫卯加强木构交接处的牢固（图8.2）。到了半坡文化的晚期，有些地面的房子已建得颇为宽大，有烧食的灶及卧室的分间（图11.9）。

房屋本是少数人避风雨、防野兽之短暂休息所。场地小，有些房子的面积才3到4平方米而已，只容一二人栖身（伊藤道治1962：234）。它没有足够的空间在里头烧食物，遑论其他的活动，人一般只有在需要时才进入。随着人们定居时间的增长、构筑技术的进步、家庭结构的变化，房子就越建越大。8000年前的圆形房子，直径才2米多。到了6000年前的半坡村落，矩形的一般有20平方米，圆形的直径约五六米（西安半坡：9）。但大型房子达到160平方米，显然是公众的聚会所了。那时的房子已有足够空间做饭，故大多有烧食的火膛遗迹，但尚无足够空间可分隔房间。随着人们在里头生活的时间越来越长，为求便利、防闲以及隐蔽起见，就出现了分室隔间。那时家庭成员不多，除了公共设施，或权威者为某种用途所建的，普通的家不必建造容纳多人的住房。故甲骨文的"宫"字，作有分室的地基，或有多块方整形状的地基状（ᄆᄆᄆᄆᄆ）。大概为了强调一个屋顶之下有不同的隔间，故有些字形作方整地基上有屋顶之状（𡨄𡨄𡨄𡨄𡨄）。有隔间的房子在后代虽是很普遍的，但在早期，那种建筑是主持政教大事的所在，被视为是富丽堂皇的宫殿，故"宫"有宫殿、宫廷的意义。商代宗庙宫殿的台基有达85米乘14.5米的，可想见其建筑规模的宏伟（石璋如1955b：161—163）。

商 甲骨文	周 金文	秦 小篆	汉 隶书	现代 楷书
				宫
				作一个屋顶之下有多隔间的高级建筑之状。

华北在古代比今日温湿得多，半地下的穴居不免有潮气，不利长久的居住。因此人们就做种种的防湿设施。半坡的房基有烧烤地面使坚硬不透水，也有用蜃烧制成灰，铺涂地表以吸收潮湿的设施（杨鸿勋1975：61—63），这在当时算是很讲究的了。到了5000年前的龙山时代就普遍烧制石灰以敷地面了（仇士华

1980：35），仰韶晚期偶有使用费工的夯打方式使房基坚实而不透水的例子（陕西六队1989：504）。但商代的贵族们才比较常用这种夯打的方式建造房子（石璋如1969b：127—129）。由于只有贵族才能使用费人力的夯打方式修建房屋，而且必是较大型、特别的建筑物才使用，所以甲骨文的"享"字，作一座斜檐的建筑物立在高出地面的土台上之状（ 　　　　　　　 ）。"享"字有享祭的意义，一定来自它是种祭祀鬼神的庙堂建筑而不是一般的家屋。祭祀在古代是国家最重要的施政大事，祭祀的场所也往往是施政的地方。人们当然会不惜工本，用最费工的夯筑法修建。

商　甲骨文	周　金文	秦　小篆	汉　隶书	现代　楷书
				享 在夯土台基上的建筑物形，为祭祀鬼神之所。

干栏建筑

现在的华南已算是比较温湿的地区了。但在3000到6000年前之间，其年均温度更比现今高2℃以上。如以浙江省为例，其6000年前的年均温约可比现今高3℃至5℃，降雨量多了800毫米，即超过2000毫米。我们可以想见其时地面多么潮湿，所以很难像华北一样，采用半地下穴式的居所，故发展出高于地面的干栏建筑。干栏建筑有可能发展自栖身树上。它是先在地上竖立多排的木桩，然后在木桩上铺板、设廊、架屋、盖顶、分室（图11.10）。

如以6000多年前的余姚河姆渡遗址为例，在背山面水的地点竖立了13排的木桩，可以复原为带前廊的干栏式长屋（浙江文管1978：46）。其形状可能像云南铜鼓上的花纹或汉代陶明器房屋模型（图 11.11）。甲骨文的"京"字，作一座在 3 排木桩上的斜顶建筑物形状（♔ ♔ ♔ ♔ ♔ ♔）。在华北地区，建于干栏上的房子自然比建在地面上的高，所以高耸的建筑物就叫作"京"。政教中心的地方常有高耸的建筑物，故称为京都。干栏式建筑比地下穴居的构建大大地费工和费时，大多发现于华南各省，如广东、广西、湖南、四川、贵州、云南、江西、浙江、江苏等省（安志敏 1963：65—85），显然是人们为了适应多雨燠热的气候，不得不费力构筑干栏的方式来隔离潮湿的地面以便生活。另外，屋下的空间被用以饲养家畜。后来气温虽渐渐降低，雨量也慢慢减少，使人们不必再生活于干栏之上，就也省去搭建干栏的麻烦，直接将房子建在地面。但旧有的习惯颇难一下子去除，于是就在屋里架设高于地上的大床铺，以为睡眠、休息、活动之用。虽然从外表看不出是干栏形式的建筑，但其结构与干栏并无二致，以前台湾的建筑就是这种的变化形式。不但是居处，就是墓葬的构筑也反映出地理环境的差异。华北地区都采用竖穴形式，即向地下挖洞，埋尸其中，一若居住于半地下穴式房屋。华南则陈尸地上，封土成墓冢。尸体下也常铺石块以隔绝潮湿，一若生活在干栏上（吴绵吉 1985：66—67）。

商　甲骨文	周　金文	秦　小篆	汉　隶书	现代　楷书
♔ ♔ ♔ ♔ ♔ ♔ ♔ ♔	♔ ♔ ♔ ♔	京	京	京 像建于干栏上的 高楼形。

高楼建筑

有了建造干栏房子的技术，只要把干栏的支架部分竖起墙来就是两层的楼房了。华北地区学得华南先进的木构建筑技术（田中淡1980：181），包括企口板与榫卯，就可以在坚实的地基上建造二层的楼房，甚至是建造多层的楼房以显示统治阶层的威望。商代有二层楼房的建造，从柱础排列的痕迹可看出建造的证据（石璋如1970：338）（图11.13）。甲骨文有二字（图11.15），一型作建筑在干栏上的两层建筑物（ ），金文还保留此字形（ ），原来意义为楼，假借为数。《大克鼎》《师兑簋》等有"今余唯䎽（申）豪（就）乃令（命）"，豪（ ）意义为重数，句意为重述祖先的功劳与派令。还有一形作建筑在坚实地基上的两层建筑物（ ）。这两字大致已被形声字所取代，可能前者为"楼"，后者为"台"。小篆的"台"字应也是个象形字（ ），上部作屋脊有装饰物的高层建筑，下部的至（ ），因不是作为声符，应是古代台类高层建筑物常见的东西，因字形的讹变而类化为至形。稍落后的民族，如台湾的高山族，重要人物的屋前或正厅，例有雕刻木柱以显示其权威或光荣的事迹（陈奇禄1958：54—77）（图13.15）。也许台就是有这类装饰的高层建筑。"台"是高台上的建筑，要有阶梯才能上去，也许"台"字的"至"形部分就是上去的阶梯。而"高"字就以高耸的建筑物表意（ ），"口"的部分可能是无意义的填空。高楼不但可以防湿防水，而且它居高临下，也便于侦察、防敌，又远远就可望见，能提高统治者的威势。故至迟商代就有在高台上盖楼以资纪念及夸耀的风气（杨鸿勋1980：132—37；黄展岳1981：89—92）（图11.16）。东周到汉代的君主迷信神仙的存在，为了更接近天上的神仙，楼台就越建越高，《史记·封禅书》记载汉武帝为亲近神仙而大建高楼，有达到100米高者。木构建筑不能承受如此高楼的压力，就建筑在呈阶梯状的土层上以呈现高耸的外观（黄展岳1981：90）。这种高楼的建造费用高，不是老百姓乐于出钱建造的，故常以高楼联想及暴君。

商 甲骨文	周 金文	秦 小篆	汉 隶书	现代 楷书
		高	高	**高** 作高大建筑物之形，口为填白。

虽然5000多年前，仰韶文化晚期就有不同用途隔间的地面建筑。恐怕要等到东周时候，人们才普遍住于地面的房子。在商代，除了贵族及手工艺人，大部分的农民还是住半地下式的房子。故甲骨文的"各"字，意义为来、下临、下降，作一脚将踏进半地下式的穴居之状（ ），"出"字则相反，作一足已步出穴居之状（ ），充分表现一般人生活于半地下的穴居习惯。

商 甲骨文	周 金文	秦 小篆	汉 隶书	现代 楷书
		咼	各	**各** 一足步入半地下式穴居。
		屮	出	**出** 一足步出半地下式穴居。

房子的设备

干栏与深穴的住家都要借助梯子一类的东西才能进出上下。在仰韶文化时代，简陋的住所就在土墙上挖刻脚坎，或在中心的支柱上斫挖脚坎，讲究的就可能有专用的梯子了。商代使用木梯应已相当普遍。甲骨文的"陟"字作两脚登上木梯之状（𨺓 𨺓 𨺓 𨺓 𨺓 𨺓）。"降"字则作两脚自木梯下降之状（𨽍 𨽍 𨽍 𨽍 𨽍）。木梯的部分（𠂤 𠂤 𠂤 𠂤）是"𠂤"字。因为与"山"的构件很接近而合为一形，乃亦用以代表山丘的意符。或有可能起于初为上下山坡的方便，人们乃筑路成阶级状，后来应用于家居而成梯子。

商 甲骨文	周 金文	秦 小篆	汉 隶书	现代 楷书
𨺓 𨺓 𨺓 𨺓 𨺓 𨺓 𨺓 𨺓 𨺓 𨺓 𨺓 𨺓	𨺓 𨺓 𨺓 𨺓 𨺓 𨺓 𨺓 𨺓	𨺓	陟	**陟** 两脚往上爬楼梯 之状。
𨽍 𨽍 𨽍 𨽍 𨽍 𨽍 𨽍 𨽍 𨽍 𨽍 𨽍	𨽍 𨽍 𨽍 𨽍 𨽍 𨽍 𨽍 𨽍	𨽍	降	**降** 两脚自楼梯下降 之状。

门 户

　　再来看屋里的规划。甲骨文的"向"字，作一个屋子的出入口形状（𠣇 𠣇 𠣇 𠣇 𠣇 𠣇）。简单构筑的地下穴居，只有一个出入口兼出气口，别无其他通风的开口。屋子的开口即房子的所向，故有面对、方向等义。半地下穴式的出入口处多用帘子遮盖。房子建筑在地面后，出入口可以提高，人不必弯腰进出，就建立门户以为开阖之用。于是向字就被转用于指称屋后的小窗口,《诗·豳风·七月》就有冬天十月"塞向墐户"之举。甲骨文的"户"字,作装设在一根木柱的单扇门状(𣶠 𡰪 𡰪 𡰪)。"门"字则是在对立的柱上各装一扇门户的形状(𨳲 𨳲 𨳲 𨳲 𨳲)。两扇门的入口要大型的建筑物才用得着,应是较进步的房子,可能是商代或其前不久才发展起来的。一般说,一扇的户是屋里房间的进口,或普通房子的正门;两扇的门则是屋正门,或更大的建筑物群的入口。故于文字的应用,户是人数少的单位,门是人数多的单位。湖北黄陂盘龙城的商代早期宫殿还只见到单扇的户(杨鸿勋1976b:23)(图11.12)。河南偃师二里头的早商宫殿也只见单扇的户。但围绕宫殿的外墙的出入口就比较可能是双扇的门(图11.14)。在商代,显然要宗庙、宫殿或村落进口的公共建筑才用得着两扇的大门。但到西周早期,很多的房间也使用双扇式的门了(图11.17)。

商 甲骨文	周 金文	秦 小篆	汉 隶书	现代 楷书
𧼾 𧼾 𧼾 𧼾 𧼾 𧼾 𧼾	𧼾 𧼾 𧼾 𧼾 𧼾 𧼾 𧼾	向	向	向 作房屋的出入口即屋子所向之意。
𡰪 𡰪 𡰪 𡰪 𡰪		户 戶	戶	户 作单扇之门户形。
𨳲 𨳲 𨳲 𨳲 𨳲 𨳲 𨳲 𨳲 𨳲 𨳲	𨳲 𨳲 𨳲 𨳲	門	門	门(門) 作双扇之门户形。

房　间

　　深穴式的住家面积太小，只容一两人栖身，没有足够的空间作烧煮食物之用。到了6000年前的半坡遗址，一般的面积已有20平方米，有足够空间在里头做饭，故很多房子都有火膛的痕迹（西安半坡：34）。在屋中烧煮食物，不免会产生烟灰等不洁之物。所以睡卧的地点就要特意加以拂拭打扫，否则会脏污衣服。甲骨文的"寝"字，作屋中有一把扫帚之状（图图图图图图）。金文的字形有时作以手持扫帚（图），使打扫之动作更为明显。后来人们不睡卧于地上的草席或干草，因为会感受湿气，故金文"寒"字就以睡于屋中草上表意（图图）。汉代发展到睡卧于床上时，便加"床"的符号而成现在的"寝"字。睡房大概是屋子里最早的隔间。到了商代，房子的规模增大，分室也渐多，各个室的效用也越分明。甲骨卜辞提到的房间名称有室（大、小、东、西、南、中、血、新、司）、寝（东、西、新）及厅［庭］（盂、召）等的分别（甲骨类纂：757—758，762），那应是大建筑物才有的分间。商代发现有超过10个隔间的宫殿建筑，到了周初就有20个房间了（图11.17）。那时普通的人家大概只能有几个分间而已。如以1976年安阳后岗的发掘做例子，在39座居住遗址中，可复原的都没有隔间，知隔间在商代还不普遍（安阳工作1985：40—49，52—53）。从甲骨卜辞可以知道，寝是睡房，厅是办理政务及祭祀的所在，室则兼有寝及厅的用途。

商　甲骨文	周　金文	秦　小篆	汉　隶书	现代　楷书
图图图图 图图图图	图图图图 图图图图	图图	图	**寝（寢）** 屋中常备有扫把以清洁之寝室。

商 甲骨文	周 金文	秦 小篆	汉 隶书	现代 楷书
			室	**室** 形声字，从宀至声。
			庭	**庭** 形声字，从宀听声。

照　明

　　室内的照明措施是文明标志之一，它的使用表示人们有相当多的夜间活动。在野蛮时代，人们最重要的活动是寻找食物，天一昏黑就去睡觉，以便次日早起去寻找食物。房子只是晚上栖身及遮蔽风雨之用，夜间照明是没有什么意义的。后来发展到了在屋里烧食，人们在屋里的时间无形中加长，就有必要再开个通风、照明的开口。半地下穴式的屋子就在屋顶开一孔以引进光线。当房子盖到地面上时，为减少雨露的浸漏，就在墙上开个窗户。甲骨文的"囧"字是个圆形窗子的形状（）。这种窗子经常以陶罐的口沿做成，充分说明这种导引月光入窗的免费照明在当时的利用情形。甲骨文的"明"字，表示月光照进圆形或方形的窗子，使室内明亮之意（）。

商 甲骨文	周 金文	秦 小篆	汉 隶书	现代 楷书
			囧	**囧** 作圆形窗子形。

商 甲骨文	周 金文	秦 小篆	汉 隶书	现代 楷书
  	 	 	明	**明** 窗内照进月光，照明室内之意。

人类一旦能控制火，在没有月光的夜晚还可利用火作为光源。夜间的照明对于古猿人来说，除可能用以吓阻野兽外，并不具其他的作用。但随着文明程度的提高，夜间的活动相应增加，以火照明的作用就重要了。户外的照明没有比火把更便利的了。但是古代的房子低矮，商代及以前的房屋又以茅草为盖，户内使用火把就有引起火灾的危险。甲骨文有一"叟"字，即后来的"搜"字，作手持火把于屋中搜索之状（ ）。那是临时的措施，不是常设的设备。茅草屋里使用火把不是理想的照明用具。到了汉代，房屋已加高，且改良为以陶瓦覆盖的屋顶，比较不易着火，所以才比较常在室内使用火把。《仪礼》一书中提到的烛，大都是指已加工改良了的火把，不是后世常用的蜡烛或灯火的炷。利用烧食火膛的照明，其范围有限，对于屋子里大部分的地方都没有照顾到。一旦文明更进步，人们就不再满意利用火膛来照明的简陋方法。他们另想办法，终于有了灯烛的使用。

商 甲骨文	周 金文	秦 小篆	汉 隶书	现代 楷书
  		 	叟	**叟** 手持火把于屋内搜索物件，借为老人。

商代的甲骨文虽不见灯烛的字样，但从甲骨文的"光"字，作一跪坐的人，头顶上有火焰之状（ ），可以推论其时的人们已知使用灯烛。因为火

焰不能用头顶着，顶着的必是燃油的灯座。商代的灯光大半微弱而且有黑烟。因为甲骨文的"幽"字作火与两股小丝线之状，表现火烧灯芯，光线幽暗之意（𢇖 𢇖 𢇖 𢇖）。由此可推测当时所用的燃料大半是植物油。古时没有什么家具，为了避免受烟熏烤，就得与光源保持适当的距离。而以头顶灯，人体就像灯座，不但比用手捧着稳定，照得也广远。对于有跪坐习惯的古代中国人来说，以头顶灯是颇为实用的方法。故汉代就见有陶灯架作奴仆头顶着灯台之形（河南博物馆 1975：92）。高句丽时代的墓室也有女侍以头顶灯前导的壁画（图 11.34）。这些都反映古时有以奴仆顶灯的习惯。《韩非子》郢书燕说的故事，就说明烛要举得高才明亮的事实。但是地下的考古发掘，并不见商代有专用灯具的出土。这种矛盾大概可以从两方面来看。一是商代夜间的活动只限少数的贵族与有限的节日，所以商纣作长夜之饮，才会被视为荒淫无道。

商　甲骨文	周　金文	秦　小篆	汉　隶书	现代　楷书
				光 一人头顶灯火而有光。
				幽 火燃两线灯芯，光线幽暗之意。

而且商代一天只吃两餐饭。大约早上七时至九时吃丰盛的早餐，叫"大食"。下午三至五时吃简单的午餐，叫"小食"。这反映了典型农家的生活习惯：太阳下山不久就去睡觉，以便次日清早去田地工作。既然没有经常的室内夜间活动，就用不着专用的灯具。当时的社会使用灯火的机会不多，灯具不普及，甚至没有专用的灯具，故被发掘的机会也就相对地减少了。

中国古代社会

另一方面，我们可以从灯具的形状去解释。初期的灯与盛饭菜的"豆"同为有高脚的浅盘器具（图11.35）。而陶制的"豆"也叫作"登"，很可能商代的灯是临时借用陶登，故后来才取名为镫或灯的专称（熊传新1985：73—74）。"镫"字的"金"的意符表明其铸造的材料，"灯（燈）"的"火"则表示其燃火的作用。灯在商代大概因为使用机会不多，不必成为特定的专用器具，于点火照明后又恢复其盛装饭肴的功能，因此难以觉察它曾一度用以照明。

从考古的证据看来，专用的灯具始自战国初期。春秋晚期以来由于铁器的大量使用，生产效率大为提高，整个社会面貌起了极大的变化，使得很多人可以从事非生产性的活动，或需于夜间从事生产。夜间的活动大增，已经有必要使用专用的照明器了。那时的墓葬不但发现相当多的灯具，一日时间的分段也起了变化。战国晚期出现"暮食"的时间段落以指称十时前后的时间（何双全1989：30）。灯具的普遍使用和晚餐的增设，两者关系密切至为明显。

商代油灯的燃料是植物油。有战国时代的灯盘里残留盛油脂的泥状残迹。《史记·秦始皇本纪》也有"以人鱼膏为烛，度不灭者久之"的记载，应也已发展出以蜂蜡或蜡虫制成的蜡烛。《史记·甘茂列传》记载："臣闻贫人女与富人女会绩，贫人女曰：'我无以买烛，而子之烛光幸有余，可分我余光，无损子明而得一斯便焉。'"如果当时点燃的是油灯，应该说买油或脂而非烛。《楚辞·招魂》为招徕亡魂回家而描写的舒服家居有"兰膏明烛"，可知当时的灯油或蜡烛还掺有香味。

战国的灯座大都很朴素，至多把底座铸成人物鸟兽形，或金银嵌镶以增加装饰，或增多灯盏以增光明而已。到了汉代，许多灯盘有可供绑灯芯或插蜡烛的尖钉。可见这个时期蜡烛的使用更为普遍了。这与西汉时代普遍有晚餐显然有密切的关系。器物用得越多，设计就越精良。为了解决烟熏的缺点，设计时便加上管道，让烟随着管道沉入有水的底座以化解污染。而且灯座的盘子也装有可以开阖或旋转的门，便利旅行时控制光的方向，以及防止火被风吹灭（图11.35）。

室内装饰

　　人们从旧石器时代以来就知道讲求美观了。在房子的建造稍有规模后，人们也会开始装饰房子。第八章已介绍过，远在6000多年前就有雕刻木料的作品，而5500多年前也有使用漆以保护木器并增光彩的例子。5000年前的红山文化已发现有赭红间杂黄白色交错的三角纹、赭红色勾连纹的壁画（图11.24）。到了商代，雕刻的技术更熟练，有雕刻繁缛的木器，漆的色彩也增多，也有壁画的实例（图11.25）。甲骨文的"宣"字作屋子里有回旋图案的装饰状（囿囿）。其图案想是雕刻在木柱上或绘画于壁上。有这种装饰的房子不是大众所能享受的，只有宗庙或高级贵族才可能有。在木材上丹漆与雕镂在后代应是较为普及的装饰。但迟至春秋时代早期，甚至诸侯国君的宗庙宫殿，装饰丹漆与雕镂的也被认为是僭制。如鲁庄公廿三年"丹桓宫楹"，《左传》《穀梁》《公羊》三传都以为非礼。《左传》宣公二年说晋灵公不君，厚敛以雕墙。《礼记·杂记下》也记载了孔子对他崇敬的齐国政治家管仲的批评："管仲镂簋而朱纮，旅树而反坫，山节而藻棁，贤大夫也而难为上也。"由此可见，那时雕漆还是奢侈的东西。到了汉代，"宣室"仍成为天子居室的代名词。很明显，使用丹漆与雕镂的房间也还是权贵的象征。我们虽看不到商代王宫的建筑如何辉煌，从战国人的描写还可窥见一二。《说苑·反质》引《墨子》说："纣为鹿台糟丘，酒池肉林，宫墙文画，雕琢刻镂，锦绣被堂，金玉珍玮。"从安阳商墓葬发现的丹漆木雕，洛阳商墓的红、黄、黑、白四色的布幔（安阳工作1979：41），可知《墨子》的描写不会离事实太远。西周《善夫山鼎》铭有"王在周，各图室"（金文总集：671），图室即可能是有雕漆、壁画的行礼大厅。

商 甲骨文	周 金文	秦 小篆	汉 隶书	现代 楷书
〔甲骨文字形〕	〔金文字形〕	〔小篆字形〕	宣	宣 作屋子里有回旋图案的装饰状。

枕 头

人类在有了相当的物质文明后，就会开始注意如何使生活过得舒服，食衣住行是最主要的项目。人有三分之一以上的时间花费在睡卧上，因此能否舒服地睡觉应是很早就为人们所讲求的事情。"身不安枕，口不甘厚味"是有钱人颇为懊恼的事。枕头是关系到能否安眠的重要器物。人在睡眠中会翻来覆去几次，很难保持不动的姿势。仰卧时，后脑与脊椎在同一平面，还不觉得有什么不舒服。如果侧卧，面颊就不与身子同一高度。不用东西垫高面颊，颈部就会疲劳而妨害睡眠的深度，甚至引起酸痛。因此人们很自然会发展枕头的制作，使睡得舒服。

人类一旦了解枕头的重要，就算一时找不到东西可以垫头部，也会"曲肱而枕之"，利用自己的肢体。不用说，当人们觉得睡眠需要有个东西枕头时，只要是有平面的固态的东西，都可以加以利用，不必使用专用的器具。后来发展到使用专用的枕头时，也不外以竹木、干草一类材料而罩盖布帛，这些都是难以在地下保存千年之久的物质，故没有办法从地下发掘确定何时开始使用专用的枕具。

小篆的"枕"字作从木冘声（〔小篆字形〕）。"木"表示制作的材料，"冘"则还可能表现一人侧卧，头枕枕头上之状（〔字形〕）。甲骨文的一个字作〔甲骨文字形〕等形，可能就是"央"字，小篆字形很像是仰卧而头休息于枕上之状（央）。商代的甲骨卜辞有一条作"弗疾朕天"（合集20975），问王的头顶会不会生病。"天"即头顶的意思，字形很像是作颈下有横置的枕头之状。不过，明确提到枕头的文献应是《诗经·葛生》"角枕粲兮，锦衾烂兮"及《泽陂》"寤寐无为，辗转伏枕"，可知到了西周时代人们已普遍伏枕睡觉。

角枕是木质的枕头装饰有角质的纹饰，应是比较高级的制品。不但生人使用，《周礼·玉府》掌王之金玉玩好，"大丧，共含玉、复衣裳、角枕、角柶"，说荐尸要用枕头。角是不易腐烂的物质，那就该是先秦时代墓葬所常见到的东西了。但是先秦的墓葬很少有角枕或任何材料的枕头的报告。目前所知，可确定为枕头的较早实物，是河南信阳长台关战国初期墓葬里的竹、木合制枕头（图11.33）。西汉的墓葬才渐渐多见各类枕头的报告。

枕头太软就没有垫头的功能，太硬又使颈部不舒服。因此于布帛材料普及之后，最常用的该是以布囊填充轻软的屑、壳一类的东西为枕头。由于布帛木竹都是易于腐烂的物质，如公元前122年南越王墓葬中的丝囊珍珠枕，就只见头下残留的珍珠。故传世的古代枕头以不会朽坏的陶枕为最多。

"寝苫枕块"多次见于《仪礼》《荀子》《左传》《墨子》等先秦文献，是守丧期间最简陋的寝具，表示人哀悼而无心讲求舒适的心情。苫是茅草编缀的席子，块是土块。有些注释说，夏枕块，冬枕草，"哀亲之在土也"。它可能反映基于实用上的选择，不华丽而实用，且表示哀戚，不必是哀悼亲人埋于土的观念。凝结的土块才能受力以枕头，很可能当时已有素烧的陶枕以供应丧家使用。土性凉，宜于夏天使用，不宜冬天使用，故冬天要用干燥的草。

早期的陶枕或是为守丧者所使用，不以之随葬，故不见出土于墓葬中。汉以后烧陶的技术大进，隋唐以来高质量的釉陶枕已多见于墓葬。有人以为陶质坚硬，不是理想的垫头器物，不是日常用具，而是随葬品。一如西汉初中山王刘胜夫妇的鎏金镶玉铜枕，铸成两端突出，不切实用的形式（图11.32）。上釉的瓷枕有清凉的触感，是消暑的良物，北宋晚期张耒的《谢黄师是惠碧瓷枕》诗云，"巩人作枕坚且青，故人赠我消炎蒸。持之入室凉风生，脑寒发冷泥丸惊"（柯山集：107），明白说它是实用物，且宜作为相赠送的礼物。

枕头的形状本是实体的，后来人们晓得应用黏接合拢的方法制成中空的形体，以减轻重量。到了发展以陶土烧制时，其坚实而又可塑造的特性，更宜烧制有平面可以垫首而中空的枕头。虚空的陶枕都要有通风孔。一来使枕箱里的热空气从开孔处排出，保持枕面的清凉；二可防止热空气的膨胀而导致爆裂。瓷枕质料坚硬的缺点比之暑热还可暂时忍耐。为了行旅携带的方便，还烧造可置于行囊、怀中的不到10厘米长的小型陶枕。

枕头还可用于按脉、垫足，以及驱邪等其他用途。《新唐书·五行志》有"韦后妹尝为豹头枕以辟邪，白泽枕以辟魅，伏熊枕以宜男，亦服妖也"的记载。上文所举刘胜夫妇的铜枕，两端也铸有某种神兽之头形，当亦有类似的用意。汉代的阴阳五行学说迷信思想充塞各个生活的领域，墓室壁上刻画或彩绘日、月、星辰、龙虎、神仙的图案，或于陶器表面以黑墨绘画道家灵符、禁咒以为驱邪之用。也许以陶土压模制造虎豹的形象，较之刻画或彩绘更为方便，故隋唐时代渐多以陶枕随葬，至两宋而最盛，元以后流传的作品就大为减少了。

家　具

家具是为方便日常生活而制作的器具。不过家具在古时候并不属于生活的必需品，一开始时应只有贵族才用得着。通常定居比游牧的生活更需要家具，故家具是文明达到相当程度后才有的产物。

初始的家具肯定是用木、竹一类材料制作的。它们都是易于腐烂，难于长久保存于地下的物质。因此，想从地下发掘的实物去证实中国何时开始使用家具，可以说是几乎不可能的，更不用说要探明其形状及木料了。

箱、柜

在木、竹类家具中，最为人们所需要的可能属于箱、柜一类收藏衣物的东西。在以渔猎采集为生的远古平等社会，虽然产物公有，没有必要隐藏贵重的东西。但是穿着的衣物有冬、夏之别，为避免受到尘埃、雨露的脏污，就有可能制作箱柜加以收藏。及至到了经营农业、定居的阶级社会，人们对于某些贵重的物品，更有给予某种防范和保护措施的必要，从而制作箱柜。3000多年前商代的甲骨文"贮"字，便作海贝收藏于柜中之状（𡧛 𡧛 𡩵 𡨆）。中国的海贝来自印度洋及南海岛屿附近的暖水区域，商人不但将其视为贵重的装饰物，也可能已作为交易的媒介，所以要特意加以贮藏。

6000多年前的浙江余姚河姆渡遗址，其残存的薄木板已带有榫卯及企口，已具有制造箱柜的必要技术了。河姆渡的人们只用石与骨的工具，就能制造高度巧妙的工艺构件。而商代的匠人使用青铜工具，其技术应更为精巧。

席

箱柜之后发展的家具应该是有关坐卧的。蹲坐是躺卧之外，另一种合乎生理的自然休息法，可避免身体接触地面。它普遍行于动物。跪坐则是种较不自然的坐姿，只见行于人类，甚至猿猴也不采用。跪坐不耐久，而且也不合生理的结构。但是社会一旦有了阶级之分后，人们就通过各种办法以表现其比常人高一等的身份。跪坐就是中国人所采用的方法之一。甲骨文有一字作一人跪坐于席上之状（🖌）。而"宿"字则作一人躺卧在草编缀的席上（佰佰佰佰），或睡卧于屋中的席上之状（㝧㝧宿）。其金文还有作睡卧于屋里草上之状（㝢㝢）。睡觉要经历一个夜晚的时间，故"宿"字也用以表示经历一个夜晚以上时间的意思。

商 甲骨文	周 金 文	秦 小篆	汉 隶书	现代 楷书
佰佰佰佰 佰㝧㝧宿	㝧㝧佰㝢 㝧㝢	宿	宿	**宿** 作人睡卧于屋中席上之意。

商代贵族就普遍跪坐于席上，故"卿"字以两位跪坐的人面对面用食表示（㖾㖾）。跪坐需要有兽皮或席子以避免衣服被尘土所玷污，也可供睡眠使用。至迟至秦、汉之时，蹲踞还被认为是种鄙俗、没有教养、不礼貌的坐姿。《论语·宪问》孔子见原壤夷俟而不悦的故事众所周知，夷俟就是蹲踞以等待。中国使用椅子的时代甚晚，就是习惯跪坐的关系。

编织草席或地毯的使用肯定要迟于兽皮。河姆渡遗址的干栏建筑上，发现木板铺有芦席的痕迹（浙江文管1978：46）。席子到了商代已有一定的规格。甲骨文"寻"字，作伸张两臂以测量某物件之长度状（人 ⺆ 疌 ⺆ 人）。所测量的各类东西之中，有作席子的（佰 ⺆ 佰 佰）。可知席子的长度约为两臂之长，古代的八尺或一寻，稍短于现今之两米，正好容一人睡眠。讲究者又在席上加细箪，名为重席。

席子轻便，可因主客身份、使用目的等不同，随意移动安放，没有固定的位置。可以想见商代以前的房间，除了墙上的帐幔，室内是空荡荡的。由于跪坐的姿势不耐久，可能有矮几之属以为凭靠。书写、进食本来也是在席上进行的，为了生活舒适，也可能发展矮几案，从而不用伏趴在席面上书写。浙江安吉的商代遗址，发现有长10.5厘米的铜案足，銎内尚残留木块，可看出是件矮几的形式（安吉博物馆1986：39）。

床

　　草席不能隔绝潮湿。虽然可用种种办法减轻地面的潮湿，总不如高出地面的床可确实隔绝潮气，故发展出了有支脚、可寝卧的床。寝具发展的步骤为：最先利用的无疑是自然生成的地面或树枝；渐渐发展铺设东西于其上，以求舒适或不污秽衣服；最后才制作专用的寝具。《礼记·间传》说："父母之丧，居倚庐，寝苫枕块，不说绖带。齐衰之丧，居垩室，苄翦不纳。大功之丧，寝有席。小功缌麻，床可也。此哀之发于居处者也。"汉代的服丧制度，以生活的简陋程度去表示哀悼的深浅。寝具的规定，正反映于从铺设干草发展到睡床家具的演进过程。铺干草之后的特定寝具大半是兽皮。未经营定居的时代，如使用固定的寝具，只宜选用轻便、耐用而易于携带的东西。那时人们以采集渔猎为生，兽皮的来源不匮乏，是理想的寝具。它不但重量轻、质柔软、能够卷藏，又可以隔绝地上的湿气。以兽皮为寝具源流甚为古老，使用广泛，故古人常取以为比喻。如《左传·襄公二十一年》中言："臣为隶新。然二子者，譬于禽兽，臣食其肉而寝处其皮矣。"寝皮成为憎恶敌人的最恶毒诅咒。

　　《诗经·北山》云："或燕燕居息，或尽瘁事国，或息偃在床，或不已于行。"这似乎表明西周中晚期的贵族们已经常以床为睡眠的寝具。但《诗经·斯干》中"乃生男子，载寝之床……乃生女子，载寝之地"表明许多人还在地面睡卧。古文献所提到的床，有时只指称铺有寝具的地方，并不一定是件家具。如《左传·襄公二十一年》言："蘧子冯为令尹……遂以疾辞。方暑，阙地下，冰而床焉。重茧衣裘，鲜食而寝。楚子使医视之，复曰：'瘠则甚矣，而血气未动。'"当时于地面睡卧必是甚为平常，否则蘧子冯贵为宰辅之尊而在地下挖洞充冰以假装重病的举动，必会引起视疾医生的怀疑而罹祸。从上举金文"宿"字有一形作一人睡卧于草上之状（信阳文管1981：20），可知春秋时睡在地上的情形还是不少的。

但是床开始时好像不是为睡眠而设的。甲骨文的"疾"字作一人躺在有短脚的床上（），与"宿"字的差别只在于寝具不同而已。表明3000多年前，人们对于席与床已有习惯性的各别用途。睡眠用席，卧病则于床，一眼即明白其各自的意义，故依之以创意。

睡在床上是有特殊意义的。台湾以前的建筑属于干栏式，人们睡卧于高出地面的铺板上。但是当有人病危时，就得将病人从铺板的床房移至正厅临时铺设的床上，称为搬铺或徙铺。古人认为在铺板床房上死，灵魂将被吊在半空中不能超度，会前来骚扰亲人。有时来不及制作，人们还会拆下门板当床以应急。人要死在临时架设的床上才合礼仪的习惯，起码可以上溯到孔子的时代。《礼记·檀弓上》记载："曾子寝疾，病，乐正子春坐于床下，曾元、曾申坐于足，童子隅坐而执烛。童子曰：'华而睆，大夫之箦矣？'子春曰：'止。'曾子闻之，瞿然曰：'呼。'曰：'华而睆，大夫之箦矣？'曾子曰：'然。斯季孙之赐也，我未之能易也。元起易箦。'曾元曰：'夫子之病革矣，不可以变，幸而至于旦，请敬易之。'曾子曰：'尔之爱我也，不如彼。君子之爱人也以德，细人之爱人也以姑息。吾何求哉？吾得正而毙焉斯已矣。'举扶而易之，反席未安而没。"这反映了病危时要更换睡床的习俗。

至于《礼记·丧大记》则记载，生病严重时要废床，使人死在地面上，然后再迁尸返于床上，最后入殓于棺木。虽习俗有异，床都是为了停尸而设，目的不在隔绝潮湿，有利病人的康复，而是基于某种特定的信仰。《易经》剥卦为"初六，剥床以足，蔑贞凶。"大概是假借撤去床脚而为停尸之板，因是病危将死的措施，所以表示凶险大。

生病并不一定会导致死亡，为什么商代的文字会反映一生了病，就要考虑丧事而让病人睡在床上呢？我想它与古代的医疗水平有关。虽然旧石器时代的人们已有对外伤用草药的知识，但对于致病原因不明的内科疾病，到了商代还是没有太有效的办法。主要对策是向神祈祷或祭祀以求解救，病死的机会很大。因此一旦得病，就得作最坏的打算，把病人放到可以移动的板床，搬到适当的地点，以备万一不幸时刻的来临，可以死得其所。但是西周以后，药物已发展到可延长病期，甚至经常有痊愈的时候。病人习惯于长期睡病床，不嫌弃卧床为丧亡用具，故床渐被接受为日常的寝具。床板高于地面，不但避潮湿，也避灰尘。也许人们因之利用以坐息，在其上铺席。东周时候木床已发展成可以坐卧、进食、书写、会客的家具，为屋中最有用的常设家具了。

古时有父子不同席，男女不同席的习惯，同时也为了易于搬移，就有做成只容一人跪坐的榻床。后来大概是受佛教的影响，也有采用跌坐的方式。很多设施就围绕着床而设，如屏风放在侧后以分内外并可靠背。进食的矮几和凭依的凭几则放在床前。承尘和承帐也悬挂在床顶。如果床面太高，还可借助矮凳以登上床。至迟战国时代已有独坐而有靠背的床。

床面高于地，坐于床沿两脚可以下垂，较之跪坐的方式要更舒服，所以坐的习惯便慢慢改变了。《史记·郦食其传》记载，郦食其入谒沛公，"沛公方踞床，使两女子洗足。郦生不拜"。刘邦一定是垂足而坐于床沿，才能分使二女洗两脚。显然这种姿态是相当不礼貌的，所以郦食其不向刘邦拜揖。在有了垂足而高坐的习惯之后，随之进食或书写的矮几也要搬下床而变为在地上的高桌了。

江苏六合的春秋晚期墓葬出土了一件残破铜片，上有坐于矮凳的刻纹（图11.31），山西长治也出土战国时代的铜匜，线刻武士争战及坐矮凳饮酒之纹（侯毅1989：49），大约它是少数地区的习惯。中原的贵族们还采取跪坐的姿势，故在中国，椅子的起源没有很早。不像埃及，于3300多年前便已有椅子。胡床是座椅之一种，名称屡见于东汉后期及三国时代，文献中有武将坐胡床指挥作战的描写，可知它是种轻便可折叠，垂足而坐的坐具。从汉、六朝的画像石及文献可推断，胡床只是临时性的坐具，大都于郊游、狩猎、战争等野外使用，偶尔也用于室外，并不是常设的家具。顾名思义，胡床是外族传来的东西。因为床面是用绳编缀而成，故也叫绳床。胡床本是没有靠背的，采取坐榻后有屏风的靠背形式，以后就慢慢发展成不能折叠的椅子和可折叠的交椅两种式样。桌椅既成为日常的家具，床榻因为笨重，便渐渐退为专供寝息的卧具了。

熏　炉

人类一直在想办法让生活过得舒服，不管衣食住行哪一方面。在住家方面，不但空间要大，建材要理想，气氛也要有相当程度的配合。从文字可推断，起码从西周时代起，人们就想让呼吸的空气舒服些。金文的"熏"字，作一个两头都捆绑住的袋子中有很多东西之状（東東東東東），从使用的意义可以推知此袋子为香囊，里头装的是干燥的有香味的花瓣一类东西。香囊可以杂放在衣服中让衣服沾染香味，也可以佩带之走动，随处生香。这反映了对住家生活的改进。古代的文献经常谈到使用薰草。薰草是种禾本科的植物，也称蕙草或兰蕙。它自身能放出香气，也可以焚烧的方式扩散香气，故有"熏以香自烧，膏以明自销"之句。小篆的"籣"字（簋），其意义就是熏炉，其古文字形即作一房屋内有熏炉，上有两束薰草之状（簋）。

商　甲骨文	周　金文	秦　小篆	汉　隶书	现代　楷书
	東東東東東	熏	熏	**熏** 象一个两头都束住的薰香包之状。

薰草生长于湖南两广一带，取得不难，故秦汉时代普遍使用以熏香。到了西汉中叶，时人对闽、广地区渐有认识，也和西亚较有贸易接触，故知悉龙脑、苏合等树脂类香料。龙脑为树干中所含油脂的结晶，产于福建、广东，以及南海、波斯等地。苏合产于小亚细亚，为金缕梅科乔木。其芬芳馥郁都远超过薰草，自然为人们所乐于采用而渐取代之。这些树脂类的香料不能直接用火燃烧，须经过捣打的步骤制成粉末，然后才放入炉中的承接器间接用炭火加热，不使燃烧太快而浪费钱财，因此不能不改变焚烧的方式而有博山炉的新器具产生。梁朝吴均《行路难》有诗句"博山炉中百合香，郁金苏合及都梁""玉阶行路生细草，金炉香炭变成灰"，就具体描写了以博山炉焚香的情况。此种器物要做成深腹形式以容纳炭火，盖子使氧气供应不充分而慢慢消耗香料，山峦隐蔽处也做成烟孔，使香气能够逸出。

焚香本来是为自己增加生活情趣而做，对于神仙当然要以人们最珍贵的东西去礼敬，因此焚香自然也成为信仰的方式之一，敬神甚至成为其主要的功能。南北朝以来佛教盛行，焚香渐成为宗教的行为，焚香的器具也稍有变化，成为特殊的佛具而少见于家庭。到了北宋更制出方便使用的棒香或线香，成为宗教专用的商品了。

商代的建筑

3000年前的商代是我国迄今所知有大量文字遗留的时代，被视为信史的开始。商人活动范围广，出土大量实用及礼仪用的骨、石、玉、铜器，手工业发达，出现人口集中的城市，有大规模的战争，被认为是已有严密组织的国家。它是一个代表中国文明的阶段。让我们综合上述考古证据所显示的当时技术和文物，来看看其时一般住家的情况，以及权贵者居所可能达到的豪华程度。

中国古代社会

商的主要活动区域是华北。华北冬季寒冷多风，初期构筑的住家都是半地下穴式的，有冬暖夏凉之效。商代的建筑业虽已有长足的发展，但低阶层住家或许和仰韶、龙山文化时代的家居没有大差别（伊藤道治1962：225—239）。不但住半地下穴居的还是比住在地面的多，有不少房子比仰韶时代平均的还小，面积不到10平方米，深入地中1米多，需要七级阶梯以为进出。

商代地面的建筑已大有增加，且规模一般比半地下穴式的广大。常有三四十平方米，有矮墙隔成两三个分室的例子。大面积建筑的规模，更是之前时代所不能想象的。如最早的河南偃师二里头的早商宫殿，包括围墙的整个夯土台基长108米，宽100米，范围达10,000平方米。若只算其中的主要建筑地基，也有36米乘25米，计900平方米。稍迟的湖北黄陂盘龙城宫殿为39.8米乘12.3米。郑州的台基还残长34米、宽10.2米。在河南安阳的晚商乙八基址，残迹为85米乘14.5米，超过1200平方米。它们分散在中国各个地区，表示其时建造大型房子的技术已颇成熟而普及。

华北平原少石材，房子主以木料结合黄土构建。地面建筑的地基是利用黄土细密的特性，在竹、木框中层层加以夯打，使地面坚实而不透水，较之早期用烧烤或敷石灰的方法有效而费工。其构筑的程序大致是：先挖土坑深约1.5米，填充以纯净的黄土，再夯打成为稍高于地面的平台，若是大型的建筑，台基有时高出地面数米；接着于地基挖洞埋置木柱再加夯实，为使木柱牢固而不会下陷，木柱之下以石或铜作基础垫底以加强其支承力；最后上梁架顶，木柱间的墙壁以草泥合拌筑成，或用夯筑方式。有些遗存土墙高达2.5米（王慎行1988：69），墙内外表层还有敷涂石灰使光滑，并可彩绘。陕西周原的西周初期建筑遗址，还有可以钉在土墙上的砖板以防雨淋（图11.20），也许晚商也已有此种设施。6000多年前的浙江余姚河姆渡遗址已有榫卯的木构件，商代的宫殿无疑也可能采用同样方法以联结柱与梁，架设屋顶。地下则埋藏陶制下水管以排泄雨水，还有以石板和卵石铺成的石甬路以利行走。

从基址遗留的柱洞及文字字形，知道商代的屋顶结构已有颇为复杂的四坡重檐顶及二层的楼房。但屋顶只铺盖芦苇一类的东西，要到西周早期才有陶瓦。不过上面也只用草泥，再加一层用细砂、石灰、黄土搅拌的三合土做面，以防雨水的侵蚀。二层楼有些建在支柱的干栏上，有些则建于夯土高台上。刘向说帝纣建造鹿台高千尺，大概是比照汉代的例子所作的推测。商代是否利用多层阶梯式的平台建造楼房，还有待发掘。从字形知其屋脊装饰有高耸的饰物，远远可望见，增加统治者的威望。

在商代，一般的房子甚少隐蔽性，没有墙壁隔间，起居、工作都在一个空间。有时一室之内有三个火膛，好像住有几户人家，各自烧火煮食的样子。但大型的建筑就有许多隔间，而且还有架有庇廊的围墙，自成院落，不受干扰。如早商时期二里头的宫殿，其殿堂四面有数目不等的台阶，正面台阶之上是个六间宽二间深的大厅堂，堂之三面共有十一个房间。到晚商时大型建筑物的隔间应已不止十一个。隔间愈多，柱子的安排和架构就得更为复杂。

墙上设有圆或方形窗子以畅通空气、引进光线。一般单室的窗户多开挖在南墙，多间室的就在北面的后墙。入口有可开阖的单扇或两面的户和门，不只悬挂帘子以分别内外了。有的房间前后各有一道门，但一般只装设一个单扇的门户。在对立木柱上可旋转的两扇门，大概是大建筑或建筑群的入口才有。西周初的房间就见有两扇的门。

在一个晚商玉器作坊遗址中，其白灰面的墙壁上发现有红色花纹和黑圆点的图案，不难想象宫殿有更精工的多彩壁画。有时木柱上还有更费工、昂贵的丹漆与雕刻装饰。商遗址发现不少多彩的雕漆木板，想来也使用于木柱、门框等处所。商代墓葬曾见红、黄、黑、白的四色布幔，顺理成章也有以之装饰窗户墙壁，甚至更奢侈地以珠玉珍宝点缀其上。根据以上的介绍，《墨子》"纣为鹿台糟丘，酒池肉林，宫墙文画，雕琢刻镂，锦绣被堂，金玉珍玮"的描写，应不会离事实太远。

周代的建筑技术新猷

商周之际的建筑有相当大的进展，兹举一例。陕西岐山发现一群不晚于西周早期的大型建筑遗存，是目前所知最早有严格对称布局的实例（图11.17），现今华北地区四合院设计的直接前身。大门是两扇式，门前树立碑座以遮挡门外的视线，保持院内的隐蔽，两侧则是守卫的两塾。一进门为中廷。然后是堂，它与商人所称的厅同为行礼、接见客人的所在。廷在周代是指阶前的院子。金文的"廷"字，可能表达阶前人所站立之处（ ），几道斜短划大概表示阶梯的级数。行礼时，台阶旁边站有参与者的行列，故以人站立于阶前以表达庭院的意义。堂后是内花园的庭院。中廷及堂的两侧是厢房，共有十九房，是住家及炊煮的地方。可以看出人们已注意到房子的布置，留心庭院台榭、花草流水的幽雅。由此再发展，就有了苑囿的规划，以为散步、行猎作乐之用（图11.18）。这种可供玩赏的苑囿设计，应该商代也已有了。甲骨文的"囿"字，作在一处规划的范围内植有众多树木花草之状（ ）。卜辞就有商王占问前往囿及囿中所植之黍香否（甲骨类纂：819）。

商　甲骨文	周　金文	秦　小篆	汉　隶书	现代　楷书
		庭	廷	**廷** 作行礼时阶前人 所立之处。
		囿	囿	**囿** 栽培观赏类植物 的游乐场地。

瓦

西周以后，不但在庭院的布置上有所改进，而且在一些地方有突出的发展。首先是瓦的使用。比之其他的文明，瓦的使用也是中国建筑的一种特色（祁英涛 1978：62—70）。它有避雨的实用效果，也兼作展示的装饰。人类从旧石器时代起就懂得爱美而装饰自己，一旦物资较为富裕，且进行较长期的定居，就要着手装饰住家，使其住起来悦目些、舒服些。一旦阶级确立，更要修饰家居的外观，以表现其高人一等的地位。屋瓦的使用就是其中一种措施。谯周的《古史考》说，夏时昆吾氏作屋瓦。从商代的甲骨文字形可知，3000多年前的屋脊有高耸的装饰，颇似后世的陶制屋脊装饰。但是几十年来的发掘，尚不见商代有陶瓦出土，可知当时的屋顶用茅草覆盖，而屋脊的装饰或为木制，所以早已腐烂无存。也有可能屋瓦为铜铸，尚未被我们所辨识，但其时绝未覆以焙烧的陶瓦。想来在那时候，陶器烧造必然甚不易而为价昂之物，因此才把屋瓦的创制归罪于暴虐奢侈的夏桀及其臣下。

屋脊是屋顶两斜面的交接处，在防漏的效果上要较其他的部位差，因此有必要想办法用不透水的东西加以覆盖。从西周屋顶有残泥遗留的痕迹可知，当时普遍涂泥于茅草盖，以加强避风防漏的效果。陶器本为盛水、煮食而烧造，每一座窑的烧造数量有限，成本大概不低。到了西周初年，也许造窑、烧陶的技术提高，产量增加，成本降低，贵族有财力以之覆盖屋顶，改良防漏的效果。在岐山的西周初期宫殿遗址便发现了陶瓦（杨鸿勋 1981：29；傅熹年 1981：73）（图11.21）。也许当日支撑屋顶的木柱的承受力有限，从瓦的形状、残留泥的痕迹得知，当时只在屋脊部分覆盖瓦片，屋顶的部分还只是传统的茅草束。到了春秋时期的遗址，才发现较多的板瓦、筒瓦、瓦当，或可表明其时连屋顶面也用瓦覆盖，而且也注意到其装饰的效果了。

春秋早期时，屋瓦还是贵重的东西，不是人人用得起的。《春秋》记载鲁隐

中国古代社会

公八年时"宋公、齐侯、卫侯盟于瓦屋"。会盟的地点是在周地的温，但下笔的人只写瓦屋，可见它是当时人人晓得的、被视为伟大的建筑，所以才不需写明其地点。到了战国时代，一般人的房子也以陶瓦覆盖了。如《史记·廉颇蔺相如列传》中言："秦军鼓噪勒兵，武安屋瓦尽振。"

板瓦和筒瓦都具有防漏的实用效果，发展较早。圆形或半圆形的瓦当，则是为了房子的美观原因而设计的，因此发展较迟。它放置在屋顶的边缘，其表面与地面成垂直，人们可以看到其表面，故加以种种的纹饰以为展示之用，不像朴素无文的、在地面看不见的板瓦和筒瓦。春秋时代的瓦当数量还算少，秦汉时代就相当多了。以装饰为目的的瓦当大半是为统治阶级的建筑而烧造的。董卓说汉武帝居杜陵南山下时，附近就建立瓦窑数千处以起宫殿。

以陶瓦覆盖屋顶虽有防漏的效果。但陶瓦的质量重，覆盖太多，恐怕支撑的木柱梁就会承受不起而崩塌。也许因此，早期的建筑只以陶瓦覆盖屋脊的部分，倒不全是由于陶瓦的造价高。战国时已普遍用斗拱的方式构建柱梁，可以承受更大的重力。此后渐有重檐四合的复杂屋顶结构，可以在其上架设更多的东西装饰，以增壮观。

接着发展的是屋脊的大型装饰（图11.22）。战国晚期中山王墓发现有山形的瓦脊饰，为汉画像石中常见的屋正脊上凤凰形屋脊饰的前身。大概晋代开始又出现了在屋顶正脊的两端装饰鱼尾或龙尾形的陶鸱尾。此后较大的建筑物就少不了此类的装饰。公元5世纪时，后魏太平城的太极殿琉璃台及鸱尾都以琉璃为之。琉璃是种有釉的陶器，在当日极为贵重。7世纪的唐昭陵有黑色琉璃釉灰陶鸱尾实物出土，想来同时也有上釉的瓦片和瓦当。唐朝大明宫殿曾出土两片绿釉琉璃瓦当，甚至七八世纪的高丽遗址也发现绿釉瓦当，11世纪更有昂贵的青瓷瓦。

至迟晚唐，鸱尾的前端渐渐被改变为兽首张口而成兽首鱼尾的鸱吻形式，时人以为有预防火灾的作用。宋以后的建筑就绝大多数用鸱吻，只少数用他种的形象。明清的寺庙建筑，更在整个正脊安上多个多彩釉琉璃龛、宝瓶、楼阁、神仙等雕塑。有些作品太大，要分成几段烧制再接合起来。除房屋的正脊外，一些高大的建筑还有垂脊，也需要遮盖和装饰。垂脊一般用朴素的瓦，只有少数在端部装饰上挑的东西，也可能是陶制，后来也演变成兽首的造型，之后又在垂脊装饰蹲兽，组成十分华丽的屋角装饰。

铜构件、斗拱

其次是使用铜构件（图11.23）。铜在商代是贵重的材料，主要用于铸造祭器与武器，慢慢被应用于工具，春秋时代终于推广到非生产性的建筑物。它可以作为木材的框架，代替榫卯的作用。铜不但加固木构件的结合，也增加其色彩的辉煌。

第三是斗拱的应用。建筑物越高，支柱的承受力也越大。初时以夯筑梯级的方法，用土层承受压力而增加建筑物外观的高耸。战国初期应用前后左右挑出的臂形横木交互叠合木块，把它们承托在横梁与主柱间的过渡部分，将屋顶的力量平均分配到承托的构架上，分散其剪力，并使木梁两端的支点距离缩短，不易断折（郭宝钧，铜器：138）（图11.26）。这种巧妙的力学结构，不但增加柱梁的支撑力，也增加壮观及空间的利用，成为中国建筑的最大特色。其材料有些还用陶制作，可能可以历时更久（陈应祺1989：79—82）。

砖

砖是土坯烧造以砌墙壁的条形建材，是1000多年来采用的形式。在发明砖块之前，中国一向采用土墙。初期使用泥巴涂抹于枝条的方式，后来改良于框架中填充黄土加以夯打。土墙的基部经不起雨水的侵蚀，要时加修护。烧结的砖则与陶器为同样的物质，质料坚固，能防水、耐腐败、耐摩擦、耐压力，历年长久而不坏，是古代建筑技术的重要革新。但是墙砖之所以被大量采用，恐怕起于对死者的服务，主要用以修造墓室，替代棺椁而不是修筑住家。

砖是烧陶的进一步利用。早在6000多年前的仰韶时代，人们就知道烧烤地面使之坚硬，便于行走，又可以防湿。利用陶土烧造零件作为建筑的用途，初有龙山时代的陶下水管，西周初覆盖屋脊的瓦。但都限于特定的时机，要到了春秋以后，大概因烧陶费用的低减，渐有能力普遍用之于建筑。或是受烧烤地面的启发，西周初就发现陶制的砖板，其底面四角各有半个乒乓球大的乳突一个，作用像使用扒钉一样，使陶砖紧紧地嵌贴于泥土层上，以防备雨水侵蚀泥土墙（罗西章1987：10）。秦咸阳宫殿还出土带有子母榫的铺地砖，进一步解决地面潮湿和平整的问题。不过当日被认为最高贵、费工的大型建筑物的地面，绝大多数是用夯打的方式。秦代以后才渐普遍以砖块铺地，附带有装饰的效果。以砖块砌墙的灵感可能来自陶窑，最早的实例见于河南新郑战国炼炉通气井的井壁。但早期砖墙结构绝大多数见于墓葬，最先是大型的空心砖，后来才发展小的条砖，有理由相信砖是顺应墓葬的用途才大量发展的（吕品1989：51—59）。

对亲人尸体的处理，最先是弃置于山野沟壑；由于不忍见尸体受鸟兽虫豸侵扰，渐渐演变成埋藏于地下而加以保护的方式。到了4500年前的半山时代，偶尔有用木棺或石棺加以收敛的。埋葬的风气越来越兴盛，到了3000多年前的商代，使用木棺收敛已甚常见，而且更在棺外套以椁室，墓坑的挖掘就得大为加大了。如以安阳武官村的大墓作为例子，椁室长6.3米，宽5.2米，高2.5米。从土上印痕，知椁底用30根圆木铺设，四周用半面削平的原木以井形交相叠构筑成为椁室（胡厚宣，殷墟发掘：129）。到了周代，更变本加厉演成天子四椁、诸公三椁、诸侯二椁、大夫一椁的制度，埋葬的工程就更浩大了。

以原木在好几米深的地下构筑椁室，可能相当费工，而且造价也高。棺椁制度本来是颇为严格的，春秋时代以来，由于王室的式微，僭制成为普遍的现象。稍有资产的人，就可能僭用了外椁。原木的供应量可能因之短缺，而烧陶的费用又低降，民间已普遍用陶瓦覆盖屋顶，因此战国末年就有人想出了陶造的棺椁。

战国时代的空心砖还少，尤其是小条砖，迄今已发现两例用小条砖砌筑的墓室（临潼文管1989：10）。河南洛阳地区于西汉早期大量出现单棺的空心砖墓。砖室一般略大于木棺，长2到3米，宽1米左右，具有木椁的作用。这种墓室陪葬仿铜的礼器，身份较陪葬少的单棺土洞墓显然要高些，看来是前代长方形竖穴木椁墓的衍生物。大概是陶制的较省费用，使用渐多。到了西汉中期，又出现夫妇合葬形式的双棺空心砖墓。起先的空心砖墓都是平顶的，此时也有三角形的砖块以构筑尖顶，具有家屋的雏形。

大型的空心砖是种陶瓦。它用木的模子一版版压制，然后用稀泥黏合四片成空心的形式，晾干后入窑小心烧烤，所以砖的灰黑呈色非常均匀。为了烧造的需要，以及烧后运搬的省力和方便，故做成空心，而且在两端的边上都挖有两个圆或长方形的洞。这些小洞也可能用穿过绳索，插木榫等方法以固定陶砖的位置，防止滑落或走位。有些墓室在构筑之前大概已先设计式样，故砖上有朱书"东南上""东南下""南和西""和东上""和东下"等方位的说明，可依之加以套合。空心砖的形制有限，以长方形为最多，大的有长180厘米，宽60厘米，厚15厘米，小的只长90厘米，宽30厘米，还有三角或近三角形、窄长条、不规则形的。

这种大型空心砖流行到其他地区，材料或改为石板。大概这种大型空心砖不易烧造完美，量重不便搬运，组合也受限制，同时也为了解决堆积的稳定、屋顶架构及转角连接等构筑的难题，汉宣帝前后开始渐渐多用小条砖砌叠的方式修建坟墓。不久，有前室、后室、耳室的多室砖墓建成，与地上的建筑相似。

大概砖块与砖块的黏结技术也解决了，就以之应用于地面家屋的建筑。

战国时代建筑的豪华

以下举《楚辞》为招徕亡魂所描写的舒服家居的译文，以见战国时代家居所可能达到的豪华程度。

"高高的殿堂，深深的屋宇，又有一层层高大的栏杆，重叠的台观，累次的水榭，面临着高大的山岳。罗网状的窗户，用丹朱为饰，镂刻着方与方相连的图案。冬天有复室大厦，夏天的房室，则又寒凉，小溪流过了园庭，激起清脆的声响。蕙草在微风中闪烁着露光，亦摇曳着丛丛的蕳兰。经过门堂，步入内室，头上是朱红色的天花板，磨石子的内壁，用翡翠的羽毛加以装潢，还挂着一列列玉钩以承衣裳。翡翠珠玑织饰的衾被，发出灿烂的光辉。蒻席的壁衣，迫附在墙角的曲隅，罗帐业已张起，五色的缕带，鲜艳的细缯，还结系上琦璜美玉。室中陈设的观赏，尽是珍奇怪物，以兰香熬炼的膏油，做成了明烛……翡翠羽毛装潢的旁帘帷帐，张饰在高大的殿堂之上，朱红色的墙壁，丹砂涂饰的楼板，黑玉镶饰的栋梁。仰观刻镂的椽桷，画着飞动的龙蛇。坐在高堂上，凭伏着栏杆，临视着弯弯曲曲的池塘；芙蓉始放，掺杂地点缀着菱荷数行，紫茎的水葵，纹彩随着池波荡漾。身上披着文豹殊饰的武士，侍卫在长阶之旁。轻车都已准备妥当，步骑已罗列成行。兰花一丛丛栽植在门旁，白色的琼木架成了篱藩。"（傅锡壬，楚辞：166—167）

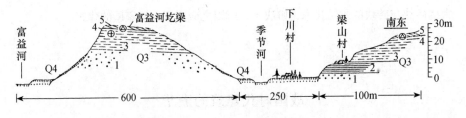

富益河

富益河圪梁

季节河

下川村

梁山村

南东

5
4
3
1

Q4

Q3

Q4

Q3

2
1

3

Q3

5
4
10
0

30m

20
10
0

600   250   100m

⊕ 下文化层石器   △ 上文化层石器

Q4：亚黏土及砂砾层

Q3：1.砾石层 2.灰黄灰黑色黏土层 3.微红色亚黏土层

4.褐红色亚黏土层 5.灰褐色亚黏土层

图11.1 旧石器遗址的坐落地点（王建1978：262）

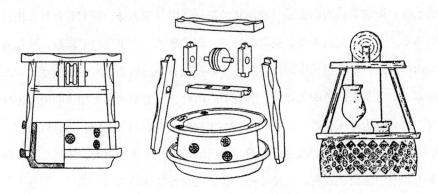

图11.2 汉代水井的模型（江苏文管1966：79；洛阳烧沟：127）

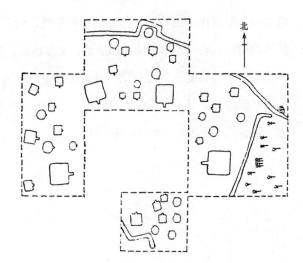

北

图11.3 姜寨的围在壕沟中的仰韶文化村落（半坡博物馆1975：76）

中国古代社会

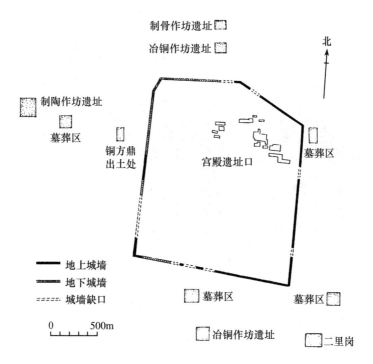

制骨作坊遗址 [ ]
冶铜作坊遗址 [ ]
北 ↑

制陶作坊遗址 [ ]

墓葬区 [ ]

铜方鼎出土处 [ ]

宫殿遗址口

墓葬区 [ ]

―――― 地上城墙
▨▨▨▨ 地下城墙
===== 城墙缺口

墓葬区 [ ]

墓葬区 [ ]

0   500m

冶铜作坊遗址 [ ]

[ ] 二里岗

图 11.4　河南郑州的商代早期城址（商周考古：59）

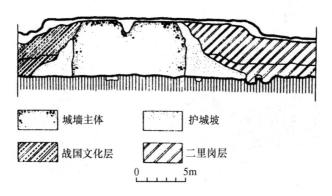

[ ] 城墙主体
[ ] 护城坡
[▨] 战国文化层
[▨] 二里岗层

0   5m

图 11.5　早商郑州城墙的剖面图，护城坡的坡度不高（古建筑：29）

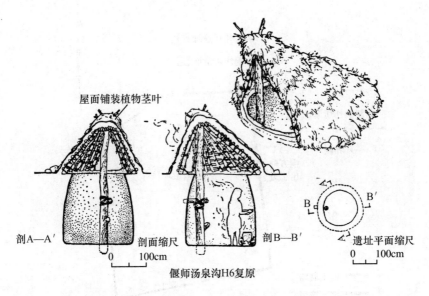

图 11.6　仰韶文化早期的圆形半地下穴式房子复原图（杨鸿勋 1975：53）

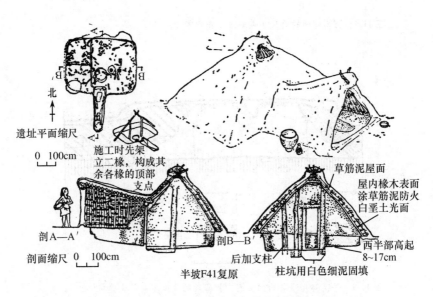

图 11.7　仰韶文化早期的长方形半地下穴式房子复原图（杨鸿勋 1975：45）

　　　　　　　　　　　　　　　　　　　　　　　　　中国古代社会

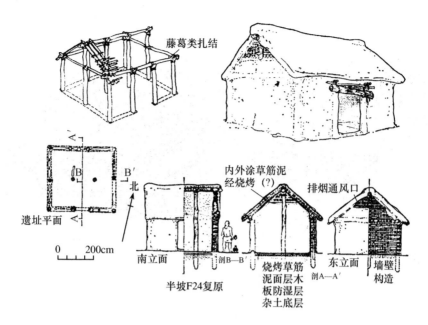

图 11.8 仰韶文化中期的地面房子复原图（杨鸿勋 1975：50）

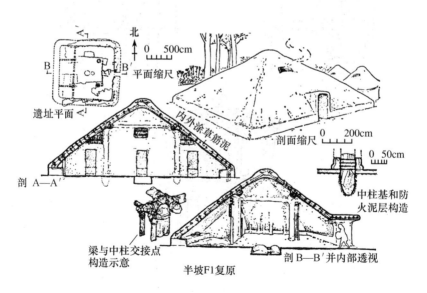

图 11.9 仰韶文化晚期有隔间的房子复原图（杨鸿勋 1975：51）

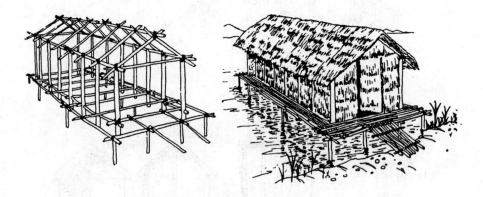

图 11.10　干栏式建筑复原（杨耀林 1985：44）

图 11.11　华南地区干栏式房子的模型（安志敏 1863：78）

中国古代社会

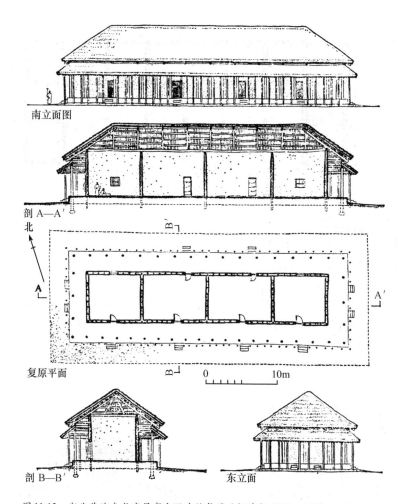

南立面图

剖 A—A′

北

复原平面

0　　　　　　　10m

剖 B—B′　　　　　　　东立面

图 11.12　湖北黄陂盘龙城早商宫殿建筑复原（杨鸿勋 1976b：23）

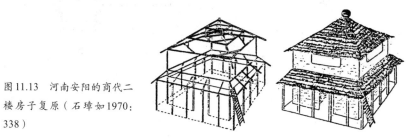

图 11.13　河南安阳的商代二
楼房子复原（石璋如 1970：
338）

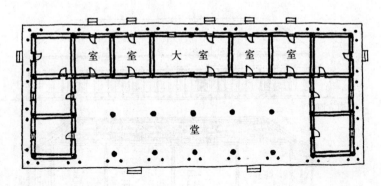

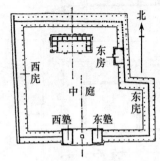

图11.14 河南偃师二里头遗址的早商宫殿
遗址及基址上的隔间（杨鸿勋1981：23；又
1976b：18）

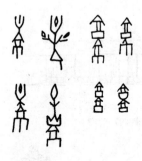

左：屋顶上有高耸的装饰。
右：在干栏及夯土地基上的二层建筑物。

图11.15 甲骨文字形（岛邦男，综类：
266，264）

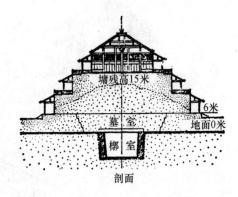

图11.16 战国中山王坟墓上头的享堂复原剖面图，
为梯形基础上的多层建筑（黄展岳1981：90）

中国古代社会

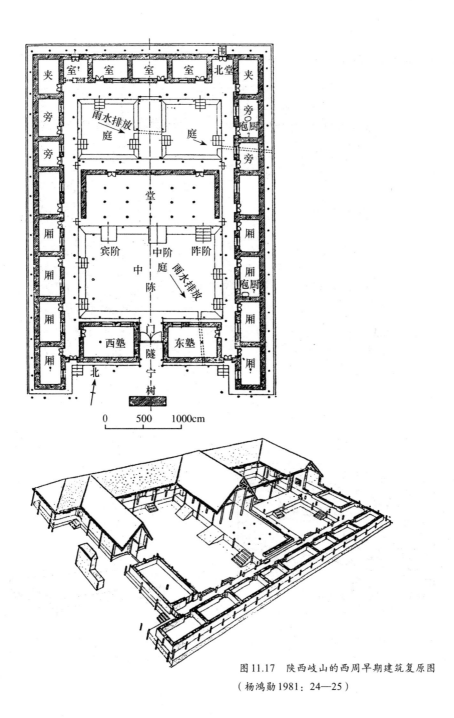

图 11.17 陕西岐山的西周早期建筑复原图
（杨鸿勋 1981：24—25）

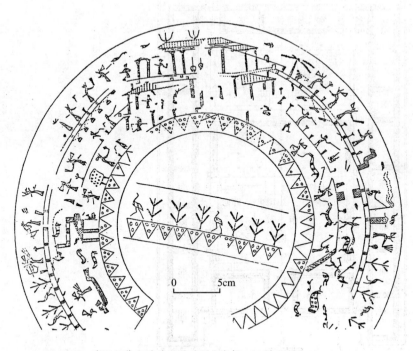

图 11.18　战国铜鉴上的苑囿图（辉县发掘：116）

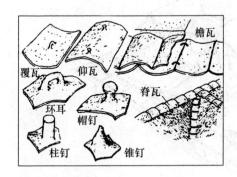

图 11.19　西周早期的屋瓦
（杨鸿勋 1981：29）

图 11.20　保护土墙被雨侵蚀的陶
砖板（罗西章 1987：11）

中国古代社会

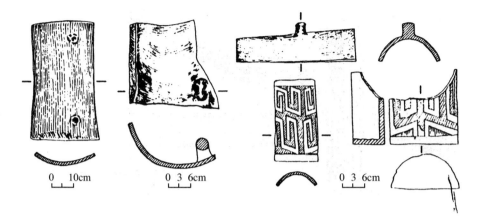

图11.21　西周的陶瓦（古建筑：37）

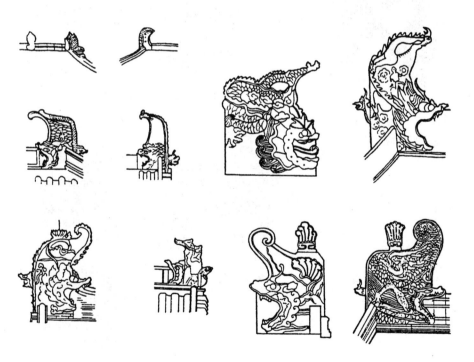

图11.22　汉至唐代的屋脊饰（祁英涛1965：8）

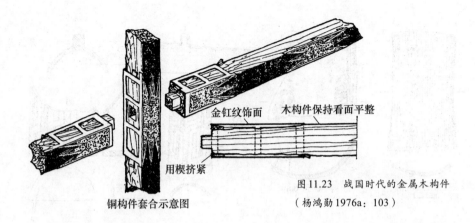

金钉纹饰面　木构件保持看面平整

用楔挤紧

铜构件套合示意图

图 11.23　战国时代的金属木构件
（杨鸿勋 1976a：103）

图 11.24　红山文化彩绘勾连纹
墙壁残块（孙广清 1989：10）

龙头相当
于45°插拱

斗
蜀柱
抹角拱
栌斗
蜀柱　　皿板

背面

斗
皿板
蜀柱
剖面图

四龙四凤铜方案上之斗拱及细节

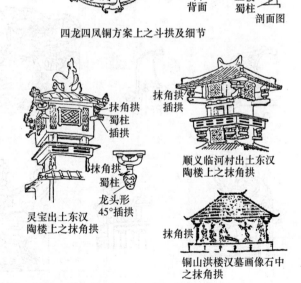

抹角拱
蜀柱
插拱

抹角拱
蜀柱

龙头形
45°插拱

灵宝出土东汉
陶楼上之抹角拱

抹角拱
插拱

顺义临河村出土东汉
陶楼上之抹角拱

抹角拱

铜山洪楼汉墓画像石中
之抹角拱

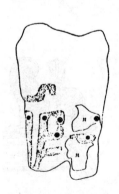

图 11.25　商代壁画残片
（安阳发掘 1976：267）

图 11.26　战国至汉代的一些斗拱形式
（傅熹年 1980：109）

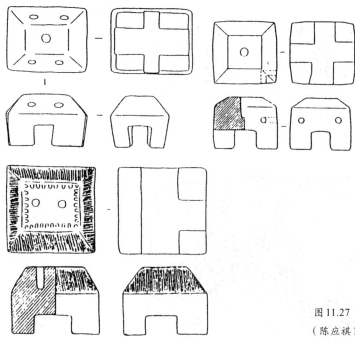

图 11.27　战国时代的陶斗拱
（陈应祺 1989：81）

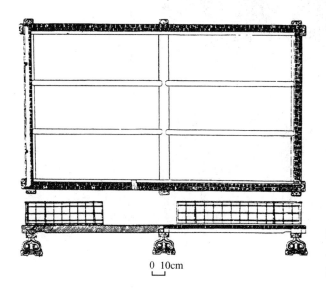

0　10cm

图 11.28　河南信阳战国墓出
土的短脚木床形式（信阳楚
墓：43）

图 11.29 东汉晚期墓壁
画。墓主夫妇跪坐于有
屏风的高榻上（李文信
1955：30）

图 11.30 汉画像砖讲学
图。经师跪坐于高榻，
其余诸人分别跪坐席上
（沈从文，服饰：103）

图 11.31 江苏六合出土，
春秋时期残铜片上的刻纹，
主人坐于凳子上，可能是
东夷民族的习惯（江苏文
管 1965：114）

中国古代社会

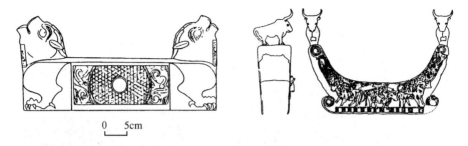

图11.32　汉代铜枕。两端有突起的装饰，可能为丧葬而做，非实用品（夏鼐1983b：141；云南博物馆1975：131）

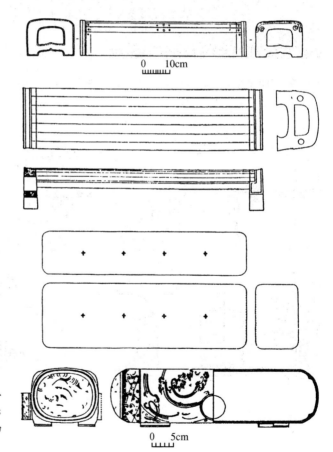

图11.33　战国时代的竹、木枕头（信阳楚墓：43；江陵楚墓：84；长沙文物组1979：13）

图11.34　朝鲜墓壁上彩绘的仆人顶灯前导之图（金基雄，朝鲜壁画：图版34）

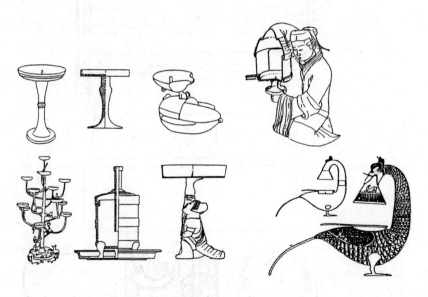

图11.35　秦汉时代作陶豆形的典型灯座形（叶小燕1983：83）

　　　　　　　　　　　　　　　中国古代社会

图11.36 青铜香薰，高12.7厘米，口8.5厘米，战国中期，约公元前4世纪（青10.080）

图11.37 错金青铜博山炉，高26厘米，重3.4公斤，河北满城中山王墓出土。河北省文物研究所藏（百194），西汉，公元前206至公元25年

第十二章

交　通

交通的作用

接触使经验得以相互交流，是促进文明发展的重要因素。越落后的社会，其处境就越闭锁。世界上没有一个高度文明的国家不伴随着快速而有效的交通传递网。没有快速的交通，政策及信息都没法及时下达，难于建立中央控制的政权而成为大帝国。尤其是商业，没有价廉而有效的交通使交流的速度加快、流量扩大、地域增广，贸易就难进行，产业难扩展，城市也难建立。在交通工具没有发明前，要走路才能到达目的地。在各种代步的工具次第发明下，人们用脚走路的需要渐减。

步　行

人类最原始的本能交通工具是一双脚。其表现于甲骨文是"步"字，作一前一后的两个脚印以表示行进之意（ ）。在缓慢的步行运动过程，双手虽也摆动，总不如脚步明显，故两脚即足以表达行走的意思。有时此字又附加行道的偏旁（行 行 行 行），使行走于道路的意义更为清楚。"走"字的创意是快走，需要两手前后摆动以促进行路的速度，因此甲骨文就作两手上下摆动的人（夨 夨 夨），后来又加上一只脚以表意（走 走 走），或加一个行道（走 走 走），表示在路上快走。如果强调快跑的速度，就是"奔"字，作摆动的双手和三个脚步，描写疾奔于眼前的连续快速脚步状（奔 奔 奔 奔）。

商　甲骨文	周　金文	秦　小篆	汉　隶书	现代　楷书
				步 以两脚步行的上下位置表达其走路动态。
				走 作两手上下摆动以促进快速走路之意。
				奔 作摆动的双手和三个脚步，疾奔于眼前的连续快速脚步状。

　　健康的人可以自己行走，有病的人就需要别人的扶持和背负。甲骨文的"迟（遲）"字，即作一人背负一人于行道行走之状（迟 迟 迟 迟 迟），负重物以行路必较平时缓慢，故花费时间久而迟到达。甲骨文的"后（後）"字，创意与之相似，作路上行走的人脚上有绳索捆缚之状（后 后）（后 后 后 后 后）。它大概是罪犯或俘虏的形象，脚被绑住，当然走起路来较常人缓慢，落于人后。

　　　　　　　　　　　　　　　　　　　　　　中国古代社会

商 甲骨文	周 金文	秦 小篆	汉 隶书	现代 楷书
				迟（遲） 背负一人于行道 上，行走迟缓。
			遲	
				后（後） 脚为绳索所缚， 行走后于他人。
			後	

舟　楫

　　古人虽不能不选择滨水之山丘居住，却并无发展水运的必要，因为山林足以提供生活必需的资源。山区没有发展陆运车驾的条件，故运输工具应较其他器具的发展为迟。但是居住于湖泊池沼地区的人们，就需要应用舟楫以沟通隔绝的地域，到远离河岸的地方去捕鱼，扩大取食的范围，舟楫是该地区人们的重要谋生工具。因此舟楫的发展要早于车驾，而在中国应始于多江流湖泊的东海岸地区。在湖泊地区觅取生活是产生人口压力后较迟发展的社区，故船只的应用也不会很早。

　　居处既接近水流，人们当然有不少机会需要渡过水流寻找食物。涉越过浅水自不成问题。甲骨文的"涉"字，作两脚步跨越水流之状（　　　　　　　　　　）。如果水流急湍或深邃宽广，难以构木架桥时，就需要借助舟楫了。舟楫的发明，应受《淮南子·说山》"见窾木浮而知舟"或《世本·作篇》"观落叶，因以为舟"等水中漂浮物的启发。尝试乘坐树干以渡河应该是好几千年以前的事。人们将其发明归功于伏羲氏、黄帝、弃等不同时代的人（格致镜原：1129），大概是因为他们对舟楫的应用都做过不同程度的改进，但其应不是第一个发明或使用舟船的人。

商 甲骨文	周 金文	秦 小篆	汉 隶书	现代 楷书
			涉	**涉** 两脚步跨越水流之状。

能载得体重的木干过于笨重，不能随身携带，后来发现干枯的瓠瓜重量轻而浮力大，可随身携带以备不时之需。《易经》泰卦九二爻辞"包荒用冯河"，意思是大瓠瓜可以便利渡河（屈万里，论学：38—40）。瓠瓜的个体越大，浮力也就越大而载重多。一般的瓠瓜如果带上两三个就足以浮起人身。古时架桥不像后世普遍，尤其过于宽大的河流更是无能为力。故旅行者要随身携带瓠瓜空壳，平时可装清水，遇到河流就可漂浮渡过，一举两得。借用瓠瓜之力以渡河看似原始，其实还是秦汉时代行旅常备之物，不少先秦文献都提及以瓠瓜渡水的应用。如《庄子·逍遥游》有"今子有五石之瓠，何不虑以为大樽而浮于江湖"，也许远古的人们也曾经利用过。

借助瓠瓜、木干之浮力以渡过水流，都有浸泡于水中之苦与不便。若乘坐独木舟或木筏，亦只能随波逐流，无法控制航行的方向，更难逆水前进。因此要有舟楫以弥补其不足之处。舟楫不仅可以稳定航行的方向，而且还可以催舟逆水流而上行。浙江余姚河姆渡的第四文化层，约6000多年前的遗址已发现有木桨（河姆渡考古1980：6）。这时的舟船起码是木干挖空的独木舟，不会是不加挖斫的天然断裂木干了。舟的早期形制该是挖剜树干容身并减低随水翻转的独木舟。

中国古代社会

独木舟的稳定性差（图 12.1），虽可联合几根以编成木筏，但载重量有限。要集合许多木板拼装成有舱房的船，才会增高稳定性和载重量，达到水运要求的经济效果。河姆渡的遗址已见企口板，那是在木板的两侧开凿出企口以容纳另一块有梯形截面的木板，能紧密衔接成不通隙缝的平面（见第八章的介绍）。其地 5500 年前的遗址也发现生漆一类的木器保护涂料，可以用来填补隙缝。使木板拼合之处不漏水是造船的起码要求，理论上 5000 多年前已具有制造舟船的必要技术，但目前尚无实物出土。甲骨文的"舟"字，就像是由多块板组合的船形（ ）。中间是船身，突出的两端分别是船头和尾部的形象。甲骨文"朕"字，作两手拿着工具在船体上工作之状（ ）。《考工记·函人》的"朕"字有缝隙的意义。很可能"朕"字初始就是表现弥补船板之间的接缝，后来才被应用为一切的缝隙和借用为第一人称代名词。因为舟船与鞋履的外形相似，或以为它表现手拿针缝鞋而留下缝隙之状。但使用针线缝衣不必用双手拿针，故造船的解释较为适当。商代理应有木板组合的船。但防止木板接合之处漏水是造船的基本困难，是种特别而不是人人能掌握的技术。所以到东汉时候虽已进步到建造多阶层的楼船，但独木舟还多次发现于江苏、浙江、福建、广东、四川等水乡地域的秦、汉遗址。

商 甲骨文	周 金文	秦 小篆	汉 隶书	现代 楷书
		月	舟	舟 由多块板组合的船形。
		朕	朕	朕 双手持器具填补板与板之间的隙缝。

水运的优点

水上的交通比之陆运有两个优点。一是经济。《史记·淮南王安传》记载伍被向淮南王刘安献谋策，说吴王濞"上取江陵木以为船，一船之载，当中国数十两车，国富民众"。战国初期楚国颁给鄂君启的通关铜节，一枚载明水上可以通行以三舟为一舿，五十舿共一百五十支的船队。三枚陆上可用牛车队五十辆（见第十五章）。可见江南的贸易，水运的规模要比陆运的大得多，利用频繁。二是快捷。顺流的时候，舟行的速度可以超过辎重车马，而且不耗人力。这种优势很快就被利用到军事上。《战国策·楚策》记载张仪游说秦王之辞有："秦西有巴蜀……方船载卒……下水而浮，一日行三百余里。里数虽多，不费汗马之劳，不至十日而距扞关。"当时的行军，为保持战士的体能，一日前进三十里。《荀子·议兵》谈到测验兵士的体力时，身负全副装备，带三日的粮食，"日中而趋百里"，是短时间内急走的里数，也只达水运的三分之一。一般的急行军是六十里，远逊于水运的三百里。

水运有车辆数十倍的载重，十倍速度，经济价值显然。水运的经济利益春秋时人已很了解。《尚书·禹贡》说及夏禹时代各地土贡所采取的路线，只有在没有适当的水路时才采取陆路。华北水路少，不得不发展陆运。水运虽不是今日最广被采用的方式，却是最廉价的运输，到远地的货物大部分赖之输送。水运航道的枢纽便自然成为军事及商业的要冲，而保护航道的通畅成为当务之急，水战也应运而兴。战国时代水战的场面可以从当时铜器上的花纹生动地反映出来。河南辉县的宴乐射猎纹铜鉴、四川成都的嵌镶纹铜壶都有两层楼船的图像（夏鼐1972：15）。战船下层有水手在奋力划桨，上层的战士则在击鼓、挥戈、射箭。而水中也有战士拿着短剑在搏斗（图12.2）。显然他们是受过专门训练的水军了。

由于水运费用低廉，有利商业的推广，所以比较大的河流，如黄河、渭水、汾水、汶水、淮水、长江、汉水等较大河流及众多湖泊，都被利用成为水运要道（陈桀1967：901—905）。甚至江海不通之地，也以人力挖掘运河加以沟通。如吴国于公元前486年挖掘邗沟以通长江和淮河的航道（陈桀1967：905—906）。隋代时更把它延长，南至杭州，北通黄河，成为沟通南北的交通大道。

航　海

不但内陆的大河流有水军，《国语·吴语》记载越人沿江及海岸攻打吴国，已把水军发展到海上了。后来秦始皇派海船深入海洋找寻仙人。既能送船只到海上航行，就必然有适应海上航行的设备。白天航行可以靠太阳的位置指示方向，夜间可以靠星座。战国时候已有星图的绘制。《汉书》收录很多前代的书，其天文的书籍中有《海中星占验》《海中五星顺逆》《海中二十八宿国分》等，特别以"海中"为标题，必定是为航行之导航目的撰写的（劳榦，论文集：617—618）。但在无星之夜晚或暴风雨中，可能就要靠机械了。战国时有利用磁性指南的特性制作"司南"以确定方向。汉代《鬼谷子·谋篇》有"郑人取玉，必载司南，为其不惑也"，采矿时有用司南以辨识方向，则很可能也可以利用司南以航海了。

造　船

金文有"造"字，初作房子之内有一条船（），因为只有在制造的阶段才会在屋里见到船只，一建造完成就要下水航行了，所以有制作的意义。后来加上"告"的声符以方便音读（），又扩展到其他的制作领域而有

（ 𠭤 𨧬 𥎼 ）等形，最后的定式为行道加上告声的 "造" （ 𨚗 ）。

从先秦的文献，知道战国时代已有宽而长或窄而短等不同类型的船只，以适应不同的用途。以战船为例，《释名·释船》说 "先登" 是前行的船，狭长的 "艨艟" 以冲突敌舰为目标，"赤马" 的特点是轻便快捷，"舰" 则是多层的、四方架设铁板以防矢石进犯的主力战舰。《越绝书》说到那时大型的战船可乘坐九十名军士，其中五十人为擢手，船宽约 15 米，长 30 米。像张仪劝说秦惠王攻打楚国的船，一舫可载五十人和三个月的粮食。

在广州发现一处秦汉时代，约是 2240 年前的造船场遗址（广州文管 1977：1—17），从遗留的造船台，可以测知所造船只的规模。当时一般船的宽度不超过 5 米，少数的大船可达到 8 米宽度。如果以出土的船模型推算船的实际长度（图 12.3），常用的船当有 20 米长，载重 25 到 30 吨。因为它比《越绝书》所说的船还小，知大船的载重量还不止如此。这个造船场所建造的大概是货船，是沿海航行而不是内江的船，或者是张仪所说攻打楚国的战船。发展到 3 世纪的三国时候，《晋书·王浚传》说晋攻打东吴的主力战舰可容二千战士。《水经注》则说东吴的大船坐三千人。而《汉书·食货志》记载其前汉武帝攻打南粤时竟用到楼船士二十余万人。《史记·货殖列传》说商家的船队连接起来有千丈之长。这些都可以看出船运发展的规模和速度。

帆

越进步的船只，结构越复杂，也更需要特殊的技术。从刳斫木干的仅可容身的独木舟，到应用木板组合的船只，再至战国的二层楼船，之后到东汉可容两千或三千人的十层楼船，在演进的过程中，帆的应用是个很重要的零件。顺水航行虽然可以增加航速，但急湍不易控制，易于造成翻船事故。唯有利用布帆以借助风力，才可以在平缓的水流上获得较快的速度，或在急湍中减低速度。张仪所说一日达三百里的航速，肯定是借用了风帆的效果。甲骨文的"凡"字是"帆"的字源，作一面布帆之形（ㄐ ㄐ ㄐ ㄐ）。"凡"在甲骨卜辞有当作"风"字使用，也作为"风"字的声符部分，都可以看出是由于此种设施与风有关系。帆一般的材料是纤维织成的布，所以后来加意符"巾"而成"帆"字。

商　甲骨文	周　金文	秦　小篆	汉　隶书	现代　楷书
ㄐㄐㄐㄐ ㄐㄐㄐㄐ	ㄐㄐㄐㄐ ㄐㄐㄐ	凡	凡	凡 一面布帆之形。

　　商代船上所竖立的帆大概甚为简陋，且不普遍。因为当时生产的布可能还不够充裕，不能大量施用于制作布帆。那时的商业也还没发达到需用大量的货船。初时，帆的装设是固定的，只能利用顺风航行，一旦风向偏了就没有大用。到了战国初期，以当时越国攻打吴国的海船估计，应已有了可调整方向的帆，否则无法航行于波浪惊涛的海洋中。三国时候航行于南海的海船，"随舟大小或作四帆，前后沓载之，有卢头木，叶如牖，形长丈余，织以为帆。其四帆不正前向，皆使邪移，相聚以取风吹。风后者激而相射，亦并得风力。若急则随宜增减之。邪张相取风气，而无高危之虑，故行不避迅风激波，所以能疾"（太平御览：3419a）。水手能依风向、风力以调整风帆的方向以及数量而航行于任何风向，其经验较之西洋要先进几个世纪之多。三国时代船的结构已基本定型，此后的发展应是体积增大，帆数量增多而已。当时的航线已延伸至今日的斯里兰卡（郭沫若，中国史稿2：395），算是当时最进步的航海技术了。总的来说，航运的发展与东南沿海湖沼地区的开发是有连带关系的。

筑　路

　　除了急流浅滩，水运可以畅通无阻。陆运则除了要修建道路，还要喂饲拉车的牲畜，所以水运的费用比陆运便宜得多。但水运的路线有限，不能随心所欲到任何地区。有些河流太过急湍，也不易航行，修建运河又太耗费。故陆运终归是比较普及的交通方式（劳榦1947：69—91）。草昧的时代，人迹稀罕，大地到处是荆棘荒草，没有途径可言。穿越密林并不比跨越大河容易，所以人们往来接触还是不容易，颇为隔绝。但是在谋生较为容易的地方，人口聚集较多。经常被人们行走践踏的途径，绿草枯萎，渐成与两旁荒草有别的道路。到了青铜时代，产业渐兴，人口繁殖，人们多集中于村邑或城市居住。村邑或城市之间常行走的快捷路径就被开辟为大道。甲骨文的"行"字作十字路口形（𝌆 𝌆 𝌆 𝌆 𝌆）。那是规划出来的道路，不是众人无意间走出来的羊肠小道。行道是为人们行走的便利而建，故"行"字有行进的意义，并作为有关道路及行动的字的意义符号。从甲骨卜辞有大量方国事类来看，商朝与邻近国家之间的往来颇频繁。随着交往的增加，修筑道路的需要也自然增加起来。

商　甲骨文	周　金文	秦　小篆	汉　隶书	现代　楷书
𝌆𝌆𝌆𝌆 𝌆𝌆𝌆𝌆 𝌆𝌆𝌆	𝌆𝌆𝌆𝌆 𝌆𝌆𝌆 𝌆𝌆	行	行	行 十字路口形。

　　路本是人们走出来的，可因地势之高低盘旋而自然地延伸，不需多费力气去修建。但是车子发明之后，尤其是快速的马车，为了能顺利快速前进，并且保证安全，就需要对行道有所治理。特别是为了军事目的，更要讲求道路的平直，以利车马的奔驰和紧急信息的传递。《诗经·大东》有"周道如砥，其直如

　　　　　　　　　　　　　　　　　　中国古代社会

矢"，即反映其实况。甲骨文的"直"字，作眼睛检验标杆是否笔直不歪斜之意（ ）。至于能把道路修筑得笔直以利车马的快速行进，则被认为是一种值得嘉许的才能，故以之创造才德的意义（ ），后来扩充到心智的修养成就，故加意符"心"（ ）。

商　甲骨文	周　金文	秦　小篆	汉　隶书	现代　楷书
				直 眼睛检验标杆的 笔直与否。
				德 有以眼睛检验筑路 是否平直的才干。

　　要有详密的设计和小心的修造，道路才能平坦而坚硬。甲骨文的"律"字，由行道和手持笔组成，表示用笔绘制行道的修建图之意（ ）。行道的营建有一定的规格及要求，故有规律的意思。"律"字以修筑道路创意，而甲骨文的"建"字，则在"律"字之外加一个脚步以为区别，表示用笔绘制供行走的道路的建筑蓝图的意思（ ）。供车马行用的大道才需要谨慎地规划和营建，如果是普通人行的羊肠小道，就不必如此郑重其事了。

商　甲骨文	周　金文	秦　小篆	汉　隶书	现代　楷书
				律 行道的营建有一 定的规格及规律。

商 甲骨文	周 金文	秦 小篆	汉 隶书	现代 楷书
				建 手持毛笔规划道路的修建。

商人使用夯打的方式建筑宫殿及城墙，自然也能应用同样的方法修筑道路使坚硬而平坦，如上引《诗经》所描写的。只是道路的工程颇为浩大价昂，除有限几条重要大道，不能普遍以夯筑的方式修建。到了春秋时代，随着商业活动的扩大和战争方式的升级，对于行道的需要和标准也跟着提高。秦统一后，为加强中央控制的效率，就在各国旧有的基础上大修驰道。《汉书·贾山传》有这样的描写："东穷燕齐，南极吴楚，江湖之上，濒海之观毕至。道广五十步，三丈而树，厚筑其外，隐以金椎，树以青松。"连金属都用以夯打加固路基，可想见建造的讲究。

车

古代陆运的主要工具是车子。车能载重行远，运输费用虽不如水运便宜，但能适应绝大部分的地理环境，且可深入各个角落，不像水道线路有限，所以仍然是古代与远地交通的重要工具。车子虽是重要的发明，但造价昂贵，不是一般人所能拥有，故又成为地位的表征。车子被应用于军事后，扩大了战争的规模并加剧了其惨烈程度。甲骨文"车"的字形甚多，但都是车子的或繁或简的形象，最详细的包括两个轮子、一舆架、一辀、一衡、两轭、两条缰绳，是种高贵的马车（　　　　　　　　　　）（　　　　）。这样繁杂的字写起来太费劲，比较不重要的部分就被省略。因为轮子是车之成为车子的最基本零件，省略不得，故小篆的字形是省略至只剩轮子的形状（車）。

商　甲骨文	周　金文	秦　小篆	汉　隶书	现代　楷书
		車 軗	車	车（車） 或繁或简的车子 形象。

车是轮子的应用。《淮南子·说山》有"见飞蓬转而知为车"，说灵感来自常见的飞蓬或落叶等团团转而下坠的现象。人们见此情景已几百万年，恐怕另有更近的渊源。纺砖（纺轮）是用石或陶制的中间有孔的扁平璧形东西，以木棒贯穿，捻之旋转以缠绕丝线而待纺织。它非常接近有轮轴的轮子形。

6000年前仰韶文化已常见陶制的纺轮，其时的陶器也见有用轮盘缓慢旋转加以修整的痕迹（西安半坡：155）以及陶转盘的实物（祥振西1989：81—83）。4000多年前的龙山文化时代，陶器就普遍使用快速轮盘制造，对于轮子的应用已积存相当的经验。考古证据，近东大致在5000年前就有了车子（林巳奈夫1959：245—267）。在中国，《古史考》把车子的发明归功于4700年前的黄帝。所以他被冠为轩辕氏，也有黄帝坐北斗车以巡视天下的故事。青海都兰诺木洪塔里他里哈的一个3800年前的遗址发现了牛车，轮子有十六根辐（青海文管1963：27；碳十四：142），应该距离实体轮的初创时代有段期间了。但学者认为此遗址的碳-14年代难以接受（夏鼐1977：224）。车子的拉曳动力改进过程是由人而后牛而后马。马车已多次见于商代的墓葬（杨泓1977a：90），其构造已相当进步。如果以商代马车的精美程度去推测其发展所需的时日，传说的

4000年前夏禹以马代牛拉车该是近于事实的。这与马被家养时间较之牛为晚的事实也相应。马被驯养的最初目的可能就是拉车而不是作为肉食。马车的应用恐怕也有时机上的原因。其发展的主要目的可能不是货物的输送而是基于军事的需要。4000多年前是战争规模扩大，接近建立国家的阶段。早期的车舆很小，装不了多少东西；路况不佳，不宜作快速奔跑；再加上重心高，易翻车。君王冒险乘坐它，很可能是为了取得高度机动性的高台，一如戴高帽，以利指挥大规模的战争，让战士易于接受主帅的指令（见第二章）。西洋学者则因中国的马车不见从简陋到精美的发展过程，马的驯养也迟晚，就说中国的造车技术传自西洋（Shaughnessy 1988：207—208）。

牛温顺有力，行步缓慢，宜于载重，是平日或战时载重的主力。马奔跑快速，宜于快速传递消息或追逐猎物，后来又直接参与战斗任务，是贵族游乐及打仗所依赖的工具。两者所拉曳的车由于用途有差，细部的构造应有不同，但基本的结构应是一致的。其主要要求为：坚牢，不致半途损坏；轻巧，可多载重；快速，可早到达目的地；平衡，不致翻车；舒适，使久乘坐而不疲劳；适合环境，可畅行无阻。由于制造技巧的要求高，故《考工记》攻木七工中制车的竟要分成轮、舆、车三工。该书详细记载了对于车子制作的要求，并解释每一要求的原因，深入探索了运动与力学的关系。譬如其中谈到讲求快速的细节，称轮的周要求其微至，毂的孔径要求其浑圆，毂端要求渐短，辖头接毂处也渐趋小，毂的轴辖交接处加以膏脂，辐削下节以避免拖泥带水，辀弯曲以劝登马力等等（郭宝钧，铜器：148）。

车子的造价高，非一般人所能拥有。尤其是着重能快速奔跑的马车，由于马的性格不易控制，需要专门人才经过精选良种及长期训练才能胜任，要高级贵族才能有此财力。故马匹及马车一直是有权势者的宠物及表征，倒不必使用于军事及田猎的用途。马车若以快速为目的，就该轻巧，尽量减轻车架的重量。但贵族们为了炫耀的目的，却加上很多不必要，甚至不利快跑的繁复装饰。如

　　　　　　　　　　　　　　　　中国古代社会

以安阳一个商代的随葬马车的坟墓作例子，其中一车装饰各样的铜饰约有170件之多，超过13公斤。甚至马的身上也要加上不必要的铜饰件好几公斤（石璋如，北组墓葬：27—72）（图12.9）。其实强固车子性能所必需的铜零件可不超过1公斤。如此繁缛装饰的车子，显然炫耀的成分大于实用。商代的马车只驾驭两马，为了增快车速，西周就普遍增加到四马（图12.5—6）。到了春秋晚期，为了减轻重量，连强固车毂的铜辖也取消，改用漆和皮筋加固（渠川福1989：89）。

就一般的情况说，载重比需要快速奔跑的时机多，即马车比牛车的需要少，但迄今发掘的汉以前的车子，几乎都是田猎、战争使用的马车（图12.4—6）。那是贵族以马车作为地位的表征及宠物而随葬于坟墓中，以便来生享用。牛车则是劳动者谋生所赖，舍不得随葬，故不见于墓葬。而贵族所娴习的文学作品及历史记载中，也绝大多数是贵族们专用的马车了。

在崎岖不平的道路上乘坐快速的马车是危险的。商代武丁时代的甲骨卜辞就曾经提到两次田猎翻车的事故（合集10405，10406）。《左传·襄公三十一年》还记载郑国子产以驾驭马车比喻为政之道："若未尝登车射御，则破绩厌覆是惧，何暇思获。"要想能在马车上作战射箭，显然需要相当的训练。所以牛车虽缓慢，先为老弱妇女所乐于使用，后来贵族们渐疏军事训练，加以马的供应短缺，汉代晚期以后牛车渐取代马车，成为包括贵族的全民交通工具。

马车驾驭姿势

中国古代马车的辕较直，它架在比车轮半径高的马颈上，使得车舆的重心高而不稳。驾驭时要尽量压低身子的重心，才可以减少颠覆的不安。因此理想的驾驭方式是采取跪坐的姿势。商代驾车时御者到底是跪坐还是站立，意见尚有分歧。战国铜器上的车马狩猎纹，车战时似乎以立乘为常。但有一器物的花纹好像是御者跪坐而战斗者立乘。还有在一件漆奁上的彩绘，驾驭者与乘者显然都是坐着的。湖北江陵出土战国丝织品上的田猎图案，驾驭者跪坐，而射者可能长跪（图12.5）。秦俑坑出土的铜马车模型，御者也是坐着（图12.7）。商代车厢的栏杆甚低，只有40多厘米高（杨泓1977a：90），甚至有低至22厘米的（杨宝成1984：554），不容作为乘者站立攀缘之用。另一早期马车跪坐驾驭的现象是，晚商的车厢设计已有如西周时有突出构件可容纳屈膝跪坐（孙机1980b：454）。商代的舆箱底部有时使用编缀的皮条（西北大考古1988：8），它具有弹性，不利稳定站立，但却能令跪坐者减轻很多的颠簸。《礼记·曲礼》记载有先为跪坐，容车行五步后才站立的礼节。想来驾驭者采跪坐，御者、战斗员或发号令者有需要时就站立。甲骨文"御"字有两个字形，其中一形使用为驾车的意思，虽然难猜测其创意，但明显与跪坐的姿势有关（ ）。

商　甲骨文	周　金文	秦　小篆	汉　隶书	现代　楷书
		御	御	**御** 跪坐于绳索之前，举行攘除灾难之仪式。
		馭	馭	**驭（馭）** 或与跪坐的驾车习惯有关。手持鞭子控驭马匹之形状。

　　有人从发掘马车上的铜饰件推测，西周以来中国马车的系驾方式已改良为胸式。不像近东到了很晚的时代还采用颈式的系驾，使皮带压迫颈部的气管，马奔跑的速度越快，呼吸就越困难，难以充分发挥马的飞动潜力（孙机1980b：459）。但是秦俑坑出土的铜马车模型，有关控制马的铜饰件的种类和位置与周

代的似无差别，但是却仍采用颈式系驾法，大概要到汉代才普遍采用胸式系驾方法。到了战国晚期，人们对于车辕的高度和马与车之间的利害关系有了进一步的了解。《考工记》记载："国马之辀深四尺有七寸，田马之辀深四尺，驽马之辀深三尺三寸。""辀欲弧而折，经而无绝，进则与马谋，退则与人谋，终日驰骋左不楗，行数千里马不契需。"由此可知，马颈高于轮的半径，如果用直辀则车舆颠簸不安，马亦费力。如使用曲辀，马颈不用压低，轴不用提高，车舆就平正而稳定。这种有效的设计，可从大量汉画像石及明器模型看出。

乘　石

商代的马车高大，车舆离地有70到85厘米高（杨泓1977a：90），难以跨步而上。行动优雅的贵族要有垫脚的东西才能上车。甲骨文的"登"字，作两手按着矮凳，让他人双脚登上之状（😀 😀 😀 😀 😀 😀）。"登"本是个上车的动作，后来引申为一切上升的动作和形势。用以登车的东西，较低级的可能只是普通的矮木凳子。如果没有东西可借助上车时，还不妨用跳跃的。但高级的贵族则甚为讲究仪态。安阳的商代贵族大墓曾经出土一件专为登车的低矮石凳。那是一块形状扁平，上面布满雕刻花纹的石头，花纹表现的是一对相背的老虎，石头有孔洞可穿过绳索以便利搬动（图12.8）。《诗经·白华》中的"有扁斯石，履之卑兮，之子之远，俾我疧兮"，即是描写这种的乘石。贵族站立于乘石，随从提升乘石让乘者行步上车。越高贵的人行动越要求优雅，上车一定要有制作讲究的石制踏物，故"乘石"一词在一些文学作品就成了最高统治者的代名词。如《淮南子·齐俗》："武王既没，殷民叛之，周公践东宫，履乘石，摄天子之位，负扆而朝诸侯。"为了方便上下车，车门绝大多数开在后面，或说偶有开在前面的（石璋如1969c：663），大概是战斗使用的车，不打算让乘者从容上车。

商 甲骨文	周 金文	秦 小篆	汉 隶书	现代 楷书
			登	**登** 双手扶持矮凳让他人上登之状。

乘　舆

　　以人力拉车本是还未利用畜力拉车以前的原始办法。但一个人如能被多人抬来抬去，高高在上，自有其经济能力及政治特权，故也成为权威的表现。甲骨文的"兴（興）"字，作四手共同抬举一个担架或肩舆之状（　　　　　）。这种肩舆已见于安阳的商代遗址（图12.10）。"兴"字被应用到一切有关抬高、兴起的动作和形势。另一字"舆"，亦作四手共举一个另一种形式的肩舆之形（　　　）。"兴"字所表达的是动作与形势，"舆"则是抬举的器物。"舆"本指多人所抬的肩舆，它被转用到车舆，又由车的舆箱扩充到整个车体。金文的"辇"字作两人推动一部车的形状（　　　）。此字本来指以人力推动的有轮车，后来也包括以人力抬举的肩舆。

商 甲骨文	周 金文	秦 小篆	汉 隶书	现代 楷书
			興	**兴（興）** 四手共举起一舆架，口为无意义的填空。
			舆	**舆（舆）** 四手共同举起一肩舆之状。

　　　　　　　　　　　　　　　　　　　　　　　　　　　中国古代社会

商 甲骨文	周 金文	秦 小篆	汉 隶书	现代 楷书
	輦 輦 輦	輦	輦	辇（輦） 两人共同推动一部车的形状。

马车的速度快，对于军事虽很有用处，但对妇孺老弱或没有经验的人来说，马车并不是舒服而安全的交通工具。除了马的供应不足外，统治阶级也越来越疏于军事的训练，《晋书·舆服志》说到了东汉晚期，牛车就变成自天子至于庶民的日常乘具。牛车虽安全，也不是任何情况都合宜的，如上山、下厅堂就有点不方便。有些庭院可能规模相当大，自大门至内室有一段距离，贵妇人不想抛头露面到门外乘车，也有必要以轻便的、随处可到的肩舆以代步。这种以人抬举的工具，原来或只是不良于行者一时的权宜，并无轻视抬举者的人格之意。但是有些男子壮汉，为了夸示财富，也仿效之而相竞为奢侈之举。

有名的例子如《晋书·桓玄传》，说桓玄造大辇可容三十人，以二百人抬举。我们可想象其前呼后拥、威风凛凛的气势。此种过分的炫耀，当然会引起别人的反感。加以社会的生产力提高，人性尊严也渐受重视，以致人们认为始发明者必为不仁的暴君，因而把肩舆、步辇的发明归罪于历史有名的暴君，如公元前16世纪的夏桀（竹书义证：122），甚至是不久前的秦始皇（格致镜原：1221），忽略了其前已有黄帝发明人力车的传说，以及东周时在高阶层的社会肩舆已是甚为普遍的事实（侯古堆发掘1981：4—5；郭建邦1981：40—42）。牛车既成一般人所能供应得起的交通工具，而马车又有颠簸之苦，因此为了炫耀地位与财富，贵族们喜用辇舆代步，故也演变成"乘舆""辇"等词，一如"乘石"而为帝王的代名词。

旅　舍

　　人与人的接触是文明能够进步的一个很重要因素。尤其是在高度发展的国家，更需要有快速便捷的交通网，可将信息及时传达到远地，使政策能顺利地执行。水运虽有不少方便之处，但受限于水流河道有限。陆路行车，则虽关山险阻之地，也可设法到达。但陆运就需要有停车休息之处，以便人畜在途中都能作短暂的休息，恢复体力，因此必须有旅店的设施。同时，随着时代的演进，人们逐渐分工以提高产品的产量和质量。然而，分工导致生产不平衡。这时就得相互交换多余的产品而有商业的行为。与远地交易需要有人押运货物，也少不了让人休息的旅舍。因此，旅舍是人们经常与远地有接触以后的事，是高度文明表征之一。那么，我们中国什么时候起有旅舍呢？而代表其设施的标志又作如何的设计呢？

　　商代以前，由于尚不见文字的记载，我们难以猜测当时是否已有旅店的设施。从甲骨卜辞可以看出，商王朝与诸国之间来往频繁，经常有长期持续的田猎活动与大规模的军事行动。为了传递情报，互通使节，必须在主要通道上有某种设施，以便作为来往人员的休息之用。西周初《易经》旅卦的爻辞有"旅焚其次，丧其童仆""鸟焚其巢，旅人先笑后号咷，丧牛于易"。不但使节公差，就是商人也能住宿旅店，可见当时旅舍已不限于政府的使节，从事贸易的商贾也能在其中住宿。

　　西周初的甲骨文有"舍"字，作"余"形的东西竖立在基址一类东西之上之状（舍）。然而屋舍的柱梁并没有类似的结构，所以应不是表示侧视的房屋形状。而且旅舍的柱梁应与其他建筑物没有大差别，古人也不太会以房屋的柱梁结构去表达旅舍的意义。

商 甲骨文	周 金文	秦 小篆	汉 隶书	现代 楷书
舍	舍舍舍舍 舍舍舍舍 舍	舍	舍	舍 竖立招牌于建筑 物之前，旅舍之 景象。

  我们知道"余"字（余余余余余）被使用为第一人称是假借义，应另有创字的本义。甲骨文的"叙"字，作手拿着"余"形的东西（叙）。"叙"有诠叙、叙职等意义，很可能来自在集会时，有拿着"余"类之标志以表示在序列中位置的习惯。《周礼·小行人》云："凡四方之使者，大客则摈，小客则受其币而听其辞。"由此可知，也许较早的时代有上朝时检验官员的信符习惯。古时常以旗帜一类的东西以代表其部族或官职。排列班次时也许以之为标记，好像今日的名牌、护照、介绍信等的用途。有事要报告时便高举之，类似现今之举手发言。所以金文的"对"字，作手举一物之状（对），以表达对答的意义。其所举之物可能是悬挂战俘耳朵的架子。因此"舍"字有止舍、旅舍的意义大致来自住宿的人，以代表其族、其职的旗帜或使节竖立于屋前，以表示某人的临时驻地，并同时含有警告闲人不要接近的意思。《周礼·环人》有："掌送逆邦国之通宾客，以路节达诸四方，舍则授馆。"这说明住宿的时候要把通路的节交出来，可以想象古时的旅店，门前有插告示牌的设施，故取以创造"舍"字。

商 甲骨文	周 金文	秦 小篆	汉 隶书	现代 楷书
余余余余 余余余余 余余	余余余余 余余余余 余余余余 余余余	余	余	余 旅行者持拿的旗 帜或使节形。

商 甲骨文	周 金文	秦 小篆	汉 隶书	现代 楷书
				叙 手举使者所持信物，表明有所叙述之意。
				对（對） 手高举架子回答上级有关战利品之询问。

古代一般人较少从事远途的旅行，旅行的都是有要事的信使和使节，他们一定随身携带身份证明。后来商业发达，商人来往城市之机会日多，政府就颁发符节以充当许可旅行的凭证及住宿检验之用。《周礼》一书所记载的虽不是古代真正发生过的制度，多少反映些古代的习惯。其《掌节》篇中说："凡邦国之使节，山国用虎节，土国用人节，泽国用龙节，皆金也，以英荡辅之。门关用符节，货贿用玺节，道路用旌节，皆有期以反节。"关于小行人的叙述中也说："达天下之六节，山国用虎节，土国用人节，泽国用龙节，皆以金为之。道路用旌节，门关用符节，都鄙用管节，皆以竹为之。"旅行者需要携带节信以证明身份，所以甲骨文的"途"字，由"余"及"脚步"组成（　　　　　　）。"脚步"用以表示旅行的活动。"途"是大道，"余"如依《周礼》的记载，应是道路行用的符节。旅舍之前所竖立的东西约是旗子一类的标志，如长沙出土战国漆奁上图案部分。驿舍之前的栏杆旁所竖立的木架即极近似"余"之字形（图12.11）。

商 甲骨文	周 金文	秦 小篆	汉 隶书	现代 楷书
				途 余为使者所持之证物，官道上所见景象。

　　　　　　　　　　　　　　　中国古代社会

旅行在古时候颇不容易。一来道路的修建不发达，旅人经常要携带笨重的行李，有时遇到河流，还得涉水而过，没有桥梁可行走。因此一般的行旅一天只行三十里路，约合现在的七公里多，故陆路以三十里设置一旅舍为常制。《周礼·遗人》："三十里有宿，宿有路室，路室有委。五十里有市，市有候馆，候馆有积。"不属于国野之道路，恐怕就没有供食宿的地方，故因私事而旅行的人往往自备干粮，万一错过旅舍时不至于挨饿。水路因可在船上休息，并不一定要在如此距离设休息站。

政府的旅舍不但提供食物及休息处，有紧急事故需要兼程赶送时，也提供车马与御者的服务，所以要有管理的人员。西周早期的铜器，就曾提到这一类负责招待使节的官员（陈槃 1967：895—896）。如《叔趯卣》铭曰："用飨乃辟軝侯，逆复出入事人（使人）。"信使之设为文明之国所共有。初以步行，到了有车马的时代，当然就可能利用之以传递信息。商代的甲骨贞辞有"勿廾有示卿死，遷来归？"（合集 296）。"遷"是商代用来表达传递工作的字。此卜辞大半是因有人死在异乡，问要不要用接力的方法，早日运回安阳安葬。另一意义相关的字是"传（傳）"（），意义是传递信息的信差（于省吾，释林：277—280）。但两字都是形声字，其义符一为行道，一为人。看不出有无利用车马以缩短传递的时间。商代虽已有精美的马车用于军事及田猎的行动，但不多骑马的习惯，道路的修筑恐怕也还未能让高速的马车做长途的奔驰旅行。

驿　站

甲骨文又有一"羁"字，作解廌兽的两角被绳索一类的东西缚住之状（）。卜辞作"至于二羁，于之若，王受又？"（合集 28157），问到二羁的行程，王会不会顺利受到福佑。其他还有三羁、五羁（甲骨类纂：

1137）。"羁"大半是从安阳算起，有一定行程距离的设施（齐文心1990：106—108）。《周礼》说遗人掌"野鄙之委积以待羁旅"。"羁"即"羁"字，也是与行旅有关的设施，指的也许是国家所设的驿站，用以传递信息及货物，大概也备有房间以供御夫休息。解廌兽因为气候变冷而从中国的领域消失，后来发展到普遍以马传运时，才写成从马的"羁"，同时也出现了"驲""驿"等以"马"为义符的形声字。

牛车行走速度缓慢，而水运虽为正常陆运的十倍，但如不载货物，以马传递消息（图12.12），用接力的方法，则可较水运快速，而且不受有限水道的限制，虽关山险阻，也可通行。故到了春秋时代，利用驿站传递信息、接待宾客的制度已普遍建立。东至齐，西至秦，北到晋，南到楚，东南至吴越。中原之鲁、宋、陈、郑，没有一国不是广设驿站旅舍以利交通的（陈槃1967：881）。

信息是外交及战略的重要决策依据。己方的消息要及早送达，敌方的则尽可能要阻碍其送达。春秋时代的商业已很兴盛，沟通有无，牟利甚丰。尤其是军略物资，各国都希望自己充分获得，不希望它们流入敌方之手。如楚国所发的行商许可鄂君启节（图15.7），就规定"毋载金革黾箭"。金、革、黾、箭都是军事物资。因此，一方面谋求交通的便利，一方面又要在交通要道设立关卡，以阻止信息及货物的转送（陈槃1967：892—898；曲守约1958：307—311）。金文的"关（關）"字，作有二扇户的门上有关闩之状（𨷖 𨷖 𨴱 𨷟）。关卡是一个城市或一国门户的所在，是纠察、防闲、课税时不可轻易放行的紧要地点。故"关"字有两个主要意义：一是关闭，防止交通之进行；一是重要门道，是交通的联络点。

商　甲骨文	周　金文	秦　小篆	汉　隶书	现代　楷书
	𨷖 𨷖 𨴱 𨷟		關	**关（關）** 两扇之门设有关闩之意。

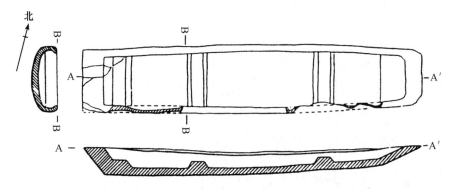

图12.1　3000至4000年前的独木舟（王永波1987：30）

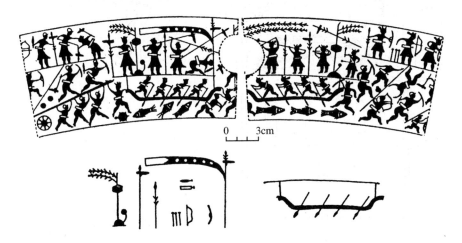

图12.2　战国铜鉴上的水战纹，以及战船和武器装备示意图（郭宝钧，山彪镇：21）

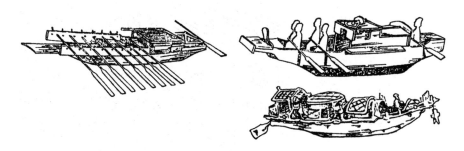

图12.3　汉代的木船和陶船的模型（交大造船1977：19—20）

第十二章　交　通

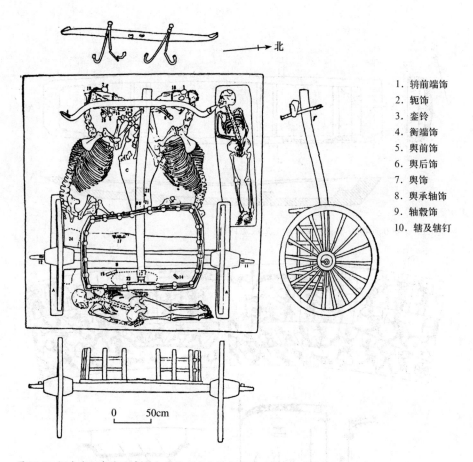

北 →

1. 辀前端饰
2. 轭饰
3. 銮铃
4. 衡端饰
5. 舆前饰
6. 舆后饰
7. 舆饰
8. 舆承轴饰
9. 轴毂饰
10. 辖及辖钉

0   50cm

图 12.4 河南安阳郭家庄商代车马坑及车上的铜饰件（安阳工作 1988：885）

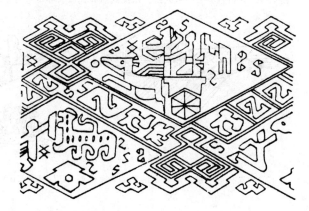

图 12.5 湖北江陵出土战国丝织品上的田猎图案。驭者采取跪坐，射者可能采取长跪形式（江陵楚墓：48）

中国古代社会

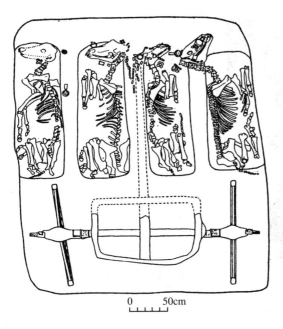

图 12.6　西周时代的四马车坑（琉璃河 1974：319）

图 12.6a　甲骨文有关驿传的字形
（甲骨类纂：876，1137，1140）

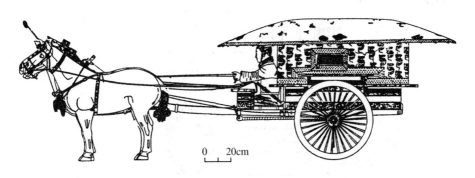

图 12.7　秦俑坑出土的铜马车模型（秦俑考古 1983：2—3）

图12.8 商代的乘石（侯家庄1001墓：图版 83）

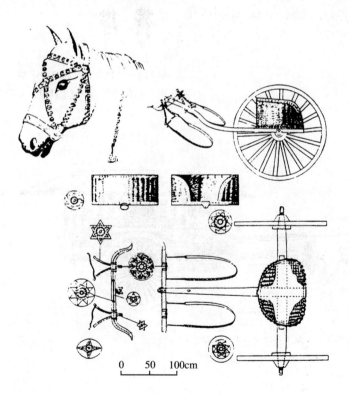

图12.9 复原之一辆商代马车及马之装饰物（石璋如，北组墓葬：150）

0   20cm

0   50   100cm

中国古代社会

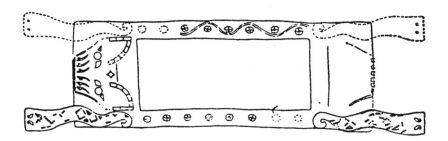

图 12.10　商代肩舆盘的复原（商周考古：98）

图 12.11　长沙出土战国漆奁上图案的部分。栏杆之旁所竖立者即可能为旅舍余形之标志
（商承祚，漆器：30）

图 12.12　魏晋时代画像砖上的驿传图案（甘肃博物馆 1976：图 1）

第十二章　交　通　　　　　　　　　　　　　　　　　　　　　　　　405

第十三章

生命循环

死亡的概念

在任何社会，生与死的时刻总是富有特别的意义。因为出生代表加入社会，死亡则终止社会的活动。不论古今中外，都有各种不同的仪式和活动来纪念这两个不平常的时刻。尤其是死亡的仪式，更是总结一生事业成就的时候，常常伴以各种赠谥号、加官爵等荣耀死者的仪式。丧家也往往不惜花费金钱加以办理，让死者得到适度的表扬，让生者也得到适度的满足与安慰。丧仪也起着反映亲戚关系、朋友交情的社会功能。故我们先来讨论死的问题。

对于现代人来说，永久离别的死亡是件可哀戚的事。所以不管是否出自真诚，参与者都要表现出哀戚的气氛。但在远古的时候，人们对于生与死之间的生理现象尚不太了解。他们相信灵魂不灭，常视死亡为新生的开始（Hoebel，人类学：387），以为死与生有如一环的两端，循环不尽，没有什么值得特别悲哀的，甚至有时还认为是种可喜的情况，因为通过死亡，老弱的身躯可以换来一个新生的身体与生命。生与死的现象是古人没法理解的很多事物之一。同时，他们认为万物皆有精灵，死后精灵也有某种样子的生活形态，并不是永久的死灭。

葬　仪

　　各种不同的埋葬习俗反映人们对死后精灵世界的不同看法。埋葬时身躯安置的姿势也反映人们所了解的死后世界。就是随葬的器物，也表现一个社会到达的文明程度和社会的结构。所以埋葬的习俗是了解古代社会的一个很重要的线索（Fagan，考古：195）。甲骨文的"死"字有两种创意，一形作一人跪拜于朽骨之旁，头低垂似有哀悼的意味（𦙝 𦙚 𦙛）；一形作人之尸体以不同的姿态放置在棺中之状（𣥐 𣥑 𣥒 𣥓 𣥔 𣥕 𣥖 𣥗 𣥘）。尸体邻近的小点，可能表示随葬物品或朱砂一类代表"血"的红色东西。人在腐朽骨之旁跪拜的第一形罕见于甲骨卜辞，其中有一条卜辞表现出死亡时的境况。那是一位老将军被派遣去远地监督某部族的军队，二十几日后不幸在途中去世（合集17055）。可能死亡的地点距离国都太远，不便举行正常的仪式，只取回其腐朽干净的骨头回安阳安葬，故用这个罕见的跪于朽骨旁的"死"字。另有卜辞作"勿卅有示卿死，遝来归？"（合集296）。"遝"有传送的意思，此占卜是因为死于外地，问是否用接力的方法运回安葬。

商　甲骨文	周　金文	秦　小篆	汉　隶书	现代　楷书
𦙝 𦙚 𦙛 𣥐 𣥑 𣥒 𣥓 𣥔 𣥕 𣥖 𣥗 𣥘	𦙝 𦙚 𦙛 𦙜 𦙝 𦙞	𦙟 𦙠	死	**死** 一人跪拜于腐朽骨之旁，头低垂有哀悼意。 尸体以不同的姿态放置在棺中之状。

　　中华民族是许多不同的氏族经过长时间的融合而形成的。不用说，其表现于埋葬习俗也必定有多种样态（王仲殊1981：449—456；曾骐1985：18—26）。从上述的"死"字创意，可以看出当时有埋棺、洗骨等不同的葬式，而埋葬的

姿势也有仰卧、侧卧等不同。不同的姿势有时反映地位的差别，有时只是习俗的不同（图13.1—3）。这些不同的葬式和姿态都可以从考古发掘得到实证。直肢仰卧是商人埋葬的正常姿势，侧卧曲卷则大半属于从属的地位（黄展岳1974：156）（图13.4）。但是在个别的文化区，曲卷侧卧则可能是正常的葬式（甘肃博物馆1980：223）（图13.5）。以下就一些证据来推测死亡仪式演化的大致情形。

死亡仪式的演化

广东和台湾地区，不久前还保存着"盖水被"与"点主"的丧葬仪式，现在恐怕很少人会知道它们源自何种习俗，有多长的历史了。所谓"水被"，是一块5尺来长，2尺多宽的白布，在中央缝上一幅等长而1尺多宽的红布。在入殓之前，要先由孝子为尸体盖上水被，然后再轮流由其他亲人向尸体盖被（刘万章，婚丧：61；吴瀛涛，民俗：154）。至于点主的风俗，则流行甚广，现在很多地方都还在实行着。那是请一位有名望的人，在预先写有王字的神主牌上，用朱笔点上一点而成"主"字（刘万章，婚丧：72—73；吴瀛涛，民俗：154），完成埋土之前的仪式。这些特殊的埋葬仪式，到底有什么意义呢？

远古时代的人们不了解死与生之间的生理现象，也不明白怀孕的真正原因。见到人类有生有死，很容易想象死生是持续的过程。以当时持有的智慧和灵魂的信仰，他们显然会把生与死联系起来看待。人死后灵魂会回到老家的图腾，由之再投胎出生到人间来（李宗侗1973：295）。这是古人的一般概念。既然死生有这样的变化，那么灵魂是如何离开身体的呢？就不能不想出个答案。大概古人看到皮肤破裂会流血，流血过多会死亡。这种观察可能导致人们相信，要获得新生命就得让血液从身体破坏而出，灵魂才可以随着血液逸出体外，重新投胎出世做人。因此，很多民族古时都有不流血的自然死亡是不吉利的想法。

因为灵魂得不到解放，就会导致真正的死灭，故很多人不怕死，只怕不得其法而死。

棒杀老人

要达到使人流血而死的最简易方法应该是使用暴力，所以中国古时候也有把老人打死以帮助其超生的习俗。在文明人看起来，那是很不人道的野蛮行为，为法律、人情所不许。但价值取决于观念，在有那种思想的时代，打死亲人却是为人子者所应尽的孝道，否则死者灵魂会因不能再生而前来骚扰亲人，成为全家人的真正不幸。杀死老人的习俗反映在甲骨文的"微"字，它作一手拿着棍棒扑打衰弱的长发老人之状（ ）。"微"字有两个意义，一是眼睛瞎了，一是私下行动。一定是因为此老人的视觉已非常不佳，故要杀死之以减轻经济的负担，故有眼瞎了的意义。至于伪装、秘密等意义，可能是实行杀害时要不让老人知道，或不在公众之前施行。后来认为公开击杀老人是不雅观或不仁慈的行为，改为暗中行事，故有私下行动的意义。因为受棒打的也经常是体弱有病的老人，故也有生病、微弱等意义。对古人来说，以一老弱病残之身躯，更换一具新生健康的身体，没有什么可遗憾的。

老人头盖骨被人为利器所击破的例子，常见于中外的旧石器遗址（Hoebel，人类学：369）。在中国，击杀老人的习俗可能可以追溯到几十万年前的北京周口店猿人。很多学者以为，几十万年以前的社会不会为经济的原因杀老人，击破头盖骨是人吃人的现象（Hoebel，人类学：143—144；Pearson，人类学：106）。或以为吃人肉并不是为了饥饿，而是古人以为它可以增强个人的魔力（Pearson，人类学：106）。或以为这也有可能起于经济上或谋利他人的不同考虑。上古的人生产水平低，经常粮食匮乏。尤其是当疾病流行或部族迁徙频繁时，病弱的老人往往建议把自己杀了让同胞吃，解除一些饥饿的危机。对那些老人来说，那是对族人一种有贡献的解脱，要比病死而腐朽于地下心安得多（肖兵1980：75）。其实这些意见是值得商榷的。

最明显的证据应是至少有7000年历史的广西桂林甑皮岩遗址。该遗址共发现14个人头骨。其中4具的头骨发现有明显的人为的，以棒状物或利器劈削，或以尖状器物猛力穿刺等致命伤痕，其年龄都在五十岁以上。其他年轻人的头骨就没有这种现象（张银运1977：7—8）。死者头骨破碎，在古老的遗址是很平常的现象。在那遥远的古代，争端少，不应该有那么多人因战争而被打死。而且在古代，五十岁已算高寿。依统计，旧石器中期有一半的人死于二十岁以前，旧石器晚期则有三分之一的人死于二十岁，只有十分之一达到四十岁（贾兰坡1985：13—17）。8000年前时，依裴李岗的墓葬年龄统计，80人中，最年长者为四十一岁，只2人。两岁以前者36人（朱延平1988：1029—1030）。就是到了周代，五十六岁以上的也只占有百分之七（焦南峰1985：85）。很显然，在那个时代，五十岁已经是很衰老了。这几个甑皮岩老人都是因为年老难以照顾自己的生活，由子孙执行再生的仪式。被杀的人没有感伤，执行的人一点也不觉得有罪恶感。类似的习俗到很晚的时代还保留着。

民俗调查者在四川省发现出自同一来源的两则故事，反映出当地以前有杀害老人而吃食其肉的习俗。故事叙说某个老人于屋顶修补茅草盖，其子在屋下烧开水，大叫父亲下来，以便烹煮之以飨宴村人。父亲回答说他尚有谋生的能力，请儿子晚些时日才执行。但儿子答以父亲已吃了他人的肉，现在轮到他回请的时候了。父亲觉得没有可辩解的地方，只好下屋顶来接受烹煮的命运。另一则故事则是父亲要儿子杀一头牛以代替他，从此该乡的人，丧家就宰杀一头牛以宴请村人，不再杀害老人了（管东贵1974：448—449）。这些故事无疑反映古时候有杀害老人，解放灵魂以投生的古老传统。在很晚的时候，有些地方的中国人仍记得这种传统。公元前3世纪的屈原于《楚辞·天问》中有"何勤子屠母而死分竟坠"的反问。大概楚国宗庙的壁画上有以夏启杀害母亲的故事为题材的图画（肖兵1980：75），屈原不了解这种古代的习俗，才对天提出质问，何以做出这种大逆不道行为的人还被认为是贤良君王。后世的好事者更造出神话，叙说启的母亲为了避免被整治洪水的大禹见到而变成石头，石头又裂开而生产下启来，所以启等于杀了自己的母亲，使得尸体分散于数地（台静农，天问：54）。

放弃于山野待死

当社会的文明程度提高时，人们觉得亲手杀死年老的亲人有些不忍，就改把老弱送到野兽出没的山野，让野兽来执行放血释出灵魂的工作。等野兽把血肉吃了后，才捡回骨头加以埋藏。故小篆有骨字，表现以手（彐）捡拾残缺之骨（冎）的景象。以下一则汉代的故事，也可以证明这种习俗的存在。原谷帮父亲共同把祖父抬到山上去丢弃，当原谷把担架也带下山时，父亲问他为什么要把担架带回来。原谷回答说是要留待将来抬父亲之用。父亲不愿自己将来被送上山，孤零零地等待被野兽咬死，因此把祖父又抬回家来奉养，原谷因此获得孝孙的好名声（王增新1958：48）（图13.6）。北美洲的因纽特人到晚近的时候仍有丢弃老人的习惯，这是很多人都知道的。渐渐人们又觉得，把老人送到荒山郊野等野兽来咬死是种不仁的行为，就改为于死后才丢弃荒野，等些日子才去捡回已被野兽吃剩了的骨头加以埋葬。战国初期的《墨子·节葬》说"楚之南有炎人国者，其亲戚死，朽其肉而弃之，然后埋其骨，乃成为孝子"，指的就是这一类的葬俗。不久前，中国某些地区的少数民族仍有此习俗保存。东北地区于人死后，高挂尸体于树上，让鸟啄食腐肉，或丢弃原野让野兽吃。如果捡回来的骨头没有被吃得很干净，还有肉残留着，就表示此人生前有罪，家人就会大为不安。西藏的富裕者甚至要延请僧人割下肉并喂饲鸟兽，连头骨也要捣碎，混合食物以喂饲鸟兽（刘仕骥，葬俗：85—87）。

埋棺葬

稍晚于墨子的《孟子·滕文公上》也有："盖上世尝有不葬其亲者，其亲死则举而委之于壑。他日过之，狐狸食之，蝇蚋姑嘬之，其颡有泚，睨而不视，……盖归反虆梩而掩之。"这说明时人由于不忍见尸体受摧残的心境，才改良成埋葬的方式。小篆的"壑"字由三部分合成，一手、一块骨及一个河谷（𧯟 𧯡）。此字的创意是用手（彐）捡拾白骨（𠕅）的地方是深谷（𧯟）的所在。深谷人不常去，却是丢弃尸体的好场所。人到深谷常是为了捡拾骨头，故以其意造字。在较早的时候，用手捡拾白骨即足以表达深谷的意思，后来加上"谷"的部分只是使意义更为清楚。新石器时代的遗址常见有二次葬的现象（邵望平1976：168—172），很可能就是把野兽吃剩的骨头加以整理而埋葬的结果。后世的二次葬则是把埋葬过后，血肉已腐化干净的骨头挖出再埋葬，或先让尸体腐化后才埋骨，显然都是此习俗的孑遗。用木棺收殓尸体不受鸟兽的侵扰是后来才发展的习俗。

尸体刺纹的美化

虽然社会已发展到要把尸体收殓于棺木，不受鸟兽的侵扰，然而要把尸体破坏使其流血的观念是一时舍弃不了的。有些地区就采用变通的方法，把身体某部分切割下来，与躯体同穴埋藏，替代暴力的放血仪式。西安半坡及其他仰韶文化的遗址，曾发现有把死者的脚或手的指头割下来而与尸体一起埋葬的现象（肖兵1980：73—77）。后来人们又不忍心分解亲人的尸体，就改为全尸埋葬。但是让灵魂随血液逸出的观念仍留存于人们心里，因此发展了象征性的放血仪式。甲骨文的"文"字，作一人的胸部刻有种种形状的花纹形（ 𗀟 𗀟 𗀟 𗀟 𗀟 ）（图13.7—8）。于身上刺纹是种美化的工作，故"文"字引申为文学、优雅等需要修饰的事物。此字在甲骨、金文都作为死者的美称，不见用以赞美活着的人。如商王文武丁是死后的名号，周文王是周武王于克商后才追赠的名号。其他若前文人、文考、文母、文祖、文妣，无不是对死者的称呼（周法高，金文：5523—5525）。想来商人和周人都有于死者胸前刺花纹并染红，或者撒上红色的粉末以代表血，以象征破坏身体而流血的古老传统。

商 甲骨文	周 金文	秦 小篆	汉 隶书	现代 楷书
		文	文	文 一人的胸上刺有花纹之状，古代丧葬的美化仪式。

文身的来源

中国有一则历史记载，恐怕是反映周民族以刺纹表示死亡的用意，却被误解成吴、越是有文身的民族。文身是指称刺破皮肤，然后在创口敷用颜料，使身上带有永久性花纹的措施。皮肤颜色较黑的民族，大概由于颜料的色调难于在皮肤上显现，就用针缝或烧炙的方式，在皮肤造成隆起成图案的瘢痕。皮肤刺纹的原因，现在最普遍的是为了美观，古时则还有以为可防病消灾，或作为标明成年的身份、成员的资格等的方式。

如果没有相当的理由与益处，人们是不愿肉体忍受伤痛的。但是为了某些原因，尤其是爱美，很多人不但能忍受一时的痛苦，还能忍受永久性的伤残。譬如过去的某些民族，有些女性用金属圈逐渐把颈项拉长，以为脖子越长越漂亮，以致颈部肌肉萎缩，承受不住头部的重量，甚至有窒息而死的危险。又有些人用东西把嘴巴撑大，以致嘴唇肌肉萎缩，不能合拢起来，喝水要把水倒进嘴里。中国则有缠足之风，用布帛把双足紧紧裹住，压缩肌骨的成长，使行动迟缓不便，但却被认为这样走起路来婀娜多姿。在种种伤残身体以达到美观目的的方法中，文身虽是现代少数人才采取的措施，但却普遍存在于各民族。

在西洋，文身的习俗起码可追溯到4000年前埃及的木乃伊干尸。中国没有制作干尸的习惯，皮肉无法保存数千年，故不能看出文身的习俗有多久。但从文献记载的刑法制度，知3000多年前的商代已施行刺墨之刑，则在身上刺纹的起源当更早些。有以为6000多年前半坡彩绘陶盆上的人面鱼纹即为文身的表现。

历来解释文身的起源，或说源自水灾之后，大地只剩兄妹两人。为了不让人类灭绝，其中一人以黑炭涂抹脸面，让对方在认不出其身份的情况下交配，终于能够繁殖子孙。有些地方则说为了工作的需要，入海捕鱼的人刺上鱼鳞花纹，可蒙蔽鱼鲛而不受到袭击。但在有些地方，文身就可能与死亡的仪式有关。

周朝的祖先古公亶父，有意让第三子季历继承权位，因为季历的儿子昌很贤能。但是碍于有传位给长子的传统，亶父却不能明示。此心事为长子太伯和次子仲雍得知。《史记·吴太伯世家》记载，两人为了成全父亲的愿望，"于是太伯、仲雍二人乃犇荆蛮，文身断发，示不可用以避季历"。一般的解释是，吴、越二国都是文身的民族，太伯与仲雍入境随俗，也断发文身成为野蛮人，所以不能回国继承权位。这种解释并不很合理。周是穿有衣服的民族，二人只要留上头发、穿上衣服，就能回复周人的形象，一点异样也没有，何至于不能再当文明人？再者，先秦文献讲到中国境内有文身的民族竟只有吴和越。哪有这么巧的事，两兄弟不约而同，分别投奔域内两个仅有的文身习俗地区。也许太伯与仲雍之所以文身，是要以周人死亡仪式来象征自己已不在人间，要周族人民不必再等待他们而立即拥立季历。因为二人分别对吴、越有教化之功，吴、越人民为了表示尊崇，也仿效他们在胸上刺花纹，以致最终成为吴、越两地的特殊风俗。后人不知此历史事件反映了周族对尸体刺纹的习俗，大概周人后来也放弃此种习俗，人们才误会吴、越本来就是文身的民俗。吴、越的居处多湖泊，很多人以捕鱼为业，所以才附会文身起源于避免受鱼鲛的攻击。有些地区，如东周时代的楚国墓葬，常见于尸体下铺设一块几何形花纹的红色透雕漆木板（叶定侯1956：23—25）（图13.11），可能就是刺身并染红习俗的孑遗。晚至明代仍有此习俗（刘恩元1982：29；杨豪1962：394），甚至晚近的台湾亦有（余光弘1980：161）。古代文身的图案大致与台湾高山族的类似，都是几何图形的。可惜商代以前的尸体难有保存的，不能核证有无刻画花纹，幸好还可以从文字得到一些了解。

商周时代于颜面上刺纹是对人体构成伤害最轻微的处罚。其他较严厉的刑罚，依次为割鼻、断脚、去势、处死。刺纹墨刑的用意是对犯罪者表示一种警诫和宽恕。很可能当时中国就以死亡仪式的刺纹象征处死的刑罚，让罪犯从事生产以赎罪。

只有通过死亡的仪式，才能合理地解释为什么太伯和仲雍以断发文身以示不用，以及以刺墨为犯罪的标识的做法。在一件战国时代的舞戈上，有花纹作两脚分别踏着日、月并手持道具的巫者，身上满布鳞片之状（图13.9），这可能即是文身的表现。巫师可能以此死亡仪式表现其有异于常人，能与神灵交通的魔力。

血的象征，红色

由于社会有恻隐之心，埋葬习俗才有了以上的演变。但因有必须流血才是正当的死法的观念，所以丧葬仪式中以红色的东西代表血，就成理所当然的措施，也是世界各地普遍的现象。18,000多年前的山顶洞人遗址，尸骨周围就发现撒有赤铁矿的红色粉末（贾兰坡1978：91）。由于此遗址年代太早，还难断定那时是否已发展到以红色的东西象征血的宗教意识。6000多年前的仰韶文化及其后的墓葬，朱砂更是常见之物。商代稍具规模，或属于士族的墓葬，几乎没有不见红色朱砂的，只有低级民众或奴隶的墓葬才不见朱砂（石璋如，建筑：294—296）。而且这种现象不但见于中国新石器以来的墓葬，也见于外国的墓葬（Hoebel，人类学：204；高去寻1947：151—152；熊谷治1981：20），可以说它是全球性的。可以肯定它是代表着血，表示赋予新生命了。就是后来演进到以棺木埋葬，人们也以红漆涂刷木棺的内部，以替代撒于人身的红色粉末。

本文之前所说的水被和点主习俗，反映的就是亲自杀死亲人的上古遗俗。有些地方的点主仪式要用孝子中指的血点触（郭立诚，礼俗：167），把要将血从身上流出体外以放纵灵魂的远古观念表现无遗。广东连南瑶族的洗骨葬，是将鸡血或儿子指头的血滴在头骨上（原始社会史：481），也具有同样的意义。血是液态的，故叫"水被"。"死"的本来意义是经由死的终止，到达再生以重新加入社会。但是由于文明的概念，相关习俗演变成不但不杀老人，到汉代甚至以玉匣包裹尸体，或以白泥膏、木炭等东西密封棺木，希望尸体能长久不腐烂，就大为违背古人的原意了。

第十一章介绍了古代中国人病危时要在床上准备接受合于礼仪的死亡仪式。埋葬也有同样的要求，所以甲骨文的"葬"字，就作一人躺卧在棺内的床上之状（𡏹 𡏹 𡏹 𡏹 𡏹）。据考古发掘，汉代之前棺材的式样，就作棺材内有悬空的床架之状（图13.17）。南北朝的时代就把床架下移至棺下而成承棺架或石屏，之后又省去床架而呈现今日常见的形式。

商 甲骨文	周 金文	秦 小篆	汉 隶书	现代 楷书
<图形>		葬	葬	**葬** 一人躺卧在棺内 的床上之状。

死亡时要睡在床上，埋葬时也要躺卧在床上。如果有意外发生，那要如何处理呢？上文介绍的甲骨文"死"字有两个字形，<字> 与 <字>。这两个"死"字的意义在商代似乎有点分别。前者罕见，后者常见。甲骨卜辞有"癸亥卜，某贞：旬亡祸？王占曰：有祟，其亦有来艰。五日丁卯子某 <字> 不 <字>"（合集10405）。这是说有关外敌前来侵犯的灾难，结果某人 <字> 不 <字>。甲骨文的 <字> 有时加"朱"的声符，亦即后来的"殊"字。前文已经解说，<字> 与 <字> 的分别，似乎前者是正常的死亡，死在家中。后者不正常，死在户外。死既然是人生不可避免的归宿，若能死得正常，合礼仪地加以安葬，就没有遗憾。如果死不得其所，似乎就有悔恨了。甲骨文有"吝"字，作一个"文"字形的人在一个坑陷上之状（<字> <字>）。此字一向被视为从口文声的形声字。但是声符的"文"与"吝"字的声韵相离甚远，此字的创意应该是表意，很可能表达某人不能正常地躺在棺内床上加以安葬，只能以刺纹的尸体埋在坑中的方式加以安葬，故觉得惋惜。这个时候，可能还要施行某种的招魂仪式以为补救。甲骨文的"还（還）"字有两个字形，一由行道、有眉毛的眼睛、犁头所组成（<字>），一是后来的字形，把耕田的犁头换成衣服（<字>）。古代的兵士多由农民组成，可能客死异地时，要由巫师以其人使用过的犁头去招魂，然后才能安葬。后来可能远赴异地的不限于农人，也常有经商的人或使者客死于异地的情形，就改用此人的衣物招魂，就像今天的情形，而且其尸体是不能搬进屋内的。（一般认为成人瓮棺葬是凶死的一种葬俗，凶死者的灵魂是恶的，不能进入氏族公共墓地，而要埋在离居住区较远的地方。张捷夫《中国丧葬史》，台北：文津出版社，1995：5。）

商 甲骨文	周 金文	秦 小篆	汉 隶书	现代 楷书
𠚢 𠚢	㑒 㑒	㐬	吝	**吝** 惋惜不能安葬某人于棺内床上，只能埋尸坑中。
𢓊𢓊𢓊𢓊 𢓊𢓊	䢔䢔𢓊 䢔䢔 䢔	還	還	**还（還）** 可能表现巫师在行道上以犁或衣服施行招魂仪式。

重男轻女

　　一个种族能否生存下去，大大取决于生殖能力的强弱。既然死是不可避免的自然规律，人们最大的希望是后代能坚强地永远繁殖下去。使用意义为生长、生命的甲骨文"生"字，作一株青草长于地上之状（ ҂ ψ ψ ψ ）。草的生命力强，经过严冬的蛰伏，一接触春天的气息，就马上苗长出来。而且不论在石下或阴暗之地，它都有办法排除阻碍而成长。在医术不发达、孩童夭折率高的古代社会，人们是多么希望后代能像青草一样坚韧，不管在何种困难环境下都能茁壮生长，永远繁殖，所以商代常见王求生子的卜问（胡厚宣，婚姻：17—18）。商周的早期铜器铭文也常见希望能传之"子子孙孙永宝用享"之语。

商 甲骨文	周 金文	秦 小篆	汉 隶书	现代 楷书
҂ ҂ ҂ ҂ ҂ ҂ ҂ ҂	҂ ҂ ҂ ҂ ҂ ҂ ҂ ҂	生	生	**生** 一株青草长于地上之状。

《孟子·离娄上》有"不孝有三，无后为大"的话语，充分表现没有子孙在中国有史的时代是件很严重的缺憾。就是其他的社会也有类似的观念。所谓的子，在较早的母系氏族社会，很可能只有女儿才被认为是家族的真正延续者（杨希枚1955：219—24；卫惠林1961：4—5）。但在中国，自有文字记载以来就已是父系的社会，已是重男轻女，以男孩为计算子息的成员了。这种观念在商代的卜辞表现得很明显。当问及生男还是生女时，男婴称为嘉，女婴称为不嘉（胡厚宣，婚姻：23）。其歧视女性的态度表现无遗。一篇西周的诗《诗经·斯干》有："乃生男子，载寝之床。载衣之裳，载弄之璋。其泣喤喤，朱芾斯皇，室家君王。乃生女子，载寝之地。载衣之裼，载弄之瓦。无非无仪，唯酒是议，无父母诒罹。"父母的偏心很明显地表现出来。商王室对先王的特祭上推至五世，而先妣只及二世，也可见女性的地位低于男性（常玉芝1980：230）。

甲骨文的"嘉"字作一跪坐妇女和一把耒耜形（）。耒是男子耕田的工具。此字表达妇人生有一个能劳动耕地的儿子，是值得嘉美的事。另一字"好"，作一个妇女抱持一个男孩之状（）。男孩是将来主持家计的人，也是人人喜好的。商代卜问待产婴儿的性别是较早期的事，后来很少这类的卜问。这会不会是商人已经了解到孩子的性别于怀孕时已定，不是祭祀祈祷所能改变的，故就不再多费心思去探寻了呢？

商　甲骨文	周　金文	秦　小篆	汉　隶书	现代　楷书
				嘉
				妇人生有一个能劳动耕地的儿子，是值得嘉美的事。

商 甲骨文	周 金文	秦 小篆	汉 隶书	现代 楷书
(甲骨文字形)	(金文字形)	(小篆字形)	好	**好** 妇女拥抱一个男孩，是人人喜爱的事。

生　育

　　商代有三个字关系到生产的过程，即怀孕、临产和安产的不同阶段。甲骨文的"孕"字作一个妇女的腹中有一个胎儿之状（ ）。甲骨文还有一个有趣的字，作母象的腹中怀有小象之形。妇女生产在不久以前还是件危险的事，在古代更是冒生死的事。商人对整个过程都很慎重和关心，在预产期几个月前就不断地卜问其安全，如"甲申卜，殻贞：妇好娩嘉？王占曰：'其唯丁娩嘉，其唯庚娩弘吉。'三旬有一日甲寅娩，不嘉唯女。"（合集14002）"辛未卜，殻贞：妇妓娩嘉？王占曰：'其唯庚娩嘉。'三月，庚戌娩嘉。"（合集454）第一例于卜问后三十天，第二例则经三十九日才见顺利生产。故有人以为从这些卜辞推测商人已经略知预产期。

商 甲骨文	周 金文	秦 小篆	汉 隶书	现代 楷书
(甲骨文字形)		(小篆字形)	孕	**孕** 像腹中怀有孩子之状。

　　甲骨文的"冥"字作两手掰开子宫而取出小孩之状（ ）。古时候有在暗室生产的习惯，故称产房为暗房（郭立诚，礼俗：99）。所以此字

又被使用于与黑暗有关的意义。此字的本义后来被形声字"娩"所取代。古代医学不发达，难产事件较多，所以对是否顺产，母子的平安非常关心。卜辞的"妇好冥不其嘉？王占曰：'……不嘉。其嘉不吉。'于□，若兹，乃死"（合集14001），预测若生了男孩将会不吉，果然生下的男婴儿死了。由于婴儿的死亡率高，家人要等候一段较长的时间，确定孩子可以活下去，才加以庆祝并给予举行命名的仪式。《礼记·内则》言于三个月之末选择良日命名。在外国，有些地方要等两三年后，孩子会走路时才命名（Pearson，人类学：269；Hoebel，人类学：379），无非是要确定婴儿可生存才不浪费命名仪式的举行。金文的"字"字，作一个婴儿于家庙之中（[字形]），表示介绍婴儿于祖先之前，成为家族的一员。给予名字的孩子才是可计数的下代子孙，故而引申以称孳生越来越多的文字。

商 甲骨文	周 金文	秦 小篆	汉 隶书	现代 楷书
[甲骨文字形]		[小篆字形]	冥	冥 双手掰子宫以接受新生儿。
	[金文字形]	[小篆字形]	字	字 于建筑物内对小孩行命名仪式。

婴儿的平安顺产表现于甲骨文的"毓"字。此字有二形：一作妇女已产下头朝下的婴儿，并伴随着血水之状（[字形]），有时妇女之旁有一手拿着长衣，准备包裹新生之婴儿状（[字形]）；另一字形作婴儿已滑出子宫之状（[字形]）。这两形后来演变成同音读而意义相近的两字：第一形是"毓"字，

着重赞美母亲抚育子女的辛劳的伟大；第二形为"育"字，偏重养育、教育的教养过程。

商 甲骨文	周 金文	秦 小篆	汉 隶书	现代 楷书
			毓育	**毓育** 妇女产下带有血水的婴儿状。或有手持衣物将包裹之状。

孩子生下来后当然要通知亲友们其性别。其方法记载于《礼记·内则》："子生，男子设弧于门左，女子设帨于门右。"弧是男子将来从事武职所需要的弓，帨是妇女于家中服侍亲长用饭后擦拭手的佩巾，故用以分别象征男女的性别。外国也有类似的习俗，男婴强调武职，女婴则为当人妻之后所负的责任（Pearson，人类学：266）。《礼记》的记载反映于金文的"帅"字，作一块巾悬挂于门右边之状（）（龙宇纯1959：597—603）。

商 甲骨文	周 金文	秦 小篆	汉 隶书	现代 楷书
				帅（帥） 一条手巾悬挂于门右边之状。

弃 子

能有后代延续虽是人人希望的可庆贺的事。但有时因某种原因，如多胞胎、非婚生子、食物不足或某种宗教信仰，不但女婴，有时连男婴也被抛弃或绞死（郭立诚，礼俗：110—113；李奕园1962：25）。甲骨文的"弃"字作两手拿着簸箕抛弃尚带有血水的新生婴儿之状（ ），有时更包括两手持一段绳索（ ），以明示绞杀的动作。从此字形可知，被抛弃的不全是死婴。人们既然以此习俗来表达废弃的概念，就不会是太偶然的现象。可能古代婴儿的夭折率高，故抛弃事例多。

商 甲骨文	周 金文	秦 小篆	汉 隶书	现代 楷书
			棄	弃（棄） 两手拿着簸箕抛弃尚带有血水的新生婴儿之状。

此外还有虐待死婴的习俗。当婴儿生下后，如是畸形或死亡时，往往有加以用火烧炙，或切割成多块的虐待行为。或以为异常的生产是因为邪气进入母体所致，故切割之、烧炙之以驱逐邪气，希望下一胎可以产下正常的婴儿。但是根据贵州、湖南、台湾等地的创生神话，由于早期人们多近亲交配，常有畸形婴儿的出产，神告诉人们的祖先，要把肉球切成数块才会变成完整的婴孩，因此人类才得以繁殖。也许这一类的信仰才是切割死婴或畸形婴儿习俗的真正起源。甲骨文的"改"字，作手持棍棒扑打一个未成形的已死胎胞之状（ ），更改的意义当来自上述得到正常婴儿的信仰。

婚　姻

婚姻是种很重要的社会制度。它规定某些特定的人或人群之间共同生活的合法性、权利与义务（Hoebel，人类学：394；Vivelo，人类学：170）。婚姻是社会学的重要研究项目。婚姻的形态有多种类别，反映不同的社会组织。虽然婚姻制度不全是为繁殖后代的目的而设，但很多时候确是养育子女及子女继承权利的重要依据。婚姻也是很重要的社会活动，它使两个家庭或家族紧密地共同追求荣誉与利益（周鸿翔1970—71：356—374；张秉权1979：198）。

再者，上古的人不明白怀孕的真正原因。妇女要在事后一段时间，才会意识到自己已怀有身孕。由于表面上，怀孕看不出与男人有直接的关系，古人往往会归因于意识到怀孕时周围发生或存在的特别事物（李宗侗，古社会：8—35）。因此传说中的古代英雄人物，都是母亲与各式各样的现象结合而诞生的。如《史记·殷本纪》记载商朝的始祖契是母亲吞食玄鸟的蛋后所生，而《周本纪》则说周的始祖弃是母亲履大人之迹有所感而生。如此经过了一段很长的时期，人们才发现男子要为怀孕一事负全责，因此才设立婚姻制度，规定男女结为夫妇，便是永久性的伴侣。

婚姻制度的传说

用婚姻制度确定某对男女为夫妇，成为永久性的伴侣，大大地从群婚等不对等的婚制迈进了一步。它起码表示人们对生育的原因已有相当的了解，即生育源自特定男女之间的结合而不是女人与精灵的结合。婚制对于社会的结构及进步起着相当大的作用。中国对于婚姻制度的起源没有多少传说留传下来。但通过与少数民族的传说做比较，还可以得到一个概况。在有关中国古代的传说中，伏羲和女娲是黄帝以前有比较详细事迹的圣王，此两人是中国民族或婚姻制度的创造者。《古史考》有"伏牺制嫁娶，以俪皮为礼"的记载。俪皮即一对鹿皮。《风俗通义》则说："女娲祷祠神，祈而为女媒，因置婚姻。"在汉代坟墓的砖瓦或画像石上的浮雕，伏羲和女娲的形象常作尾巴交缠的一对蛇身人首，或手中分别持拿规与矩，还常常伴有日与月（芮逸夫，中国民族：1029—1077；闻一多，全集：3—68）（图13.12—14）。汉代的人大概以为他们有保护死者安宁，不受邪气侵扰的魔力。他们虽是兄妹，却结为夫妇，是古时家喻户晓的人物，责任婚姻制便是他们共同创造的。

繁殖虽不是结婚的唯一目的，却是很重要的功能。让我们看看传说伏羲与女娲如何繁殖人类。《风俗通义》记载："俗说天地开辟，未有人民。女娲抟黄土作人，剧务力不暇供。乃引绳于泥中，举以为人。故富贵者黄土人也，贫贱凡庸者绳人也。"这个故事或者可以理解为，人终不免一死之途，女娲没有时间及耐性继续塑造人类，故创立婚姻，让人们自己去繁殖自己的后代。但要了解整个故事发展的意义和背景，恐怕非得通过民俗学的分析不可。

古代的婚嫁要进行纳采、问名、纳吉、纳征、请期、亲迎等六礼。在伏羲的传说中提到的鹿皮，也是《仪礼·士昏礼》中纳征（即现今的下聘）的礼物，由男家送一对鹿皮给女家。后来鹿皮不易得，乃代以他物。但豪奢的王公贵族，不但赠送鹿皮，更要选择珍贵的虎、豹等兽皮以夸示财富。我国在商、周以来已是高度发展的农业社会，一般人穿用纺织的布帛衣服，鹿皮并不实用，而且也不易获得。为什么结婚的纳征礼物要用鹿皮呢？后世已不明白其传统。因此有人猜测，如《春秋公羊传》鲁庄公二十二年的疏，以为上古以兽皮为衣服，赠送鹿皮可以表现男子捕猎的能力及英勇。但鹿的性格温顺，在野生动物中最易捕获，实在不值得这样大肆宣扬。从下引台湾少数民族的创生传说看，鹿皮之礼应起源于兄妹交配时以之隔开身体的远古习俗。

根据台湾南势阿美族的创生神话，有一对兄妹是日神与月神的第十五代子孙。他们共同乘坐一个木臼逃避洪水的灾难而漂流至台湾，发觉他们是人类仅存的两个人，为了要让人种能继续繁殖下去，他们只好结为夫妇。但是他们有兄妹不许接触对方腹部与胸部的禁忌，一直不敢发生夫妇关系。有一次哥哥打到一只鹿，就剥下鹿皮而晒干它，并在上头挖了个洞，这样一来，兄妹的身体就可以用鹿皮隔开，不破坏禁忌而达到交配繁殖的目的。就这样，他们所生的子女分别成为许多部族的祖先（陈国钧，始祖：34—35；王崧兴1961：114）。此母题后来衍生出许多故事，鹿皮变形成为兽皮、羊皮、草席，甚至扇子，但其作用都一致，用以隔开身体，破除禁忌（陈国钧，始祖：39；刘斌雄，阿美族：8，10）。

这个台湾的创生神话与伏羲、女娲的传说有许多共同点。（一）都与日和月有关系。阿美族的兄妹是日月神的后代，而伏羲、女娲的画像则常伴以日月的形象。（二）都发生在洪水之后。传说共工怒触不周山而造成大洪水危害人类，女娲就使用芦草灰加以整治（杨国宜1963：62）。（三）故事的主角都是兄妹兼夫妇。（四）鹿皮是遂成婚姻的重要媒介。（五）都与蛇有关。蛇是台湾高山族（陈奇禄1958：49—90）（图13.15）及古越族常见的图腾图案（陈文华1981b：44—49），而伏羲、女娲兄妹则是人首蛇身。

两组传说有这些共通点，显然同出一源。兄妹的名字因方言的变迁，虽与伏羲、女娲不尽相同，但语言学家分析的结果，却认为它们都来自同一个语源。伏羲的先秦拟音是bjwak xia（周法高，音汇：6，261），而故事的主角是piru karu（陈国钧，始祖：34），或pilu kalau（刘斌雄，阿美族：10）。在语音学上属同一演化的范围。中国又传说伏羲姓风，甲骨文的"风"有两种标音形式，"凡"与"兄"，也是一个唇音和一个喉音（许进雄，文字学：23—24）。这些表明以上传说都来自一个源头。兄妹遭遇洪水，通过各种巧合而繁殖人类的故事，屡见于中国各民族的传说。而其中又以阿美族的传说最接近事实，也合理地解释了鹿皮在婚礼中的作用。以鹿皮隔身体而不破坏禁忌，也很符合草昧时代人们的心态。

我们知道血亲之间的结合是早期闭塞社会所难避免的现象。一旦社会比较开化，为了避免混乱血缘关系，或造成畸形儿等原因，人们就开始禁止血亲之间的通婚，认为那是极不道德的行为、极严重的罪恶。因此后人就想尽办法，把祖先血亲通婚的事实加以掩盖或美化，以致把人类早期繁殖的阶段归功于神的创造，如女娲之捏土造人，或把过错推托给神，说祖先是遵奉神的旨意行事。如唐代《独异志》说："昔宇宙初开之时，只有女娲兄妹二人在昆仑山，而天下未有人民。议以为夫妇，又自羞耻。兄即与其妹上昆仑山，咒曰：'天若遣我兄妹二人为夫妻，而烟即合。若不，使烟散。'则烟即合，其妹即来就。兄乃结草为扇，以障其面。今时人取妇执扇，象其事也。"（图 13.14）此外还有兄妹分别把石磨的上半与下半推下山，两片石磨滚到山下后竟然套合在一起，或是兄妹分别把针和线丢下山，线竟然穿过针眼等奇迹（芮逸夫，中国民族：1031，1035，1043，1044）。这些奇妙的巧合只有神才做得到，不是天意怎能如此。

文明人对古代社会发生过的事，虽有意加以隐瞒，但并不能去除一切与之有关的习俗。所以鹿皮与婚姻礼仪的关系，也始终模糊地被保存到后代。只有在未完全开化的社会，较不晓得文饰，因此以鹿皮隔离身体的真相才被保存下来。

鹿皮与婚姻的关系经过人为的隐瞒，其意义遂不为后人所了解。其礼俗虽还存在，有时却被误用了。譬如冠礼是男子成人的礼节，表示已达到结婚的年龄，可以遂行繁殖后代的任务了。鹿皮是结婚的信物，不管是男方送给女方或女方送给男方，都不妨害原来的效用和意义。因此在加冠的仪式中，鹿皮应该是给予加冠的年轻人，以备将来定亲之用。但是《仪礼·士冠礼》的记载中，鹿皮却是主人献给向青年头上加冠的人的礼物。这就失去了鹿皮的原来目的，想来是时间久远所产生的差错。

亲族称谓

婚姻制度是一种法则，规定两个结亲家庭之间的权利与义务，以及个人在此关系中所处的地位。婚姻制度制定的目的，较重要的是规定产权继承的法定关系及通婚的禁忌（Vivelo，人类学：170）。不同的结婚形式有不同的继承法则和关系。其具体的表现常反映于称谓上，故称谓成为人类学研究的一个重要项目（Vivelo，人类学：155—161）。某些社会的称谓很复杂，有很多名字称呼各种各样的亲戚关系。简单的称呼可对同一世代、同一性别的亲戚用同一称谓，不区分来自父系或母方的关系；稍为复杂的，便需区分自己的兄弟与其他的从、表兄弟，区分母亲与姨、婶等等。有的又将父系的亲戚与母系的完全加以区别。最复杂的一种，既分来自父系或母系，又有年龄上的区别，从称谓可以很明确地看出相互之间的关系，一点也不含糊。但繁杂的称谓和文明程度没有绝对的关系，工业社会因为重视经济利益高于亲族关系，反有回到简单称谓的趋向。

我们对商代的称谓已不甚了解，遑论以前的时代。当时似乎是以世代为主要准则，没有很详细的区别。高于自己一个世代的通称为父与母，高两个世代的称为祖与妣。同世代的男性称为兄与弟，女性大概称为姊妹。低于自己一代的男子称为子。商代女性的地位较低，王室很少为她们作占卜，以致见不到同世代及晚一世代女性亲人的称呼。到了周代，父系与母系的亲属称呼就有了区别。如对上一代男性的称呼，就有了父系的父、伯父、叔父、姑父，母系的舅父和姨父等详细的分别。这显然和周克商后施行的新继承法则的宗法制度有绝对的关系。

甲骨文的"父"字，作手持拿石斧之状（ 𠂤 𠂤 𠂤 𠂤 𠂤 ）。或以为石斧是表示男性对女性，或父亲对儿女的权威。其实，它可能只表示源自新石器时代的两性职业分工。石斧是古时候用以砍树、锄地的主要工具，甚至到青铜时代的早期，它仍旧是男子工作的主要工具（王恒余1961a：387—392）。母系氏族的社会，子不知其父，由母亲负起养育的责任，能有效地控制子女的劳动成果。那时财产的继承权归属女性，男子并不特别尊贵。孩子称呼母亲的多位伴侣或兄弟为父，只因他们是劳动力成员，并不含特别的可亲或可畏的成分。甲骨文的"母"字，作一位妇女有丰满的乳房形（ 𠂤 𠂤 𠂤 𠂤 𠂤 𠂤 ）。此字强调乳房，可能表示生产后才会有乳汁可喂婴儿。养育子女是做母亲最重要的天职，故以有哺乳经验的妇女形象表达母亲的意义。

商　甲骨文	周　金文	秦　小篆	汉　隶书	现代　楷书
（甲骨文字形）	（金文字形）	（小篆字形）	父	父 作手持拿石斧之状。表示劳动的成员。
（甲骨文字形）	（金文字形）	（小篆字形）	母	母 作妇女有丰满的乳房形。

　　古人的平均寿命较短，家庭的成员也不复杂。不容易有超过三代同世的情形。故商代对于高过两个世代以上的人，男的称为祖，女的称为妣。甲骨文"祖"字的初形是"且"，是男子生殖器的象形（（字形图）），表示创造此字的人已明白女子怀孕生子的根由。对于生物界来说，没有比繁殖更重要的事。所以古人并不认为生殖器是猥亵的事，反而认为是值得崇拜的（凌纯声1959：1—3）。如旧石器时代的塑像突出妇女的胸、腹、臀等部位，即反映对生殖女神的崇拜（Pearson，人类学：290）。而中国的石祖、陶祖等男性性器的象形物（图18.1—2），则反映父系社会的崇拜（郭沫若，中国史稿1：84）。甲骨文的"妣"，原形是"匕"字，是勺、匙的象形（（字形图）），大概是因音读的关系，被借用为亲属的称呼，但也有可能表达主妇主持烧饭的家务事。其他的亲属称谓也都是音的假借或形声字，从字形看不出与亲属结构的关系，故不介绍。

中国古代社会

商 甲骨文	周 金文	秦 小篆	汉 隶书	现代 楷书
				且 男子性器象形，为繁殖的根源，用以表达人伦。
				匕 勺、匙形。借以名女性祖先。

商代的继承制度

亲属称谓与继承的权利和义务有密切的关系。商代的继承制度可以王室继承为代表。商代前期是兄终弟及制，以长幼为顺序，无弟弟可传时才传自己之子或兄长之子。这种没有严格规定的制度易起争端，晚期就改为长子才有完全继承父亲之社会地位的资格，其他的成员只能享有较次的地位。同样的，如果有多位妻子，早期时大家地位相同，要等到某位母亲有子即位时，才能享受较其他妻子更高的地位，后来也演变成只有一位妻子享有正式的地位，她的子女亦享有较其他庶出的兄弟姊妹为高的地位。如果因某种原因，庶出的儿子继承了父亲的地位，他的母亲也可以改变身份，享有正式的地位（张光直1973：111—127；许进雄，五种祭祀：17—37）。周代的宗法制度就是在晚商父系制的法则上，加以严格的规定和执行，如上所述，连带称谓也给予相应的区别。

经验的传授与教育

　　人类还有别于一般动物，不但养育和保护新生代，还设立各种专门学校，集合学童，用语言或文字把历代累积的经验传下去，以期待他们能出人头地，建立自己的事业。教育不单是自家个别的责任。新生代一旦安全出生后，首先就得给予喂养和保护。甲骨文的"乳"字，作妇女抱持一个张口吮吸乳汁的婴儿状（🔣）。所以此字用以表达与乳有关的喂乳、乳汁、乳房等义。在小孩尚未能自己站立走路时，父母也要背负抱持加以保护。甲骨文的"保"字，作大人背负幼儿之状（🔣🔣🔣🔣🔣🔣）。此为保护幼儿免受伤害之举，故引申之以为一切之保护。关于中国儒家制定子女服父母之丧的期间三年（25个月）的理论基础，《礼记·三年问》说是源自子女要三年的时间才能离开父母的辛劳照顾，故要以同样的时间守丧而报答之。越高级的动物，新生婴儿越要经过长时间的保护和学习才能成长而独立生活。这一段学习期以人类为最长。而且越文明、越进步的社会，其学习的时间也越长，投入的经费和人员也越多。

商　甲骨文	周　金文	秦　小篆	汉　隶书	现代　楷书
				乳 作妇女抱着孩子喂奶之状。
				保 手后伸以背负婴儿而保护之状。

　　把经验传给下一代是动物天生的赋性，故不管是原始或进步的社会，都会把教学之事纳入组织，差别只是规模的大小及精细的程度而已。到了适当的时

候，社会就会要求父母把子女送到学校，接受能自立于世间的必要技能与知识。人类初生时没有分别，成长后却各具不同价值观念、行为准则、风俗习惯的文化，主要就在于经过了这一过程中不同内容的影响。

人类成长的过程基本是一致的，因此各社会的教育程序也大概一致。在儿童入学之前，家庭要先教以语言，使其能表达思想，了解别人的意思。到了学校后，人就学习主要的三事，即发展智力的认知性学习，确立价值观的情感性学习，以及发展操作技能的心理运动性学习。至于参与社会活动，作为行为准则的礼仪，则是高一层的知识，属于后一阶段的学习（陈棨1974：767—777）。那么，学习的概念是如何表现在我们的语言呢？

学和教是一事的两个层面，甲骨文的"学"（爻爻𤕚爻𤕛𤕜𤕝𤕞𤕟𤕠）和"教"（𢽾𢽿𣀔𣀕𣀖𣀗𣀘）字都有一共同的部分"爻"。"爻"字在后代的意义是卦爻，因此有人以为"爻"是交错的算筹形状。但是以算筹演算数学是很进步的事，其发展应不早于春秋时代（陈良佐1978：283）。至于更为高深复杂的卦爻神道，更非孩童所能懂得的学问。原始教育的特点是与生活和生产的需要关系密切，因此"爻"所表现的该是一种一般入学儿童所能学和做的事，而非专职人员的专门知识。

商 甲骨文	周 金文	秦 小篆	汉 隶书	现代 楷书
				学（學） 以交叉的绳结，或示双手的动作，或用之于架屋，表达学习的内容。
				教 手持棍杖劝导小儿学习打绳结的技术。

金文的"樊"字作手将木桩捆缚成一排的樊篱形（㸚 㸚 㸚 㸚 㸚 㸚）。"爻"的部分是作为绳结的交叉形。一个交叉的绳结容易与数目字"五"混淆，而且捆缚东西要绕捆多次才能牢固，故使用两个并列的绳结表示。古代把两件东西紧紧地接合在一起最常用的方法是以绳索捆缚。结绳是古代生活的一个重要技能，处处都用得着。譬如把兵器或工具牢牢捆绑在木柄上（图8.4），或固定房子的木构件等（图11.10）。架桥和造屋是半开化部落教学的主要内容（陈国钧1957：246），都需要结绳的技巧。结绳是古人面对大自然最基本的生活技能之一，怪不得今日童子军的训练，也要求熟悉打结的技术以适应野外的生活。

商　甲骨文	周　金文	秦　小篆	汉　隶书	现代　楷书
	㸚 㸚 㸚 㸚 㸚 㸚 㸚 㸚 㸚	㸚 㸚	樊	**樊** 双手将木桩捆缚成一排的樊篱形。

绑绳结一定要用双手，故"学"字"爻"旁的两手是表示绑绳的动作。⋂大概是家屋的木构。古人架屋的机会远比今人多。尤其是还未经营定居生活的时代，拆拆架架更是生活的常事。看来甲骨文的"学"字是基于绑打绳结的概念而创造的。"教"字则作于绳结之旁多了一手拿着鞭子之状，表示以处罚劝诫孩童学习打结技巧。很显然，从很早开始人们就认为鞭打处罚是有效的教学方法。

起初教育是没有阶级性的。到了一定的年龄，每个人都要学习如何在社团中过生活。在以谋取食物为日常主要活动的古代，首先要学习的就是制造工具、打猎或耕地等必要的技术。但当社会出现了阶级后，有些人就要多学当统治阶级的必要内容。《礼记·内则》说自帝舜至周代，教学的人分别有国老和庶老。商代以前的已不能征验，但至少反映学有阶级之分的后代观念。甲骨卜辞有"大学"的名称，知商代不但孩童入学，一定也有为成人而设的高层次教学。卜辞有"教戍""学马""王学众伐于兔方"（甲骨类纂：1242—1243），应是有关军事的训练；还有关于"多卜"入学的卜问，卜的职责与举行礼仪时乐舞的演奏有关。古代"国之大事，在祀与戎"，我们可以理解商代高级的教学主为祭祀与军事服务。负责教学的人自周代以来被称为师，师在商周时代是一种军衔。《周礼·地官》言师氏掌教育贵族子弟及王家侍卫，不但渊源自商代，也表明军事为古代教育的重要内容。

卜辞所反映的是有关朝政的高层次大学教育。至于小学的教学内容，应大致如《礼记·内则》的叙述："六年，教之数与方名。七年，男女不同席，不共食。八年，出入门户及即席饮食，必后长者，始教之让。九年，教之数日。十年，出就外傅，居宿于外，学书计……礼帅初，朝夕学幼仪，请肄简谅。十有三年，学乐、诵诗、舞《勺》。成童，舞《象》，学射、御。二十而冠，始学礼……女子十年不出，姆教婉、娩、听从，执麻枲；治丝茧，织纴、组、紃，学女事，以共衣服；观于祭祀，纳酒浆、笾豆、菹醢，礼相助奠。十有五年而笄。"男儿学习不少谋生以外的知识，想来只有贵族才有机会、资格和必要。

学校在古代不只是教学的场所。商代大学学园的规模必不小，曾有关于在学校的不同地点举行祭祀活动的卜问。《礼记·王制》："天子将出征……受命于祖，受成于学。出征执有罪反，释奠于学，以讯馘告。"学校也是众人相聚庆会的地点，所以才有在学校养国老与庶老之记载。老人虽体力衰弱，但经验丰富，在图书还不普及的时代是知识的源泉，故为主政者所礼遇。他们既然被供养于学校，则学校不但传授知识，还应是国政的议论场所。

春秋时代以来，随着平民阶级的抬头，庶民也可以到乡村的学校接受高深的教育，学习文字与数学等等非生活上必要的知识，以谋求权位之用。没落的士族无耕地的技能，只得以本身所学的知识转授予他人以谋求生活。因此教育逐渐普及化，平民教学的规模逐渐扩充。孔子是其中一个有学问的抱着有教无类的宗旨把私人教学蔚成风气的伟大教育家。平民能以学来的技能求取政治地位，使私人讲学的求与应都大大提高，进而促成各种学派的兴起，造成战国时代诸子百家争鸣的学术黄金时代。

孝　道

从周代开始，中国就有一个很重要的教育主题，即孝道（萧欣义 1979：426）。孝是儒家治国平天下很推崇的一个主题。十三经中有《孝经》，历来很受帝王的重视（蔡汝堃，孝经通考：82—87）。从《论语》可以看出，儒家所谓的孝道包含甚广。对于亲长，人们不但生前要奉养，秉承其志，就是死后，也要不改其志。一人如在家里绝对服从，自然到社会上也不敢犯上作乱，故为政治家所喜爱。

"孝"前缀见于金文，作一位老人以手搭在小孩头上之状（𡥥 𡥥 𡥥 𡥥 𡥥 𡥥 𡥥）。大概表示小孩扶持不良于行的老人，或者也可能表现老人关怀孙儿之情。尽孝道是铜器铸造的一个很重要的目的，是周王室强调宗法制度的措施。到了东周时代王室的控制力衰退，铸造铜器就不再强调孝道了。西周铜器铭文所要尽孝的对象是神灵、祖考、大宗等已过世的主体，还有宗室、兄弟、婚媾等诸位在世的人（李裕民 1974：21—26）。孝的范围由对祖先的崇拜扩充到善事父母，再从善事父母扩充到友爱兄弟、奉职官长（萧欣义 1979：436）。孔子学派对于孝道的阐述，可以说就是源于封建社会要求子弟绝对服从长上的教育。

商　甲骨文	周　金文	秦　小篆	汉　隶书	现代　楷书
	𡥥𡥥𡥥 𡥥𡥥𡥥 𡥥𡥥𡥥 𡥥𡥥𡥥	𡥥	孝	**孝** 老人以手搭在小孩头上之状，表现慈孝之意。

如上所论，上古的生产力低，难有剩余以供给他人的需要。上了年纪的人，因无力谋生或宗教原因，有被子孙杀害的情形。随着生产力的提高，人道思想的发达，尊老逐渐成为社会普遍的风尚。因为古时无文字以记载事物，老人阅历丰富，虽无体力之能，但成为知识领域的权威，故大受尊敬（Hoebel，人类学：369）。甲骨文的"老"字，作一手持拐杖的长发老人形（𣏾 𣏾 𣏾 𣏾 𣏾 𣏾 𣏾）。有时，此字还明白表示老人体力上的缺陷。到了金文时代，此字分化而为两字，以所持拐杖的方向不同分别为"老"字及"考"字，显然是有意创造的区别字。"老"的意义是老人，"考"则为死去的父亲。"考"有拷打的意义，恐怕也与棒打老人的远古习俗有关。

商　甲骨文	周　金文	秦　小篆	汉　隶书	现代　楷书
	𣏾 𣏾 𣏾 𣏾 𣏾 𣏾 𣏾 𣏾 𣏾	𣏾	考	考 持杖老人之状。
𣏾 𣏾 𣏾 𣏾 𣏾 𣏾 𣏾 𣏾 𣏾 𣏾 𣏾 𣏾	𣏾 𣏾 𣏾 𣏾 𣏾 𣏾	𣏾	老	老 手持杖的长发老人状。

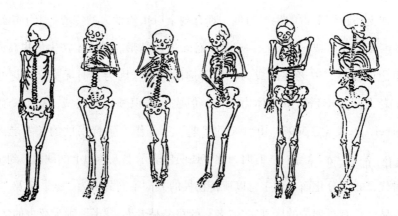

图 13.1　商代的仰身直肢葬式（安阳工作1979：42）

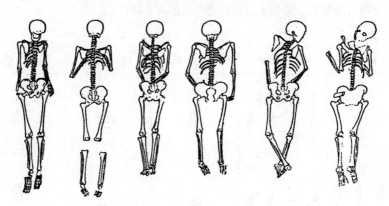

图 13.2　商代的俯身直肢葬式（安阳工作1979：43）

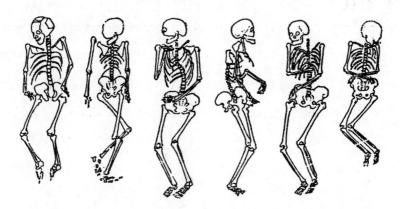

图 13.3　商代的屈肢葬式（安阳工作1979：45）

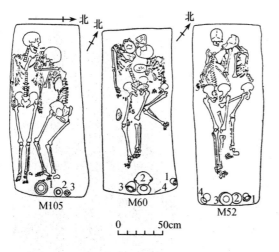

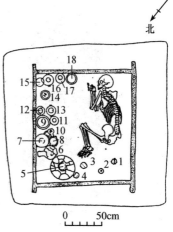

图13.4 甘肃永靖新石器晚期的男女合葬墓。女的屈肢，有从属的意义（甘肃工作1975：75）

图13.5 半山文化类型的屈肢葬，随葬品丰富，说明死者不像处于从属地位之人（甘肃博物馆1980：224）

图13.6 东汉及北魏画像石上的孝孙原谷故事（王增新1958：48）

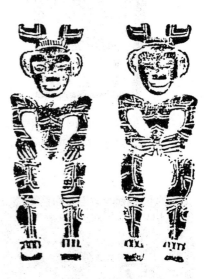

图13.7 商代跣足男女裸体玉雕的拓片，人体上的花纹可能就是文身的表现（安阳工作1977：82）

图 13.8 西周早期的人形铜车辖拓片，人身上的花纹可能就是文身的表现（铜器纹饰：346）

图 13.9 湖北荆门出土战国舞戈上的巫者形象，全身有鱼鳞纹（铜器纹饰：344）

图 13.10 汉画像石上的图像，最下一幅为武庚尸体于床架上的题材（嘉祥文管 1986：33）

图 13.11 长沙出土的战国楚墓承接尸体的漆雕透花木板（叶定侯 1956：封里）

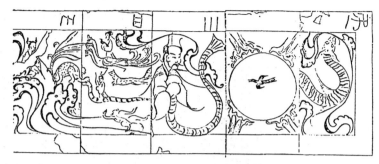

图13.12　西汉画像石上的
伏羲和女娲图（洛阳博物
馆1977：11）

图13.13　东汉画像石上的伏羲和女娲图
（李复华1975：63）

图13.14　河南唐河县出土，汉代
画像石上的图案。伏羲与女娲身旁
的两股烟即将结合在一起
（陈长山1987：82）

图13.15 台湾高山族
的蛇图腾木雕（陈奇
禄1958：79）

图13.16 汉代画像石上的授
课图（任日新1981：21）

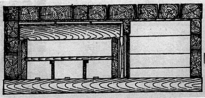

图13.17 湖北江陵
东周墓的木棺形式
（湖北考古所1995：
597）

中国古代社会

第十四章

娱乐活动

娱乐之起

音乐可以安慰、欢愉、激励、挑发、恐惧人的情感，它是人们劳动以谋取生活之余，顺应生理及心理的需要，帮助消除疲劳、舒展心情、交欢结好的活动。故音乐活动是今日人们生活中不可缺少的节目。它的形式可以是吹奏器物，投手踏脚或玩球，很多活动在今人看来是极富娱乐性的，但上古的人只顾谋求生活，较少以有意识的行动去讨别人或自己的欢心。譬如打猎，现在是种奢侈的体能娱乐，尽管其动作激烈，常弄得身体疲惫，不过其根本目的，却是为了满足心理情绪，不是为了谋求生活，故欢愉非常。但是渔猎时代的人们，那些跳跃、奔跑、射击的动作，都是为了谋取食物所必需的活动，所掺杂的娱乐情绪或心理是极少的。再拿歌舞来说，今天很少会将其看作是有关生产的劳动，但是其起源可能是生产时为了纾解疲劳，或是为了一齐从事劳动，或移动重物时发出的呼喊声。音乐可能起于用声响诱杀野兽，舞蹈起于向神祈祷或求佑助的宗教仪式。就其动机来说，它们都是为了谋求生活或生存的必要措施，并非讲求一己或他人精神的欢愉。因此要区别类似的活动，何者是工作，何者是娱乐，就要看其性质是为了欢愉的目的，还是为了生活必需的劳动了。

娱乐的项目包罗万象，只要是能引起同感、使身心舒展的活动都可以称之为娱乐。上古的人们只顾谋求生活，较少思及以有意识的行动来让自己或别人欢乐，如有空闲，只是休息或聊天。除非有什么庆典，但那也是团体的行动。当生活工具改良，谋求生活所需的劳动时间逐渐减少，宗教的信仰也慢慢淡化时，人们才慢慢有心情假借节庆以娱乐自己，从而发展出较丰富的个人娱乐节目。在古代，对于一个国家来说，没有比"祀"与"戎"更为重要的事。古人于生产劳动之外，参与祭祀与军事的活动就成为生活上的重要事务。所以与此有关的活动最容易演变成娱乐的项目。基本上，生产发达、社会安定的时候，人们用于娱乐的时间要较生产不足或动乱不定的时候为多。

乐　器

器乐的发展一般要较舞蹈为晚。要探寻没有文献以前的时代人们有些什么样的娱乐，当然只有从地下遗留下来的东西加以推测了。比较可确定的娱乐活动，要首推乐器的应用。在新石器时代所使用的陶、石、骨、竹木等材料中，以陶、石两种材料保存的机会最多，故保存下来的音乐器材，实不足反映实际的概况。而且，人类的文明是经验累积的结果。一般说来，技术是越迟晚越精良的。但是有些事物在古代某段期间曾经出现过，且颇为精巧优美，但因某些原因而失传，在很久之后才又被人们重新提起或制造。譬如常常听到的汉代张衡的指南车和候风地动仪，虽构思精妙，但却没有多少构造相关的文字遗留。又如，河南舞阳贾湖一个8000年前的遗址，已发现有16枝音阶结构颇完整的七孔骨笛（图14.1），说明起码8000年前，人们已知道孔窍发出声响的原理，能够制作某些固定音高的东西了。但其他古遗址竟未见多孔的管乐器，已是不可解的现象。而汉代马融《长笛赋》竟说笛本四孔，京房增加一孔而成五，使五音程完

　　　　　　　　　　　　　　　　　　　　中国古代社会

整。《风俗通义》则说汉武帝时人创作七孔笛。七孔笛的使用竟湮没了6000年。

从理论的观点，打击乐最容易实行，应是最早有意识制作的发声器。然而打击乐多半是单音调，虽足以使野蛮时代的人们随节拍舞动手脚，但最容易制成多音程动听音乐的还是吹奏乐。人们容易发现只要挖几个孔洞，就可以吹奏不同的音调。因此这应是最早发展的主要演奏乐器。

骨　笛

管乐是利用人造的气流通过空管的内腔，因振动而发声的乐器。只要有中空长管状坚硬的东西都可以做成。所以使用骨、竹、金属、玉石、陶等材料都可以制造。在其发展的历史上，天然中空的骨管、竹节应为最早的选材。舞阳的多孔骨笛是截取自猛禽的腿骨，再钻挖圆形孔洞而成。其孔洞形状固定，有些是先刻好等分的符号，然后再钻孔，钻孔多为7个。一枝完整的骨笛，全长22.2厘米。磨制非常精细。经过测音，知道至少有六声音阶，也有可能七声齐备，属古老的下徵调音阶。孔洞与孔洞之间的音程比小三度略小，或比大二度略大（黄翔鹏1989：15—17）。虽然我们不能肯定它们已被用以吹奏娱乐人的乐曲，或只是作为实行巫教活动的道具，但人们已无疑有能力创作复杂乐曲以纾解心情，娱乐情性，达到有意从事休闲活动的阶段，文明程度应已相当高了。

管乐的发音与管的长度、直径同时有直接的关系。对于古人来说，要明白其间的关系，得出规律而以之制定一定间隔的音阶是比较困难的。而且动物的骨骼也不是笔直而粗细一致的，很难使每孔的发声都合于一定的音高要求。在对舞阳七孔骨管所做的测音中，不同的吹奏者，不同的次数，测出的音序都不相同（黄翔鹏1989：15—17）。也许因此古人们不发展多音孔的骨笛，或者改良以较为笔直的竹管制作，不能长久保存于地下。

依目前的考古证据，能发出一定音高的管乐，还有6000多年前浙江余姚河姆渡的较为粗陋的骨哨。它们也是将动物的骨管挖孔而成。残存的骨哨有吹孔及出音孔各一个，是横吹式的，起码可发出两个音（浙江文管1978：55—56）（图14.2）。其声单调，较可能是打猎时诱发野兽的拟声工具或劳动时节制节拍的工具（吕骥1978：56）。

陶　埙

发音原理与管乐相同的是陶埙，只是其气室为球形陶器而非管状而已。6000年前半坡遗址的陶埙是一个钻一孔或二孔的蛋形乐器（西安半坡：190）（图14.3）。二孔的陶埙有一个吹孔与一个音孔，测音颇近钢琴F3到A3的小三度音程（吕骥1978：54—55）。以古人的音乐程度，这些单调音程的发音器，也有可能就是纾解心情的乐器了。但其更可能是打猎时诱发野兽的拟声工具或节制节拍工具。时代稍晚的山西万荣荆村、太原义井有两处遗址都发现了两音孔的陶埙（李纯一1964：51）。测音的结果，一个为E2、B2、D3，一个为E2、G2、A2，都构成五个音阶（吕骥1978：56—57）。更晚的甘肃玉门火烧沟遗址则出土了三音孔的陶埙，其中有六具可以吹出合于今日七音阶的音程序列（吕骥1978：57—58）。虽然还不能肯定当时的人已了解陶埙发音的原理而有意识地制作有一定音程的乐器，但可以肯定这些陶埙绝不是单纯的打猎用具，人们应已有意识地制作可以发出不同音响的乐器了。商代的五音孔陶埙，可以吹出多于十一个不同音程的音（吕骥1978：59；庄本立1972：199—201）。与商代约同时代的辛店时期的遗址，更发现有七音孔的陶埙（甘肃工作1980：310）。无疑，这些陶埙已可以奏出相当复杂的乐章了。到晚商时，人们已知五度音阶、小三度音程、半音、绝对音高、标准音高等，其音乐知识已不属于原始的阶段（李纯一1964：51—54）。甲骨文的"吹"字，作一人面对一件宽而短的器具吹气状（🔣🔣🔣）。从"吹"的字形和意义可知，所吹的东西是陶埙一类的乐器。《礼记·郊特牲》说"殷人尚声"，但发掘的商代乐器数量却少，只能用其已腐败于地下给予解释了。

商　甲骨文	周　金文	秦　小篆	汉　隶书	现代　楷书
🔣🔣🔣🔣🔣	🔣🔣🔣🔣	🔣	吹	吹 作一人对一件器具吹气状。

长管乐器

关于乐器的名称，古今已有相当的变异。现在一般称呼竖吹的为箫，横吹的为笛。汉代则常称单管的为笛，多管的为箫。《尔雅》说大箫谓之言。郭璞批注："大者以二十三管编缀，长尺四寸；小者十六管，长尺二寸。"另外还有十一、十二管等数目。商代甲骨文"音"与"言"用同一字形表达，作一把长管的乐器形（🔣🔣🔣🔣🔣）。此管乐的一端作喇叭状，表示商人已注意到音乐的扩音效果。在一处仰韶文化遗址发现角状的陶号角，长42厘米（戴彤心1988：31—32），算是其前身了。意义为八尺的"寻"字，甲骨文作伸张两手以丈量某器物长度之状。它所丈量的诸种器物中，有一形是长管乐器（🔣），这种管乐的长度约是八尺（约等于185厘米）。如此长的乐器较可能是单管而多孔。乐器的管越长则发音越低沉而传播越远，短则清高而不及远。中国西南地区以铜鼓召集群众，也许在铜器未发明前，是用长的竹管。今日山区的居民仍有以长管的乐器发出通信之用。古人初住山上，后来才慢慢移居平地。可能古代的中国人也以长管乐器作彼此联络的信号，因而用以表达言语的意义。

商 甲骨文	周 金文	秦 小篆	汉 隶书	现代 楷书
				言 作一把长管的乐器形。
				音 作一把长管的乐器形。

　　管乐虽然可以挖多个音孔以达到吹奏一组序列音调的目的。但是音孔数量如多，就较难使每个音孔都符合要求的音高，也比较难以手指控制裕如。一管如只发出一个音，音调就比较容易控制得当，联合数管就可以吹奏一组序列固定音高的音调了。甲骨文的"龠"字，作两支单管捆合在一起的管乐器形（⊞⊞⊞⊞⊞⊞），于文字，两管象征多管。龠类似现在的排箫，不同的音调分别由各管奏出。当时还应有一个总的吹口。"龠"字有多一倒三角形的东西，即是沟通各管的总吹口（⊞⊞），其吹奏方式如同笙或竽（图14.5），乐音经由各管分别奏出，用手指控制音管而不必移口以就各音管。最常被利用以充作音室的是干瓠瓜，后才以木雕成。音管束成一把而插在音室上，捧在手中吹奏。

商 甲骨文	周 金文	秦 小篆	汉 隶书	现代 楷书
				龠 多支管捆合一起的管乐器形。

商　甲骨文	周　金文	秦　小篆	汉　隶书	现代　楷书
				龢和
				从龠，禾声。

由于管乐是商代演奏的主调，其他乐器就屈居次要的伴奏地位，所以意义为调和众声的"和"字，甲骨文、金文是以一管乐器之"龠"或"言"为意符，以及一个"禾"为声符组成。后来才简写成从口禾声的"和"字。商代祭祀时所奏的乐，被提及的乐器以鼓和龠为最多，鼓为节拍，龠为主调，西周初期亦如是。到了春秋时代普遍铸造悬挂的编钟后，编钟也可以演奏一组序列的音阶，而且音调稳定、声响洪亮，宜于祭祀、庆会等大众聚会之用，就取代管乐而成为调和众声的主要曲调，故这类编钟也有了和钟的名称。

弦　乐

诸种乐器中现今最多人学习和演奏的恐怕要算弦乐了。弦乐是利用弦线震动而发出声响的乐器。在古代最可能使弦线震动而发出声响的时机应是用弓箭打猎。早在三四万年前的旧石器晚期人们就可能知道使用弓弦，因而熟悉其震动的声音。弓弦的音调因材料、张弛、粗细的差别而有异，古人有机会感觉到不同的弦声音调而加以利用，故可认为弦乐起源甚早。古时有庖牺氏作五十弦瑟，黄帝指使素女鼓瑟，因哀不自胜，乃破坏五十而为二十五弦的传说。但又有说法称虞舜时增益为五弦，周武王时复增以变宫、变徵而成七弦。

"音"字有时被用以表示有一定组织的悦耳乐章，有时只表示任何的音响，不一定是值得欣赏的。"乐"字则总是表示能欣赏的乐音。"音"字取自管乐的形状从无异议，"乐"字因商代甲骨卜辞尚不使用于和音乐有关的事类，所以还有争议。一般以为"乐（樂）"字像木上安装有两条弦之状（🎋🎋🎋🎋🎋）。后来的金文在两弦之间加上"白"的形（🎋🎋🎋🎋🎋🎋）。"白"的部分有以为是大拇指，或以为是表现琴拨形，以表示用手弹奏的方式。如果弓是弦乐的前身，用手拨弹演奏应是最自然的。但是以手指或用琴拨拨弹弦乐似是较迟才发展的技法，早期是应该用敲打的。甲骨文有一字作"乐"字之旁有手持木棒敲打之状。如果"乐"字确实是依据弦乐的写意，它就清楚地表现了弦乐于商或前代是用打击而不是用手指弹拨的。

商　甲骨文	周　金文	秦　小篆	汉　隶书	现代　楷书
〔甲骨文字形〕	〔金文字形〕	〔小篆字形〕	樂	**乐（樂）** 作一木上安装有两条弦之状。

　　弦乐器的名称，春秋以来大致以敲打的叫筑，弹拨的叫筝、琴、瑟。因打击是弦乐传统的演奏法，不但西周文献使用鼓字加以描写，如《诗经·常棣》有"妻子好合，如鼓瑟琴"。后来虽大都改为拨弹的形式，行文还是使用"鼓"字，如战国著作《荀子·劝学》有"瓠巴鼓瑟而沉鱼出听。伯牙鼓琴而六马仰秣"；只少数使用"弹"字，如《荀子·富国》有"故必将撞大钟，击鸣鼓，吹笙竽，弹琴瑟，以塞其耳"。所以金文"乐"字两条弦线之间的"白"形，大半表示像筑的乐器，而整个字形表现以拇指按弦，由另一手用竹尺敲打出声响来。从出土的汉代画像石看，弦乐的演奏已少见敲打的棒槌。吹气和敲打是乐器演奏的主要方法，管乐和弦乐是乐章的主调，故代表此两种乐器之字，就被合成

一词以代表音乐之事。音乐使人心情舒爽，故"乐"字引申有快乐的意义。

但是迄今出土弦乐器的遗址时代都很晚，几乎没有早过春秋时代的，而文献确实提到弦乐的也不早于西周，比吹奏多音调骨笛的出土要晚上五千多年。其主因不外弦乐的材料易腐化，不能长存于地下。故西周虽有弦乐，但先秦出土的琴瑟都在潮湿的楚地，而时代也都在西周以后。同时也因弦乐声响不洪亮，不适宜在着重肃穆效果的庙堂之上和大众之前演奏，故其发展迟，使用少。

定　音

《吕氏春秋·侈乐》说商纣："作为侈乐，大鼓、钟磬、管、箫之音，以巨为美，以众为观。"《史记·殷本纪》也说："大聚乐，戏于沙丘。"众乐合奏就会要求绝对音高的一致，才能取得音调的和谐，不致混乱而噪耳。那时能演奏多音程的只有管乐与弦乐。管乐的发音与管的长度、直径同时有直接的关系。要经复杂管径校正的计算，才能得出一定间隔而有规律的音阶。对不能用仪器测量频率长度的古人来说，若只通过长度去制定音调，就难达到其目的。如以8000年前的七孔骨笛为例，也许因为笛管不正圆，测音时连吹奏人不同也会使音调有差异，更不用说吹出一组序列合于一定音阶的音调。对于古人来说，要明白其间的关系，得出其规律而以之制定一定间隔的音阶，是较难的。

至于弦乐，虽也受空气湿度及弦线粗细等的影响，但一根弦线的间距与音高有明显的直接关系，比较容易被人们观察到（杨荫浏1979：78—79）。以弦线的长短依一定的比例以规定其音阶是比较容易办得到，也容易把握得住的，因而产生了三分损益律。它是以一常数为基音，通过增减三分之一的长度以求得规律协和的音阶。如以宫调的基数为81计算，则增宫调为徵调而长108，损徵调而为商调则长72，再增商调为羽调而长96，损羽调而为角调则长64。其他音调的常数都可依此法增减而得。

管乐的发音规律太过复杂，利用弦的音调以校定其他乐器的音高才比较易实行。《风俗通义·声音》有："雅琴者，乐之统也，与八音并行。"这可能就是指琴的弦有校正他种乐器音高的功能。琴在乐团中具有领导的地位，大概来自这种校正乐器音高的功能，实在难看出有其他特别的理由。但是弦乐在商代演奏中不居重要地位，大概西周晚期弦乐才被重视。那么，商代是以弦乐校定音高而未将其作为主要的演奏乐器吗？商代虽已有弦乐的象形字，弦乐发展的步调则甚缓慢，似乎并不居主要的地位，很难想象当时有以旋律来校正管律的可能。因此乐师恐怕还难以正确地控制音阶及音高。

好像到了西周晚期弦乐才见重视。弦的长度与音高的关系也大概在那时才被发现。弦乐不但可以弹出众多音程分明的声调，也可以用来校正其他乐器的音调。一旦此特点被了解，它就很快被发展起来。琴、瑟是较晚才发展的弦乐，且是为娱乐而不是用于庙堂的音乐。"琴""瑟"字出现很晚。从小篆的字形可看此两字是基于象形方式创造的。"琴"字是琴的端部按弦处的形状（ 𤨝 𤩇 ），"瑟"则是有很多弦线的乐器形（ 𤪙 𤫀 ）。"琴"的"今"和"金"，"瑟"的"必"都是后来加上去的音符。琴、瑟的形状有异，琴窄而瑟宽，安弦法也不同。其主要分别是弦线的数目，琴少而瑟多。琴一般是十弦以下，瑟则以二十五根弦为最常见，也有二十三或二十四根弦的。瑟的安弦，依西汉初马王堆一号墓的例子，中央有七弦，上下各九弦。上下弦同调，总共为十六调（李纯一 1974：56—60）。弦线用数股细线绞成，粗细不等，外弦由外向内由1.2毫米递减至0.6毫米。中与下弦则由1.9毫米递减至0.5毫米。由于弦线粗细有差，故弦柱的位距不能依三分损益律去安排，但也依长度递减，井然有序。弦柱可以移动，因此，大概有另一件乐器去调整音高。战国的瑟一根弦线只弹出一个声调。后来人更利用弦线发声的规律，以按弦方法使一根弦线可依不同的按弦长度弹出不同的音调，而减少所需的弦数。

磬

　　磬是一种扁平石板状的敲打乐器。甲骨文的"磬"字，作手拿着木槌敲击悬挂着的石磬状（ 青 茇 茇 茇 茇 茇 ），后来加以"石"的意符以明示其制作的材料。石磬的声调温和，颇悦耳，故甲骨文的"声"字，作耳朵聆听磬之声响状（ 茇 茇 ）。石头是不易腐败且人类最早利用的素材。打击乐是最先发展的乐器。石磬制作容易，其声调又悦耳，出现的时间应该甚早。但是目前所知的考古资料，最早的石磬见于约是公元前2000到前1400年的山西夏县东下冯遗址（东下冯考古1980：100—101），及约为同时代的河南偃师二里头遗址（二里头1976：263）。其出现，较之8000多年前舞阳的骨笛、6000多年前河姆渡的骨哨和半坡的陶埙，都晚了几千年。

商　甲骨文	周　金文	秦　小篆	汉　隶书	现代　楷书
茇 茇 茇 茇 茇 茇 茇 茇 茇 茇 茇		磬 磬 磬	磬	**磬** 手持棒敲打石磬之乐。

　　初期的乐器都是为了劳动、祭祀、礼仪等需要而制作，后来人文兴盛才转化为娱情之用。早期的石磬制作简单，只是块钻孔可悬吊的普通石块，没有磨平，不具一定的形状，定音的效果不好，应不会起于作乐的目的。磬的声响能及远而温和不烦躁，后世庙寺常备之以为召集人员做课业或告知时刻之用。因此磬的制作可能来自警告敌人入侵的敲打器，是基于军事的需要。争端因经济掠夺行为而加剧，是国家组织建立前普遍发生的现象。磬的出现与中国进入国家阶段的时代相当，恐怕两者有点关系。江淹《别赋》曰："金石震而色变，骨肉悲而心死。"石指磬，即反映它在后代还与军事有关。有频繁的战争是较迟的

事，故磬晚于笛、哨等的使用。

中国随葬物品重视礼仪及生活用具，不重视乐器。磬大都是石制，制作费用应该不高，应是人人都有能力以之随葬的。但春秋时代发现有石编磬随葬的都是大型墓，而且有编磬随葬的，其地位往往高于有造价很高的铜铸编钟的（商周考古：206）。可知石磬地位之高，不在其造价，而在其社会功能，暗示它是某种权威者才用得着或能使用的东西。《淮南子·氾论》述说禹以五音听政，悬挂五种乐器以待四方之士，如要告以忧就击磬。除说明乐器本来有奏乐之外的政教实用意义，这还暗示石磬有告知忧患的用途。大概它警告有忧患之事，如有敌人来侵，水灾、火灾等等，召集人员以应变乱。

磬的早期形状略呈无棱的三角形（图14.10），近于各种农具，有的像犁的一头尖小一头宽圆，有的像锄的梯形，或像镰的扁长；春秋以后则已发展成有股、有鼓、若L的一定形状（图14.12），绝不类似农具。但是晋代的人还知磬之命名与犁壁之形有关。故有学者认为其创作的灵感来自以锄头挖掘土地时敲击到石块而发出悦耳的声响，或人们歌唱手舞足蹈时，偶尔敲击到放置墙边的石锄发出悦耳的声响，所以人们经常于喜庆时候借之行乐。后来人们才依其形制作有孔可以悬吊的专用敲打器（常任侠1978：77）。

磬声的质量受石头质地的影响，粗糙松软的石头敲不出清脆的声响，要质地缜密的才能发出清越、送之长远的乐音，故硬度高的玉是制作磬的好材料。玉在商周时代是贵重的材料，主要用以制作小件的装饰物或礼仪用器。磬的形体大，如以玉制作，费用就太高，而且玉磬恐怕也有被视为僭越本分之嫌。故磬一般用石灰石或青石制作。《尚书·禹贡》说徐州所贡有"泗滨浮磬"。商代妇好墓的石磬有"妊竹入石"之铭（妇好墓：136，199）。这些都表现对制作磬石材的重视。但商代的石磬有些全面雕刻花纹，对音响多少会有不良的效果，可见为了其他目的，可以牺牲音响方面的效果。

编　磬

　　早期的石磬都是单独使用的特磬，到了晚商，大概为配乐的目的，偶有三件或五件成组的（常任侠1978：77）。演奏乐曲要求有一定的音程，故有几件的磬镂刻音律或音阶的铭以便辨识。音调高低的调整主要在于磬的厚薄与宽窄。磬的形体越大、越薄，音就越低；形体越小、越厚，音就越高。因此要把音调降低，就要刮磨石磬的表面使薄一些。相反，若要把音调升高，就要刮磨石磬的两边。湖北随州战国初期曾侯乙墓出土编磬一套三十二件，最大一件的股上边为22.3厘米，股下边21厘米，厚2.7厘米。而最小的一件为股上边6.6厘米，股下边5厘米，厚1.4厘米。

　　如果磬的形状规整，校正音调就会比较容易些，故形状也趋向规律发展。西周以后就从没有角棱的三角形渐渐规整化为大致一定的倒L形。被悬挂时，股在上，鼓在下，敲打鼓的部分。人鞠躬之状有如悬挂的磬，故名磬折。《考工记》"其博为一，股为二，鼓为三，叁分其股博，去其一以为鼓博，叁分其鼓博，以其一为之厚"的制作要求，大致符合出土的实物。

　　西周时代磬的出土尚少。到了春秋时代，墓葬常见有十件以上的编磬（侯马工作站1963：243；河南博物馆1980：124—125），各具不同的音调，可以独立演奏乐曲，也可以作为主调而调和众声，表示此时贵族才普遍用之于演奏。石磬质量重，有股达64厘米长的。它不便拿在手中演奏，需要悬吊在架子上。尤其是编磬，更非要坚实的架子不可。有些石磬还有右八、左十、右六等有数目的铭文。根据曾侯乙墓的情况看，三十二件磬分上下两层悬挂在架上，每层两组，一组六件，一组十件，依形状的大小排列。铭文所谓的左与右，应分属一列中的左右组，而不是左右不同的架子。战国时代以来维持上下名分的礼节已崩溃，石磬既不足以表现阶级，又笨重不易搬动，其音乐上的用途也跟着衰退。但是早先通讯、告知的用途，仍然普遍见于庙寺。或改变其质料为铜制而称之为锣。

鼓

　　鼓（图14.13—16）是用兽皮张在中空的器物以敲打发声的乐器。鼓以嘭嘭的短促声响显示节拍。其制作较难，理论上应比龠、磬等的制作出现要晚。但能确知的制作时代，最早为大约4000年前于甘肃的半山和马厂文化（陈星灿1990：30—31）。鼓的制作灵感，大概来自敲打中空的东西时所得到的共振音响。由于皮革难以长期于地下保存，难见其实物，只能从陶、木的框架（陈星灿1990：30—31）或土印痕证实其存在（李济，安阳：251—253）。商代也有以铜铸成的鼓（鄂博1978：94），其形制与甲骨文"鼓"的象形字相同。它有架子可立于地上，鼓架的上边尚有分叉的装饰物（图14.13—15）。甲骨文的"鼓"字，作手持鼓槌敲打鼓之状（🥁🥁🥁🥁🥁🥁🥁），此字初创时应是打鼓的动作，后来兼有鼓乐器及敲打的意思。甲骨文"彭"字则作鼓之旁有三道短划（🥁🥁🥁🥁🥁🥁），表示短促而有力的鼓声。鼓是大型演奏中打拍子不可缺少的乐器，也用来传达军队前进的节奏信号。手持或系于腰际的鼓形制小，声响不壮，就只能当伴乐了。

商　甲骨文	周　金文	秦　小篆	汉　隶书	现代　楷书
				鼓 手持鼓槌击鼓之状。
				彭 鼓之旁有三道短画，表示短促而有力的鼓声。

钟

广义的钟是种利用中空而质地坚实、共鸣好、能振动而发声的器物。它可以使用角、木、玻璃、陶等材料制作，但最常用的是金属。它可以由外敲击，也可用里头的悬舌来撞击（图14.4）。它可以拿在手中（图14.7），竖立于架上或悬空使用（图14.18—19）。其横断面的造型可以有圆、方、矩、椭圆、多边，边缘有齐平、曲弧、花边，腔体有平直、内掩、外张等多种形式，若加上钟体上所加的装饰花样，则变化更多，因此有铃、钲、铙、铎、钟、镈、錞于、镯等各种名称。张继有诗云："姑苏城外寒山寺，夜半钟声到客船。"作为寺庙、城楼的报时之用的钟声是后世人们最常听到的。但在古代，它曾一度为很重要的演奏乐器，且是一种地位的表征。

竹节和牛角是自然中空的器物，人们肯定很早加以利用。甲骨文的"彀"字作以槌棒敲打牛角之状（𩵋 𩵋 𩵋 𩵋）。此字之音读即如敲打中空牛角之声。钟的初期形状有可能来自较为易得的东西，有人以为甲骨文的"用"字即为"甬"字之初形，为竹节的截断形（𝌆 𝌆 𝌆 𝌆 𝌆 𝌆），可敲打出声。它本来是手持的，后来加一环而可悬吊，便成金文的"甬"字（𝌆 𝌆 𝌆 𝌆 𝌆 𝌆）。

商　甲骨文	周　金文	秦　小篆	汉　隶书	现代　楷书
（甲骨文字形）	（金文字形）	（小篆字形）	用	**用** 或为竹节截断形，敲打可发出声响。
	（金文字形）	（小篆字形）	甬	**甬** 作有套环而可以悬吊的铃子形。

敲打竹节或牛角的声音单调而不悦耳，难于作伴歌演奏之用，开始时大半用以告警或宣告。后来用泥土烧造、铜铸，音调才悦耳，音响效果也好，就不再用竹节、牛角制作。铜钟既是继竹节、牛角之后的发展，其最先的用途应也是宣告而不是奏乐。"金鼓"一词常被用以表示军事的行动。金即青铜铸成的钟。鼓声短促有力，激励士兵前进。钟声则洪亮而及远，是告知部队撤退的信号。故《左传》有"凡师有钟鼓曰伐，无曰侵，轻曰袭"之例，可以表明铜钟之兴是有大规模组织之后的事。在外国，钟的主要用途也是发出信号，譬如召集人们祈祷、宣告事件、庆祝、哀悼或报时辰等。钟声的声响结构复杂，现代才弄清楚。钟声包含一系列的泛音，定音调较困难，不利于大型的合奏。因此它被用于奏乐不但晚，恐怕初时也只有类似的用途，譬如预示舞蹈即将开始、结束，或示意跳舞节奏的转换等。故有"凡乐舞必振铎为之节，舞者视以为容也"之说。

中国发现最早的钟铃类器物是4700年前的有舌陶铃，高9厘米（庙底沟：54）（图14.4）。它和商代遗址常见的小铜铃类似，当只是增仪容的悬挂物装饰或小童玩具，不宜作宣告大众之用。钟体内容受空气多，声音才会大而及远，具有对大众宣示的效果而可应用于军事或奏乐中，才会被贵族重视而多加铸造。具有这种效用的中型或大型铜钟，商代首先见有手持或竖立架上的没有悬舌的钲与铙。大的铜铙重达200多公斤（盛定国1986：44），难移动，演奏时，固定于木架上或埋植于土中，用粗木棍敲击。持在手上的大致十几厘米大，重约0.5公斤至1公斤。至于轻至100多克的，恐怕是明器，不具实用。

钟的音调因形制和厚薄而异，古人虽然没有办法定其音调，一定觉察有音程的差异。一旦到了注重合音效果的时代，自然会选择不同音程的钟来演奏。商代渐注重音乐演奏的效果，发现不少三件成组的（周到1963：216；安阳工作1988：87），但最多是五件（妇好墓：100）。因其保存条件不理想，大多没有测过音调。但从尺寸看，它们恐怕难组合成套的音阶。其中有一墓出土三件编铙，还有三名十一二岁的小孩殉葬，另一墓出土三件编铙，却有四名少年殉葬（安阳工作1988：865），这些都暗示每人手持一个铙，而不是三件都插设在架上由一人演奏。编铙不但浪费人力，也难取得协调。故后来改成口朝下、横列而悬挂式的钟，一人敲击多件，省人力也省事。

悬　钟

商代尚不见大型的悬挂钟。甲骨文的"南"字，作以绳索悬吊的铃子形（𩵋 𩵋 𩵋 𩵋 𩵋 𩵋）。还有一字作持棒槌敲打南形之乐器（𩵋 𩵋 𩵋 𩵋 𩵋）。"南"被用于表达方向的意义，或以为是因悬挂式的钟流行于南方。也有人以为在大型的演奏中，钟乐器习惯被陈置于南面，如《仪礼·大射》有"其南笙钟，其南镈，皆南陈"。在商代，钟因为音程少，只可能是节奏性的配乐，不是乐章的主调。到了西周，一来改用悬挂的方式，二来大概较了解钟体与音调之间的关系，故可铸造符合一系列音调的钟。《考工记》说明了铸造铜钟的要点、太厚则声不发，太薄则声散；口太张大则声迫，内弇则不舒扬；甬长则声震不正；体大而短则声疾而短闻，小而长则声舒而远闻。此外，钟与镈体内大都有小的长形穿孔或经挖刻、焊补等校定音调的痕迹。至西周晚期逐渐发展成十几件音调各异的编钟（郭宝钧，山彪镇：45），足以演奏主旋律，协和众音，故被称为和钟或歌钟。甚至为行旅出征的目的，人们也铸造较轻便、音程较少但成套的行钟。

商　甲骨文	周　金文	秦　小篆	汉　隶书	现代　楷书
𩵋 𩵋 𩵋 𩵋 𩵋 𩵋 𩵋 𩵋 𩵋 𩵋 𩵋 𩵋	𩵋 𩵋 𩵋 𩵋 𩵋 𩵋 𩵋 𩵋 𩵋 𩵋 𩵋 𩵋	南	南	**南** 以绳索悬挂的铃子形。

有舌的铃因里头的悬舌会摆动，还要控制它不做多余的撞击。若作为主旋律，恐怕时间上难控制合宜，而且能控制的数量也不多，所以演奏用的绝大多数是里头没有舌的。虽然也出土有大小有差的多件有舌的铃，数量有高达85个的，但这些铃尺寸都很小，也不是大小有序，相互间恐怕没有一定的音阶间距，只能处于伴奏的地位，与编钟主奏的作用有别。

双音钟体

中国古时的钟，简体几乎一开始就铸成扁椭圆的形状，与其他民族铸成浑圆的很不同。钟声是由协和泛音和比较高的不协和泛音组成。圆形的不管敲击何处，振动的模式都一样，只能发出一个协和的泛音。但扁圆形的，敲击在钟的隧部与鼓部的振动模式就不一样而可发出不同的泛音（图14.17）。1978年在湖北随州发掘一座战国初期曾侯的墓葬，出土很多的乐器。其中一座三层L形的木钟架，上头悬挂了分成五组的四十六件甬钟和十九件的三组钮钟（图14.18）。每一钟都在敲打部位的隧部与鼓部分别刻上音调的铭文。它齐备可供旋宫转调的十二个半音（黄翔鹏1979：32—34）。这证实中国人把钟铸成扁圆，是为了使每一个钟都可以敲出不同的两个音阶（马承源1981：131—146；王玉柱1988：757—765）。根据测量，一枚钟发出的两音，音调的差异大多数是小三度与大三度，二度的次多，四度以上就很少了。两音调的钟可以减少对演出场地的需要，演奏者也可以悠闲地敲打，不用做太多的移动。

钟是东周时代乐队的重要成员，因铸造费用高，笨重不易移动，是属于贵族阶级的音乐。随着作为阶级表征的礼乐制度崩溃，钟这种乐器也渐没落而被轻便的管弦乐所取代。钟又恢复其原先的宣告作用，被铸成上千公斤的巨大物体，巍巍然悬于寺庙或城楼之上。

乐器的盛衰

一般来说，文明较高的社会，音乐也较发达而且较高雅细致。《史记·殷本纪》对商朝最后的王帝辛的朝廷有如下的描写："好酒淫乐……使师涓作新淫声，北里之舞，靡靡之乐……大聚乐，戏于沙丘，以酒为池，县肉为林，使男女倮，相逐其间，为长夜之饮。"歌舞酒色有相得益彰之性质。宴飨如不配以歌舞，是相当扫兴的事。宴飨是各个时代，不从事劳动的贵族们所喜好的事。大概商人特为爱好，过于耽迷其中，忽略了武备，以致国家被周所覆灭的悲运。或许周人因而鄙视之，揶揄之，名之为殷人。金文的"殷"字，作一手拿着棒槌，敲打钟鼓一类的乐器状（𠂤𠂤𠂤𠂤𠂤𠂤）。故《说文》对"殷"字的解释是"作乐之盛"。该字于经籍亦大多有盛、大、多一类的意义。商人普遍耽溺于音乐歌舞，又加上喜好酗酒群饮，怪不得士气低落，无心武备，为周人所乘，一举而灭国。

商　甲骨文	周　金文	秦　小篆	汉　隶书	现代　楷书
	𠂤𠂤𠂤𠂤 𠂤𠂤𠂤𠂤 𠂤𠂤𠂤𠂤 𠂤𠂤𠂤𠂤	殷	殷	**殷** 作一手拿着棒槌，敲打钟鼓一类的乐器状。

文物一向是时代越迟的越丰盛，音乐之事自然也不例外。周贵族虽不如商朝人之喜好音乐，以其本族的特色，加上继承商人留下的传统，周代乐器的种类肯定要比商代多，但这不一定就表示周民族比之商人更为爱好音乐。周的乐器名称，见于典籍的有七十种之多。《诗经》一书提到的就有二十九种（杨荫浏，音乐：50—54）。其间不免有同种而异称，或形式大同小异者，但种类较商代为多应是不争的事实。周代乐器的分类，主要根据所用的材料，有所谓八音

之说，指的是金、石、丝、竹、匏、土、革、木八种材料。平常就以丝竹或金石概括音乐之事。丝竹之音乐多偏重娱乐性情，金石则偏重庙堂与军事之乐。商代肯定已具备这八种材料的乐器，只是有些材料难于地下保存而已。商人既以喜爱音乐见称，可知其乐器的制作、乐曲的创作也必丰富，而演奏的人员也多。只因材料不全，许多内容已不能详究。我们大致可以从战国初期曾侯乙墓葬发现的乐器，六十五件钟、三十二件磬、四鼓、十二瑟、二琴、五笙、二排箫、二笛（随县发掘1979：5—6），想象古代大型演奏的盛况。

从商代到汉代，乐器在演奏中的角色有很多的变化。商代祭祀时所奏的乐，被提及的乐器以鼓、龠为最多。鼓为节拍，龠为演奏主调。西周初期亦如是，如《诗经·有瞽》"应田县鼓，鞉磬柷圉……箫管备举"。西周早期以前音乐以服务祭祀为主要目的，故除演奏主旋律的管乐器外，就辅以肃穆单调的钟鼓乐。到了悬挂的钟磬普遍制造后，钟磬之音就作为演奏中的主调。箫、笛因声音不够洪亮，则成为不便悬挂钟磬的平常宴飨时才协奏诸弦乐。如《诗经·执竞》"钟鼓喤喤，磬筦将将"，《诗经·彤弓》"钟鼓既设，一朝飨之"，皆为例证。

到了西周晚期和春秋时代，人文日盛，音乐渐变为娱乐节目。钟与磬因为乐器本身的造型笨重，不便被移来移去，就成为衰落的主因。那时的人虽也铸造只具完整音阶中的几个骨干音，可于旅行时使用的行钟（李纯一1973：19），但其毕竟移动不方便，而且造价贵，只有贵族用得起。在较早时期，作乐的时机不常，且限于庙堂聚会的有限庆会，陈设乐器之任尚可应付。随着阶级界线的模糊，作为阶级表征的笨重礼乐器亦因之不振。后来演变成甚至士族的相会、宴飨都要以音乐助庆。音乐既作为私人叙情交欢之用，演奏场所就不再限于庙堂。有笨重架子的乐器难于移动、陈设到各个不同的地方。所以音程完备、可以谱出高山流水、抒发个人情性的管与弦乐就开始兴盛，成为庆会演奏的主调，而钟鼓磬之乐曲就大为衰落（何定生1969：370—371）。故《孟子》有梁惠王喜世俗之乐,《礼记》有魏文侯喜爱郑、卫之声而不好古乐的记载。郑、卫之声即是竽笙之管乐与琴瑟之弦乐合奏的乐曲。但管乐不易制作完善,吹奏也难度较高,也有可能其声调低则幽咽,高则悲切,使人易伤感断肠,破坏欢乐的飨宴气氛。琴瑟则音程易校正,易于制作和携带,虽于深山幽谷,或穷乡陌巷,都可以即兴演奏。而演奏也不费力,体弱者亦能为之。尤其是弦乐声较为欢愉悦耳,终占优势,成为最大众化的乐器。尤其是文士,视之为修身养性必学习的乐器。故《礼记·曲礼下》有:"君无故玉不去身,大夫无故不彻悬,士无故不彻琴瑟。"弦乐终成八音之领导。

歌　舞

乐舞包括音乐、歌唱和舞蹈,三者的关系密切。手舞足蹈是情绪的自然反应,音乐节其拍而歌唱则叙述内容。《礼记·祭统》曰:"夫祭有三重焉,献之属莫重于裸,声莫重于升歌,舞莫重于武宿夜。此周道也。"礼仪如无歌舞,气氛就太沉闷。巫是祭祀的施行者,也是乐舞的创作者。

"舞"字于甲骨文中作一人拿着像牛尾一类下垂的舞蹈道具跳舞之状(🝤🝤🝤🝤🝤🝤)。如《吕氏春秋·古乐》所说"昔葛天氏之乐,三人操牛尾,投足,以歌八阕。"此字后来被借用为"无(無)",就在本字加上一对脚以显明跳舞的动作。商代以前跳舞的目的,因无文字的记载,难于考察。商代的甲骨卜辞提到"舞"时,十有九次都提到雨,其祭祀的对象也都是商朝的人相信可以帮助降雨的神。因此"舞"字就经常作舞者的头上加有雨点(🝤🝤🝤🝤🝤),表明其特别的功能。

商 甲骨文	周 金文	秦 小篆	汉 隶书	现代 楷书
				舞 作一人拿着似牛尾的舞蹈道具跳舞之状。

雨是灌溉水利未大兴前最重要的农业用水来源。降雨是主政者最关心的事，故商代求雨之卜问多。祈雨之舞是最富有实用意义的。它本是干旱季节时举行的严肃的宗教仪式，参与者忧心忡忡，唯恐他们的虔诚感动不了神灵，下不了雨。但后来它却演变成季节性的例行娱乐活动。就是在雨量充沛，不怕干旱时也要举行，而且参加者还充满欢愉的心情。如《论语·先进》记孔子问弟子们的志趣，曾点答："莫春者，春服既成，冠者五六人，童子六七人，浴乎沂，风乎舞雩，咏而归。"此语明显表示那时的祈雨舞雩，已是娱乐的成分多于祈雨的宗教意味的盛典了。

商代的甲骨卜辞中，经常与"舞"字同时出现的是"奏"字。"奏"有进献之意义，作双手捧舞蹈道具一类的东西有所表演之状（ 𤲞𤲞𤲞𤲞𤲞 ）。当"奏"字不与"舞"字同见一词时，就比较少言及有关雨的事。可能"舞"为祈雨舞蹈的专名，"奏"则是娱乐神灵的他种舞蹈或音乐。商代的"奏"往往加有形容词，如盘奏、美奏、商奏、新奏、嘉奏、各奏等种种繁多的名目（许进雄，明义士：136）。商代尚不见"讴""歌"一类的字，不管奏是种乐舞或乐曲，必是与音乐成分有关的活动。商代卜辞有"奏戚""奏庸"之问。戚是仪仗的武器，庸是乐器（林沄1989：201），故知商代的奏确是一种乐舞。从卜辞奏的名目这么多，可以想见其时创作的丰富。上文所引《史记·殷本纪》对帝纣爱好歌舞新声的描写，看来是有些真实的成分，不完全是想象。

中国古代社会

商　甲骨文	周　金文	秦　小篆	汉　隶书	现代　楷书
			奏	奏 作双手捧舞蹈道具有所表演之状。

商代的舞容到底如何？我们可以间接从第十八章介绍的几个字得到印证。甲骨文的“鬼”字作一人戴有巨大的面具状（）。“畏”字则作戴面具者尚手持一把武器（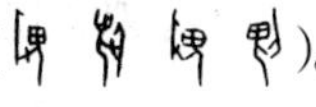）。“魅”字一说作戴面具者的身上还涂有黑夜能发出闪烁磷光的磷之状（）。由此可知，巫师跳的舞有化装，有舞具，有音乐，大致也有故事的内容。比较具体的可以从周代的乐舞去比照。《礼记·明堂位》有云：“升歌清庙下管象，朱干玉戚，冕而舞大武。”“大武”的具体描写见于《礼记·乐记》：“总干而山立，武王之事也。发扬蹈厉，大公之志也。武乱皆坐，周召之治也。且夫武，始而北出，再成而灭商，三成而南。四成而南国是疆。五成而分周公左、召公右。六成复缀以崇。”很明显“大武”是种具有故事内容的历史剧。它有道具、化装、音乐、歌唱。其他若《云门》《咸池》《大夏》等曲目，也都是同性质的歌舞剧。

甲骨文的“武”字，作一把戈及一个脚印形（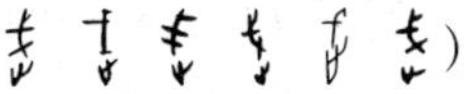），可能就是表现持戈与盾以炫耀武功成就的乐舞。西周一座燕国墓地发现四件铜勾戟，其上有铭“郾（燕）侯舞戈”，并有多件盾牌上的铜泡有“郾侯舞昜”铭文（琉璃河 1990：28—29）。或以为舞为燕侯的名字，不作舞蹈的意义讲（殷玮璋 1990：75—77）。但湖北荆门也出土一把有“大武开兵”铭文的铜戈，戈上并有手持状如蜥蜴之舞具的化装舞者的花纹（图 14.24）。可证“武”是种手持干戈的舞蹈。商代也有倒夏拓疆的赫赫历史，以及与洪水奋斗的艰辛历程，商末的帝乙、帝辛都有讨伐夷族的武功，肯定会编成乐舞加以表扬，以之享祭祖先的。不用说，这种含有夸耀及震慑说教意味的乐舞是舞蹈的最初目的，是种政治的手段。故周代把乐舞纳入教育的项目，想以音乐的德性教育学子。

商 甲骨文	周 金文	秦 小篆	汉 隶书	现代 楷书
		武	武	**武** 可能表现手持戈与盾，宣扬武功的舞蹈。

有说教意味的东西大都沉闷、不活泼，不易为一般人所接受，故渐渐为具有情趣并可舒展心情的东西所取代。故有魏文侯端冕而听古乐则唯恐卧，听郑、卫之新声则不知倦的记载。音乐本是严肃的敬神的方式，大概商帝纣移之以娱乐自己及宾客，所以得到荒淫无道的种种恶名。其实从甲骨卜辞及早期文献，都可以看出他也建立了不少的武功。商之被灭亡，因素多端，不能只归罪于他爱好新声，因为那是人情之常，且不止他一人而已。所以春秋时代以来，以乐舞娱乐宾客或王侯的事就普遍流行于诸侯贵卿之间。上述湖北随州曾侯的墓葬出土了很多乐器，只单举其中一座三层悬挂六十五件铜钟的L形木架，就可以印证《左传》所描写春秋时代饮宴伴随以乐舞的盛况了。乐舞越来越普遍，连属于士阶级的乡饮酒、乡射等礼仪也都要以音乐助兴（何定生1969：402—403）。到了汉代，娱乐的节目增多，流行普遍，宴乐就变成墓葬画像石中的重要描画题材，以乐舞娱乐他人的职业团体也散见于文学著作了。

雅 乐

对于一个国家来说，在古代没有比"祀"与"戎"更重要的事。古人于生产劳动之外，参与祭祀与军事的活动就成为生活上的重要事务。所以与此有关的活动最容易演变成娱乐的项目。汉代大致把有关演艺的节目分为两类：一是有教化作用的雅乐，其源流可以说是来自祭祀的活动，主要内容为舞与乐；二是以娱人为目的的百戏，源流则比较偏重军事的训练。

有教养作用的雅乐，自古就是中国为政者所强调的。音乐有德育功用的思想可从《礼记·乐记》看出："凡音之起由人心生也。人心之动，物使之然也。感于物而动，故形于声。声相应故生变，变成方谓之音。比音而乐之及干戚羽旄谓之乐。乐者音之所由生也。其本在人心之感于物也。是故其哀心感者其声噍以杀。其乐心感者其声啴以缓。其喜心感者其声发以散。其怒心感者其声粗以厉。其敬心感者其声直以廉。其爱心感者其声和以柔。六者非性也，感于物而后动。是故先王慎所以感之者，故礼以道其志，乐以和其声，政以一其行，刑以防其奸。礼乐刑政，其极一也。所以同民心而出治道也。"

或许音乐本是由祭神而发展起来的，古人以为它有交通鬼神的魔力，所以远古的圣贤君王都有创作名曲的传说。《汉书·礼乐志》有："昔黄帝作咸池，颛顼作六茎，帝喾作五英，尧作大章，舜作招，禹作夏，汤作濩，武王作武，周公作勺。"古人欲以乐音来测量人性，以乐德来培养善人，因此以乐舞为教育的内容，想以音乐之直、宽、刚、简四种德性来教育学子。古人以为必先以乐和其心，以和平的精神助人为善，于诸德完备后才得为真的乐，不独在于器乐的娱心（饶宗颐1978b：494—495）。既然音乐被认为是蓄养德性的手段，汉初很多庙堂的音乐就以德来命名，如《房中歌》十七章中有休德、秉德、孝德、承德、教德、明德等名称。那可以说是孔子以乐陶冶性情的儒家思想的具体表现。

百　戏

汉代的产业兴盛，人们有闲暇从事各种娱乐活动和文学创作，不但在墓葬的画像石留下当时表演的形象，诸如弄壶、飞剑、跳丸、冲狭、马戏、戏车、寻撞、履索、幻术、杂技、俳优、投壶等种种的节目（吕品1984：32—36）。从一些具体的描写文字可知，当时的乐舞杂技不但有歌舞、说白、化妆，也有钟、鼓、锣、笙、筝、笛、琴、瑟等各种乐器，以及人数不等的表演队伍，规模相当庞大。其源起大都是古代军事体能的活动节目，兹介绍数种于下，并引张衡《西京赋》的描写（文选：42—43），以见汉代扮演的大概。

虎　斗

"东海黄公，赤刀粤祝，冀厌白虎，卒不能救。"（张衡《西京赋》）持器械作近身的搏斗是杀敌必具的技巧，是每个男子都要学习的技艺。金文的"戏（戲）"字由一把戈、一只老虎及一张凳子组成，表达一人手持兵戈刺杀高踞之老虎的游戏之意（𢧢𢧢𢧢𢧢𢧢）。"戏"有戏耍的意思，故它比较可能是种游戏，不是真的刺杀老虎。若以武器猎杀老虎，就有相当的危险性，故甲骨文的"虣"字，由一戈与一虎合成，意义是不设陷阱而以兵戈搏杀老虎，是种鲁莽粗暴的行为（𤞤）。此字后来被代以"暴"字，《诗经·小旻》有"不敢暴虎，不敢冯河"之句。商人认为捕猎到老虎是最勇武、最值得夸耀的事。可能原来有扮演某勇士的壮举的节目，后来渐成一种固定形式的表演。商代不但有械斗老虎，还有比之更惊险的徒手搏斗老虎的节目。甲骨文的"虤"字（𤝔），作两手扭斗老虎的情状。这无疑是更刺激、更能吸引观众、表现英雄威风的节目。也许虢地在商代是以此节目见长的地方。到了汉代，其更加以道白、歌舞，已具戏剧的雏形。

商　甲骨文	周　金文	秦　小篆	汉　隶书	现代　楷书
	𢧢𢧢𢧢𢧢 𢧢𢧢	戲	戲	**戏（戲）** 手持兵戈刺杀高踞之老虎的游戏之意。

　　　　　　　　　　　　　　　　　　　中国古代社会

商 甲骨文	周 金文	秦 小篆	汉 隶书	现代 楷书
🦴	戲	戲	虣	**虣** 以武器猎杀老虎是一种鲁莽粗暴的行为。
🦴	金文字组	虢	虢	**虢** 徒手搏斗老虎之状。

角 抵

"熊虎升而挐攫，猿狄超而高援。"（张衡《西京赋》）徒手相互扭斗是战场短兵相接时常见的情况，也是必须学习的技能。甲骨文的"斗"字作两人徒手相互扭斗之状（🦴🦴🦴🦴）。其节目如同今日之摔跤或角力，秦时称为角抵（图14.23）。到了汉代，它算是相当受欢迎的节目，不但在民间流行，连皇帝飨宴四夷的宾客也以之作为娱乐的节目（杨泓1980：89）。有时为了增加刺激及提高观众的兴趣，斗士各自装扮成虎、熊等猛兽的样子。伪装成野兽的形象以接近野兽是打猎的手法之一。有时为了惊吓敌人，战士也会扮成猛兽，故以虎、豹等猛兽的毛皮为军装也是古时所常见。以猛兽形象相斗既是常见的，人们就以此来娱乐他人。它还可杂以歌舞，具有生动的内容，所以就用"角抵"作为杂戏的总称。

商 甲骨文	周 金文	秦 小篆	汉 隶书	现代 楷书
🦴🦴🦴🦴 🦴🦴🦴🦴 🦴		鬥	鬭	**斗（鬥）** 两人徒手相互扭斗之状。

杂 技

"跳丸剑之挥霍，走索上而相逢……奇幻儵乎，易貌分形。吞刀吐火，云雾杳冥。"（张衡《西京赋》）徒手的角力又演化为跳跃翻腾的技巧。杂技表演偏重在力、巧和危险动作的配合，翻身倒立是经常表演的技巧。甲骨文的"化"字，作一人正立与一人倒立之状（ 𠂒 𠂒 𠂒 𠂒 𠂒 ）。"化"的意义为变化、变幻。《列子·穆天子篇》中的"化人"，表演种种的变幻之术，即今之魔术师。表演魔术的变幻在汉代经常与杂技同团演出，以求不单调。甲骨文的"化"字除了是表达翻跟斗的体操活动外，实在找不出与其字形、字义有关的其他事物。倒立是体能训练变化出来的花巧动作（图14.26），奥运的体操项目就是着重这一类技巧的表演。某些社会的早期宗教舞蹈也常表演带有魔术意味的翻跟斗（Pearson，人类学：287），杂技可能便是源起于此，倒不一定是衍自军事的训练。从甲骨文的"化"字，似乎可推测商代已有以娱乐他人为职业的专业杂技表演了。

商 甲骨文	周 金文	秦 小篆	汉 隶书	现代 楷书
𠂒 𠂒 𠂒 𠂒 𠂒	𠨍	𠤏	化	**化** 作一人正立与一人倒立的杂技表演状。

骑 术

"尔乃建戏车，树修旃，侲僮程材，上下翩翻，突倒投而跟絓，譬陨绝而复联。百马同辔，骋足并驰。"（张衡《西京赋》）中国古代的马车是发号施令者的活动高台。那时的车厢离地有七八十厘米高，重心不稳，颠簸厉害，没有受过训练的人一上车，就担心会被摔下来。尤其是后来马车不如骑射机动，渐从战场消失。后世的贵族也疏于军事的训练，甚至也改乘牛车。于是在奔驰的马匹或马车上从事各种危险的技巧动作（图 14.27），就成为少数人的专长而成为受欢迎的大型表演。拉动快驰车子的马匹要经过阉割以稳定其不驯的个性，并要长期的训练，才能与其取得默契，不致出错，同时也可以教些简单的动作以取悦他人。大象在古代曾被驯服以从事劳役。后来因气候变冷，遂逐渐在中国灭绝。以驯马的技巧施之于罕见的大象，可以有双重的娱乐效果，也受到大众的欢迎。西周的铜器铭文就见过象乐、象舞的名称。

射　猎

武备是国家生存的一个重要条件。所以古人于生产劳动之外，参与军事的活动是生活的重要事项。但是军事的训练也慢慢演变成娱乐的项目。军事体能的训练多样，弯弓射箭、持械格斗、徒手角抵，都可以锻炼体能，增进技巧。田猎是种综合性的军事娱乐。它本来是谋生的手段，随着农业的兴盛，渐失其在经济上的价值，但保留了军事训练的作用。后来甚至连在军事上的作用也丧失殆尽。狩猎的技巧与攻敌的战术在多方面相似，可把鸟兽当作假想敌以练习包抄、攻击、进逼的行动。在军事为国家大事的古代，狩猎是国君必须接受的一种军事训练。商代有关田猎的卜问非常多，恐怕不是因为每个王都天生那么爱好它，有些是因为例行的任务而不得不做。如以捕猎物供祭祀，驱除田害以助益农耕。遂行田猎要有广阔的山林原野以供鸟兽滋生、犬马奔驰。周代以后草莱尽被开辟为农田，只有贵族们才能享受此种奢侈的娱乐，普通人只能发展他种娱乐。

投 壶

寓娱乐于工作可以得到较佳的效果。射箭是古代男子必须学习的技艺，所以也是学校教学的项目。为增加学习的兴趣，早就有竞射并伴有饮酒的大射、乡射等礼仪。后来军事成为专业，射箭已不是人人必习的技巧，于是演变为投箸入壶，以代替射箭中的的游戏以助酒兴，以联欢嘉宾。这不但是男子的专利，连仕女也可以参加。它虽不是用来表演的节目，却是大众化的娱乐。《礼记》中还有一篇《投壶》，记载其奉矢奉中的法度、辞让的礼节、壶的安置地点、投入的标准、奏乐的规定、计算胜负的方法与伴随的音乐（图 14.25）。这显然是玩乐的节目，一点也不与军事的训练相关了。

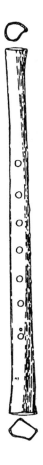

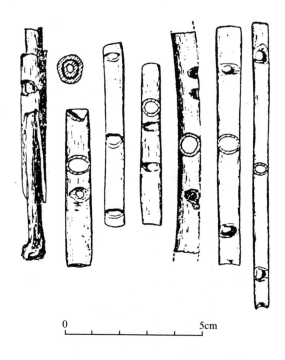

0   5cm

图14.1 河南舞阳
8000年前遗址出土
的七孔骨笛（河南
文物所1989：12）

图14.2 浙江余姚河姆渡6000多年前遗址出土的骨哨
（1978：56）

图14.3 6000多年前半坡仰韶文化的陶埙
（西安半坡：190）

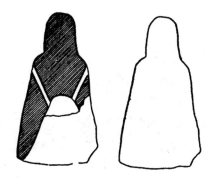

图14.4 4700年前庙底沟的仰韶文化的陶铃
（庙底沟：54）。

图14.6 西汉帛画上的竽瑟合奏
（刘家骥1977：30）

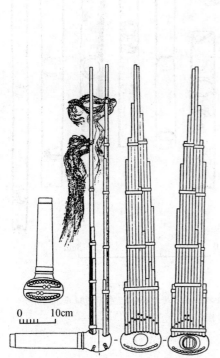

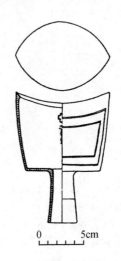

图14.5 西汉的管乐器竽（马王堆汉墓：108）　图14.7 商代手持的铙（妇好墓：101）

图14.8 西汉击筑伴舞的图案

中国古代社会

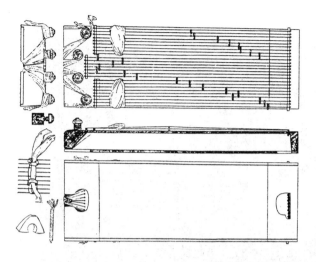

图14.9　汉代的二十五弦木瑟
（李纯一1974：56）

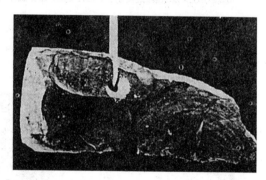

图14.10　山西夏县出土的早商时代的
石磬（东下冯考古1980：图版1）

图14.11　商代悬磬木架的复原
（严一萍1964：441）

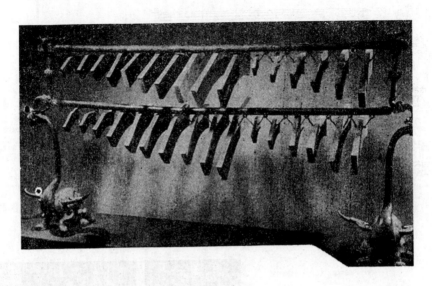

图 14.12　战国早期编磬支架的复原（随县发掘1979：21）

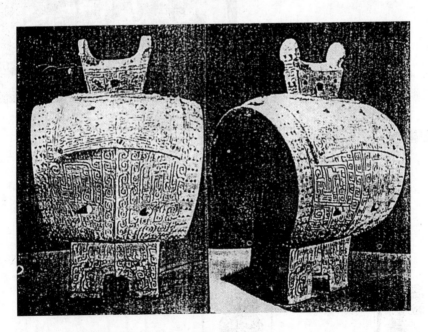

图 14.13　商代的青铜鼓（鄂博1978：图版8）

　　　　　　　　　　　　　　　　　　　中国古代社会

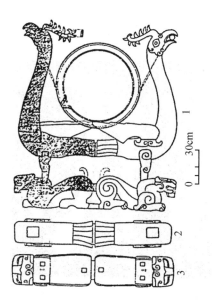

图14.14 春秋时代楚墓出土的鼓架复原
（贾峨1964：25）

图14.15 战国楚国的漆绘鼓架（信阳楚墓：
彩色图版10）

图14.16 春秋晚期的鼓及木槌（湖南
博物馆1972：图版8）

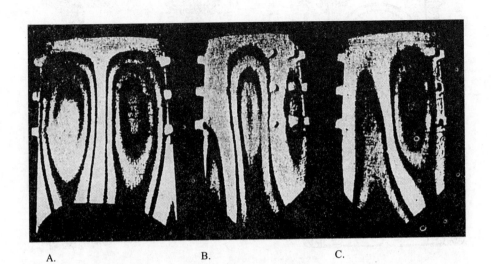

A.   B.   C.

图 14.17　春秋晚期兽面纹钟的全息摄影图。A：高频分音 A 频率正视。B：高频分音 A 频率侧视。C：高频分音 B 频率侧视（马承源 1981：图版 25）

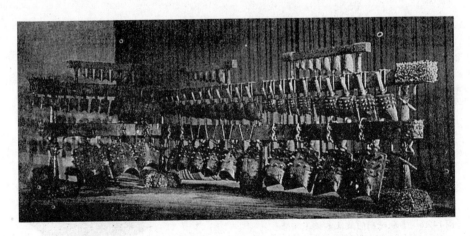

图 14.18　湖北随州战国曾侯乙墓出土的 65 件编钟悬挂于钟架上的情形（随县发掘：图版 1）

　　　　　　　　　　　　　　　　　　　　　　　　　　中国古代社会

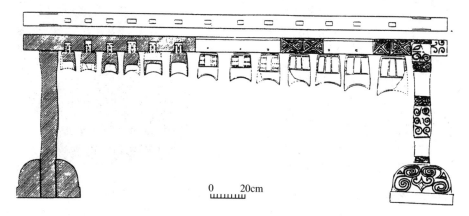

图 14.19　战国楚墓出土的木编钟明器与木编钟架（信阳楚墓：88）

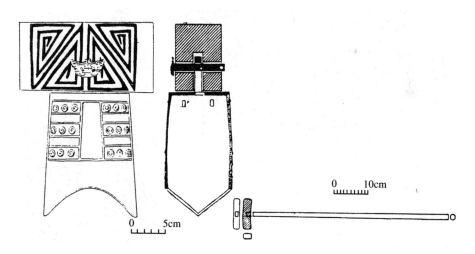

图 14.20　战国楚墓出土铜编钟安放示意图和木制钟槌（信阳楚墓：29）

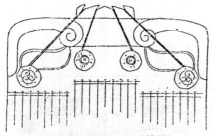

想像过弦板安在瑟尾的情形

古琴尾部背面，弦勒过山口绕在雁足上的情形

图 14.21 木琴及木瑟的安弦法（中央音乐院 1958：20）

图 14.22 战国铜器上的纹饰，巫师手持像是牛尾的道具在跳舞（张英群1984：6）

0 1 2 3cm

图 14.23 秦汉时代透雕的角力纹铜饰牌（沣西发掘：139）

图 14.24 湖北荆门出土"大武开兵"铭铜戈（俞伟超1963：153）

中国古代社会

图14.25　汉画像石上的投壶游戏图（河南博物馆1973：22）

图14.26　东汉画像石上的宴客乐舞及各种杂戏（李复华1975：65）

图14.27　汉代戏车画像砖拓片。表演在快驰的车上倒吊、走索、接箭等技巧（魏忠策1981：13）

第十五章

商业活动

物品交换与市场

随着时代的演进，人们逐渐分工以提高产品的产量和质量。首先是本族内的分工，因材料取得难易等因素，慢慢演变到一个部族专门从事某样工作。譬如说有些部族专心种植稻、黍等农产品，有些则专门制造石斧、石锛等工具。分工则生产不平衡，为了适应生活的需要，部族与部族之间就得相互交换多余的产品，这种物品交换就是初期的商业行为。商业的行为使人们接触的领域扩大，器用精良，文明的程度也跟着提高。旧石器时代就有石器制造场（内蒙古博物馆1977：7—15），很可能也就有了商业的行为。不用说，开始的时候社会分工不细，交换的种类只限于生活需要的自己不能制作的少数东西，或附近没有生产的材料及装饰物。石材是远古最有用的材料，故成为古代最常见的交换物资（McBryde 1984：267—285）。其时的交易通常是偶然、不定期的，有时候双方可能约定一个暂时的地点，在有限的时间内做完交易，就各自回到自己的地方。远古时候没有私人财产，交易是部族之间的事。家族之间也可能交换礼物以巩固友谊。一旦演进到有私人财产的时代，当然交易就会推广到个人之间了。同时，商品的制作也越来越专门。

一般来说，定居的生活比之游牧更需要从事交易，因为游牧的活动范围广，比较易于采集到所需要的材料。交易的地点宜在人们经常聚会之处。后世建有村落时，井为众人取水、洗涤的场所，是大众经常见面聚会的地方，也是成立市场的好地点。很多地方的水井处就发展成为市场，故有"市井"之词。在未聚集成村落的时代，人人取水的河滨大概就是交换物品的所在。传说首创市场交易制度的人是神农氏。《周易·系辞下》云："神农氏……日中为市，致天下之民，聚天下之货，交易而退。"神农氏的时代，如不取传统的公元前2700年，而以其时的社会背景估计，应距今有七八千年以上了。那是农业刚发展不久，生活简单，社会分工尚粗陋的时候。不但交易的数量及种类不多，那时活动的范围也有限，难以从遥远的地方交换到稀罕的物品，所以难从考古遗物看出交易的痕迹。但是从遗址发现邻近地域不出产的某些石材或海产贝壳，就可确定那是交换得来的。

河南新郑裴李岗一个测定为7900年前的遗址发现有绿松石（开封文管1978：74）。绿松石主要产自湖北等地，距新郑有好几百公里之路程（北京玉器厂1976：233），或以为它产于新疆及小亚细亚（万家保1980：35），与新郑裴李岗的距离更为遥远，所以应该是从远地交换得来的。刻画同样符号的陶器见于不同的仰韶文化遗址（赵康民1982：3），也反映交换活动的现象。到了商代，安阳遗址发现有南海的大海龟（张秉权1967：828）、东海的鲸鱼骨（侯家庄1003墓：34—35），都明白表现商代的人已直接或间接地与数千里外的人们从事交易了。那时人们还从远地运来鱼鲜以满足口舌之欲（侯连海1989：947），更表示不是初有交易的行为。

商代不但有专业的手工艺人，有些作坊也固定制造有限式样的高度专业化产品。譬如郑州、安阳的骨器作坊，从遗物可看出，其生产范围大多局限于主要的一两种日常生活用品（贾谷文1976：13）。进贡在商代也是一种大宗的交易方式。商王室所用的龟甲和牛骨，很多是方国上献的，这一类货源的记载常见于占卜用的甲骨。甲骨卜问的内容也有来马、来牛、来刍等事（胡厚宣，记事刻辞：67—68）。可以肯定，商王朝也回赠礼物而达到交换的实质。但商业之兴盛要等到人为获得个人最大的实利、为交换的目的而生产，而不是为自己使用而生产的时代（Pearson，人类学：227）。

表达交易场所的"市"字罕见于甲骨文与金文，但春秋时代就常见到各个别市的陶封泥印，可见其时市场规模已扩大，交易成为人们日常的行事了。东周时代市场与居住区域分开，有专人管理，以宣示开市与收市的时间（刘志远1973：54—56）。不到指定的市场进行交易就要接受处罚（宋镇豪1990：40）。其场所一定有某种的标识，也许甲骨文的"市"字就是标明市场所在的一种标识（𥺇）。《周礼》提到司市有"凡市，入则胥执鞭度守门，……上旌于思次以令市"。注释说："上旌者以为众望见也。见旌则知当市也。思次若今市亭也。"市亭悬挂特别标示的旌旗，一若旅舍之前竖有"余"字形的标帜（参考第十二章的讨论）。开市有一定的时间，卜辞有一个时间副词"市日"。传说神农氏时代以日中为市，所以商代的市日，大概就是中午前后的时间吧。

商　甲骨文	周　金文	秦　小篆	汉　隶书	现代　楷书
（甲骨文字形）	（金文字形）	（小篆字形）	市	市 标明市场所在的标识形。

从事交易而牟取利益的人叫作"商"。"商"字在甲骨文是种建筑物的象形（丙禹禹禼㗊㗊㗊），建筑物下的口形应是无意义的字形增饰。"商"是商人曾经建过都城的地点。甲骨文出现几个"商"，想来行政中心的地方都竖立有图腾一类崇拜的建筑物，商人就以此建筑物去命名其王朝的所在。但从文献看，从事交易以谋生的人也被叫作"商"或许是有原因的。商的先祖王亥曾经牵引

牛车到各部落从事交易以谋生活，后来被有易氏杀害（平心1963：147—151）。这个传说好像表示商民族有善于从事贸易的传统。商人建国前曾迁移八次，会不会有部分原因是为了经商呢？周克商之后，商人肥美的土地尽为周人所有。没有被充当俘虏以耕田的人为了谋求生活，乃重新拾起祖先的故业，历尽辛苦到远地从事贸易。商遗民普遍从商的事实见于周初的文献。《尚书·酒诰》有："妹土嗣尔股肱，纯其艺黍稷，奔走事厥考厥长。肇牵车牛远服贾，用孝养厥父母。"也许通商对于商遗民来说，是种田园被没收后无可奈何的行业。周朝人蔑视这种没有恒居的人，挪揄之而名其行业为商（郭宝钧，铜器：95—96；吕思勉，通史：216）。甚至晚至汉代，行商者已颇为富裕，《史记·货殖列传》还说"行贾，丈夫贱行也"。西周中期的《颂鼎》有"令汝官司成周贮廿家，监司新造贮，用宫御"，"贮"于此有商贾的意义。铭文的意思是管辖成周的商业二十家，监管新成立的商业，用经营所得来供应宫廷的用度。商人的上头都有周贵族在监管着（李学勤1985：31—32）。那时候没有得到官方的许可，人们是不可以随意到远地从事贸易的，所以商人的生活大概不很丰裕。

商　甲骨文	周　金文	秦　小篆	汉　隶书	现代　楷书
				商 是一种商朝首都的建筑物形。

交易物：石斧

在没有使用货币以前，交易当然是以货易货的方式进行的。交易的货品因地而异，但主要的交易应该是工具、原料或食物。周初《易经》的旅卦、巽卦

中有"得其资斧""丧其资斧"，稍后的《居簋》有"舍余一斧，货余一斧"的
铭文（金文总集：1469），即反映常以石斧或铜斧等工具为交易货物的时代背
景。石斧在古代是一种很实用的工具，可用以砍伐树木、挖掘土地，也可充当
武器。好的石材不是到处都可以取得的，故质量良好的石斧是人们普遍希望得
到的东西（Fagan，考古：253）。小篆的"质（質）"字由二斤和一贝组成（質）。
甲骨文的"斤"字，是一把装有木柄的石斧象形（ ）。甲骨文的"贝（貝）"
字，则是某种在中国南方海岸地区取得的海贝形（ ）。中国古
代的贝来自远地的海产，是人们作为装饰品的珍贵东西，因此"质"字的创意是
以两把石斧交换一枚海贝。两者都是人们经常用以交换的东西，一为日常必需
品，一为珍罕物资。《周礼》有"质人"一职，主管商业的契约，是官方大规模
企业的经理者。以"质人"名此经理之职，就是来自希求远方珍奇物品的传统。

商 甲骨文	周 金文	秦 小篆	汉 隶书	现代 楷书
		貝	貝	贝（貝） 产于暖水域的海贝形象。

交易物：海贝

中国地区发现的海贝产于印度洋及南海岛屿附近的暖水域（王毓铨，货币：
14—15）。其外壳坚硬细致，有美丽色彩及光泽，令人喜爱。尤其是其个体轻小
而均匀，长度一般是2厘米上下，易于收藏和携带。它不易败坏，可串联成美丽
的饰物，是普遍为人们所喜爱的东西（Fagan，考古：247）。在中国，它是南方

向北方，或沿海地区向内地交换物品的重要商品。由于它不是轻易可以到手的东西，在北方广被接受为有价值的东西，因而在文字中被取以代表交易及贵重的事物表征。一个小小的海贝可以交换到两把石斧，可见初期其价值之高。在非洲的内陆，海贝甚至是酋长必须拥有的东西。迟至公元1855年，在非洲的赞比亚，两个海贝价值一个奴隶，五个海贝价值一支象牙（Fagan，考古：247），海贝还是相当高价的货品。

　　远在中国内陆的青海，约是4500年前的齐家文化遗址，墓葬中发现有以海贝及仿造之的骨贝随葬（青海文管1976a：71；又1976b：371）。我们可以确定这些随葬的海贝必然是从远地交换得来的，而且必定被认为相当地珍贵，才有用骨仿制的举动。商代曾经有一墓出土七千枚（妇好墓：15，220），及一墓出土三千枚海贝的情形（山东博物馆1972：24）。但是商代早期海贝的流通量一定不多，只能当作与玉同类的贵重物品，难以当作市场小量的日常交易货币（图15.1）。由于海贝量少而价值高，商人就以仿造海贝形状的铜贝或骨贝作为代用随葬物（黄河水库1960a：40；吴振录1972：64）。就此习俗而言，贝珍贵或镇邪的意味大于金钱的价值。由于海贝是珍贵的东西，故甲骨文的"宝（寶）"字作屋中贮藏有海贝及玉石之形（   ）。两者在当时都很贵重，故以之表达宝贵的意义。"缶"是后来加上的声符。宝贵的东西要特意贮藏以免遗失，故甲骨文的"贮"字就作海贝贮藏于柜中之状（   ）。诸种物品中特地选择海贝表达贮藏的意义，可见海贝是诸物品中非常珍贵者。

商　甲骨文	周　金文	秦　小篆	汉　隶书	现代　楷书
				宝（寶） 屋中收藏有海贝及玉等宝贵东西之意。

商 甲骨文	周 金文	秦 小篆	汉 隶书	现代 楷书
				貯（貯） 作海贝贮藏于柜中之状。

海贝的个体小，虽然它美丽而又有光泽，但单枚的海贝很难被他人注意到，所以常串联数个以作为颈饰。颈饰所串联的海贝数目本不必一致，可因人而异，有五、十、二十、二十二、二十四、二十六枚等不同的串联实例（商周考古：54；郭宝钧，浚县辛村：67）。但后来当海贝以"朋"作为计值的单位时，那就得有个一定的数目了。甲骨文的"朋"字，作一条丝带上两端各串联数枚海贝之形（ ）。中国的计数习惯以十进，因此作为计算贝数量的"朋"大半是十枚（郭沫若，甲骨：53）。第十章介绍的"婴"字族徽，即作成串的海贝饰物围绕于颈部之图形（ ）。

商 甲骨文	周 金文	秦 小篆	汉 隶书	现代 楷书
				朋 丝带之两端各串联数枚海贝之形。

海贝的价值在商代仍然很高，甲骨卜辞言及海贝的数目，最高是七十朋（王宇信，甲骨：198，该版应读为十七朋）。一朋之数如为十枚，七十朋则为七百枚，数量可算是不少了。但是当时提及用贝祭祀或赏赐臣子的例子并不多，而且也以十朋以下为常（黄然伟，赏赐：163）。商、周之际只有一件铜尊提到赏赐百朋之数（李学勤1986：62）。商代早期的墓葬经常随葬一枚海贝，有的

墓葬虽然很多，如上述的妇好墓七千枚，若平均计算，每座坟墓还达不到三枚（戴志强1981：75）。这表示早商时代的海贝还是很宝贵，当然难以作为日常少量交易的通货使用。

西周初期的贝还是贵重的东西，但随葬的数目较之商代已大有增加（郭宝钧1936：193；商周考古：177）。那时铜器铭文提到以贝赏赐臣属的数量也以十朋为多。《令簋》有"赏令贝十朋，臣十家，鬲百人。"（金文总集：1647）以十朋的贝，与臣十家、奴隶百人等列，明显反映其价值之高。但是西周中期的穆王以后，疆域门关的限制不严，交通也大为改进，经过商贾多年来的交换和聚积，海贝的存量已多。此时赏赐海贝的数量也随之提高，常见二十朋、三十朋、五十朋，甚至于有百朋的情形（黄然伟，赏赐：184，205—206）。海贝有如此大量的存量就足以在社会周转而有余了。周初的《易经》，其损、益两卦都有"或益之十朋之龟"之爻辞。《伯晨簋》之铭"遽伯晨作宝尊彝，用贝十朋又四朋。"（金文总集：1255），更明白表现以海贝为价值单位来计算铸造铜器的费用了（郭宝钧1936：193）。

海贝由于稀罕、美丽，因而成为人们所喜爱的宝物，可用来交换需要的东西，具有人人愿意接受的通货实质价值，故在文字中，海贝常是与价值或商业有关字的构成部分。如甲骨文的"买（買）"字，作以网捕捞到海贝之状（𡨋𡨋𡨋𡨋𡨋），贝可以购买任何需要之物，故以捕捞到海贝表达买卖的意义。甲骨文的"得"字，作一手中持有海贝之状（𢔡𢔡𢔡𢔡𢔡　𢔡），有时附加行道的符号（𢔡𢔡𢔡𢔡），大概表示在众人行走的道路上拾获了他人遗失的海贝，大有所得的意思。甲骨文的"败"字，作两手各拿一枚海贝相互敲击之状（𣪊𣪊𣪊𣪊𣪊），另一形则作以棍棒击打海贝之状（𣪊）。海贝虽然坚硬，若用坚物敲击还是会破坏的，海贝一旦被敲碎，其价值就不存在了，没有比之更糟糕败坏的事了。甲骨文的"赖"字，作贝放在紧紧捆缚的袋子中之状（𧶠），袋中之贝可信赖以应付不时之需的意思。也因为海贝易被毁坏，故铜料终于取代海贝而成为通货的材料。从以上几个常见的以海贝组成的字，可以了解古代中国海贝何以被人们所珍贵。

商 甲骨文	周 金文	秦 小篆	汉 隶书	现代 楷书
				买（買） 网捕捞到海贝，可以之购物。
				得 手于行道捡拾到海贝，有所得之意。
				败（敗） 两手以海贝相互敲击，或以棍棒击打海贝之状。
				赖（賴） 海贝放在紧紧捆缚的袋中，可信赖之意。

贝 币

海贝从装饰品的地位发展到具有货币的功能，可约略从其加工的方法看出来。商代坟墓中随葬的海贝，依其时代先后，约经过三个穿孔加工的阶段。首先是小孔，为了保持海贝的完整性与美丽，只在背部穿一个或两个小孔以便穿通绳索用以佩带。其后是穿凿大孔洞。最后则是把背部凸起的部分几乎全部磨掉（戴志强1981：76—77）（图15.1）。后两式已经破坏了海贝的美丽形象，无疑是基于某种需要。把海贝的背部刮磨成扁平的形状，不但减轻重量，也方便携带。虽然我们还难以肯定地说海贝在商、周之际已是市场中非常流通的货币，但它起码在很多场所已起到了货币的作用。

海贝以稀罕、美丽的特点而被人们当作价昂的装饰品，但随着交通日便、供应日多，其价值也自然相对降低。如西周张家坡遗址中，随葬车马的马辔头就装饰有三百枚以上的贝（沣西发掘：147—148），其价值一定比不上周初，可与奴仆等价了。西周中期的土地价格，每田的价格已约值七八朋数量的海贝了（李学勤1985b：95—102）。再者，把海贝制成赏玩之物，对于广大的群众来说，并不太具有实用上的价值。另一方面，铜本来也是贵重的材料，尤其具有耐磨、可再铸造的优点，起初是贵族用以铸造礼器及武器，以满足国家对"祀与戎"的两大要求。但随着冶金业的发展，尤其是铁冶的兴盛，一些铜武器和工具为铁所取代。甚至很多礼器也慢慢被轻盈光亮的漆器所替代。铜材可以比较大量地以实用物资身份流通于民间，终于变成制作货币的材料。铜质货币出现约在春秋中期，但有人以为可早至春秋早期。但以海贝作为通货媒介的概念并不是一下子就消失的，用铜铸成海贝的形状而当作小钱使用，也行用了相当长的一段期间。战国时的墓葬还发现包裹金叶的铜贝（辉县发掘：71）。

铜币：布币、刀币、圜钱

人类从很早开始就以自然形态的金、银作为贵重的饰物，并发展出金、银的货币。但在中国，春秋时代楚国加入中原政治圈以前，其产量太少，在社会不起特别的作用。早先铜材是为满足国家对"祀与戎"的两大要求。一旦铜材的供应比较充实时，就足以以实用物质的性质流通于民间。而海贝原本罕见并有可制作装饰物的价值，一旦聚积多了，其价值自然就低落。它作为饰物的作用又受本身形状和质料的限制，当人们不再时兴颈饰时，若改制之为腰间的佩饰，也难与玉和玻璃争胜。尤其是它一旦毁坏，其价值也跟着消失。铜则具有实用上的价值，不易破坏、可改铸，而且产量也有所限制，不会大大贬值，故终于取代贝成为新的通货媒介。

货币的演进大致经过四个时期。一是物物交换时期，二是实物货币时期，三是金属称量时期，四是铸为货币时期（汪庆正1965：27）。铸造货币的价值往往高于材料本身多倍。人们愿意接受它，《管子·山权数》将其归功于圣王的创意。说是夏禹和商汤时候分别有多年的水灾和旱灾，为了援救以子女交换粮食的困苦民众，才铸造钱币为之赎身。周代之前并不见钱币出土，就算禹、汤的时代真有铸币以纾解灾难的措施，也只当作一种临时的抵押品，并不是为了作为通货使用。就像非洲有些地方以铜铸成各种大件的刀剑形状，作为婚聘、大宗交易等特殊目的的信物，也不是日常的通货。铜之被选择作为铸币的材料，应是基于上述铜本身的条件和时代背景。最初，铜可能与金、银同是商人之间支付货物的计值工具，以其重量计值（图15.4—6）。随着其量增多，通行于社会，价值也稳定，终于为各地政府采用以发行货币（稻叶一郎1973：73），又慢慢通过强制的行政法令，演变成与本身重量不等值的信用货币。譬如说秦国的"半两"，其重量依钱币铭文约合现今的8克，但现存的，不知何故，有重达12克，超出面值甚多，而一般的才3、4克，约为面值的一半，甚至有轻至0.2克的（韩钊1985：39）（图15.3）。如果不是慑于政府的威权，其价值是不会被人们所接受的。

铜因为可铸造为工具的价值被大众所接受。所以和很多民族一样，中国早期的铜币就以实用工具的形状出现，后来为行用的方便，才慢慢变小、变轻。大致地说，三晋地区流行的是从铲形的农具所演变而来的空首布及平首布；齐、燕地区则以模仿书刀的刀币；秦、韩地区流行的圜钱，则可能演变自权衡的形状（冯汉骥1979：35）（图15.2）。这三种形状的铜币中，圆形的钱可能因最方便携带，成为全世界铸钱的常式，倒不必是因其通行于统一中国的秦国地区。

中国以金属实物折算物价虽较海贝为迟，但大概西周时代就有了（王献堂，货币：247）。铸成流通的钱币也至迟在春秋中期。初时的钱币很重，有些不太具实用的小铜铲竟然重达200克，可能为原始的铜币。后来市场渐多，日常小量交易日益频繁，量重而价值高的钱币就不便使用，故铸造的重量就递减。就像今天虽风行高额纸币，还不能不辅以金属的小钱。战国时齐国一枚铜的齐法化重量稍少于50克，其价值还很高。一枚铜齐法化的价值约等于二百枚海贝，常年时约可购买15公斤小米，或5公斤多的盐。丰年时则可购小米57公斤（朱活1980：63—68）。战国后期布币的一般重量为12克左右，还是难当小量的交易，故除已贬值的海贝外，也以铜铸成海贝的形状当小钱使用，方便民间交易。

一个铜贝的重量约为4克，与一般秦"半两"钱相近。秦时一个劳动日的工资是八枚半两钱。据秦简《仓律》换算，十枚秦的半两钱可购买小米6公斤，或盐2公斤，或麻布2米（吴镇烽1985：179—180）。汉武帝于公元前119年废弃名不符实的半两钱，改铸为"五铢"钱。直径为2.5到2.6厘米，重约4克。但4克还是太重，故经常被减轻至2、3克。五铢钱的购买力适中，行用了700多年。后来钱币的铭文虽不再以重量标明其价值，但五铢钱的重量和尺寸，一直是铸钱的典范（劳榦1971：341—389；韩钊1985：39）。

商　人

从事交易在西周初期，是亡国遗民不得已的谋生方式，其地位的低贱是可以想象的。从而也可想象其生活不是很富裕的了。但是随着列国之间战争的频繁，对于某些战略物资的取得比较殷切，交易量提高，利润也相对增加，自然商人生活也富裕起来，社会地位也提高。《考工记》六职中，商旅的地位介于百工与农夫之间，恐怕是时代较早的现象，不是战国晚期的实况。经济力的强弱是东周时代列国盛衰的基础之一，故贸易成为国家图强要素之一，故出土的汉代竹简有"中国能市者强，小国能市则安"之语（银雀山1985：32）。商人亦成为国君礼遇的对象。《史记·货殖列传》记载孔子的学生子贡经商致富，受到诸侯的聘享，在所至之国与其国国君分庭抗礼。至于以金钱影响政治事件亦多有记载。《左传》记鲁昭公十六年，郑桓公为了笼络商人，还与商人缔结保证货品运输的畅通和不强迫买卖的盟约。但是太平的时候，国君为了抑制商人的骄侈，就加以种种的限制，譬如汉代，就不允许商人衣丝与坐车（侯家驹1979：69—75）。但财力自有神通之处，商人的生活比他种行业富裕，故司马迁的《史记》也特为立一篇《货殖列传》，说"夫用贫求富，农不如工，工不如商，刺绣文不如倚市门。此言末业，贫者之资也"。

战国初期的商业规模已很大。如以公元前323年楚国颁给鄂君启的通行用铜节作为例子，铭文规定了货物的载量及交易的范围。一枚载明水上可以通行以三舟为一舿，五十舿共一百五十舟的船队，通行于今日的湖北、湖南、江西等省。三枚陆上的符节各载明，可用五十辆牛车，通行于今之湖北、湖南、安徽、河南等省（殷涤非1958：8—11；于省吾1963：447；商承祚1963：49—55）（图15.7）。贸易的范围有七八十万平方公里之大。不谈那种可载二十吨货物的海船，就以当时的江船可装载五十人，三个月口粮的载量来估计，每船起码可载货物一吨以上。以如此多量的货物，贸易于广大的区域，从事聚散，买卖的人员必然也很多。其势力所及，足可影响一地经济的平衡。

战国时代的商业中心

交易的市场本来是临时性质的会聚地。交易后人散，市场既不复存。但如上节所举之例，一次载运的货物那么多，不可能在很短的时间内卖掉散尽。所以一定要在交通要冲设有固定的地点，以便转运或销售之用。这些交通要冲就发展成各地货物集散中心的商业都市了。战国时代著名的商业都市有齐的临淄、魏的大梁、赵的邯郸、楚的郢及寿春、韩的阳翟、周的洛邑和成周、燕的蓟等（郭宝钧，铜器：103）。其他较小的商业中心更是星罗棋布，遍布各地。

战国时期商业都市的繁荣情形可以齐的临淄城为例。《史记·苏秦列传》有这样的描写："临淄之中七万户……甚富而实，其民无不吹竽鼓瑟，弹琴击筑，斗鸡走狗，六博蹋鞠者。临淄之途，车毂击，人肩摩，连衽成帷，举袂成幕，挥汗成雨，家殷人足，志高气扬。"临淄城约有18平方公里，以每户5人计，人口超过30万人（郭宝钧，铜器：104；管东贵1979：649），约每100平方米要住2人。这还不包括驻守的军队，以古代的条件说，其密度算是相当高的。农村建立时，每100平方英里（约259平方公里）可支持2500人，临淄城只有7平方英里（约18平方公里），却维持30万以上的人口。若单靠邻近的农业生产应无法满足生活之需，必须有大量的贸易，才能维持如苏秦所描画的那么多不从事农业生产的居民。

黄金货币

依《史记·货殖列传》的记载，战国的商业大都市经营的货物种类甚多而量大。有酒浆、醢酱、屠宰、贩粮、燃料、运输、建材、冶铸、纺织、衣料、合漆、咸货、干货等，都以成千的单位制作和出售。其交易量既然如此之大，为便利交易起见，应有比铜更为高价，同样具有不腐败而易于携带的东西以为大宗交易的媒介。人们就选择了黄金以便利交易。黄金是商代以来为人们所知悉的，但邻近中原的产金地区主要是楚国地域。楚国虽也以之为通货（汪庆正

1965：30）（图15.4—5），但要等到春秋末期，楚国积极参与中原的政治活动之后，与中原诸国有了较多的接触，黄金的来源才渐丰富而能够作为交易的通货。黄金的成形没有一定的大小，价值又高，要精确计量才能确定其价值。对于能正确称重量的要求就促成天平与砝码称量的普遍使用。根据考古证据，最小的砝码才重0.2克（高至喜1972：43）（图15.8），明确表现其衡量的精确程度。

度量衡

估计事物的轻重、大小、长短、多少是生活中离不开的经验，其概念是远古以来就有的。当旧石器时代的猎人们拿着绳索要投掷时，就要估计石块的重量、猎物的距离，才有希望命中。但是一旦人们要向他人传达其意念，就会发觉各人的理解有所不同，难以正确传达，不像现代人人有共同的概念，不怕会发生误会。度量衡的制度是人与人接触后才需要的东西，因此传说是5000年前黄帝创制的。不过其开始时一定很粗陋，等到商业社会才会有所发展。因为商业是种谋利的行为，要精确计算成本与利润，同时也要取信于人，生意才能做得成，故促成计量系统的建立和商品的标准化。这也促进了数学的应用。

度量衡的演进大致有三个阶段：最先是依靠人的感官以判断事物的轻重和容量；其次是暂借日常用具以度量；最后才是有一定的度量衡器及一定的标准（度量衡史料组1977：37）。最初的阶段，人们只求大致的轻重就可以。故甲骨文的"爯"字，作一手提物以估量物的轻重之状（𩐈 𩐈 𩐈 𩐈 𩐈 𩐈）。所提之物，从"菁"字看（𦱤 𦱤 𦱤 𦱤 𦱤），应是建筑的材料。构筑房屋需要慎选木材的质量，而重量是木材好坏的重要条件。凭一己的感觉以计算重量，其粗陋可知。粮食为古人常称之物，故后来加"禾"之意符以显明其意义而成为"称"字。"量"字的创意尚不明白，大概是装货物于囊袋之中，以之估计重量与容量之意（）。袋子的大小较有固定的标准，较之以手估量物重又进了一步。当时所装的东西大半是价廉的粮食一类，重量稍有出入也不值得多作争论。如果是黄金一类贵重的东西，就算重量只有铢两之差也必要计较了。

商 甲骨文	周 金文	秦 小篆	汉 隶书	现代 楷书
				称（稱） 手提物以估量物的轻重状。
			量	量 大概以袋估计重量与容量之意。

长度与容量

　　长度是度量衡制最基本的标准，其他两制都依之以确定。在自然界中，最方便取以度量他物的东西莫过于自己的身体。它完全不假外求，故早期的度量标准取自人身。《说文》"尺"字的解释为："周制寸、尺、咫、寻、常、仞诸度量，皆以人之体为法。"《史记·夏本纪》说夏禹："身为度，称以出。"人虽有高矮之差，其手指的长短是相近的，故《大戴礼记·主言》有"布指知寸，布手知尺，舒肘知寻"之言。从文字的创造也可以看出古代的这种习惯。小篆的"寸"字，作手指之旁有一小道横划之状（），表示一寸之长约等于大拇指的宽度或一节的长度。古时的一寸，约等于现时的2厘米多一点，与大拇指的宽度最相当。西洋的英寸，也来源于希腊人指称拇指的宽度，后来罗马人才加大而成为一个脚步的十二分之一。想是因为以直竖的拇指度量对象最为方便，所以人们不约而同以之作为长度的单位。作为第三人称代名词的"厥"字，其原来的创意可能就是尺的长度，作张开手指头以度量程度的样子（ ），小篆的字形稍有讹变（ ）。在那种情况下，拇指的顶端与中指顶端之间距离为一尺。战国早期中山王墓出土的兆域图铜版，"尺"字形好像表示手臂上段的长度（ ）。使用手臂丈量长度不如使用手掌之方便，故此字形不流传。甲骨文的"寻"字作两臂伸张以度量某一物之长度状（ ），其长约为中国之八尺。其所丈量的东西中有一形是席子，知道商代商品已有标准化的萌芽。八尺为方便、常用的长度单位，故引申之有寻常之义。又伸张两臂是为了探求一件东西的长度，故也引申有寻求的意义。

商　甲骨文	周　金文	秦　小篆	汉　隶书	现代　楷书
				尺 张开手指头的程度。
				寻（尋） 作两臂伸张以度量某一物之长度状。

　　寸、尺、寻本是各自为基准的单位，量小东西时用手指，长距离才伸张手臂。后来取其约数，才规定十寸为一尺，八尺为一寻。更往后由于采用十进的缘故，才设十尺为丈的人为尺度而舍弃自然的标尺寻。秦汉时代的一尺约等于现今22.5到23厘米。走路的步伐也可以用来测量距离，西洋的英尺就是以脚表示的。但在中国，一步指同一脚步起落点之间的距离，与西洋指称脚跨一步的距离，习惯稍有不同。

需要测容量的东西，古代以食物为主。故《考工记》说"食一豆肉，饮一豆酒，中人之食也"，表现第二阶段以食器为容量之标准。《左传·昭公三年》记齐的四量为豆、区、釜、钟，标准的容量都取自日常容器之名称，后来才更改为斗和升。豆的容器只有约略一致的大小，也不是很精确的量制。"斗"与"升"就是以日常容器为量制的文字。甲骨文的"斗"字，作一把挹取酒浆的勺子形（<i>字形图</i>）。"升"字则作一把底浅的勺子状（<i>字形图</i>）。十升为一斗，大勺子大概有小勺子十倍的容量。一旦斗的量成标准化，升的容量就能建立。

商 甲骨文	周 金文	秦 小篆	汉 隶书	现代 楷书
（字形图）	（字形图）	（字形图）	（字形图）	斗 一把挹取酒浆的勺子形。
（字形图）	（字形图）	（字形图）	（字形图）	升 底浅的勺子状。

标准的度量衡

建立有标准的度量衡制是商业活动能发达的一个重要因素。为达到交易的顺利进行，某种衡量标准是一定要建立起来的。交易的重量与价值以常见的东西为标准较为方便，故度量衡制之名称大都取自经常交易的货物，如斤取自石斧，铢取自珠子，两大概取自鞋子等（鲁实先1969：312—317）。基于客观的条件，古代没有一样东西能有绝对的重量和长度可取为标准，故各国的度量衡制都有些差异，给交易带来很多计算上的麻烦。因此各时代的标准就颇不一致，譬如说人的身高，古代文献有的说"丈夫"，《考工记》说"人长八尺"，而《荀子·劝学》则说"七尺之躯"。就是同一国、同一时代的量器也都有差异。譬如说战国时候秦的1斤约等于现今的250克，赵国的斤则只有217克。这种情形从存世的古代量器加以测定就可一览无遗（丘光明1981：69—71）。战国以来就有制定标准器的献议及设施。如秦国商鞅于公元前344年颁布标准量，以16立方寸的容量为1升（马承源1972：17—22；陈良佐1978：304）（图15.13）。一旦基本的容量有了标准，其他的量制也跟着可确定了。《汉书·食货志》记载，到秦始皇统一中国时，人们更了解黄金性质的稳定，以1立方寸的黄金为1斤的重量。如此长度和重量有一定的标准，当然容量的标准也容易定出来。战国时代七雄中，以秦国对于度量衡的制作最为严格。如果误差过大，负责校准量值的官吏就要受处罚（黄盛璋1977：45）。带有秦始皇诏版的石权和铜量出土很多（巫鸿1979：41）（图15.12），就是其整饬度量衡制度的具体反映。汉代继承其制，铜容器就经常注明其重量及容量（天石1975：79—89）。

《汉书·律历志》说汉代以黑黍一千二百粒的颗粒宽度、重量和体积去设立度量衡的标准，虽比现今以氪-86同位素辐射的波长定长度、以白金与铱合金定重量的标准相差不可道里计，应也已相当准确了。但古时量器的制作无法做到如今的精确，可能校正也做得不很彻底，再加上时时改制，故据汉代铜容器注明的重量及容量加以计算，1斤的重量竟上下在224克至310克之间，1升的容量也从约170毫升到210毫升不等，与平均的1斤250克，1升200毫升相差甚远。

天　平

在中国，称重量的最早器械是天平。它是一种利用平衡原理的设施。如果一端的重量已知，就可以在同样距离的另一端称得等量的东西。天平的臂杆越长则误差越小。埃及于5000年前就晓得其原理。它是计算重量最可靠的方法。但因为要使两端重量绝对平衡比较费时，现今一般不使用这种方法，只有称贵金属或科学性的分析时才用。中国目前所发现的天平实物虽以春秋时代的为最早（度量衡史料组1977：39），但作为权使用的大石璧可早到西周时代（张勋燎1979：89—92）。有人以为石权是一种权力的象征，被赋予征收等量谷物的信物，所以逐渐演进成为权位的礼器玉璧。有人甚至以为以石权计量的使用早到新石器时代的晚期（冯汉骥1979：35），基于埃及的事实，这是很有可能的。

金文的"平"字，作一个支架的两端各有东西放着的样子（𠂆 𠂆 𤔔 平 𠂆 𠂆 平）。"平"字很可能就是取像于衡器，称物的重量时，架子两端要保持平衡才能称得正确的重量，故有均平的意义。春秋时代的天平是悬吊式的（图15.8），但早期的天平因所称的东西以袋装的粟米类重物为主，难以稳定地用单手提着，应是采用支架式的，如3000多年前埃及壁画上的天平（图15.9）。作为"平"字一部分的"于"字，有时作以复体加固支架形，即表现此种做法的必要（𠂤 𠂤 𠂤 𠂤 𠂤 𠂤）。后世天平多称重量轻的贵重物品，故容易使用悬吊式而以单手提起。早期称重量的支架，一来与他种柱子无别，二来过于巨大，人们不会以之随葬，故没有被发现。到了战国时代，人们也领会了杠杆的原理，利用支点、距离与重量之间的关系以称物体的重量（刘东瑞1979：74—75）（图15.10）。利用这种原理，不但可用较轻的权以称重物，也能更精确地用较重的权以称轻物，这是衡器制造的一大改革，也是汉以后盛行的形式。

商 甲骨文	周 金文	秦 小篆	汉 隶书	现代 楷书
	𠂆 𠂆 𤔔 𠂆 平 平 平 𠂆	平 平	平	平 一个支架的两端各有东西放着的样子。

商 甲骨文	周 金文	秦 小篆	汉 隶书	现代 楷书
		亏	于	于 以复体加固的支架形。

商业活动的贡献

近地的交易活动始自石器时代，而远地的贸易大概自商代开始。交通的发达、战争规模的扩大、不同民族的融合，都促进了商业的发展。但商业得以扩大的主因，可能是金属的使用。尤其是铁冶的兴盛，使生产效率大为提高，生产品增多，人口密度提高，社会迫切需要大量交换各自的产品，因而促成春秋战国时代商业的急遽发展。到了汉代，国内安定，能够尽量发展与国外的交易，通过陆路与海路，中国竟能接触遥远的欧洲诸国（冈崎敬 1954：178—200；中国古代史：389—393，469—472），使中国与欧洲国家能相互吸收新知识，丰富文化的内涵。这不能不说是因商业追求利润而间接受益。

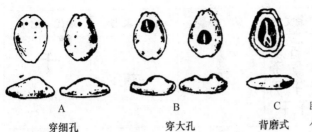

A　　　　　B　　　　　C　　　图 15.1　商代贝币发展的三
穿细孔　　　穿大孔　　　背磨式　　个阶段（戴志强 1981：73）

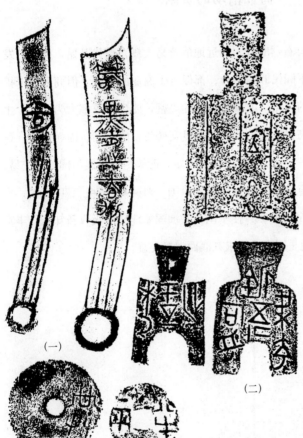

（一）

（二）

（三）

（一）齐刀币长 18 厘米多，
约重 46、47 克。燕刀币长约
14 厘米，重约 14 克。
（二）三晋地区的布币，形
式多，重量悬殊，从 10 克到
30 克。
（三）秦、韩地区的半两、
共等钱文的圜钱，大约有
八九克重。

图 15.2　汉以前三种主要金属铸币形式举例
（朱活 1981：94—95）

　　　　　　　　　　　　　　　中国古代社会

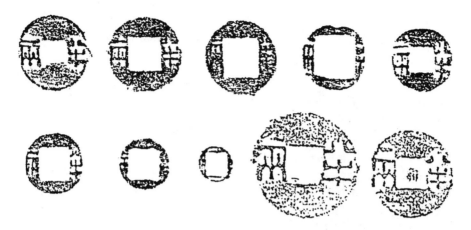

图15.3　秦墓出土的半两钱，大小和重量都悬殊，大部分的材料价值远低于币值（吴镇烽1985：183）

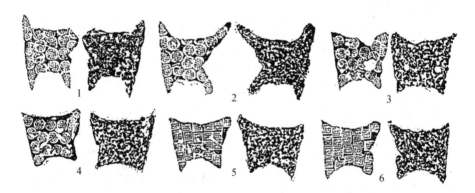

图15.4　楚地的金版通货（涂书田1980：69）

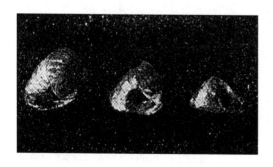

图15.5　楚地的马蹄形金饼通货（河南博物馆1980：63）

图15.6　楚地的铲布形银货（河南博物馆1980：65）

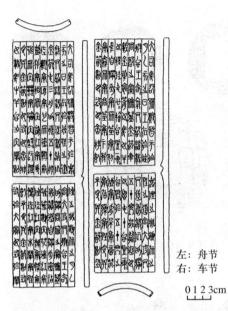

左：舟节
右：车节

0 1 2 3cm

图15.7 公元前323年发给鄂君启的水路及陆路的通行铜符节（于省吾1963：图版8）

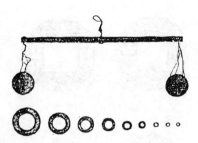

图15.8 长沙战国墓出土的天平与砝码，最小的砝码只重0.62克（湖南文管1957：图版1）

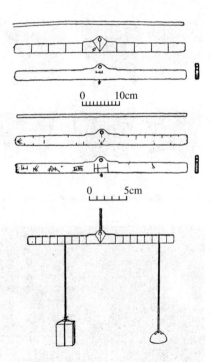

图15.9 公元前1300多年埃及墓壁画上的支架式天平（Aldres，珠宝：图版148）

图15.10 战国的不等臂式铜衡。汉代以来的"称"即依其原理以称物重（刘东瑞1979：74）

中国古代社会

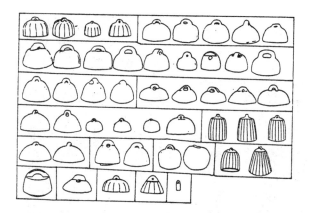

图 15.11 秦代有诏版的秤锤形状
（巫鸿 1979：37—38）

图 15.12 刻有诏版的秦陶量（天石
1975：82）

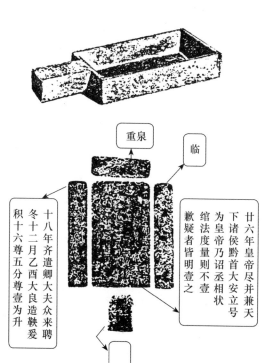

图 15.13 公元前 344 年商鞅督造的
标准量，以 $16\frac{1}{5}$ 立方寸为 1 升（历史
图册 3：22）

图 15.14 四川彭县（今彭州市）出土汉代画像砖上的市集图（四川文管 1983：898）

中国古代社会

第十六章

疾病与医药

病　痛

　　生老病死是人生所不能避免的过程。其中疾病最为痛苦，是人人想避免的。今天科学虽然昌明，对于环境卫生、疾病预防、医疗技术与设备、药物的制造都投以极大的人力和研究经费，其高明的程度不是几个世纪前的人所能梦想的，更不用说远古了。然而缠绵床笫的痛苦仍是现代人经常遭遇的。在缺少药物的远古，人们只能眼看着病人挣扎受苦，祈望他们终能痊愈，一点办法也没有。从有些动物有天然的本能知道食用某些东西以疗治创伤着，远古的人们应该也能对某些外伤使用药物加以治疗。比如菲律宾丛林中有过着旧石器生活的山洞野人，他们没有神的观念，生病时任由病势发展，辗转呻吟，除依靠体内自身的免疫本能外，并不知道向鬼神求救。但其一旦被蛇咬到时，却知道用某特定的草药治疗（Vivelo，人类学：41）。因此《淮南子·修务》记载神农氏尝试百草而发现草药的传说，应有相当可信的成分。不过，应该等社会达到对内科的疾病有了认识，并遵循一定治疗的方策时，我们才可以声称某时代已经有了医学。

　　想要了解在未有文字以前某个地区的医学水平时，我们除了从地下偶尔遗下的痕迹加以推论，以及借助今日未开化部落的情形加以比照外，实在难给予过多的猜测。所以要谈中国古代的医学，目前还只能从3000多年前有文献遗留下来的商代开始。

疾病是商王卜问的项目之一，今人可以从卜辞稍为了解其时对疾病认识的大概。遗憾的是，商王对于疾病的占卜只盛行于较早的武丁时期，不能探考更晚时期对病疾的认识有何改进。甲骨文的"疾"字有两种写法：比较早期的作一人躺于床上，身上流汗或血的样子（ ）；后期作一人的身上中箭之状（ ）。这两种不同的表现，似乎表明不同的病痛原因。前者可能起于内在不可见的因素，后者明显是由于外来可知的事故，这两个字形合并起来就成今日的"疾"字。疾病是人人所厌恶的，一旦得病就要赶快加以医治，故"疾"字有厌恶及疾快这两个引申意义。这表明商代已讲求对策积极医治疾病，不是处于等待死亡或放任自身自然病愈的时代了。

商 甲骨文	周 金文	秦 小篆	汉 隶书	现代 楷书
				疾 作一人生病而躺于床上之状。或作身上中箭之状。

外 伤

对于箭石等外在因素所引起的伤痛，或许其致病原因明显，不用向鬼神求教治疗的方法，所以甲骨卜辞不见对于外伤做治疗的卜问事例。他们可能对这些伤痛已有较确定的治疗方法。起码也了解到神灵对于外伤没有多大的助力。外伤是远古常见的事。商人用以表达凶咎的文字有些来自外伤。如甲骨文的"它"字，作脚趾被蛇咬到之状（ ）。在草莱未尽被开辟为农田的远古时代，被蛇咬倒是件很平常的事，故早上人们打招呼就问有没有被蛇咬到。因此"亡它"就成了商代卜问安危、灾患的用语。甲骨文的"尤"字，作手指有伤之意（ ），手指上的短画是表示受伤害的部位。工作受伤虽不是大灾难，但也不能完全不理。故《周易》有以身体受伤的部位表示灾难的程度。古代工作环境差，趾拇常受小伤，只算是小灾难。至于受到戈矛、箭石的伤害，更是参与战斗时所不可避免的。

商　甲骨文	周　金文	秦　小篆	汉　隶书	现代　楷书
				它 作脚趾被蛇咬到之状。
				尤 作手指有伤之意。

病痛的部位

商代的人对于疾病的了解大半还有限，所以卜问的都是病人能感觉到的疼痛以及不舒服的部位，如身头、手脚、耳目、口鼻、骨齿等。兹介绍一些常见的商人患病部位的象形字于下。"齿"字作牙齿在口内之形（ ）。"身"作人身体突出之腹部（ ），怀孕时腹部最明显，故有身即是有孕。"止"作脚趾之形（ ）。"疋"则为整条腿之形（ ）。"目"是眼睛的象形（ ）。"首"作有发或无发之头形（⿰⿰⿰⿰⿰⿰）。"天"是头顶，故突显出头的部位（⿰⿰⿰⿰⿰⿰）。"肱"是手肱弯曲之状（⿰）。"自"是鼻子的象形（⿰⿰⿰⿰⿰⿰）。"口"是嘴形（⿰⿰⿰⿰⿰⿰）。"言"是假借管乐器以表达发音的器官（⿰⿰⿰⿰⿰⿰）。"舌"作伸舌出嘴巴之外并有唾沫之状（⿰⿰⿰⿰）。"骨"是肩胛骨之形（⿰⿰⿰⿰⿰）。其他还有疾病部位不很明白的字（胡厚宣，疾病：3—7）。由于对这些疾病的卜问只提及发病的部位，没有病征的具体叙述，故难以推断其确实的病症。很可能当时还没有办法分辨同部位的不同病情，以及给予某种病疾特定的名称，我们可以想见其治愈的效率也不高。到了战国时代，以疾为意符的形声字大为增加，起码有30个字（高明，古文字：54—58）。大概反映其时对病征已有相当的了解，故对于不同的病症给予分类和名称。不像商代的人只能笼统指出病痛的部位而已。

发病的原因

病因诊断的正确与否是对症下药的关键。如果不了解病因，不清楚病征而胡乱下药，只会偶然对症而得不到很好治疗的效果。从甲骨卜辞可以看出，商人把得病归咎于四种成因（胡厚宣，疾病：1—15；严一萍1951：22）。一是鬼神作祟，如："唯帝肇王疾？"，"不唯上下肇王疾？"（合集14222）；"有疾止，唯黄尹它？"（合集13682）。能给予商人病疾的神灵包括上帝、自然界众神及祖先，换句话说，所有的鬼神都可能降下致病的灾祟。二是突变的气候，如"雀祸风有疾？"（合集13869），表明商人认为身体衰弱也能因不适应气候的变化而致病。三是饮食的不慎，如"有疾齿，唯蛊？"（合集13658）。甲骨文的"蛊"字，作器皿中有很多小虫的样子（⿰⿰⿰⿰⿰⿰）。菜蔬之中有虫，或腐肉生蛆是古人常见的事。古人很容易想象诸如蛔虫、泻肚、牙痛等，是饮食不

中国古代社会

慎，吞下小虫所致。四是梦魇所致，如"亚多鬼梦，唯疾见？"（合集17448），
"王梦子，亡疾？"（合集17384）。商人相信梦是精灵引起的。精灵能降下灾祸，
所以时人也相信梦能导致病疾的发生。

商 甲骨文	周 金文	秦 小篆	汉 隶书	现代 楷书
𧌥𧌥𧌥𧌥 𧌥𧌥		蠱	蠱	蛊（蠱） 作器皿中有许多 小虫的样子。

　　由于内科疾病的病因难以诊断，故商人把它归因于鬼神作祟、突变的气
候、饮食的不慎和做梦。对鬼神、梦魇等人力无法控制的因素所引起的病痛，
商人除了向鬼神祈祷、祭祀外，似乎没有其他太好的办法可想，与较不开化
部族的做法也无大差别（Sigerist，原始医药：191—209；吴燕和1965：105—
153）。商人对于属于内科病疾的治疗，从卜辞可看出有两个办法，一是告，一
是御（王贵民1982：313）。甲骨文的"告"字，作坑陷上插有警告之标识
状（𤇾𤇾𤇾𤇾𤇾𤇾），表达警告行人不要误陷其中之意。"告"是
种较消极的办法，只向祖先报告病况，希望祖先主动给予援助，大概是对较
轻病疾的做法。甲骨文的"御"字，作一人跪坐于某物之前而有所请愿之状
（𧾷𧾷𧾷𧾷𧾷 𧾷𧾷𧾷）。其字形因与驾御之字相似而被合为一字
（见第十二章的解释）。御是种去除疾病的积极办法，即乞求鬼神去除灾祸的根
源。从原始氏族的做法看，禳除的具体做法不外供奉祭祀物品、祈祷及舞蹈，
商代卜辞没有提到用药物。至于因气候、食物等不关鬼神精灵引起的病苦，商
人肯定会利用药物的。

商 甲骨文	周 金文	秦 小篆	汉 隶书	现代 楷书
			告	告 作坑陷上插有警告之标识状。

药 物

　　问卜是为解决疑问，如果致病的原因知道了，人们就可以针对之谋求对策。卜辞不问箭石等外伤的对策，想来当时已有一定的治疗法。前已言之，人类使用药物可能还在知道向鬼神祈祷之前。常见的外伤病因清楚，从经验知道某种草药对之有确实的疗效，因此能对症下药。古时生产条件差，人在野外劳动时易摔倒或被砍伤、被蛇虫咬伤，故治疗外伤的知识比较丰富（原始社会史：457）。

　　商人知道用药，可由以下几个现象看出。《孟子·滕文公上》引商代文献《说命》，有"若药不瞑眩，厥疾不瘳"，显然是对内科服药有了相当经验后的知识。甲骨卜辞于第一期以后，几乎不再卜问如何御除病疾的事，很可能就是商人知道祈祷禳除之无效而改用药物的反映。在河北藁城一个早商遗址的屋子里，发现有30余枚去壳的植物种子，其中有桃仁和郁李仁（耿鉴庭1974：54—55）（图16.1），很可能是有意作为药材的贮藏。这两物都见于汉代编辑的《神农本草经》（以下简称《本草》），有类似的疗效。《本草》说桃仁"主瘀血、血闭、症瘕、邪气，杀小虫"，历来被用为下瘀血、通经、腹中结块、通便的药物。吃了此物可导致腹泻，所以食用的可能性小而作为药材的可能性大。《本草》说郁李仁的效用是"酸平无毒，治大腹水肿、泻腹水、面目四肢浮肿、利小便水道"。它历来用于通大便、泻腹水、治浮肿，能破血润燥（耿鉴庭1974：55）。

514　　　　　　　　　　　　　　　　　　　　　　　　中国古代社会

此二者有相似的疗效，都发现于屋里或文化层，可知商人对于桃的果实和种子的功用显然有所区别，已有意剥去坚硬的外壳，储存其内的种仁，除了将其作为药用外，没有其他更好的解释了。

商人对于某些外伤的治疗必定已有相当的把握，也有有效的外敷药物。第四章谈到商人已知道对雄猪去势以加快其成肉。猪是重要的家畜，主要的肉食供应来源。商人既已了解去势是效果良好的养猪法子，一定有外敷药物以防止发炎而死的措施。商代还有对罪犯和奴隶断脚、去势的刑罚，也一定有外敷的药膏防止伤口发炎而死。

梦的启示

梦是入睡后脑中出现的表象活动，是人人都曾经有过的奇妙经验。关于梦之产生的科学研究，是从19世纪才开始的，而对其比较有深刻的了解，还是最近几十年的事。因此在对梦没有深刻的了解前，如果一个民族对其起因和后果有好像迷信的看法和应对，那是不值得大惊小怪的。有的认为梦是现实的反映，有的认为梦是事情即将发生的前兆，应该尽快去做梦到的事。由于各种不可思议的情景都可以入梦，尤其是已过世的人在梦中宛如生人一般，故古人普遍认为梦是精灵的感召，在给人们某些启示，所以普遍有重视梦境的现象。

中国对于做梦的记载，最早可以追溯到3000多年前的商代，早期的甲骨卜辞常因做梦而问卜。其梦中出现的有祖先和自然的神灵、死老虎、白牛、活着的人等不一而足（胡厚宣，疾病：4—7）。甚至有一次商王因做梦而失尿（合集17446），也求问而见于庄严的占卜，可见商人对做梦一事的重视。

甲骨文的"梦"字，作一人睡于床上，眼睛却睁得大大的，好像有所见之状（𢡃 𤕣 𩨂 𩂣 𩃀 𩃖 𩃞）；另一形的眼睛部分被省略，床上的人只剩下眉毛及身子（）。在商代或之前，一般人睡于地上所铺设的草席，床是为临死的人预备的停尸之所，并不是日常睡眠或生活起居的地方。梦既是人人平日皆可经历的事，为什么要以睡躺在停尸的床上而不是以睡躺在地面席上表达意义呢？

商 甲骨文	周 金文	秦 小篆	汉 隶书	现代 楷书
				梦（夢） 作一人睡眠于床上，却睁眼好像有所见之状。

很多人相信，病危的人比较容易做梦，如《论衡·死伪》言"人病，多或梦见先祖死人来立其侧"。《晏子春秋·内篇》有"景公病水，卧十数日，夜梦与二日斗，不胜"。在戏剧中，我们也常看到临死的人会托梦给远地的亲人交代一些未了的事情，或向有关的官员申冤。故古人很可能有意以病床去创造做梦的字。

而且古代做梦的恐怕也不是一般的人。《庄子·大宗师》有"古之真人，其寝不梦，其觉无忧，其食不甘，其息深深"，心理有压抑时比较容易做梦，故说"日有所思，夜有所梦"。我们虽然天天做梦，但很多人都记不得做梦的内容，尤其是熟睡的时候。古代社会较单纯，少烦忧，因此所记得的梦恐怕要比现代的人少得多。《庄子》所谓的圣人无忧虑，故也不做梦。当古人遇有重大事情需要决定时，如出猎、迁移等，有些民族，如商代的人，就会用占卜的方法向神灵乞示。但如果该民族有梦境是鬼神向人们有所指示的信仰时，也就会乞求神灵于梦境的指示（黄贵潮1990：73）。做能够记得住梦境的梦对于古人来说，并不是人人经常有，或一定能在某段需要的时候发生的。故有些部族以挨饿或吃

中国古代社会

药物，让身体虚弱或精神恍惚而强制发起有如做梦的幻觉。我们把觉醒时带有视觉性的空想叫作白日梦，也是基于同样的经验。由于梦被视为精神的感召，作为部族领导人的巫师或酋长负有一族安危的重任，他们的梦就被认为与大众的福利有密切的关系，自然受到重视。也许甲骨文的"梦"字特地把做梦者的眉毛画出来，就是要表达做梦是巫师或酋长经常担当的事，他们脸部做了化妆，一如第十章所介绍的"履"字，穿鞋子的人也是有眉毛化妆的巫者或贵族。

商代的人认为鬼神的作祟可以引起疾病。他们认为梦和鬼神有关，是种精灵感召的现象，所以也可能导致生病。从卜辞知，可引起做梦的有多鬼、父乙、大甲等或亲近或疏远的神灵。由于商人认为梦是种神灵的启示，所以要用占卜的方法探明到底是灾是福，还要探明用什么办法去禳除。这种习惯保持到春秋时代。如《左传》记载晋景公梦到大厉被发及地，破坏大门及寝门而入于室内。卫侯梦见有人登昆吾之观，被发北面而鼓噪。他们都请巫师来问是何种神怪作祟。秦汉之际的《日书》也谈到做梦及其病征由鬼神而起，噩梦要以咒语、法术去禳除（林富士1988：122—129）。对于疾病的治疗，中国自春秋以后即渐信医而不信巫，有"信巫而不信医则不治"的议论，但做梦而引起的疾病就不能不延请巫师，因为相信梦是鬼神所引起的，不能不采用心理的治疗。

做梦不一定会引起疾病或导致灾祸，有时鬼神的指示会带来很大的利益。在有些语言中，幸福与命运的含意是由做梦引申出来的（黄贵潮1990：68）。譬如《史记·殷本纪》记载商王武丁梦到访得圣人，以梦境所见访求，得傅说于一建筑工地，武丁举以为相，商朝因之大治。这是大家很熟悉的故事，是商人相信梦境有征的好例证。所以很多人还是相信梦是种预兆。约是公元前3世纪的著作《左传》就记载了很多梦境，巫师对梦境所占的吉凶也往往应验。虽然它可看作是作者特地选择有应验的故事而加以叙述的，但也可反映当时人普遍对其深信的态度，以及此传统的久远（出石诚彦，神话：645—668）。《礼记·檀弓上》有言："子曰：'……予畴昔之夜，梦坐奠于两楹之间……予殆将死也。'

盖寝疾七日而没。"连不语怪力乱神的孔夫子都相信梦境代表的意义，其他大众就不用说了。因此我们常见古代的英雄人物，都记载其母亲是梦到某种异常现象而怀孕的。虽然我们知道这些故事有很多是其人成名之后才编造出来的，但如果没有这种观念，就不会这么造假了。大概江淹也因为后来写不出好诗句来，就推说于梦中把五色笔还给郭璞了，以致丧失文才。

巫与医学

后世称以药物治病者为医，以祈祷等心理方法治疗者为巫。商代只见巫字。《说文》曰："巫，祝也，女能事无形，以舞降神者也。"战国时代以后的人比较不信鬼神，对于用唱歌、念咒、舞蹈以交通鬼神而达到治病目的的人，多少带有一些轻视的味道。但是在古代原始宗教迷信弥漫的时代，不论中外，能够与鬼神交通的人是非常受尊敬、享有很高地位的。甚至文明发展的许多项目也得力于他们的努力。

巫并不是远古蒙昧时代的产物。而是到了有原始的宗教概念的时候，即人们对于威力奇大而又不能理解的自然界开始有了疑惑与畏惧，才想象有了神灵以后的事物。神灵不会直接和我们说话，所以如何把愿望上达，如何得到神灵的指示，无疑是很重要的事。如果有人有能力与鬼神交通，肯定就会得到大家的信赖和尊敬。譬如说，一般人不晓得烧裂甲骨使成兆纹的诀窍，只有巫有办法在短时间内烧裂甲骨成纹以问卜，故巫在古代的社会能享崇高的地位。但是早期的社会尚无等级，人人的社会地位平等，还没有神灵的世界是有组织的世界的观念。因此被认为有特别能力而能与鬼神交通的人，只是业余接受别人的请托，没有特殊的社会地位，不成为一种专业。要等到社会有了等级，产生了对别人具有约束力的领袖后，鬼神的世界也才有等级，有了至高的上帝。那时宗教的活动也成了生活的重要内容，才有专业的神职人员，享有高出众人的社会地位和威望。

黄帝时是传说中国开始具有政府组织的时代，有阶级之分，有加强社会约制的人为制度。这时也才有了传说的专业巫者。《庄子·应帝王》与《列子·黄帝》都有黄帝时有巫咸"知人死生、存亡、祸福、寿夭，期以岁月旬日，如神"的记载。至今还没有见到表明巫出现的时代更早的传说。

甲骨文的"巫"字，作两I形交叉的器具形（田 田 田 田 田 田），大概是行法术时所用的工具形。"巫"字是"筮"字的部分。"筮"字作手拿着问筮的工具从事运算占卜之状（𥶉），"竹"则是工具的材料，故知"筮"字表达以双手推演蓍草或竹筷的筮占方法，"巫"则是以占卜为职业的人。这与《归藏》"黄帝将战，筮于巫咸"所说巫的时代相合，表示以占卜预示未来是巫师的最早职责之一。

商 甲骨文	周 金文	秦 小篆	汉 隶书	现代 楷书
田田田田 田田田田 田田	田	巫	巫	巫 行法术时所用的 工具形。
	筮	筮	筮	筮 以双手推演蓍草或 竹筷的筮占方法。

精灵是人们想象的东西，也有一般人的欲求，要想办法加以取悦才能期望其降下福佑，或帮助避免灾难。但要取得祭祀的最大效果，人们就要用占卜的方法以确定哪位神灵能给予助力，最好供奉什么样的祭品。所以占卜为巫者的最早职务也是合理的。中国在5000多年前就已发现骨卜的习俗，比传说的黄帝时代

稍早，会不会还是业余的巫的时代呢？在古代，巫者最具实用的能力是替人治病。《山海经》的《大荒西经》和《海内西经》等篇章都提到："巫咸、巫即……十巫从此升降，百药爰在""皆操不死之药"。这是因为巫在行巫术时，要使自己精神达到恍惚、狂癫的状态（Pearson，人类学：367），才能使自己生幻觉而与鬼神对话。那种境界很难只由唱歌、跳舞得到，还要借助药力。有时也要让病人服药进入恍惚的状况才能施术。巫对于疾病的反应和治疗的经验远较他人丰富，对某些药物与病征的关系持续有所发现，很自然由之逐渐发展成为善用药物治疗的医生。故传说早期的名医都具有巫的身份，《说文》说"古者巫彭初为医"。

甲骨文虽不见"医"字，以商代中期遗址发现储存草药材一事看来，商代必然有善用药物的人。其职大概由巫去充当。以药物治病的人为医，以舞蹈、祈祷等心理治疗为主的人为巫，这是后代的分法。在民智未大开的时代，治病大半以心理治疗为主。中国早期的名医又都具有巫的身份。小篆的"医（醫）"字由三部分组成（醫），"殹"作箱中有箭矢和殳之状（殹），"殳"（殳）是手持工具之状，"酉"（酉）则是酒罐之形。酒是麻醉、消毒、加速药力或激励心情的药剂。手持的器具可能是外科的手术工具。矢则可能是取自身上的箭镞，也可能是刺脓时使用的尖状工具。在战争激烈的时代，中箭是常见的伤痛，故取以表达医生的意义。甲骨文还有一些不识的字形作眼睛、脚或身体中箭的形状。由于中箭创伤的病因明显，大概是真正医术发展的最早项目之一。"医"字的另一写法是以"巫"代替"酉"的部分（毉）（《国语韦氏解·晋语八》）。由于医是由巫发展而来的职业，故巫医常连文，有时偏重在医的职务，有时偏重在巫的事务。如《管子·权修》说："上恃龟筮，好用巫医。"此处的巫医其实只指巫者一事而已。心理治疗虽不全是诳惑之举，但不像药物有必然的药效是事实。所以到了春秋时代，巫、医才分职。有病时巫者虽在受召之列，主要是卜问吉凶，如要视疾下药，就由医师来做。例如《左传》记载公元前581年，晋侯梦见大厉被发及地，破坏门户而强行进入室内。受此惊吓的晋侯就召集桑田巫来解梦。不久晋侯病了，就请来秦国的医生看病。该书又记载公元前541年，另一个晋侯有疾病，就请来卜师问是何物作祟，得知是何物作祟后，竟然还是请来秦国的医生看病。虽然以上两例中，晋侯得的都是不治之疾，医生无能为力。但从这些故事可以看出，当时的人虽然仍相信鬼神可以招致罹患病疾，但还是比较相信医生治病的能力。故《史记·扁鹊列传》有"信巫而不信医则不治"的议论。巫也渐渐失去人们的尊敬。

传统医学的建立

战国大概是中国传统医学理论及研究的建立时代（宫下三郎1958：250）。列国中可能以秦国的医学较为发达，最为先进。上引两则故事，都是晋国国君延聘秦国医生的例子，那绝不是偶然的现象，而应是秦国医学确是较发达的具体反映。再举一例，《史记·刺客列传》记荆轲受燕太子之托，在秦廷刺杀秦王时，就有侍从医生以医袋袭击荆轲以解救秦王之事，可见秦国有医生侍奉朝廷以预防紧急病症的制度，足见他们对及时医治的重视。《周礼》是战国晚期的人对理想政府组织的方案，其不但对巫与医的职务分得很清楚，而且分医生之职为医师、食医、疾医、疡医、兽医五类，已注意到卫生行政及食物营养，在那么早的时代是很先进的。《礼记·曲礼下》有"亲有疾饮药，子先尝之。医不三世，不服其药"的言论，可知当时对医生的选择是谨慎的，医生的训练也是长期与严格的。

医学图书的收集和研究是医师职务之一，算是医术训练教育的起步。秦国一定相当重视医学人员的培养和医术的研究。当秦始皇下令焚书时，医学之书得免于受焚之列。20世纪70年代，湖南长沙马王堆出土了一些古代的医学著作，这些著作反映了战国时代的医学成就。最早的写本为秦汉之际的《五十二病方》

（马王堆帛书 1975：1—5，35—48）。此书提到 243 种药材的名称，200 多种药方，包括有内服、手术、砭灸、按摩等法（钟依研 1975：49—60）。我们可以想象汉代编辑的两部医学名作《神农本草经》和《黄帝内经》，都是在战国的医学基础上发展起来的。

追寻长生不死

许多事情不可一概而论，从不同的观点，可以导致不同的是非和价值结论。譬如说，希望长生不死是愚蠢的梦想，还是值得赞扬的先进思想呢？表面上看，人寿有限，新陈代谢是自然的规律，做如此不切实际的梦想，不是呆子是什么！但若深入思考，恐怕就难下断语了。

生老病死是人生不可避免的痛苦。经过多年来大笔经费的投入，从事解除病痛的技术和药物的研究现在已有小成，更换器官以延长寿命已不是难事。由之再进一步延年益寿，并非绝不可能。因此当我们读到中国古代有段相当长的时间，人们热衷于不死、不老灵药的探索时，便不能轻率地以无知视之，还得从正面来看问题。因为人们不会做没有根据的幻想，没有成效的东西是不足以长期取信于人的。古人突然兴起不死的念头，一定是有原因的。

长生不死的念头是何时开始的，可以从古代青铜器的铭文看出端倪。大部分的商周青铜容器是贵族们为祭祀或夸示荣耀的目的而铸造的，常以铭文叙明铸造铜器的原因及做器者的愿望。西周时代的铭文以"子子孙孙永宝用"为最常见，只希望其财富、荣耀能代代传下去，并没有祈望自己能活得长久或得到永生，因为那时的人晓得那是不可求的事。但是到了春秋时代，像"眉寿无疆""用祈寿匄永命""万年无疆""用祈寿老毋死"等一类的词句大量出现（图16.4），转而希望自己可以存活得长久。它意味着长寿似乎已变成可以期望的事。

中国古代社会

一个社会的医学水平，从平均寿命可以明显地表现出来。远古的时候，人类的寿命并不长。如旧石器时代的北京人，22人中有15人死于14岁以前（科技史稿：4）。8000年前的裴李岗时代，河南长葛石固墓地可知年龄的47人中，21人死时2岁，死于20至41岁者21人，没有超过41岁的（朱延平1988：1029）。商代的墓葬，大部分死者年龄在25到35岁之间，少数达40到45岁，未发现60岁以上的个体（杨宝成1983：34）。就是到了西周时代，如根据墓葬死者的年龄统计，大部分死于25岁到35岁之间，只有少数达50岁，60岁以上的个体也几乎不见。活到56岁的只占7%而已（焦南峰1985：85），和现代人平均七十几岁比起来差太远了。商代人虽已使用草药治病，但尚无诊断病因之能，对于致病原因不明的内科疾病，大都向神灵求助，人们受病痛的折磨很剧烈。再加上物质的条件差，生活艰苦，享乐不易，所以人们普遍没有想要活长久些的念头。甚至到了一定年龄，如第十三章所介绍的，他们反而希望自己被杀以便投胎重新做人，并不留恋人间的生活。

春秋时代突然希望长生的转机，大半是因某些新事物的出现。那时存活到七八十岁的人时有所闻，如孔子72岁，孟子约85岁，荀子约75岁。考古发掘出的春秋墓葬中，也偶有65岁以上的墓主（山西考古所1989：61），人们可以预期较长的寿命。春秋是中国医学进入一个新境界的时代。在其前，治疗病痛是巫者的任务，药物只是巫术治疗的辅助。但到了春秋时代，巫与医的职务已分别清楚。医学研究有了一些成绩，确认药物有减轻病痛的效果，医生用药较之巫祝用祈祷的方法来得有效，所以有"信巫而不信医则不治"的议论。这使得人们开始去探索长生不死之道。到了战国时代，人们更进而尝试炼制不死的药物（周绍贤，道家与神仙：5；余英时1964—65：87—92，119—120）。如果当时的药物没有可预期的疗效，相信人们不会突然兴起借重药物以达长生的奇想。战国时代，疾作意符的形声字大量增加，也可看作是对疾病分类精细的具体表现。

《史记·秦始皇本纪》记载秦始皇曾数次访求成仙的药，最著名的一次是派遣徐福带领数千童男女入海求仙，希望获得长生药方。大部分的人都把它当作表现秦始皇个人愚昧无知，妄想延长生命的最佳例子，而忽略了它产生的时代背景。如前所述，秦在七国中是医疗知识最发达的地区，上文曾谈到两次晋国的国君有病，请的都是秦国的医生。如果秦国没有好的医学传统，怎么会如此一致取得晋国宗室的信任呢！秦廷很重视及时医疗的时效，在朝廷驻有医生以防急症。秦始皇也是一个非常精明的人，他数次相信方士的献策，应理解当时确有很多疗效卓著的药物，且人们普遍相信世上还存有令人长生的药物，才使秦始皇相信世上确有令人不死的药而派人前往寻求。了解这些背景后，我们就不应嘲笑他易于受蛊惑了。

何况秦始皇访求神仙也不是个别的事件，其后的汉武帝被方士欺骗的次数更多，还建造达100米高的楼台以接近神仙。到了魏晋，甚至是唐代的知识分子，也还没有以前代的失败为戒，仍积极地炼制长生不老药。晋代很多名士服食寒食散，那是一种用钟乳石、朱砂等矿物炼制的药散。食后身体发热，不但要穿单薄凉快的衣物，吃属性寒的食物，还要快步行走以助身体散热。有些药物发生药效时，身体会有不同的反应，或昏昏欲睡，或精神亢奋，或恍恍惚惚。后者常让人生幻觉而有成仙欲飞的感觉。事实上，很多半开化部族的巫师已很了解这些药性，他们不仅让病人服用，自己也时时服食，以达精神恍惚的境界，从事很多平时做不了或有所恐惧的动作。从魏晋人士服食寒食散，说它"不惟可以治病，亦觉神情开朗"这一现象来看，我们可以了解古人所想象成仙升天时的虚脱感，就是来自迷幻药一类药物的效果。它可以使服食者觉得身轻得飘飘然欲飞，有如置身于另一个世界，而有再进一步仙道可及的感觉。但是人们增多药量以图突破障碍而得道成仙时（图16.3），往往毒发身亡，酿成悲剧。

实验是一切科学的根本。古人发现许多东西有疗效，希望获得长生之道。虽然他们没有达到最终目的，但在探索的过程中，一定会连带地发现很多东西的物理性和化学变化，从而奠定中国医学的重要基础。《神农本草经》和《黄帝内经》的编辑，就是这个过程的结果。因此对于长生不死的探索，也不是没有科学、有益的一面。

《神农本草经》

《神农本草经》是前文提及的中国早期两本重要医学著作之一。传说神农尝百草为药物学创始人，此书讲述药物的疗效，故托名于他。战国时代的地理著作《山海经》已记载了各地药物特产及其所能预防或治疗的病症。《神农本草经》不谈阴阳五行与药性之间的关系，以汉代阴阳五行学说充斥各个领域的情况看，如果它是那时的著作，没有不受这种学说影响的道理，故此书的基本材料应写作于西汉之前。

《神农本草经》收录的药材有365种，包括252种植物，67种动物，46种矿物。其收录的种类数目显然有意附和一年365的日数，所以很多当时人所知的药物没有被收录。譬如最早的药方书《五十二病方》所载的243种药材，就有一半不见于此书。或许此书选录疗效比较确定的药物，不包括汉初所有的药学知识。它根据药物性能及服用的目的分成三品：上品120种，主要是可长久服用而不是立刻见效的补药；中品120种，是兼有补养及治疗效果的药物；下品125种，主要是医治疾病以求速效而不可长久服用者。书中提及的病症约有170多种，包括内、外、妇、眼、耳鼻喉、齿科等各方面的疾病（于景让1961：135—142）。书中表现的知识显然是长期经验累积的成果。经后世临床的实验，其记载大致是正确的。从分类的品目以补药为上，治疗为下，知当时已重视预防的重要性。不管药物如何有效，总不如没有患病理想。故《黄帝内经》说："不治已病，治未病。"

身体强健是免除病痛的一个重要因素。东周时候发展了一种结合躯体运动和呼吸运动的保健方法。长沙马王堆的一个西汉墓葬里发现有一张绘有各种运动姿势和治疗疾病名称的帛画（沈寿1980：70—76）（图16.5）。它无疑是一种兼有保健及物理治疗双重目的的方法。活动筋骨是防止老化的良方，那时人们已充分了解其利益。但是这种有益身心的保健运动却为神仙家、方士所利用，神化之，以为由之可达长生之道，因此创造出呼吸、却谷等神道的荒谬神话和文学作品（唐兰1975：14—15；吴志超1981：54）。

《黄帝内经》

《黄帝内经》托名黄帝，可能因传说黄帝命令其臣子记录药兽医病所用的草药，才建立了以药物治病的医学（大汉和辞典9：994引《芸窗私志》）。此书分《素问》及《灵枢》两部分。《素问》主要在论述和阐明医学理论，叙说脏腑的生理机能、发病的病源、显露病的征象、脉络的脉伏，以及治疗的方法。《灵枢》则主要在讲求用针刺穴的针灸技术及所医治的病名，还兼述脏腑、骨脉、经络、营卫、阴阳之状况和病理的推论。

此书以大量篇幅谈论秦汉时代盛行的阴阳五行学说。它以阴阳的变化关系说明疾病的病理机制，作为诊断的总纲及确定治疗的原则。它以五行相生相克的规律来阐明人体各部分的联系和人体与自然环境的关系。它还以五行相生相克的关系来确定具体的治疗方法。它对人体生理与病理的现象进行较深入的阐述，从而总结出诊断、治疗和预防疾病的规律，形成一套比较有系统的理论体系，奠定了中国医学讲阴阳五行调和的基础和特色（贾得道，医学史略：47—76）。

针刺、按摩

针灸疗法是中国医学一个很特别的项目，它可能起源甚早。商代的巫医很可能还施行切割、针刺、艾灸各种类似外科手术或物理治疗法。埃及人在4000多年前已用针刺、烧烙、放血等方法治人及家畜（秦和生1986：290）。或以为某些与疾病有关的商代象形文字，就是表现这些疗法的（胡厚宣1984：27—30）。《史记·扁鹊仓公列传》《战国策·秦策》《韩非子·喻老》都明确记载东周时代有针刺治病的例子。但它的广泛应用大概要在阴阳五行说盛行之后。目前所知最早的医学著作《五十二病方》中尚见不到阴阳五行学说的影响，治疗的方法仅止于使用砭石，还不见提及腧穴的名称。使用砭石疗疾的起源甚古老，在一座商代墓葬里，就曾发现有一把放于漆盒内的砭镰（图16.2）。漆器在商代还是罕见的珍贵器物，以之收藏砭镰，可衬托出砭镰的重要性。墓中又发现有三整块已修整好、可用以占问的卜骨（马继兴1979：54），可见此坟墓主人是个以治病和占卜为职业的巫师。砭石的用法主要有三方面：一是切割痛脓，二是按摩皮肤，三是熨烫皮肤（马继兴1979：81）。想来远古的人不明白致病之因，以为疾病起于妖邪之气的入侵。尤其是痛脓一类的病，发炎的脓液一旦宣泄，人就大为轻松。故人们以为割破皮肤可宣泄恶气，从而达到治疗的目的，因此又寻求其他应用之法。如以烫热的石块促进患部的脓早熟，而可以早日切割宣泄，或以冰凉的石头按抚患部以消除炎气。

小篆的"尉"（𡲬）字即今之"熨"字，作手持于火上烧烤过的石块熨烫病患的背部之状。熨烫之后人即感舒服，故此字有安慰的意思。有人以为金文的"俞"字即"愈"字的原形，作一个盘子及一支有针头之长针形（𠊰 𠊱 𠊲 𠊳 𠊴 𠊵 𠊶），大概是表达以针尖刺破皮肤，以盘子承接血脓之状，一旦血脓宣泄了，则病痛可止而得痊愈之意。"俞"的另一个意义是腧，是以针灸治病时针所刺穴道部位的名称。所以刺激腧穴大半就是源自释放血与脓的治疗法。"俞"后来比较常用为姓氏字，故又别造"愈""愈""腧"等字。

商　甲骨文	周　金文	秦　小篆	汉　隶书	现代　楷书
	𦝗𦝗𦝗𦝗 𦝗𦝗𦝗𦝗 𦝗	俞	俞	俞 作一个盘子及一支 有针头之长针形。

　　地下发掘的不知名目石器中有些有钻孔。有人以为其中不少是作为砭石使用的（马继兴1979：80—81），或以为龙山文化的玉圭璋即源自砭石一类的医疗器具（戴应新1988：249）。砭石因效用不同而有好几种式样，有些有很锐利的边缘，是手术的理想器具。可能因锐利的石块不易找到，或针灸治疗需要尖锐细长的东西，石头难以打造，故后来代以金属的针。《南史·王僧孺传》称王僧孺多识古事，他说后世无质量好的石头以制针，故才用铁以代之。砭石有胜过金属的地方，即不生锈，比较不会感染患部。《易经》涣卦中有"涣其血，去逖出，无咎"，大概说的是针刺放血的方法医治马的疾病。先秦的著作已确实指明用砭石的方法治病，如《韩非子·外储说右上》言："夫痤疽之痛，非刺骨髓则心烦不可支也。非如是，不能使人以半寸砥石弹之。"放血去除邪气是初民常用的疗法（Sigerist，原始医药：197）。《黄帝内经》的《灵枢》大谈针灸之法，同时也大谈阴阳五行的理论。想来其疗法是基于五行相互消长的理论，想用刺激或抑制某种元素的方法，以达到调整脏腑五行失调的病源而得到治病的目的。古人从实验逐渐认识到人体运行通路的经络腧穴，是沟通上下表里、联系脏腑器官的组织系统，因此建立针灸治病的技术。针灸的针见于西汉的墓葬（满城发掘：116）。一座西周晚期坟墓里所发现的长针可能是针灸用的（洛阳博物馆1981：46）。汉代画像石有好几个是以针灸治病为题材的（刘敦愿1972a：47—51）。

为何用针刺皮肤能够治病？以今日科学的发达，还没有办法解答。因此古代中国人如何发现这种疗法有效也应是个谜。古人很可能想象它是神所传授的。汉代画像石有几幅半人半鸟的神医为人治病的画题（图16.6），神医手中所持细长的东西，大半是砭石、针刺一类的东西。此半人半鸟的神医，大半就是《史记》所记春秋时代的扁鹊。但有些人以为扁鹊是与黄帝同时代的人物（见《史记正义》中《扁鹊仓公列传》的注）。如第二章所讨论，黄帝以前的人物在图画中的形象才是半人半兽。也许在许多人的心目中，扁鹊是黄帝时候的神人。

医术派别

扁鹊的传说也许反映先秦时代中国的医学有东、西两大地区性的派别，东方盛行以砭石和针灸治疗，西方则偏重药物。扁鹊传说是山东齐人，齐是阴阳五行学说的起源地，鸟是东边地区普遍信仰的图腾。反之，尝试百草的神农是牛头人身的神话人物（通鉴外纪：1.5a），黄帝的时代也有药兽，传说有以草药治病的特别能力。《芸窗私志》有："神农时白民进药兽，人有疾病则抚其兽，授以语，语为白民所传，不知何语。兽辄如野外衔一草归，捣汁服之即愈。后黄帝命风后纪其何草，起何疾，久之如方悉验。"（诸桥辙次，辞典9：994）他们都是西方以野兽为图腾的氏族（郭沫若，中国史稿1：118）。东西医术之所以有这样的不同，大半是由于地理与饮食的因素。沿海的居民，可能因居住在多盐分之地，易感染痈疡的病，可以砭石攻之。但居于内陆的人们，可能因食物的关系，易生内科的疾病，为针刺所不能达及之处，所以要以草药治疗。

毛樱桃种子

郁李种子

桃仁

图16.1 商代遗址发现的药用果
仁与核桃（耿鉴庭1974：54）

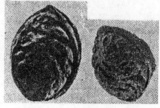

桃核

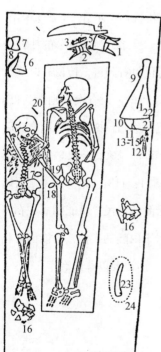

北

0   50cm

1. 铜斝　　2. 铜爵
3. 铜凿　　4. 陶刀
5. 涂红圆陶片
6. 铜觚　　7. 陶鬲
8. 钻花金箔
9—11. 卜骨
12. 铜钻
13—15. 铜镞
16. 陶簋
17—18. 蚌饰
19. 骨匕　　20. 骨笄
21. 骨珠　　22. 铜钺
23. 砭镰　　24. 漆盒痕

图16.2 商墓中发现装纳
于漆盒中的砭镰及三块占
卜用的牛肩胛骨（马继兴
1979：54）

图16.3 汉画像石上
的乘龙车升天成仙的
图（四川文管1983：
899）

图16.4 春秋时代的齐侯钟，铭文
有"用祈寿老毋死"，希望长生之
句（金文总集：4148）

图16.5 西汉帛书导引图（中医研究院1975：8）

第十六章　疾病与医药

图16.6　汉画像石上的扁鹊行医图（刘敦愿1972a：48）

　　　　　　　　　　　　　　　　　　　　中国古代社会

第十七章

战争与刑法

生存的竞争

竞争是自然界成员为了生存所不能不采取的手段。在寻求必要的生存物资时，当双方的利益不平衡，一方为了自己的生存，不能不通过各种途径以达到压制对方的目的。战争是压制对方、解决争执的方法之一。最激烈的行动是把对方消灭。在可以行动的人及动物界，用攻击的手段加以屈服、伤害对方是很平常的。就是在植物界，虽然其行动比较不明显，也必要与其他的生物争取生存必需的水分、阳光，以达到扩充自己生存领域的目的。总的来说，竞争是自然界求生存所不可避免的现象。

作为自然界的一员，人类为了寻找食物、保护自己以及繁殖后代，就得分别与动物和植物做不同形式的争斗。其他物种以消灭对方为主要的方法，人类则更高明，可以通过降服、改造对方，以之服务人类。譬如说，人们对于动、植物加以选择、改造，把野生动物驯养成家畜，把野草培养成为谷物而发展农业。但是在基本上已征服了他种品类之后，人类也不能避免地要与自己的同类起争执，从较小规模的为个人或家族利益的纷争，逐渐扩大到部落、国家相互之间的大规模战争。古代的战争常是为了掠取包括土地在内的资源，甚至以他人为奴隶，替代自己从事生产劳动或让其服侍自己。

虽然战争是残酷的行为，却是人类文明发展的一个不可或缺的主要动力。战争促成对更有效武器的要求而提高工艺的进步，工具的改良可以提高生产量。还有，弱小者为了对抗强者，就共同联合起来成为集团，也逐渐扩大战争的规模。为了更有效地遂行战斗，人们就要有良好的组织，由有能力的人去领导。这些过程终于促成国家制度的建立。没有一个文明的国家不是在不断的争战中成长起来的。传说中国第一个开创帝国的黄帝，就是在经过了五十二次的战斗后才使天下威服的（郭沫若，中国史稿1：124）。而传说杀人武器的创制者蚩尤，也是这个时代的人物。从这两个传说，我们可以明显看出文明的建立与武器制造之间的密切关系。在西方，武士经常是被崇拜的对象。但是在中国，使用武力是不被赞美的，武士也常是不被崇拜的（Creel，西周：247—252）。这种情形可能是由于东周时代的人们饱受了战争摧残后对暴乱生出反感。当然它也有受儒家王道思想影响的因素。

为了保障食物来源的充足以及个体的安全，人类第一个有威胁性的敌人是凶猛的野兽。野兽虽有锐利的爪牙、强壮的身躯，但人类可以借助他物以防卫自己或攻击野兽。所以在长久的斗争中，人类终于成为胜利者，野兽完全失去反抗人们的能力。在人与野兽争斗的时代，因为人与兽的智力相差悬殊，人不必创造太精良的武器就可以克服它们。但到了人与人相争的时代，如果没有更优良的武器与战略，就难于压服智力与体力相当的对手。所以随着战争规模的扩大，武器愈见犀利，战斗的应用也愈见灵巧。

兵器：石斧

原始社会的工具，大多数与取食有直接的关系。那时候，工具与武器只是施予的对象不同，其形状没有显著的分别。在初期人与野兽争生存的时代，只要某物有足够的重量和棱角，足以造成杀伤能力的工具，都可取以为武器。时人很少专为格杀的目的制造专用的武器。所以甲骨文的"兵"字，就作双手拿着一把装有柄的石斧或石锛状（﷐﷐﷐﷐﷐）。装柄石斧或石锛的"斤"字是砍伐树木的笨重工具，可用双手挥动使用。"斤"本来是种农垦的工具，并不是与人格斗的理想武器。当此字初创的时候，工具常作为武器使用，故沿用之以表达武器的意义。不但商代以前的人们以工具作为武器，就是后代农民反抗政府的苛政，在没有合适的武器时，也暂时使用农具替代。"兵"的意义本是武器，后来被扩展以表示持用武器的兵士。

商　甲骨文	周　金文	秦　小篆	汉　隶书	现代　楷书
﷐﷐﷐﷐﷐	﷐﷐﷐﷐﷐	﷐﷐﷐	兵	**兵** 双手挥舞长柄的 石斧充当兵器。

弓　箭

弓是借弦线的弹力把东西送出去的措施。它射出的速度快，目标难于回避其路线，是格杀野兽的有效武器。甲骨文的"弓"字，作一把弦线或张或弛的弓形（﷐﷐﷐﷐﷐﷐）。开始使用弓的时代可能很早。根据遗址出土的石镞形状，有人以为三四万年前的旧石器时代晚期就知道使用弓弦（Pearson，人类学：112；原始社会史：95）。发现于旧石器遗址的尖锐三角形小石器，最先可能是捆缚于树枝用以投射，后来人才晓得利用弓弦的反弹力量射出。河北武安磁山发现不少骨镞（河北文管1981：311—312），表明7400年前人们已普遍使用弓箭。弓箭的发明使人们可以不必太接近野兽而仍有足够的杀伤能力，避免许多因接近野兽所引起的危险。再加上人们能设陷布网，从此野兽就处于绝对的劣势，难于同人类抗衡。

商 甲骨文	周 金文	秦 小篆	汉 隶书	现代 楷书
				弓
				一把弦线或张或弛的弓形。

　　弓弦所能发射的东西有两种，一是石块，一是箭矢。甲骨文的"弹"字，作一块小石块在张着的弓弦上等待发射的样子（　）。甲骨文的"矢"字，则是一支箭的形状（　），箭的末端嵌有羽毛，起着稳定飞行的作用。一处晚商遗址出土一支完整的箭，全长是85厘米（杨新平1983：36）。箭矢是以尖锐的镞达到杀害对方目的的武器，后来还发展出不同用途的箭头。有些有粗大的头，用以打昏对方，达到活捉的目的。有的设计能发出声响，可用以传讯或警戒。甲骨文的"射"字，作一支箭在弓弦上即将射出之状（　），已见第三章介绍。不管是在车战或徒步战斗的场所，弓箭都是很重要的远攻武器。有关射箭技艺的字，如甲骨文的"侯"字，作一支箭插在箭靶上之状（　）。"侯"字的本义是练习射击的箭靶，后被借用为贵族的头衔。后来演变为形声字的甲骨文"箙"字，作多支箭放在一个开放式的架子上之状（　）。这种架子可以立即抽出箭矢发射，有随时备战的意思，故发展成预备、准备之"备"字。甲骨文的"函"字，则作箭矢放置于需要开启的袋中之状（　）。这种袋子把箭完全包含在其中，故引申有包含、信函的意义。

中国古代社会

商　甲骨文	周　金文	秦　小篆	汉　隶书	现代　楷书
				弹（彈） 一块小石块在弓弦上等待发射的样子。
			矢	**矢** 一支箭的形状。
			俟	**侯** 靶上插有箭之状。
			備	**箙 备（備）** 箭放在一个开放式的架子上之状。
			函	**函** 箭放在需要开启的袋中之状。

　　虽然弓箭的杀伤能力大，攻击的范围远，但对于晓得利用他物以防护自己的人类来说，其效用就大为减少。所以另外要设计能近身攻击的武器，才能对人类起效用。传说与黄帝同时代的蚩尤，以金属铸造五种兵器。4700年前是否有金属的武器，还有待地下发掘去证明。此传说反映了把农具改良成为杀人专用武器的时代背景。制造以杀人为目的的武器是进入人与人争执的时代才有的事。争夺土地、水源等资源比较常发生于农业定居的社会。由于需要有武力以

保护定居的地方，故国家的组成也以进入农业阶段的社会为常。在中国，国家的成立约略与青铜手工业的崛兴同时（佟柱臣 1975：29—33）。那时的青铜业又以铸造武器为主要任务之一。所以，青铜武器的铸造与国家形式的建立有密切的关系。

源自工具的武器和仪仗

商代的武器，从形制和实用的观点看，约可分为源自工具的仪仗和专为杀人而设计的武器两类。源自工具的兵器有数种，主要取自石斧的不同形状。"钺"为大斧，甲骨文的"戉"字，作有柄的宽弧刃的重兵器形（ 🀀🀀🀀🀀🀀🀀 ），它主要利用重力敲击敌人以致死命。它在实际战斗中攻击的方向有局限性，效率较低，主要用为处刑的刑具，故发展成为权威的象征。其随葬于坟墓中的数量远低于戈，且只见于大型的墓葬。随葬大钺的坟墓往往也见戈、矛，但随葬戈、矛的就不一定有大钺。较为小型的钺一般称为"戚"，虽然它也有杀伤的能力，主要是作为舞具或仪仗（ 🀀🀀🀀 ），字形表现双援上常铸有的并列的成组突牙装饰。窄长平刃形的斧头，除了用以砍伐树木、制造器物外，也充作武器或仪仗。甲骨文的"戌"（ 🀀🀀🀀🀀🀀🀀 ）和"戍"（ 🀀🀀🀀🀀🀀🀀 ）字即是这一类斧头的武器形象，由于不太适用于战斗，大多被用于处刑及仪仗。所以此两字都被借用为干支，不以之名武器。甲骨文的"我"字，作一把刃部呈锯齿或波浪状的兵器形（ 🀀🀀🀀🀀🀀🀀 ），一看就知道它难作为实用的武器，故被借用为第一人称。甲骨文的"义（義）"字，则是"我"形武器的头部更装饰有钩或羽毛一类的东西（ 🀀🀀🀀🀀🀀🀀 ）。它们都是仪礼增容的礼器而不是实用的武器，故"义"有人工、非本来的引申意义，而"仪"字以"义"为声符。斧、钺是处刑的武器，故在语言的使用中，用以表达接受刑罚而不是从事战斗。这一类的兵器，主要是为展示而不是实用。故除了显然是作为明器的超小型者外，还有很多铸造得很薄弱，根本不切实用，也不见使用的痕迹（陈旭1984：71—75）。反之，专为杀人而设计的新武器"戈"，就铸造得比较厚重。

商 甲骨文	周 金文	秦 小篆	汉 隶书	现代 楷书
				戌 有柄的宽弧刃的重兵器形。
				戚 援上有成组突牙的小型铖。
				戊 窄长平刃的仪仗武器形。
				戌 窄长平刃的仪仗武器形。
				我 刃部呈锯齿或波浪形的兵器形。
				义（義） 我形武器的端部有钩或羽毛一类的装饰。

杀人的武器：戈

甲骨文的"戈"字，作一把装在木柄上而有长刃的武器形（𢁚 𢁚 𢁚 𢁚 𢁚）（图17.1—5）。铜戈是利用挥舞的力量，以刀尖砍劈敌人的头部，或借用锐利的刃割拉脆弱颈部以达到杀敌目的的武器（李济1950b：38—54；林巳奈夫，殷周武器：422）。虽然其形式或有可能取自农具的镰，但是我们可以肯定地说，铜戈是针对人类弱点而打造的新武器。它是战争升级、国家兴起的一种象征。短柄戈的长度大致从80多厘米（杨新平1983：37）到1米左右，可单手使用。长柄的就得使用双手。战车上使用的戈有超过3米长的，秦兵马俑坑出土的木柄最长是382厘米（秦俑坑：271）。戈是利用铜材的坚韧、锐利等特性而发展起来的武器，不像石器主要依赖其重量。大致说，戈是铜材未普遍使用前未见的形式。虽然还有同形制的石戈、玉戈，但都做得薄弱而且易于断折，不会是实用的武器，而且制造的时代也不见得会早于青铜戈（李济1950b：53—59；林巳奈夫1969：246）。它们显然是依据铜戈的形状磨制的，作为一种权威的象征。

商 甲骨文	周 金文	秦 小篆	汉 隶书	现代 楷书
𢁚 𢁚 𢁚 𢁚	𢁚 𢁚 𢁚 𢁚 𢁚 𢁚 𢁚 𢁚 𢁚 𢁚 𢁚	戈	戈	戈 装在木柄上的长刃武器形。

在商代，戈是武士作战的主要装备，故很多与战斗有关的字就以戈为组成的部分。如甲骨文的"戍"字，作一人荷担着戈在守卫之状（𢁚 𢁚 𢁚 𢁚 𢁚），故有戍守之义。甲骨文的"戒"字，作双手紧握着戈，表现出警戒的备战状态（𢁚 𢁚 𢁚 𢁚 𢁚）。短柄戈可以单手操作，让另一手可以拿着盾保护身体。甲骨

中国古代社会

文及金文都有作一手拿着短戈而另一手拿着盾牌之字形（）。甲骨文的"伐"字，作以戈砍击某人颈部之状（）。"伐"字在商代也指一种祭祀时供奉的人牲，墓葬中或建筑物的奠基常见有以尸首或被砍了头的尸体随葬的（石璋如，北组墓葬：325—326；黄展岳1974：157—158；考古所人类学1977：213—214）。那些就是被叫作"伐"的人牲。

商　甲骨文	周　金文	秦　小篆	汉　隶书	现代　楷书
				戍 一人荷担着戈在守卫之状。
			戒	**戒** 双手紧握着戈，表现警戒状备战之状。
			伐	**伐** 以戈砍击某人颈部之状。

车与短兵

多接近敌人一分就多一分危险。可想象近距离格斗的武器——短兵器刀、剑的普遍使用要较长兵器的戈、矛迟晚些。东周时代以前作战的主力是步兵，步兵以戈、矛为武器。当时的马车不是作战的主力而是指挥官的活动指挥高台，故代表军队的军字仍以"车"为意符。一车通常有三人，除驾驶员外，有一个射手及一个指挥官。在车上，弓箭是远攻的武器，戈则为近身格斗的武器（图17.1）。有时迫于情况，车上的战斗员要降下车来作近距离搏斗。为达到从车上攻敌的目的，戈的木柄一定要长（图17.1—2）。但戈柄若太长就不方便于车下使用，故要配备能佩带的短刀，以备紧急时护身之用。不过由于商代马车主要的作用是指挥军队，不是从车上向近旁攻击，故车上发现的成套兵器大都有护身的短刀（马得志1955：62，66；石璋如1947：18—19；又1950：17—79；又1952：454），倒不一定有长戈（石璋如1969c：658）（图17.3）。车上的刀，一般刃部稍长过20厘米，以砍劈的方式使用。就实用的观点说，如此短的兵器应以直刺较为有效。故商代晚期就有了改革，人们开始携带有尖刺而双面刀刃的，以刺杀心脏为目标的匕首短剑（吴振录1972：63；李伯谦1982：44—48）。由于商代的车子并不太参与实际的战斗，故短剑发现得还少，西周时期才逐渐多起来。商代还有不少各种样式的不到20厘米长的短刀，只能算是工具，难应用于格斗。

　　到了春秋的中晚期，由于骑兵的应用越来越兴盛，有长柄的戈不方便携带及在马上使用，短兵的需要也就越来越迫切。刀剑比之戈戟，平时还有个好处，它可以佩戴在身边以备不时之需，不像持拿戈戟时，腾不出手从事其他的活动，在很多时机不方便，故刀剑后来甚至亦成为文士常佩之物，因之发展了带钩的使用。随着冶金术的发展，铜剑也越铸越长。商周时代的铜剑，刃的一般长度不到30厘米，发展到春秋时代就有长至50厘米以上的（丹江发掘1980：18；戴遵德1972：70；湖北文工1966：36；襄阳考训班1976：66，71）（图17.6）。但是铜剑的长度一增加，就要铸得薄弱些，才不致因太重而难单手使用，薄弱则易于断折，故50厘米以上的铜剑还是少见。到了铁冶登场，钢铁打造的剑就逐渐替代了青铜剑。由于钢材坚韧，剑可铸造得薄一些，长度可达1米以上（张中一1961：496；湖南文工1956：78；湖北博物馆1976b：121）（图17.7）。剑本来是以尖端直刺为主要攻击方向的武器。随着长度的增加，人们也渐渐转用以剑刃部砍劈的方式攻击。砍劈的方式就不必两边都有刀刃。因此，西汉开始，厚脊背的单刃刀也渐渐取代了双刃的铜剑。东汉以后铁刀就淘汰了铜剑，成为战斗的主要配备（杨泓1979：236—39）（图17.7）。

防护装备

"大动干戈"是对激烈战争的一种文学描写。戈是攻击的武器，干则是防御性的。两者都是军士的必要装备。甲骨文的"干"字，作一种盾的形状（ ）。盾是以坚韧不易攻破的东西制成，诸如金属、藤木、皮革等，用以承受尖锐或重物的攻击。盾牌的形制有多种类，有方、有圆，有的单纯是护身用的，有的还附加有戈、矛等可以攻敌的装置。甲骨文"干"字所表现的盾，就是个顶端装备有可以格架及杀敌的矛尖。故"干"字还用以表达干犯的意义。

商　甲骨文	周　金文	秦　小篆	汉　隶书	现代　楷书
				干
				有攻击性的盾的形状。

战斗时，人若以一手拿着干盾，另一手就只能挥舞短兵，攻敌的效果未免有些限制。如果保护的东西能穿在身上，就可以用双手拿着更具威力的重而长的武器以攻敌。这种可以穿在身上的防身装备叫作甲胄（图17.11）。胄是保护头部的盔，见第二章的介绍。穿在身上的是"甲"，此字在甲骨文作十字形（ ）。或以为它是小甲片连缀时的缝线形状。但此字字形太过

简略，难以断定是否创意如此。装甲之制可以从甲骨文的"卒"字看出，它作由很多小块甲片缝合起来的衣服之状（ ）。有时该字的字形作连缀的甲片之间有小点，可能表示装饰兼实用的小铜泡，或甲片上的缝线小洞。皮制的甲最先用整块皮革裁制而成，后来才发展由许多小皮片缝合而成（杨泓1977a：85）。铠甲通常以牛皮缝制，但最坚韧的是犀牛皮。犀牛皮甲对于一般兵器和弓箭的攻击有很好的防御效果。到了战国时代普遍使用穿透力强的弩机时，犀牛甲的效用就大为降低。同时冶铁的技术已有长足的进步，人们开始以钢铁来打造甲胄（杨泓1976：28—29）（图17.18）。"卒"在西周以前的意义是穿用甲胄的高级军官。一旦产业发达，甲胄成为士兵的普遍装备，指挥的将领反而不一定穿戴，于是"卒"的意义就被扩大，被用来称呼士兵。甲骨文的"介"字，也有人以为和盔甲之制有关，作一人身上前后有许多小块甲片之状（ ）。此种护身甲胄是由许多好像鳞片的小甲片连缀而成，故"介"字有介甲、纤介等意义。

商　甲骨文	周　金文	秦　小篆	汉　隶书	现代　楷书
			卒	卒 由很多小甲片缝合起来的衣服之状。
			介	介 一人身上前后有许多小甲片之状。

战术的改进

为了达到更大的杀伤能力，武器不断被改良，为了适应新形势也要创造新的武器。矛是旧石器时代就发展的直刺长兵，也是商代常见的。侯家庄的一座大墓就出土了731件之多（侯家庄1004墓：145）。但甲骨文却未见"矛"字。金文的"矛"字，是一柄上有尖锐矛头的武器形，其旁还有一小环可系穿绳索（𐤀）。矛也许是源自南方的武器（杨锡璋1986：70），经常与戈组装成可直刺、可砍劈、可勾勒的多方向攻击的武器。也许因此矛就被包含在戈的武器之类，单独使用时效果大概不大。戈与矛本来分别铸成，组合使用（图17.4—5），后来为了强固其组装，就发展成浑铸成一体的戟的形式。初时，铜戈以下边的利刃砍劈或勾勒敌人。后来戈刃部分逐渐被改良加长，延伸至木柄的一边而成为胡，使刃部的长度和攻击的角度都适当增加，以对付穿戴保护头部的盔胄，目标在攻击颈部与肩部（林巳奈夫，殷周武器：422）（图17.4）。同时为了要增加铜戈捆缚于木柄时的牢固度，就在戈胡上铸造孔洞以方便捆缚于木柄，并把木柄做成椭圆形以方便掌握在手中（李济1950a：1—18）。反观源自工具的钺、戚、斧等，就没有什么相应的变化，一直保持同样的形式。这反映了实用与非实用上的差别。

弓箭则被改良成为弩机（图17.13，17.14，17.16）。它是利用机械的装置，使弓弦可以拉满而不立即发射，静待出人意料的最好发射时机。战国晚期已发展出备有镞箱、可以连续两箭并射的弩机（图17.25）。马车也从两马拉曳增加到四马，以提高速度。攻杀的技术既然提高了，防御的技术也相对得到改进。最重要的是兴起筑城的防御技术。西周时代城墙渐成防御的工事，春秋时代已成必要的设施。因此攻城的工具也顺应制造出来。《墨子》一书有长篇介绍攻城的钩援、云梯、临车和冲车的应用，以及防备之的各种方法和设备。如此互相影响和推动，战术越灵活，工艺也越进步，文明的程度当然也跟着提高。

动　员

战争的规模也因战术的灵活和工艺的精良而跟着扩大。从地下考古所见的新石器时代村落和其生产效率来看，其时战争的规模必定很小。传说黄帝的时代约是4700年前新石器时代的晚期，他经过52次的争战才令天下的人服从，那必是经历长期的小战斗，逐渐掠夺、扩充而强大的。《孟子·滕文公下》说商汤"十一征而无敌于天下"，次数已减少很多。而到后来周联军攻打商王朝，只一场大战就决定命运了。当中国进入农业的社会，人口增加，大家都要争取良好的耕地、充裕的水源，以保证粮食的生产，战争就更频繁而激烈。为了提高作战的效率，就出现了指挥作战的王者。

卜辞反映出，商代与他国有大规模和小规模的冲突。大规模的，一次以召集3000人为常，有时提及5000（合集6167，6409，6541），甚至是13,000人（合集39902）。根据研究，商王武丁三十年七月到九月不到40日的期间，前后七次作了召集人员前往作战的卜问，人数可达到23,000（董作宾，全集7：712—714）。这些人可能是前后参加一次战役，而不是一次战斗的人数。但甲骨文曾经提及杀敌2650人（合集7771），杀馘一般是俘获的三分之一，推测该次战役俘获的敌人可达七八千人，则双方动员的人数当会超过10,000。看来商代大规模的战斗，双方动员10,000人以上是不成问题的。到了西周时代，其规模又有所增大。譬如公元前11世纪康王时，盂受命征伐鬼方，第一次交上战俘13,081人（郭沫若1973：67），显然战争规模较之商代又扩大很多。

军队编制

商代军队的编制可从卜辞加以推测。有一卜辞作"登妇好三千，登旅万"

（合集39902），可说明较大的诸侯国有军士三千以上，而中央政府有一万以上的编制。三与五是商代军队分队的常制，卜辞又有"王作三师，右中左"（合集33006）、"右旅"（怀特1640），好像商王的军队有右中左三旅，每旅编制一万人，一旅之下有三师。卜辞又有"肇马左中右，人三百"（合集5825）。商代大半还没有骑兵作战之制，马当是指车队而言（王贵民1983：184）。每旅配备有百辆车，百名的御士。卜辞又常见"射三百"（合集5770—5772，5774—5776）。不知是指车上的射手，或步兵中的射手。至于诸侯国的组织，以卜辞所见征集三千人、五千人之数，再比照"东行""中行""上行"等名目（怀特1504，1464），似乎以横队编列时分左、中、右或东、中、西的队形，纵队时分上、中、下的队形，每行一千人，平常以三军三千人行动，有特殊情况时以五行五千人，以上中下左右出列，称为"大行"（怀特1581），以别于平时的三军。

卜辞又见有"上行东旗""上行西旗"的名称（怀特1464），可能每行又分两列，每列为500人。卜辞又有"大左族"（怀特1901）。族不是大的组织，很可能是百人的分组。再从武官村殉葬每10人一坑（郭宝钧1951：42—45），侯家庄墓葬的10头颅或10身躯一组（胡厚宣，殷墟发掘：94），随葬武库每10矛1束（侯家庄1004墓：35）等情况来看，商代的军队编制小单位以十进为主要分级，大单位以三或五进为分级。最基层单位为10人小队，依次大致为100、500、1000、3000或5000、10,000或15,000、30,000或45,000等分级。或根据随葬推测，以为一个师有1500人（石璋如，建筑：8—9）。兵车大概以五进为常。兵车大队大概要中央政府旅的万人单位才有，其他方国的车队大概最多只有几十辆（石璋如1954：275—276）。

旗　帜

甲骨文的"族"字，作一个旌旗之下有一支箭之形（

），表示在同一旗帜下的战斗单位之意。古代的军队组织初以血族为单位。商代的男子都受军事训练，同属一血族的人居住于同一区域，平日协力生产，战时共同御敌，荣辱与共，作战的效率比较高。卜辞有"王族""多子族"（甲骨类纂：986），是指由王的亲血缘及诸王子族组成的战斗单位。甲骨文的"旅"字是与小集团相对的万人大组织，作多人聚集于同一旗帜下之形（）。旅是由各地区不同氏族组成的大集团，他们远离家乡服务于各军事重镇，大家之间没有血缘的关系而有做客的感觉，故"旅"字有旅客、旅行的引申意义。西周初的《尚书·牧誓》记载一旅有三师，是个超过万人的大单位。

商 甲骨文	周 金文	秦 小篆	汉 隶书	现代 楷书
			族	族 作旌旗下有一支箭，氏族组成的战斗单位。
			旅	旅 作多人聚集于同一旗帜之下。

　　旗帜在古代社会是个很重要的东西。旗所插之处即该部族驻地。旗所向之处即部族行动的目标。高举的旗帜易为众人所见，故战争时旗帜掌握在指挥官手中以作指挥之用。旗也是整族人聚集生活的所在，为了强调血缘集团的牢固和集体生活的性质，也为了防御敌人的入侵，很多氏族往往把村落建成一个方

　　　　　　　　　　　　　　　　　　　　　　中国古代社会

或圆形的圈子，然后围绕这个中心修筑房屋（彭邦炯 1982：279—280）。仰韶文化时代的村落就是依据这种习惯布置的，四周的房子都面对着聚会用的中央大房（半坡博物馆 1980：4；巩启明 1981：63—69）（图 11.3）。旗子一向竖立于中心之处，故甲骨文的"中"字，作在一个范围的中心建有旗杆之状，杆子上有时建有旗帜，有时旗已卸下（ ），表示一个地区的中心所在。卜辞有商王占问立中时会不会遭遇大风，可见建立中心的旗帜对于领导者来说是件大事（Lefeuvre 1976—78：61—62）。领导者可以利用旗子上的"游"来发布讯息、招集人员。中所立为族人生活之处，也是军队驻扎之处，有力地说明了血族部落的早期结构现象。

周克商

周联军克商在古代中国的历史上是一次空前的大决战。根据《逸周书·世俘》，周武王于克商之战役及其所连带的对四方小国的征讨，共杀馘 107,779 人，俘虏 300,230 人。这样大的数目，应该只有少数来自商王的军队，其他多数来自商的盟国。古代的国家组织，上下属从的关系比较松懈。各诸侯国治理自己本国的事务，只有在需要时才派遣军队或进贡土物以服务王室而已。

商王国的军力分散在众诸侯国。《史记·周本纪》说周武王于伐商时，周本国的武力才有戎车 300 乘，虎贲 3000 人，甲士 45,000 人。我们可以想象，周必定从同盟诸国得到大量的武力支持，故除大量杀敌外，还能有十倍其本身人员的擒获。由此类推，商王本身的武装力量也有限，恐怕不会比周族本身的武力强太多，故经不起同盟诸国的反叛，一战就完全溃败了。春秋时齐国有三军 30,000 人，就能横行天下。在其前 500 年的商代，大概其直属常备军士也多不了多少。

根据《尚书·牧誓》所言的官职及《史记·周本纪》的记载，周武王讨伐商王时，似乎司马总管45,000名军士，其下设有亚旅3人，每旅15,000人。一旅有三师，每师5000人。师之下有千夫长、百夫长。一国建有三军好像是当时诸侯国的一般编制。周朝于取代商朝之后才有宿卫宗周的西六师，以及改编商投降的军队以绥靖东方的成周八师，它或称为殷八师（徐中舒1959：63—64；于省吾1964：152）。诸侯国后来因顺应疆域扩大之势，每军的人数，有所增加。周代的诸侯国只限建立三军。后来王室衰微，春秋中期晋国先以六卿带领军队（史景成1962：1—8），其他诸侯纷纷建立六军或更多。但三军所容许的规模可能以兵车之数计量，因此可以用增加配备兵车的步兵人数，以达到增加军队成员的目的，同时它也可能是基于战术的改变。商及周初每辆车配备10名步兵保护（徐中舒1959：54）。或以为商代随葬车的坟墓，有25名军士保护的殉葬人数（石璋如，北组墓葬：326）。到后来，最高的配备量依《汉书·刑法志》所述，一辆车配备有甲士3人，步卒72人，已是商代的七倍了。战车显然不是战场冲突的主力，其作用才被大量减轻。如前所述，兵车主要是指挥官的活动高台。

东周的战争

《国语·齐语》言齐国于公元前685年时有三军30,000人，其势已凌驾周王及其他诸侯国。晋国于公元前632年城濮之役，三军的编制已膨胀到52,500人（郭宝钧，铜器：171）。到了战国时代，诸侯已不受周王室的节制，加以诸侯国的数量减少，疆域扩大，各国的军力很少有少于十万的，甚至有百万的大军。《史记·白起王翦列传》记载秦国白起于公元前260年，于一次战役坑杀了赵国士兵450,000人。战争规模之大，杀戮之惨，简直不能相信。那次战役，双方投入的战斗人员必然超过百万。从事战争必有后勤的人员，所以一国养兵百万是完全有可能的。

商代的军士，除了王核心的专业亲卫军队之外，恐怕都是以别有专业的农民或手工业者担当（张永山1982：218）。那时的战术应用简单，普通的兵士大概也用不着接受特别的战术训练。但精选的、有特定目标的兵士，就会接受特殊的训练。如武丁时贞问"王学众伐免方"（合集32），就是为讨伐免方而做特殊的训练。到了春秋时代，列国争雄，战争频繁。在《春秋》所载的242年间，有规模可计数的争战达480多次；战国时代，大小规模的战争也有数百次（郭宝钧，铜器：173）。战争的次数多，战役延续的期间长，人们受征召从军的次数和服务的期间也自然相对的增多和延长，战术也起了相应的变化，军队也自然从征召慢慢专业化。跟着也要求士兵于体能技艺外接受专门的训练，以应付日趋复杂的战术。从事农业人口的减少也迫使人们发展节省人力的牛耕。由于对有效战斗应用的新需求，有心的人自也根据历史的教训、实战的经验总结出用兵的一些规律和戒律，以备当政者参考之用。依《汉书·艺文志》，自春秋至战国时代，序次论著兵法者凡182家，删取要用，定着35家。兵法论著篇幅之多，同时代几乎没有他家的学说可与之抗衡。而在《艺文志》所举的著作中，强调著作之时代性的也只有兵家。

战争规模的扩大，武器杀伤力的改进，使得战争更加惨烈。到后来，可能只有极少数的胜利者得到好处。普通的小民，不但自己要抛头颅，冒生死为他人作战，自己的家园也常常受灾而成为废墟。战争对他们来说，一点好处也没有。如春秋时，在公元前632到前557年的晋国与楚国争霸中原的75年间，不但晋、楚两国的人民蒙受其害，就是他们邻近的小国也深受其苦。在那段期间，郑国为了自卫，为了侵略他国，或接受晋、楚两个霸主的命令，参加的战役达70次以上（郭宝钧，铜器：183）。其他的小国也有类似的情况。如此战祸频频，人民自然厌战。宋国的华元首先发起弭兵之会，以图弛缓兵祸。宋国向戌终于在公元前546年，撮合晋、楚、宋、鲁、郑、卫、曹、许、陈、蔡等十国，成功达成由晋、楚平分霸权的协议，使得郑、卫等小国免除战祸达50年之久（郭宝钧，铜器：183）。这种厌战的心情也可以从楚庄王对"武"字的新解释看出。甲骨文的"武"字，或表示以武器跳颂扬武功的乐舞，或表示持戈走路的武士（图）。但是《左传》所记楚庄王的解释是："夫文，止戈为武……夫武禁暴，戢兵、保大、定功、安民、和众、丰财者也，观兵以威诸侯，兵不戢矣。"虽然楚庄王对武字的解释可能不对，但可看出连霸主对战争都有否定的见解，何况是直接承受灾难的小民。后来秦始皇夸示自己的功德，亦以偃息兵祸为首。可惜为政者都要他人臣服自己才许以和平，故难得有和平的时候。

商　甲骨文	周　金文	秦　小篆	汉　隶书	现代　楷书
		武	武	武 以武器跳颂扬武功的乐舞，或走路持戈，有武士气势。

战争的掠夺

战争以屈服对方而达到保障自己生存为目的。人们初时或以宗教、娱乐、刺激等原因杀人（Pearson，人类学：356），但后世战争的主要目的是经济利益。譬如《逸周书·世俘》记载周武王克商之战役，除土地及人民外，还俘获了旧宝玉14,000件，佩玉180,000件。这明白道出他掠夺财物的用心。被打败的人有三个可能的命运，轻者被逐远离家园，次者沦为奴隶，重者被处死。上文介绍的"伐"字，是以被处死的敌人当祭祀品的人牲。甲骨文的"聝"字，作代表头颅的眼睛被悬挂在兵戈上之状（图 17.12）。它被用以炫耀杀敌之能。头颅过重不便多带，所以对于不重要的敌人，不妨只截取左耳以为杀敌的信物。故后来的字形又有以耳朵替代眼睛的。甲骨文的"取"字，作耳朵被拿在手中之状（图）。耳朵既能被拿在手中，当然是已被割了下来。兵士杀死敌人后不顾己身的危险与麻烦而割下敌人的左耳，不用说是为了领赏。战国时代秦国鼓励士卒杀敌，以斩首多寡定功论爵，无疑是学自甚为古老的习惯。献聝在古代是种隆重的庆典。《逸周书·世俘》记载周武王于克商后，曾在周庙举行四次献聝典礼。周王朝后来不但自己举行献聝之礼，诸侯国有军事胜利时，也被要求履行来向周庙献聝的义务（杨希枚 1956：110—114）。

商　甲骨文	周　金文	秦　小篆	汉　隶书	现代　楷书
				聝 代表头颅的眼睛被悬挂在兵戈上之状。
			取	**取** 耳朵被拿在手中之状。

在生产效率低的时代，一个农人生产的东西除供自己使用外，没有多少的剩余可以提供他人。所以那时候的战胜者就占领土地，掠夺财物，对于敌人，或是杀死，或是驱之远离，并没有想到要把人留下来以充实劳动力。但当生产方式进步到人的生产有余力供应他人的需要时，人们就逐渐产生以俘虏从事生

产的念头。商代已有卜问以俘获的工匠从事生产的例子（屯南2148）。坟墓殉葬人的现象也可以反映出当时使用奴工。前期的墓葬殉人多，且多壮男，后期则殉人少，而且多少年和儿童。这反映了关于人力价值的观念变化，即保留青壮男丁以为生产之用（黄展岳1983：942）。问题该是有多少工作由奴隶去充当。从商人已知道牛耕的技术但没有大量使用知，当时的生产力可能并不很高，人力也低贱。商人要蓄养很多奴隶，才能免除自己从事劳苦的工作，那就要有很好的压制武力与有效的管理制度才办得到。

犯罪与奴隶

甲骨文的"孚"字，作一手抓着一个小孩之状（ㄋ）。有时附加一个行道（𡙈𡙈），表示其事发生于行道而不在战场之意。《周易》随卦"有孚在道"的句子，表明带领奴隶在行道上工作是常见到的事。《周易》是西周初的作品，战后使用大量罪犯奴隶服劳役是各国普遍的措施。小孩子的抵抗力小，不必用绳索捆绑，亦可以信赖之以工作，不用太防范会逃跑。如果是大人，就得用绳索或其他东西以限制其抵抗的能力。甲骨文的"奚"字，作一个成年男子或女子的头上有绳索捆绑之状，有时绳子还被掌握在另一手里（𤔲 𤔲 𤔲 𤔲 𤔲 𤔲）。古时常以罪犯为奴仆使其服劳役。如果罪犯桀骜不驯，不但要用绳索，还得加上其他的刑具。甲骨文的"执（執）"字，作罪犯的双手接受刑具之状（𡙈 𡙈 𡙈 𡙈 𡙈 𡙈 𡙈）（图17.22），有时其头与手也被梏在一起（𡙈）。为防止逃亡，罪犯也有关在牢狱的情形。甲骨文的"圉"字，就作手梏刑具的罪犯被关在牢中之状（𡙈 𡙈 𡙈 𡙈 𡙈 𡙈 𡙈）。商代卜辞有几次卜问到犯人越狱的逃亡事故（齐文心1979：64—76；胡厚宣1976：8—14）。

商 甲骨文	周 金文	秦 小篆	汉 隶书	现代 楷书
				孚俘 作一手抓着一个 小孩之状。
				奚 成年男子或女子 的头上有绳索捆 绑之状。
				执（執） 罪犯的双手被梏 刑具之状。
				圉 作手被梏刑具的 罪犯被关在牢中 之状。

从周武王克商而俘人三十万，以及后来把商遗民整族地分赐给鲁、燕等屏卫王廷的诸侯一事可以看出，那时使用战俘从事生产的经验已相当普遍，且为时已久。否则周族不可能接收这么多具有反抗能力的战俘。暴民结群反抗一向都是起于有大工事，难以有效个别控制的时候。周于克商之后，以大量商俘经营洛邑而顺利完成，不见什么暴动事故，想来必有一套有效的管理制度。一般相信，周族在克商之前，文明发展的程度较商人为低。周人管理奴隶的技术想来不会高明于商，甚至是向商朝学来的。

商朝人管理奴隶的技巧可以从周朝得到比照。周对于商俘虏，一方面以严厉的刑罚威吓之，一方面又加以安抚，提高奴隶工作的意愿，得到改善生产效果的目的。周宽待商俘虏的事例，可以从《尚书·酒诰》得到明证。周公告诫康叔，对于商俘有群饮触犯规章的，要先加以开导，屡劝不改的才处以刑罚；但对于周自己的人，如果违犯了同样规章的，要不怜悯地处以死刑。想来商人对待俘虏也有类似的技巧。周于克商后，并不把所有的人都打成最低等的奴隶，而是维持大部分的管理体系，只是又把其管理者掌握于自己控制之下而已（杜正胜 1979 b：500—501）。如第十五章的说明，有些商的俘虏则被遣至远地经商，为主人赚钱。我们从文字也可以看到商人早有同样的措施。甲骨文的"宦"字，作代表一个人的眼睛被关在牢狱中之状（⌂）。当一个罪犯愿意和管理者合作，以帮同监视自己同类的人时，当然值得提拔充当小吏。"宦"字有小吏的意义必是由此而来。眼睛是头部最灵活、重要的器官，故于象形文字常以之代表头部甚至全身。甲骨文的"臣"字，作一只竖起的眼睛形（ ）。那是表示抬头上望时的眼睛。处在低处的下级人员，要抬头见位于高处的高级管理人员。因此，"臣"字有罪犯及低级官吏的两个意义。其创意是由提升那些能低声下气服从长上的奴隶，使其成为压制同族的管理者来的。

商 甲骨文	周 金文	秦 小篆	汉 隶书	现代 楷书
⌂			宦	**宦** 作代表一人的眼睛被关在牢狱中之状。
			臣	**臣** 作一只竖起的眼睛形，臣下抬头望见长官。

刑　罚

　　人的体力有限，要靠群众的力量才能与动物、植物争夺自然的资源，所以人很难离开团体而生活。生活的空间既然不容独享，人们就被期望都遵循一定的生活习惯和准则，从而维持彼此之间的和平和安宁而不生纠纷。此种人人遵循而可预期的行为准则就是法。但是法要与罚相辅相成，才能达到制衡的目的。罚是维持其法则顺利施行的手段，如果某人的行为超过社会所能容许的范围，就要接受惩罚，以为震慑之用。

　　处罚本是为自己的族人而设，对每一成员的适用是没有偏差的。在远古的时候，社团小，成员以亲属为多。人肯定会对自己的亲人给予最大的容忍，因此那时的惩罚可能只是剥夺参加某种活动的权力，或是给予短暂的拘禁、少许肉体的痛苦，最严重的是被逐出社团之外，使人独自面对充满敌意的野兽和异族，难以保障生命，但很少想到要伤害身体，造成永不能消失的肉体创伤。

　　随着社会的进步，组织扩大，生活在一起的人越多，亲属的关系越来越淡薄，法规也就越繁杂，制裁越严厉，尤其是生产的效率也提高了，还有余力以提供他人的需求。于是，时人逐渐产生俘虏他人以从事生产，创造财富的念头。对于俘虏来的异族，人们当然会期望他们服从某些法则和习惯。如果违犯了，人们就不太会慈悲，而是不加容情地给予最严厉的惩罚。但因人们更重视实际的经济利益，就想出了不太妨害工作能力的永久性肉体创伤以为警戒，并展示于公众之前，以收震慑之效。权威的确立、奴隶的使用，加强了一个社会刑罚的严厉程度。法成为强者加于弱者的规定。很多本来是对付异族的严厉刑法，也慢慢会施用于自己族人的身上。《汉书·刑法志》说："禹承尧舜之后，自以德衰而制肉刑，汤武顺而行之者，以俗薄于唐虞故也。"禹是中国第一个家王朝的创立者。龙山文化的时代，墓葬有受过截断脚之刖刑的人（图17.19），反映其社会约制的加强。考古证据也指出那时国家组织大概开始酝酿。这些表明国家的建立与严厉刑法的推行有连带的关系。它是社会演进的必然趋势,与风俗的厚薄不相干。

刺 瞎

涉及文献的事只能从商代谈起。从甲骨文的字形可以看出商代的肉刑至少有刺瞎眼睛、割鼻、断脚、去势和死刑等。想控制一个有战斗力的俘虏或奴隶,减轻其反抗的能力是最要紧的事。但是如果因此失去其生产能力,处罚的意义也就减色许多了。刺瞎罪人的一只眼睛是古代常用的手法。单眼的视力不及双眼的视野广,会大大减低战斗的效力,但却不减低其工作的能力。甲骨文的"臧"字,作一只竖立的眼睛被兵戈所刺之状(𩁾 𦣞 𦣞 𦣞)。瞎了一只眼睛的俘虏没有太大的反抗能力,最好顺从主人的旨意。从主人的立场来说,顺从是奴隶的美德,故"臧"有臣仆和良善两种意义。"民"字则作一只眼睛被针刺而瞎眼之状(𠂤 𠂤 𠂤 𠂤 𠂤 𠂤)。"民"的意义本是犯罪的人,后来才被转称平民大众。金文的"童"字,作一只眼睛被刺纹的尖针所刺的罪犯,并包含一声符"东(東)"(𡕣 𡕣 𡕣 𡕣)。现在该字又加上"人"而成为"僮"字。不只商代的古人,以前日本也有以独眼的人在深山从事矿冶工作的传统,还有其破坏尸体一眼的风俗,说是来自以人献祭的习惯(贝冢,神话:114)。甲骨文的"臺"字,作一只眼睛和一具挖眼的工具形,表示受过挖眼之刑罚后独眼的视觉较差之意(𩁾 𩁾 𩁾 𩁾),大概受刑后心中也不免会有所怨恨吧。

商 甲骨文	周 金文	秦 小篆	汉 隶书	现代 楷书
𩁾 𩁾 𩁾	𦣞 𦣞 𦣞 𦣞	臧 臧	臧	臧 作一只竖立的眼睛被戈所刺而瞎眼之状。

　　　　　　　　　　　　　　　　　　　中国古代社会

商　甲骨文	周　金文	秦　小篆	汉　隶书	现代　楷书
				民 作一只眼睛被针刺而瞎眼之状。
				童 作眼睛被尖针所刺瞎的罪犯，并有声符"东"。
				眢 眼睛与挖眼睛的工具，独眼的视觉较差。

　　不知是因为把一只眼睛刺瞎的刑罚太过残酷，还是另有其他的缺点，商代以后就不再行用。除了刺瞎眼睛的刑罚之外，商代的肉刑大致都被周朝所接受。《尚书·吕刑》说周有所谓"五刑"的刑罚三千条例，违犯了刺墨之刑的有一千条，割鼻之刑一千条，断脚之刑五百条，去势之刑三百条，死刑二百条。其实，刺眼之刑纯由字形所推断，没有确实证据能说商代还在施行刺眼之刑。但周代的五刑，都反映于甲骨文。

周代的五刑

　　于脸上刺纹加墨是对人体造成永久性伤害的刑罚中的最轻微者。它是一种对违犯者的警告和宽恕，超过此范围就要动用伤残身体的大刑了。在人身胸上刺花纹并染红在中国原本是一种死亡的仪式。大概人们看到它可以留下永不磨灭的痕迹，改填充以黑墨而施之脸上，表示代替死亡的赦免。它完全不影响受刑者的工作能力，又可作为震慑他人的活动告示。对于犯轻罪者，这不失为一个好办法。商代虽尚不见有于脸上刺字的图像。金文的"黑"字，作一人的脸上刺有字之状（）。铜器铭文提及的脸上刺墨之刑就是以"黑"作意符，作手持工具刺纹于脸上之状（）。甲骨文的"辛"字作一把刺纹的刀子形（）。当时应有以刺墨为处罚的措施，故含有"辛"部分的字多与刑罚或罪犯之事有关。甲骨文的"宰"字，作房屋之中有一把刺纹的工具（），表示屋中有人掌握处罚他人的权威。给予刺墨之刑的人虽不一定是高官，但掌握有刑杀的权威，故引申有宰杀、宰制等意义。此字后来被用以称总理一国政事的官吏。有犯罪意义的"辠"字，则以一把刺刀及鼻子组成，表示于鼻子刺墨（），那是犯罪者才接受的处罚，故有犯罪的意义。甲骨文的"妾"字，作女子头上有刺墨之刑具（），表示地位低贱的女子。甲骨文的"仆（僕）"字，作从事倒垃圾等杂务的男子头上有受过墨刑之意（）。此人身后有尾巴，可能是一种地位的服装标识。低贱的工作原是罪犯所从事的，后来才慢慢演变成贫穷者的职业。

商　甲骨文	周　金文	秦　小篆	汉　隶书	现代　楷书
				黑 作一人的脸上刺有字之状。
				辛 一把刺纹的工具形。

商 甲骨文	周 金文	秦 小篆	汉 隶书	现代 楷书
宰宰宰宰宰宰	宰宰宰宰宰宰宰	宰	宰	**宰** 作房屋之中有刺纹工具，掌握刑罚者。
	辠	辠	辠	**辠** 以刺纹刀及鼻子组成，表示罪犯之意。
妾妾妾妾妾妾	妾妾妾	妾	妾	**妾** 作女子头上有刺纹刑具，罪犯者之意。
僕	僕僕僕僕僕僕僕僕僕	僕	僕	**仆（僕）** 受过刑而从事低等杂务的男子之意。

刺墨虽是永不能消除的耻辱标识，但还不妨害身体的功能。其他的肉刑是对身体机能有所损害并留下永不能复原的伤痕的惩罚，反映社会控制的加强。伤残较轻的肉刑是割下鼻子。甲骨文的"劓"字，作一把刀和已被割下的鼻子之状（劓 劓 劓 劓）。金文的字形有时于鼻下多一个树木的符号，大概表示把割下的鼻子高挂在树上，以警告他人之意。甲骨文的"刖"字，作手持锯子锯掉一人脚胫之状（刖 刖 刖 刖 刖）（图17.23）。被锯掉脚胫的就成为行动不方便的跛脚人。刖脚之刑比劓鼻之刑更常见于文献。卜辞有问及向一百人动用刖刑之卜问（胡厚宣1973：115）。《左传》曾记齐景公时太多人承受刖刑，以致国内之市场出现屦贱而义足贵的反常现象。

商 甲骨文	周 金文	秦 小篆	汉 隶书	现代 楷书
				劓 作一把刀和已被割下的鼻子之状。
				刖 作手持锯子锯掉一人脚胫之状。

宫刑是割掉生殖器使人不能生育的刑罚。对于重视传宗接代的中国人来说，那是件很残酷的处罚。甲骨文就有一字作以刀割下男性生殖器之状（ ）。卜辞曾卜问向羌俘动用此种刑罚。至于最严重的刑，那当然是处死了。为了要震慑他人，砍下的头还要示众。金文的"县（縣）"字即今之"悬（懸）"，作树上悬挂着一个用绳索绑着的人头状（ ）。城门是人们进出的通道，最可以收到示众的效果，故后来城门成为枭首的所在。

商 甲骨文	周 金文	秦 小篆	汉 隶书	现代 楷书
				县（縣） 树上悬挂着一个用绳索绑着的人头状。

人既习惯于重刑，也就不以为非，孔夫子虽说过"身体发肤受之父母，不敢毁伤"，却并没有批评过一句肉刑的残忍。倒是汉孝文帝怜悯受刑者刻肌肤、断肢骨的终身痛苦，才免除肉刑，代之以鞭笞。虽然有人不免因之而死，但大部分的罪犯都能以有期的痛苦替代终身的耻辱和不便。

法的施行

　　法与罚是相辅相成的。法是一个社会中人人遵行而可预期的行为准则，罚则是维持其法则顺利施行的手段。在阶级尚不分明的社会，法与罚对于每一成员的适用是没有偏差的。"法"字就反映了这种理想。金文"法"的创意是某种神兽能点明不直的人，而法的施行应不偏袒，若水之永远保持水平（字形见第七章的介绍）。但是到了阶级分明的时代，法渐渐成为强者加于弱者的规定。弱者成了只有接受、履行规定的责任，难有挑战的力量。为了维持有效的控制，法一方面对被统治者发出不留孑遗的严厉警告和措施，但另一方面，对于有挑战力量的贵族们却要给予宽恕和容忍。故《礼记·曲礼》有"礼不下庶人，刑不上大夫"的言论。对于犯法的贵族，可给予财物代偿的惩罚，免除身体上的伤残。一个西周时代的铜匜铭文记载，一个小贵族触犯了鞭打一千下及刺墨的永远耻辱性的过错，就被宽恕而鞭打五百下及罚金了事（庞怀清1976：40—44；唐兰1976：58—59）。没有特权的普通百姓就没有这么幸运了。金文的"赦"字，就作手持鞭策鞭打一人至流血的程度以为赦罪之举（𣪊𣪊）。

商　甲骨文	周　金文	秦　小篆	汉　隶书	现代　楷书
	𣪊𣪊	𣪊𣪊	赦	赦 作手持鞭策鞭打一人至流血以为赦罪。

　　但是威权并不是完全不能挑战的东西。如果它超过了可以容忍的程度，就会引起反抗。掌权者想得到形势容许的最大限度的权威，被统治者当然想最大限度摆脱其管制。因此各时代的法则就反映双方在不断斗争和容忍下，得到可为双方接受的不同程度的准则。在国家组织阶段的初期，战斗是贵族阶级的主

要权利和义务。春秋时代以来，争战频繁，兵源需要日多，不能不大量招收平民。武士的地位就日益衰微，阶级的界线渐疏。社会安宁，产业发达才是与其他国家争强的本钱。为了与他国争强，为政者不能不为取得国内人民的合作而作出各种的让步（陈启天1969：840—848）。因此有些君主就逐渐颁布法律条文，以官民共守的准则换取人民的合作。本来法律只是贵族镇压下民、专凭自己意愿的处罚法则，后来渐变成人民接受其治理的协约，终于成为官民共守的准则。虽然这样的条文也不是非常公平的，但较之统治者只凭意愿以行事的时代已进步很多。

法　家

中国古代的学术思想中，法家是个很重要的学派。法律虽然不是法家所关心的主要问题（Creel 1961：607—636），却是法家为达到强国的目的而发展起来的。东周时代制作和颁布刑法文书的可以说都是属法家学派的政治家。因为法家不同意过去的人治哲学，强调以法治罪，则民信而虽死不怨。如果使人民知道行事准则的所在，甚至有官吏想违法，人民也可以代替君主负起监督作用而阻止其违法。如此将使诈欺、谗佞的臣子不能欺瞒君主，即使是中材的君主，有了赏罚分明的律法，也可以简易地统治国家，不致因为内政的昏乱而导致国家的覆亡（陈启天1969：849—860）。法家的法，用心虽然是赏罚分明而不偏祖徇私，但偏重以重刑威吓人民犯罪的意图，忽略仁爱教化之道。法家之道术虽可收一时之效，但人民往往不能忍受长期的压制而群起作乱。

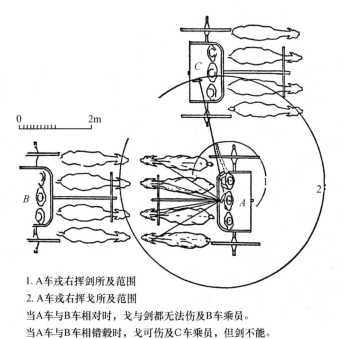

1. A车戎右挥剑所及范围
2. A车戎右挥戈所及范围

当A车与B车相对时，戈与剑都无法伤及B车乘员。

当A车与B车相错毂时，戈可伤及C车乘员，但剑不能。

图 17.1　车战使用长戈的示意图（杨泓 1977a：86）

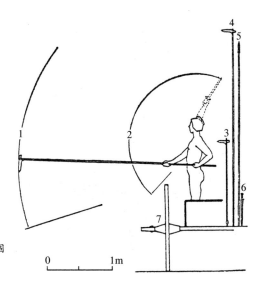

图 17.2　车战使用长戈与短剑的攻击范围
（杨泓 1977a：87）

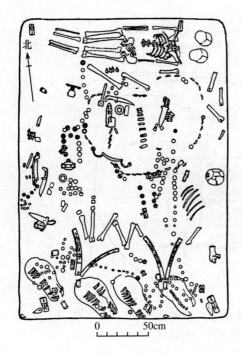

图17.3 商代的车马坑。车舆内有成套的战斗
装备（石璋如，北组墓葬：24）

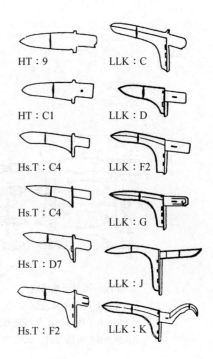

图17.4 商代到战国时期的戈形变化
（张光直，考古学：371）

HT：9 | LLK：C
HT：C1 | LLK：D
Hs.T：C4 | LLK：F2
Hs.T：C4 | LLK：G
Hs.T：D7 | LLK：J
Hs.T：F2 | LLK：K

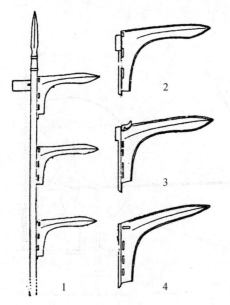

图17.5 东周时代的多戈戟
（孙机1980a：84）

中国古代社会

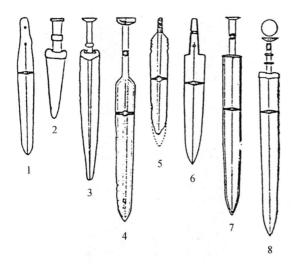

图 17.6　东周时期铜剑形式的变化

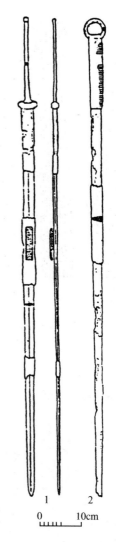

图 17.7　东汉时代的铁刀剑
（杨泓，兵器论丛：124）

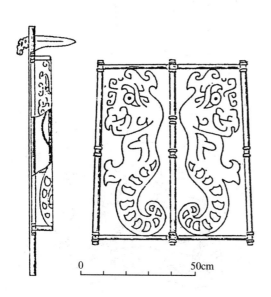

图 17.8　商代附有攻击武器的盾牌（石璋如1965：272）

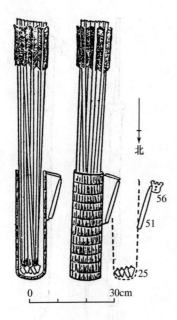

图 17.9　商代箭袋的复原

（石璋如，北组墓葬：118）

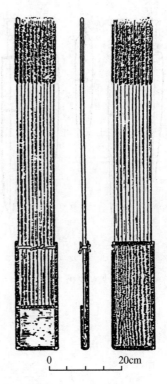

图 17.10　商代箭袋的复原

（石璋如，北组墓葬：121）

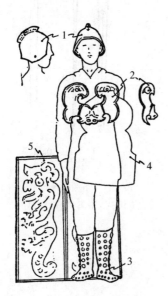

图 17.11　商周时期车战乘员的防护装备（杨泓，兵器论丛：86）

图 17.12　战国铜残片上的杀馘纹饰

（山西考古 1986：9）

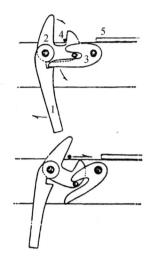

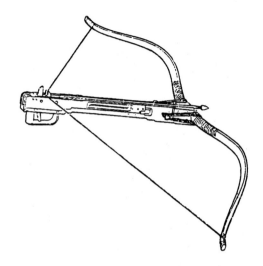

图17.13 战国弩机发射示意图
（杨泓，兵器论丛：137）

图17.14 战国弩机复原图（杨泓，兵器论丛：137）

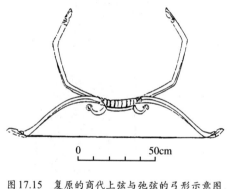

0   50cm

图17.15 复原的商代上弦与弛弦的弓形示意图
（石璋如，北组墓葬：115）

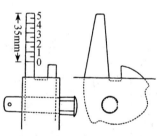

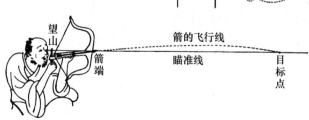

望山
箭端
箭的飞行线
瞄准线
目标点

图17.16 汉代弩机上的
穿山及其使用法（夏鼐
1974：281）

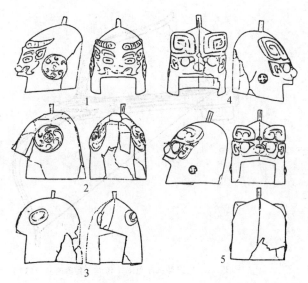

图 17.17　商代的铜胄（杨泓，兵器论丛：9）

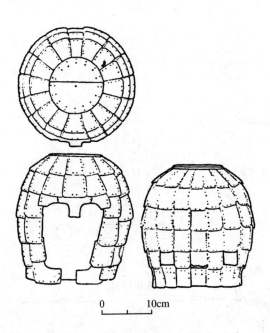

0　　　　10cm

图 17.18　战国时代的铁胄（杨泓，兵器论丛：14）

北

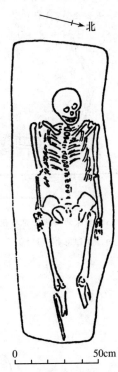

0　　　　50cm

图 17.19　龙山文化墓葬中的刖刑
犯者（洛阳博物馆 1978：8）

中国古代社会

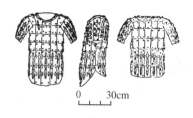

图17.21　西周铜鬲上的刖刑守门者
（王文昶1974：29）

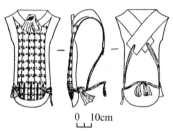

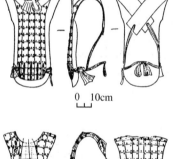

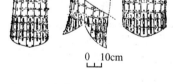

图17.20　秦武士陶俑身上所穿的盔甲
形式（秦俑考古1979：9）

图17.22　商代上手梏
的陶俑（甘肃博物馆
1977：127）

图17.23　甲骨文的一些有关
刑罚的字（甲骨文编：57—
58，534—535，738）

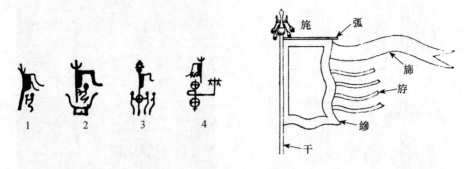

图17.24　商周铜器铭文上的旗帜及其构件（杨英杰1988：52）

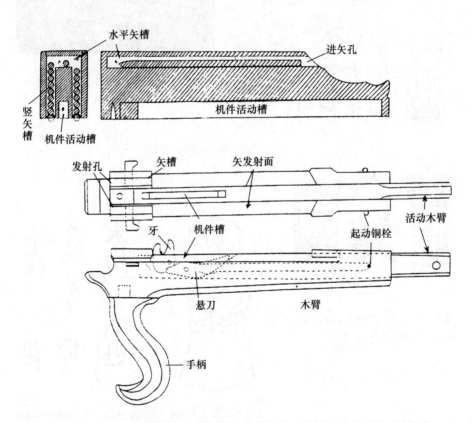

图17.25　湖北江陵出土战国晚期的双矢并射连发弩的矢匣及弩臂（陈跃钧1990：90-91）

第十八章

祭祀与迷信

原始宗教的产生

对于不可见但被认为存在的灵界，初民对之都有所敬畏和崇拜的行为。古代中国人当然也不例外。一般说，鬼神的信仰至少包含四个要素：不能理解，不能控制，信而有征，可能妥协。

一、**不能理解**。对不可知的神秘起疑虑是人们很普遍的心理。譬如说，有位和尚因为斋房里的石磬能够自鸣而疑惧成病。后来有位朋友发现石磬与附近的钟声起共鸣的作用，乃在磬上磋磨几下，改变了石磬发声的频率。从此石磬就不再不敲自鸣，和尚也就霍然病愈。自然界存在着很多甚至是今人仍不能解释的现象。古人不了解宇宙运行的规律，见到日月更替、四时转移有一定的规律，就容易想象冥冥之中有造化主宰在控制着。当他们看到草木鸟兽的荣枯繁殖有时，也会想象有精灵的存在。还有，人们有生有死，也是他们想不通的道理。故而其以为万物皆有神灵。

二、**不能控制**。自然界不但存在着很多不能理解的现象，而且其威力又非常大，难以人力控制。台风来时，树被连根拔起，房屋倒塌。洪水决堤，市镇屋舍为之一扫而空，成为废墟。人根本没有能力反抗，怎能不兴起畏惧的意念！

三、**信而有征**。不是信而有征的事物，虽可让人们疑惑一时，但不会长久得到人们深深的信仰。很多自然的现象一经科学原理的解释，就会失去其神秘感。但是对于不知其道理的人，其现象是有相当的必然性的。譬如海中神仙楼阁的幻境，即起于光学的折射作用（张星烺1944：11—13）。但在没有科学的解释前，怎能否认眼见的事物为虚幻的呢？以致秦始皇、汉武帝都要寻找仙人，请求给予不死之药。又如做梦，已过世的人在梦中宛如生人，醒来时依稀还可回忆，怎会不是精灵的作用？人们对于种种难解现象的附会解释，有时不但听起来合理，甚至看起来也确是那样。古人想象冥冥之中有神灵在控制着一切，因此兴起敬畏的念头，坚定其信仰。

四、**可能妥协**。如果神灵是不能妥协的、不能接受诚恳言语相求的，人们就只好接受其结果，不做任何挽救的尝试。但是有时于虔诚的祈祷之后，人们希望的事情真的实现了，使得神道看起来并不是无稽，而是可沟通的。何况有些神灵还是自己的亲人，怎么能不接受诚恳相求，帮助解决困难呢！

从甲骨卜辞所问到的祭祀对象知道，商人认为自然界的风雨云雷、山川石木、动物以及死去的人都有神灵（张秉权1978：447）。神灵既是人们想象出来的东西，自然也具有与人相似的性情与喜好。其威力虽有差别，但都会给人们带来灾难。它们会被激怒，但也会接受恳切的求情。如能得知哪位神灵降下灾难或能给予福佑，要供奉什么样的物品才会获得神的欢喜，祭神的最佳效果才会达到。精灵既是人们想象的东西，也离不开人们的欲求和需要。既然想象神灵也有人一般的需求，自然要想办法加以取悦，以期降下福佑，起码也不要降下苦难来，因此产生了祭祀的行为。甲骨文的"祭"字，作手拿一块滴着血液的肉块状（ ），表示以之供奉神灵的祭祀行为，未煮熟的肉不是人们日常的食物。后来人们觉得创意不太明显，就添加祭祀的意符"示"（ ）。为了要确定哪位神灵能给予我们福佑，或解除灾难，供奉怎样的祭品才能取悦它。要想获得这一类正确的解答，就要通过占卜的行为以求得。从商代的卜辞可明显看出，举凡人们喜好的东西，诸如美酒佳肴、音乐歌舞、车马、贝壳宝玉等珍贵物品甚至人畜，都在供奉之列（张秉权1968：185—225）。

商　甲骨文	周　金文	秦　小篆	汉　隶书	现代　楷书
				祭 手拿着滴着血液的肉块状，祭祀的行为。

敬畏神灵

商代以前，对于一个国家或部族来说，没有比祭祀和战争更重要的事。故人们往往把祭祀和战争的需要放在首位，不考虑其可能对生产所造成的损失。譬如商朝的人不常以牛耕田以节省人力，增加谷物产量，因为牛是祭祀与战争的重要牲畜。商王的卜问，大部分是为此二事而发。表面上，军事是有形的战斗，祭祀则可视为无形的战斗。战斗是用有形的武力去屈服敌人，保证自己生存的安全。祭祀则是借用无形的灵力与异族相斗，或保护自己不受到妖邪之气的侵扰，而达到健康长命的目的。两者要求安全的目的是一致的。战争的行为有一定的时间性，无形灵力的战斗却是随时都在进行的。透过神灵的力量，可以在无声息中达到削弱敌人势力的目的。比较二者，古人似乎对祭祀还要更关切些。因此如何获得神的支持就成为主政者最重要的任务了。

中国的文字中，"示"是有关神道的一个意符。与祭祀、鬼神有关的意义，大半以这个符号来表达。甲骨文的"示"字，乃作某种有形的崇拜物形（　）。我们虽不能确定"示"到底是什么东西，但可知它大半就是人们想象的神灵寄居的地方，可能是个高而有平台的神坛。此"示"也比较可能是血亲神灵的栖息处，不是用来放置自然界的神灵。甲骨文的"宗"字，作"示"在一座建筑物内之状（🏠🏠🏠🏠🏠🏠）。此建筑物为神灵的驻地，人们崇拜的场所。"宗"是同姓之间的称呼，同姓者源于同一位祖先，在同一个宗庙举行祭祀。古人不祭异族，显然此字表示祖先神灵所在的庙堂，不是崇拜自然界神灵的地方。它代表所有的神道应该是较后期的事。商代所祭开创事业的几位远祖，如上甲、报乙、报丙、报丁，字形作甲、乙、丙、丁分别在正视（田田田田）或侧视（🔲🔲）的祭龛内之状。开国君王商汤的祖父和父亲分别名为示壬和示癸。这些都表现祖先神位排列的一些情况。

商　甲骨文	周　金文	秦　小篆	汉　隶书	现代　楷书
T Ⅱ T 示 ↑ Ⅱ ⊥		示 示	示	示 作某种有形的崇拜物形。
🏠🏠🏠🏠 🏠🏠🏠🏠 🏠🏠🏠🏠	🏠🏠🏠🏠 🏠🏠🏠🏠 🏠🏠🏠🏠	宗	宗	宗 作建筑物内有神位之状，为同宗者崇拜的地方。

神灵的居处

　　精灵虽不可见，亦应如人有居住之处。崇拜的人也需要有具体的东西以寄托情思、表达需要。于是很多自然的现象与周围的事物就被联系起来，创造出很多不同的崇拜物。有的用自然的树木或石块，如商代的社是选取自然的大石块。有的就用这些材料加以赋形，如我们祖先的神主牌，以及高山族代表祖先的木雕。

神灵所寄托的崇拜物，不同的种族、不同的地区会有不同的东西（图18.1—3）。商人祖先所寄存的地方可能是以木料做成。商人于亡国后，已失去祭祀天地的资格，但仍能维持对祖先的崇拜，周王朝让他们建立宋国以延续旧有的祭祀。甲骨文的"宋"字，作庙内有一木之状（𝌆𝌆𝌆𝌆𝌆𝌆）。《说文》中"宋"的定义是"居"，其意义可能由祖先神灵所居之处得来。今日中国人的神主牌位以木料作成，可以说渊源甚远（凌纯声1959：13—18）。至于土地的神灵，可能因崇拜的地点或氏族的不同而有木、石等不同的材料。《论语·八佾》以为夏代以松、商代以柏、周人以栗为社神。但有的版本则以为鲁哀公所询问的是三代的主制，即祖先的牌位，而不是社的制（俞伟超1973：295注3；考古所资料室1972：56）。故《淮南子·齐俗》说："殷人之礼，其社用石。"考古人员曾在江苏铜山丘湾的商代遗址发现商人用四块天然大石为社址，并有杀牲殉葬坑的祭祀迹象（俞伟超1973：296—297；王宇信1973：55—58）（图18.4）。

商　甲骨文	周　金文	秦　小篆	汉　隶书	现代　楷书
			宋	**宋** 神灵居住于庙内树上之意。

祭祀的对象

商代有很多种类的祭祀，尤其是较早期的时候。祭祀的对象、应用的礼仪、供奉的牺牲，都多得难于计数。当时对于祭祀非常慎重，人们为了得到最佳的效果，对于祭祀过程的细节都要取得正确的答案。譬如说要祭祀哪位神灵，在何日、何时、何处举行，由谁主持祭祀，用何种礼仪、多少牲畜，牺牲是用宰杀的方法还是埋于地下、沉溺于河中，甚至要不要烹饪，用什么烹饪法，几乎没有不考虑到的细节。这可显示出商王唯诚唯恐的态度和心情。商代的人盖房子要祭祀，生病、做梦也要祭祀。丰收时要谢神，甚至与敌人打仗也要求助祖先。可以说，商王没有一天不跟神灵打交道（张秉权1978：445—477）。

帝与天

在商人所祭祀的对象中，帝是最具威力的神灵。"帝"字已在第二章介绍，可能是包扎的神像形，以作为孕育万物的创生图腾身份而被崇拜的。帝有极大的威力，能命令降下风雨、雷霆、阴晴，祸福灾佑。其有下属分领各自的权责，是至高无上，俨然鬼神中的王（陈梦家，综述：571—573；胡厚宣1959：109；饶宗颐1978a：85—88）。周灭商朝后，帝的地位就被一个比较抽象的天所取代，连王的名号也时常被称为天子（Creel，西周：493—495）。商代卜辞中的天只是偶尔被祭祀的对象，而且同周代的天可能是两回事。周代的天可以给人福佑，也可降下灾祸，国家的命运维系于天是否眷顾。看来周人的天和商人的上帝好像没有两样。其分别可能只在商人对于上帝全心信赖，不敢怪罪，以为神灵的保证是绝对可靠的。但是周人强调天命是会改变的，为政者要时时警戒，不可疏忽人事，以致被天所厌弃。显然，周王不完全依恃上天所给予的承诺（郭沫若，天道观：23；黄然伟，赏赐：214—219；池田末利1967：23），还要在统治的技巧上做些巩固的工作。

商王大概比较迷信鬼神的力量，以为有鬼神的护持就可以长保国运。商人过于依赖对鬼神的祭祀而忽略国事的治理，以致一战就被周族的联军所败，成为周人的奴隶。这一点周人看得很清楚，《尚书·康诰》记载周公告诫新封侯国的康叔说："天畏棐忱，民情大可见，小人难保，往尽乃心，无康好逸豫，乃其义民。"但周人对付商遗民，却也是利用其迷信鬼神的弱点，强调周取代商是天命，不是人力所可扭转，以减低商民反抗的意愿（郭沫若，天道观：24—26）。《尚书·多士》说："尔殷遗多士！弗吊旻天，大降丧于殷。我有周佑命，将天明威，致天罚，敕殷命终于帝。肆尔多士！非我小国敢弋殷命。惟天不畀允罔固乱，弼我，我其敢求位？惟帝不畀，惟我下民秉为，惟天明畏。"

岳与河

　　除上帝之外，商人最常祭祀的神灵是岳与河。甲骨文的"山"字，作几座平列的山峰状（ᴟ ᴟᴟ ᴟᴟᴟ）。"岳"字则作高山之上又有高峰重叠之状（𡶶 𡶶 𡶶 𡶶 𡶶 𡶶），不是一般的山峦之意。根据研究，岳在商代指现今的霍山而不是一般山峦的泛称。它坐落在山西省霍州市的东南，海拔2500米以上，在商人当时所栖息的地域中是最高的山脉（屈万里，论学集：286—306）。在地形上，高山迎风而容易降雨。雨是古代农业种植的主要水源，所以受到农耕民族的崇拜。甲骨卜辞以岳为求雨、求年的对象，明白道出其受崇拜的原因。

商　甲骨文	周　金文	秦　小篆	汉　隶书	现代　楷书
ᴟᴟ ᴟᴟ ᴟᴟᴟ	▲▲ ▲▲ ▲ ᴟ ᴟᴟ ᴟ	山	山	山 作几座平列的山峰状。
𡶶 𡶶 𡶶 𡶶 𡶶 𡶶 𡶶 𡶶		𡶶 嶽	岳 嶽	岳 嶽 作高山之上又有高峰重叠之状。

甲骨文的"河"是个形声字，从水可声（图形符号）。河在商代专指黄河，后来才演变成为河流的通称（屈万里1959：143—155）。在商人居住的地域，黄河是最长、水量最丰富的河流。它常因暴雨而改道，造成很大的灾害。商人不能不忧虑，故要特意取悦之，以防其发怒而造成灾祸。黄河也是商人求年的常见对象。商人的灌溉系统有多大规模，有多完善的设施，目前还不清楚，但引导河水灌溉农地之事总是有的。灌溉设施远较降雨可靠，商人之向河神求年，可能也含有利用其水源以灌溉的心意。

从卜辞可看出商代早晚期的祭祀内容有很大不同，这可能反映了他们对鬼神态度的改变。在较早的武丁时代，祭祀的种类繁多，对象也遍及各式各样的鬼神。那时祭祀的仪式和内容没有一定的形式，每个细节都要以占卜的方式来决定，非常浪费时间。到了后来，祭祀又经过了些改革（严一萍，甲骨学：1093—1099）。祭祀的对象主要是上甲以下的先王及先妣。非祖先的自然界神灵已少被祭祀，祭祀的礼仪也减少很多。其时对于祖先的祭祀，不但仪式、牲品有所规定，甚至日期也事先排妥。如此有系统的祭祀，在最后两位王时达到最严谨的地步，由供奉食物及乐舞等五种祀典组成，对象只限上甲以下的先王以及有子即位的先妣。它反映帝王世系及继承的原则，是研究商代家庭组织的理想材料（张光直1973：111—127）。这种预先排定的祀典，使每一位祖先经过了五种的祀典后，正好历时一个太阳年的长度，所以王的在位年数就以祀字表示。

巫　祝

人人有经验，神灵是不能直接和我们说话的。故如何把我们的愿望上达，如何得到神灵的指示，无疑是件很重要的事。能做到这件事的人被叫作巫与祝（"巫"字已于第十六章介绍），他们也是古代善用药物治疗的医生。

　　　　　　　　　　　　　　　　　　　　中国古代社会

除医病之外，巫的大用应是具有调节风雨的神奇魔力。故《周礼·司巫》说："国有大灾，则帅巫而造巫恒。"巫所经常从事的工作是宁风、降雨。商代卜辞常问祭祀巫以宁风。风和雨是相关的。中国以农立国，农业的丰歉与雨量的多寡和适时与否有莫大关系。华北夏季经常闹旱灾。商代求雨主要用两种办法，一是跳舞，一是焚烧人，偶尔才竖立土龙。所焚烧的人是巫觋，不是罪犯或奴隶。卜辞卜问求雨所烧烤的人都是有名字的要人，而且文献也记载夏禹和商汤都曾经以自身求雨救旱。这种方式大概是基于天真的想法，希望上帝不忍心让他的代理人受到火烧焚的痛苦，从而降雨以解除巫的困厄。但它太残酷、太痛苦，巫也不想以身试之。所以商代已多用乐舞而少用焚巫的办法。不过，此习惯到春秋时代还见提及。《左传·僖公二十一年》和《礼记·檀弓》都有要焚巫以救旱的记载。看来在古代，巫常有行巫术而丧失生命的危险，包括吃药而做出危险的动作。

巫在商代，不但是个生前有异能、能与鬼神交通、备受尊敬的人，死后也成为神灵而接受祭祀（林巴奈夫1967：210—219）。卜辞提到接受祭祀的巫有东巫、北巫、四巫等（陈梦家，综述：590），可想见四方都有巫的神灵。到了战国时代，巫的职务仍主要是舞雩降雨以解除干旱，行法以去病疾，以及在丧事、祭祀的时候联络鬼神（林巴奈夫1967：210）。但其地位较之商代已经大为降低。

巫对于文化至少还有几个贡献。除其祭祀时娱悦神灵的乐舞发展成后世的戏剧、乐舞等艺术之外，文字的使用也经他们的手而加速发展，商代的甲骨文就是他们留下来的占卜记录。在中国，朝廷的记录虽由史官负责，其早期应起于巫师的需要。一般人只需记录一些所拥有的财货，而巫师还要记载各种神灵的魔力、能与之交通的经文、施行魔术的方法等。这些复杂的记录，一定要有较精密体系的文字才能办得到，因此促进了书写的系统的发展。在西洋，基于同样的需要，图书一直由僧侣掌管，使其成为知识的泉源（张光直1985：109）。

与巫有关的是祝。他们常被视为从事同样的职务而有巫祝之词。甲骨文的"祝"字，作一人跪拜于祖先神位之前，或张口或两手前举，作祈祷之状（{略}）。从商、周的文献看，巫与祝的工作很不同。"祝"字在卜辞多作祝祷意义的动词，其所祝祷的对象也以祖先的神灵为主（王恒余1961b：118）。祖先神灵的能力要比自然界的神灵差些，祝者并没有积极与鬼神沟通的能力，地位也不显。到了战国时代，人们迷信的程度减低，祭祀常成为例行的仪式而不具有遂行巫术的意味。因此作为王代言人的祝，依《周礼·小祝》，代王行祈祷福祥、顺丰年、逆时雨、宁风旱、弥灾兵、远罪疾等国家大事，一直能服务于王廷，也受人们的尊敬，不像巫渐沦落为不被人尊重甚至受鄙视的职业。

商　甲骨文	周　金文	秦　小篆	汉　隶书	现代　楷书
{甲骨文字形}	{金文字形}	{小篆}	{隶书}	祝 作一人跪拜于祖先神位之前，或张口或两手前举，作祈祷之状。

鬼神的扮相

　　原始宗教源于人们对自然界的恐惧、惊异、向往与失望等种种心态的混合。既然人们需要在心理上获得安慰与寄托，有心的人就渐渐利用这种形势导人向善，或加以控制以牟利。聪明的人不但想出了神灵寄居的崇拜物，也设计了鬼神的扮相和行为，从而成为神的代理人，以达到控制他人意志的目的。

　　鬼既然是人想象出来的东西，其造型和行为就离不开人们的经验和所见的形象，但为了达到威吓信众的效果，就得与正常人的形象有所差异才会发生作用。因此人们就根据某种异常的征象加以夸张，或采形于异胎，以致有了与正常人形象差别的二头、三脚等各种扮相（图18.5，18.7—8）。这也表现在商代的文字中。"鬼"作一人戴有巨大的面具之状（𩲡𩲢𩲣𩲤）。"畏"则除了戴面具之外，手上又拿着一把武器之状（𤰞）。赤手空拳的鬼怪已令人难抗拒，若加上有武器，其威力更大，更令人畏惧了，故古人以此景来创造畏怕的意义。"异（異）"字作戴着面具而两手上扬挥舞的鬼状（𢍰）。未开化民族的面具，形状大都恐怖惊人，有异于常人。因为他们认为面容异常者会有精灵寄存其身（Sigerist，原始医药：197；Pearson，人类学：287），故"异"字有奇异、惊异等意义（图18.5）。

商　甲骨文	周　金文	秦　小篆	汉　隶书	现代　楷书
			鬼	**鬼** 作一人戴有巨大的面具之状。
			畏	**畏** 作一人戴有巨大面具，又拿着武器之状。
			異	**异（異）** 作一人戴着奇异面具而两手上扬挥舞的鬼怪状。

看起来越神秘的东西，越可以让人惊恐而达到震慑的目的。除了戴恐怖的面具外，古人还知道涂磷发光的方法。甲骨文"褧"字的意义为鬼衣，做一件衣服有多处火光之状（𧝠）。"粦"字则作一人身上火光点点闪烁之状（燐）。矿物磷是种脆而软的固体物质。它存在于骨骼中，埋葬后慢慢会渗到

表面来，易于暴露于空气而氧化，在黑暗处发出碧绿闪烁的光。暗黑的坟场最容易见到这种磷光，因为野兽常把坟墓中的骨头扒出，暴露于空气中。墓地磷火闪烁的事实，无疑会增加恐怖的联想效果。因此有人把矿物的磷涂画在衣物上，跳起舞来，碧绿的光点左右前后飘动，就会有坟场鬼影幢幢的气氛。后来金文就添加两脚以示跳舞的动作。有些地方称萤火虫发出的光为磷而常见于招魂歌词。闪烁的磷光易于联想及神灵（Fujino 1970：40—57）。新的骨发不出磷光，只有埋葬多年的朽骨，骨中的磷才会暴露而发光。在人们的心目中，无疑只有魔力更大的老精物才会发出磷光。故意义为老精的"魅"字，在甲骨文就作戴面具的鬼怪身上，又有闪闪的碧绿磷光之状（ 🜨 🜨 ）。涂磷发光的创意更清楚。小篆"舜"字的结构很近于粦，只是发磷光的鬼被放在柜子里头而已（ 舜 舜 ）。磷要在暗黑的地方才会显现发光的效果，所以最好藏身在黑暗的箱柜中。"舜"大概表达涂有磷而藏身于黑暗神龛的巫人或神像。磷光闪烁的间隔甚为短促，故此字被用以名开花时间短促的舜花。古时候的帝舜，恐怕就是以此方法震慑百姓的巫者。

商 甲骨文	周 金文	秦 小篆	汉 隶书	现代 楷书
				裘 作一件衣服有多处火光之状。
				粦 作一人身上火光点点闪烁之状。
				魅 戴面具的鬼怪身上，又有闪烁碧绿的烛光之状。

巫者不但扮相要怪，行为也要异常，才会被认为有神灵附体。故很多巫师是情绪不稳定的人，尤其是会癫疯性发病、神经不正常的狂人。所以《周礼·夏官》中，蒙熊皮、黄金四目的方相氏一职四人就由"狂夫"担任。对于正常人，那些不正常的行为有时是可学习的，有时就得靠药物的催眠，使自己达到迷幻的失我状态，全身发抖，发出低沉的吼声，口吐泡沫，全身麻醉，不知苦痛，接受常人难于忍受的痛楚行为和不敢做的危险动作。譬如致人死命的毒蛇是很多人惧怕的东西，但巫者却学得将其搬弄于手中的异能，故出土的铜器和漆器常有巫者口衔蛇或手持蛇的图像（图18.9）。巫者使用这些方法使人相信他们是神的代理，有呼风唤雨、驱邪治病的神力。他们的巫术虽是骗人的，但因有亲身使用药物的经验，对药物与病征的关系也有所发现，递相传授从而建立了原始的医学。传说中早期的名医也都具有巫的身份，这未尝不是一种贡献。

骨　卜

今天人类已能往返月球，探测千万里外的星球，对很多现象都能给予科学性的解释，知识较之古人不知要渊博多少，但是很多人的心态还是和古人相去不远。譬如说，我们现在也还有很多人希望借助超自然的力量去回避灾难或获得幸福，因此有人观察茶叶浮沉的情况或砂土上爪迹，以为吉凶预示之机。中国古人也因同样的目的而向甲骨的神灵请教。商人相信鬼神有特别的能力，可以帮助他们解决问题。为了要确定合宜的行动方针，事无大小都要占卜一番，向神灵请教，以免有所差错。

甲骨的占卜，是利用火烧灼龟甲或兽骨使骨甲破裂成纹，从而以骨甲上呈现兆纹的角度作为判断吉凶的卜问方法。甲骨文的"卜"字，作火烧灼甲骨后呈现分裂的兆纹形状（Ｙ Ｙ Ｙ Ｙ Ｙ Ｈ）。从兆纹所形成的角度可以得知问题的答案，故甲骨文的"占"字，作卜骨上兆纹的形状及一张嘴之形（图图图凸凸），表示以兆纹说话，即以兆纹呈现神灵旨意之意。根据发掘的材料，中国于5400多年前已有骨卜的习俗，但到七八百年之后的龙山时代才较普遍（李亨求1981—82b：46—47）。商代之前施行用卜骨的地域甚广，包括现今的山东、江苏、河北、辽宁、吉林、河南、陕西、山西、四川、内蒙古、甘肃等省（张秉权1967：842—844；萧良琼1983：262）。从发现的频度看，占卜比较常见于东方的文化传统（李亨求1981—82b：45；林声1964：98—102）。商代以前占卜所使用的是牛、羊、猪、鹿等大型哺乳动物的骨头。龟壳版虽见于其前的墓葬（南京博物院1964：29—30；又1965：29—30；江苏文管1962：90；大汶口：15，159—163），但比较可能是种装饰品或宗教仪式的用具，并不是占卜的材料。大致到了商代，人们才使用龟甲问卜，并有其比骨卜更受到信任的倾向，而且使用的动物骨头几乎都是牛的肩胛骨。

商 甲骨文	周 金文	秦 小篆	汉 隶书	现代 楷书
＜甲骨文字形＞	＜金文字形＞	＜小篆字形＞	＜隶书字形＞	卜 作烧灼后卜骨所显现的兆纹形状。
＜甲骨文字形＞		＜小篆字形＞	＜隶书字形＞	占 作卜骨的兆纹及一张嘴之形。

　　用骨头占卜不是一件简单的事。首先是材料的价格。骨头虽是肉食的废物利用，但在有史时期，人们只有在庆会祭祀时才屠宰大型的家畜，牛不是一般人所能轻易宰杀的。而且一只牛才有两块肩胛骨。骨头要经过很多道修整的手续，包括锯、磋、挖、刻等等，才能用以烧灼问卜（张秉权1967：853—855），

这些也需要专业的人才。以商代所用青铜工具的效率言，一人一天恐怕完成不了多少片。有人实验，一天差不多只完成一版而已（张光远1984：71）。很多人烧灼不得法，一天的时间也烧不出一个兆纹来。有一位材料科学专家发现，要把原料浸泡在水中几个小时以上，让骨胶原溶解流失，才能改变骨的骨质结构，而在一分钟烧出一个兆来。骨卜不是一般人所能轻易施行的，这不但增加其神秘性，也建立了巫者的权威性。

古人认为骨有神灵，有预知未来的本事，能帮助人们解决困难。但骨头是不会说话的，从商代甲骨上的纹路角度与答案的统计知道，甲骨上的吉兆与兆纹形状之间没有必然的关系。若要确定兆纹所代表的吉凶意义，就得通过另外的手续。从《史记·龟策列传》等后世的文献（李亨求1981—82c：63—72），参照后世少数民族的骨卜习惯（林声1963：162—164；又1964：98—102），占卜咨询的步骤大致如下。在使用火烧灼前，首先与骨的神灵作口头的约定，以什么样形状的兆纹表示什么样的意思（张秉权1967：859—861）。譬如说，约定兆的横纹向上走表示肯定，向下走表示否定。相反的约定也可以。骨一经火的烧灼，立刻就可以显现纹路而得到答案是肯定或否定了。如此一来，如果能够控制兆纹剥裂的方向，就可以通过控制兆纹的角度，达到控制问卜人行动的目的。同样的，问卜的人也可以通过同样的方法，使神灵同意自己的意愿，以推行自己的政策，达到神权控制政治的目的。这种技巧很可能在商代已发生。早期的占卜是直接用火在骨上烧灼，后来为了使兆纹易于显现，就先挖个长方或圆形的洞。到了商代第一期武丁时，方法就发展为在长形的凿洞旁边挖个圆凿，使烧灼后的甲骨表面易于剥裂成要求的卜字形纹路（张秉权1967：854）。但此种措施使得在圆凿的上部烧灼时，横的兆纹易于顺势朝上；在圆凿的下部烧灼时，兆纹就容易顺势朝下。换句话说，兆纹的角度可能能在烧灼时加以控制，巫祝等神职人员可以通过这个关键牵制王的意愿。这种一长一圆的凿形，除了龟甲因骨质的结构有异于兽骨，难于控制兆纹的角度而得以保留外，武丁期以后就不再采用，骨上的只有长形的凿。这很可能就是因为商王发现了其秘密，不允许再行用一长一圆的凿形（许进雄，钻凿形态：5），也可能因此，不容易控制兆纹走向的龟甲才被认为较灵验。

由于兆纹只能以形成的角度作为是与否的回答，问题就只以能肯定与否定回答的形式提出。如今天下午下雨吗？应否用猪去祭祀某位神灵？复杂的事件就要经过多次这样的卜问，才能得到完全的答案。如以商代的田猎活动为例，就得问"可否去打猎？""哪一天去好？""去哪个地点，甲或乙？""何时出发呢？""天气如何？""用什么方法比较会有猎获？""由何人跟随着前去？"等一系列的问题。一次的行动往往要卜问20次以上，有时同一个问题又反反复复地问。每一次的卜问都要经过繁琐的手续。不用说，这是相当费钱和费时的措施，不是一般人所能从事的。变通的办法是以一定数目的蓍草，经过或繁或简的推演步骤，取得单数或双数的数量，以之作为占断是与非的依据。这种筮法的材料费较省，得出的结果较快，为一般人所乐于采用（后来改用铜钱，得出结果更快），但也因此被认为不如骨甲之卜灵验。

商朝王室卜问的内容几乎无所不包，除祭祀与军事有关的主要活动外，尚有风雨的有无、天气的阴晴、农获的丰歉、出入的吉凶、旬夕的安宁、田猎的顺利、疾病的痊愈、官员的任命、妇女的生育、做梦的启示、方国的进贡等项目（张秉权1967：857—858），触及商王生活的每一个细节。虽然卜问的答案不是商王行事的绝对依据，但我们可以理解，占卜赞同的计划比较容易付之行动，从而可以想见王的行动受到占卜结果的影响。从实验得知，兆纹剥裂的角度可以控制，王的行动可能因此会受到约束。商代末期问卜的项目大为减少，很多不必要的卜问都取消了，迷信占卜的程度显然减低。

商王室并不是每次的卜问都会留下文字的记录，很多不重要的事情，就不加以记录。现在已出土的商代有字的甲骨超过10万片（另一估计为15万片），可以想见当日使用的频繁。由于商王问卜太多，王室及周围地区所宰杀的牛只及乌龟都不够使用，需要由外地输入。卜辞有很多方国贡献的记载，还有专人负责登录、收藏、制作等工作（胡厚宣，记事刻辞：67—68）。有些龟甲竟然远从中国的南海入手（张秉权1967：828）。如果时人不是非常相信占卜的灵验，就不会花费那么多的时间和金钱去从事不关乎国家与人民生计的闲事了。

我们知道骨头并没有预知未来的灵异，商代占问的结果应该有许多是不能应验的。但不知为何，商代甲骨文很少见到有占断错误的例子。很可能巫师所下的占断语意含糊，容易加以附会。譬如说断言下旬会有灾难，它就很容易被附会成任何不顺利的事件。但如卜问风雨的有无，恐怕就不容易含糊其词了。恐怕巫师还要对气象有些研究，知道何种征象是下雨或刮风的前奏。气象学的发展与占卜的职业也应多少有些关系。以下举一例迄今所知唯一可确定占断错误的记载。卜辞的现代释文为："呼师往见有师？王占曰：'唯老唯人，途遭若。'兹卜唯其害，二旬又八日至壬寅，师夕死（殊）。"（合集17055）该辞预示老将军成功达成任务，结果他却是在旅途中异常地死亡了。

筮法与周易

周人在灭商之前曾经臣服于商朝。其文明水平一般认为较商民族为低。故周人对于商人如此重视的占卜信仰，多少也会效法。20世纪70年代在陕西岐山发现的时代约是商末周初的甲骨有10,000多片，可惜只有200多片有文字（周原考古1979b：38—43；又1982：10），而且文字不多，不能提供太多有关周王的消息。问卜的骨由于来源有限，制作又费事，只能局限于贵族间使用，普遍大众就得另想变通的办法。筮法是以一定数目的蓍草，经过一些推演的步骤，取得单数或双数的数目作为占断是非的根据，一如骨卜以兆纹的角度作为是与否的标准。为了要显示神秘，巫师不但使用繁杂的过程以取得一个奇或偶的数目，而且还渐渐将推算增加至三次，以三组单数或双数的蓍草，可以排列八个不同的卦象。更后来演算又增加到六次，这样就可以有六十四种不同的排列，即所谓的六十四卦（张亚初1981：153—163；张政烺1980：403—408）。偶数为阴，后来以断线为符号；奇数为阳，以实线为符号。以前有人认为它是从骨卜习惯演变来的（饶宗颐1961：976—977）。20世纪六七十年代，上海青浦崧泽的马家浜遗址出土以六个数字表示卦象的刻画，表明筮占也很古老，起码已有5000年的历史。故有人怀疑筮法的使用或应早于龟卜（丁骕1981b：25—45）。商、周的遗址也发现有于卜骨上刻画筮占的符号的。不过，筮法有多种方式，现在保存最完整的西周初期的《周易》，以数目九为阳爻，六为阴爻，应该是从龟卜演变而来的筮法（屈万里1956：117—133）。

《周易》一书取名的意义，最常见的说法是易有简易、变易和不易三个意义。简易可能是原先命名的意义，因为筮占的材料容易准备，寻求解答的过程也简单。其有变易的特性是后来的占卜师故意以复杂的变化花招寻求答案才有的。第三种意义不变更是后来加上的哲理，以为易象揭示形势不断地在变化是宇宙不变的原理。可能筮占的方法太过简易，在商周时代被认为不若骨卜灵验。如《尚书·洪范》说："汝则从，龟从，筮逆，卿士逆，庶民逆，作内吉，作外凶。"在龟从筮逆的情况下，有时还可以行动。但没有说到筮从龟逆时还可以行事的。《左传·僖公四年》说："晋献公欲以骊姬为夫人，卜之，不吉。筮之，吉。公曰：'从筮。'卜人曰：'筮短龟长，不如从长。'"《仪礼·士丧礼》之注及疏注说"龟重威仪多""筮轻威仪少"（仪礼：442）。以材料之轻重解释信用程度的多寡，恐怕不得其实。

《周易》是以六个由阴或阳的符号组成的六十四个不同卦体以为占问吉凶的筮法。各卦的爻都以当时共知的事物来表示吉凶的情况及程度。如晋卦的"康侯用锡马蕃庶，昼日三接"，随卦的"拘系之，乃从维之，王用亨于西山"，归妹卦的"帝乙归妹，其君之袂不如其娣之袂良"，都是商周之际的史事。本来占

中国古代社会

断也应该是显示分明的是非与吉凶的。可能是人事越来越复杂，简易的吉凶不能满足需要。更可能是布占者故作神秘，乃以爻的变化以示吉凶的变化趋势，以避免明显下错占断。商代的筮就已见到爻变的花招（郑若葵1986：51），故易才有了变易的新特性。至于如何变化以显示吉凶变化的趋势，这本是筮者个人的花招，太简单就失去其神秘性而难得到人们的信心，故加上种种不必要的复杂变化以炫惑人心。花招可能各家不同，施术者也可以根据情势加以比附。近来发现自新石器时代以来就有的由一、五、六、七、八等数目组合的筮卦符号，很可能就与以数学的演算方法去推算筮占的变化有关（Chen Shih-chuan 1972：237—249；高亨，周易古经通说：112—130）。中国数学的发展或者与筮占的操作也有相当的关系。

　　《周易》一书本来为占筮之用，别无深义，后来被儒家借以说理，稍带哲学的意味。到了西汉中期，天人灾异之说兴盛，施术者附和当日的流行，以阴阳及五行来比附天地间的事物，又取五行相生相克的学说牵附人事的吉凶（屈万里，易例述评：77—154；高怀民，两汉易学：104—174），以致神之者。如唐代孔颖达的《周易正义序》，以为《周易》是古代圣人遗留下来的神秘典籍，有大道存焉，宜以其消息变化以明天人关系，揭示宇宙的奥秘。因此易卦又有了不变易的永恒性格。甚至有人更进一步地附会，以为《周易》是修习神仙的大道，八卦的符号亦有驱鬼邪的魔力，以致道教有以符箓驱鬼治病的事（吴荣曾1981：61—62）（图19.17）。

迷信与阴阳五行学说

　　随着文明程度的提高，人们对鬼神的信仰也相对减弱。所以随着社会的进步，人们对卜筮信仰的程度也有减轻。也许因此《周易》才从纯为筮占之书，被改变为说理之经典。一些政治家努力破除对于神道的迷信，强调吉凶与阴阳无关，事在人为。如《左传》记载公元前639年，臧文仲阻止鲁僖公焚烧巫人以救旱，强调应加强各种人为的防旱救急措施。另一记载则是公元前524年，郑国子产不相信天象可以预示灾变，当火灾真的发生时，他就尽人事积极救火，于事情就绪之后，才举行禳火的祈祷以安定民心。但另一方面，社会又出现了不同样式的迷信。

对于文明程度较高的人来说，过去那种有凭借物的鬼神信仰，已有虚诞而不实的感觉。他们对于自己身处的世界有了新的想法，它演变成一种对无形事物的迷信。战国时代渐有阴阳及五行的学说，以为阴阳是形成宇宙的元素，以为一切的变动运转都是起于阴阳元气消长的变化。五行的学说，初时只是对构成宇宙的一些可感觉的自然物质的直觉观察，没有什么神秘性。金、木、水、火、土都是可见可触的东西，渐渐也变成无形的元素，有消长运转的性格。到了战国末期之初，邹衍把阴阳和五行的学说合为一，创为新说，认为自天地创造以来，五行的元气就轮番转移主宰世界，国君或朝代的更替就是其具体的表现之一面（李汉三，五行：103—130）。

邹衍把自然界的灾变异象，如日月食、地震等，以及伴随灾异的禁忌习尚，都加以阴阳和四时化。一国的君主当然要以具有五行当值的德性的人来充当，上天会用种种不同的祥瑞来显示其选择。如果代表某一德的时运衰退了，就会由五行中另一可克制之德来取代。国君既是应运受命的人，当然其施政要顺应四时阴阳的变化，要依照一年的节气来调整，甚至衣食住行的细节也要顺应四时的转移做相应的变化。否则就会引起国家不安，国祚不久，而各种异乎自然的灾变就是上天给予的警告。这本是有心人利用自然的现象来限制威高权大的专制帝王的方法，以避免他们做了失德过分的事。施术者附会的预示有时会碰巧成真，使国君相信上天真的会预先给予警示（皮锡瑞，经学史：101）。影响所及，民众也相信其有，推广其道以限制自己的行事，遂有各种各样与阴阳五行有关的禁忌和迷信。两汉上自帝王的施政，下及民间的日常生活及学术，无不在此种迷信的深深笼罩下发展（李汉三，五行：103—439）。以后的时代，其影响虽少及于政治，但对于日常生活，阴阳五行的迷信观念仍有深刻的影响。如时日的禁忌、坟墓住宅的风水选择等便是例证。

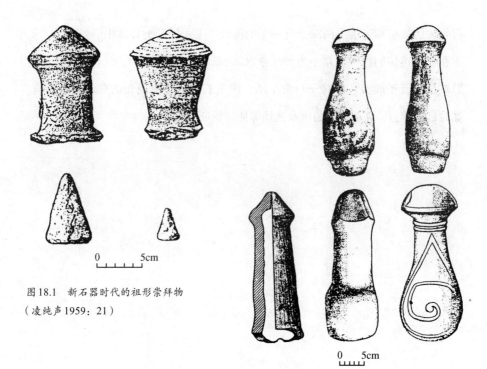

图 18.1　新石器时代的祖形崇拜物
（凌纯声 1959：21）

图 18.2　商代的祖形崇拜物（凌纯声 1959：
31；安志敏 1954：102）

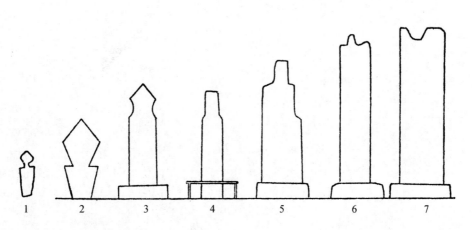

图 18.3　台湾高山族崇拜的石表（凌纯声 1959：1）

中国古代社会

图18.4　江苏铜山丘湾商代墓地中心竖立的崇拜用大石（南京博物馆1973：图版6）

图18.5　少数民族崖画上所表现的面具形象
（宁夏博物馆1987：45）

图18.6　戴面具的玛雅神巫（Fagan，
人类：349）

图18.7　战国时代长沙楚帛书上的神怪图像（林巳奈夫1971：2—3）

　　　　　　　　　　　　　　　　　中国古代社会

漆棺画细部 (1/2)

图18.8　汉代漆棺上的神怪图像（孙作云 1973：53）

左：戏蛇　　右：持法器

图18.9　河南信阳战国初期楚墓木瑟上的彩绘巫师图纹（信阳楚墓：30a 图24）

第十九章

天　文

序　论

生活在地球上，没有人能忽略日月星辰的运行，因为它们与季节和方向都有绝对的关系，而人们的活动又得配合季节性的变换。日月星辰的运行、风云雨雷的发作，似有规律但又变化多端，古人很难预测它们的变化。它们的威力那么大，发起威来，无人能抗拒；但有时又那么幽静，令人感受无限的温馨。多变的气候和玄妙的天空，使人对它们充满疑惑、敬畏、羡慕、感激等矛盾的复杂感情。因此世界各民族都对此神秘的天空幻发了很多的神话，并发展成原始的宗教。

不管是过着农耕或游牧的生活，人们都要依据季节选择合适的方向去安排生活。就是终年生活在海上的渔民，也必须认识太阳和各星宿的位置以便据之导航，不致迷失方向，或避免受强风的侵袭，预测鱼汛的来临。生活既然跳不出时间和空间的范围，人们就要关心它，对它有所了解，具有高度文明的民族也就必须有丰富的天文知识。所以天文学是各个文明古国很早就发展的学问（竺可桢文集：260）。中国历史悠久，也不例外，很早就发展了天文学。

考古发掘对于了解一个古代文明虽很有帮助，但除了文字的记载，我们很难从其他材料去探索当时人们对天象的具体知识。虽然在河南濮阳发现有一个6000多年前的墓葬，坟墓的形状非常特异，与一般的矩形或亚字形、中字形都很不同。在尸体两旁有用贝壳排列的龙、虎、星斗等图案（图19.18）。研究者发现其墓的外形与图案的位置与6000年前的天象符合，且可能有盖天的思想（冯时1990：52—60）。此坟墓的轮廓确是像极了由黄道、春秋分日道、人目所能见的太阳轨道等几个轨道所构成（图19.19），看起来学者的推论是很合理的。但推论毕竟只是推论而已，尚缺少确切的同时代的文字，证明该坟墓确实是依构想的天象构筑的。所以要谈中国古代的天文知识，只有将最早的文献——商代的甲骨文作为起点。但是甲骨文是向神灵征求忠告的卜问文辞，所问的大都是日常生活中所面临的具体问题，有关天文的知识只偶尔间接地反映出来。所以对于商人的天文知识，我们也只有模糊的概念而已。

商代的人似乎还没有宇宙是个有组织的天体的概念。甲骨文的"天"字作突出一人头部的形象（𝌆 𝌆 𝌆 𝌆 𝌆 𝌆），还没有被用以代表在我们头上的广泛的天空。"天"字在商代的意义是头顶，周人于克商之后才借用之以指示天空。商人至高无上的主宰是帝，或称上帝。虽然他也居住在天上，但商人还没有把头上的整个空间明确地看成一个系统。周族的人以"天"替代商族的"帝"，把它看成是无形、无人格但却是无所不在、主宰自然界一切秩序的控制者，包括星辰、鸟兽、草木的运转与成长。

太　阳

太阳在我们视觉中是最大的天体，它发出的光和热是动物和植物赖以生存的元素，故在众多星辰中，人们对之特别崇敬。商代的人对早上的出日、午后的入日有迎送的仪式（甲骨类纂：427）。甲骨文的"日"字是个太阳的轮廓形（）。由于甲骨文是用刀契刻的，难于刻成浑圆，故只能作多角形。"日"字绝大多数作圆中有一点，它可能是古人有意的表达，表现日斑的现象。

商　甲骨文	周　金文	秦　小篆	汉　隶书	现代　楷书
				日 太阳的轮廓形。

商代的人观察到太阳有两种异常的现象。一以"戠"字表示。甲骨文的"戠"字作以戈砍斫某物后而留下一个三角形的刻识形（），用以表达识别、辨识等意思。此字在卜辞有三种用法：一是祭名，二是肤色，三是日或月有戠。或以为戠是赤或黄色。日有戠为太阳的异常色变（丁骕1980a：61—62；严一萍1980：13）。有人以为日有戠即日蚀的现象（张培瑜1975：210—224）。但"戠"与"蚀"在语音上并不太相近，相互间不太会有语音上的假借。而且商代的日、月蚀已用"食"字表达。很可能日或月有戠中的"戠"在商代是用其本义，即刻识，表示太阳或月亮的表面出现了斑点或阴影。

商　甲骨文	周　金文	秦　小篆	汉　隶书	现代　楷书
				戠 作以戈砍斫某物后而留下一个三角形的刻识状。

现在用仪器观察，可以发现太阳表面有黑斑，其处的温度较周围要低得

多，但成因尚不清楚。斑的大小有规律性的变化，大约以11年为一周期。黑斑越大，磁场也越强，对地球的通讯电波和气候都有影响。太阳的光线非常强烈，在正常的情况下，直视之能使人失明，但是中国人起码从汉代起就经常记载太阳的黑斑现象。如《汉书·五行志》记载公元前28年的三月乙未，太阳呈黄色，有黑气如铜钱居中央。其他的描写说它像弹丸、飞鹊、枣、或鸡蛋。有说它数月乃销，或三日乃伏（陈遵妫，天文简史：62；朱文鑫，天文：80—88）。比起西洋同样的观察，这起码要早上千年之多。汉代日中有金乌的古老传说大概也是基于此种观察（图13.12—13）。汉代的人能见到这种日斑的现象，住在同一地区的商族也很可能会发现。卜辞的命辞和验辞部分都提到"日有戠"的句子。如"酒肜，其协小乙？兹用。日有戠，夕告于上甲九牛"（合集33696），"日有戠，非祸唯若"（合集33698）。商代的人认为它是一种异常的现象，要向祖先报告。但它和月蚀一样，也是一种可能表示吉祥也可能表示凶险的现象，故卜问它的出现是福还是祸。卜辞又有一版的辞作"日有戠？允唯戠"（合集33700）（图19.3），"允"字是卜辞预示应验的用语。"日有戠"（太阳有刻识）如果确是商代的人对于日斑的描写，他们竟然能于事前加以推测日斑的出现而致应验了，可以说是种极为惊人的成就。近代才晓得日斑的出现约成一个11年的周期，实在很难想象商人能够发现这种周期而预期它的出现。中国人能那么早就观察到日斑的现象而加以详细的记载，有人将此成就归因于地理特征，当大风把华北浓厚的黄土灰尘吹上天空时，人们就可能用肉眼观察太阳的表面，不怕过分损伤眼力以致瞎眼，所以才会有日斑的发现。这种机会不会只有中国人才有，但唯独中国人注意到而且重视这种现象，无疑也可算是一种成就。

商代对于太阳还注意到一个各民族普遍注意到的异常现象，即日蚀。商代用"食"字表示。卜辞有"日月又食，唯若""日月又食，非若"（合集33694），是发生了某种现象，卜问是顺利或不顺利的迹象。由于商代一个字常有数种意义，此句的"月"与"又"都有多种意义，故它至少有四种可能的解释：一是白天的时候月亮有了蚀象；二是夜晚的时候太阳有了蚀象；三是太阳与月亮相继有了蚀象；四是太阳或月亮有了蚀象。或以为它根本与天象无关。一般的常识是，白天不应有月蚀，夜晚不应有日蚀。故有人以为那是表明日蚀与月蚀在间隔不久的时间内相继出现的现象。但是商代的人划分白天和夜晚的习惯，可能和我们现在所使用的制度有所不同。很可能冬天的午后四五点钟时，天已昏黑，商人就已指称之为夕。或者，早上天稍光明而还未大亮时，商人认为那还是属于前夜的部分。不过，以商代使用时间副词的习惯看，此句比较可能是说白天的时刻发生了月蚀，商王因其发生的时刻不寻常而特别卜问是否有灾祸。月之出现于天空有时很早。有人推算安阳所能见到的月蚀，有在午后近五时见到食甚的现象（Dubs 1947：170；董作宾，全集7：485）。傍晚时候出现月蚀并非不可能，甚至在汉代，日蚀也可以发生在所谓"夜"的时候。《汉书·五行志》在谈到日蚀的应验及于人事的各种灾异时，说"日食者，臣之恶也。夜食者，掩其罪也"，即是日蚀可以发生在语意的夜晚时候的明证。

发生月蚀时，除月亮本身的形状有所变化外，并没有其他可以觉察得到的变故，它又经常发生，故人们一向不对之有特别惊惶或紧张的措施，也不认为它可以引起灾祸，如《汉书·五行志》谈到各种异常天象的意义，就没有谈到月蚀可影响人事的灾异。大概该次月蚀发生的时间不寻常，所以商王才有兴趣探明到底是吉祥还是凶咎的征兆。日蚀的蚀象虽然不易为人们所注意，但日全蚀时，天地立刻昏暗，鸡犬会惊恐而跳叫，有如世界末日来临。《左传·昭公十七年》引《夏书》曰"辰不集于房，瞽奏鼓，啬夫驰，庶人走"，就是描写人们对于发生日蚀的惊恐情形。因日蚀而起惊慌是各民族普遍有的现象。在那种情况下，商王大致不会冷静地还要探明是吉祥的好兆还是凶险的坏兆。所以上引的卜辞比较可能是因月蚀而发问。

不过，商代的人一定也注意到日蚀的现象。卜辞有"日又食"的残辞（合集11481），不但记载它的发生，有一片甲骨卜辞作"丁卯卜：戊辰复旦""不复旦，其延"（合集34601），措辞与《古本竹书纪年》周懿王元年"天再旦于郑"的清早日蚀现象相似。"复旦"是早上蚀象解除后天空恢复明亮，有第二次旦时的意思。日蚀只经历一个小时，商人比较不会因丁卯日发生日蚀时不明白日蚀经历时间的长短而问是否次日才解除蚀象。如果意义是商王询问次日的日蚀到底会于旦时复明，或是延到更为迟晚的时候，那其似乎暗示商代已能预测日蚀即将发生，这不能不说是一种惊人的成就。所以此句刻辞较可能的解释是商代的日子与日子之间的区分在清早的时候，故于日蚀发生后之一小时即可能为次日，才有这样的措辞。就像《汉书·五行志》说成帝建始元年八月戊午的月蚀，"晨漏未尽三刻，有两月重见"。

月　亮

人们常见的第二个特异天体是月亮。甲骨文的"月"字作常见的亏蚀形状（ ☽ ☽ ☾ ☾ ☽ ）。商人把一天的时间分成两部分，基本上太阳出现的时候是白天，而月亮出现的时候是夜晚。所以"月"的字形就有月亮及夜晚两个意义。为了区别其用法，乃于"月"中加一点以为区别。早期的"月"字作月亮的轮廓里没有点划，后来则相反，成为"夕"字无点而"月"字有点。月光柔和，人们可以仔细地观察而发现月的表面有斑点阴影，导致出现月中居有玉兔、蟾蜍、或甚至嫦娥盗取仙药而奔月的种种故事和传说。月的光线柔和，被人想象成寒冷的地方，与炎热的太阳成明显的对比。因此月、日被取为阴、阳的代表，常见于古代坟墓的装饰图案，以象征神仙的世界（图19.8）。同时，从战国时代开始，各种星象图或以星为主体的符箓，也跟着置之于墓葬中以为

　　　　　　　　　　　　　　　中国古代社会

驱邪之用（王健民 1979：40—45；周到 1975：58—61；吴荣曾 1981：56—63）
（图 19.17）。

商 甲骨文	周 金文	秦 小篆	汉 隶书	现代 楷书
		月	月	月 作常见的半月 形状。
			夕	夕 作常见的半月 形状。

　　月蚀是常见的天象，人们并不觉有值得惊异或恐慌的反应。故西周初的
《诗经·十月之交》一诗有："彼月而食，则维其常；此日而食，于何不臧！"
甚至到了到处显现灾异与迷信的汉代，人们也不认为月蚀是种灾变的预示。商
代以"食"字表示日与月的蚀象，可能是想象被某怪物所吞食的现象。也许后
世天狗食日及月的传说，以及用吵噪声响以惊吓驱逐天狗的迷信已存在商代
了。甲骨卜辞有关月蚀的记载都只见于武丁时的验辞。验辞所记的是确实发
生的事实。月蚀不见于武丁以后的卜问，也许反映商代晚期的人对于月蚀的现
象已有相当的了解而不再觉得月蚀是种值得注意的异象了，故不特别加以记
载。秦汉时代的人不但记载日月蚀的日期，且已开始注意到蚀象的食分、方
位、亏起方向，以及初亏和复原时刻等等的细节，甚至还对蚀象做出正确的科
学解释，认为月蚀是由于地球的影子遮掩月亮而引起的（李约瑟，科学与文明
3：413—14）。月蚀的原因既明，人们也就没有可忧虑的，甚至还可以计算，
预知其发生的时间。

星 辰

　　古代中国人和其他的古文明的人一样，都认为地球是宇宙的中心，其他的星座都围绕着它在天空转动。太阳和月亮因为看起来特别大，与人们的生活关系最为密切，故给予专名，其他的天体就统称之为星。甲骨文的"星"与"晶"字同形，作众星簇拥之状（晶🔸）。众星闪亮如明澈的水晶，故也用以为晶亮的意义。后来为区别起见，才加"生"的声符以之区别（🔸🔸🔸🔸🔸🔸）。人人皆能仰观繁星的存在，重要的是能否辨识和加以利用。天上的繁星万千颗，除少数特别明亮、运行与季节有某种关系、有特别用途可以方便生活者外，古人无法一一顾及。如《淮南子·齐俗》说"夫乘舟而惑者，不知东西，见斗极则寤矣"，因北斗星可以作为方向的指标，才被给予专名。

商 甲骨文	周 金文	秦 小篆	汉 隶书	现代 楷书
晶🔸🔸🔸🔸🔸	🔸	晶星星	晶星	晶星 作众星闪亮簇拥之状。

　　商代卜辞有关星座的记载，只提到鸟星、火星等寥寥可数的例子（合集11497—11501，11503）。但这些星都具有实用的效果。鸟星和火星常见于中国古代的文献，是定季节的两颗重要星座（竺可桢文集：317—318；严一萍1980：3—8）。鸟星座包括七颗星，当初昏时候七星俱见时就可定仲春的季节。火星是心宿的第二颗星，春分时候昏见（陈遵妫，天文简史：21），明亮而大，色极红，可能因此而被命名为火。大概也因为其呈色为红，《史记·天官书》记载汉人联想它为干旱的象征。干旱是农业社会的大灾害，中国以农立国，故对它很

关心，有火正的官员专门负责观测火星的位置，并以其位置来校正仲夏的季节。卜辞有"火，今一月其雨？""火，今一月不其雨？"（合集12488），认为火星与下雨之事可能有关系（严一萍1980：7—8）。大概商代就有火星所在之地域主干旱的迷信。

卜辞有"新大星并火"的记载（合集11503）（图19.2），表示其时已能辨别运行不规律的星座。商代有一版卜骨，"大星"与"非鸣"的残辞契刻在邻近的位置（合集29696），也许是问要不要像发生日蚀的时候一样，以吵闹鸣叫的方法驱赶罕见的大星。还有一版卜辞提到大星出现于食日的时刻（合集11506）（图19.1）。食日是商人给白天时间分段的用语。大食日为早上的用餐时刻，小食日是下午的用餐时刻。白天不会有星的出现，除非太阳光被遮住，暂时昏暗，才能见到列星。所以这个记录可能是新星或彗星遮掩太阳造成为蚀象的现象（图19.6—7）。《汉书·天文志》的"太白经天……昼见与日争明"，也是类似的现象。

岁　星

太阳系行星中最大的木星又叫岁星。观察岁星的运行是中国古时候观象授政的重要措施。其重要性有时更甚于日、月。《尚书·洪范》所言一国可资借重的天象记录，其次序是岁、月、日、星辰和历数。从地球看岁星的运行，它是螺旋前进的，每每赢缩不定，亮度亦明暗无常，较易引起观测者的注意。东汉初的《说文解字》解释岁星，说它"越历二十八宿，宣遍阴阳，十二月一次"，故被人取以为年度的指示。甲骨文的"岁（歲）"字，作一把行刑用的斧钺形（钺钺钺 钺 钺 钺 钺 钺 钺 钺 钺）。卜辞的"岁"多用为祭祀名及杀牲的方式，但也使用在如今岁、来岁、今来岁、十岁、今三岁等显然与时间长度有关的用语中（岛邦男，综类：340）。《史记·天官书》言岁星"岁行三十度十六分度之七，率日行十二分度之一，十二岁而周天"。岁星每年运行天空十二分之一，到达一个新的位置。大概十二年与十二地支的数目相合，古人才有以岁星的所在表示年代的习惯。商人以岁星表示时间的长度，应是基于这种运行的现象（郭沫若，甲骨：74）。斧钺在商代是处刑的用具，不是战斗的兵器。商人用此武器来命名岁星或许也有特别的意义。在后世，岁星被认为是军事行动的征兆。如《史记·天官书》说："其所在国不可伐，可以罚人。"罚人正是商代贵族使用斧钺的目的，当也是命名岁星的用意。汉代的"岁"字形已演变成不像是斧钺的形状，而仍以为岁星有处罚人的预示，可能就是继承前人，即商代的习惯。岁星的运行看起来出没无常，难以预测，有异于他星，大概因此才被认为是由上帝控制，表示天命所在，故以君主处罚罪犯的斧钺代表。商代表示一年的长度共有三字。除"岁"外，一是"年"，借每年收割谷物一次以计年数（ ）；一是"祀"（ ），以祭祀祖先一个周期需时一年以计数。

商　甲骨文	周　金文	秦　小篆	汉　隶书	现代　楷书
		歲	歲	岁（歲） 作一把行刑用的 斧钺形。

天的警告

现在很少有人会认为天象与人事有关系，但古人并不作如是想。天空的景象充满着许多令人难于了解的现象，有人以之附会史实，以为那是上帝特地假借之以警戒下民，使知所趋避预防。有些人所作附会的预示碰巧成为事实，使人相信天象确实会以兆象预告即将发生之事。例如，西汉的夏侯胜以为久阴不雨是预示下臣有谋叛其上者，竟然应验在大将军霍光身上；眭孟以为有匹夫将为天子，也应在汉宣帝；夏贺良以为汉有再受命的祥瑞，也应在汉光武帝（皮锡瑞，经学史：100—101）。这些巧合使帝王深信天象可以预告人事，当然也就影响了臣民而群起效法。战国末期的邹衍汇合阴阳与五行学说以解释宇宙的现象，他的理论到汉代开花结果，成了天人合一迷信的高潮，以致遇到日食、地震等自然界的异常现象，皇帝往往要下诏书怪责自己或责免三公（皮锡瑞，经学史：98，100）。《史记》的《天官书》，《汉书》的《天文志》和《五行志》，讲的都是这一类天象的应用及征验。《汉书·艺文志》所载有关阴阳五行占验的著作也远较他种著作为多。天人合一的学说本来是有心人假借天象以警戒帝王，使有所畏忌而得到规劝的效用。有时虽然真的收到劝诫的效果，但帝王也能利用之，随意以之为处罚或责备官员的罪证。这种天象预示人事的迷信，竟然也推广至一般的百姓。《抱朴子·辨问》有"人之吉凶修短，于结胎受气之日，皆上得列宿之精"，以为个人的贵贱和命运已于诞生时辰注定，兴起占星术与相命术等迷信，不能不说是科学知识的一种倒退。

历　法

在中国，颁授历日的法度是王廷的一个很重要的施政措施。使用中央朝廷所颁的历制也算是种顺从的表示。不管是狩猎或农业的社会，一年的行事都要根据太阳的运行去安排，故历法的制作主要是依据太阳运行的周期，并配合月球环绕地球的周期。中国古代用的是种阴阳历，以太阳运行一周为一年，月亮环绕地球一周为一月。但一年日数为12个月份而有余，要调整二者的差距，月份才能与季节取得一致的联系。所以各种不同的历制就是表现在调整的精密度的差异上，以及开始计算的定点不同而已。我们可以从甲骨卜辞所标明的月份，推测商代历法的大致情形。商代在较早时候一年有12个月，大月为30日，小月29日。大小月交替排列，积累到相当的时间就安排一次连大月。又经过数年就要加一次闰月，以调整太阳年与太阴月的不一致。最初闰月被放在年终称为十三月。它大概根据某种天象临时加以调整，不是根据某些既定的常数而加以演算的。把闰月放到年底，当然比放在适时的月份粗略。但从有闰月这一事实，知已有依据某一定点为一年之始的措施。很可能此定点即为岁星的位置，故才有岁星的命名。

　　对于一个疆域广大、组织严密的政府来说，临时依据某种天象安置闰月以调整季节，要费相当的周折才能把信息传达，有碍行政的效率。故渐渐发展成依据一套已定的常数来演算月日，预先排定历谱以为公众行事的标准。天文演算的数值很繁杂，它的发展无疑会促进数学的进展。到了商代晚期，历法就有了显著的改变。时人设计一种根据祀典的历法，一连串举行对祖先的祭祀，使每个祭祀周期为360日与370日轮流交替。这样，祖先的祭祀行程与季节就有固定的联系，可以作为农业的工作与行政的日历。这可看成是一种变相的太阳历。它不注重月份与季节的联系，故不加闰月。但很快人们就发觉月份不与季节挂钩的不方便，就把过去所不编排的闰月补足，并安排在年中置闰。这种一年有365日，年中置闰的历法，已很接近后代的历法了（许进雄1986：105—110）。年中置闰的方式要比置闰于年终更能适时反映天象。不知是因政治观点的考虑或别有原因，周朝取代商朝之后，并不接受商人较进步的历法，又把闰月放到年终，故西周的铜器铭文时常见到十三月的月份（周法高，金文：4290—4303）。到了战国时代，一年盈余的四分之一日也被计算出来了。

季　节

在一个以采集、渔猎为生的社会，只要约略知道季节，可以依之猎捕某些野兽，采集某些植物就足够了。但是到了依农为生的时代，农作物经常由于提早或延迟十天种植而导致收成不良的结果，所以需要建立更为精确的季节以为农耕的依据。尤其是到了政府组织严密的时代，时效对于行政效率的影响就不能不被重视。所以一个社会关于时间的概念，也可看作是文明程度的指标。

商代的历法已相当进步，但却没有细分季节。商代一年只分两季，与比较原始的氏族社会基于草木的荣枯或谷物的种植与收获而分为两个季节，似无大差别。甲骨文的"春"字表示生长的季节，是以声符的"屯"，加上意符的"木""林"或"日"等组合而成，大致表示有充分阳光的种植季节，或树木生长茂盛的季节之意（𣗥 𣜩 𣘹 𣚟 𣇭 𣔟 𣗦 𣘮）。商代的第二季节是收获季，以"秋"或"条"字表示。甲骨文的"秋"字，作蝗虫形（𧕩 𧕫 𧑣 𧓱 𧓾 𧔥）（图19.9），或烧烤蝗虫的景象（𧒒 𧒙 𧑋 𧔔 𧔟 𧒦）。蝗虫是收获前常遇到的灾害（陈正祥，文化地理：50—57；周明牂，华北农害：16—20，176—181），其灾害比起水旱之灾更为厉害。《春秋》曾记载蝗虫之灾数十次。古代对蝗虫没有适当的防范办法，常以火驱赶之，商人当也是用同样的办法。由于蝗虫是活动于秋季的昆虫，故古人以之代表秋季。甲骨文的"条"字，象树之枝条弯曲状（𣎵 𣎶 𣎷），有时下面还加一个坑陷或容器的符号，在卜辞用以为时间副词，意义有多种说法。或以为是音读的关系，也有可能它是表现秋天叶落，只剩孤零零的枝条状，故被用以代表秋季。种植与收获谷物是农业社会最重要的两件事。对于商人来说，他们大概觉得一年分为春、秋两季已足应用。到了西周末年又增加夏、冬两季，可能在春季之前加冬季，秋季之前加夏季，成冬春夏秋的次序，而不是汉代以后相沿成习的春夏秋冬。秦朝及汉初以十月为岁首，即反映冬季为政府会计年度之始的习惯（陈久金1978：70—74）。《汉书·五行志》

所记的蝗虫灾难都发生在夏天及秋天。商代的秋天既然以蝗虫作为代表季节的符号，则以夏季合于秋季应较合理。金文的"夏"字，大概是作巫者舞蹈之状（图图图图图图）。很可能夏季常有干旱之患，需要以巫师跳舞祈雨，故以巫作法求雨的形象来表现夏季。《周礼·大司乐》说"大夏"是古时祭祀山川的乐舞。山川是商人祈雨的主要对象，故此假设很有可能。甲骨文的"冬"字，作树叶凋零的景象（∧∧∧∧∧）。此字在商代作为"终"字使用，大概其意义来自树木生长之终，不是一年季节之终，故而原先冬季被作为一年之始。季节的规定对于农产品的种植、成长和收获都有决定性的作用，所以周代又分一季节为孟、仲、季三个阶段。战国末期就有了根据太阳年运转的二十四个节气，以规律一年的行事（竺可桢文集：261）。

商 甲骨文	周 金文	秦 小篆	汉 隶书	现代 楷书
				春 表示树木生长茂盛的季节之意。
				夏 大概是作巫舞蹈求雨之状。
				秋 蝗虫形，或烧烤蝗虫，秋季景象。
				冬 作树叶凋零状。

月　相

商人不使用月相的盈亏现象以表示某日在一个月份中的段落。他们以循环的六十干支来表示日子，以十日为一段落，叫作旬。甲骨文的"旬"字不知以什么取象，可能是某种可吃的小动物形象（🌀）。甲骨文有一字作旬在皿中之形（屯南715）。后来加"日"的意符以明确与日数有关的意义而成为形声字（🌀）。商人以甲至癸日为一旬，旬的开始与终止与月份、月相完全无关。但至迟西周早期，周民族就创新以月相区分一个月份的段落。

商　甲骨文	周　金文	秦　小篆	汉　隶书	现代　楷书
				旬 可能是某种小动物的形象，借为十天的长度。

时代处于商、周之际的周原甲骨，已见有关月相的名词。铜器的铭文就常见到初吉、既生霸、既望、既死霸等用语于日子的干支之上，以表示该日在该月中的早晚段落。《说文》对形声字"霸"的定义是："月始生霸然也，承大月二日，小月三日。""霸"后来被借用为霸道之义，使用为月光之义的"魄"又借自他字。顾名思义，"既生霸"是月的光芒已成，是发生于月初的现象。"既死霸"是月的光芒已消失，应是一月的最后阶段。至于"望"字，甲骨文作一人站于高土堆上，眼睛向上以眺望远方之状（🌀）。"望"在卜辞是种与军事有关的行为，可能是种与敌方神灵斗法的巫术。它于周代被借用以表示月圆的时候，所以后来加上月形以表示月望，即每月之第十五、十六日，月亮最圆亮的时候。"既望"是月已过了最圆的时候，应是下半月的前半了。初吉、既生霸、既望、既死霸四个用语似乎分别表示一个月的四个分段。可能由于月相与日常生

活没有很密切的关系，到了春秋末期，对未来朔望时日的推算渐准确，旧有月份的分段就被废弃，以致连其真正的意义也没有人晓得（岑仲勉，论丛：140）。同时，也许周代的人没有认真地或正确地使用月相的术语，两千年来，各种根据铜器铭文以复原周代历制的企图，都无法符合所有的材料，以致对这些用语的真正意义解释纷纷，还无法取得一致的定论（莫非斯1936：230—236；劳榦1974：1—26；庞怀清1981：74—78；丁骕1981a：23—33；黄盛璋1958：71—86；王国维，观堂集林：19—26；董作宾，全集1：23—37；刘雨1982：76—84）。

商 甲骨文	周 金文	秦 小篆	汉 隶书	现代 楷书
		霸	霸	**霸** 形声字，月光之意义。
		望	望	**望** 作一人站于高土堆上，眼睛向上以眺望远方之状。

一日的分段

从一个社会对于时间的重视程度，可以判断出该社会所达到的经济和文明水平。对于时间长度的划分，各个社会都无例外，最先只能根据自然的现象作为指标，是种不规律的长度。后来人为的制度渐渐发展，人们就借重各种的机械装置，人为地规定时间的长度。譬如地球自转一周为一日，以每天太阳出现为分界。但日照的长度和出现的时间因季节而异，不很规律。现在时间则被机械地划分一日为二十四小时，一小时为六十分，一分六十秒。标准的秒以原子

中国古代社会

的电磁振幅为标准，与日出的时间无关，与每天地球的自转速度亦无绝对的联系，所以时间是因人为的运作而规律化的。

年、月、日的规定因为都有较明确的天体现象作依据，故各民族有类似的习惯。但对于一日内的时间分段，其精细程度及稳定性如何，就是文明高明程度的具体表现了。各民族在这点上就有相当大的差异。

中国古代对于一日时间的分段，只能从有最早文字记载的3300年前的商代谈起。从卜辞知分段的名称虽早晚稍有改变（陈梦家，综述：229—233），其日间的主要段落为：旦、大采、大食、日中、昃、小食、小采或暮或昏。重要的定点都是以太阳在天空变动的位置取名的。其习惯一直保持到汉代或更晚。太阳刚从地平线升起来的时候为"旦"。甲骨文"旦"字作太阳升到某种东西之上的样子（ ）。与金文字形比较（ ），它或许表示太阳刚升自海上之景，与海面还未完全脱离；或象太阳反映于海面之景（见第一章的介绍）。商人发源于东方，对于海上早晨的景色还不致陌生。次一阶段是"大采"。甲骨文的"采"字作手摘取树上的果实或叶子之状（ ）。"采"假借为光彩，大采就是太阳大放光彩的时候，是太阳已升到高空、光线已清楚的时候了。不久就是要吃一餐丰盛的早饭以补充从清早就在田地劳动所消耗的体力的时候，故叫作"大食"。接着不久就是"日中"或"中日"，是太阳高悬于天顶的中午时候。这个时间过了便是"昃"。甲骨文的"昃"字，作太阳把人照出斜长阴影之状（ ）。它是太阳开始西下的时候。过后是"小食"，是吃食较简单的下午饭时候。吃完饭，整理一些用具，此时太阳也已西下，光彩大减，只剩微光浮于天际，故叫"小采"。这时或称为"莫"。甲骨文的"莫"字作日已隐没入林中之意（ ），透出林隙的光线已甚微弱。"莫"后来被借用为否定词，故又加日而成"暮"字。有时又加一鸟于林木之中（ ），或以为表达众鸟入林休息的时间。这段时间也叫作"昏"。甲骨文的"昏"字大概表示太阳已降到人身高以下的高度之状（ ）。小采、莫、昏都表达太阳已完成一日旅程而西下没入林中的时刻。显然商人主要以太阳在天空变动的位置定时，看起来每一段近于两个钟点的长度而以日中为一日的中点。但是太阳在天顶的时间和日照的长短各个季节都不同，所以其时间的设定，依今日的标准看，还是游移而不固定的。商代借助阳光以外的东西以定时间的还不多，对于夜间的分段最多有"夕"与"夙"之别。甲骨文的"夙"字作一人跪拜月亮之状（ ）。"夙"表达日出前的夜晚，而"夕"则大致是太阳西下后的夜晚。这是后世分别"夕"与"夙"用字的习惯，可能商代也是如此。至于表示有太阳的白天时段的，甲骨文有"昼（書）"字，大致表达有太阳光可借以书写的白天时候（ ）。其他还有好几个提及的时间段落，其命名的意义不很清楚。从以上的时间分段知，商代的人们一日吃两餐饭。到战国晚期时，因产业发达，人们普遍食用三餐，故于晚上插入一段"暮食"的时间（见第九章的介绍）。

商　甲骨文	周　金文	秦　小篆	汉　隶书	现代　楷书
				采 作手摘取树上的果实或叶子之状。
				晨 作太阳把人照得有斜长的阴影之状。
				莫 作太阳已隐没入林中之意。

商 甲骨文	周 金文	秦 小篆	汉 隶书	现代 楷书
（甲骨文字形）		（小篆字形）	昏	昏 大概表示太阳已降到人身高以下的高度之状。

圭　表

　　以太阳在天空的位置来表示白天时间的段落是很实际的。由于考古的数据有限，我们不知商代是否已在利用太阳位置定时的基础上做更精细的测量。起码到公元前7世纪春秋中期时，已有人使用土圭以测定冬至与夏至的日期（陈遵妫，天文简史：21），对时间的精确度有进一步的要求。以土圭测影而计量时间的方法颇简单，乃立一支长竿于地，以测量各季节日间太阳投影长度的变化。夏至时投影低而日照长，冬至时投影长而日照短，人可依其影长变化的速度以测量正确的时间长度。小篆的"圭"字作两土相叠之状（圭 珪），其初形应是一长竿及其倒影之形，为书写的便利才写成两个相叠的"土"字。商代遗址发掘不少所谓圭的玉戈，有的长达0.5米（妇好墓：131，137，139），或甚至94厘米（重大发现：164）。如此长的戈很难捆缚在柄上作为武器或仪仗器使用。它很可能就是测量日影的仪器而转化为统治阶级权威的象征（郭宝钧1948：39；饶宗颐1952：85）。西周毛公鼎铭文有"锡女兹（字），用岁用政"的句子（周法高，金文：1442）。（字）即可能是用来测量及正岁月的为政工具，字形颇像双手捧圭、璋一类的器物。在古代，能够预知或确定季节的东西，很可能会被认为有神秘的力量。到了汉代，测量日影以测知时间已成常事，故铸造有袖珍型铜圭尺（南京博物院1966：17—18；又1977：406—08）（图19.10），用时打开，不用时合成匣子，携带非常便利。

利用投影长度变化的原理以测时的更精细工具是日晷。此物是在一块石板上刻了许多由中心点向外放射的线与点，在约四分之三的圆周上刻69点及数字，其间还刻有一些作为定点或校正用的记号。定点上可插竿杆以观测太阳出入的角度，从而用以校定时间（林巴奈夫1973：4—8；孙机1981：74—81）（图19.15）。其构成的图案与当时的六博棋盘、铜镜上所谓规矩纹或博局纹一模一样（熊传新1979：35—39；劳榦1964：15—26）（图19.13—15）。由此可见，日晷的应用必定很普遍，并被利用作为游戏的道具。故规矩纹铜镜除用于照容颜之外，还可以计时和游戏，是家庭常备的多用途器具。

铜　漏

日晷要借助阳光的照射，只能在白天或晴天使用，因此要另想办法以计量夜晚的时刻。在生活的经验中，古人发现水壶有裂缝时，水会慢慢渗出。随着时间的流逝，水位就渐渐降低，可利用之以测量时间，于是有了漏壶、水钟的发明。中国起码于公元前5世纪就已使用漏壶（百科全书，天文学：219）。最初使用的是种下沉式的，即随着水的慢慢流失，水壶中作为指标的标杆就逐渐往下降，从标杆上的刻度可以读出时刻来（王振铎1980：118—125）（图19.11）。依同样的原理，也可以用另一个容器接受滴下的水，使标杆逐渐地上升而读出时刻。东汉的《说文解字》便说昼夜有百刻待漏。

虽然用铜漏壶可以人为地测量时间的长度，而且较利用阳光投影要准确得多，也不受测量所在纬度的影响。但要校正水流速度因水位高低而发生的变化，并不是件容易的事。而且合乎标准的漏壶制作费用也不便宜，非一般人所能普遍使用。因此产生了公家于夜间报告更时的服务。《周礼》中挈壶氏掌"凡军事，县壶以序聚櫜（打更之器）。凡丧，县壶以代哭者。皆以水火守之，分以日夜。及冬，则以火爨鼎水沸而沃之"。甲骨文有"更"字，作手持工具敲打丙形器物状（），从字的意义来看，所敲打的器物很可能就是在夜晚报时之器。由此可推测出商代晚上有巡回街道报告更时的事实，以及夜间有比夙与夕更细的夜间时间分段。后世，如果一时间找不到铜壶而需要计时的时候，人们也会利用线香、蜡烛一类可以点燃的东西。如《南史·王僧孺传》记载南齐竟陵王萧子良与萧文琰、邱令楷等人夜集赋诗，约四韵，刻烛一寸。刘孝绰有诗篇《赋得照棋烛诗刻五分成》（南北朝诗：1840）。

商　甲骨文	周　金文	秦　小篆	汉　隶书	现代　楷书
				更 手持器具敲打报更时之器。

战国时代虽已有使用铜漏以计时，但并不普及。因此，西汉时代一般人使用的时间分段，仍然主以太阳的位置为指针。其分段约为夜半、鸡鸣、乘明、旦、日出、蚤食时、食时、日中、日昃、日晡时、下晡、日入、昏、暮食等（陈梦家1965：117—126）。夜间的分段较之商代详细得多，应是使用漏壶的结果。显然受干支制的影响，秦汉之际的历法家已把一日等分为十二段落，每段为现今的两个钟头。到了东汉时代其分段才为社会所接受，但命名仍依旧的传统（宋镇豪1985：324—325）。一直要到较晚时候或南北朝时，人们才建立以子时始、亥时止的十二时辰制，每个时辰为现在的两个小时（陈梦家1965：124—128），自此便少以太阳的约略位置来表示时间了。

浑天仪

中国对于天文学界的最大贡献可能在于其丰富的观察记录。商人对于天空异常现象的注意已见上文的介绍。中国人视颁历为国家行政的必要措施，故有专人负责观测制作。尤其是汉代迷信天人合一学说，以为天象预示人事，更关心天象的异常变化，它不单是少数官员的职责，也是很多人关心的事情，所以观察认真而记载详细，保存了很多有用的材料。官方对于天象的关心可以从《春秋》一书看出，它以非常简要的文字记录春秋时代242年间中原地区的政治活动，尤其是与鲁国有关的事件。除了少数几次，其间发生的日食都正确地、隆重地记录了（朱文鑫，天文：91—101）。

有意把天文当作学问来作研究，大概始于春秋时代。时人已开始讨论天地不坠不陷、天与地的关系等等问题，已提出浑圆的天、球形的地的意见（科技史稿：145—147）。战国晚期相信天垂象示人以吉凶，观测更勤。一件发掘出的战国箱盖上列有二十八宿的名字，其排列的顺序和方向都正确（图19.15），由此可推断那时已有星图的绘制（王健民1979：41）。见于《汉书·艺文志》的记录，不包括历谱中有关五星行度的著作，已有21家445卷之多。此外还有些失传但被保存于零星抄辑的文件中。如新近湖南长沙马王堆西汉墓葬出土的帛书《五星占》，记载了先秦以来观测的五星会合周期，以及自公元前246至前177年观测的五星运行轨道（马王堆小组1974：37）。以此五星运行周期与公元104年的太初历、今日的实测比较如下，可看出其精确度（刘云友1974：36；徐振韬1976：91）。

	五 星 占	太 初 历	今 日 实 测
水 星		115.91日	115.88日
金 星	584.4日	584.13日	583.92日
火 星		780.53日	779.94日
木 星	395.44日	398.71日	398.88日
土 星	377日	377.94日	378.09日

尤其值得一提的是观测仪器的制造。从上表可看出，战国时代的观测已很接近今日的实测。不借助仪器而以肉眼观测星座，效果很差，一般误差可达数度之多。帛书《五星占》的记录肯定是使用精密测角仪的结果而不是肉眼的测量。西汉初年已有使用浑天仪观察天象的记载，其源流当更早。《五星占》以圆周为三百六十五又四分之一度，一度为二百四十分（徐振韬1976：90）。如此精密的刻度，必须使用大型的浑天仪才能办得到。一度为二百四十分之数不见于田制以外的制度，显然是有意以人间政治的制度为天象法度的范本。从新近出土的《孙子兵法》知，春秋末期时晋国已以二百四十步为一亩（林甘泉1981：37）。所以浑天仪的使用可能早至公元前5世纪。更有人根据《周髀算经》中北极璇玑的研究，以为春秋中期就有浑天仪的制作（桥本敬造1981：218）。目前虽无资料以复原当时的浑天仪形式，但其结构大半是至少由三组圆环组成，中有窥管可观看天空的任何方位。三环之一是固定的子午环，确定天轴在环上的位置。另一为赤道环，上刻二十八宿的距离，可绕天轴旋转。还有一组四游环，上头刻有周天度数，绕天轴自由转动（徐振韬1976：94）。根据汉代人的意见，浑天仪的环周长为古尺度二丈五尺，约等于5.875米（天石1975：86）。则每度的长度才1.6厘米，不知当时人如何在这么短的距离又刻上二百四十个等分度！就算使用公元16世纪才发明的光标刻画法（李约瑟，科学与文明3：295），1.6厘米割成十二间隔，每间隔再分二十等分，每分的距离就只有0.13厘米。从这一个例子，我们不但可见其时天文学的造诣，也可想象仪器铸造技术的精巧。

图 19.1　甲骨卜辞记载于食日时间出现大星的异常
现象（合集 11506）

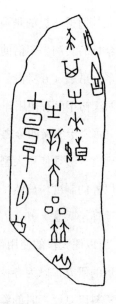

图 19.2　甲骨卜辞有"新大星并火"
的记载（合集 11503）

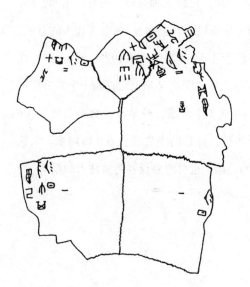

图 19.3　甲骨卜辞有"之夕月有食"的记载
（合集 11483）

图 19.4　甲骨卜辞有"日有戠？允唯戠"
的记载（合集 33700）

中国古代社会

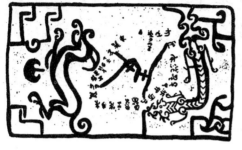

图19.5　战国早期漆箱盖上的二十八宿，及代表东七宿和西七宿的龙与虎图案（王健民1979：41）

图19.6　东汉坟墓中描写公元22年十一月一个傍晚的彗星图（长山1982：27）

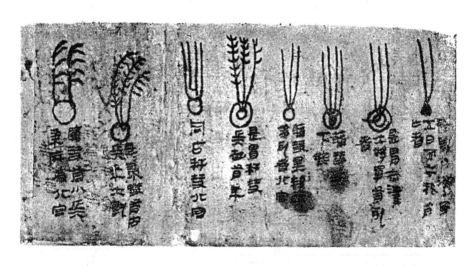

图19.7　西汉帛书上的彗星形态图（席泽宗1978：图版2）

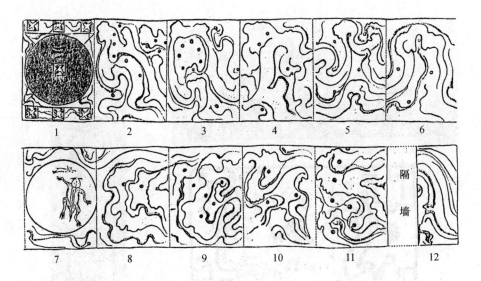

图 19.8　西汉坟墓中的星象壁画（夏鼐 1965：82）

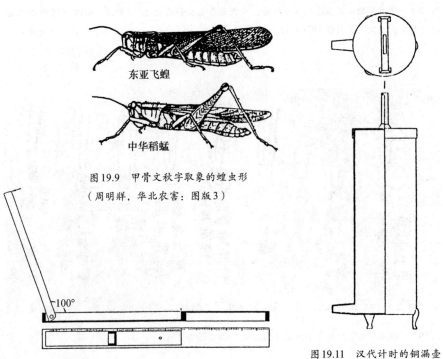

东亚飞蝗

中华稻蝗

图 19.9　甲骨文秋字取象的蝗虫形
（周明牂，华北农害：图版 3）

100°

图 19.10　汉代的袖珍圭表（南京博物馆 1966：18）

图 19.11　汉代计时的铜漏壶
（兴平文化馆 1978：70）

中国古代社会

图19.12 汉画像石上的博局游戏图纹
（林巴奈夫1973：7）

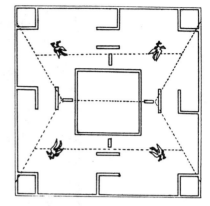

图19.13 汉代的博局棋板（熊传新
1979：35）

图19.14 汉代铜镜上的规矩纹，亦即博局的
棋板、日晷刻度纹（熊传新1979：36）

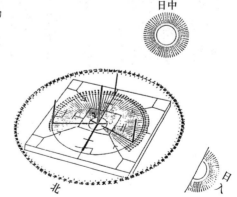

图19.15 汉代日晷使用示意图（孙机1981：80）

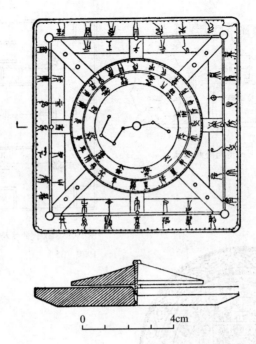

图 19.16　汉代测定方位吉凶的占盘（甘肃博物馆
1972：15）

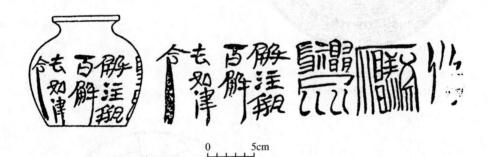

图 19.17　书有驱邪神符及文字的东汉陶罐（郭宝钧1956：24）

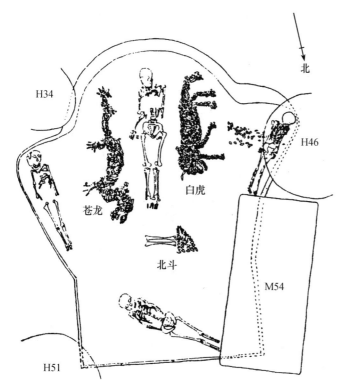

图 19.18　河南濮阳一个 6000 多年前异形墓葬，尸体之旁有龙、虎、
北斗等贝壳图案（濮阳文工 1988：4）

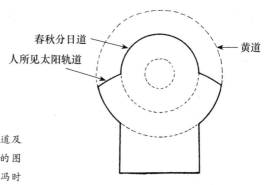

图 19.19　由黄道（黄图）、春秋分日道及
人所见太阳轨道（青图）等所构成的图
形，与濮阳的异形墓轮廓非常相似（冯时
1990：58）

第二十章

方向与四灵

概　说

　　现代的人们因为有许多指针和仪器以帮助确定方向和季节，不会觉得方向对我们的生活有什么太重要的影响。但在古代，因为动植物的生态与阳光的照射条件有绝对的关系，植物不生长在有阳光的地方，就难从根部获取养料。不但未定居的渔猎采集社会的人们要依一定的路线和方向作有规律的季节性移动以寻找食物，就是定居的农业社会，也要选择能够得到适当日照的地点，确定季节的到来，以便栽培的作物能顺利生长。没有对正确方向的认识，就等于放弃最佳生存机会的选择，难于在竞争激烈的自然界中繁殖。故认识正确的方向是动物觅食的重要技能，也是很多动物天赋的本能。

　　自然界中没有什么比日月星辰的运行更可指示正确的方向。所以人们很早就注意到天空的景象而发展成天文学。太阳每天从同一方向上升，另一个方向下落。日久必然引起人们的注意而依之以确定方向。故大多数民族先知道东西方向，后来才有南北方向的意识。譬如在河南濮阳县一个6000多年前的墓葬中，尸体之两旁分别有用蚌壳排列成的龙与虎的图案。它与战国早期一件漆木箱上书绘二十八宿名字，及以龙、虎分别代表东西各七个星宿的情形相似，应表示时人对东西的方向已有认识，并有某种的信仰（王建民 1979：40—45）（图19.5，18—19）。一年中春分与秋分这两天的日出和日落才在正东与正西的方向，故季节的认定也先有春、秋，后来才发展冬和夏季（见第十九章的介绍）。

6000年前的坟墓也可以具体表现人们的方向意识。陕西半坡仰韶遗址保存较完整的 118 座坟墓中，绝大多数骸骨的头向西，只有 1 个向东，9 个向北，7 个向南（西安半坡：199—202）。稍迟的山东大汶口文化则相反，在 133 座坟墓中，只有十分之一的墓葬不面向东（大汶口：136—155）。虽然我们尚不了解这种特定墓葬的方向——西方的仰韶文化西向，东方的大汶口文化东向——有何实用或宗教上的意义，但这足以说明人们在埋葬时有意识地选择某种方向。

四　方

商代的统治者把自己居住的地域看作是被四周方国围绕的世界中心。甲骨卜辞显示商人向四方致祭，希望东南西北各方向所管辖的地域和盟国都会得到上帝的眷顾，获得好收成。在商人的想象中，各个方向都有专职的神负责管理。四方神灵和四个方向的风各有其专名（严一萍，古文字：173—190）。在实用方面说，中国的地域，东边是海，南边靠近赤道，西边是内陆，北边靠近极地。因此，自东方吹来的风比较可能带有湿润的空气而容易导致下雨，南方吹来的风燠热，西方吹来的风干燥，北风则寒冷。这不但影响我们安排生活的方式，也能告知季节的来临。战国时代则更区分了八风，依《吕氏春秋》，其名东北为炎风，东方为滔风，东南熏风，南方巨风，西南凄风，西方飂风，西北厉风，北方寒风。

商人以太阳在天空的位置去指示白天时间的分段。他们既然这么重视方向，表达方向的四个字却完全与天体无关，不能不说有点奇怪。甲骨文的"东

（東）"字，作一个两端束紧的袋子形状（）。此字被用以指示方向必因音读上的假借，不会是引申自东方地区特有的器物。此字字形后来演变成看起来像日在木之中之状（），故以为"东"字的创意来自太阳沐浴于东方的扶桑木或若木而即将升起的神话故事。"东"字如果确实是根据这个神话创意的，就会表现于早期的字形。我们现在所知道"东"的最早字形甲骨文，一点也没有太阳形状的影子，很可能扶桑浴日的神话故事就是根据东的晚期字形而创作的。甲骨文的"南"字，作一个悬吊的铃子形（）（见第十四章的介绍）。该种乐器可能是因为商都以南地域所特有的形制，或演奏时习惯陈列于南方，故启发商人以之表达南方的方向。甲骨文的"西"字，作篮子一类的编织器物形（）。恐怕也是因音读的关系被用以代表西方。甲骨文的"北"字，作两人背对背之状（）。会不会是因商人住家以南向为常，取意以其所背为北方呢？总之，这四字都不牵涉与天象有关的事物。

商　甲骨文	周　金文	秦　小篆	汉　隶书	现代　楷书
				东（東） 作一个两端束紧的袋子形状。
				西 作篮子一类的编织器物形。
				北 作两人背对背之状。

虽然商代代表方向的字都与天体的运行无关，但天象是现成而易于把握的方向指标。中国古代到相当迟的时候，仍熟悉以星辰为方向的指标。如《诗经·大东》云："东有启明，西有长庚……维南有箕，不可以簸扬。维北有斗，不可以挹酒浆。"汉代《淮南子·齐俗》云："夫乘舟而惑者，不知东西，见斗极则寤矣。"商代人也一定知道利用天象去指示方向，只是没有表现在文字而已。

最具体的方向应用可能是房子建筑地点的选择。它涉及实用的日照问题，人们可能会有意地选择某种地点与方向建筑。《风俗通义》曰："上古之时，草居露宿，冬则山南，夏则山北。"东向则直接面对阳光，难于张开眼睛。西向则背光而受不到阳光的照射。南、北向都可以得到适度的照射，但冬天南向则多阳光而温暖，夏天北向则阴凉。商人的大型基址有采用南北向的倾向，显然是基于实用的选择。《诗经·公刘》说到周朝祖先选择居处时，"瞻彼溥原，乃陟南冈。……既景乃冈，相其阴阳，观其流泉"。现代因人口密集，又顾及街道的整齐，房屋的面向不能避免东与西，但居室的安排就尽量依此原则。

住家既有一定的方向，起居的坐向自然也有一定的习惯而演成礼仪。如主人待客东向表示平等，接见下属则以南向表示尊卑主从。学者以为从夏代开始，贵族营建其宫室时，始终贯彻南面为尊的建筑思想（宋镇豪1990：96）。座位的方向虽是小事，但在政治的场合，却被视为一种微妙的优势。如《史记·项羽本纪》记载项羽不满意刘邦攻破咸阳，有怪罪刘邦的意思，刘邦因此特意前来鸿门向他请罪。当时项羽和刘邦虽具同等的地位，但项羽的军势强盛，有霸主的气势。刘邦如坐西向就有抗礼之嫌，会更增项羽的愤慨，但他也不愿北向项羽以显示属于臣下之劣势。如折中请年纪最大，项羽的亚父范增坐于北边的上座，让自己坐南以示尊老，则不卑不亢。这样的安排就被大家所接受。所以鸿门之宴的座次，项王与项伯东向坐，表示地主的身份。亚父南向坐，表示长辈。刘邦尊老而北向坐，张良西向侍候，代表客人身份。

行事则因各地习惯的便宜，也分别演成左尊右卑，或右尊左卑的价值表示。一般的习惯是左尊，如《仪礼·士虞礼》说长者在左，故《史记·魏公子列传》记载魏公子无忌"从车骑，虚左，自迎夷门侯生"。《左传·桓公八年》也说"楚人上左"。但赵国似以右为尊，《史记·廉颇蔺相如列传》"以相如功大，拜为上卿，位在廉颇之右"。如一概视之，就会弄错。或以为这是文事尊贵左位，武事尊贵右位的现象，恐怕不是如此。

司　南

起居的习惯，也演变成某种对方向的迷信。《韩非子·有度》曰："夫人臣侵其主也，如地形焉，即渐以往，使人主失端，东西易面而不自知，故先王立司南，以端朝夕。"《周礼》各官都有"惟王建国，辨正方位"的言论。好像不确定君臣位置的正确方向，君王的权威和尊严都会受损。臣子对于座位选择如果有所疏失，将会被认为是对君上的蔑视和反叛。因此《仪礼·士相见礼》特别强调"凡燕见于君，必辨君之南面。若不得，则正方，不疑君"。

据汉代《论衡》，司南是种可以指示方向的器具，形如勺子，投之于地则其柄指南。学者以为那是一种借助磁石指南北的自然磁性的装置（王振铎1948—1951：239—255；又1978：53—61）。《宋书·礼志》引汉人著作《鬼谷子·谋篇》："郑人取玉，必载司南，为其不惑也。"这表现古人利用司南在错综迷离的矿坑中辨别方向。司南如能用于采矿时辨别方向，很可能也能于无星之夜晚用作航行的指标。到了汉代，深受战国晚期新兴的阴阳五行说影响，皇帝的起居在各个月份要依一定的方向，可能就是这种方位迷信的进一步发展。古人还利用齿轮的转动使指标永远南向，作指南车以为仪仗，于出行时确定行车的路线（刘仙洲，机械：100—105；卢志明1979：95—101）。

五行学说与四灵

周代以来就有宇宙是由水、火、木、金、土五种物质所构成的意见，这是一种对自然界粗浅的观察，并没有什么新奇之处。但当时又有阴阳学说，以为宇宙的变化是由阴阳两种动力相互消长所致。到了战国时代晚期，这两种学说被结合起来，以为宇宙很有规律地依阴阳和五种元素的消长做有规律性的变化。五行的理论越来越被人们所相信，汉代达到最高潮，时人以之与颜色、方向、季节、时辰、地理、器用、数目、音律、教令等各种事物做有意的配合和附会，使得整个社会都浸泡在迷信的浪潮中（李汉三,五行：191—439）。

五行所配合的几种神灵动物，成为以后中国常见的图案（图20.1—3）。其配合的动物有几种不同的意见。成为定型的是下表中的组合。

木	东、春	青、鳞、龙
火	南、夏	赤、羽、凤
金	西、秋	白、毛、虎
水	北、冬	黑、介、龟
土	中、夏秋之际	黄、裸

以上的动物，龙凤最为常见，常成对出现，代表男与女。它们分别与雨和

风有关，也是富贵的象征。龙与虎亦常成对，代表强力。龟则为长寿象征。以下一一介绍。

龙

在各种动物中，龙是最受中国人尊崇的。它的形象虽然有些凶恶，却被选为吉祥及高贵的象征，广受欢迎。许多人希望在龙年生育子女，取得好兆头。不像西欧中世纪的文学美术作品，把喷吐火焰的龙看成恶势力的象征。龙与中国文化圈的关系非常密切，常被用以代表中国。它盛见于古代的各种传说中，也是古今美术常见的题材。

龙是十二生肖中唯一现今不存在的动物。但它应是源于人们见过的存在的动物。因为罕见，形象才慢慢起变化，后又被神化，才脱离实际，成为虚构的动物。其信仰恐怕可早到新石器时代。河南濮阳一座6000多年前的墓葬，发现有用蚌壳在尸体旁边排列龙的图案（图20.4），寓有宗教信仰的作用。其形象颇为写实，有窄长的颜面，长身子，短腿，粗长尾巴，但头上无歧角。发展至商代的甲骨文，"龙（龍）"字已是个头上有角冠，上颌长、下颌短而下曲，身子卷曲的动物形（𩇳 𩇫 𩇫 𩇫）。中国文字为了适合窄长的竹简，常将动物的身子转向，四足悬空，使龙字像是种可直立而飞翔的动物。其实它应横着看，描写的是短足的爬虫动物形。从流传的文物来看，龙早期的形象较写实，后来为了夸张其神奇，就选择九种不同动物的特征加以修饰：角似鹿，头似驼，眼似鬼，项似蛇，腹似蜃，鳞似鱼，爪似鹰，掌似虎，耳似牛（格致镜原：4027—4028）。后人当然就不可能在现实的世界里找到它的形象了。

商 甲骨文	周 金文	秦 小篆	汉 隶书	现代 楷书
		龍	龍	龙（龍） 龙的动物形。

　　龙是古代的图腾，商代有叫龙的方国（岛邦男，卜辞研究：405—406），龙很可能就是该国的图腾。半开化部族尊崇的图腾，常被认为是该族降生的祖先。绝大多数的图腾都是取自然界中实有其物的东西（李宗侗，古社会：1—7）。春秋时代的铜器铭文有"获龙"的记载（安徽文工1982：234—236）。西周早期的《周易》，把龙描写成能潜藏于深渊，飞跃于天空，争斗于地面，流出的血是玄黄的颜色。《左传》记载公元前532年郑国遭受大水时，有龙相互争斗于城门外的洧渊，国人请求以祭祀驱除之，子产不接受此建议，说深渊本是龙的住家。《左传》还记载鲁昭公二十九年魏献子与蔡墨有关龙见于郊的问答："昔有飂叔安，有裔子曰董父，实甚好龙，能求其耆以饮食之。龙多归之，乃扰畜龙以服事帝舜，帝赐之姓曰董，氏曰豢龙。……及有夏孔甲，扰于有帝，帝赐之乘龙，河汉各二，各有雌雄。孔甲不能食，而未获豢龙氏。有陶唐氏既衰，其后有刘累，学扰龙于豢龙氏，以事孔甲，能饮食之，夏后嘉之，赐氏曰御龙，以更豕韦之后。龙一雌死，潜醢以食夏后。夏后飧之，既而使求之，惧而迁于鲁县。"从这些描写及遗留下来的图形可推测，龙原是一种两栖类爬行动物的总称，能生息于陆地及水中，有些还能跳跃甚高，像是能飞翔的样子。

　　爬虫种类多，习性各有不同。从黄河及汉水有不同种的龙这个陈述看来，也许人们把不同形状及种属的爬虫化石都当作龙看待，导致产生了龙能变化形状的传说。公元2世纪的《说文》解释"龙"为："鳞虫之长，能幽能明，能细能巨，能短能长，春分而登天，秋分而潜渊。"这种见解很可能基于偶然发现的

　　　　　　　　　　　　　　　　　　　　　　　　中国古代社会

古脊椎动物的化石而得的联想。唐代《感应经》有如下的描写："按山阜岗岫，能兴云雨者皆有龙骨。或深或浅，多在土中。齿角尾足，宛然皆具。大者数十丈，或盈十围。小者才一二尺，或三四寸，体皆具焉。尝因采取见之。"（格致镜原：4031）。一到自然历史博物馆参观，人们就会了解或大或小的被称为龙的动物，其实就是各种脊椎动物的化石。古人见化石大小悬殊，故而有其能变化的见解。上文介绍的濮阳坟墓里的龙图案也是这一类动物的形象。

至于龙能够飞翔和致雨的观点，可能和栖息于长江两岸的扬子鳄的生活习性有关。龙的特征，脸部粗糙不平，嘴巴扁长，且有利齿。在中国地区，除鳄鱼外，这些是他种动物所无的特征。扬子鳄除了没有角外，身躯、面容都酷似龙，可能就是龙形象取材的根源（周本雄1982：259）（图20.5—6）。何况远古的龙是无角的。扬子鳄每每在雷雨之前出现，有秋天隐匿、春天复醒的冬眠习惯。古人常见扬子鳄与雷雨同时出现，雨下自空中，因此想象它能飞翔。但龙能致雨的能力也可能来自龙卷风的联想。龙卷风的威力奇大，且经常挟带雨。龙卷风的形状好像细长的龙身，故容易让人以之与爬虫类的化石起联想，误认龙能大能小，能飞翔，能致雨，是威力无边的神物。

人们认为龙有招致降雨的神力，起码可以追溯到商代。有甲骨卜辞作"其作龙于凡田，有雨？"（合集29990）是有关卜问是否建造土龙以祈雨的仪式。西汉的董仲舒于《春秋繁露》中详载建造土龙以祈雨时，如何依五行学说的原则，在不同的季节，建造不同数量、不同大小的土龙，面对不同的方向，涂以不同的颜色，并以不同的人数去舞蹈。这种传统延续到近代，农民还要向海龙王求雨。水的供应与农作物收成的好坏有密切的关系，中国是农业的社会，故能降雨的龙受到特别的尊敬。不过，商代对于龙控制降雨的信念还没有完全建立。龙神奇化的概念大概刚萌芽，所以商代很少向龙祈雨。那时最常见的方式是向神供奉乐舞及焚烧巫师。

祈雨之法

甲骨文有一个字，作双脚交叉着的人接受火烧烤之辛苦状（⚬ ⚬ ⚬ ⚬ ⚬）。卜问时，被烧烤者的名字总被提及（岛邦男，综类：374），表示此人地位重要，不是微不足道的奴隶或罪犯。他们很可能就是有能力交通鬼神的巫师（裘锡圭1983：21—35）。烧烤巫师以祈雨的信念到春秋时代还很普及。如《左传》鲁僖公二十一年的记载有："夏大旱，公欲焚巫尪。臧文仲曰：'非旱备也，修城郭，贬食省用，务穑劝分，此其务也。巫尪何为？天欲杀之，则如勿生。若能为旱，焚之滋甚。'公从之。是岁也，饥而不害。"《礼记·檀弓下》也有类似的记载："岁旱，穆公召县子而问然。曰：'天久不雨。吾欲曝尪而奚若？'曰：'天则不雨，而暴人之疾子，虐，毋乃不可与。''然则吾欲暴巫而奚若？'曰：'天则不雨，而望之愚妇人，于以求之，毋乃已疏乎！'"上面提到的字，其实是"熯"字的不同时期的写法，只是受火烧焚的人形稍有不同而已。甲骨文"熯"字，作一人两手相交按着肚子而张口呼叫之状（⚬ ⚬ ⚬ ⚬ ⚬ ⚬），有时还有火在此人下头烧焚着（⚬ ⚬ ⚬ ⚬ ⚬ ⚬）。天若干旱无雨就难有农作的收获，此字大概表示荒年肚子饿，用手压挤肚子向上天叫嚷，要求赏赐食物的意思。所以商代此字有饥馑及干旱两种意义。后代较文明的祈雨则是用舞蹈的方式。

商 甲骨文	周 金文	秦 小篆	汉 隶书	现代 楷书
⚬ ⚬ ⚬ ⚬ ⚬ ⚬ ⚬ ⚬ ⚬ ⚬ ⚬ ⚬	⚬ ⚬ ⚬ ⚬ ⚬ ⚬ ⚬ ⚬ ⚬ ⚬ ⚬ ⚬	爒	熯	**熯** 作一人两手相交按着肚子而张口呼叫之状。 作双脚交叉着的人接受火烧烤之辛苦状。

焚巫以求雨的方式，可能是基于希望上帝不忍心让其代理人的巫受到火烧焚的苦楚，从而降雨以解除巫者的困厄的天真想法。商代已大都用舞蹈的方法祈雨（见第十四章的介绍）。甲骨文的"舞"字作一人持牛尾一类的道具在跳舞之状（𣥺 𣥺 𣥺 𣥺 𣥺）。乐舞之举不皆为求雨，故有些字于舞者之上加雨点以明示其作用（𩁹 𩁹 𩁹 𩁹）。焚烧巫师是种不文明的残酷行为，商代已少焚巫师而多用乐舞的方式求雨了。但是此习俗到东汉时还残留着。《后汉书·独行》记述戴封为西华令时，积薪坐其上以自焚，火起而大雨，后戴封乃被升迁为中山相（后汉书：2684）。舞雩本是干旱时请求神降雨的宗教仪式，后来也许为了更能确保农作的成果，乃于季节之前举行，以防干旱的侵袭。到了春秋时代，舞雩成了例行的祭典及盛会。从第十四章所举孔子与学生对于志向的问答很容易看出，舞雩是种轻松快乐的娱乐节目，一点也没有愁眉苦脸以待雨的景象，想来那时水利灌溉设施已有长足的进展，不必太依赖及时的降雨了。

龙为皇家象征

龙后来还成为皇家的象征。它很可能与汉高祖刘邦的出生传说有关。汉代的《史记·高祖本纪》有两则刘邦与龙有关的记载："刘媪尝息大泽之陂，梦与神遇。是时雷电晦冥，太公往视，则见蛟龙于其上，已而有身，遂产高祖。""为泗水亭长，廷中吏无不狎侮，好酒及色。常从王媪、武负贳酒，醉卧，武负、王媪见其上常有龙，怪之。"

汉高祖出身寒微，有必要编造故事说明平凡人接受天命而登上帝位的合理性。不清楚的是，他到底是因为龙为高贵者的象征才据之以编造故事呢，或偶然选择了龙以编造故事，才使得龙成为皇族的象征？但可肯定的是，选择龙以附会汉天子绝不是基于当时风行的五行理论。因为当时有以为汉朝与秦同为水德，或继承秦朝之后而应土德，或甚至是应火德等说法，却从没有以为汉代得的是与东方的龙配合的木德的（李汉三，五行：108—131）。

龙由于威力大，故成为男性的象征。鳄鱼的生殖能力强，一次产卵二十到七十个（爬行动物：76）。中国人很看重有后嗣延续家族，也许希望能多生些将来显耀家族的男儿，所以有龙生九子，个个有好本领的传说，并有悬挂九颗粽子，以祈祷生产男儿的习俗。龙之九子的形象是见于胡琴头上的囚牛、刀柄龙吞口的睚眦、殿角的走兽嘲风、铜钟上兽形钮的蒲牢、佛座狮子的狻猊、碑座兽足的霸下、门上狮子的狴犴、石碑旁的文饰为赑屃，以及殿脊兽头的蚩吻（格致镜原：4049—4050），它们都与龙的形象小有差异。

凤

经常与龙成对出现的是凤（图20.10—14），龙凤分别代表皇帝与皇后，或象征男与女，为婚礼中所不可或缺的装饰。这个美术题材中常见的凤，原先应也是种实在生存的动物，后来也被造成是由九种不同动物的特征凑合而成，纯粹是想象的神物，除基本的鸟形状外，又加上鸿前、麟后、蛇颈、鱼尾、龙文、龟背、燕颔、鸡喙等的特征（格致镜原：4046—4049）。身上五彩齐备，非常美丽。九是单位数中最大的数，龙凤是最高贵的一对，故要凑合九的数目。

甲骨文的"凤（鳳）"字作某种鸟的象形（𩾂 𩾈 𩿠 𩿢 𩿣）。此鸟头上有羽冠，长尾，且尾上有花纹。为表现其美丽的形象，卜辞的"凤"字都画得很详细。但是此字在卜辞并不作为某种鸟类讲，而是假借为"风（風）"字（𩾦 𩿡 𩿤 𩿥 𩿦）。从字形看，"凤"很可能是依孔雀或其他形似的鸟类写生（周自强1967：81—122；丁骕1968：35—43）。中国地域今日虽不产孔雀一类热带的鸟，但3000年以前的气候较现在温暖得多，也许在某些地区可看到这种鸟。

龙有控制雨的神力虽出于人们的误会，其神力散见于各种文献及传说的记载。但凤与风的关系却不见于早期的记载，想来其被用以代表风是因为音读的原因。凤被用为"风"的意义，既然不是因其有招致风的神力，就更可能为真正存在的生物了。也许后来附加太多的神话色彩，使我们迷失其本相。

商 甲骨文	周 金文	秦 小篆	汉 隶书	现代 楷书
			鳳	凤（鳳） 凤鸟的形象。
			風	风（風） 借凤鸟形象，后加凡声。

有关凤的传说远较龙少而不生动。凤鸟由于形态美丽，被视为鸟中之王，有很多鸟随行护卫。因此它被赋予人间贵族的品格。非梧桐树不栖息，无竹之实不食，非醴泉不饮（格致镜原：3445），显然是彬彬君子之态。战国以来就有凤凰出现于太平盛世，带来吉祥的传说。贵为人君的都喜欢听到凤凰来朝的报告，以示自己是仁慈的统治者，治下是太平幸福的世界。

凤被取以为女性的象征，大概是因其有美丽的外形及雅好音乐的性格。不少描写伟大音乐招致凤鸟的故事。如《尚书·益稷》有："箫韶九成，凤凰来仪。"凤既有诗歌跳舞之能，又能带来好运气。这样的女性是最理想的结婚对象。也许因此，后代创造了好多皇后诞生时有凤凰出现的神话故事。尤其是出身寒微的家庭，更需要以此解释能享富贵的合理性。人们大概也因此以龙凤图案装饰结婚礼堂。

虎

象征西方的有毛动物,《礼记·礼运》说"何谓四灵,麟凤龟龙",《周礼·考工记》有"龙……鸟……熊旗……龟蛇……",《礼记·曲礼上》则有"行,前朱鸟而后玄武,左青龙而右白虎"。麟也是不见于现实世界的神话动物。或说麟之形象鹿而独角。麟的性温驯,毛也不长,与代表西方的肃杀气势不相配,故终被排除于四灵之外。熊的形象虽然凶猛,也多体毛,但也许人们对它不熟悉,或因其形象不威武,对之没有崇敬之念。故老虎最后成为唯一代表西方的野兽。虎已于第三章介绍,是种凶猛的野兽,很适宜代表肃杀的秋天气象。

龟

代表北方的是身上有甲壳保护的动物。初时以龟为象征,战国晚期时加上一条缠绕于龟身的蛇。在野生的动物群中,水陆两栖的龟是几千年来人们最熟悉的动物。甲骨文的"龟(龜)"字作一只乌龟的形象,并且标明其背上的甲壳异相(䖙 䖙 䖙 䖙 䖙 䖙)。从很早开始,人们就觉察到龟的种种天赋异能,因此加以崇拜。尤其是它的长寿,更是后世的人们所渴望的,因此常以龟取名,如龟年、龟龄一类。但是到了近代,它却一变而成为人们普遍取笑与揶揄的对象。转变之大,令人不解。

商 甲骨文	周 金文	秦 小篆	汉 隶书	现代 楷书
(甲骨文字形)	(金文字形)	(小篆字形)	(隶书字形)	龟(龜) 龟的形象。

　　　　　　　　　　　　　　　　　　　　　　　　　　　中国古代社会

中国人意识到龟的神奇天赋，起码可以追溯到7500年前。在河南舞阳贾湖的距今8500到7500年间遗址的一些丰富随葬的坟墓中，往往出土有一个至八个修整过的龟壳，里头还装有数量不等的各色小石子，可以发出嘎嘎的声响（河南文物1989：5）。其中有几件还刻画类似文字的符号。专家们认为那是与宗教巫术有关的器具。在东海岸的四五千年前龙山文化遗址，如山东省莒县、江苏省邳州市等，也发现作类似用器的穿孔龟壳，是种与宗教礼仪有关的器具（南京博物院1964：29—30；又1965：29—30；江苏文管1962：90；大汶口：159—163）。

龟在商代的最大用途应是作为占卜的材料。远在5000多年前，人们就烧灼大型哺乳类兽骨，由骨上烧裂的纹路去占断吉凶。大概是到了商代才烧灼龟甲以卜问疑惑，而且还认为它有比兽骨更为灵验的趋势。有名的甲骨文就是晚商王室问卜的记录，为我国迄今所知最早的大批文献。商代的龟甲大多来自外地，其中有不少已证实来自数千里外南海的大海龟。由此可以想见，商代的人相当尊崇和信仰它的灵验，才不惜花费从远地运来中原。这种信仰到汉代才逐渐淡薄，司马迁的《史记》还为之立一篇《龟策列传》，可惜其文未传，由褚少孙补写。

龟之如此被尊崇，显然与其生活习性有关。龟很像是一个隐居的高士，除了求偶或交配，从不出声。它不具有强力的攻击能力，幸好负有坚硬的甲壳，可以将身躯缩进甲壳之中以逃避攻击。它的肺可以贮存大量的空气。由于它不必经常从事激烈的行动以觅食或逃命，所以可以缓慢地呼吸，消耗极少量的体能。而且其体内可贮存充分的水分和养料，可以长久不饮、不食、不动地生活着。《史记·龟策列传》叙述："南方老人用龟支床足，行二十余岁，老人死。移床，龟尚生不死。"如此长久不食、不动，真是有点不可思议。不但如此，甚至它的身体于受到很大的伤害后，也可以疗养，慢慢地再生复原（何联奎1963：102）。所以我们很难找到一块完整无伤痕的老龟壳。古人也就认为这样的龟壳特别有灵验。

古人对于龟的这种耐饥、耐渴、自我疗伤，以及百年以上的长寿等异常天赋一定有所了解。所以才以神异视之，认为它可以交通神灵。因此便以之为占卜工具向神灵咨询。至迟到战国时代，人们已经把乌龟的长寿归功于其缓慢的呼吸，不动少食的生活习性，因此兴起学习的念头，发展出使用龟息和却谷的方式以求长生的道术。有些人甚至迷信到以为饲养乌龟也可以获得长生的好处。《龟策列传》有"江傍家人常畜龟饮食之，以为能导引致气，有益于助衰养老。岂不信哉"的议论。魏晋时代发现有以铜龟或石龟作为棺枢的垫足物（张东辉1990：95），可能也有类似的用意。

龙的鳞、龟的甲，可以说具有同样的外观，由同样物质长成。因此龟之被取以代表北方，不会只因它有甲及体色黑的外观条件而与其他三种动物配合成四灵，应该还基于上述的异能。也许龟没有威武的形象，人们觉得有负四灵之名，就以一条仰首吐舌的蛇缠绕着它而合称为玄武。"清静无为，长生无争"是中国道家修养的项目及追求的目标。龟的习性及其所代表的北方的哲学意识正好符合其要求。因此玄武被选为道教真神的象征，汉代更被赋予赤足披散头发而持剑的形象，成为道教的一个重要的膜拜对象（许道龄1947：227）（图20.15），后来为了回避宋圣祖的名讳而改称为真武。

龟由于其长寿而被人们所崇敬，故古人多以龟取名，以取吉祥。台湾有于上元节日到寺庙乞求面龟的风俗。它除了取得吉祥长寿的意义外，可能和人们对于龟灵异性的另一种期望有关。以下征引两则故事，见证龟能回报恩惠的古来观念。"毛宝见渔人钓得白龟，赎放之江中。宝后将战败，投江如蹑着物，渐浮至岸，视之乃所放龟。""孔愉见人笼龟，乃买而放之中流，龟乃反顾。愉及封侯铸印，龟乃回首而三，有似所放之龟。愉乃悟而佩之。"（格致镜原：1206，1265引）。买龟放生较之其他种动物常见，有人甚至还在甲壳刻字，希望回报之意图甚为明显。

龟还有一天赋，就是能承受大于体重二百倍的重量。古人因之把碑的台座刻成乌龟的形象以承受石碑的重量。唐代还限定五品以上的官员才能使用此制。

自汉代官印就以龟为纽，唐代职官的佩袋亦取龟甲之形。但到了元、明时代以后，它突然成为取笑与揶揄的对象。其原因，或以为唐代乐户的绿头巾形状与龟的头相似，故以龟谑称从事娼妓业者。但乌龟在唐、宋时代仍很受尊重，甚至明代的亲王印还有以龟的形体为纽（图20.16），似乎转用为骂人的意义不是由此而来。

雌龟在交配后，可连续几年生产受精卵。产卵后以砂覆盖，就不再加以照顾。也许人们误会，以为乌龟产卵于池边，由经过的鳖下精而成形，故以之骂不知父亲为谁的人。或以为在元代，汉人屈受异族的统治而不敢抵抗，有若乌龟把头及四肢缩进甲壳之中，不理会外界的形势，太过于懦弱，由之再沿用到默许妻子与他人通奸而不敢出声干涉者。这种懦弱行为是作为男子的最大羞耻，故成为骂人的诨语（筱田统，食物：33）。到底哪一种说法较近事实，现在已难于探明究竟了。

代表四个方向的动物可能并不是阴阳五行说兴起后才有的。从上述6000多年前濮阳西水坡的坟墓里以贝壳排成的龙虎图案，以及战国初期的漆箱上二十八宿的名字及一龙一虎的形象知，它们可能已被分别代表东与西的方向。至于漆箱上缺少南、北方向的神物图案，大致是因为箱盖没有多余的空间。基于什么原因这四种动物被取以代表四个方向并不清楚，它似乎与这四种动物的产地没有关系，或许是因为它们被认为都具有神力而皮肤又有不同的体质才被选取的。最初这四种动物并不与特定的颜色相配，后来受到五行学说的影响，各种事物都要纳入其系统，故才有青龙、朱凤、白虎、玄武的命名，其实与各动物的真正肤色并不密合。如龙与龟的肤色应相近，凤不管是孔雀、凤鸟或者鸡（尤仁德1986：59—60），都不是火红色的。虎的皮肤不是白色更显然。但因为四灵与四色的配合已深入人心，后世作画就要依之以着色。

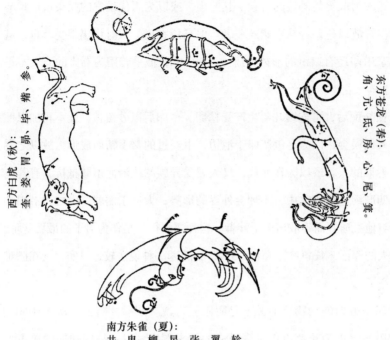

北方玄武（冬）：
斗、牛、女、虚、危、室、壁。

东方苍龙（春）：
角、亢、氐、房、心、尾、箕。

西方白虎（秋）：
奎、娄、胃、昴、毕、觜、参。

南方朱雀（夏）：
井、鬼、柳、星、张、翼、轸。

图20.1　代表二十八宿的四灵：东
青龙、南朱雀、西白虎、北玄武
（陈遵妫，天文简史：97，98）

北官

西官

东官

南官

图20.2　隋代四灵镜（湖南博物馆1959：58）

中国古代社会

图 20.3　汉代瓦当上的四灵图样（陈直 1963：43）

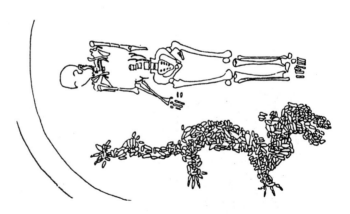

图 20.4　河南舞阳的墓葬，尸体旁有用贝壳排成龙的图案
（濮阳文工 1988：4）

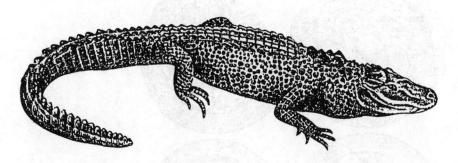

图 20.5　扬子鳄的形象（爬行动物：图版 10）

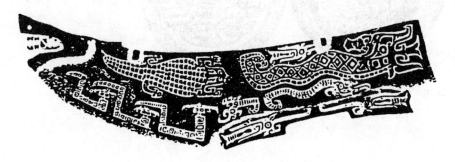

图 20.6　商代铜觥觥上的扬子鳄与龙的花纹（Watson，展览：73）

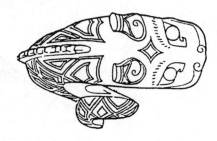

图 20.7　商代玉龙立雕（妇好墓：157）

图20.8　商代器物上的龙纹（陈仲玉1969：图版1—2）

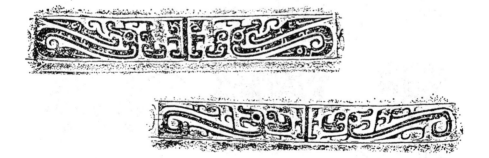

图20.9　西周铜器上的龙纹（罗西章1976：59）

1—7 商代
8—9 汉代

图20.10 典型的凤形（林巴奈夫1966b：12）

1—5 商代　6—9 东周时代　10—11 汉代

图20.11 凤的异形，翟（林巴奈夫1966b：16）

　　　　　　　　　　　　　　　　中国古代社会

1—2 商代
3—7 汉代

图 20.12　凤的异形，翟（林巳奈夫 1966b：17）

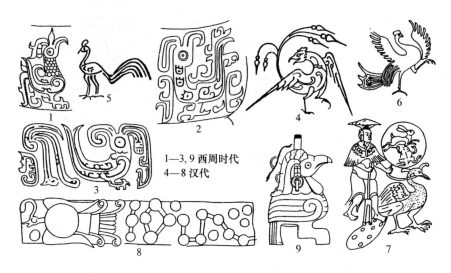

1—3，9 西周时代
4—8 汉代

图 20.13　凤的异形（林巳奈夫 1966b：20）

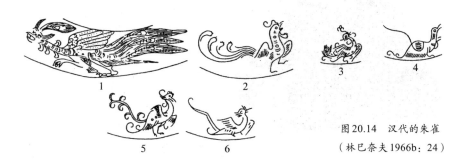

图 20.14　汉代的朱雀
（林巳奈夫 1966b：24）

图20.15 加拿大安大略博物馆所藏的14世纪元代壁画，朝元图中的真武形象（White，壁画：图版45）

图20.16 明代的龟钮木质王玺（四川博物馆1978：311）

中国古代社会

图 20.17　金代铜钟上仪仗图纹中的指南车（王振铎 1984：65）

引用著作简称表

中文、日文部分

二画

二里头 1974.　　中国科学院考古研究所二里头工作队，《河南偃师二里头早商宫殿遗址
　　　发掘简报》，《考古》，4（1974）：234—248.

二里头 1975.　　中国科学院考古研究所二里头工作队，《河南偃师二里头遗址三、八区
　　　发掘简报》，《考古》，5（1975）：302—309，294.

二里头 1976.　　中国科学院考古研究所二里头工作队，《偃师二里头遗址新发现的铜器
　　　和玉器》，《考古》，4（1976）：259—263.

丁清贤 1988.　　丁清贤、孙德萱、赵连生、张相梅，《从濮阳蚌壳龙虎墓的发现谈仰韶
　　　文化的社会性质》，《中原文物》，1（1988）：43—46，51.

丁骕 1968.　　丁骕，《凤凰与凤鸟》，《民族学研究所集刊》，25（1968）：35—43.

丁骕 1980.　　丁骕，《骨柶刻辞释》，《中国文字》，新2（1980）：61—63.

丁骕 1981a.　　丁骕，《西周王年与殷世新说》，《中国文字》，新4（1981）：13—84.

丁骕 1981b.　　丁骕，《说周原契数》，《中国文字》，新5（1981）：25—45.

丁颖 1959.　　丁颖，《江汉平原新石器时代红烧土中的稻壳考查》，《考古学报》，4
　　　（1959）：31—34.

三画

三门峡工作队 1992.　　河南省文物研究所、三门峡市文物工作队，《三门峡上村岭虢国

墓地 M2001 发掘简报》,《华夏考古》, 3（1992）: 104—113.

于中航 1976.　　于中航,《大汶口文化和原始社会的解体》,《文物》, 5（1976）: 64—73.

于汇历 1988.　　于汇历、尤玉柱,《阎家岗遗址的结构及埋藏学研究》,《考古与文物》, 4
　　　　（1988）: 1—7.

于省吾 1958.　　于省吾,《驳唐兰先生〈关于商代社会性质的讨论〉》,《历史研究》, 8
　　　　（1958）: 59—71.

于省吾 1963.　　于省吾,《鄂君启节考释》,《考古》, 8（1963）: 442—447.

于省吾 1964.　　于省吾,《略论西周金文中的"六𠂤"和"八𠂤"及其屯田制》,《考古》,
　　　　3（1964）: 152—55.

于省吾 1972.　　于省吾,《从甲骨文看商代的农田垦殖》,《考古》, 4（1972）: 40—41, 45.

于省吾, 释林.　　于省吾,《甲骨文字释林》.（北京: 中华书局, 1979）

于景让 1961.　　于景让,《中国本草学起源试测》,《大陆杂志》, 23-5（1961）: 135—142.

大地湾发掘 1982.　　甘肃省博物馆、秦安县文化馆大地湾发掘组,《1980年秦安大地湾
　　　　一期文化遗存发掘简报》,《考古与文物》, 2（1982）: 1—4, 9.

大岛利一 1958.　　大岛利一,《中國古代の城について》,《東方學報》, 30（1958）: 39—
　　　　66.

大汶口.　　山东省文物管理处、济南市博物馆,《大汶口》.（北京: 文物出版社, 1974）

万家保 1970.　　万家保,《殷商的青铜工业及其发展》,《大陆杂志》, 41-4（1970）:
　　　　101—114.

万家保 1974.　　万家保,《中国古代青铜器金属组织初探》,《大陆杂志》, 49-3（1974）:
　　　　103—111.

万家保 1977.　　万家保,《从西阴村的蚕茧谈到中国早期的丝织工业》,《故宫季刊》,
　　　　11-3（1977）: 1—17.

万家保 1979a.　　万家保,《由殷墟发掘所见的商代青铜工业》,《大陆杂志》, 58-5
　　　　（1979）: 201—239.

万家保 1979b.　　万家保,《试论中国古代铁的发现和铁制工具的应用》,《中国史学论文
　　　　选集（第三册）》.（台北: 幼狮文化事业公司, 1979）: 145—162.

万家保 1980.　　万家保,《战纹鉴和它的镶嵌及铸造技术》,《考古人类学报》, 41（1980）:
　　　　14—39.

上海文管 1962.　　上海市文物保管委员会,《上海市青浦县崧泽遗址的试掘》,《考古学
　　　　报》, 2（1962）: 1—29.

上海文管 1990.　　上海市文物保管委员会,《青浦福泉山遗址崧泽文化遗存》,《考古学

报》，3（1990）：307—337.

山东博物馆 1975.　　山东省博物馆、临沂文物组，《临沂银雀山四座西汉墓葬》，《考古》，6（1975）：363—372，351.

山东博物馆 1982.　　山东省博物馆，《山东益都苏埠屯第一号奴隶殉葬墓》，《文物》，8（1972）：17—30.

山西工作 1984.　　中国社会科学院考古研究所山西工作队、临汾地区文化局，《山西襄汾陶寺遗址首次发现铜器》，《考古》，12（1984）：1068—1071.

山西考古 1986.　　山西省考古研究所、山西省晋东南地区文化局，《山西省潞城县潞河战国墓》，《文物》，6（1986）：1—19.

山西考古 1989.　　山西省考古研究所、太原市文物管理委员会，《太原金胜村251号春秋大墓及车马坑发掘简报》，《文物》，9（1989）：59—86.

山海经.　　袁珂，《山海经校注》.（上海：上海古籍出版社，1980）

广汉文管1989.　　四川省文物管理委员会、四川省文物考古研究所、广汉市文化局及文管所，《广汉三星堆遗址二号祭祀坑发掘简报》，《文物》，5（1989）：1—20.

广州文管1977.　　广州市文物管理处等，《广州秦汉造船工厂遗址试掘》，《文物》，4（1977）：1—17.

卫惠林1961.　　卫惠林，《阿美族的母系氏族与母系世系解》，《民族学研究所集刊》，12（1961）：1—40.

马王堆小组 1974.　　马王堆汉墓帛书整理小组，《〈五星占〉附表释文》，《文物》，11（1974）：37—39.

马王堆汉墓.　　湖南博物馆、中国科学院考古研究所，《长沙马王堆一号汉墓》.（北京：文物出版社，1973）

马王堆帛书 1975.　　马王堆汉墓帛书整理小组，《马王堆汉墓出土医书释文（一）》，《文物》，6（1975）：1—5；《马王堆汉墓出土医书释文（二）》，《文物》，9（1975）：35—48.

马文宽 1981.　　马文宽，《略谈战国时期的漆器》，《中国历史博物馆馆刊》，3（1981）：109—114，119.

马世之 1984.　　马世之，《试论我国古城形制的基本模式》，《中原文物》，4（1984）：59—65.

马世之 1988.　　马世之，《试论城的出现及其防御职能》，《中原文物》，1（1988）：66—71.

马承源 1972.　　马承源，《商鞅方升和战国量制》，《文物》，6（1972）：17—24.

马承源 1980.　　Ma Chengyuan, "The splendor of ancient Chinese bronze", *The Great Bronze*

Age of China.（New York：Metropolitan Museum of Art，1980）：1—19.

马承源 1981.　　马承源，《商周青铜双音钟》，《考古学报》，1（1981）：131—146.

马继兴 1979.　　马继兴，《台西村商墓中出土的医疗器具砭镰》，《文物》，6（1979）：
　　　　　　　54—56.

马得志 1955.　　马得志、周永珍、张云鹏，《一九五三年安阳大司空村发掘报告》，《考
　　　　　　　古学报》，9（1955）：25—90.

马薇颐，甲骨.　　马薇颐，《薇颐甲骨文原》.（云林：马辅刊行，1971）

四画

王人聪 1972.　　王人聪，《关于寿县楚器铭文中"但"字的解释》，《考古》，6（1972）：
　　　　　　　45—47.

王开发 1980.　　王开发、张玉兰、蒋辉、叶志华，《崧泽遗址的孢粉分析研究》，《考古
　　　　　　　学报》，1（1980）：59—66.

王仁湘 1981.　　王仁湘，《新石器时代葬猪的宗教意义》，《文物》，2（1981）：79—85.

王仁湘 1982.　　王仁湘，《古代带钩用途考实》，《文物》，10（1982）：75—81，94.

王仁湘 1985.　　王仁湘，《带钩概论》，《考古学报》，3（1985）：267—312.

王仁湘 1986.　　王仁湘，《带扣略论》，《考古》，1（1986）：65—67.

王仁湘 1987.　　王仁湘，《中国新石器时代的蚌制生产工具》，《农业考古》，1（1987）：
　　　　　　　145—155.

王仁湘 1989.　　王仁湘，《论我国新石器时代彩绘花瓣纹图案》，《考古与文物》，1
　　　　　　　（1989）：49—56.

王文昶 1974.　　王文昶，《从西周铜鬲上刖刑守门奴隶看"克己复礼"的反动本质》，
　　　　　　　《文物》，4（1974）：29，7.

王玉柱 1988.　　王玉柱、安志欣、谭维四、华觉明，《青铜编钟声谱与双音》，《考古》，
　　　　　　　8（1988）：757—765.

王世民 1973.　　王世民，《秦始皇统一中国的历史作用——从考古学上看文字、度量衡
　　　　　　　和货币的统一》，《考古》，6（1973）：364—371.

王世襄 1979.　　王世襄，《中国古代漆工杂述》，《文物》，3（1979）：49—55.

王永波 1987.　　王永波，《胶东半岛上发现的古代独木舟》，《考古与文物》，5（1987）：
　　　　　　　29—31.

王仲殊 1981.　　王仲殊，《中国古代墓葬概说》，《考古》，5（1981）：449—458.

王宇信 1973.　　王宇信、陈绍棣，《关于江苏铜山丘湾商代祭祀遗址》，《文物》，12

（1973）：55—58.

王宇信，甲骨．　　王宇信，《建国以来甲骨文研究》．（北京：中国社会科学出版社，1981）

王劲 1980.　　王劲，《江汉地区新石器时代综述》，《江汉考古》，1（1980）：7—16.

王若愚 1979.　　王若愚，《从台西村出土的商代织物与纺织工具谈当时的纺织》，《文物》，6（1979）：49—53.

王国维，观堂集林．　　王国维，《观堂集林》．（北京：中华书局，1961重印）

王学理 1981.　　王学理，《汉南陵从葬坑的初步清理——兼谈大熊猫头骨及犀牛骨骼出土的有关问题》，《文物》，11（1981）：24—29.

王建 1978.　　王建、王向前、陈哲英，《下川文化——山西下川遗址调查报告》，《考古学报》，3（1978）：259—288.

王贵民 1982.　　王贵民，《说御史》，《甲骨探史录》．（北京：生活·读书·新知三联书店，1982）：303—339.

王贵民 1983.　　王贵民，《就殷墟甲骨文所见试说“司马”职名的起源》，《甲骨文与殷商史》（上海：上海古籍出版社，1983）：173—190.

王恒余 1961.　　王恒余，《说祝》，《历史语言研究所集刊》，32（1961）：99—118.

王振铎 1948—1951.　　王振铎，《司南、指南针与罗盘经》，《中国考古学报》，3（1948）：119—259；4（1950）：185—223；5（1951）：101—176.

王振铎 1964.　　王振铎，《论汉代饮食器中的卮和魁》，《文物》，4（1964）：1—12.

王振铎 1978.　　王振铎，《中国古代磁针的发明和航海罗经的创造》，《文物》，3（1978）：53—61.

王振铎 1980.　　王振铎，《西汉定时器“铜漏”的发现及其有关问题》，《中国历史博物馆馆刊》，2（1980）：116—125.

王振铎 1984.　　王振铎，《燕肃指南车造法补证》，《文物》，6（1984）：61—65，60.

王恩田 1981.　　王恩田，《岐山凤雏村西周建筑群基址的有关问题》，《文物》，1（1981）：75—80.

王健民 1979.　　王健民、梁柱、王胜利，《曾侯乙墓出土的二十八宿青龙白虎图象》，《文物》，7（1979）：40—45.

王菊华 1980.　　王菊华、李玉华，《从几种汉纸的分析鉴定试论我国造纸术的发明》，《文物》，1（1980）：78—85.

王崧兴 1961.　　王崧兴，《马太安阿美族之宗教及神话》，《民族学研究所集刊》，12（1961）：107—178.

王献堂，货币．　　王献堂，《中国古代货币通考》．（济南：齐鲁书社，1979）

王慎行 1988.　　王慎行，《商代宫室建筑考》，《考古与文物》，3（1988）：68—74.

王毓铨，货币.　　王毓铨，《我国古代货币的起源和发展》.（北京：科学出版社，1957）

王增新 1958.　　王增新，《关于孝子闵损和孝孙原谷》，《文物》，10（1958）：48.

王褒祥 1964.　　王褒祥，《河南新野出土的汉代画像砖》，《考古》，2（1964）：90—93.

开封文管 1978.　　开封地区文物管理委员会等，《河南新郑裴李岗新石器时代遗址》，《考古》，2（1978）：73—79.

开封文管 1979.　　开封地区文物管理委员会、新郑县文管会，《裴李岗遗址一九七八年发掘简报》，《考古》，3（1979）：197—205.

开封文管 1981.　　开封地区文物管理委员会等，《河南密县马良沟遗址调查和试掘》，《考古》，3（1981）：282—284.

天水文化馆 1989.　　甘肃省文物考古研究所、天水市北道区文化馆，《甘肃天水放马滩战国秦汉墓群的发掘》，《文物》，2（1989）：1—11，31.

天石 1975.　　天石，《西汉度量衡略说》，《文物》，12（1975）：79—89.

天野元之助 1958.　　天野元之助，《中國古代農業史上の二つの問題》，《東方學》，16（1958）：1—8.

天野元之助 1959.　　天野元之助，《中國古代農業の展開》，《東方學報》，30（1959）：67—165.

天野元之助，农业.　　天野元之助，《中國農業史研究》.（东京：农业综合研究所，1962）

云南历史所 1966.　　云南省历史研究所调查组，《云南沧源崖画》，《文物》，2（1966）：7—16，38.

云南博物馆 1975.　　云南博物馆，《云南江川李家山古墓群发掘报告》，《考古学报》，2（1975）：97—156.

云梦秦简 1976.　　云梦秦简整理小组，《云梦秦简释文（二）》，《文物》，7（1976）：1—11.

云梦博物馆 1984.　　云梦县博物馆，《湖北云梦痌痌墩一号墓清理简报》，《考古》，7（1984）：607—614.

太平御览.　　李昉，《太平御览》.（北京：中华书局，1960）

历史图册.　　中国历史博物馆编，《简明中国历史图册》.（天津：人民美术出版社，1978—1979）

尤仁德 1986.　　尤仁德，《商代玉鸟与商代社会》，《考古与文物》，2（1986）：59—60.

尤玉柱 1985.　　尤玉柱等，《大连古龙山洞穴文化遗物及对当时古生态环境的探讨》，《史前研究》，1（1985）：68—73.

屯南.　　中国社会科学院考古研究所编，《小屯南地甲骨》.（北京：中华书局，1980）

中央音乐院 1958.　　中央音乐学院民族中乐院研究所调查组，《信阳战国楚墓出土乐器初步调查记》，《文物》，1（1958）：15—23.

中医研究院 1975.　　中医研究院医史文献研究室，《马王堆三号汉墓帛画导引图的初步研究》，《文物》，6（1975）：6—13，63.

中国古代史.　　刘泽华等编，《中国古代史（上）》.（北京：人民出版社，1979）

中国古代冶金.　　北京钢铁学院中国古代冶金编写组，《中国古代冶金》.（北京：文物出版社，1978）

内蒙古博物馆 1977.　　内蒙古博物馆、内蒙古文物工作队，《呼和浩特市东郊旧石器时代石器制造厂发掘报告》，《文物》，5（1977）：7—15.

冈崎敬 1954.　　冈崎敬，《たいまいを通じてみた古代南海贸易について》，《東方學報》，25-2（1954）：178—200.

水经注.　　郦道元，《水经注》.（长沙：商务印书馆，1938）

水野清一 1954.　　水野清一，《漢の蚩尤伎について——武氏祠畫像の解》，《東方學報》，25-2（1954）：161—177.

贝冢茂树，神话.　　贝冢茂树，《中国の神話》.（东京：筑摩书房，1971）

长山 1982.　　长山、仁华，《试论王寨汉墓中的彗星图》，《中原文物》，1（1982）：26—27.

长广敏雄，汉代画象.　　长广敏雄，《漢代畫象の研究》.（东京：中央公论美术出版，1965）

长沙车站 1978.　　长沙铁路车站建设工程文物发掘队，《长沙新发现春秋晚期的钢剑和铁器》，《文物》，10（1978）：44—48.

长沙文物 1979.　　长沙市文化局文物组，《长沙咸家湖西汉曹墁墓》，《文物》，3（1979）：1—16.

仇士华 1980.　　仇士华，《人工烧制石灰始于何时？^{14}C 方法可以判定》，《考古与文物》，3（1980）：126—135.

仇士华 1982.　　仇士华、蔡莲珍，《碳-14测定年代与考古研究》，《考古》，3（1982）：316-319.

反山考古 1988.　　浙江省文物考古研究所反山考古队，《浙江余杭反山良渚墓地发掘简报》，《文物》，1（1988）：1—31.

今本竹书纪年.　　王国维，《今本竹书纪年疏证》.（台北：艺文印书馆，1917重印）

公羊传.　　《十三经注疏（七）》.（台北：艺文印书馆，1955重印）

风俗通义.　　应劭，王利器注，《风俗通义校注》.（北京：中华书局，1981）

丹江发掘 1980.　　河南省丹江库区文物发掘队，《河南省淅川县下寺春秋楚墓》，《文物》, 10（1980）: 13—20.

乌恩1981.　　乌恩,《我国北方古代动物纹饰》,《考古学报》, 1（1981）: 45—61.

文物交流1992.　中国文物交流中心,《出土文物三百品》.（北京: 新世界出版社, 1992）

文选.　　　萧统,《文选》.（北京: 中华书局, 1981重印）

方杨1964.　　方杨,《我国酿酒当始于龙山文化》,《考古》, 2（1964）: 94—97.

计宏祥1985.　计宏祥,《从哺乳类动物化石来探讨中国新石器时代一些遗址的自然环境》,《史前研究》, 2（1985）: 85—89, 55.

孔子家语.　　王肃,《孔子家语》.（台北: 世界书局, 1962重印）

孔令平1979.　孔令平,《西亚农耕的起源问题》,《历史研究》, 6（1979）: 88—96.

孔令平1980.　孔令平,《西亚动物家养的起源》,《考古》, 6（1980）: 549—554.

孔令平1986.　孔令平,《关于农耕起源的几个问题》,《农业考古》, 1（1986）: 28—37.

孔德成1966.　孔德成,《释牢宰》,《文史哲学报》, 15（1966）: 181—185.

五画

邓聪1985.　　邓聪,《东亚陶器起源年代管窥（一）——〈泉福寺洞穴の発掘記録〉书后》,《中国文化研究所学报》, 16（1985）: 255—273.

甘肃工作1974.　中国科学院考古研究所甘肃工作队,《甘肃永靖大何庄遗址发掘报告》,《考古学报》, 2（1974）: 29—62.

甘肃工作1975.　中国社会科学院考古研究所甘肃工作队,《甘肃永靖秦魏家齐家文化墓地》,《考古学报》, 2（1975）: 57—96.

甘肃工作1980.　中国社会科学院考古研究所甘肃工作队,《甘肃永靖莲花台辛店文化遗址》,《考古》, 4（1980）: 296—310.

甘肃博物馆1972.　甘肃省博物馆,《武威磨咀子三座汉墓发掘简报》,《文物》, 12（1972）: 9—23.

甘肃博物馆1976.　甘肃省博物馆,《从嘉峪关魏晋墓壁画看河西地区实行的法治措施》,《文物》, 2（1976）: 83—86.

甘肃博物馆1977.　甘肃省博物馆文物工作队,《甘肃灵台白草坡西周墓》,《考古学报》, 2（1977）: 99—130.

甘肃博物馆1978.　甘肃省博物馆,《武威皇娘娘台遗址第四次发掘》,《考古学报》, 4（1978）: 421—448.

甘肃博物馆1980.　甘肃省博物馆等,《兰州花寨子"半山类型"墓葬》,《考古学报》, 2（1980）: 221—238.

甘肃博物馆 1983.　　甘肃省博物馆文物工作队，《甘肃秦安大地湾第九区发掘简报》，《文物》，11（1983）：1—14.

世本.　　宋衷注，孙冯翼集，《世本》.（上海：商务印书馆，1937）

古史考.　　谯周，《古史考》.（平津馆，1884重印）

古代史发掘.　　江坂辉弥编，《古代史发掘（二）》.（东京：讲谈社，1973）

古建筑.　　中国科学院自然科学史研究所，《中国古代建筑技术史》.（北京：科学出版社，1985）

左传.　　《十三经注疏（六）》.（台北：艺文印书馆，1955重印）

石毛直道 1968.　　石毛直道，《日本稻作の系譜》，《史林》，51-5（1968）：130—150；51 6（1968）：96—127.

石家庄发掘 1977.　　石家庄地区革委会文化局文物发掘组，《河北赞皇东魏李希宗墓》，《考古》，6（1977）：382—390.

石璋如 1947.　　石璋如，《殷墟最近之重要发现，附论小屯地层》，《中国考古学报》，2（1947）：1—81.

石璋如 1950.　　石璋如，《小屯殷代的成套兵器》，《历史语言研究所集刊》，22（1950）：19—84.

石璋如1952.　　石璋如，《小屯C区的墓葬群》，《历史语言研究所集刊》，23（1952）：447—487.

石璋如 1953.　　石璋如，《河南安阳小屯殷墓中的动物群》，《文史哲学报》，5（1953）：1—14.

石璋如 1954.　　石璋如，《周代兵制探源》，《大陆杂志》，9-9（1954）：269—277.

石璋如1955a.　　石璋如，《殷代的铸铜工艺》，《历史语言研究所集刊》，26（1955）：95—129.

石璋如1955b.　　石璋如，《小屯殷代的建筑遗迹》，《历史语言研究所集刊》，26（1955）：131—188.

石璋如1956.　　石璋如，《关中考古调查报告》，《历史语言研究所集刊》，27（1956）：205—323.

石璋如1957.　　石璋如，《殷代头饰举例》，《历史语言研究所集刊》，28（1957）：611—647.

石璋如1960.　　石璋如，《记本院小山上出土的大石斧》，《历史语言研究所集刊》，31（1960）：37—46.

石璋如1965.　　石璋如，《小屯殷代的跪葬》，《历史语言研究所集刊》，36（1965）：

249—277.

石璋如 1969a.　　石璋如，《殷代的豆》，《历史语言研究所集刊》，39（1969）：51—82.

石璋如 1969b.　　石璋如，《殷代的夯土、版筑、与一般建筑》，《历史语言研究所集刊》，41（1969）：127—168.

石璋如 1969c.　　石璋如，《小屯第四十墓的整理与殷代第一类甲种车的初步复原》，《历史语言研究所集刊》，40（1969）：625—667.

石璋如 1970.　　石璋如，《殷代地上建筑复原的第二例》，《民族学研究所集刊》，29（1970）：321—341.

石璋如，北组墓葬.　　石璋如，《小屯，第一本：遗址的发现与发掘：丙编，殷墟墓葬：北组墓葬》.（台北："中央研究院"，1970）

石璋如，建筑.　　石璋如，《小屯，第一本：遗址的发现与发掘：乙编，建筑遗存》.（台北："中央研究院"，1959）

龙宇纯 1959.　　龙宇纯，《说帅》，《历史语言研究所集刊》，30（1959）：597—603.

平心 1963.　　平心，《周易史事索隐》，《历史研究》，1（1963）：141—160.

东下冯考古 1980.　　东下冯考古队，《山西夏县东下冯遗址东区、中区发掘简报》，《考古》，2（1980）：97—107.

北大历史系 1982.　　北京大学历史系考古专业[14]C实验室、中国社会科学院考古研究所[14]C实验室，《石灰岩地区碳-14样品年代的可靠性与甑皮岩等遗址的年代问题》，《考古学报》，2（1982）：243—250.

北史.　　李延寿，《北史》.（北京：中华书局，1974）

北京文管 1977.　　北京市文物管理处，《北京市平谷县发现商代墓葬》，《文物》，11（1977）：1—8.

北京玉器厂 1976.　　北京市玉器厂技术研究组，《对商代琢玉工艺的一些初步看法》，《考古》，4（1976）：229—233.

北京钢铁学院 1974.　　北京钢铁学院理论学习小组，《先秦两汉时期的冶铁技术与儒法斗争》，《考古》，6（1974）：339—344，355.

北京钢铁学院 1981.　　北京钢铁学院冶金史组，《中国早期铜器的初步研究》，《考古学报》，3（1981）：287—302.

北洞发掘 1974.　　喀左县文化馆、朝阳地区博物馆、辽宁省博物馆、北洞文物发掘小组，《辽宁喀左县北洞村出土的殷周青铜器》，《考古》，6（1974）：364—372.

卢兆荫 1989.　　卢兆荫，《再论两汉的玉衣》，《文物》，10（1989）：60—67.

卢志明 1979.　　卢志明，《中国古代指南车的分析》，《四川大学学报》，2（1979）：95—

101.

叶万松 1984.　　　叶万松，《我国西周前期青铜铸造工艺之研究》，《考古》，7（1984）：
　　　　　　　　　　656—663.

叶小燕 1983.　　　叶小燕，《战国秦汉的灯及有关问题》，《文物》，7（1983）：78—86.

叶文程 1985.　　　叶文程、唐杏煌，《中国古陶瓷与国外社会生活》，《人类学研究》，1985
　　　　　　　　　　试刊：72—79.

叶玉奇 1981.　　　叶玉奇，《江苏吴县光福镇发现一批新石器时代的石犁》，《文物》，10
　　　　　　　　　　（1981）：92—93.

叶宏明 1978.　　　叶宏明、曹鹤鸣，《关于我国瓷器起源的看法》，《文物》，10（1978）：
　　　　　　　　　　84—87.

叶定侯 1956.　　　叶定侯，《长沙楚墓出土"雕刻花板"名称的商讨》，《文物》，12（1956）：
　　　　　　　　　　23—25.

甲骨文编.　　　　　中国科学院考古研究所，《甲骨文编》.（香港：中华书局香港分局，1978）

甲骨类纂.　　　　　姚孝遂编，《殷墟甲骨刻辞类纂》.（北京：中华书局，1989）

田中淡 1980.　　　田中淡，《先秦時代宮室建築序說》，《東方學報》，52（1980）：123—197.

史记.　　　　　　　司马迁，《史记》.（北京：中华书局，1959）

史树青 1957.　　　史树青，《漆林识小录》，《文物》，7（1957）：55—57.

史景成 1962.　　　史景成，《六卿溯源》，《大陆杂志》，25-7（1962）：1—8.

四川文管 1956.　　　四川省文物管理委员会，《在四川德阳县收集的汉画像砖》，《文物》，
　　　　　　　　　　7（1956）：43—44.

四川文管 1983.　　　四川省文物管理委员会，《四川彭县义和公社出土汉代画像砖简介》，
　　　　　　　　　　《考古》，10（1983）：897—907.

四川文管 1989.　　　四川省文物管理委员会、考古研究所，广汉市文物局文管所，《广汉
　　　　　　　　　　三星堆遗址二号祭祀坑发掘简报》，《文物》，5（1989）：1—20.

四川博物馆 1978.　　中国社会科学院考古研究所，四川省博物馆，成都明墓发掘队，
　　　　　　　　　　《成都凤凰山明墓》，《考古》，5（1978）：306—313.

生物史.　　　　　　李璠等编，《栽培植物的起源》《饲养动物的起源》，《生物史：五》.（北京：
　　　　　　　　　　科学出版社，1979）

丘立诚 1985.　　　丘立诚，《略论华南洞穴新石器时代早期文化》，《史前研究》，1（1985）：
　　　　　　　　　　24—28.

丘光明 1981.　　　丘光明，《试论战国容量制度》，《文物》，10（1981）：63—72.

仪礼.　　　　　　　《十三经注疏（四）》.（台北：艺文印书馆，1955重印）

白虎通. 班固,《白虎通德论》.（台北：商务印书馆，1969重印）

冯汉骥 1961. 冯汉骥,《云南晋宁石寨山出土文物的族属问题试探》,《考古》, 9（1961）：469—487, 490.

冯汉骥 1979. 冯汉骥、童恩正,《记广汉出土的玉石器》,《文物》, 2（1979）：31—37, 30.

冯时 1990. 冯时,《河南濮阳西水坡45号墓的天文学研究》,《文物》, 3（1990）：52—60, 69.

冯富根 1982. 冯富根等,《殷墟出土商代青铜瓿铸造工艺的复原研究》,《考古》, 5（1982）：532—541.

半坡博物馆 1980. 西安半坡博物馆、临潼县文化馆,《临潼姜寨遗址第四至十一次发掘纪要》,《考古与文物》, 3（1980）：1—13.

汉书. 班固,《汉书》.（北京：中华书局，1975重印）

宁夏博物馆1987. 宁夏博物馆考古队,《宁夏贺兰山贺兰口岩画》,《考古与文物》, 3（1987）：39—46.

礼记. 《十三经注疏（五）》.（台北：艺文印书馆，1955重印）

永尾龙造，民俗. 永尾龙造,《支那民俗誌（三）》.（台北：中国民俗学会，1971影印）

出石诚彦，神话. 出石诚彦,《支那神話傳說の研究》.（东京：中央公论社，1943）

辽宁文训班1976. 辽宁文物干部培训班,《辽宁北票县丰下遗址1972年春发掘简报》,《考古》, 3（1976）：197—210, 186.

皮锡瑞，经学史. 皮锡瑞,《经学历史》.（台北：河洛图书出版社，1974）

台西发掘 1974. 河北省博物馆、河北省文管处台西发掘组,《河北藁城县台西村商代遗址1973年的重要发现》,《文物》8（1974）：42—49.

六画

吉田光邦 1959. 吉田光邦,《中國古代の金屬技術》,《東方學報》, 29（1959）：51—110.

考工记. 《周礼》,《十三经注疏（三）》.（台北：艺文印书馆，1955重印）

考古三十年. 文物编辑委员会,《文物考古工作三十年》.（北京：文物出版社，1979）

考古发现. 中国社会科学院考古研究所编,《新中国的考古发现和研究》.（北京：文物出版社，1984）

考古收获. 中国科学院考古研究所编,《新中国的考古收获》.（北京：文物出版社，1962）

考古所人类学 1977.　　中国科学院考古研究所体质人类学组，《安阳殷代祭祀坑人骨的
　　　　性别年龄鉴定》，《考古》，3（1977）：210—214.

考古所资料室 1972.　　中国科学院考古研究所资料室，《唐景德四年写本《论语郑氏注》
　　　　校勘记》，《考古》，2（1972）：54—67.

考古科学.　　Brothwell Don and Higgs Eric，*Science in Archaeology*（考古科学）.（New
　　　　York：Basic Books Inc.，Publishers，1963）

巩县铁生沟.　　河南省文化组文物工作队，《巩县铁生沟》.（北京：文物出版社，1962）

巩启明 1981.　　巩启明、严文明，《从姜寨早期村落布局探讨其居民的社会组织结构》，
　　　　《考古与文物》，1（1981）：63—71.

西北大考古 1988.　　西北大学历史系考古专业，《西安老牛坡商代墓地的发掘》，《文
　　　　物》，6（1988）：1—22.

西安半坡.　　中国科学院考古研究所，《西安半坡》.（北京：文物出版社，1963）

列子.　　杨伯峻，《列子集释》.（香港：香港太平书局，1965）

曲守约 1958.　　曲守约，《古代之关》，《大陆杂志》，16-10（1958）：307—311.

吕氏春秋.　　伊仲容，《吕氏春秋校释》.（台北：中华丛书委员会，1958）

吕思勉，通史.　　吕思勉，《中国通史》.（香港：太平洋图书公司，1952）

吕品 1984.　　吕品、周到，《河南汉画中的杂技艺术》，《中原文物》，2（1984）：32—
　　　　36.

吕品 1989.　　吕品，《河南汉代画像砖的出土与研究》，《中原文物》，3（1989）：51—
　　　　59.

吕骥 1978.　　吕骥，《从原始氏族社会到殷代的几种陶埙探索我国五音阶的形成年代》，
　　　　《文物》，10（1978）：54—61.

朱乃诚 2004.　　朱乃诚，《中国陶器的起源》，《考古》，6（2004）：70—78。

朱文鑫，天文.　　朱文鑫，《天文考古录》.（台北：台湾商务印书馆，1966）

朱延平 1988.　　朱延平，《裴李岗文化墓地再探》，《考古》，11（1988）：1021—1034.

朱活 1980.　　朱活，《谈山东海阳出土的齐国刀货——兼论齐刀的购买力》，《文物》，2
　　　　（1980）：63—68.

朱活 1981.　　朱活，《古钱》，《文物》，2（1981）：94—95.

竹书义证.　　雷学淇，《竹书纪年义证》.（台北：艺文印书馆，1958影印）

任日新 1981.　　任日新，《山东诸城汉墓画像石》，《文物》，10（1981）：14—21.

任常中 1987.　　任常中、王长青，《河南淅川下寺春秋云纹铜禁的铸造与修复》，《考
　　　　古》，5（1987）：474—478.

伊藤道治 1962.　　伊藤道治，《殷以前の血緣組織と宗教》，《東方學報》，32（1962）：225—270.

后汉书.　　范晔，《后汉书》.（北京：中华书局，1965）

全汉文.　　严可均编，《全上古三代秦汉三国六朝文·全汉文》.（台北：世界书局，1969）

合集.　　郭沫若编，《甲骨文合集》.（上海：中华书局，1978—1982）

壮族考古 1972.　　广西壮族自治区文物考古写作小组，《广西合浦西汉木椁墓》，《考古》，5（1972）：20—30.

壮族考训班 1978.　　广西壮族自治区文物考古训练班等，《广西南部地区的新石器时代晚期文化遗存》，《文物》，9（1978）：14—24.

庄子.　　王先谦，《庄子集解》.（台北：世界书局，1965重印）

刘万章，婚丧.　　刘万章，《广州的旧丧俗》，《苏粤的婚丧》（中山大学民俗丛书）.（台北：福禄图书公司，1970）

刘云友 1974.　　刘云友，《中国天文史上的一个重要发现——马王堆帛书中的〈五星占〉》，《文物》，11（1974）：28—36.

刘云彩 1978.　　刘云彩，《中国古代高炉的起源和演变》，《文物》，2（1978）：18—27.

刘心健 1974.　　刘心健、陈自经，《山东苍山发现东汉永初纪年铁刀》，《文物》，12（1974）：61.

刘世民 1987.　　刘世民、舒世珍、李福山，《吉林永吉出土大豆炭化种子的初步鉴定》，《考古》，4（1987）：365—369.

刘东瑞 1979.　　刘东瑞，《谈战国时期的不等臂秤"王"铜衡》，《文物》，4（1979）：73—76.

刘仕骥，葬俗.　　刘仕骥，《中国葬俗搜奇》.（香港：上海书局，1957）

刘仙洲，机械.　　刘仙洲，《中国机械工程发明史》.（北京：科学出版社，1962）

刘志远 1973.　　刘志远，《汉代市井考——说东汉市井画像砖》，《文物》，3（1973）：52—57.

刘雨 1982.　　刘雨，《金文"初吉"辨析》，《文物》，11（1982）：76—84.

刘恩元 1982.　　刘恩元，《贵州思南明代张守宗夫妇墓清理简报》，《文物》，8（1982）：29—36.

刘家骥 1977.　　刘家骥、刘炳森，《金雀山西汉帛画临摹后感》，《文物》，11（1977）：

28—31.

刘渊临 1973.　　刘渊临，《殷代的龟册》，《东吴大学中国艺术史集刊》，2（1973）：11—
　　　　38.

刘敦愿 1972.　　刘敦愿，《汉画像石上的针灸图》，《文物》，6（1972）：47—51.

刘斌雄，阿美族.　　刘斌雄等，《秀姑峦阿美族的社会组织》.（台北："中央研究院"民
　　　　族学研究所，1965）

刘道凡 1980.　　刘道凡，《我国上古的象牙雕刻》，《文物》，11（1980）：91—92.

齐文心 1979.　　齐文心，《殷代的奴隶监狱和奴隶暴动》，《中国史研究》，1（1979）：
　　　　64—76.

齐文心 1990.　　齐文心，《释羁——对商朝驿站的探讨》，《中原文物》，3（1990）：
　　　　106—108.

齐思和，中国史.　　齐思和，《中国史探研》.（北京：中华书局，1981）

交大造船 1977.　　上海交通大学造船史话组，《秦汉时期的船舶》，《文物》，4（1977）：
　　　　18—22.

江西文管 1962.　　江西省文物管理委员会，《江西修水山背地区考古调查与试掘》，《考
　　　　古》，7（1962）：353—367.

江西文管 1963.　　江西省文物管理委员会，《江西万年县大源仙人洞洞穴遗址试掘》，
　　　　《考古学报》，1（1963）：1—16.

江西博物馆 1975.　　江西省博物馆，《江西清江吴城商代遗址发掘简报》，《文物》，7
　　　　（1975）：51—71.

江苏文工 1962.　　江苏省文物工作队，《江苏邳县刘林新石器时代遗址第一次发掘》，
　　　　《考古学报》，1（1962）1：81—102.

江苏文管 1966.　　江苏省文物管理委员会、南京博物院，《江苏徐州十里铺汉画像石
　　　　墓》，《考古》，2（1966）：66—83，91.

江陵楚墓.　　湖北省荆州地区博物馆，《江陵马山一号楚墓》.（北京：文物出版社，1985）

池田末利 1967.　　池田末利，《周初の天に对する不信观について》，《日本中國學會報》，
　　　　19（1967）：11—24.

汤文兴 1981.　　汤文兴，《淅川下寺一号墓青铜器的铸造技术》，《考古》，2（1981）：
　　　　174—176.

兴平文化馆1978.　　兴平文化馆，《陕西兴平汉墓出土的铜漏壶》，《考古》，1（1978）：70.

安田喜宪，环境.　　安田喜宪，《環境考古学事始》.（东京：日本放送出版协会，1980）

安吉博物馆 1986.　　浙江安吉县博物馆，《浙江安吉出土商代铜器》，《文物》，2（1986）：

37—39.

安阳工作 1972.　　中国科学院考古研究所安阳工作队,《安阳新发现的殷代车马坑》,《考古》, 4（1972）: 24—28.

安阳工作 1977.　　中国社会科学院考古研究所安阳工作队,《安阳殷墟五号墓的发掘》,《考古学报》, 2（1977）: 57—98.

安阳工作 1979.　　中国社会科学院考古研究所安阳工作队,《1969—1977 年殷墟西区墓葬报告》,《考古学报》, 1（1979）: 27—146.

安阳工作 1981.　　中国社会科学院考古研究所安阳工作队,《安阳小屯村北的两座殷代墓》,《考古学报》, 4（1981）: 491—518.

安阳工作 1985.　　中国社会科学院考古研究所安阳工作队,《1979年安阳后冈遗址发掘报告》,《考古学报》, 1（1985）: 33—88.

安阳工作 1988a.　　中国社会科学院考古研究所安阳工作队,《安阳大司空村东南的一座殷墓》,《考古》, 10（1988）: 865—874.

安阳工作 1988b.　　中国社会科学院考古研究所安阳工作队,《安阳郭家庄西南的殷代车马坑》,《考古》, 10（1988）: 882—893.

安阳工作 1989.　　中国社会科学院考古研究所安阳工作队,《1987年安阳小屯村东北地的发掘》,《考古》, 10（1989）: 893—905.

安阳发掘 1961.　　中国社会科学院考古研究所安阳发掘队,《1958—59 年殷墟发掘简报》,《考古》, 2（1961）: 63—76.

安阳发掘 1976.　　中国社会科学院考古研究所安阳发掘队,《1975年安阳殷墟的新发现》,《考古》, 4（1976）: 264—272.

安志敏 1954.　　安志敏,《一九五二年秋季郑州二里冈发掘记》,《考古学报》,8（1954）: 65—107.

安志敏 1963.　　安志敏,《干栏式建筑的考古研究》,《考古学报》, 2（1963）: 65—85.

安志敏 1979.　　安志敏,《裴李岗、磁山和仰韶——试论中原新石器文化的渊源及发展》,《考古学报》, 4（1979）: 335—346, 334.

安志敏 1981.　　安志敏,《中国早期铜器的几个问题》,《考古学报》, 3（1981）: 269—285.

安志敏, 论集.　　安志敏,《中国新石器时代论集》.（北京: 文物出版社, 1982）

安金槐 1961.　　安金槐,《试论郑州商代城址——隞都》,《文物》, 4/5（1961）: 73—80.

安徽文工 1982.　　安徽省文物工作队,《安徽舒城九里墩春秋墓》,《考古学报》, 2（1982）: 229—242.

安徽博物馆 1957. 安徽省博物馆，《安徽新石器时代遗址的调查》，《考古学报》，1（1957）：21—30.

安徽博物馆 1980. 安徽省博物馆，《安徽贵池发现东周青铜器》，《文物》，8（1980）：21—25.

许进雄 1980. 许进雄，《识字有感（二）》，《中国文字》，新 2（1980）：143—160.

许进雄 1981. 许进雄，《甲骨文所表现的牛耕》，《中国文字》，新 4（1981）：91—113.

许进雄 1986. 许进雄，《第五期五种祭祀祀谱的复原——兼谈晚商的历法》，《大陆杂志》，73-3（1986）：99—126.

许进雄，五种祭祀. 许进雄，《殷卜辞中五种祭祀的研究》.（台北：台湾大学文学院，1968）

许进雄，论集. 许进雄，《许进雄古文字论集》.（北京：中华书局，2010）

许进雄，怀特. 许进雄，Oracle Bones from the White and Other Collections（怀特氏等收藏甲骨文集）.（Toronto：Royal Ontario Museum，1979）

许进雄，明义士. 许进雄，The Menzies Collection Of Shang Dynasty Oracle Bones: The Text（明义士收藏甲骨释文篇）.（Toronto：Royal Ontario Museum，1977）

许进雄，钻凿形态. 许进雄，《卜骨上钻凿形态的研究》.（台北：艺文印书馆，1979）

许顺湛 1980. 许顺湛，《论裴李岗文化》，《河南文博通讯》，1（1980）：10—16.

许倬云 1979. Hsu Cho-yun, "Early Chinese history: the state of the field", Journal of Asian Studies, 38（1979）：453—475.

许倬云，西周史. 许倬云，《西周史》.（台北：联经出版事业公司，1984）

许道龄 1947. 许道龄，《玄武之起源及其蜕变考》，《史学集刊》，5（1947）：223—240.

论语. 《十三经注疏（八）》.（台北：艺文印书馆，1955重印）

论衡 王充，《论衡》.（长沙：商务印书馆，1939）

祁英涛 1965. 祁英涛，《中国古代建筑年代的鉴定（续完）》，《文物》，5（1965）：6—15.

祁英涛 1978. 祁英涛，《中国古代建筑的脊饰》，《文物》，3（1978）：62—70.

孙广清 1989. 孙广清，《从考古发现谈中国古代文明的起源问题》，《中原文物》，2（1989）：7—14.

孙机 1980a. 孙机，《有刃车軎与多戈戟》，《文物》，12（1980）：83—85.

孙机 1980b. 孙机，《从胸式系驾法到鞍套式系驾法》，《考古》，5（1980）：448—460.

孙机 1981. 孙机，《托克托日晷》，《中国历史博物馆馆刊》，3（1981）：74—81，91.

孙机 1982. 孙机，《古文物中所见之犀牛》，《文物》，8（1982）：80—84.

孙机 1985.　　孙机，《玉具剑与璏式佩剑法》，《考古》，1（1985）：48—60.

孙机 1987.　　孙机，《洛阳金村出土银着衣人像族属考辨》，《考古》，6（1987）：555—561.

孙作云 1945.　　孙作云，《中国古代鸟氏诸酋长考》，《中国学报》，3-3（1945）：18—36.

孙作云 1973.　　孙作云，《马王堆一号汉墓漆棺画考释》，《考古》，4（1973）：247—254.

孙稚初，金文.　　孙稚初，《金文著录简目》.（北京：中华书局，1981）

孙毓棠 1963.　　孙毓棠，《战国秦汉时代纺织业技术的进步》，《历史研究》，3（1963）：143—173.

妇好墓.　　中国社会科学院考古研究所编，《殷墟妇好墓》.（北京：文物出版社，1980）

七画

孝感考训班 1976.　　孝感地区第二次亦工亦农文物考古训练班，《湖北云梦睡虎地十一号秦墓发掘简报》，《文物》，6（1976）：1—10.

邯郸文管 1977.　　邯郸市文物保管所，《河北磁山新石器遗址试掘》，《考古》，6（1977）：361—372.

邯郸文管 1980.　　邯郸市文物保管所，《河北邯郸市区古遗址调查简报》，《考古》，2（1980）：142—146，158.

芮逸夫，中国民族.　　芮逸夫，《中国民族及其文化论稿》.（台北：艺文印书馆，1972）

严一萍，古文字.　　严一萍，《甲骨古文字研究（一）》.（台北：艺文印书馆，1976）

严一萍，甲骨学.　　严一萍，《甲骨学》.（台北：艺文印书馆，1978）

严一萍 1951.　　严一萍，《中国医学之起源考略》，《大陆杂志》，8（1951）：20—22；9（1951）：14—17.

严一萍 1964.　　严一萍，《殷商笋虡的复原》，《大陆杂志》，29-10/11（1964）：437—441.

严一萍 1970.　　严一萍，《牢义新释》，《中国文字》，38（1970）：1—24.

严一萍 1980.　　严一萍，《殷商天文志》，《中国文字》，新 2（1980）：1—60.

严文明 1981.　　严文明，《龙山文化和龙山时代》，《文物》，6（1981）：41—48.

严文明 1987.　　严文明，《中国史前文化的统一性与多样性》，《文物》，3（1987）：38—50.

严汝娴 1982.　　严汝娴，《普米族的刻划符号》，《考古》，3（1982）：312—315.

劳榦 1964.　　劳榦，《六博及博局的演变》，《历史语言研究所集刊》，35（1964）：15—30.

劳榦 1971.　　劳榦，《汉代黄金及铜钱的使用问题》，《历史语言研究所集刊》，42（1971）：

341—389.

劳榦 1974.　　劳榦，《周初年代问题与月相问题的新看法》，《中国文化研究所学报》，7-1（1974）：1—26.

劳榦，论文集.　　劳榦，《劳榦学术论文集（甲编）》.（台北：艺文印书馆，1976）

劳榦 1947.　　劳榦，《论汉代之陆运与水运》，《历史语言研究所集刊》，16（1947）：69—91.

苏健 1983.　　苏健，《洛阳汉代彩绘陶壶艺术试探》，《中原文物》，1983特刊：105—107.

杜正胜 1979.　　杜正胜，《周代封建的建立》，《历史语言研究所集刊》，50（1979）：485—550.

杜正胜 1980.　　杜正胜，《周秦城市的发展与特质》，《历史语言研究所集刊》，51（1980）：615—747.

杜金鹏 1990.　　杜金鹏，《陶爵——中国古代酒器研究之一》，《考古》，6（1990）：519—530.

杜学知 1962.　　杜学知，《"不"系考》，《清华学报》，3-1（1962）：91—113.

杜学知 1964.　　杜学知，《汉字之制作及其特性》，《大陆杂志》，29-6（1964）：177—182；29-7（1964）：236—244.

杜恒 1976.　　杜恒，《试论百花潭嵌错图象铜壶》，《文物》，3（1976）：47—51.

巫鸿 1979.　　巫鸿，《秦权研究》，《故宫博物院院刊》，4（1979）：33—47.

李也贞 1976.　　李也贞等，《有关西周丝织和刺绣的重要发现》，《文物》，4（1976）：60—63.

李友谋 1979.　　李友谋、陈旭，《试论裴李岗文化》，《考古》，4（1979）：347—352.

李友谋 1989.　　李友谋，《裴李岗文化发现十年》，《中原文物》，3（1989）：9—14.

李文信 1955.　　李文信，《辽阳发现的三座壁画古墓》，《文物参考数据》，5（1955）：15—42.

李汉三，五行.　　李汉三，《先秦两汉之阴阳五行学说》.（台北：维新书局，1968）

李亚农，史论.　　李亚农，《李亚农史论集》.（上海：上海人民出版社，1978重印1962版）

李光周 1976.　　李光周，《中国史前小米农业的开始，及中国史前史的回顾》，《考古人类学刊》，39/40（1976）：116—139.

李仰松 1980.　　李仰松，《中国原始社会生产工具试探》，《考古》，6（1980）：515—520.

李仰松 1993.　　李仰松，《我国谷物酿酒起源新论》，《考古》，6（1993）：534—542.

李众 1975.　　李众,《中国封建社会前期钢铁冶炼技术发展的探讨》,《考古学报》, 2
　　（1975）: 1—22.

李众 1976.　　李众,《关于藁城商代铜钺铁刃的分析》,《考古学报》, 2（1976）: 17—34.

李约瑟, 科学与文明.　　Needham Joseph, *Science and Civilisation in China*（中国的科
　　学与文明）.（Cambridge: Cambridge University Press, 1954—）

李孝定 1974.　　李孝定,《中国文字的原始与演变》,《历史语言研究所集刊》, 45
　　（1974）: 343—394, 529—560.

李孝定, 甲骨.　　李孝定,《甲骨文字集释》.（台北:"中央研究院"历史语言研究所,
　　1965）

李孝定, 诂林附录.　　李孝定等编,《金文诂林附录》.（香港:香港中文大学出版社,
　　1977）

李伯谦 1982.　　李伯谦,《中原地区东周铜剑渊源试探》,《文物》, 1（1982）: 44—
　　48.

李亨求 1981—1982.　　李亨求,《渤海沿岸早期无字卜骨之研究》,《故宫季刊》,[a]
　　16-1（1981）: 41—56,[b] 16-2（1981）: 41—64,[c] 16-3（1982）: 55—81.

李纯一 1964.　　李纯一,《原始时代和殷代的陶埙》,《考古学报》, 1（1964）: 51—54.

李纯一 1973.　　李纯一,《关于歌钟、行钟及蔡侯编钟》,《文物》, 7（1973）: 15—19.

李纯一 1974.　　李纯一,《汉瑟和楚瑟调弦的探索》,《考古》, 1（1974）: 56—60.

李京华 1987.　　李京华,《河南冶金考古概述》,《华夏考古》, 1（1987）: 202—219.

李学勤 1959.　　李学勤,《战国题铭概述（中）》,《文物》, 8（1959）: 60—63.

李学勤 1985a.　　李学勤,《鲁方彝与西周商贾》,《史学月刊》, 1（1985）: 31—34.

李学勤 1985b.　　李学勤,《论曶鼎及其反映的西周制度》,《中国史研究》, 1（1985）:
　　95—102.

李学勤 1986.　　李学勤,《沣西发现的乙卯尊及其意义》,《文物》, 7（1986）: 62—64.

李学勤 1987.　　李学勤,《论新出大汶口文化陶器符号》,《文物》, 12（1987）: 75—80.

李宗侗 1969.　　李宗侗,《炎帝与黄帝的新解释》,《历史语言研究所集刊》, 39（1969）:
　　27—39.

李宗侗 1973.　　李宗侗,《春秋时代社会的变动》,《台湾大学文史哲学报》, 22（1973）:
　　263—303.

李宗侗, 古社会.　　李宗侗,《中国古代社会史》.（台北:华冈出版有限公司, 1954）

李绍连 1980.　　李绍连,《关于磁山、裴李岗文化的几个问题——从莪沟北岗遗址说
　　起》,《文物》, 5（1980）: 20—27.

李科友 1975.　　李科友、彭适凡，《略论江西吴城商代原始瓷器》，《文物》，7（1975）：77—82.

李复华 1975.　　李复华、郭子游，《郫县出土东汉画象石棺图象略说》，《文物》，8（1975）：63—65.

李奕园 1962.　　李奕园，《祖灵的庇荫》，《民族学研究所集刊》，14（1962）：1—46.

李济 1948.　　李济，《研究中国古玉问题的新数据》，《历史语言研究所集刊》，13（1948）：179—182.

李济 1950a.　　李济，《豫北出土青铜勾兵分类图解》，《历史语言研究所集刊》，22（1950）：1—18.

李济 1950b.　　李济，《记小屯出土之青铜器，中篇：锋刃器》，《中国考古学报》，4（1950）：1—69.

李济 1953.　　李济，《跪坐蹲居与箕踞》，《历史语言研究所集刊》，24（1953）：283—301.

李济 1959.　　李济，《笄形八类及其文饰之演变》，《历史语言研究所集刊》，30（1959）：1—69.

李济 1969.　　李济，《安阳发掘与中国古史问题》，《历史语言研究所集刊》，40（1969）：913—944.

李济 1976.　　李济，《殷墟出土的工业成绩：三例》，《文史哲学报》，25（1976）：1—64.

李济，西阴村.　　李济，《西阴村史前的遗存》.（北平：清华学校研究所，1927）

李济，安阳.　　Li Chi, *Anyang*（安阳）.（Seattle：University of Washington Press，1977）

李济，陶器.　　李济，《小屯第三本·殷墟器物甲编：陶器上辑》.（台北："中央研究院"历史语言研究所，1956）

李根蟠 1986.　　李根蟠，《先秦农器名实考辨》，《农业考古》，2（1986）：122—134.

李家治 1978.　　李家治，《我国古代陶器和瓷器工艺发展过程的研究》，《考古》，3（1978）：179—188.

李家瑞 1962.　　李家瑞，《云南几个民族记事和表意的方法》，《文物》，1（1962）：12—14.

李裕民 1974.　　李裕民，《殷周金文中的"孝"和孔丘"孝道"的反动本质》，《考古学报》，2（1974）：19—28.

杨升南 1982.　　杨升南，《略论商代的军队》，《甲骨探史录》.（上海：上海三联书店，1982）：340—399.

杨式挺1978.　　杨式挺，《谈谈石峡发现的栽培稻遗迹》，《文物》，7（1978）：23—28.

杨伯达1980.　　杨伯达，《两周玻璃的初步研究》，《故宫博物院院刊》，2（1980）：14—24.

杨希枚1955.　　杨希枚，《先秦赐姓制度理论的商榷》，《历史语言研究所集刊》，26（1955）：189—226.

杨希枚1956.　　杨希枚，《先秦诸侯受降献捷与遣俘制度考》，《历史语言研究所集刊》，27（1956）：107—116.

杨英杰1988.　　杨英杰，《先秦旗帜考释》，《文物》，2（1986）：52—56.

杨国宜1963.　　杨国宜，《共工传说史实探源》，《文史》，3（1963）：61—67.

杨育彬1983.　　杨育彬，《从郑州新发现的商代窖藏青铜器谈起》，《中原文物》，3（1983）：43—47.

杨泓，兵器论丛.　　杨泓，《中国古兵器论丛》.（北京：文物出版社，1980）

杨泓1976.　　杨泓，《中国古代的甲胄》，《考古学报》，1（1976）：19—46、2（1976）：59—96.

杨泓1977a.　　杨泓，《战车与车战》，《文物》，5（1977）：82—90.

杨泓1977b.　　杨泓，《骑兵和甲骑具装》，《文物》，10（1977）：27—32.

杨泓1979.　　杨泓，《剑和刀——中国古代兵器丛谈》，《考古学报》，1（1979）：231—242.

杨泓1980.　　杨泓，《古文物图像中的相扑》，《文物》，10（1980）：88—90，85.

杨宝成1983.　　杨宝成、杨锡璋，《从殷墟小型墓葬看殷代社会的平民》，《中原文物》，1（1983）：30—34.

杨宝成1984.　　杨宝成，《殷代车子的发现与复原》，《考古》，6（1984）：546—555.

杨建芳1963.　　杨建芳，《安徽钓鱼台出土小麦年代商榷》，《考古》，11（1963）：630—631.

杨荫浏，音乐.　　杨荫浏，《中国音乐史纲》.（上海：万叶书店，1963）.

杨荫浏1979.　　杨荫浏，《管律辨讹》，《文艺研究》，4（1979）：78—82.

杨钟健1950.　　杨钟健、刘东生，《安阳殷墟之哺乳动物群补遗》，《中国考古学报》，4（1950）：145—153.

杨根1959.　　杨根、丁家盈，《司母戊大鼎的合金成分及其铸造技术的初步研究》，《文物》，1（1959）：27—29.

杨宽，冶铁.　　杨宽，《中国土法冶铁炼钢技术的发明和发展》.（上海：上海人民出版社，1960）

杨宽1960.　　　杨宽,《再论王桢农书"水排"的复原问题》,《文物》, 5 (1960): 47—49.

杨宽1980.　　　杨宽,《我国历史上铁农具的改革及其作用》,《历史研究》, 5 (1980): 89—98.

杨鸿勋1975.　　杨鸿勋,《仰韶文化居住建筑发展问题的探讨》,《考古学报》, 1 (1975): 39—72.

杨鸿勋1976a.　　杨鸿勋,《凤翔出土春秋秦宫铜构——金杠》,《考古》, 2 (1976): 103—108.

杨鸿勋1976b.　　杨鸿勋,《从盘龙城商代宫殿遗址谈中国宫廷建筑发展的几个问题》,《文物》, 2 (1976): 16—25.

杨鸿勋1980.　　杨鸿勋《战国中山王陵及兆域图研究》,《考古学报》, 1 (1980): 119—136.

杨鸿勋1981.　　杨鸿勋《西周岐邑建筑遗址初步考察》,《文物》, 3 (1981): 23—33.

杨鸿勋1982.　　杨鸿勋《石斧石楔辨——兼及石锛与石扁铲》,《考古与文物》,1(1982): 66—68.

杨锡璋1986.　　杨锡璋,《关于商代青铜戈矛的一些问题》,《考古与文物》, 3 (1986): 64—71.

杨新平1983.　　杨新平、陈旭,《试论商代青铜武器的分期》,《中原文物》, 1983特刊: 34—46.

杨豪1962.　　　杨豪,《广东碣石明墓清理简介》,《考古》, 7 (1962): 394.

杨耀林1985.　　杨耀林,《广东高要茅岗新石器时代干栏式建筑遗存》,《史前研究》, 1 (1985): 43—47.

肖兵1980.　　　肖兵,《略论西安半坡等地发现的"割体葬仪"》,《考古与文物》, 4 (1980): 73—77.

吴汝祚1985.　　吴汝祚,《我国早期种植水稻的氏族部落》,《史前研究》, 2 (1985): 12—17.

吴汝祚1990.　　吴汝祚,《甘肃鸳鸯池和土谷台两墓地的初步剖析》,《考古》, 1 (1990): 56—65.

吴志超1981.　　吴志超、沈寿,《〈却谷食气篇〉初探》,《长沙马王堆医书研究专刊》, 2.(湖南: 湖南中医学院, 1981): 49—55.

吴苏1978.　　　吴苏,《圩墩新石器时代遗址发掘简报》,《考古》, 4 (1978): 223—240.

吴诗池1987.　　吴诗池,《从考古资料看我国史前的渔业生产》,《农业考古》, 1 (1987): 234—248.

吴荣曾 1981.　　吴荣曾，《镇墓文中所见到的东汉道巫关系》，《文物》，3（1981）：56—63.

吴荣曾 1989.　　吴荣曾，《战国、汉代的"操蛇神怪"及有关神话迷信的变异》，《文物》，10（1989）：46—52.

吴振录 1972.　　吴振录，《保德县新发现的殷代青铜器》，《文物》，4（1972）：62—66.

吴铭生 1957.　　吴铭生，《长沙楚墓出土的漆器》，《文物》，7（1957）：18—19.

吴绵吉 1985.　　吴绵吉，《略说土墩墓》，《人类学研究》，1985试刊：61—67.

吴镇烽 1985.　　吴镇烽，《半两钱及其相关问题》，《中国钱币论文集》.（北京：中国金融出版社，1985）

吴燕和 1965.　　吴燕和，《排湾族东排湾群的巫医与巫术》，《民族学研究所集刊》，20（1965）：105—153.

吴瀛涛，民俗.　　吴瀛涛，《台湾民俗》.（台北：古亭书屋，1970）

岑仲勉，文史论丛.　　岑仲勉，《两周文史论丛》.（上海：商务印书馆，1958）

何双全 1989.　　何双全，《天水放马滩秦简综述》，《文物》，2（1989）：23—31.

何兆雄 1985.　　何兆雄，《史前农业研究的新道路》，《史前研究》，1（1985）：82—93.

何定生 1969.　　何定生，《诗经与乐歌的原始关系》，《文史哲学报》，18（1969）：353—416.

何炳棣，农业.　　何炳棣，《黄土与中国农业的起源》.（香港：香港中文大学出版社，1969）

何炳棣，摇篮.　　Ho Ping-ti, *The Cradle of the East*（东方的摇篮）.（香港：香港中文大学与芝加哥大学出版社，1975）

何联奎 1963.　　何联奎，《龟的文化地位》，《民族学研究所集刊》，16（1963）：101—114.

佐原真 1988.　　佐原真、小池裕子、中野益男，徐天进译，《残存脂肪分析法和原始古代的生活环境复原——关于残存脂肪分析法的实际应用和存在的问题》，《考古与文物》，1（1988）：99—100.

佚存.　　商承祚，《殷契佚存》.（南京：中国文化研究所，1933）

佟柱臣 1975.　　佟柱臣，《从二里头类型文化试谈中国的国家起源问题》，《文物》，6（1975）：29—33.

余光弘 1980.　　余光弘，《绿岛的丧葬仪式》，《民族学研究所集刊》，49（1980）：149—73.

余华青 1980.　　余华青、张廷皓，《汉代酿酒业探讨》，《历史研究》，5（1980）：99—116.

余英时 1964—65.　　Yu Ying-shih, "Life and immortality in the mind of Han China", *Harvard Journal of Asiatic Studies*, 25（1964—1965）：80—122.

岛邦男，卜辞.　　岛邦男，《殷墟卜辞研究》.（弘前：中国学研究会，1958）

岛邦男，综类.　　岛邦男，《殷墟卜辞综类》.（东京：大安，1967）

邹介正 1985.　　邹介正,《兽医针灸源流》,《农业考古》, 1（1985）: 310—316.

邹衡 1974.　　邹衡《从周代埋葬制度的变化剖析孔子提倡"礼治"的反动本质》,《文物》, 1（1974）: 1—4.

邹衡 1979.　　邹衡《关于探讨夏文化的几个问题》《文物》, 3（1979）: 64—69.

冶金简史.　　北京钢铁学院,《中国冶金简史》.（北京: 科学出版社, 1978）

沣西发掘.　　中国科学院考古研究所,《沣西发掘报告》.（北京: 文物出版社, 1962）

汪庆正 1965.　　汪庆正,《十五年以来古代货币资料的发现和研究中的若干问题》,《文物》, 2（1965）: 26—36.

汪济英 1980.　　汪济英、牟永抗,《关于吴兴钱山漾遗址的发掘》,《考古》, 4（1980）: 353—358.

沈从文, 服饰.　　沈从文,《中国古代服饰研究》.（香港: 商务印书馆, 1981）

沈仲常 1987.　　沈仲常,《三星堆二号祭祀坑青铜立人像初记》,《文物》, 10（1987）: 16—17.

沈寿 1980.　　沈寿,《西汉帛画〈导引图〉解析》,《文物》, 9（1980）: 70—76.

怀特.　　许进雄, *Oracle Bones from the White and Other Collections*（怀特等氏所藏甲骨文集）（Toronto: Royal Ontario Museum, 1979）

宋书.　　沈约,《宋书》.（北京: 中华书局, 1974）

宋兆麟 1981.　　宋兆麟,《战国弋射图及弋射溯源》,《文物》, 6（1981）: 75—77.

宋镇豪 1985.　　宋镇豪,《试论殷代的纪时制度——兼论中国古代分段纪时制度》,《全国商史学术讨论会论文集》.（河南滑县: 殷都学刊, 1985）: 302—336.

宋镇豪 1990a.　　宋镇豪,《中国古代"集中市制"及有关方面的考察》,《文物》, 1（1990）: 39—46.

宋镇豪 1990b.　　宋镇豪,《中国上古时代的建筑营造仪式》,《文物》, 3（1990）: 94—99.

启功 1973.　　启功,《从河南碑刻谈古代石刻书法艺术》,《文物》, 7（1973）: 54—62.

张之恒 1985.　　张之恒,《华南地区的前陶新石器文化》,《考古与文物》, 4（1985）: 41—46.

张子高, 化学史.　　张子高,《中国古代化学史》.（香港: 商务印书馆, 1977）

张中一 1961.　　张中一,《湖南郴州市马家坪古墓清理》,《考古》, 9（1961）: 496, 503.

张东辉 1990.　　张东辉,《甘肃省博物馆藏的几件青铜器》,《文物》, 4（1990）: 94—95.

张永山 1982.　　张永山,《论商代的"众人"》,《甲骨探史录》.（北京: 生活·读书·新知三联书店, 1982）: 192—264.

张亚初 1981.　　张亚初、刘雨,《从商周八卦数字符号谈筮法的几个问题》,《考古》, 2

（1981）：155—163，154.

张达宏 1984.　张达宏、王长启，《西安市文管会收藏的几件珍贵文物》，《考古文物》，4（1984）：22—30.

张光远 1979.　张光远，《秦国文化与史籀作石鼓诗考》，《故宫季刊》，14-2（1979）：77—116.

张光远 1984.　张光远，《从实验中探索晚商甲骨材料整治与卜刻的方法》，《汉学研究》，2-1（1984）：57—107；2-2（1984）：447—480.

张光直 1962.　张光直，《商周神话之分类》，《民族学研究所集刊》，14（1962）：47—94.

张光直 1970a.　张光直，《考古学上所见汉代以前的西北》，《历史语言研究所集刊》，42-1（1970）：81—109.

张光直 1970b.　张光直，《华北农业村落生活的确立与中原文化的黎明》，《历史语言研究所集刊》，42-1（1970）：113—141.

张光直 1970c.　张光直，《中国南部的史前文化》，《历史语言研究所集刊》，42-1（1970）：143—177.

张光直 1973.　张光直，《谈王亥与伊尹的祭日并再论殷商王制》，《民族学研究所集刊》，35（1973）：111—127.

张光直 1974.　Chang Kwang-chih, "Ancient farmers in the Asian tropics major problems for archaeological and palaeoenvironmental investigation of southeast-Asia at the earliest neolithic level", *Perspectives in Palaeoanthropology.*（Calcutta：Firma K L Mukhopdhyay，1974）：273—286.

张光直 1978a.　张光直，《公元前五千到一万年前中国远古文化资料》，《民族学研究所集刊》，46（1978）：113—120.

张光直 1978b.　张光直，《从夏商周三代考古论三代关系与中国古代国家的形成》，《屈万里先生七秩荣庆论文集》.（台北：联经出版事业公司，1978）

张光直 1979.　张光直，《商史新料三则》，《历史语言研究所集刊》，50（1979）：741—765.

张光直 1985.　张光直，《当前中国和英国考古概况》，《考古与文物》，3（1985）：104—110.

张光直，《考古》.　Chang Kwang-chih, *The Archaeology of Ancient China*（古代中国的考古）.（New Haven and London：Yale university Press，1977 三版）

张光直，《考古》4.　Chang Kwang-chih, *The Archaeology of Ancient China*（古代中国的考古）.（New Haven and London：Yale university Press，1986 四版）

张光直，食物.　　Chang Kwang-chih编，*Food in Chinese Culture*（中国文化中的食物）.（New Haven and London：Yale university Press，1977）

张光直，商文明.　　Chang Kwang-chih，*Shang Civilization*（商文明）.（New Haven：Yale university Press，1980）

张光裕 1981.　　张光裕，《从新出土的材料重新探讨中国文字的起源》，《中国文化研究所学报》，12（1981）：91—151.

张先得 1990.　　张先得、张先禄，《北京平谷刘家河商代铜钺铁刃的分析鉴定》，《文物》，7（1990）：66—71.

张廷皓 1985.　　张廷皓，《两汉鎏金铜马的科学价值》，《农业考古》，1（1985）：137—143.

张仲葛 1979.　　张仲葛，《出土文物所见我国家猪品种的形成和发展》，《文物》，1（1979）：82—91.

张兴永 1978.　　张兴永、周国兴，《元谋人及其文化》，《文物》，10（1978）：26—30.

张英群 1984.　　张英群，《试论河南战国青铜器的画像艺术》，《中原文物》，2（1984）：4—12.

张秉权 1967.　　张秉权，《甲骨文的发现与骨卜习惯的考证》，《历史语言研究所集刊》，37（1967）：827—879.

张秉权 1968.　　张秉权，《祭祀卜辞中的牺牲》，《历史语言研究所集刊》，38（1968）：181—232.

张秉权 1970a.　　张秉权，《甲骨文简说》，《大陆杂志》，41-8（1970）：246—252.

张秉权 1970b.　　张秉权，《殷代的农业与气象》，《历史语言研究所集刊》，42（1970）：267—336.

张秉权 1978.　　张秉权，《殷代的祭祀与巫术》，《历史语言研究所集刊》，49（1978）：445—487.

张秉权 1979.　　张秉权，《卜辞中所见殷商政治统一的力量及其达到的范围》，《历史语言研究所集刊》，50（1979）：175—229.

张政烺 1973.　　张政烺，《卜辞裒田及其相关诸问题》，《考古学报》，1（1973）：93—120.

张政烺 1980.　　张政烺，《试释周初青铜器铭文中的易卦》，《考古学报》，4（1980）：403—415.

张映文 1988.　　张映文、吕智荣，《陕西清涧县李家崖古城址发掘简报》，《考古与文物》，1（1988）：47—56.

张星烺1944.　　张星烺，《道家仙境之演变及其所受地理之影响》，《中国学报》，1-3

（1944）：6—16；1-4（1944）：26—52，（北京：中国学报社）

张勋燎 1979.　　张勋燎，《古璧和春秋战国以前的衡权"砝码"》，《四川大学学报》，1
　　　　（1979）：86—97.

张剑 1980.　　张剑，《从河南淅川春秋楚墓的发掘谈对楚文化的认识》，《文物》，10
　　　　（1980）：21—26.

张哲 1962.　　张哲，《释来、麦、厘》，《中国文字》，7（1962）：1—7.

张培瑜 1975.　　张培瑜，《甲骨文日月食纪事的整理研究》，《天文学报》，16-2（1975）：
　　　　210—224.

张银运 1977.　　张银运、王令红、董兴仁，《广西桂林甑皮岩新石器时代遗址的人类头
　　　　骨》，《古脊椎动物与古人类》，15（1977）：4—13.

陈久金 1978.　　陈久金，《从马王堆帛书〈五星占〉的出土试探我国古代的岁星纪年问
　　　　题》，《中国天文学史文集》.（北京：科学出版社，1978）：48—65.

陈戈 1990.　　陈戈，《关于新疆地区的青铜时代和早期铁器时代文化》，《考古》，4
　　　　（1990）：366—374.

陈长山 1987.　　陈长山，《高禖画像小考》，《考古与文物》，5（1987）：82—83，6.

陈文华 1981a.　　陈文华，《试论我国农具史上的几个问题》，《考古学报》，4（1981）：
　　　　407—226.

陈文华 1981b.　　陈文华，《几何印纹陶与古越族的蛇图腾崇拜》，《考古与文物》，2
　　　　（1981）：44—49，52.

陈文华 1987.　　陈文华、张忠宽编，《中国古代农业考古数据索引（十二）》，《农业考
　　　　古》，1（1987）：333，413—425.

陈文华 1989.　　陈文华，《中国稻作的起源和东传日本的路线》，《文物》，10（1989）：
　　　　24—36.

陈正祥，文化地理.　　陈正祥，《中国文化地理》.（香港：三联书店，1981）

陈光祖 1990.　　陈光祖，《考古学古食谱研究之方法与检讨》，《大陆杂志》，80-4，5，6
　　　　（1990）：178—191，231—240，279—286.

陈仲玉 1969.　　陈仲玉，《殷代骨器中的龙形图案之分析》，《历史语言研究所集刊》，41
　　　　（1969）：155—196.

陈全方，周原.　　陈全方，《周原与周文化》.（上海：上海人民出版社，1988）

陈旭 1984.　　陈旭、杨新平，《商周青铜钺》，《中原文物》，4（1984）：30，71—75.

陈应祺 1989.　　陈应祺、李士达，《战国中山国建筑用陶斗浅析》，《文物》，11（1989）：
　　　　79—82.

陈良佐 1978.　　陈良佐，《先秦数学的发展及其影响》，《历史语言研究所集刊》，49（1978）：263—320.

陈启天 1969.　　陈启天，《法家述要》，《历史语言研究所集刊》，40（1969）：839—879.

陈直 1963.　　陈直，《先秦瓦当概述》，《文物》，11（1963）：19—43.

陈奇禄 1958.　　陈奇禄、唐美君，《排湾群诸族木雕标本图录（一）》，《考古人类学刊》，11（1958）：49—91.

陈奇禄 1959.　　陈奇禄，《猫公阿美族的制陶、石煮和竹煮》，《考古人类学刊》，13/14（1959）：125—127.

陈国钧 1957.　　陈国钧，《花莲吉安乡的阿美族（上）》，《大陆杂志》，14-8（1957）：244—246.

陈国钧，始祖.　　陈国钧，《台湾土著始祖传说》.（台北：The Oriental Cultural Services，1966）

陈星灿 1990.　　陈星灿，《中国史前乐器初论》，《中原文物》，2（1990）：29—36.

陈昭容 1986.　　陈昭容，《从陶文探索汉字起源问题的总检讨》，《历史语言研究所集刊》，57-4（1986）：669—762.

陈振中 1982.　　陈振中，《殷周的钱镈——青铜铲和锄》，《考古》，3（1982）：289—299，256.

陈振裕 1987.　　陈振裕，《楚国的竹器手工业初探》，《考古与文物》，4（1987）：77—85.

陈振裕 1989.　　陈振裕，《湖北出土战国秦汉漆器文字初探》，《古文字研究》，17（1989）：160—193.

陈铁梅 1994.　　陈铁梅、R. E. M. Hedges，《彭头山等遗址陶片和我国最早水稻遗存的加速器质谱14C测年》，《文物》，3（1994）：88—94.

陈娟娟 1979.　　陈娟娟，《两件有丝织品花纹印痕的商代文物》，《文物》，12（1979）：70—71.

陈梦家 1954.　　陈梦家，《殷代铜器》，《考古学报》，7（1954）：15—59.

陈梦家 1956.　　陈梦家，《西周铜器断代（五）》，《考古学报》，3（1956）：105—127，157—172.

陈梦家 1965.　　陈梦家，《汉简年历表叙》，《考古学报》，2（1965）：103—149.

陈梦家，综述.　　陈梦家，《殷墟卜辞综述》.（北京：科学出版社，1956）

陈跃钧 1990.　　陈跃钧，《江陵楚墓出土双矢并射连发弩研究》，《文物》，5（1990）：89—96.

陈登原，文化史.　　陈登原，《中国文化史》.（台北：世界书局，1956）

陈槃 1954.　　陈槃,《由古代漂絮因论造纸》,《"中央研究院"院刊》, 1（1954）: 257—265.

陈槃 1967.　　陈槃,《春秋列国的交通》,《历史语言研究所集刊》, 37（1967）: 881—932.

陈槃 1974.　　陈槃,《春秋时代的教育》,《历史语言研究所集刊》, 45（1974）: 731—812.

陈槃 1978.　　陈槃,《春秋列国的兼并迁徙与民族混同和落后地区的开发》,《历史语言研究所集刊》, 49（1978）: 683—735.

陈遵妫, 天文简史.　　陈遵妫,《中国古代天文学简史》.（上海: 上海人民出版社, 1955）

邵望平1976.　　邵望平,《横阵仰韶文化墓地的性质与葬俗》,《考古》, 3（1976）: 168—172.

八画

武者章 1979.　　武者章,《西周册命金文分類の試み》,《東方文化》, 59（1979）: 49—132.

青海文管 1963.　　青海省文物管理委员会,《青海都兰县诺木洪搭里他里遗址调查与试掘》,《考古学报》, 1（1963）: 17—44.

青海文管 1976a.　　青海省文物管理局考古队等,《青海乐都柳湾原始社会墓葬第一次发掘的初步收获》,《文物》, 1（1976）: 67—78.

青海文管 1976b.　　青海省文物管理局考古队等,《青海乐都柳湾原始社会墓葬反映出的主要问题》,《考古》, 6（1976）: 365—377.

抱朴子.　　葛洪,《抱朴子内外篇》.（上海: 商务印书馆, 1936重印）

林巳奈夫 1958.　　林巳奈夫,《安陽殷虚哺乳動物群について》,《甲骨學》, 6（1958）: 16—54.

林巳奈夫 1959.　　林巳奈夫,《中國先秦時代の馬車》,《東方學報》, 29（1959）: 155—284.

林巳奈夫 1964.　　林巳奈夫,《殷周青銅彝器の名稱と用途》,《東方學報》, 34（1964）: 199—297.

林巳奈夫 1966.　　林巳奈夫,《鳳凰の圖像の系譜》,《考古學雜誌》, 52-1（1966）: 11—29.

林巳奈夫 1967.　　林巳奈夫,《中國古代の神巫》,《東方學報》, 38（1967）: 199—224.

林巳奈夫 1969.　　林巳奈夫,《中國古代の祭玉、瑞玉》,《東方學報》, 40（1969）: 161—323.

林巳奈夫 1971.　　林巳奈夫,《長沙出土楚帛書の十二神の由來》,《東方學報》, 42（1971）: 1—63.

林巳奈夫 1972.　　林巳奈夫，《西周時代玉人像の衣服と頭飾》，《史林》，55-2（1972）：133—70.

林巳奈夫 1973.　　林巳奈夫，《漢鏡の圖柄二、三について》，《東方學報》，44（1973）：1—65.

林巳奈夫 1981.　　林巳奈夫，《殷、西周時代禮器の類別と用法》，《東方學報》，53（1981）：1—108.

林巳奈夫，殷周武器.　　林巳奈夫，《中國殷周時代の武器》.（东京：东京大学人文科学研究所，1972）

林甘泉 1981.　　林甘泉，《从出土文物看春秋战国间的社会变革》，《文物》，5（1981）：34—44.

林声 1963.　　林声，《记彝、羌、纳西族的羊卜骨》，《考古》，3（1963）：162—164，166.

林声 1964.　　林声，《云南永胜县彝族（他鲁人）"羊骨卜"的调查和研究》，《考古》，2（1964）：98—102.

林承坤 1987.　　林承坤，《长江、钱塘江中下游新石器时代地理与稻作起源和分布》，《农业考古》，1（1987）：283—291.

林富士 1988.　　林富士，《试释睡虎地秦简〈日书〉中的梦》，《食货》，17-3/4（1988）：122—129.

林衡立 1962.　　林衡立，《创世神话之行为学的研究——神话病原学创议》，《民族学研究所集刊》，14（1962）：129—172.

尚书.　　《十三经注疏（一）》.（台北：艺文印书馆，1955重印）

国语.　　《国语》.（上海：上海古籍出版社，1978）

国语韦氏解.　　韦昭注，《国语韦氏解》.（台北：世界书局，1962影印）

明义士.　　许进雄，*The Menzies Collection Of Shang Dynasty Oracle Bones：A Catalogue*（明义士收藏甲骨文字）.（Toronto：Royal Ontario Museum，1972）

罗西章 1974.　　罗西章，《陕西扶风县北桥出土一批西周青铜器》，《文物》，11（1974）：85—89.

罗西章 1976.　　罗西章、吴镇烽、雒忠如，《陕西扶风出土西周伯㦷诸器》，《文物》，6（1976）：51—60.

罗西章 1987.　　罗西章，《周原出土的陶制建筑材料》，《考古与文物》，2（1987）：9—17，65.

岭南代答.　　周去非，《岭南代答》.（北京：文殿阁书庄，1900重印）

竺可桢 1972.　　竺可桢，《中国近五千年来气候变迁的初步研究》，《考古学报》，1（1972）：15—38.

竺可桢，文集.　　竺可桢，《竺可桢文集》.（北京：中华书局，1979）

岳慎礼 1957.　　岳慎礼，《锡》，《大陆杂志》，14-11（1957）：356—59.

爬行动物.　　《中国爬行动物系统检索》.（北京：科学出版社，1977）

金元龙，韩国上古史.　　金元龙，《韓國上古史の争點》，千宽宇编.（东京：学生社，1977）

金文.　　孙稚雏编，《金文著录简目》.（北京：中华书局，1981）

金文总集.　　严一萍编，《金文总集》.（台北：艺文印书馆，1988）

金泽康隆，结发.　　金泽康隆，《江戶結髪史》.（东京：青蛙房，1982）

金基雄，朝鲜壁画.　　金基雄，《朝鮮半島の壁画古坟》.（东京：元兴出版，1980）

周仁 1964.　　周仁、张福康、郑永圃，《我国黄河流域新石器时代和殷周时代制陶工艺的科学总结》，《考古学报》，1（1964）：1—27.

周本雄 1981.　　周本雄，《河北武安磁山遗址的动物骨骸》，《考古学报》，3（1981）：339—347.

周本雄 1982.　　周本雄，《山东兖州王因新石器时代遗址中的扬子鳄遗骸》，《考古学报》，2（1981）：251—260.

周礼.　　《十三经注疏（三）》.（台北：艺文印书馆，1955重印）

周自强 1967.　　周自强，《古代凤凰与今南洋风鸟的研究》，《民族学研究所集刊》，24（1967）：31—122.

周苏平 1985.　　周苏平，《先秦时期的渔业》，《农业考古》，2（1985）：164—170.

周纬，兵器史.　　周纬，《中国兵器史稿》.（北京：生活·读书·新知三联书店，1957）

周到 1963.　　周到、刘东亚，《1957年秋安阳高楼庄殷代遗址发掘》，《考古》，4（1963）：213—216.

周到 1973.　　周到、李京华，《唐河针织厂汉画像石墓的发掘》，《文物》，6（1973）：26—40.

周到 1975.　　周到，《南阳汉画像石中的几幅天象图》，《考古》，1（1975）：58—61.

周昆叔 1975.　　周昆叔、严富华、叶永英，《花粉分析法及其在考古学中的运用》，《考古》，1（1975）：65—70，64.

周明祥，华北农害.　　周明祥、钟启谦、魏鸿钧，《华北农业害虫记录》.（上海：中华书局，1953）

周明镇，象化石.　　周明镇、张玉萍，《中国的象化石》.（北京：科学出版社，1974）

周易.　　《十三经注疏（一）》.（台北：艺文印书馆，1955重印）

周易正义. 　　贾公彦，《周易正义序》，《十三经注疏（一）》.（台北：艺文印书馆，1955重印）

周法高，金文. 　　周法高主编，《金文诂林》.（香港：香港中文大学出版社，1974）

周法高，音汇. 　　周法高编，《汉字古今音汇》.（香港：香港中文大学出版社，1973）

周绍贤，道家与神仙. 　　周绍贤，《道家与神仙》.（台北：台湾中华书局，1970）

周南泉 1985. 　　周南泉，《试论太湖地区新石器时代玉器》，《考古与文物》，5（1985）：74—89.

周原考古 1979. 　　陕西周原考古队，《陕西岐山凤雏村发现周初甲骨文》，《文物》，10（1979）：38—43.

周原考古 1980. 　　陕西周原考古队，《扶风云塘西周骨器制造作坊遗址试掘简报》，《文物》，4（1980）：27—38.

周原考古 1982. 　　陕西周原考古队、周原岐山文管所，《岐山凤雏村两次发现周初甲骨文》，《考古与文物》，3（1982）：10—22.

周鸿翔 1970—71. 　　Chou Hung-hsiang, "Fu-X ladies of the Shang dynasty", *Monumenta Serica*, 29（1970—1971）：346—390.

周策纵 1973. 　　周策纵，《说尢与蚩尤》，《中国文字》，48（1973）：1—7.

庞怀清 1976. 　　庞怀清等，《陕西省岐山县董家村西周铜器窖穴发掘简报》，《文物》，5（1976）：26—44.

庞怀清 1981. 　　庞怀清，《西周月相解释"定点说"刍议》，《文物》，12（1981）：74—78.

庙底沟. 　　中国科学院考古研究所，《庙底沟与三里桥》.（北京：科学出版社，1959）

郑州博物馆 1979. 　　郑州市博物馆，《郑州大河村遗址发掘报告》，《考古学报》，3（1979）：301—375.

郑若葵 1986. 　　郑若葵，《安阳苗圃北地新发现的殷代刻数石器及其相关问题》，《文物》，2（1986）：46—51，62.

郑洪春 1988. 　　郑洪春、穆海亭，《陕西长安花楼子客省庄二期文化遗址发掘》，《考古与文物》，5/6（1988）：229—239.

郑振裕 1987. 　　郑振裕，《楚国的竹器手工业初探》，《考古与文物》，4（1987）：77—85.

河北文管 1975. 　　河北省文物管理处，《磁县下潘汪遗址发掘报告》，《考古学报》，1（1975）：73—116.

河北文管 1981. 　　河北省文物管理处、邯郸市文物保管所，《河北武安磁山遗址》，《考古学报》，3（1981）：303—338.

河北博物馆 1973.　　河北省博物馆、文物管理处台西发掘小组，《河北藁城台西村的商代遗址》，《考古》，5（1973）：266—271.

河北博物馆 1974.　　河北省博物馆、文物管理处台西发掘小组，《河北藁城台西村商代遗址1973年的重要发现》，《文物》，8（1974）：42—49.

河北博物馆 1979.　　河北省文物管理处，《河北省平山县战国时期中山国墓葬发掘简报》，《文物》，1（1979）：1—31.

河姆渡考古 1980.　　河姆渡遗址考古队，《浙江河姆渡遗址第二期发掘的主要收获》，《文物》，5（1980）：1—15.

河南文工 1957.　　河南省文化局文物工作队第一队，《郑州商代遗址的发掘》，《考古学报》，1（1957）：53—73.

河南文工 1962.　　河南省文化局文物工作队，《河南偃师汤泉沟新石器时代遗址的试掘》，《考古》，11（1962）：562—565，600.

河南文物所 1989.　　河南省文物研究所，《河南舞阳贾湖新石器时代遗址第二至六次发掘简报》，《文物》，1（1989）：1—14.

河南博物馆 1973.　　河南省博物馆，《南阳汉画像石概述》，《文物》，6（1973）：16—25.

河南博物馆 1975.　　河南省博物馆，《灵宝张湾汉墓》，《文物》，11（1975）：75—93.

河南博物馆 1977a.　　河南省博物馆、郑州市博物馆，《郑州商代城址试掘简报》，《文物》，1（1977）：21—31.

河南博物馆 1977b.　　河南省博物馆、郑州市博物馆，《郑州商代遗址》，《文物》，5（1977）：91—92.

河南博物馆 1979.　　河南省博物馆等，《河南密县莪沟北岗新石器时代遗址发掘简报》，《文物》，5（1979）：14—19.

河南博物馆 1980.　　河南省博物馆等，《河南扶沟古城村出土的楚金银币》，《文物》，10（1980）：61—66.

河南博物馆 1988.　　河南省博物馆图书数据室，《第三批全国重点文物保护单位（河南部分）介绍（三）》，《中原文物》，4（1988）：96—100.

泗洪文化馆 1975.　　江苏省泗洪县文化馆，《泗洪县曹庄发现一批汉画像石》，《文物》，3（1975）：76.

宝鸡考古 1993.　　宝鸡市考古工作队，《宝鸡市益门村二号春秋墓发掘简报》，《文物》，10（1993）：1—14.

诗经.　　《十三经注疏（二）》.（台北：艺文印书馆，1955重印）

屈万里 1956.　屈万里，《易卦源于龟卜考》，《历史语言研究所集刊》，27（1956）：117—133.

屈万里 1959.　屈万里，《河字意义的演变》，《历史语言研究所集刊》，30（1959）：143—155.

屈万里 1964a.　屈万里，《论禹贡著成的时代》，《历史语言研究所集刊》，35（1964）：53—86.

屈万里 1964b.　屈万里，《史记殷本纪及其他纪录中所载殷商时代的史事》，《文史哲学报》，14（1964）：87—118.

屈万里 1976.　屈万里，《传述史料中常见的几种现象——以关于先秦的史料为例》，《沈刚伯先生八秩荣庆论文集》.（台北：联经事业出版公司，1976）：75—84.

屈万里，甲释.　屈万里，《殷墟文字甲编考释》.（台北："中央研究院"历史语言研究所，1961）

屈万里，论学.　屈万里，《书佣论学集》.（台北：台湾开明书店，1969）

屈万里，尚书.　屈万里，《尚书释义》.（台北：中华文化出版事业委员会，1956）

屈万里，易例述评.　屈万里，《先秦汉魏易例述评》.（台北：学生书局，1969）

孟子.　《十三经注疏（八）》.（台北：艺文印书馆，1955重印）

陕西六队 1989.　中国社会科学院考古研究所陕西六队，《陕西蓝田泄湖新石器时代遗址发掘简报》，《考古》，6（1989）：497—504.

陕西青铜器.　陕西省考古研究所、陕西省文物管理委员会、陕西省博物馆，《陕西出土商周青铜器》.（北京：文物出版社，1980）

陕西博物馆 1972.　陕西省博物馆、陕西文管会，《米脂东汉画像石墓发掘简报》，《文物》，3（1972）：69—73.

绎史　马骕，《绎史》.（台北：冠文书局，1969影印）

九画

神农本草经.　《神农本草经》.（上海：商务印书馆，1937）

春秋.　《十三经注疏（六）》.（台北：艺文印书馆，1955重印）

春秋繁露.　董仲舒，《春秋繁露》.（台北：商务印书馆，1975重印）

城子崖.　李济，《城子崖》.（南京：中央研究院历史语言研究所，1934）

赵世纲 1985.　赵世纲，《裴李岗文化的几个问题》，《史前研究》，2（1985）：27—40.

赵康民 1982.　赵康民，《临潼原头邓家庄遗址勘察记》，《考古与文物》，1（1982）：1—7.

赵清 1988.　赵清，《黄河流域新石器时代炊器之演变》，《中原文物》，1（1988）：52—58.

荀子.　　王先谦,《荀子集解》.（台北：世界书局，1965 重印）

胡平生 1988.　　胡平生、韩自强,《〈万物〉略说》,《文物》,4（1988）：48—54.

胡志祥 1990.　　胡志祥,《先秦主食加工方法探析》,《中原文物》,2（1990）：75—80.

胡厚宣 1939.　　胡厚宣,《释牢》,《历史语言研究所集刊》,8（1939）：153—158.

胡厚宣 1959.　　胡厚宣,《殷卜辞中的上帝和王帝》,《历史研究》,9（1959）：23—50；
　　10（1959）：89—110.

胡厚宣 1972.　　胡厚宣,《殷代的蚕桑和丝织》,《文物》,11（1972）：2—7.

胡厚宣 1973.　　胡厚宣,《殷代的刖刑》,《考古》,2（1973）：108—17,91.

胡厚宣 1974.　　胡厚宣,《中国奴隶社会的人殉和人祭》,《文物》,7（1974）：74—84；
　　8（1974）：56—67.

胡厚宣 1976.　　胡厚宣,《甲骨文所见殷代奴隶的反压迫斗争》,《考古学报》,1（1976）：
　　1—18.

胡厚宣 1984.　　胡厚宣,《论殷人治疗疾病之方法》,《中原文物》,4（1984）：27—30.

胡厚宣，天神.　　胡厚宣,《天神》,《甲骨学商史论丛初集》二册.（香港：文友堂书店，
　　1970 影印 1944 版）：1—29.

胡厚宣，记事刻辞.　　胡厚宣,《武丁时五种记事刻辞考》,《甲骨学商史论丛初集》,三
　　册.（香港：文友堂书店，1970 影印 1944 版）：1—73.

胡厚宣，殷墟发掘.　　胡厚宣,《殷墟发掘》.（上海：学习生活出版社，1955）

胡厚宣，疾病.　　胡厚宣,《殷人疾病考》,《甲骨学商史论丛初集》.（香港：文友堂书
　　店，1970 影印 1944 版）3：1—15.

胡厚宣，婚姻.　　胡厚宣,《婚姻》,《甲骨学商史论丛初集》一册.（香港：文友堂书店，
　　1970 影印 1944 版）：1—35.

胡智生 1988.　　胡智生、刘宝爱、李永泽,《宝鸡纸坊头两周墓》,《文物》,3（1988）：
　　20—27.

南北朝诗.　　《先秦汉魏晋南北朝诗》.（北京：中华书局，1983）

南史.　　李延寿,《南史》.（北京：中华书局，1975）

南京博物院 1964.　　南京博物院,《江苏邳县四户镇大墩子遗址探掘报告》,《考古学
　　报》,2（1964）：9—56.

南京博物院 1965.　　南京博物院,《江苏邳县刘林新石器时代遗址第二次发掘》,《考古
　　学报》,2（1965）：9—47.

南京博物院 1966.　　南京博物院,《江苏仪征石碑村汉代木椁墓》,《考古》,1（1966）：
　　14—20.

南京博物院 1973.　　南京博物院，《江苏铜山丘湾古遗址的发掘》，《考古》，2（1973）：71—79.

南京博物院 1977.　　南京博物院，《东汉铜圭表》，《考古》，6（1977）：407—408，406.

南京博物院 1980.　　南京博物院，《青莲岗文化的类型、特征、分期和时代》，《文物集刊》，1（1980）：31—36.

柯山集．　　张耒，《柯山集》.（上海：商务印书馆，1935）

相川佳予子 1974.　　相川佳予子，《漢代衣服史小考》，《東方學報》，47（1974）：191—216.

咸阳文管 1982a.　　咸阳市文管会、咸阳市博物馆，《咸阳市空心砖汉墓清理简报》，《考古》，3（1982）：225—235.

咸阳文管 1982b.　　咸阳地区文管会、茂陵博物馆，《陕西茂陵一号无名冢一号从葬坑的发掘》，《文物》，9（1982）：1—17.

战国策．　　《战国策》.（台北：商务印书馆，1976 重印）

临沂博物馆 1989.　　临沂市博物馆，《山东临沂金雀山九座汉代墓葬》，《文物》，1（1989）：21—47.

临潼文馆 1989.　　陕西省考古研究所秦陵工作站、临潼县文物管理委员会，《陕西临潼刘家庄战国墓地调查清理简报》，《考古与文物》，5（1989）：9—13，86.

钟志成 1975.　　钟志成，《江陵凤凰山一六八号汉墓出土一套文书工具》，《文物》，9（1975）：20—22.

钟依研 1972.　　钟依研，《西汉刘胜墓出土的医疗器具》，《考古》，3（1972）：49—53.

钟依研 1975.　　钟依研、凌襄，《我国现已发现的最古医方——帛书〈五十二病方〉》，《文物》，9（1975）：49—60.

钟遐 1976.　　钟遐，《从河姆渡遗址出土猪骨和陶猪试论我国养猪的起源》，《文物》，8（1976）：24—26.

科技史稿．　　杜石然、范楚玉、陈美东、金秋鹏、周世德、曹婉如，《中国科学技术史稿》.（北京：科学出版社，1982）

信阳文管 1981.　　信阳地区文管会、罗山县文化馆，《罗山县高店公社又发现一批春秋时期青铜器》，《中原文物》，4（1981）：18—21.

信阳楚墓．　　河南省文物研究所，《信阳楚墓》.（北京：科学出版社，1986）

鬼谷子．　　《鬼谷子等九种》.（台北：世界书局，1962）

侯马工作 1960.　　山西省文物管理委员会侯马工作站，《1959 年侯马"牛村古城"南东周遗址发掘简报》，《文物》，8/9（1960）：11—14.

侯马工作 1963. 　　山西省文物管理委员会侯马工作站,《山西侯马上马村东周墓葬》,
　　　《考古》, 5（1963）: 229—245.

侯古堆发掘 1981. 　　固始侯古堆一号墓发掘组,《河南固始侯古堆一号墓发掘简报》,
　　　《文物》, 1（1981）: 1—8.

侯连海 1989. 　　侯连海,《记安阳殷墟早期的鸟类》,《考古》, 10（1989）: 942—947.

侯家庄1001墓. 　　梁思永、高去寻,《侯家庄. 第二本, 1001号大墓》.（台北:"中央
　　　研究院"历史语言研究所, 1962）

侯家庄1003墓. 　　梁思永、高去寻,《侯家庄. 第四本, 1003号大墓》.（台北:"中央
　　　研究院"历史语言研究所, 1967）

侯家庄1004墓. 　　梁思永、高去寻,《侯家庄. 第五本, 1004号大墓》.（台北:"中央
　　　研究院"历史语言研究所, 1968）

侯家驹 1979. 　　侯家驹,《我国重农轻商思想之研究》,《政治大学学报》, 40（1979）:
　　　59—89.

侯毅 1989. 　　侯毅,《长治潞城出土铜器图案考释》,《中原文物》, 1（1989）: 47—52.

俞伟超 1972. 　　俞伟超,《"大武开兵"铜戚与巴人的"大武"舞》,《考古》, 3（1963）:
　　　153—155.

俞伟超 1973. 　　俞伟超,《铜山丘湾商代社祀遗迹的推定》,《考古》, 5（1973）: 296—
　　　298, 295.

独异志. 　　李冗,《独异志》.（上海: 上海商务印书馆, 1988）

饶宗颐 1952. 　　饶宗颐,《殷代日至考》,《大陆杂志》, 5—3（1952）: 83—86.

饶宗颐 1961. 　　饶宗颐,《由卜兆记数推究殷人对于数的观念》,《历史语言研究所集
　　　刊》, 外编4（1961）: 949—282.

饶宗颐 1978a. 　　饶宗颐,《天神观与道德思想》,《历史语言研究所集刊》, 49（1978）:
　　　77—100.

饶宗颐 1978b. 　　饶宗颐,《神道思想与理性主义》,《历史语言研究所集刊》,49（1978）:
　　　489—513.

度量衡史料组1977. 　　国家标准计量局度量衡史料组,《我国度量衡的产生和发展》,《考
　　　古》, 1（1977）: 37—42.

帝王世纪. 　　皇甫谧,《帝王世纪》.（上海: 商务印书馆, 1936重印）

闻一多, 全集. 　　闻一多,《闻一多全集》.（上海: 开明书店, 1948）

闻广 1990. 　　闻广,《中国古玉的研究》,《建材地质》, 2（1990）: 2—10.

洛阳烧沟. 　　洛阳区考古发掘队,《洛阳烧沟汉墓》.（北京: 科学出版社, 1959）

洛阳博物馆 1974.　　洛阳博物馆,《洛阳中州路战国车马坑》,《考古》, 3 (1974): 171—178.

洛阳博物馆 1977.　　洛阳博物馆,《洛阳西汉卜千秋壁画墓发掘简报》,《文物》, 6 (1977): 1—16.

洛阳博物馆 1978.　　洛阳博物馆,《洛阳矬李遗址试掘简报》,《考古》, 1 (1978): 5—17.

洛阳博物馆 1981.　　洛阳博物馆,《洛阳西高崖遗址试掘简报》,《文物》, 7 (1981): 39—51.

宫下三郎 1958.　　宫下三郎,《中國古代の疾病觀と療法》,《東方學報》, 30 (1958): 227—252.

宫崎市定 1970.　　宫崎市定,《中國上代の都市國家とその墓地——商邑は何處にあつたか》,《東洋史研究》, 28-4 (1970): 265—280.

说文.　段玉裁,《说文解字注》.(台北: 艺文印书馆, 1960重印)

说文段注.　段玉裁,《说文解字注》.(台北: 艺文印书馆, 1960重印)

说苑.　刘向,《说苑》.(上海: 商务印书馆, 1939重印)

姚孝遂 1981.　　姚孝遂,《甲骨刻辞狩猎考》,《古文字研究》, 6 (1981): 34—66.

十画

郝本性 1972.　　郝本性,《新郑"郑韩故城"发现一批战国铜兵器》,《文物》, 10 (1972): 32—40.

秦和生 1986.　　秦和生,《兽医外科学的历史与现状》,《农业考古》, 2 (1986): 290—294.

秦俑发掘 1975.　　始皇陵秦俑坑考古发掘队,《临潼县秦俑坑试掘第一号简报》,《文物》, 11 (1975): 1—18.

秦俑考古 1979.　　秦俑考古队,《秦始皇陵东侧第三号兵马俑坑清理简报》,《文物》, 12 (1979): 1—12.

秦俑考古 1983,　秦俑考古队,《秦始皇陵二号铜车马清理简报》,《文物》, 7 (1983): 1—16.

秦俑坑.　陕西省考古研究所、始皇陵秦俑坑考古发掘队编,《秦始皇陵兵马俑坑,一号坑发掘报告 1974—1984》.(北京: 文物出版社, 1988)

秦晋 1980.　　秦晋,《凤翔南古城遗址的钻探和试掘》,《考古与文物》, 4 (1980): 48—53.

袁德星 1974.　　袁德星，《饕餮纹的界说》，《故宫季刊》，9-2（1974）：1—52.

袁翰青，化学史.　　袁翰青，《中国化学史论文集》。（北京：生活·读书·新知三联书店，1956）

耿鉴庭 1974.　　耿鉴庭、刘亮，《藁城商代遗址中出土的桃仁和郁李仁》，《文物》，8（1974）：54—55.

莫非斯 1936.　　莫非斯，《西周历朔新谱及其他》，《考古社刊》，5（1936）：209—269.

晋书.　　房玄龄，《晋书》。（北京：中华书局，1974）

桥本敬造1981.　　桥本敬造，《先秦時代の星座と天文觀測》，《東方學報》，53（1981）：189—232.

格古要论.　　曹昭，《格古要论》。（重印明夷门广牍版本）

格致镜原.　　陈元龙编，《格致镜原》。（台北：新兴书局，1971影印）

贾兰坡1977.　　贾兰坡、张振标，《河南淅川县下王岗遗址中的动物群》，《文物》，6（1977）：41—49.

贾兰坡1978.　　贾兰坡，《周口店遗址》，《文物》，11（1978）：89—91.

贾兰坡1985.　　贾兰坡、甄朔南，《原始墓葬》，《史学月刊》，1（1985）：13—17.

贾谷文1976.　　贾谷文，《商品货币与殷商奴隶制》，《考古》，1（1976）：9—21.

贾良智，华南禾草.　　贾良智，《华南经济禾草植物》。（北京：科学出版社，1955）

贾峨1964.　　贾峨，《再谈信阳楚墓悬鼓及鼓簴的复原问题》，《文物》，9（1964）：23—26.

贾得道，医学史略.　　贾得道，《中国医学史略》。（太原：山西人民出版社，1979）

夏鼐 1960.　　夏鼐，《长江流域考古问题》，《考古》，2（1960）：1—3.

夏鼐 1965.　　夏鼐，《洛阳西汉壁画中的星象图》，《考古》，2（1965）：80—90.

夏鼐 1972.　　夏鼐，《我国古代蚕、桑、丝、绸的历史》，《考古》，2（1972）：12—27.

夏鼐 1974.　　夏鼐，《沈括和考古学》，《考古》，5（1974）：277—289.

夏鼐 1977.　　夏鼐，《碳-14测定年代和中国史前考古学》，《考古》，4（1977）：217—232.

夏鼐 1982.　　夏鼐、殷玮璋，《湖北铜绿山古铜矿》，《考古学报》，1（1982）：1—14.

夏鼐 1983a.　　夏鼐，《商代玉器的分类、定名和用途》，《考古》，5（1983）：455—467.

夏鼐 1983b.　　夏鼐，《汉代的玉器——汉代玉器中传统的延续和变化》，《考古学报》，2（1983）：125—145.

原始社会史.　　宋兆麟、黎家芳、杜耀西，《原始社会史》。（北京：文物出版社，1983）

晏子春秋.　　晏婴，《晏子春秋》。（上海：商务印书馆，1937）

钱存训，文书.　　Tsien Tsuen-Hsuin, *Written on Bamboo and Silk*（竹帛上的文书）（Chicago：University of Chicago Press，1962）

钱穆 1956.　　　钱穆，《中国古代北方农作物考》，《新亚学报》，1-2（1956）：1—27.

铁生沟.　　　河南省文化局文物工作队，《巩县铁生沟》.（北京：文物出版社，1962）

倪政祥 1964.　　倪政祥，《牛耕与犁的起源和发展》，《文史哲》，3（1964）：53—57，66.

徐中舒 1930.　　徐中舒，《殷人服象及象之南迁》，《历史语言研究所集刊》，2（1930）：60—75.

徐中舒 1959.　　徐中舒，《禹鼎的年代及其相关问题》，《考古学报》，3（1959）：53—66.

徐振韬 1976.　　徐振韬，《从帛书〈五星占〉看先秦浑仪的创制》，《考古》，2（1976）：89—94.

徐殿魁 1982.　　徐殿魁，《龙山文化陶寺类型初探》，《中原文物》，2（1982）：20—25.

殷玮璋 1990.　　殷玮璋，《新出土的太保铜器及其相关问题》，《考古》，1（1990）：66—77.

殷涤非 1958.　　殷涤非、罗长铭，《寿县出土的"鄂君启金节"》，《文物》，4（1958）：8—11.

殷墟发掘报告.　　中国社会科学院考古研究所，《殷墟发掘报告》.（北京：文物出版社，1987）

凌纯声 1959.　　凌纯声，《中国古代神主与阴阳性器崇拜》，《民族学研究所集刊》，8（1959）：1—46.

高去寻 1947.　　高去寻，《黄河下游的屈肢葬问题》，《田野考古报告》，2（1947）：121—66.

高去寻 1952.　　高去寻，《战国墓内带钩用途的推测》，《历史语言研究所集刊》，23（1952）：489—510.

高至喜 1972.　　高至喜，《湖南楚墓中出土的天平与砝码》，《考古》，4（1972）：42—45.

高至喜 1985.　　高至喜，《论我国春秋战国的玻璃器及有关问题》，《文物》，12（1985）：54—65.

高亨，周易通说.　　高亨，《周易古经通说》.（台北：华正书局，1976）

高怀民，两汉易学.　　高怀民，《两汉易学史》.（台北：中国学术著作奖助委员会，1970）

高明，古文字.　　高明，《古文字类编》.（北京：中华书局，1980）

郭人杰、张宗方，《金文编识读》.（济南：齐鲁书社，1996）

郭立诚，生育.　　郭立诚，《中国生育礼俗考》.（台北：文史哲出版社，1971）

郭立诚，礼俗.　　郭立诚，《中国生育礼俗考》.（台北：文史哲出版社，1971）

郭沫若 1962.　　郭沫若，《长安县张家坡铜器群铭文汇释》，《考古学报》，1（1962）：1—14.

郭沫若 1972a.　　郭沫若，《古代文字之辩证的发展》，《考古学报》，1（1972）：1—13.

郭沫若 1972b.　　郭沫若，《〈班簋〉的再发现》，《文物》，9（1972）：2—13.

郭沫若 1973.　　郭沫若，《〈夨敖簋铭〉考释》，《考古》，2（1973）：66—70.

郭沫若，天道观． 　郭沫若，《先秦天道观之进展》.（上海：商务印书馆，1936）

郭沫若，中国史稿． 　郭沫若主编，《中国史稿》.（北京：人民出版社，1976—1979）

郭沫若，甲骨． 　郭沫若，《甲骨文字研究》.（北京：人民出版社，1952）

郭沫若，奴隶制． 　郭沫若，《奴隶制时代》.（北京：人民出版社，1973）

郭沫若，金文． 　郭沫若，《两周金文辞大系图录考释》.（北京：科学出版社，1958重印）

郭宝钧1936． 　郭宝钧，《浚县新村古残墓之清理》，《田野发掘报告》，1（1936）：
　　　167—200.

郭宝钧1948． 　郭宝钧，《古玉新诠》，《历史语言研究所集刊》，20-2（1948）：1—46.

郭宝钧1951． 　郭宝钧，《一九五〇年春殷墟发掘报告》，《中国考古学报》，5（1951）：
　　　1—61.

郭宝钧1955． 　郭宝钧，《一九五二年秋季洛阳东郊发掘报告》，《考古学报》，9（1955）：
　　　91—116.

郭宝钧1956． 　郭宝钧，《一九五四年春洛阳西郊发掘报告》，《考古学报》，2（1956）：
　　　1—31.

郭宝钧，山彪镇． 　郭宝钧，《山彪镇与琉璃阁》.（北京：科学出版社，1959）

郭宝钧，浚县辛村． 　郭宝钧，《浚县辛村》.（北京：科学出版社，1964）

郭宝钧，铜器． 　郭宝钧，《中国青铜器时代》.（北京：生活·读书·新知三联书店，1963）

郭宝钧，铜器群． 　郭宝钧，《商周铜器群综合研究》.（北京：文物出版社，1981）

郭建邦1981． 　郭建邦，《试论固始侯古堆大墓陪葬坑出土的代步工具——肩舆》，《中
　　　原文物》，1（1981）：40—45.

郭郛1987． 　郭郛，《从河北省正定南杨庄出土的陶蚕蛹试论我国家蚕的起源问题》，
　　　《农业考古》，1（1987）：302—309.

郭德维1982． 　郭德维，《江陵楚墓论述》，《考古学报》，2（1982）：155—182.

席泽宗1978． 　席泽宗，《马王堆帛书中的彗星图》，《文物》，2（1978）：5—9.

唐云明1975． 　唐云明，《藁城台西商代铁刃铜钺问题的探讨》，《文物》，3（1975）：
　　　57—59.

唐云明1982． 　唐云明，《河北境内几处商代文化遗存记略》，《考古学集刊》，2（1982）：
　　　44—46.

唐兰1960． 　唐兰，《中国古代社会使用青铜农器问题的初步研究》，《故宫博物院院
　　　刊》，2（1960）：10—34.

唐兰1973． 　唐兰，《从河南郑州出土的商代前期青铜器谈起》，《文物》，7（1973）：
　　　5—14.

唐兰 1975.　　　唐兰，《马王堆帛书〈却谷食气篇〉考》，《文物》，6（1975）：14—15.

唐兰 1976.　　　唐兰，《陕西省岐山县董家村新出西周重要铜器铭辞的译文和注释》，《文物》，5（1976）5：55—59，63.

唐兰 1979.　　　唐兰，《中国青铜器的起源与发展》，《故宫博物院院刊》，1（1979）：4—10.

唐兰，文字学.　　唐兰，《中国文字学》.（上海：上海古籍出版社，1979）

唐兰，古字导论.　　唐兰，《古文字学导论》.（北京：北京大学，1935）

唐际根 1993.　　唐际根，《中国的冶铁起源问题》，《考古》，6（1993）：556—565，553.

竞放 1988.　　　竞放、陈昆麟，《试析大汶口文化的艺术成就》，《中原文物》，4（1988）：40—45.

浙江文管 1960a.　　浙江省文管管理委员会，《吴兴钱山漾遗址第一、二次发掘报告》，《考古学报》，2（1960）：73—91.

浙江文管 1960b.　　浙江省文管管理委员会，《杭州水田畈遗址发掘报告》，《考古学报》，2（1960）：93—106.

浙江文管 1976.　　浙江省文管管理委员会、浙江省博物馆，《河姆渡发现原始社会重要遗址》，《文物》，8（1976）：6—14.

浙江文管 1978.　　浙江省文管管理委员会等，《河姆渡遗址第一期发掘报告》，《考古学报》，1（1978）：39—94.

浙江博物馆 1978.　　浙江省博物馆自然组，《河姆渡遗址动植物遗存的鉴定研究》，《考古学报》，1（1978）：95—107.

涂书田 1980.　　涂书田，《安徽省寿县出土一大批楚金币》，《文物》，10（1980）：67—71.

诸桥辙次，辞典　　诸桥辙次，《大汉和辞典》.（东京：大修馆书店，1968）

通鉴外纪.　　　刘恕，《资治通鉴外纪》.（上海：影印涵芬楼明刊本，四部丛刊史部）

十一画

琉璃河 1974.　　中国社会科学院考古研究所、琉璃河考古工作队等，《北京附近发现的西周奴隶殉葬墓》，《考古》，5（1974）：309—321.

琉璃河 1984.　　中国社会科学院考古研究所、北京市文物工作队琉璃河考古队等，《1981—1983年琉璃河西周燕国墓地发掘简报》，《考古》，5（1984）：404—416.

琉璃河 1990.　　中国社会科学院考古研究所、北京市文物研究所琉璃河考古队，《北京琉璃河1193号大墓发掘简报》，《考古》，1（1990）：20—31.

黄乃隆，农业.　　黄乃隆，《中国农业发展史》.（台北：正中书局，1963）

黄文几 1978.　　黄文几，《圩墩新石器时代遗址出土动物遗骨的鉴定》，《考古》，4（1978）：

241—243.

黄石博物馆 1981.　黄石市博物馆，《湖北铜绿山春秋时期炼铜遗址发掘简报》，《文物》，8（1981）：30—39.

黄河水库 1960a.　黄河水库考古队河南分队，《河南陕县七里铺商代遗址的发掘》，《考古学报》，1（1960）：25—49.

黄河水库 1960b.　黄河水库考古队甘肃分队，《临夏大何庄、秦魏家两处齐家文化遗址发掘简报》，《考古》，3（1960）：9—12.

黄贵潮 1990.　黄贵潮，《宜湾阿美族人对梦的看法》，《民族学研究所资料汇编》，1（1990）：67—81.

黄帝内经.　《黄帝内经》.（上海：商务印书馆，1935）

黄展岳 1957.　黄展岳，《近年出土的战国两汉铁器》，《考古学报》，3（1957）：93—108.

黄展岳 1974.　黄展岳，《我国古代的人殉和人牲》，《考古》，3（1974）：153—163.

黄展岳 1976.　黄展岳，《关于中国开始冶铁和使用铁器的问题》，《文物》，8（1976）：62—70.

黄展岳 1981.　黄展岳，《说坟》，《考古》，2（1981）：89—92.

黄展岳 1983a.　黄展岳，《我国的原始畜牧业及其与农业的关系窥探》，《中原文物》，3（1983）：1—7，63.

黄展岳 1983b.　黄展岳，《殷商墓葬中人殉人牲的再考察——附论殉牲祭牲》，《考古》，10（1983）：935—948.

黄盛璋 1958.　黄盛璋，《释初吉》，《历史研究》，4（1958）：71—86.

黄盛璋 1974.　黄盛璋，《试论三晋兵器的国别和年代及其相关问题》，《考古学报》，1（1974）：13—44.

黄盛璋 1977.　黄盛璋，《关于江陵凤凰山168号汉墓的几个问题》，《考古》，1（1977）：43—50.

黄然伟 1964—1965.　黄然伟，《殷王田猎考》，《中国文字》，14（1964）：1—24；15（1965）：25—46；16（1965）：47—70.

黄然伟，殷礼.　黄然伟，《殷礼考实》.（台北：台湾大学文学院，1967）

黄然伟，赏赐.　黄然伟，《殷周青铜器赏赐铭文研究》.（香港：龙门书店，1978）

黄翔鹏 1979.　黄翔鹏，《先秦音乐文化的光辉创造——曾侯乙墓的古乐器》，《文物》，7（1979）：32—33.

黄翔鹏 1989.　黄翔鹏，《舞阳贾湖骨笛的测音研究》，《文物》，1（1989）：15—17.

萧良琼1983.　萧良琼，《周原卜辞和殷墟卜辞之异同初探》，《甲骨文与殷商史》.（上海：上海古籍出版社，1983）：261—284.

萧欣义1979.　萧欣义，《诗经及尚书中的孝道思想》，《中国文化研究所学报》，10（1979）：425—445.

萧璠1986.　萧璠，《关于两汉魏晋时期养猪与积肥问题的若干检讨》，《历史语言研究所集刊》，57-4（1986）：617—633.

梅原末治，《殷墟》.（东京：朝日新闻社，1964）

梅原末治，木器.　梅原末治，《殷墓发现木器印影图录》.（东京：便利堂，1959）

盛定国1986.　盛定国、王自明，《宁乡月山铺发现商代大铜铙》，《文物》，2（1986）：44—45.

常玉芝1980.　常玉芝，《说文武帝——兼论商末祭祀制度的变化》，《古文字研究》，4（1980）：205—233.

常任侠1978.　常任侠，《古磬》，《文物》，7（1978）：77—78.

鄂博1978.　鄂博、崇文，《湖北崇阳出土一件铜器》，《文物》，4（1978）：94.

崔墨林1983.　崔墨林，《共城考察》，《中原文物》，1983特刊：205—206，215.

铜绿山1975.　铜绿山考古发掘队，《湖北铜绿山春秋战国古矿井遗址发掘简报》，《文物》，2（1975）：1—12.

铜绿山1981.　中国社会科学院考古研究所铜绿山工作队，《湖北铜绿山东周铜矿遗址发掘》，《考古》，1（1981）：19—23.

铜绿山1982.　中国社会科学院考古研究所铜绿山工作队，《湖北铜绿山古铜矿再次发掘——东周炼炉的发掘和炼铜模拟实验》，《考古》，1（1982）：18—22.

铜器纹饰.　上海博物馆青铜器研究组，《商周青铜器纹饰》（北京：文物出版社，1984）

银雀山1985.　银雀山汉墓竹简整理小组，《银雀山竹简〈守法〉、〈守令〉等十三篇》，《文物》，4（1985）：27—38.

船越昭生1972.　船越昭生，《鄂君啟節について》，《東方學報》，43（1972）：55—95.

彩箧冢.　*The Tomb of the Painted Basket of Lo-lang*（乐浪彩箧冢）.（Seoul：The Society of the Study of Korean Antiquities，1934）

逸周书.　朱右曾，《逸周书集训校释》.（台北：艺文印书馆，1960重印）

麻阳铜矿1985.　湖南省博物馆、麻阳铜矿，《湖南麻阳战国时期古铜矿清理简报》，《考古》，2（1985）：113—124.

康殷，文字.　康殷，《文字源流浅说》.（北京：荣宝斋，1979）

章鸿钊 1955.　　章鸿钊，《中国用锌的起源》，《中国古代金属化学及金丹》.（上海：中国科学图书仪器公司，1955）：21—28.

商周考古.　　北京大学历史系考古教研室，《商周考古》.（北京：文物出版社，1979）

商承祚 1963.　　商承祚，《鄂君启节》，《文物精华》第二集.（北京：文物出版社，1963）：49—55.

商承祚，漆器.　　商承祚，《长沙出土楚漆器图录》.（北京：中国古典艺术出版社，1957）

渠川福 1989.　　渠川福，《太原金胜村大墓年代的推定》，《文物》，9（1989）：87—89，94.

淮南子.　　刘安，《淮南子》.（台北：艺文印书馆，1968重印）

梁思永，论文集.　　梁思永，《梁思永考古论文集》.（北京：科学出版社，1959）

梁津 1955.　　梁津，《周代合金成分考》，《中国古代金属化学及金丹》.（上海：中国科学图书仪器公司，1955）：52—66.

隋书.　　魏徵等，《隋书》.（北京：中华书局，1973）

随县发掘1979.　　随县擂鼓墩一号墓考古发掘队，《湖北随县曾侯乙墓发掘简报》，《文物》，7（1979）：1—24.

十二画

越绝书.　　袁康、吴平注，《越绝书》.（台北：世界书局，1962重印）

越智重明 1977.　　越智重明，《一畝二百四十步制をめぐつて》，《東方學》，53（1977）：21—35.

彭邦炯 1982.　　彭邦炯，《卜辞“作邑”蠡测》，《甲骨探史录》.（北京：三联书店，1982）：265—302.

彭适凡 1976.　　彭适凡，《试论华南地区新石器时代早期文化——兼论有关的几个问题》，《文物》，12（1976）：15—22.

彭适凡 1980.　　彭适凡，《我国私有制度产生究竟从何种动产开始》，《文物》,2（1980）：76—81.

彭景元 1990.　　彭景元译，《食物生产的起源及定居生活》，《农业考古》，2（1990）：61—69.

董作宾，全集.　　董作宾，《董作宾先生全集》（台北：艺文印书馆，1977）

董作宾 1952.　　董作宾，《中国文字的起源》，《大陆杂志》，5-10（1952）：348—360.

董琦1988.　　董琦，《王城岗城堡毁因初探》，《考古学报》，1（1988）：32—35，68.

蒋猷龙1990.　蒋猷龙、蒋琳娜，《世界蚕丝业科技大事记注释（续）》，《农业考古》，2（1990）：276—280，218.

韩钊1985.　韩钊，《试论中国古代货币标准化》，《中国钱币论文集》.（北京：中国金融出版社，1985）：37—45.

韩非子　王先慎，《韩非子集解》.（台北：世界书局，1962）

植物名实.　吴其濬，《植物名实图考》.（台北：世界书局，1960影印）

植物图鉴.　中国科学院植物研究所主编.《中国高等植物图鉴（一）》.（北京：科学出版社，1972）

辉县发掘.　中国科学院考古研究所，《辉县发掘报告》.（北京：科学出版社，1956）

景明甚1989.　景明甚、刘晓华，《汉阳朔铜钟铭文考释》，《考古与文物》，5（1989）：139，124.

傅斯年1935.　傅斯年，《夷夏东西说》，《历史语言研究所集刊》，外编1（1935）：1093—1134.

傅锡壬，楚辞.　傅锡壬注译，《新译楚辞读本》.（台北：三民书局，1976）

傅熹年1980.　傅熹年，《战国中山王𰼁墓出土的兆域图及其陵园规则的研究》，《考古学报》，1（1980）：97—118.

焦南峰1985.　焦南峰，《凤翔南指挥西村周墓人骨的初步研究》，《考古与文物》，3（1985）：85—103.

释名.　刘熙，毕沅疏证，《释名疏证》.（上海：商务印书馆，1936重印）

鲁实先1969.　鲁实先，《说文正补之五》，《大陆杂志》，38-10（1969）：311—318.

曾同春，丝业.　曾同春，《中国丝业》.（上海：商务印书馆，1934）

曾骐1985.　曾骐，《我国史前期的墓葬》，《史前研究》，2（1985）：18—26，17.

湖北文工1966.　湖北省文化局文物工作队，《湖北江陵三座楚墓出土大批重要文物》，《文物》，5（1966）：33—55.

湖北考古所1995.　湖北省文物考古研究所，《湖北江陵九店东周墓发掘纪要》，《考古》，7（1995）：597.

湖北博物馆1973.　湖北省博物馆、孝感地区文教局、云梦县文化馆汉墓发掘组，《湖北云梦西汉墓发掘简报》，《文物》，9（1973）：23—36.

湖北博物馆1976a.　湖北省博物馆，《盘龙城商代表里冈期的青铜器》，《文物》，2（1976）：26—41.

湖北博物馆1976b.　湖北省博物馆等，《宜昌前坪战国两汉墓》，《考古学报》，2（1976）：115—148.

湖北博物馆 1976c.　湖北省博物馆、盘龙城发掘队，《盘龙城一九七四年度田野考古纪要》，《文物》，2（1976）：5—15.

湖北博物馆 1979.　湖北省博物馆、盘龙城发掘队，《湖北随县擂鼓墩一号墓皮甲的清理和复原》，《考古》，6（1979）：542—553.

湖北博物馆 1981.　湖北省博物馆，《云梦大坟头一号汉墓》，《文物资料丛刊》，4（1981）：1—25.

湖南文工 1956.　湖南省文物工作队，《长沙衡阳出土战国时代的铁器》，《考古》，1（1956）：77—79.

湖南文管 1957.　湖南省文物管理委员会，《长沙出土的三座大型木椁墓》，《考古学报》，1（1957）：93—101.

湖南博物馆 1959.　湖南省博物馆，《长沙两晋南北朝隋唐墓发掘报告》，《考古学报》，3（1959）：75—105.

湖南博物馆 1972.　湖南省博物馆，《长沙浏城桥一号墓》，《考古学报》，1（1972）：59—72.

渡部武 1973.　渡部武，《漢代養老禮儀における三老五更の問題》，《東方學》，46（1973）：85—102.

渡部忠世 1986.　渡部忠世，徐朝龙译，《亚洲栽培稻的起源和传播》，《农业考古》，2（1986）：102—111.

富严 1985.　富严，《史前时期的数学知识》，《史前研究》，2（1985）：104—110.

谢成侠 1977.　谢成侠，《关于长沙马王堆汉墓帛书〈相马经〉的探讨》，《文物》，8（1977）：23—26.

谢崇安 1985.　谢崇安，《中国原始畜牧业的起源和发展》，《农业考古》，1（1985）：282—291.

谢端琚 1986.　谢端琚，《略论齐家文化墓葬》，《考古》，2（1986）：147—161.

十三画

裘锡圭 1978.　裘锡圭，《汉字形成问题的初步探索》，《中国语文》，3（1978）：162—171.

裘锡圭 1983.　裘锡圭，《说卜辞的焚巫术与作土龙》，《甲骨文与殷商史》（上海：上海古籍出版社，1983）：21—35.

雷从云 1980.　雷从云，《三十年来春秋战国铁器发现述略》，《中国历史博物馆馆刊》，2（1980）：92—102，83.

雷作淇1985.　　雷作淇、史普南、吴学南，《根据沧源画颜料中的孢粉和硅藻化石推论云南沧源地区古人类生活时期的自然环境》，《史前研究》，2（1985）：90—94，110.

虞禹1958.　　虞禹，《商代的骨器制造》，《文物》，10（1958）：26—28，37.

篠田统，食物.　　篠田统，《中国食物史の研究》（东京：柴田书店，1978）

新唐书.　　欧阳修、宋祁，《新唐书》.（北京：中华书局，1975）

雍城考古1978.　　陕西省雍城考古队，《陕西凤翔春秋秦国凌阴遗址发掘简报》，《文物》，3（1978）：43—47.

满城发掘.　　中国社会科学院考古研究所、河北省文物管理处编，《满城汉墓发掘报告》（北京：文物出版社，1980）

群力1972.　　群力《临淄齐国故城勘探纪要》，《文物》，5（1972）：45—54.

十四画

管子.　　《管子》.（上海：商务印书馆，1934）

嘉峪关1972.　　嘉峪关市文物清理小组，《嘉峪关汉画像砖墓》，《文物》，12（1972）：24—41.

蔡汝堃，孝经通考.　　蔡汝堃，《孝经通考》（台北：商务印书馆，1967）

蔡运章1987.　　蔡运章，《论商周时期的金属称量货币》，《中原文物》，3（1987）：64—76.

蔡莲珍1984.　　蔡莲珍、仇士华，《碳十三测定和古代食谱研究》，《考古》，10（1984）：949—955.

碳十四.　　中国社会科学院考古研究所编，《中国考古学中碳十四年代数据集，1965—1981》.（北京：文物出版社，1983）

碳素（7）—（8）.　　北京大学历史系考古专业碳十四实验室，《碳十四年代测定报告》（7），《文物》，11（1987）：89—92.（8），《文物》，11（1989）：90—91.

碳素（9）—（16）.　　中国科学院考古研究所实验室，《放射性碳素测定年代报告》（9），《考古》，11（1982）：657—662.（10），《考古》，7（1983）：646—652，658.（11），《考古》，7（1984）：649—653.（12），《考古》，7（1985）：654—658.（13），《考古》，7（1986）：653—660.（14），《考古》，7（1987）：653—659.（15），《考古》，7（1988）：658—662.（16），《考古》，7（1989）：657—661.

磁县文化馆1977.　　磁县文化馆，《河北磁县东陈村东魏墓》，《考古》，6（1977）：391—400，428.

裴文中1958.　　裴文中，《旧石器时代考古学常识》，《文物》，11（1958）：47—49.

裴安平1989.　　裴安平，《彭头山文化的稻作遗存与中国史前稻作农业》，《农业考古》，2（1989）：102—108.

管东贵1960.　　管东贵，《中国古代的丰收祭及其与历年的关系》，《历史语言研究所集刊》，31（1960）：191—270.

管东贵1974.　　管东贵，《川南雅雀苗的神话与传说》，《历史语言研究所集刊》，45（1974）：437—466.

管东贵1979.　　管东贵，《战国至汉初的人口变迁》，《历史语言研究所集刊》，50（1979）：645—656.

廖永民1957.　　廖永民，《郑州市发现的一处商代居住与铸造铜器遗址简介》，《文物》，6（1957）：73—74.

廖永民1988.　　廖永民，《试析豫中地区原始时代的陶鼎》，《中原文物》，1（1988）：59—65.

谭维四1988.　　谭维四，《江陵雨台山21号楚墓律管浅论》，《文物》，5（1988）：39—42.

禚振西1989.　　禚振西，《中国制陶转盘的起源及早期的应用》，《考古与文物》，4（1989）：80—84，90.

熊传新1976.　　熊传新，《湖南醴陵发现商代铜象尊》，《考古》，7（1976）：40—41.

熊传新1979.　　熊传新，《谈马王堆三号西汉墓出土的陆博》，《文物》，4（1979）：35—39.

熊传新1985.　　熊传新、雷从云，《我国古代灯具概说》，《中原文物》，2（1985）：73—81.

熊谷治1981.　　熊谷治，《中國古代の朱について》，《東方學》，61（1981）：17—29.

熊建平1987.　　熊建平，《试谈刘台西周墓地出土的玉蚕》，《农业考古》，1（1987）：310—312.

十五画

穀梁传.　　《十三经注疏（七）》.（台北：艺文印书馆，1955重印）

墨子.　　《墨子》.（上海：商务印书馆，1935）

稻叶一郎1973.　　稻叶一郎，《先秦時代の方孔円錢について》，《史林》，56-4（1973）：46—74.

黎家芳1979.　　黎家芳、高广仁，《典型龙山文化的来源、发展与社会性质初探》，《文物》，11（1979）：56—62.

潘其风1980.　　潘其风、韩康信，《我国新石器时代居民种系分布研究》，《考古与文物》，2（1980）：84—89.

十七画

戴志强1981. 戴志强，《安阳殷墟出土贝货初探》，《文物》，3（1981）：72—77.

戴彤心1988. 戴彤心，《记华县井家堡仰韶文化角状陶号》，《考古与文物》，4（1988）：31—32.

戴应新1988. 戴应新，《神木石峁龙山文化玉器》，《考古与文物》，5/6（1988）：239—250.

戴遵德1972. 戴遵德，《原平峙峪出土的东周铜器》，《文物》，4（1972）：69—73.

藁城. 河北省博物馆，《藁城台西商代遗址》.（北京：文物出版社，1977）

魏书. 魏收，《魏书》.（北京：中华书局，1974）

魏忠策1981. 魏忠策，《罕见的汉代戏车画像砖》，《中原文物》，3（1981）：12—14.

襄阳考训班1976. 襄阳首届亦工亦农考古训练班，《襄阳蔡坡12号墓出土吴王夫差剑等文物》，《文物》，11（1976）：65—71.

濮阳文管1988. 濮阳市文物管理委员会、濮阳市博物馆、濮阳市文物工作队，《河南濮阳西水坡遗址发掘报告》，《文物》，3（1988）：1—6.

濮阳考古1989. 濮阳西水坡遗址考古队，《1988年河南濮阳西水坡遗址发掘简报》，《考古》，12（1989）：1057—1066.

英文部分

Aldred, 珠宝. Aldred Cyril, *Jewels of The Pharaohs* (老的珠宝). (London: Thames and Hudson, 1971)

Barnard 1963. Barnard Noel, "Book reviews on Cheng Te-k'un: Prehistoric and Shang China and Watson William: China", *Monumenta Serica*, 22-1 (1963): 213-255.

Barnard and Sato, 金属遗物. Barnard Noel and Sato Tamotsu, *Metallurgical Remains of Ancient China* (中国古代金属遗物). (Tokyo: Nichiosha, 1975)

Binford, 追寻过去. Binford Lewis R., *In Pursuit of the Past* (追寻过去). (London: Thames and Hudson, 1983)

Boserup, 农业. Boserup Ester, *The Conditions of Agricultural Growth* (农业发展的条件). (Chicago: Aldine Publishing Co., 1965)

Chang Te-tzu 1983. Chang Te-tzu, "The origins and early cultures of the cereal grains and food legumes", *The Origins of Chinese Civilization* (中国文明的源头) (Berkeley: University of California Press, 1983): 65-94.

Ch`en Shih-chuan 1972.　　Ch`en Shih-chuan, "How to form a hexagram and consult the I Ching", *Journal of the American Oriental Society*, 92-2 (1972): 237-249.

Cohen, 食物危机.　　Cohen Mark Nathan, *The Food Crisis in Prehistory* (史前的食物危机). (New Haven & London: Yale University Press, 1977)

Creel 1961.　　Creel Herrlee G., "The Fa Chia, legalists or administrators?",《历史语言研究所集刊》: 外编, 4 (1961): 607-636.

Creel, 西周.　　Creel Herrlee G., *The Origins of Statecraft in China, Volume One: The Western Chou Empire* (中国古代社会国家的起源, 一: 西周). (Chicago and London: The University of Chicago Press, 1970)

Dohrenwend 1975.　　Dohrenwend Doris, "Jade Demonic Images From Early China", *Ars Orientalis*, 10 (1975): 55-78.

Dubs 1947.　　Dubs Homer H., "A canon of lunar eclipses for Anyang and China, -1400 to -1000", *Harvard Journal of Asiatic Studies*, 10-2 (1947): 162-178.

Fagan, 考古学.　　Fagan Brian M., *In the Beginning—An Introduction to Archaeology* (文明之原始——考古学介绍). (Boston and Toronto: Little, Brown and Company, 1975)

Fagan, 人类.　　Fagan Brian M., *People of the Earth* (地球上的人类). (Boston: Little, Brown and Company, 1977)

Flint and Brandtner 1961.　　Flint Richard F. and Brandtner Friedrich, "Climatic Changes Since the Last Interglacial", *American Journal of Science*, 259 (1961): 321-328.

Fogg 1983.　　Fogg Wayne H., "Swidden cultivation of Foxtail millet by Taiwan aborigines: A cultural analogue of the domestication of setaria italica in China", *The Origins of Chinese Civilization* (中国文明的源头). (Berkeley: University of California Press, 1983): 95-115.

Franklin 1983.　　Franklin Ursula, "On bronze and other metals in early China", *The Origins of Chinese Civilization*. (Berkeley: University of California Press, 1983): 279-296.

Freer Gallery, 中国青铜器.　　*A Descriptive and Illustrative Catalogue of Chinese Bronzes Acquired During the Administration of John Ellerton Lodge* (中国青铜器目录). (Washington: Freer Gallery of Art, Smithsonian Institution, 1946)

Fujino 1970.　　Fujino Iwatomo, "On Chinese soul-inviting and firefly-catching songs: a study on Chinese folklore", *Acta Asiatica*, 19 (1970): 40-57.

Gardiner, 埃及.   Gardiner, Sir Alan Henderson, *Egystian Grammar*. (London: Oxford University Press, 1950)

Gelb, 文字.   Gelb I. J., *A Study of Writing* (文字的研究). (Chicago and London: The University of Chicago Press, Revised Edition, 1963)

Gorman 1971.   Gorman Chester, "The Hoabinhian and after: subsistence patterns in Southeast Asia during the late Pleistocene and early Recent periods", *World Archaeology*, 2 (1971): 300-320.

Hansford, 中国玉器.   Hansford S. H., *Chinese Carved Jades* (中国玉器). (London: 1968)

Hoebel, 人类学.   Hoebel Adamson E., *Anthropology: The Study of Man* (人类学). (New York: McGraw-Hill Book Company, 1972)

Isaac 1971.   Isaac Glynn, "The diet of early man: aspects of archaeological evidence from lower and middle pleistocene sites in Africa", *World Archaeology*, 2-3 (1971): 278-299.

Janick 1989.   J. Janick 著, 李世平译,《世界古代园艺史图说》,《农业考古》, 2 (1989): 262-269.

Keightley 1982.   Keightley David N., "Shang China is coming of age—a review article", *Journal of Asian Studies*, 41-3 (1982): 549-557.

Lefeuvre 1976-78.   Lefeuvre J. A., "An oracle bone in the Hong Kong Museum of History and the Shang Standard of the Centre", *Journal of the Hong Kong Archaeological Society*, 7 (1976-78): 46-68.

McBryde 1984.   McBryde Isabel, "Kulin greenstone quarries: the social contexts of production and distribution for the Mt William site", *World Archaeology*, 16-2 (1984): 267-285.

Meacham 1977.   Meacham William, "Continuity and local evolution in the Neolithic of South China: A non-nuclear approach", *Current Anthropology*, 18-3 (1977): 419-440.

Nisson 1984.   Nisson, "The archaic texts from Uruk", *World Archaeology*, 17-3 (1984): 317-334.

Pearson, 人类学.   Pearson Roger, *Introduction to Anthropology* (人类学介绍). (New York: Holt, Rinehart and Winston, Inc., 1974)

Proctor 1972.   Proctor Patricia, "The King`s Tiger", *Rotunda*, 5-1 (1972): 20-21.

Reed 1985.   Reed C. A.著，程侃声译，《〈农业的起源地：讨论与结论〉的中国部分》，《农业考古》, 1 (1985): 100-102, 112.

Sealy 1988.   Sealy J. C. and van der Merwe N. J., "Social, spatial and chronological patterning in marine food used as determined by δ 13C measurements of Holocene human skeletons from the south-western Cape, South Africa", *World Archaeology*, 20-1 (1988): 87-102.

Shaughnessy 1988.   Shaughnessy Edward L., "Historical Perspectives on the Introduction of the Chariot into China", *Harvard Journal of Asiatic Studies*, 48-1 (1988): 189-237.

Sigerist, 原始医药.   Sigerist Henry E., *A History of Medicine, Vol. 1, Primitive and Archaic Medicine* (医药历史，一：原始医药). (New York: Oxford University Press, 1951)

Soffer, 更新世.   Soffer Olgas ed., *The Pleistocene Old World: Regional Perspective* (旧世界的更新世：区域性前瞻). (New York: Plenum Press, 1987)

Solheim 1970.   Solheim Wilhelm G. Ⅱ, "Northern Thailand, Southeast Asia, and World pre-history", *Asian Perspectives*, 13 (1970): 145-162.

Solheim 1971.   Solheim Wilhelm G. Ⅱ, "New light on a forgotten past", *National Geographic*, 139-3 (1971): 330-339.

Stephen 1991.   Stephen, Barbara, "The bow-shaped bronze fitting and its context in Shang China", *Sages and Filial Sons, Mythgology and Archaeology in Ancient China* (Hong Kong: The Chinese University Press, 1991): 179-202.

Sylwan 1937.   Sylwan Vivi, "Silk from the Yin dynasty", *The Museum of Far Eastern Antiquities*, 9 (1937): 119-126.

Tuleja, 习俗.   Tuleja Tad, *Curious Customs* (奇异的习俗). (New York: Harmony Books, 1987)

Ucko and Dimbleby, 驯养.   Ucko P. J. and Dimbleby G. W., ed., *The Domestication and Exploitation of Plants and Animals* (动物和植物的驯养与利用). (Chicago: Aldine Publishing Co. 1969)

Vivelo, 人类学.   Vivelo Frank R., *Cultural Anthropology Handbook* (社会人类学手册). (New York: McGraw-Hill Book Co., 1978)

Watson, 中国文明.   Watson William, *Early Civilization in China* (中国古文明). (New York: McGraw-Hill Book Company, 1966)

Watson, 中国展览.   Watson William, *The Exhibition of Archaeological Finds of the People's*

Republic of China (中国地下出土文物展览). (London: Marble Arch House, 1974)

Wheatley 1970.　　Wheatley Paul, "Archaeology and the Chinese city", *World Archaeology*, 22 (1970): 159-185.

White, 骨文化.　　White William C., *Bone Culture of Ancient China* (古代中国的骨文化). (Toronto: University of Toronto Press, 1945)

White, 中国壁画.　　William Charles White, *Chinese Temple Frescoes* (中国寺庙的壁画). (Toronto: University of Toronto Press, 1940)

文 景
社 科 新 知　文 艺 新 潮
Horizon

中国古代社会：文字与人类学的透视

许进雄 著

出 品 人：姚映然
责任编辑：佟雪萌
营销编辑：胡珍珍、高晓倩
装帧设计：浮生・华涛
美术编辑：安克晨

出　　品：北京世纪文景文化传播有限责任公司
　　　　　（北京朝阳区东土城路8号林达大厦A座4A 100013）
出版发行：上海人民出版社
印　　刷：山东临沂新华印刷物流集团有限责任公司
制　　版：北京金舵手世纪图文设计有限公司

开 本：700mm×1020mm　1/16
印 张：45.25　字 数：550,000
2023年3月第1版　2023年3月第1次印刷
定 价：108.00元
ISBN：978-7-208-17852-6/H・124

图书在版编目（CIP）数据

中国古代社会：文字与人类学的透视 / 许进雄著
. —上海：上海人民出版社，2022
　ISBN 978-7-208-17852-6

　Ⅰ.①中… Ⅱ.①许… Ⅲ.①古代社会–研究–中国
Ⅳ.①K220.7
中国版本图书馆CIP数据核字（2022）第145928号